Toskana

W0038725

Nordwestliche
Toskana
(S. 144)

Florenz
(S. 56)

Östliche
Toskana
(S. 271)

Etruskische
Riviera &
Elba
(S. 184)

Siena & Zentral-
toskana
(S. 209)

Elba

Südliche
Toskana
(S. 253)

Virginia Maxwell, Nicola Williams

REISE-PLANUNG

REISEZIELE IN DER TOSKANA

FLORENZ S. 56

TOSKANA S. 144

Inhalt

Willkommen in der Toskana

Viele Reiseautoren werfen so großzügig mit dem Wort „idyllisch" um sich, dass sie es dadurch entwerten. Aber auf die Toskana passt es haargenau.

Lebendige Geschichte

Die Toskana zieht Besucher von alters her in ihren Bann – schon seit die Etrusker einfielen, um hier ordentlich auf den Putz zu hauen, und sich zum Bleiben entschlossen. Dann kamen die Römer, um ihre Kornspeicher aufzufüllen, die christlichen Pilger des Mittelalters, Napoleon, um Kunstschätze zusammenzuraffen, und schließlich Aristokraten aus ganz Europa auf Bildungsreise. Sie alle und unzählige weitere Besucher verfielen der Lebensart, dem Essen, dem Wein, der abwechslungsreichen Landschaft und dem unglaublich reichen Geschichts- und Kulturerbe der Region. Und so ergeht es den Reisenden bis heute!

Hochburg der Kunst

Und was für Kunst! Die etruskische Angewohnheit, liebe Verstorbene mit erlesenen Grabbeigaben ins Jenseits zu schicken, beschert den Archäologen bis heute immer neue Entdeckungen. Die Römer in ihrer Großmannssucht hinterließen ihr übliches Vermächtnis an monumentalen Skulpturen. Künstlerisch ganz groß raus kam die Toskana dann im Mittelalter und in der Renaissance. Damals schufen Maler, Bildhauer und Baumeister jene Meisterwerke, die heute so viele Besucher in die Kirchen und Museen der Region ziehen.

Sensationelles Slow Food

Ganz obenan steht in der Toskana die Begeisterung für gutes Essen und Wein. Die Region produziert drei der besten Weine Italiens: Brunello di Montalcino, Vino Nobile di Montepulciano und Vernaccia di San Gimignano. Gastronomische Glanzstücke wie *bistecca alla fiorentina* (gegrilltes T-Bone-Steak), *cacciucco* (Fischeintopf aus Livorno) und *pici con ragù di cinghiale* (handgerollte Nudeln mit Wildschweinragout) sind nur einige typische Köstlichkeiten. Genießer können hier die tiefere Bedeutung von „Slow Food" entdecken und erleben, wie göttlich die simple toskanische Küche aus regionalen Zutaten mundet.

Bilderbuchlandschaft

Ja, die Landschaft ist tatsächlich *so* überwältigend. Im Kernland der Toskana liegen mittelalterliche Hügelfestungen, Weinberge und malerische Zypressenhaine verstreut. Im Nordwesten und Osten erstrecken sich schroffe Bergketten und üppige Wälder. Vor der mittleren und südlichen Küste mit ihrer reichen Tierwelt zieht sich ein Saum idyllischer Inseln entlang. Entsprechend abwechslungsreich sind die Outdoor-Aktivitäten, die das weltweit einzigartige Angebot an Sehenswürdigkeiten und Erlebnismöglichkeiten abrunden.

Warum ich die Toskana so liebe

Virginia Maxwell, Autorin

Aus unzähligen Gründen. Ich mag Florenz, diese juwelenbesetzte Schatztruhe der Kunst, das gotische Glanzstück Siena und die Vielzahl wunderbar erhaltener mittelalterlicher Städtchen im Hügelland. Ich mag das Essen, das mit Liebe und regionalen Zutaten zubereitet wird, und die Sangiovese-lastigen Weine der Region. Ich mag die Einheimischen, die ihre Traditionen geradezu fanatisch verteidigen und sich als sorgsame Hüter ihres reichen Kulturerbes bewähren. Am meisten aber mag ich die Tatsache, dass in diesem hoch kultivierten Winkel Italiens hinter jeder Ecke eine außergewöhnliche Erfahrung wartet.

Mehr Infos über unsere Autoren gibt's auf S. 371

Oben: Landschaft bei Monticchiello (S. 247), Val d'Orcia

Toskana

ADRIA

MARKEN

Tevere

Sansepolcro

Florenz
Eine Zeitreise in die Renaissance unternehmen (S. 56)

Chianti
Italiens berühmtem Wein huldigen (S. 225)

Arezzo

Parco Nazionale delle Foreste Casentinesi, Monte Falterona e Campigna

Stia

Poppi

Monte Falterona (1654 m)

Riserva Naturale Vallombrosa

Gaiole in Chianti

Arno

Fiesole

Greve in Chianti

Chianti Classico

EMILIA-ROMAGNA

Chianti Fiorentino

Castellina

Bologna

Flughafen Amerigo Vespucci

Florenz

Modena

San Miniato

San Gimignano

Garfagnana
Einsame Wanderungen und deftige Küche genießen (S. 170)

Pistoia

Arno

Bagni di Lucca

Barga

Lucca

Castelnuovo di Garfagnana

Garfagnana

Parco Regionale delle Alpi Apuane

Flughafen Galileo Galilei

Pietrasanta

Viareggio

Carrara

Pisa

Massa

Versilia

Parco Regionale Migliarino San Rossore Massaciuccoli

Apuanische Alpen
Über Marmorberge voller Wildblumen wandern (S. 170)

Apuanische Alpen

Livorno

Lunigiana

Pontremoli

LIGURISCHES MEER

LIGURIEN

Lucca
Auf dem Stadtwall radeln oder spazierengehen (S. 156)

Piazza dei Miracoli, Pisa
Den berühmten schiefen Turm erklimmen (S. 148)

44°N

San Gimignano
Unter mittelalterlichen Türmen Vermaccia stifteln (S. 232)

Elba
Auf das Inselparadies der Toskana entfliehen (S. 197)

Arezzo
Die Fresken von Piero della Francesca bestaunen (S. 273)

Val d'Orcia
Durch Bilderbuch-Landschaften fahren (S. 242)

Città del Tufa
Das faszinierende etruskische Erbe erkunden (S. 261)

Piazza del Campo, Siena
Gotische Gebäude und tolle Malerei bewundern (S. 211)

TYRRHENISCHES MEER

HÖHE
1800 m
1500 m
1200 m
800 m
500 m
300 m
100 m
0

ENTFERNUNGEN (km)

Hinweis: Die Entfernungen sind ungefähre Angaben

	Arezzo	Florenz	Grosseto	Livorno	Lucca	Pisa
Florenz	60					
Grosseto	100	113				
Livorno	126	80	110			
Lucca	117	61	130	36		
Pisa	121	69	120	19	17	
Siena	47	51	64	87	89	87

Die Top 18
der Toskana

1

Uffizien, Florenz

1 Das grandiose Kunstmuseum (S. 64) sollte man während eines Florenz-Aufenthalts durchaus zwei- oder dreimal besuchen. Wir behaupten sogar, dass eine bloße Stippvisite am Vormittag, wie sie so viele Touristen auf dem Programm haben, geradezu sträflich ist. Das prunkvolle Gebäude, das die Medici errichten ließen, ist randvoll mit Meisterwerken der Renaissance, u. a. von Giotto, Botticelli, Michelangelo, da Vinci, Raffael, Tizian und Caravaggio. Die Uffizien gehören zu den wenigen Kulturinstitutionen der Welt, die man sein Leben lang immer wieder besuchen kann. Unten: Botticellis *Geburt der Venus*

Piazza del Campo, Siena

2 Zweimal im Jahr rennen hier Pferde um die Wette, die Jugend der Stadt lässt sich gern zum Gedankenaustausch nieder, und Touristen verschlägt der erste Anblick regelmäßig den Atem. Der leicht abschüssige, makellos gepflasterte zentrale Platz von Siena (S. 211) ist das geografische und historische Herz der Stadt. Die Piazza zwischen dem eleganten Palazzo Comunale und zahlreichen gut besuchten Terrassencafés lädt dazu ein, zu flanieren, zu fotografieren und die märchenhafte Pracht der gotischen Stadt auf sich wirken zu lassen.

DEA / G. NIMATALLAH / GETTY IMAGES ©

GLENN VAN DER KNUFF / GETTY IMAGES ©

Chianti

3 „Ein Krug voll Wein, ein Laib Brot und Du": Der persische Dichter Omar Khayyam hätte bei seinem Vers auch die Freuden des Chianti im Sinn gehabt haben können. Dieser romantische Winkel der Toskana (S. 225) regt zum Schwärmen an: Luxuriöse Unterkünfte, betörende Landschaft und moderne toskanische Spitzenküche schaffen alle Voraussetzungen für idyllische Fluchten aus dem Alltag. Der ideale Begleiter dazu ist natürlich Italiens bekanntester Wein, der rubinrote, nach Veilchen duftende Chianti Classico.

Der Geschmack der Toskana

4 „Wie deine Mutter zu kochen ist gut, wie deine Großmutter zu kochen besser", besagt ein toskanisches Sprichwort. Von Generation zu Generation weitergereichte Rezepte bilden das Fundament dieser Küche und machen jeden Aufenthalt zum Schlemmerspaß. Statt Schäumchen und anderem kulinarischem Firlefanz, den die Starköche in Kopenhagen, London und New York aushecken, regieren in der toskanischen Küche (S. 312) die prallen Aromen der jeweiligen Jahreszeit. Regionalität ist hier Programm. *Buon appetito!*

Ausspannen im Agriturismo

5 Wer der regionalen Wirtschaft und der eigenen Seele etwas Gutes tun will, nächtigt in einem *agriturismo* (Unterkunft auf einem Bauernhof oder Weingut; S. 34). Die familienfreundlichen *agriturismi* bieten Einblick in das toskanische Landleben und Erholung in idyllischer Umgebung. Die Gäste können bei der Traubenlese, Olivenernte oder Fütterung der Hoftiere mithelfen. Oft komplettieren Nettigkeiten wie Swimmingpool und köstliche Hausmannskost diese Oasen toskanischer Muße. Oben: Landschaft bei Pienza (S. 245)

Auf Trüffelsuche

6 Der kostbarste Schatz der italienischen Speisekammern gedeiht östlich von Pisa, in den Wäldern rund um das Hügelstädtchen San Miniato (S. 168). In ihren Lehmböden sprießen weiße Trüffeln in Hülle und Fülle. Wer zwischen Mitte Oktober und Mitte Dezember hier ist, kann sich an der Trüffelsuche beteiligen oder seiner Nase nach San Miniato folgen, wo an den letzten drei November-Wochenenden der Mostra Mercato Nazionale del Tartufo Bianco (Nationale Messe für weiße Trüffeln; S. 168) seine Stände aufschlägt.

PETER ZELEI / GETTY IMAGES ©

Mittelalterfeste

7 Die Toskaner haben so ihre Schrullen. Sie mögen kein exotisches Essen (und darunter fallen für sie schon Gerichte aus den Nachbarregionen Latium und Emilia-Romagna), essen niemals Pizza zu Mittag und werfen sich unheimlich gern in Mittelaltertracht, um mit wuchtigen Armbrüsten oder Lanzen zu hantieren. Fast jeder Ort feiert zwischen Mai und September ein jährliches Festival (S. 26), bei dem ganze Stadtviertel in aufwendiger Verkleidung um Trophäen wie goldene Pfeile und seidene Banner kämpfen. Oben links: Scoppio del Carro in Florenz (S. 94)

Val d'Orcia

8 Das Tal (S. 242), das die mittelalterlichen Abteien Sant'Antimo (S. 245) und San Galgano (S. 243), die Renaissancepracht von Pienza (S. 245) und den Wunderwein Brunello di Montalcino (S. 317) hütet, ist so einzigartig, dass es auf der Welterbeliste der Unesco steht. Tourtipp: Vormittags eine der Abteien besuchen, dann eine Rundfahrt über einige der entzückenden Nebensträßchen des Tals und den Rest des Tages bei einem ausgedehnten Mittagsmahl mit Brunello vertrödeln – viel Besseres hat das Leben nicht zu bieten. Oben rechts: Bauernhof mit Weinberg, Val d'Orcia

Duomo, Florenz

9 Der Dom (S. 68) ziert unzählige Postkarten. Er ist nicht nur das spektakulärste Bauwerk von Florenz, sondern eins der berühmtesten Architekturdenkmäler von ganz Italien. Seine mehrfarbige Marmorfassade ist wunderschön, aber wirklich einzigartig ist die kolossale rote Ziegelkuppel von Filippo Brunelleschi, eine der größten architektonischen Leistungen aller Zeiten.

9

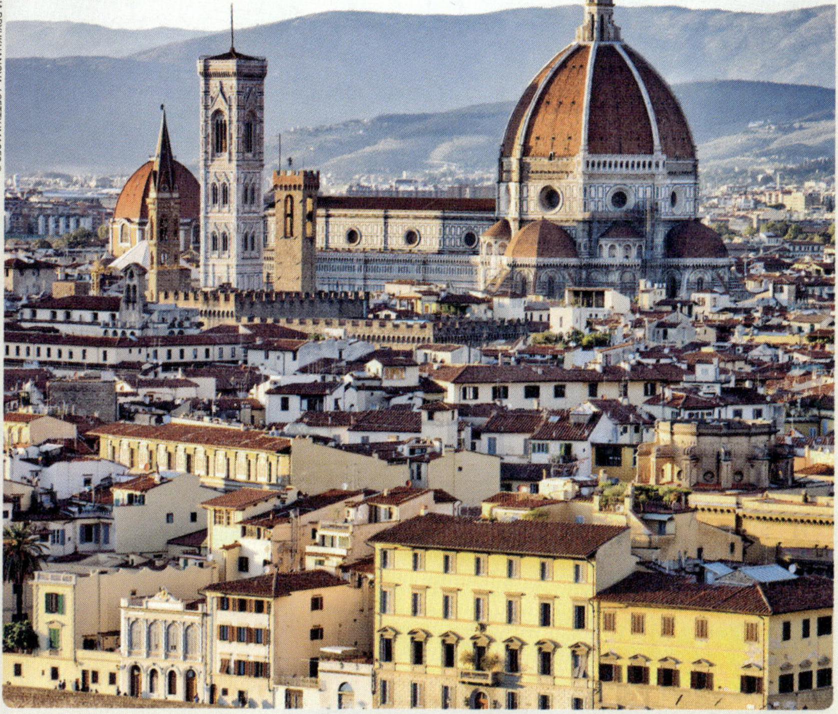

Die Garfagnana

10 In den Bergen nördlich von Lucca (S. 170) locken die Früchte des Waldes (Kastanien, Honig und Pilze), Wanderungen durch Wildblumenwiesen und gemächliche Touren von einem mittelalterlichen Bergdorf zum nächsten. Am besten quartiert man sich in einem *agriturismo* ein und verbringt seine Tage mit Wandern, Mountainbiking und Schlemmen. Von hier ist es nicht weit zu den Stränden und Künstlerorten der Versilia – aber wer dieses touristenfreie Eckchen der Toskana entdeckt hat, will meist gar nicht mehr weg. Rechts: der Serchio, Garfagnana

10

UNIVERSAL IMAGES GROUP / DEAGOSTINI / ALAMY ©

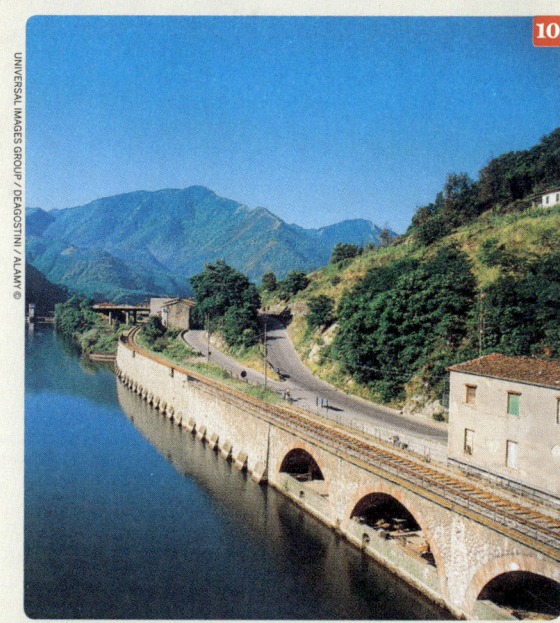

Piazza dei Miracoli, Pisa

11 Wer auf dieser Piazza (S. 148) steht, spürt den Hauch der Geschichte. Das Ensemble romanischer Kirchenbauten, die Gott verherrlichen und bürgerlichen Reichtum zur Schau stellen sollten (und das nicht unbedingt in dieser Reihenfolge), beeindruckt durch seine außergewöhnliche architektonische Harmonie. Von der Akustik des Baptisteriums über Giovanni Pisanos marmorne Kanzel im Dom bis zur spektakulären Schieflage des weltberühmten Turms (S.149) ist dieser Platz tatsächlich voller Wunder.

Kunst in Arezzo

12 Die größte Stadt der östlichen Toskana liegt weitab der Touristenpfade, hat aber jede Menge zu bieten. Ihre Hauptattraktion ist der Freskenzyklus *Legende vom wahren Kreuz* von Piero della Francesca in der Chiesa di San Francesco (S. 273). Außerdem gibt es noch drei Kirchen und vier Museen mit bedeutender Kunst. Am ersten Wochenende im Monat kann man mit Glück sogar Meisterwerke zum Mitnehmen ergattern: Der Antiquitätenmarkt gehört zu den berühmtesten in Italien. Oben: Pieros *Legende vom wahren Kreuz*

Vespa-Touren

13 Was könnte italienischer sein, als auf einer Vespa (S. 155) durch die toskanische Landschaft zu knattern und unterwegs bei Weingütern, mittelalterlichen *pievi* (Dorfkirchen) und Hügelstädtchen haltzumachen? Der berühmte Motorroller, von seinem ursprünglichen Hersteller Enrico Piaggio *vespa* (Wespe) getauft, ist allgegenwärtig und das ideale Verkehrsmittel für eine entspannte Rundfahrt. Für ein, zwei traumhafte Tage braucht es nicht mehr als eine Straßenkarte und ein paar Zutaten für's Gourmetpicknick.

Per Drahtesel durch Lucca

14 Luccas Version des Giro d'Italia ist kürzer und gar nicht strapaziös. Ein Leihfahrrad, ein Picknickkorb und schon geht es los durch die gepflasterten Sträßchen und über die Piazze der Stadt (S. 156), mit Zwischenstopps bei architektonisch bedeutenden Kirchen, von denen es mehr als genug gibt. Im Anschluss lockt der beliebte Radweg oben auf dem Stadtwall (S. 159; ein Riesenspaß!) oder eine Rundfahrt durch die Umgebung zu Prunkvillen mit gezirkelten Gartenanlagen oder lauschigen Parks. Oben: Piazza Anfiteatro, Lucca

DAMIEN SIMONIS / GETTY IMAGES ©

Die Apuanischen Alpen entdecken

15 Das schroffe Gebirge im Parco Regionale delle Alpi Apuane (S. 170) lockt Wanderer, Radfahrer und Autoreisende mit Touren zwischen abgelegenen Bauernhöfen, mittelalterlichen Einsiedeleien und Bergdörfern. Besonders spektakulär sind die Berghänge hinter der Stadt Carrara (S. 175), deren Marmorsteinbrüche seit der Römerzeit ausgebeutet werden. Im Dörfchen Colonnata (S. 176) gibt es *lardo di colonnata* (hauchfeine Speckscheiben) zu kosten, eine legendäre Leckerei der Toskana.

Aperitivo

16 Die Toskaner genehmigen sich gern das eine oder andere Gläschen und wer wollte es ihnen verdenken? Besucher sollten sich das altehrwürdige Ritual des *aperitivo* (Drink mit Appetithäppchen vor dem Abendessen; S. 40) oder das neuere Phänomen der *apericena* (Drinks zum üppigen Snackbufett, das als Abendessenersatz dienen kann) ruhig zu eigen machen. Nach einer gemächlichen *passeggiata* (frühabendlicher Spaziergang) schmeckt der *aperitivo* am besten, und in den größeren Städten gehört das Leutegucken unbedingt dazu. *Salute!*
Oben rechts: Bruschetta

Der Pilgerweg der Franziskaner

17 Das Santuario della Verna (S. 285) in der Osttoskana und die Hügelstadt Assisi (S. 286) im benachbarten Umbrien, zwei der wichtigsten christlichen Pilgerziele der Welt, verzaubern mit ihrem Mix aus Landschaft, Kunst, Geschichte und Religion. Vom windumtosten Kloster im Casentino, wo der hl. Franz seine Wundmale empfangen haben soll, geht es weiter zu seinem Geburtsort. Giottos grandioser Freskenzyklus in der Oberkirche der Basilika lässt niemanden unberührt. Gegenüber oben: Basilica di San Francesco (S. 286). Assisi

Geschlechtertürme in San Gimignano

18 Sie prägen eine zauberhafte Skyline, beherbergen den Besitz alter Familien oder moderne Kunst und führen einem die Geschichte vor Augen: Die mittelalterlichen Geschlechtertürme von San Gimignano (S. 232) sind echte Wahrzeichen der Toskana. Besucher können den Torre Grossa des Palazzo Comunale besteigen und im Schatten der übrigen Türme flanieren, um über den Bürgerstolz und die nachbarliche Rivalität zu sinnieren, denen das Hügelstädtchen seine unverwechselbare Erscheinung verdankt.

18

BUENA VISTA IMAGES / GETTY IMAGES ©

Gut zu wissen

Mehr Infos unter Praktische Informationen (S. 340)

Währung
Euro (€)

Sprache
Italienisch

Visa
EU-Bürger und Schweizer brauchen für Italien kein Visum.

Geld
Dichtes Netz von Geldautomaten. Die meisten Hotels und viele Restaurants akzeptieren Kreditkarten; Ausnahmen sind im Text vermerkt.

Handy
Mit europäischen Handys kann man in der gesamten Toskana mobil telefonieren. Mit einer italienischen SIM-Karte sind Inlandsgespräche billiger.

Zeit
MEZ

Reisezeit

Warme bis heiße Sommer, milde Winter

Florenz REISEZEIT ganzjährig

Livorno REISEZEIT Mai–Okt.

Arezzo REISEZEIT ganzjährig

Siena REISEZEIT ganzjährig

Grosseto REISEZEIT März–Okt.

Hauptsaison
(Mai, Juni, Sept., Okt.)

➡ Die Übernachtungspreise steigen um bis zu 50 %.

➡ Ideales Reisewetter, aber teils großer Besucherandrang.

➡ Von Juni bis September finden die großen Festivals statt.

Zwischensaison
(April, Juli & Aug.)

➡ Im April herrscht angenehmes Wetter und ein vernünftiges Preisniveau.

➡ Im Hochsommer ist es im Binnenland heiß und an der Küste voll.

➡ Sehenswürdigkeiten sind im Sommer meist bis Sonnenuntergang geöffnet.

Nebensaison
(Nov.–März)

➡ Genügend Unterkünfte zu günstigen Preisen, aber viele Hotels sind geschlossen.

➡ Manche Touristeninformationen schließen.

➡ Viele Restaurants machen Betriebsferien.

REISEPLANUNG GUT ZU WISSEN

Websites

Turismo in Toscana (www.tu rismo.intoscana.it) Website der toskanischen Tourismusbehörde

Toscana & Chianti News (www.toscanaechiantinews. com) Nachrichten und Veranstaltungstipps

Firenze Made in Tuscany (www.firenzemadeintuscany.it) Lifestyle-Website

Informacittà Toscana 24hr (www.informacitta.net, auf Italienisch) Veranstaltungstipps

Artrav (www.artrav.com) Florenz-Blog

Lonely Planet (www.lonely planet.com/italy/tuscany) Jede Menge praktische Infos

Wichtige Telefonnummern

Ländervorwahl Italien	☏0039
Rettungswagen (aus dem Festnetz kostenlos)	☏118
Polizei (aus dem Festnetz kostenlos)	☏113
EU-weite Notrufnummer & alle Notdienste vom Handy	☏112

Wechselkurs

Schweiz	1 €	1,23 sFr
	1 sFr	0,81 €

Aktuelle Wechselkurse siehe www.xe.com.

Tagesbudget

Budget: bis 70 €

➡ Bett im Schlafsaal: 20–40 €
➡ Panini: 4 €
➡ Viele Sehenswürdigkeiten mit freiem Eintritt
➡ Abendessen in der Trattoria: 20 €
➡ Kaffee an der Bar: 1 €

Mittelklasse: 70–200 €

➡ DZ im Mittelklassehotel: 100–200 €
➡ Abendessen im Restaurant: 35 €
➡ *Aperitivo*: 8 €
➡ Museumseintritt: 5 €
➡ Wandertour: 10–50 €

Gehoben: über 200 €

➡ DZ im Spitzenhotel: ab 200 €
➡ Abendessen toskanisch-modern: 50 €
➡ Kaffee auf einer Caféterrasse: 4 €
➡ Fremdenführer: 3 Std./150 €

Öffnungszeiten

Im Allgemeinen:

Banken Mo–Fr 8.30–13.30, 15.30–16.30 Uhr

Restaurants 12.30–14.30, 19.30–22 Uhr

Cafés 7.30–20 Uhr

Bars & Kneipen 10–1 Uhr

Geschäfte Mo–Sa 9–13, 15.30–19.30 (oder 16–20) Uhr

Ankunft in der Toskana

Internationaler Flughafen Pisa Bus – 1,10 € nach Pisa-Zentrum, 5 € nach Florenz-Zentrum. Zug – 2,50 € zur Stazione Pisa Centrale, 7,80 € zur Stazione di Santa Maria Novella in Florenz (oft mit Umsteigen in Pisa Centrale). Taxi – 10 € nach Pisa-Zentrum.

Flughafen Florenz Bus – 6 € nach Florenz-Zentrum. Taxi – 20 € Festpreis nach Florenz-Zentrum, plus 1 € pro Gepäckstück und Aufschläge für Nacht-, Sonn- und Feiertagsfahrten.

Unterwegs vor Ort

Auto Zweifellos die beste Wahl, um die schöne Landschaft und die Hügelstädtchen zu erkunden. Viele größere und kleinere Städte haben eine *Zona a Traffico Limitato* (ZTL; verkehrsberuhigte Zone) in der Altstadt, in die nur Anwohner einfahren dürfen. Bei Verstößen wird ein saftiges Bußgeld fällig.

Bus Es gibt ein einigermaßen flächendeckendes regionales Busnetz. Expressbuslinien (*corse rapide*) verbinden Florenz und Siena; auf anderen Strecken ist u. U. mit langen Fahrtzeiten zu rechnen.

Zug Hochgeschwindigkeitszüge verbinden Florenz, Arezzo und Cortona sowie Grosseto, Livorno und Pisa. Regionalzüge verkehren zwischen Florenz, Lucca und Pisa.

Mehr zum Thema **Unterwegs vor Ort** s. S. 346.

Die Toskana für Einsteiger

Mehr Infos unter Praktische Informationen (S. 340)

Checkliste

➡ Ist der Personalausweis/ Reisepass noch gültig?

➡ EU- oder Internationalen Führerschein besorgen

➡ Ggf. Schüler-, Studenten- oder Lehrerausweis besorgen (S. 344)

➡ Reiseversicherung abschließen (S. 345)

➡ Unterkünfte und Tickets für beliebte Sehenswürdigkeiten reservieren

➡ Tickets für Konzerte und andere Kulturveranstaltungen reservieren

Ins Gepäck gehören

➡ Straßenkarte und Navi füs Auto (kann bei Mietwagen mitgebucht werden)

➡ Reiseadapter

➡ Sonnenschutzmittel, -hut und -brille – die toskanische Sonne heizt ganz schön ein!

➡ Regenschirm und/oder Regenjacke – außer im Hochsommer

➡ Korkenzieher – italienische Winzer halten nichts von Schraubverschlüssen

➡ Solide Wanderschuhe für Kopfsteinpflaster und holprige Feldwege

Top-Tipps

➡ Immer etwas Bargeld dabeihaben. Automatentankstellen nehmen u. U. keine ausländischen Kreditkarten und in manchen Restaurants und Hotels kann man nur bar bezahlen.

➡ Nicht nur aufs Navi verlassen – es ist sicherer, die Route mit einer gedruckten Straßenkarte abzugleichen.

➡ In und um *palazzi comunale* (Rathäuser) und Touristeninformationen gibt es oft kostenlosen WLAN-Zugang.

➡ Für Feinschmecker lohnt sich der Kauf des Slow-Food-Führers *Osterie d'Italia* oder der Gambero-Rosso-Führer *Ristoranti d'Italia* oder *Bar d'Italia*. Sie sind in vielen Buchläden erhältlich (nur auf Ital.).

Richtig angezogen

Stilbewusstsein ist für die Toskaner ganz wichtig. Sie legen großen Wert auf Kleidung und eine gepflegte Gesamterscheinung. Shorts und Flipflops sind hier nur etwas für den Strand. Zum Besuch von Restaurants, Clubs und Bars sollte man sich lieber zu schick als zu leger anziehen. Lässigelegante Outfits passen fast immer; Turnschuhe und Jeans sind abends nicht so gern gesehen.

In Kirchen nicht zu viel nackte Haut zeigen (keine Shorts, kurzen Röcke oder schulterfreien Oberteile). An den meisten Stränden ist „oben ohne" oder gar hüllenloses Baden tabu.

Unterkünfte

Unterkünfte möglichst frühzeitig buchen. Das gilt vor allem für Frühjahr, Sommer und Herbst, wenn gute Zimmer in Hotels und *agriturismi* (Unterkünfte auf Bauernhöfen) knapp werden können. Mehr Infos zu Unterkünften gibt es auf S. 33.

➡ **Agriturismi** Die Unterkünfte auf Bauernhöfen oder Weingütern sind phantastisch für Besucher mit Auto und ganz besonders für Reisende, die Kinder im Schlepptau haben.

➡ **Boutiquehotels** Der aktuelle Trend in der Toskana und die ideale Wahl für zahlungskräftige Städtereisende.

➡ **B&Bs** Oft altmodisch, immer gemütlich und preisgünstig.

Geld

Kredit- und Bankkarten werden vielerorts akzeptiert. Visa und MasterCard sind am Weitesten verbreitet. American Express nehmen nur die internationalen Hotelketten, Luxusboutiquen und große Kaufhäuser. In Restaurants vor der Bestellung fragen, ob Kartenzahlung möglich ist; in den meisten Bars und Cafés ist das nicht der Fall. Normalerweise wird die Kartenzahlung mit PIN-Eingabe autorisiert.

An den allgegenwärtigen Geldautomaten (bancomat) kann man meist auch mit der Kreditkarte Bargeld ziehen; dafür fallen aber höhere Gebühren an. Postämter und Wechselstuben (cambio) tauschen Bargeld oder Reiseschecks ein.
Mehr Infos s. S. 341.

Feilschen

Die Toskaner feilschen nicht und Besucher sollten ihrem Beispiel folgen.

Trinkgeld

➡ **Taxis**
Den Fahrpreis auf den vollen Euro aufrunden.

➡ **Restaurants**
Viele Einheimische geben gar kein Trinkgeld. Besucher lassen normalerweise 10–15 % Trinkgeld liegen, wenn kein Bedienungsgeld in der Rechnung enthalten ist.

➡ **Cafés**
Für einen Kaffee an der Theke eine Münze (10 Cent tun's), am Tisch 10 % liegen lassen.

➡ **Hotels**
Gepäckträger erwarten meist 1–2 € pro Gepäckstück, das Reinigungs- und Empfangspersonal gar nichts.

Sprache

Da der Tourismus für die Toskana ein wichtiger Wirtschaftsfaktor ist, sprechen viele Einheimische Englisch oder Französisch, manche auch Deutsch. Wer aber ein paar grundlegende Formulierungen auf Italienisch beherrscht, kommt leichter zurecht.
Mehr Infos dazu gibt es auf S. 352.

 Was ist die Spezialität dieser Region?
Qual'è la specialità di questa regione?
kwa·lä la spe·tscha·li·ta di kwes·ta·rä·dscho·ne

Wo einst mittelalterliche Stadtstaaten rivalisierten, konkurrieren die Regionen heute um die besten Delikatessen und Weine.

 Welche Kombitickets haben Sie?
Quali biglietti cumulativi avete?
kwa·li bi·liät·ti ku·mu·la·ti·wi a·we·te

Ein prima Spartrick sind Kombitickets für verschiedene Attraktionen; es gibt sie in allen größeren italienischen Städten.

 Wo gibt es Designerschnäppchen?
C'è un outlet in zona? *tschä un aut·let in so·na*

Die Mode-Outlets in den Großstädten bieten B-Ware, Warenmuster und Ausrangiertes für *la bella figura* zum Schnäppchenpreis.

➍ **Ich bin mit meinem Mann/Freund hier.**
Sono qui con il mio marito/ragazzo.
ßo·no kwi konn il mi·o ma·ri·to/ra·gat·tso

Allein reisende Frauen sollten unerwünschte Casanovas am besten ignorieren; ansonsten hilft vielleicht eine höfliche Abfuhr.

Etikette

➡ **Begrüßung**
Begrüßung mit Handschlag, Augenkontakt und *buongiorno* (Guten Tag), *buonasera* (Guten Abend) oder *piacere* (sehr erfreut). Zwischen guten Bekannten sind Luftküsse auf beide Wangen (erst links, dann rechts) üblich.

➡ **Höflichkeitsfloskeln**
Mi scusi – Entschuldigung, um jemanden anzusprechen oder sich zu entschuldigen; *grazie (mille)* – danke (sehr); *per favore* – bitte; *prego* – bitte schön! oder bitte nach Ihnen – *permesso* – Entschuldigen Sie, z. B. wenn man in einer Menschenmenge an jemandem vorbei will.

➡ **Cafés**
In einer Espressobar hält man sich nicht lange auf, sondern räumt nach dem Kaffeegenuss den Platz. Es heißt nicht ohne Grund „espresso".

➡ **Körpersprache**
Grob beleidigend ist ein Kreis aus zwei Händen („Ich tret dich in den Hintern.") oder aus Zeigefinger und Daumen („Du bist wohl schwul.") sowie das Hochstrecken von Zeige- und kleinem Finger („Deine Frau setzt dir Hörner auf.").

➡ **In Kirchen** Auf keinen Fall den Gottesdienst stören.

Was gibt's Neues?

Antinori nel Chianti Classico, Bargino, Chianti

Die spektakuläre Architektur der 2013 eröffneten Kellerei stammt von dem Florentiner Marco Casamonti, bis hin zum verglasten Verkostungsraum, der über den Fässern des Weinkellers schwebt. (S. 229)

La Bandita Townhouse, Pienza

Die Inhaber des hoch gelobten Landhotels La Bandita im Val d'Orcia haben in der als Welterbe geschützten Altstadt von Pienza ein Kloster aus der Renaissancezeit zu einem reizenden Boutiquehotel nebst Café umgebaut. (S. 246)

Grande Museo del Duomo, Florenz

Nach fast dreißigjähriger Restaurierung sind Lorenzo Ghibertis vergoldete Bronzetüren aus dem Battistero di San Giovanni jetzt im frisch gestylten Dommuseum zu bewundern. (S. 69)

Gucci Museo & Caffè, Florenz

Als Pilgerziel für Modejüngerinnen lockt das superschicke Museum/Café, das die berühmte Modemarke vor Kurzem im Palazzo della Mercanzia (14. Jh.) an der Piazza Signoria eröffnete. (S. 73)

Museo di San Mamiliano, Sovana

2004 hoben Archäologen den aufregenden Schatz aus 498 römischen Goldmünzen, der in diesem neuen Museum an Sovanas historischer Hauptstraße aus der Römerzeit ausgestellt ist. (S. 264)

Giardino Torrigiani, Florenz

Ein Marchese und seine Frau führen Besucher durch den größten mauerumschlossenen Garten Europas. (S. 89)

Slow-Food-Büro, San Miniato

Das neu eröffnete Büro zementiert das Feinschmecker-Image der Stadt und bietet Beratung und Vermittlung für Verkostungen, Führungen, Kellerei-Besuche, Weinrundfahrten und andere gaumenschmeichelnde Aktivitäten. (S. 169)

Surfer Joe's Diner, Livorno

Der Diner-Imbiss im Stil der 1950er-Jahre verleiht der Uferpromenade von Livorno eine Prise kalifornisches Lebensgefühl. (S. 190)

LAB Pasticceria, Arezzo

Unwiderstehliche Gebäckkreationen werden im ultraschicken Innenhof dieses Cafés an Arezzos eleganter Shoppingmeile Corso Italia serviert. (S. 278)

Relais Baia Bianca, Elba

Die traumhaften Designerapartments in blendendem Weiß säumen den goldenen Sandstrand von La Biodola. (S. 204)

Hotel Alma Domus, Siena

Das Klosterhotel, das heute noch sechs Dominikanerinnen beherbergt, bietet nach gründlicher Renovierung ebenso stilvolle wie komfortable Zimmer mit toller Aussicht zum günstigen Preis. (S. 221)

Noch mehr Tipps und Empfehlungen gibt es unter lonely planet.com/italy/tuscany

Wie wär's mit...

Essen

Bistecca alla fiorentina Saftig-aromatisches T-Bone-Steak vom Holzkohlegrill, das noch blutig und ohne weiteren Schnick-schnack auf den Teller kommt. Am besten im Val di Chiana, wo es zur regionalen Kunstform erhoben wurde.

Chianti Die Heimat des berühmtesten italienischen Weins und Wiege der modernen toskanischen Küche gehört zum Pflichtprogramm echter Feinschmecker.

Antipasto Toscano Nach guter alter Sitte gibt es zum Auftakt einer Mahlzeit eine Platte mit Wurst und Schinken, *pecorino* (Schafskäse) und *crostini*, kleine Toastbrote mit Hühnerleberpastete.

Früchte des Waldes Ein Streifzug durch die hiesigen Wälder lohnt sich besonders im Herbst, wenn Trüffeln, Steinpilze und Kastanien reifen. Den Spaß einer Trüffelsuche sollte man unbedingt mitmachen.

Wein

Aperitivo Die Florentiner treiben einen wahren Genießerkult um ihre *aperitivi* (Drinks und Snacks vor dem Abendessen) und *apericena* (Drinks mit üppigen Snacks statt Abendessen).

In den wunderbaren Weinlokalen der Stadt kann jeder für sich selbst herausfinden, was an der Sache dran ist.

Strade del Vino Unvergessliche Ausflüge versprechen die vielen Weinstraßen, die zu Weingütern, *cantine* (Kellereien) und Erzeugern traditioneller Spezialitäten führen.

IGTs Wer die Tropfen probieren möchte, die von der internationale Weinpresse als „Supertoskaner" gepriesen werden, fährt am besten nach Bolgheri an der Etruskerküste, dem Herkunftsort der revolutionären Sassicaia-Weine.

Montalcino Ein wichtiger Termin für Weinfreunde ist die Präsentation des aktuellen Brunello-Jahrgangs im Februar: Genuss pur.

Architektur

Siena Das historische Zentrum der Stadt mit dem Dom als krönendem Mittelpunkt ist so etwas wie ein Freilichtmuseum der italienischen Gotik. (S. 216)

Florenz Vom Scheitelpunkt der Domkuppel von Brunelleschi aus offenbart sich das Stadtbild in seiner ganzen Renaissance-pracht. (S. 68)

Florenz für Insider Jeder besucht den Dom, doch kundige Architekturfans zieht es zu Brunelleschis weniger bekannten Bauwerken: dem Ospedale degli Innocenti (S. 80) und der Cappella de' Pazzi (S. 81).

Pisa Die Piazza dei Miracoli rechtfertigt ihren Namen (Platz der Wunder) mit einem monumentalen Ensemble romanischer Bauten, die auf unsicherem Untergrund dem Zahn der Zeit getrotzt haben. (S. 148)

Renaissancekunst

Uffizien Besser geht's nicht. Die Kunstsammlung der Medici ist so wundervoll, dass nicht einmal Superlative zu ihrer Beschreibung ausreichen. (S. 64)

Museo Civico Im Palazzo Comunale von Siena dominiert die weltliche Malerei. Die Attraktion ist

WIE WÄR'S MIT ... OPER?

Ein besonderes Fest für Opernfreunde ist das Konzert, das Superstar Andrea Bocelli jedes Jahr im Juli im eigens dafür gebauten Teatro del Silenzio in Lajatico gibt (S. 171).

REISEPLANUNG WIE WÄR'S MIT...

Ambrogio Lorenzettis Fresken-zyklus *Allegorien der guten und der schlechten Regierung.* (S. 214)

Piero della Francesca Auf einer Tour durch die östliche Toskana kann man einige Werke des gro-ßen Malers besuchen, wie die sanftmütige *Madonna del Parto* und die meisterlich in Szene gesetzte *Legende vom wahren Kreuz.* (S. 282)

Collegiata Im Dom von San Gimignano sind ein mittelalterli-cher Comicstrip und Domenico Ghirlandaios Huldigung an die hl. Fina zu bestaunen. (S. 233)

Moderne Kunst

Castello di Ama In dem weit-läufigen Park des Weinguts im Chianti haben sich einige Berühmtheiten der Kunst-szene verewigt. (S. 232)

Fattoria di Celle Der Industrielle Giuliano Gori gab für sein großes Familienanwesen bei Pistoia eine Reihe außergewöhnlicher Kunst-werke in Auftrag. (S. 167)

Galleria Continua Eine der eindrucksvollsten Galerien für moderne Kunst in Europa hat sich ausgerechnet im Zentrum des mittelalterlichen San Gimi-gnano eingenistet. (S. 233)

Giardino dei Tarocchi Ein eigenwilliges Herzenswerk der französisch-amerikanischen Künstlerin Niki de Saint Phalle ist der Skulpturengarten südlich von Grosseto. Die Figuren sind von der Symbolik von Tarotkar-ten inspiriert. (S. 270)

Naturlandschaften

Parco Nazionale dell'Arcipelago Toscano Das größte Meeres-schutzgebiet Europas umfasst den gesamten Toskanischen

(Oben) Cappella de' Pazzi (S. 81), Florenz
(Unten) Herbststimmung im Chianti (S. 225)

Archipel, dessen Mittelpunkt die zauberhafte Insel Elba ist. (S. 197)

Parco Regionale Migliarino, San Rossore, Massaciuccoli Vom Schiefen Turm in Pisa aus blickt man über das Vogelparadies westlich der Stadt, das sich zu Fuß, per Fahrrad, hoch zu Ross oder in einer Pferdekutsche erkunden lässt. (S. 46)

Apuanische Alpen Das leuchtende Weiß der Berge hinter der Stadt Carrara ist kein Schnee: Hier erstrecken sich die ausgedehnten Steinbrüche, in denen schon seit der Römerzeit kostbarer Marmor abgebaut wird. (S. 170)

Casentino In der nordöstlichen Ecke der Region locken dichte Wälder, kristallklare Flüsse und versteckte Klöster, die hier im Mittelalter gegründet wurden. (S. 281)

Landschafts- routen

Auf den Provinzstraßen, abseits der *autostrade*, lässt sich die echte Toskana „erfahren". Sie bieten jede Menge Gelegenheiten für Kulturstopps, Wanderungen durch die schöne Natur und leckere Mahlzeiten.

Passo del Vestito Die spektakuläre Passstraße führt von Castelnuovo di Garfagnana nach Massa an der versilianischen Küste. (S. 174)

Elba in der Nebensaison Wer clever ist, wartet, bis die Touristenhorden die Insel wieder verlassen haben, um die überwältigende Straße zu befahren, die sich an der Südwestküste

---

WIE WÄR'S MIT ... BIBLIOTHEKEN?

Zwei mächtig beeindruckende Beispiele aus der Renaissance sind die Biblioteca Medicea Laurenziana (S. 77) in Florenz und das Museo delle Tavolette di Biccherna (S. 219) in Siena.

---

der Insel entlangschlängelt. Das bezaubernde Hügelstädtchen Capoliveri eignet sich für einen Zwischenstopp und ein gutes Fischessen. (S. 207)

Das Val d'Orcia Die toskanische Bilderbuchlandschaft bezaubert mit ihren sanften, zypressenbestandenen Hügeln. (S. 242)

Chianti Hier scheint jede Straße zu perfekt gepflegten Weinbergen und Olivenhainen, Bauernhäusern aus honigfarbenem Stein, romanischen *pievi* (Dorfkirchen) und imposanten Burgen zu führen. (S. 225)

Gärten

Giardino Torrigiani In einem geheimen Winkel mitten in Florenz versteckt sich dieser Garten aus dem 19. Jh. mit seltenen Baumarten, englischen Rasenflächen, Kräuter- und Gemüsegärtchen, Löwenskulpturen, einem prachtvoll restaurierten Gewächshaus und Überresten der 1544 unter Cosimo I. erbauten Stadtmauer. (S. 89)

Villa Grabau Die weitläufige, teils englisch, teils italienisch gestaltete Gartenanlage der klassizistischen Villa bei Lucca erfreut mit Springbrunnen, über 100 Zitronenbäumen in Terrakottakübeln und einer pittoresken Orangerie. (S. 157)

Orto de' Pecci Diese idyllische Oase in Siena umfasst einen genossenschaftlichen Biobauernhof, einen mittelalterlichen Garten und einen experimentellen Weinberg mit Klonen mittelalterlicher Weinstöcke. (S. 219)

Giardino di Boboli Das Paradebeispiel eines geometrisch angelegten florentinischen Gartens aus dem 16. Jh. (S. 88)

Pilgerziele

Via Francigena Teilstücke der mittelalterlichen Pilgerstrecke eignen sich für Wanderungen mit geschichtsträchtigen Zwischenstopps, etwa bei der Abbazia di Sant'Antimo. (S. 237)

Santuario della Verna In dem windumtosten Kloster im Casentino soll der hl. Franz von Assisi seine Stigmata empfangen haben. (S. 285)

Cattedrale di San Martino Seit Jahrhunderten kommen Pilger hierher, um den *Volto Santo* zu sehen: Das Kruzifix mit einem lebensgroßen, dunkelhäutigen Christus ist das meistverehrte Kultbild der Stadt Lucca. (S. 159)

Assisi Der Geburtsort des hl. Franz und der hl. Klara ist der zweitwichtigste Wallfahrtsort Italiens (nach Rom). (S. 286)

Monat für Monat

Februar

Nicht vor Ende des Monats erwachen die Einheimischen langsam aus dem Winterschlaf. In den Bergen kann es noch klirrend kalt sein, und die windumtosten Hügelstädtchen wirken oft wie ausgestorben.

Carnevale di Viareggio

40 Tage vor Beginn der Fastenzeit startet in Viareggio der Straßenkarneval, der einen ganzen Monat lang mit Feuerwerk, Umzügen und endloser Party gefeiert wird. (S. 181)

März

In den Wochen vor Ostern machen sich in der Bevölkerung Frühlingsgefühle

bemerkbar. Viele Stammgäste kommen jetzt, solange noch Nebensaison-Preise gelten und der Andrang sich in Grenzen hält.

Settimana Santa

Die Karwoche wird in Assisi im benachbarten Umbrien mit Prozessionen und Passionsspielen zelebriert. Zu den Osterritualen in der Region gehört u. a. der Scoppio del Carro (Explosion des Karrens) am Ostersonntag in Florenz.

April

Wildblumen färben die Landschaft bunt, die Marktstände biegen sich unter der neuen Ernte, und klassische Musik erklingt an stimmungsvollen Aufführungsorten. Ostern geht die Touristensaison richtig los.

☆ Maggio Musicale Fiorentino

Das älteste Kulturfestival Italiens bringt von April bis Juni Theater, klassische Musik, Jazz und Tanz auf Weltklasseniveau auf die Bühne des Teatro del Maggio Musicale Fiorentino (www.maggiofiorentino.com) in Florenz. (S. 94)

Mai

Vom späten Frühjahr bis zum Herbstbeginn bieten die Mittelalterfeste der größeren und kleineren Städte ein Ventil für alte Nachbarschaftsrivalitäten und die heutige Begeisterung für Straßenfeste.

 Balestro del Girifalco

In Massa Marittima werfen sich Teams aus den drei *terzieri* (Bezirken) in Mittelalterkluft und kämpfen mit der Armbrust um Trophäen. Das Ganze findet am ersten Sonntag nach dem 20. Mai und ein zweites Mal im Juli oder August statt. (S. 255)

 Giostra dell'Archidado

Noch mehr Schützen, diesmal in Cortona, wo das einwöchige Mittelalterfest Ende Mai oder im Juni in einem spannenden Wettstreit zwischen Vertretern der fünf Stadtviertel gipfelt. (S. 287)

Juni

Es ist Sommer und, ja, das Leben ist süß. Anfang Juni ist der ideale Zeitpunkt für

eine Rundfahrt über die paradiesische Insel Elba. Außerdem beginnt die Saison, um nach Herzenslust Meeresfrüchte und Erdbeeren zu futtern.

✴✴ Luminaria

Am Abend des 16. Juni entzünden die Pisaner zu Ehren des Schutzheiligen ihrer Stadt Tausende von Kerzen und Fackeln am Ufer des Arno und veranstalten ein spektakuläres Feuerwerk.

✴✴ Giostra del Saracino

Am dritten Samstag im Juni und am ersten Sonntag im September zelebriert Arezzo mit viel Getöse ein Mittelalterturnier mit extravaganter Kostümierung und erbitterter Konkurrenz der Stadtviertel. (S. 277)

☆ San Gimignano Estate

Von Juni bis September wird auf den Straßen, Piazzas und in den historischen Gebäuden des Städtchens ein beliebtes Sommerprogramm mit Oper, Filmen, Konzerten, Theater und Tanz geboten (www.sangimignano.com).

Juli

Radfahrer und Wanderer zieht es in die Berge. Alle anderen strömen an die Strände, was die Übernachtungspreise im Binnenland purzeln lässt. Sommerliche Musikfestivals haben Hochkonjunktur.

(Oben) Umzug beim Palio (S. 221), Siena
(Unten) Festwagen beim Carnevale di Viareggio (S. 181)

☆ Festivals in Cortona

Musikklänge verzaubern das Hügelstädtchen Cortona beim Festival Musica Sacra Anfang Juli und beim Cortona Mix Festival Ende Juli/Anfang August. (S. 287, S. 288)

☆ Musik in Montalcino

Ein, zwei Gläschen Brunello von Montalcinos Winzern veredeln den kultivierten Musikgenuss beim Internationalen Kammermusik-Festival des Städtchens. (S. 243)

☆ Puccini-Festival

Im Juli und August pilgern Opernfans aus aller Welt zum Opernfestival (www.puccinifestival.it) im kleinen Torre del Lago. Die Aufführungen finden auf einer Freilichtbühne am Seeufer neben dem Wohnhaus des großen Komponisten statt. (S. 161)

IL Palio

Die spektakulärste Veranstaltung im toskanischen Festkalender richtet die Stadt Siena am 2. Juli und 16. August aus. Mit farbenprächtigen Umzügen, einem wüsten Pferderennen und ganz viel Bürgerstolz steht der Palio beispielhaft für die lebendige Geschichte, die diese Region so unwiderstehlich macht. (S. 221)

☆ Lucca-Sommerfestival

Das einmonatige Musikfestival (www.summerfestival.com) importiert internationale Stars der Pop-, Rock- und Bluesmusik ins zauberhafte Lucca, wo sie ihre Kunst auf stimmungsvollen Plätzen unterm Sternenhimmel zu Gehör bringen.

August

Die Einheimischen nehmen ihren Jahresurlaub, und der städtische Alltag entschleunigt sich bis zum Schneckentempo. Das Klima kann drückend heiß werden, und die Strände sind überfüllt.

 Volterra AD 1398

Am dritten oder vierten Sonntag im August drehen die Bürger von Volterra die Zeit rund 600 Jahre zurück und strömen in historischen Kostümen auf die Straßen, um bei einem weiteren Mittelalterfest mitzumischen. (S. 240)

🏴 Bravio delle Botti

Am letzten Sonntag im August liefern sich Vertreter der acht *contrade* (Bezirke) von Montepulciano ein Rennen, bei dem sie 80 kg schwere Weinfässer bergauf rollen (www.braviodellebotti.com).

September

Im Herbst wird *La Vendemmia* (die Weinlese) gefeiert, und die Wälder steuern ihren ersehnten Segen köstlich duftender Steinpilze und mürber Kastanien bei.

🍷 Weingenuss in Greve

Der größte Ort des Weinbaugebiets Chianti hält in der ersten oder zweiten Septemberwoche seinen jährlichen Weinmarkt ab.

🏴 Palio della Ballestra

Am zweiten Sonntag im September putzen sich die Einwohner von Sansepolcro mittelalterlich heraus, um durch die Stadt zu paradieren und dem Armbrustturnier mit den Rivalen aus der umbrischen Nachbarstadt Gubbio beizuwohnen.

November

Jetzt kommen Gastronomen und Trüffelfans aus aller Welt, um sich mit den göttlichen weißen Trüffeln einzudecken.

⚔ Mostra Mercato Nazionale del Tartufo Bianco

Ein unverwechselbarer Duft zieht durch die Straßen von San Miniato, wenn hier an den drei letzten November-Wochenenden die Nationale Messe für weiße Trüffeln stattfindet. (S. 168)

Reiserouten

 **Nur das Beste**

Florenz ist der zwingende Ausgangspunkt einer „Best of"-Tour. Um der Stadt gerecht zu werden, sind mindestens drei Tage einzuplanen: einer für den Besuch der Uffizien, einer für einen ausgedehnten Bummel durch die Viertel San Marco und San Lorenzo und der dritte, um das Kunsthandwerkerviertel Oltrarno jenseits des Arno zu besuchen. Nach ausgiebigem Schlemmen, Süffeln, Shoppen und völliger Reizüberflutung durch Meisterwerke der Renaissance heißt es dann einen Gang zurückschalten, um zwei Tage innerhalb der Mauern der zauberhaften Stadt **Lucca** zu verbringen. Ein Leihfahrrad ist ideal, um die kopfsteingepflasterten Straßen und die mit Villen durchzogene Landschaft rundum zu erkunden. Am sechsten Tag geht es nach **Pisa**, hinauf auf den Schiefen Turm und nach dem Mittagessen weiter, um noch vor Sonnenuntergang für drei Nächte bei einem *agriturismi* im **Chianti** einzuchecken. Für die Folgetage stehen Weingüter, ein Tagesausflug nach **San Gimignano** oder **Volterra**, Skulpturengärten und die Köstlichkeiten der modernen toskanischen Küche auf dem Programm. Zwei Tage im gotischen **Siena** mit seinen Museen, Restaurants und Kirchen bilden den wunderbaren Abschluss der Reise.

1 WOCHE **Das Herz der Toskana**

Das sonnenverwöhnte Zentrum der Toskana bezirzt mit Landschaft, Wein und Architektur der Extraklasse. Den Anfang macht **Siena** mit seinen Glanzstücken der Gotik wie dem Museo Civico und der Opera della Metropolitana di Siena. Hier sollte man unbedingt *panforte*, das berühmte süße Gebäck der Stadt, probieren – am besten mit einem Glas des heimischen Vin Santo – und die stimmungsvollen Straßen und Piazze des perfekt erhaltenen *centro storico* (Altstadt) erkunden.

Nach drei Tagen geht es weiter nach Süden durch die überwältigende Landschaft der **Crete Senesi**, um die **Abbazia di Monte Oliveto Maggiore** zu besuchen und sich dann weiter südöstlich in oder um **Pienza** oder **Montepulciano** ein Quartier ür drei Nächte zu suchen. Es gibt hier reichlich Auswahl, von schicken Boutiquehotels über gemütliche *agriturismi* (Unterkünfte auf Bauernhöfen oder Weingütern) bis zu idyllisch gelegenen Villen. So ein Unterschlupf bietet Gelegenheit, das Val d'Orcia und das Val di Chiana zu erkunden, die Weinbauregion um **Montalcino** zu besuchen, in der **Abbazia di Sant'Antimo** gregorianischen Gesängen zu lauschen, durch die Ruinen der Zisterzienserabtei von **San Galgano** zu schlendern, sich in den heißen Kaskaden der **Bagni San Filippo** zu aalen und Spezialitäten wie Chianina-Rind, *cinta senese* (toskanische Schweinerasse), frischen *pecorino* (Schafskäse), aromatisches Olivenöl und zwei der besten Weine Italiens zu kosten: Brunello di Montalcino and Vino Nobile di Montepulciano. Als Dreingabe gibt es im Sommer vielleicht in einem der Orte ein Mittelalterfest zu erleben oder ein Konzert in einem Kloster, Palazzo oder auf einer Piazza zu genießen.

Als Ausklang der Rundreise durch diese idyllische Gegend lockt ein Abstecher über hübsche Nebensträßchen zum romantischen **San Gimignano** mit seinen mittelalterlichen Türmen, seinem üppig ausgemalten *duomo* und seinem kleinen, aber sehenswerten Stadt- und Kunstmuseum. Hier kann man sich Pasta mit der delikaten Safranwürze der Region schmecken lassen und mit ein oder zwei Gläschen des goldgelben Vernaccia des Städtchens auf die vielfältigen Reize der Toskana anstoßen – viel schöner kann das Leben nicht werden!

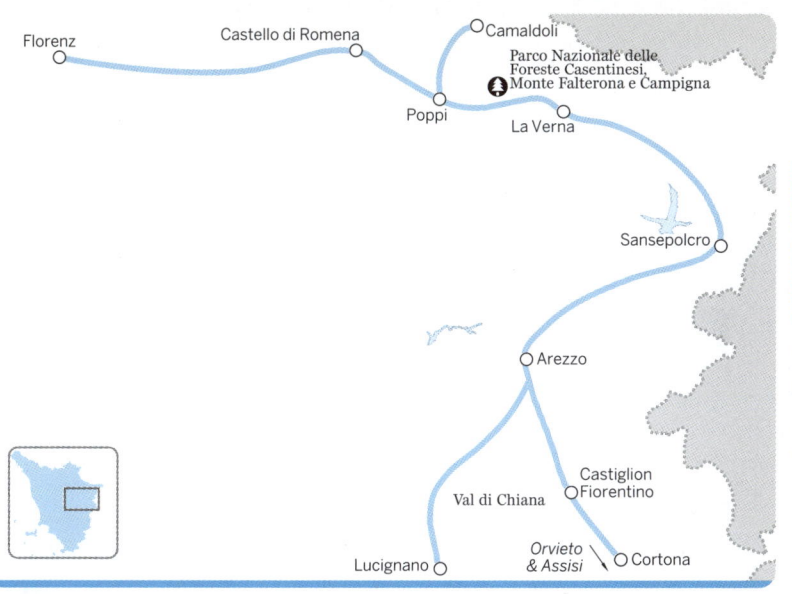

Der Osten

Viel Abwechslung verspricht diese Route, die bekannte Attraktionen mit faszinierenden Alternativen abseits der ausgetretenen Pfade verbindet. Auf drei Tage Renaissancepracht in **Florenz** folgt ein Schlenker nach Osten in die wenig besuchte Region des Casentino mit dem idyllisch abgelegenen **Parco Nazionale delle Foreste Casentinesi, Monte Falterona e Campigna**. Das befestigte Hügelstädtchen **Poppi** ist ein gutes Basislager, um sich drei Tage lang durch die leckere Küche der Gegend zu schnabulieren, die mittelalterlichen Klöster von **Camaldoli** und **La Verna** zu besuchen, um die malerische Ruine des **Castello di Romena** zu schlendern und sich den Nationalpark zu erwandern. Dann geht es gemächlich weiter südostwärts nach **Sansepolcro** mit seinen hübschen mittelalterlichen Kirchen, ausgezeichneten Restaurants und einem Museum mit Werken des großen Renaissancemalers Piero della Francesca.

Nach zwei Übernachtungen heißt es sich losreißen, um zum Ziel der Reise, dem Val di Chiana, vorzustoßen. Hier kann man einige angenehme Tage mit Essen, Trinken und Sightseeing zubringen. Dazu gehört auch ein Besuch der Provinzhauptstadt **Arezzo**, wo die Einheimischen gegenüber den Besuchern noch in der Überzahl sind. Ihr Highlight sind die Kirchen, wie die Cappella Bacci, Pieve di Santa Maria und der *duomo*. Danach keinesfalls die *passeggiata* (Abendpromenade) über den eleganten Corso Italia auslassen.

Besuchenswert sind auch einige mittelalterliche Hügelstädtchen in der Umgebung. **Castiglion Fiorentino** und **Lucignano** sind ausnehmend hübsch, können es aber nicht mit **Cortona** aufnehmen, das mindestens einen halbtägigen Ausflug verdient. Außer einem Spaziergang die gepflasterten Straßen zur Fortezza Medicea hinauf lohnt sich ein Besuch des Museo dell'Accademia Etrusca und des Museo Diocesano.

Auf der Weiterfahrt über die A1 südwärts Richtung Rom lädt der überwältigende Dom von **Orvieto** im benachbarten Umbrien zu einem Zwischenstopp ein, um Luca Signorellis berühmten Freskenzyklus *Das jüngste Gericht* zu bewundern. Eine Alternative wäre ein Abstecher ins umbrische **Assisi**, einen der berühmtesten Wallfahrtsorte von Italien. Giottos genialer Freskenzyklus über das Leben des hl. Franz in der Basilica di San Francesco lässt keinen Betrachter unbeeindruckt.

Pisa · Pontedera · San Miniato · Livorno · Volterra · Massa Marittima · Vetulonia · Società Agricola Terenzi · Parco Archeologico Città del Tufa · Sorano · Sovana · Pitigliano · Parco Regionale della Maremma · Laguna di Ponente · Lago di Burano

 Pisa & Umgebung

 Die Maremma

Die Tour startet in **Pisa**, wo Besucher leicht zwei Tage mit den Marmorkanzeln im Baptisterium und im Dom, den Gemälden und Skulpturen im Museo Nazionale di San Matteo und der exquisiten Fassade der Chiesa di Santa Maria della Spina beschäftigt sind. Den krönenden Abschluss bildet die Piazza dei Miracoli mit dem weltberühmten Turm, einem im wahrsten Sinne des Wortes schief gegangenen Bauprojekt. Der Vormittag des dritten Tags steht mit einem Besuch des Museo Piaggio in **Pontedera** ganz im Zeichen der Vespa, jenes berühmten Motorrollers. Dann geht es per Auto (oder Vespa) durch sanfte Hügel voller Olivenhaine und Weingärten, um im Feinschmecker-Mekka **San Miniato** nach Trüffeln zu stöbern und stilvoll zu nächtigen. Am nächsten Tag warten im spektakulär gelegenen **Volterra** im Val di Cecina Alabasterwerkstätten und ein außergewöhnliches Museum mit etruskischer Kunst. Nach zwei Übernachtungen vor Ort geht die Tour in der benachbarten Provinz und Stadt **Livorno** zu Ende. Sie ist Standort einer altehrwürdigen zentralen Markthalle und die Heimat des deliziösen Fischeintopfs *cacciucco* sowie des weltberühmten Sassicaia-Weins.

Die schönste Route für Fans der freien Natur führt durch den Süden der Region. Sie beginnt im ebenso reizenden wie touristenarmen mittelalterlichen Städtchen **Massa Marittima**. Hier kann man zwei Tage Museen besuchen und in rustikalen Lokalen die kulinarischen Spezialitäten und Weine der Maremma probieren. Am dritten Tag steht ein Besuch bei den Ausgrabungsstätten, etruskischen Gräbern und dem eindrucksvollen Museum der uralten Hügelsiedlung **Vetulonia** mit Übernachtung in einem *agriturismo* an. Dann geht es die Küste hinunter zum wunderbar wilden **Parco Regionale della Maremma**. Hier kann man wandern, Kanu fahren, radeln oder mit den berühmten *butteri* (Cowboys) ausreiten. Die letzte Etappe der Reise führt landeinwärts ins phantastische Paese del Tufa (Tuffsteinland) mit den besuchenswerten Städtchen **Pitigliano**, **Sovana** and **Sorano**. Bei der Società Agricola Terenzi gibt es den heimischen Wein Morellino di Scansano zu kosten, im Parco Archeologico „Città del Tufa" faszinierende etruskische Grabstätten zu erkunden. Sehr lohnend ist auch die 8 km lange Wanderung durch die geheimnisvollen *vie cave* (Hohlwege).

Reiseplanung
Unterkunft

Die Toskana ist mit einer Riesenauswahl unterschiedlichster Unterkünfte für jeden Geschmack und jeden Geldbeutel gesegnet. In den meisten größeren und kleineren Städten gibt es von Familien geführte Pensionen, B&Bs und Boutiquehotels. In ländlichen Gegenden wimmelt es von *agriturismi* (Unterkünften auf Bauernhöfen oder Weingütern). Daneben stehen auch zahlreiche Luxusquartiere zur Wahl.

Auswahl

Was Unterkünfte angeht, haben Toskana-Reisende die Qual der Wahl. Es lohnt sich daher, gründlich zu recherchieren und auf den Hotel-Websites nach Sonderangeboten zu suchen. Soweit nicht anders angegeben, gelten die in diesem Buch aufgeführten Preise für ein Doppelzimmer mit Bad und Frühstück:

€ bis 110 €

€€ 110–200 €

€€€ über 200 €

Kategorien

➡ **Affittacamere** Preiswertes Zimmer in einem Privathaus. Die Touristeninformationen haben oft Listen dieser Unterkünfte.

➡ **Agriturismo** Bauernhöfe oder Weingüter mit Gästezimmern und oft auch Restaurant.

➡ **Albergo** Bezeichnung für ein Hotel, ob Business-, Luxus- oder Mittelklassehotel mit persönlicher Atmosphäre

➡ **B&B** Kleine Pension, die Übernachtung und Frühstück zu zivilen Preisen anbietet. Die meisten vermieten Doppelzimmer mit eigenem Bad.

➡ **Boutiquehotel** Aktueller Trend in toskanischen Städten, wo viele Boutiquehotels in schö-

Top-Unterkünfte

Agriturismi
La Cerreta (S. 194)
Fattoria San Martino (S. 250)
Podere San Lorenzo (S. 240)
Agriturismo Due Palme (S. 203)
Montebelli Agriturismo & Country Hotel (S. 260)
Podere dell'Orso (S. 193)

Boutiquehotels
Antica Torre di Via de' Tornabuoni 1 (S. 96)
La Bandita (S. 242)
Villa Sassolini (S. 226)
Campo Regio Relais (S. 222)
Albergo Pietrasanta (S. 179)
Hotel al Teatro (S. 190)
Villa Fontelunga (S. 278)
Il Salviatino (S. 97)

Budgethotels
Academy Hostel (S. 97)
Hotel Scoti (S. 95)
La Casa di Adelina (S. 247)
Hotel Alma Domus (S. 221)
Pensione Bartoli (S. 193)
Al Pozzo dei Desideri (S. 236)
La Primavera (S. 240)

nen Palazzi untergebracht sind. Zu den größeren Anbietern gehören das Modeunternehmen Ferragamo, das in der Toskana sieben Hotels unter dem Markennamen Lungarno Collection betreibt (www.lungarnocollection.com), und der Whythebest-Konzern mit Sitz in Florenz (www.whythebesthotels.com).

➡ **Foresteria** Gästezimmer und Schlafsaalbetten in Klöstern sind ursprünglich für Pilger gedacht oder für Besucher, die religiöse Einkehr suchen, werden aber auch von Familien und sparsamen Reisenden gern genutzt.

➡ **Landhotel** In der Toskana gibt es verschiedene Arten ländlicher Unterkünfte. Neben *agriturismi* und Villen auch Apartments für Selbstversorger innerhalb eines *borgo* (Dorf), Wellnesshotels oder einer Ferienanlage.

➡ **Locanda** Landgasthaus mit B&B-Unterkunft. Die meisten servieren auf Vorbestellung auch ein Abendessen.

➡ **Ostello** Ein Hostel mit Schlafsaalbetten und Zimmern für Reisende mit kleinem Budget.

➡ **Pensione** Kleine Familienpension mit B&B. Die Inhaber wohnen üblicherweise im Haus.

➡ **Rifugio** Berghütte mit einfachen Schlafräumen für zwei bis zwölf (teils auch mehr) Personen. Viele bieten Halbpension und sind von Mitte Juni bis Mitte September geöffnet.

➡ **Villa** Historische Landsitze und *fattorie* (Bauernhäuser), die komplett oder manchmal auch zimmerweise vermietet werden. Die meisten haben einen Pool und eine idyllische Lage.

Buchung

Es ist ratsam, Unterkünfte möglichst frühzeitig zu reservieren, vor allem in Florenz und Siena und im Sommer an der Küste. In der Hochsaison verlangen manche Hotels einen Mindestaufenthalt (z. B. die Strandhotels im Juli und August und die Hotels in Siena während des Palio). Ländliche Hotels, *locande* (Landgasthäuser), Villen und *agriturismi* sind im Winter oft geschlossen.

Bei den meisten Hotels hat man die Wahl zwischen *camera doppia* (Zimmer mit zwei Einzelbetten) und *camera matrimoniale* (Zimmer mit Doppelbett). Viele Hotels haben keine *camera singola* (Einzelzimmer); Alleinreisende bekommen stattdessen ein Doppelzimmer zum leicht ermäßigten Preis.

Die meisten Unterkünfte nehmen Kreditkarten, vor allem MasterCard und Visa. American Express und Diners Club International sind weniger verbreitet. Wer direkt beim Hotel bucht, muss u. U. bis zu 30 % anzahlen.

Noch mehr Infos

Associazione Italiana Alberghi per la Gioventù (Italienischer Jugendherbergsverband, AIG; www.aighostels.com) Mitglied im Dachverband Hostelling International (HI)

Campeggi e Villaggi Turistici (Camping & Feriendörfer in Italien; TCI) Der Touring Club Italiano (TCI) veröffentlicht jährlich eine Liste italienischer Campingplätze (auf Italienisch). In Buchläden erhältlich.

Camping.it (www.camping.it) Nützliche Website zu Campingplätzen in der Region.

Club Alpino Italiano (CAI; www.cai.it) Mit einer Datenbank der von CAI betriebenen *rifugi* (Berghütten)

Locande d'Italia (Slow Food Editore) Handbuch der von Slow Food empfohlenen Unterkünfte (auf Italienisch). In Buchläden erhältlich.

AGRITURISMI

Agriturismi (Ferienunterkünfte auf Bauernhöfen) erfreuen sich in der Toskana schon lange großer Beliebtheit. Laut Definition muss ein *agriturismo* mindestens ein Agrarprodukt selbst anbauen. Das Spektrum reicht vom Landhäuschen mit einer Handvoll Olivenbäume über das luxuriöse Weingut bis zum bewirtschafteten Bauernhof, auf dem die Gäste bei der Ernte helfen können. Die *agriturismi* sind für kleine Gemeinden sehr wichtig: als Geldbringer, zur Arbeitsplatzsicherung und zur Quersubventionierung traditioneller bäuerlicher Erzeugnisse. Wir lieben diese Unterkünfte und empfehlen hier besonders viele davon, weil sie ausgezeichnet zum Konzept „Slow travel" passen.

MonasteryStays.com (www.monastery
stays.com) Gut organisierte Online-Vermittlung
für Unterkünfte in Klöstern

Service & Angebot

Gäste werden generell herzlich empfangen, vor allem auf dem Land. Ob
gemütliche *pensioni*, prächtige Villen
oder elegante Boutiquehotels: Sympathi-
sches, kompetentes Personal und saubere,
komfortable Zimmer sind die Regel.

In italienischen Hotels herrscht per
Gesetz Rauchverbot; viele sind behinder-
tengerecht eingerichtet. Die meisten haben
Gratis-WLAN und/oder einen Internet-
platz (auf WLAN- und Internet-Symbole
achten).

Freizeitaktivitäten

Die meisten Landhotels bieten ein oder
zwei Freizeitaktivitäten. Viele haben
Swimmingpools (meist Mai–Sept. geöffnet) und halten für Gäste Mountainbikes
bereit. Tennisplätze, Reitställe und Well-
nessanlagen sind seltener, aber durchaus
zu finden. Reiten kostet in der Regel extra,
ebenso wie Wellnessbehandlungen (z. B.
Massagen).

Verpflegung

Bei den meisten Hotels ist das Frühstück
im Zimmerpreis enthalten. Das Angebot
reicht vom schlichten Kaffee mit *cornetto*
(Hörnchen) bis zum Frühstücksbufett.
Viele *agriturismi,* Land- und Boutiquehotels bieten auch Abendessen an, meist
ein täglich wechselndes Menü. Ein besonders gutes Abendessen bekommt man
hier:

➡ Podere San Lorenzo (S. 240), Volterra

➡ La Bandita (S. 242), Pienza

➡ La Cerreta (S. 194), Castagneto Carducci

➡ Locanda Vigna Ilaria (S. 162), Lucca

➡ Villa Sassolini (S. 226), Moncioni

➡ Locanda Gavarini (S. 183), Pontremoli

➡ Grand Hotel Palazzo (S. 190), Livorno

Praktische Hinweise

➡ Die Wegbeschreibung von der Website des
Hotels ausdrucken. Viele städtische Unterkünfte
liegen in versteckten Gässchen; Adressen auf
dem Land sind auf normalen Straßenkarten oft
nicht zu finden. Auch auf GPS ist nicht immer
Verlass.

➡ Autofahrer sollten sich beim Hotel nach der
günstigsten Parkmöglichkeit erkundigen und
die berüchtigten „verkehrsberuhigten Zonen"
(ZTL, *Zona a Traffico Limitato*) meiden.

➡ Das Hotelpersonal kann gute Lokale empfehlen und auch gleich einen Tisch reservieren.

➡ Tierallergien bei der Reservierung erwähnen.
Viele Landhotels haben Katzen und Hunde.

➡ Wer fünf Nächte oder länger bleibt, kann
oft einen Rabatt aushandeln.

Hotelsteuer

In den letzten Jahren haben diverse italienische Städte, u. a. Florenz, Siena, San
Gimignano, Montepulciano und Cortona,
eine Art Bettensteuer für Hotels *(tassa di
soggiorno)* eingeführt. Diese wird zusätzlich zum normalen Zimmerpreis berechnet
und muss im Allgemeinen bar bezahlt werden. Der genaue Betrag variiert von Stadt
zu Stadt und je nach Unterkunftskategorie
und Jahreszeit. Als grobe Faustregel muss
man in einem Ein-Sterne-Hotel oder Hostel 1 € pro Person und Nacht, im B&B 2 €,
im Drei-Sterne-Hotel 2–3 € und im Vier-
oder Fünf-Sterne-Hotel 4–5 € veranschla-
gen. Kinder unter 10 bzw. 12 Jahren sind
normalerweise von der Steuer ausgenom-
men; für Kinder von 11 bis 16 Jahren sind
im Allgemeinen nur 50 % der Steuer zu
zahlen. In unseren Preisangaben ist diese
Hotelsteuer nicht mit eingerechnet.

Feinkostgeschäft in Florenz

Reiseplanung
Essen & Trinken

Nicht nur Kirchenarchitektur und Skulpturen, auch Essen und Trinken gelten in der Toskana als hohe Kunst. Sie wird gern an langen
Tafeln in geselliger Runde zelebriert. Bäuerliche Traditionen und
die Früchte von Feld und Meer haben der Region ein reiches kulinarisches Erbe beschert. Hier einige Tipps, um ihre Gaumenfreuden voll auszukosten.

Beste Reisezeit

In der Toskana wird das ganze Jahr über köstlich geschmaust. Besondere Schlemmerfeste werden auf S. 26 vorgestellt.

Frühjahr (März–Mai)
Die Marktstände quellen über vor Babyartischocken, Spargel, frischem Knoblauch und – gegen Ende der Saison – Kirschen, Feigen und Zucchiniblüten.

Sommer (Juni–Aug.)
Erdbeeren, Paprika und der Start der Safranernte bei San Gimignano (Juli–Nov.). Gegen die Hitze helfen an der Küste frische Meeresfrüchte, sonst *gelato* in Sorten wie Kastanie, Feige/Honig oder Safran mit Pinienkernen.

Herbst (Sept.–Nov.)
Jetzt heißt es Oliven ernten, Wein lesen, Früchte des Waldes wie Kastanien und *porcini* (Steinpilze; Aug.–Okt.) sammeln und Wild jagen. Weinfreunde pilgern im September nach Greve im Chianti zur größten Weinmesse der Region. Mitte Oktober beginnt bei Pisa die Jagd auf weiße Trüffeln.

Winter (Dez.–Feb.)
Die Trüffelsaison geht bis Mitte Dezember und erreicht mit dem Trüffelmarkt in San Miniato ihren Höhepunkt. Im Februar präsentieren die Winzer beim Benvenuto Brunello in Montalcino den neuen Jahrgang.

Gaumenfreuden
Einmal im Leben

Enoteca Pinchiorri, Florenz (S. 104) Das einzige Restaurant der Toskana mit drei Michelin-Sternen – edel in einem Palazzo aus dem 16. Jh. und überirdisch gut.

Peperino, San Miniato (S. 169). Kleiner geht's nicht, ideal für ein romantisches Rendezvous.

Barbialla Nuova, Montaione (S. 169) Wer hier zwischen moosigen Baumwurzeln eine weiße Trüffel findet, kann sie sich in einer dörflichen Trattoria übers Steak hobeln lassen,

Il Pellicano, Monte Argentario (S. 270) Sensationelle Meeresfrüchte zum nicht minder sensationellen Meerblick.

Il Leccio, Sant'Angelo in Colle (S. 244) Schlichte, aber spektakuläre Köstlichkeiten aus dem heimischen Garten mit überragenden Brunellos zum Nachspülen.

Preiswert & lecker

Pecorino Der Schafskäse mundet perfekt zu knusprig frischem *pane* (Brot).

Porchetta Warme Spanferkelscheiben, mit Fenchel, Knoblauch und Pfeffer am Spieß gegrillt und im knusprigen *panino* (Brötchen) serviert.

Torta di ceci Herzhafter Pfannkuchen aus Kichererbsenmehl.

Castagnaccio Ganz dünner, süßer Kuchen aus Kastanienmehl.

Gelato In den besten toskanischen Eissorten stecken heimische Zutaten der Saison: Feigen, Kastanien, Pinienkerne, Honig, Safran, Walderdbeeren...

Nur keine Angst

Bistecca alla fiorentina Das urtypische Florentiner T-Bone-Steak wird „blau" (fast roh) verzehrt; *die* Adresse dafür ist die Trattoria Mario (S. 101).

Lampredotto Den Labmagen der Kuh, klein gehackt und liebevoll geschmort, gibt es an jedem Florentiner *trippaio* (Imbissstand; S. 99) .

Trippa alla fiorentina Kutteln in Tomatensauce; ein unvergessliches Geschmackserlebnis bei Da Nerbone (S. 101) im Mercato Centrale von Florenz.

Lardo di colonnata Der fette, in Marmorbecken gereifte Schweinespeck aus Carrara sorgt dafür, dass den Kardiologen die Kundschaft nicht ausgeht (S. 176).

Biroldo Diese Blutwurstspezialität gibt es bei der Osteria Vecchia Mulino (S. 170) in Castelnuovo di Garfagnana zu verkosten.

Mallegato Die von Slow Food gepriesene Blutwurst aus San Miniato ist bei Podere del Grillo (S. 169) ein Dauerbrenner auf der Karte.

Spezialitäten der Region
Würzige grüne Oliven, native Olivenöle der Spitzenklasse, körperreiche Rotweine, aromatische *porcini* (Steinpilze) und säcke-

weise Bohnen sind die kulinarischen Aushängeschilder der Toskana. Dazu gesellen sich je nach Region weitere Köstlichkeiten.

Florenz

Die große Dame der Toskana ist eine geborene Feinschmeckerin. Ob Slow-Food-Lokal oder Nobelrestaurant, ein *panino* auf die Hand oder Kutteln am Straßenstand, die Stadt befriedigt jedes erdenkliche kulinarische Bedürfnis mit Bravour.

Zum Ausklang des Tages locken die **aperitivi** (Drinks vor dem Abendessen), ein geheiligtes Ritual in der größten Stadt der Toskana: Die dazugehörigen Gratisbuffets sind so verschwenderisch bestückt, dass clevere junge Florentiner immer öfter aufs Abendessen verzichten und sich stattdessen mittels **apericena** (*aperitivi* mit Snacks statt Abendessen) durchfuttern.

Vom geächteten Außenseiter zur Ikone der toskanischen Küche aufgestiegen ist die **bistecca alla fiorentina**, ein kurz und scharf angegrilltes T-Bone-Steak von imposanten Ausmaßen.

Nordwestliche Toskana

Diese kulinarische Fundgrube zwischen windgepeitschten Wogen und steilen Bergen ist bekannt für ihren *pecorino* (Schafskäse), *zuppe di cavolo* (Kohlsuppen) und

Schwarze Trüffeln

andere rustikale Köstlichkeiten. Die Slow-Food-Stadt San Miniato bei Pisa ist Heimat der unvergleichlichen weißen Trüffeln.

TRÜFFELN

Sie sind keine Pflanzen, sprießen nicht überirdisch wie andere Pilze und lassen sich nicht kultivieren. Die ebenso hässlichen wie kostbaren Pilzknollen kitzeln die Phantasie aller Feinschmecker. Ihnen wird sogar aphrodisierende Wirkung nachgesagt und wer ihr intensives Aroma, insbesondere das der weißen Trüffeln, einmal gerochen hat, wird das gern glauben. Ihr Duft ist einfach unglaublich verführerisch.

Trüffeln wachsen in Symbiose mit Eichen und kommen in den Sorten *bianco* (weiß – eigentlich eher schmutzig-beige) oder *nero* (ein herrliches Samtschwarz) vor. Sie werden von Mitte Oktober bis Ende Dezember in San Giovanni d'Asso bei Siena und San Miniato zwischen Florenz und Pisa von Trüffelhunden erschnüffelt. Man hobelt sie gern roh über schlichte Gerichte ohne großen Eigengeschmack, damit der Gaumen ihr zartes Aroma voll auskosten kann. Unsere Top-Tipps für Trüffelfans:

➡ **Barbialla Nuova, Montaione** (S. 169) Das beste Revier für die Jagd nach den weißen Trüffeln der Toskana.

➡ **Pepenero, San Miniato** (S. 169) Starkoch Gilberto Rossi entwickelt bei der Zubereitung der Trüffeln große Kreativität.

➡ **Ristorante Da Ventura, Sansepolcro** (S. 280) Nichts geht über ein schlichtes Omelett mit frisch gehobelter Trüffel.

➡ **I Sette Consoli, Orvieto** (S. 251) Zelebriert die Trüffelsaison mit speziellen Tagesgerichten.

Olio & Convivium (S. 105), Florenz

In **Castelnuovo di Garfagnana** strotzen die Märkte im Herbst von Steinpilzen, Kastanien und ganzen Säcken des hier angebauten *farro* (Dinkel). Der süße *castagnaccio* (Kastanienkuchen) ist für die Bewohner der Garfagnana das, was den Bürgern von Lucca ihr *buccellato* (süßes Brot mit Sultaninen und Anis) ist.

In der Nähe der Küste lässt man fetten Schweinespeck in Becken aus Carrara-Marmor reifen, um ihn 12–24 Monate später in hauchfeinen Scheiben als *lardo di Colonnata* zu verzehren.

Etruskische Riviera & Elba

Nur zwei Worte: märchenhafte Meeresfrüchte. Die schmuddelige Hafenstadt **Livorno** ist der Ort, um erschwingliche Leckereien wie **cacciucco**, eine deftige Fischsuppe mit Oktopus, Drachenkopf und diversen anderen Fischarten, zu genießen.

Landeinwärts erzeugen die Weinberge um das Dorf **Bolgheri** den Supertoskaner Sassicaia und andere gehaltvolle Rote, die perfekt zu *cinghiale* (Wildschwein) passen. Auf **Elba** sticht der süße rote Aleatico Passito DOCG unter den sonnenverwöhnten Weinen der Insel hervor, die auch markante Olivenöle produziert.

Siena & Zentraltoskana

Siena ist der Ursprungsort der toskanischen Küche – behaupten jedenfalls die Einheimischen, für die ein Wochenende ohne *caffè* mit *panforte* (ein gehaltvoller Kuchen mit Mandeln, Honig und kandierten Früchten) unvorstellbar ist.

Chianti ist ein Pilgerziel für echte Gourmets: trockene, vollmundige Rotweine, der legendäre Metzger Dario Cecchini, erstklassiges Olivenöl (Chianti Classico DOP), *finocchiona briciolona* (Salami vom Schwein, mit Fenchelsamen und Chianti veredelt) von der Antica Macellerìa Falorni (S. 229) und aufregend moderne Toskanaküche.

Montalcino ist berühmt für seinen roten Brunello, den altbewährten Rosso di Montalcino und preisgekrönte Olivenöle.

Montepulciano, Heimat des roten Vino Nobile und seines ebenso trinkbaren kleinen Bruders Rosso di Montepulciano, produziert außerdem feinstes Rindfleisch und das native Olivenöl Terre di Siena DOP (geschützte Herkunftsbezeichnung).

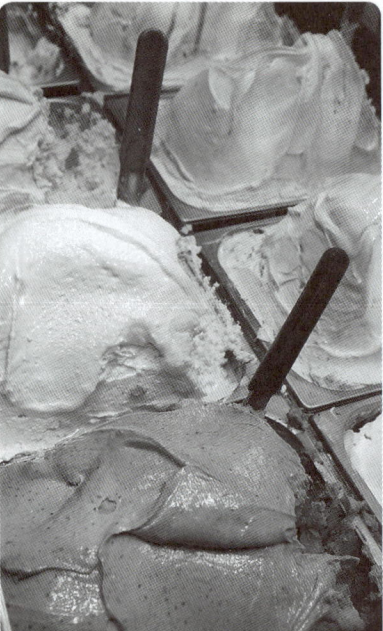

LONELY PLANET / GETTY IMAGES ©

Vielfältige Eissorten

Käseliebhaber zieht es nach **Pienza**, dessen *pecorino* zu den besten Italiens zählt, und ins **Val di Chiana**, wo Schafskäse in Farnwedel eingepackt und als *ravaggiolo* verkauft wird. Aus diesem idyllisch grünen Tal kommt auch das weltberühmte Chianina-Rindfleisch. Somit ist es der ideale Ort, um eine *bistecca alla fiorentina* zu kosten, vielleicht nach einem leckeren *primo* (ersten Gang) aus *pici* (handgerollten Nudeln).

Eine besonders Spezialität ist der flammrote Safran von **San Gimignano**, der sich als erster in Europa die geschützte Herkunftsbezeichnung DOP verdiente.

Südliche Toskana

Die Maremma steht für hochwertiges Rindfleisch, Huhn und Wild. **Grosseto** ist dank hausgemachter Backwaren (wie dem

DIE BESTEN KOCHKURSE
➡ Pepenero (S. 169)
➡ Scuola di Arte Culnaria Cordon Bleu (S. 93)
➡ In Tavola (S. 93)

traditonellen jüdischen Honig-Walnuss-Gebäck *lo sfratto*) von Dolci Tradizioni dalla Maremma Toscana (S. 267) ein Mekka für Schleckermäuler.

Gut zu wissen

Wer die vielen kulinarischen Momente voll auskosten möchte, sollte wissen, was die Einheimischen wann, wo und wie essen.

Wann essen

➡ **Colazione** (Frühstück) ist für die meisten Toskaner ein schneller Espresso und ein *cornetto* (Hörnchen) oder *brioche* (Hefegebäck) aus der Hand am Tresen einer Bar oder eines Cafés.

➡ **Pranzo** (Mittagessen) war traditionell die Hauptmahlzeit des Tages, aber mittlerweile versammeln sich die Familien eher abends um den Esstisch. In Restaurants wird das Mittagessen von 12 bzw. 12.30 bis 14.30 Uhr serviert; die Einheimischen setzen sich nicht vor 13 Uhr zu Tisch.

➡ **Aperitivo** (Aperitif) ist der Kultdrink nach Feierabend, irgendwann zwischen 17 und 22 Uhr, wobei im Preis des Cocktails (in Florenz 8–10 €) ein üppiges Buffet mit Knabbereien, Fingerfood oder sogar Salaten und Pasta enthalten ist.

➡ **Cena** (Abendessen) war traditionell eine leichtere Mahlzeit als das Mittagessen. Zur fünfgängigen Gefahr für den Hosenknopf wird sie nur sonntags oder an Feiertagen. In den Restaurants wird normalerweise zwischen 19.30 und ca. 22 Uhr zu Abend gegessen, in Florenz und im Sommer generell auch später.

Wo essen

Im **Ristorante** (Restaurant) darf man gestärkte Tischdecken, klassische Einrichtung, eher steifen Service und raffinierte Küche erwarten. Die **Trattoria** ist oft ein Familienbetrieb mit günstigeren Preisen, legerer Bedienung und regionalen Spezialitäten. Die kleine und gemütliche **Osteria** war früher eine traditionelle Kneipe, die zum Wein auch eine Kleinigkeit zu essen anbot, doch heute verwischen sich die Unterschiede zwischen *osteria* und *trattoria* zusehends. Die richtige Adresse für preiswertes Essen und kaltes Bier in geselliger Atmosphäre ist die **Pizzeria**.

Oben: Zutaten für *ribollita*, einen Eintopf aus Gemüse, Brot und Bohnen

Rechts: Eine Auswahl verschiedener Käsesorten

1 WOCHEN Gourmetreise: Von Florenz nach Siena

Keine Stadt verwöhnt Genießer so wie **Florenz**: Hier können Kenner im **Mercato Centrale** (S. 79) nach feinstem Olivenöl stöbern, in der **Trattoria Mario** (S. 101) zu Mittag schmausen und bei **Ino** (S. 100) mit dem einheimischen Foodie Alessandro Frassica eine Schokoladen-*Degustazione* (Verkostung) genießen. Gegen Abend geht es zu **Il Santino** (S. 106), um sich im Kreise der Florentiner Leckerschmecker einen *aperitivo* zu genehmigen, gefolgt von einem leichten Mahl mit Mozzarella und Artischocken bei **Obikà** (S. 100) oder einem supermodernen toskanischen Diner bei **iO Osteria Personale** (S. 105).

Am zweiten Tag führt eine gemächliche 30-km-Fahrt in die sanften Hügel um **San Miniato**. Die Slow-Food-Stadt hat hervorragende Lokale fürs Mittagessen. Für den Nachmittag bietet **Slow Food** (S. 169) Routenvorschläge für Verkostungstouren. Nach dem Abendessen bei **Podere del Grillo** (S. 169) bietet sich das Trüffelanwesen **Barbialla Nuova** (S. 169) in **Montaione** als Übernachtungsquartier an.

Am nächsten Morgen kann man eine Autostunde westlich in **Lari** Nudelkünstlern bei der Arbeit zusehen oder einen Abstecher ins Chianti unternehmen, um eine Kellerei zu besuchen und beim eindrucksvollen **Antinori nel Chianti Classico** (S. 229) in **Bargino** zu Mittag zu speisen. Für Abendessen und Übernachtung sorgt **Rignana** (S. 226).

Von hier ist es nicht weit zum **Museo del Vino** (S. 228) in **Greve in Chianti**. Nach einem Picknick mit *finocchiona briciolona* (Salami mit Fenchel) von der **Antica Macelleria Falorni** (S. 229) klingt der Tag in der **Badia a Passignano** (S. 230) angenehm aus.

Am fünften Tag geht es südwärts nach **Panzano in Chianti**. Mittagessen gibt es beim Starmetzger Dario, gefolgt von einem Kochkurs auf dem Wein- und Olivengut **Castello di Volpaia** (S. 232). Übernachtet wird in **Siena**, wo die **Enoteca I Terzi** (S. 223) zum Abendessen lädt. **Panificio Il Magnifico** (S. 224) verkauft *panforte* (Kuchen mit Mandeln, Honig und kandierten Früchten) als leckeres Mitbringsel. Schließlich stehen noch eine Kellereitour in **Montalcino** und ein Mittagsmahl mit preisgekrönten Brunellos im **Ristorante di Poggio Antico** (S. 244) auf dem Programm. Den krönenden kulinarischen Höhepunkt setzt zu guter Letzt **La Bandita** (S. 242).

Die **Enoteca** (Weinbar) etabliert sich zunehmend als legeres, stimmungsvolles Lokal, in dem man speisen und toskanische Weine glasweise verkosten kann.

Das Abendessen im **Agriturismo** (Unterkunft auf einem Bauernhof) gehört zu den schönsten kulinarischen Erlebnissen in der Toskana – ein opulentes Fest der rustikalen Hausmannskost aus heimischen Zutaten im urtypischen Rahmen eines alten Bauernhauses aus Naturstein zwischen Zypressenalleen und grünen Hügeln.

Ob es regnet, hagelt, oder schneit, die beste **Gelateria** (Eisdiele) ist immer an der Schlange vor der Tür zu erkennen. Und an die sagenhafte Auswahl ungewöhnlicher Geschmacksrichtungen wird man noch lange sehnsüchtig zurückdenken.

Speisekarten-Dolmetscher

➡ **Menù di degustazione** Probiermenü

➡ **Coperto** Gedeckgebühr, 1–3 € pro Person, für den Inhalt des Brotkörbchens usw.

➡ **Piatto del giorno** Tagesgericht

➡ **Antipasto** Kalte oder warme Vorspeise; wer eine ganze Auswahl davon probieren möchte, bestellt *antipasto misto* (gemischter Vorspeisenteller).

DIE BESTEN WEINE

➡ Brunello di Montalcino
➡ Vino Nobile di Montepulciano
➡ Chianti
➡ Vernaccia di San Gimignano
➡ Super Tuscan Sassicaia

➡ **Primo** Erster Gang, meist Pasta, Reis oder *zuppa* (Suppe)

➡ **Secondo** Zweiter Gang, *carne* (Fleisch) oder *pesce* (Fisch)

➡ **Contorno** Gemüsebeilage

➡ **Dolce** Dessert, oft *torta* (Kuchen) or *cantucci* (hartes Mandelgebäck), die in süßen Vin Santo getunkt werden.

➡ **Acqua minerale** (Mineralwasser) Karaffen mit Leitungswasser kommen hier nicht auf den Tisch; stattdessen gehört in der Toskana eine Flasche *acqua frizzante* (mit Sprudel) oder *naturale* (still) zur Mahlzeit.

➡ **Vino della casa** (Hauswein) Das Weinangebot der Restaurants ist erschwinglich und gut; am billigsten kommt der Hauswein, den man in Viertel-, Halb-, Dreiviertel- und Literkaraffen bestellen kann.

Reiseplanung

Outdoor-Erlebnisse

Wer von der Renaissancepracht übersättigt ist, findet Zuflucht in den offenen Armen von Mutter Natur. Das riesige Angebot an Outdoor-Aktivitäten macht die Einzigartigkeit dieser herrlich grünen Region hautnah erfahrbar. Und wie stets in der Toskana lautet das erste Gebot, um diesen Naturreichtum auszukosten: Immer mit der Ruhe!

Highlights

Kurzwanderungen

Vie cave – durch die Hohlwege der Etrusker um **Pitigliano** (S. 261)

Geführte Naturwanderungen durch die Hügel um **San Gimignano** (S. 236)

Von Montalcino zur Abbazia di Sant'Antimo, **Val d'Orcia** (S. 245)

Gemütliche Radtouren

Über die Stadtmauer von **Lucca** (S. 156)

Weinberge und Olivenhaine im **Chianti** (S. 225)

Inseltour auf **Elba** (S. 197)

Abenteuer zu Wasser

Seekajaktouren und Tauchen vor **Elba** (S. 197)

Mit dem Kanu über die stillen Gewässer im **Parco Regionale della Maremma** (S. 268)

Kurorte

Der legendäre Literatentreff **Bagni di Lucca** (S. 173)

Das alte Römerbad **Terme di Saturnia** (S. 266)

Montecatini Terme (www.termemontecatini. it), wo schon Puccini planschte

Auf die Plätze ...

Die sorgfältige Vorplanung von Outdoor-Abenteuern maximiert den Spaß und beugt Komplikationen vor Ort vor.

Reisezeit

Die frische Berg- und Seeluft mit ihrem berauschenden Salbei- und Strandkieferduft gehört zum Naturerlebnis Toskana einfach dazu. Frühling und Herbst sind mit ihren warmen, trockenen Tagen und einer Überfülle an Wildblumen und Waldfrüchten die reizvollsten Jahreszeiten, um in der freien Natur unterwegs zu sein. Der Juli (wenn es noch nicht ganz so heiß und voll ist wie im August) ist ideal für Wassersport am Mittelmeer und Wanderungen in den Apuanischen Alpen. Besonders schön ist die milde Herbstzeit, wenn die Weinlese und die Olivenernte anstehen. Die Sommerwärme hält sich bis weit in den Oktober und es bleibt noch lange hell, so dass reichlich Zeit für Wanderungen durch taufeuchte Landschaften, raschelndes Laub und pilzreiche Wälder ist.

Besser vermeiden

Ostern In den zwei Wochen Ende März oder Anfang April, wenn die Italiener erstmals im Jahr Urlaub haben, drängeln sich zu viele Menschen an Rastgelegenheiten und auf Wanderwegen.

August Italiener auf Sommerurlaub überfluten die Wanderwege, Radrouten und Straßen. Im Tiefland herrscht oft drückende Hitze.

Herbst Für Radler wegen häufig nasser Straßen und schlechter Sicht keine geeignete Jahreszeit.

Wohin reisen?

Welches Outdoor-Vergnügen man auch sucht, in der Toskana gibt es eine geeignete Landschaft und passende Angebote. Eingefleischte Städter, die lediglich ein bisschen Landluft schnuppern wollen, steigen am besten in Florenz ab. Von dort starten jede Menge organisierte Fahrrad-Tagesausflüge ins Chianti.

➡ **Chianti** Das wichtigste Weinanbaugebiet der Toskana: einfache Wander- und Radtouren durch idyllische Weinberge und Olivenhaine.

➡ **Apuanische Alpen & Garfagnana** Schroffe Schönheit abseits des Massentourismus, die dramatischste Bergshilhouette der Region, Marmorsteinbrüche und bewaldete Täler: Wanderungen, Höhlentouren, Mountainbiking und Reiten.

➡ **Etruskerküste** Im Juli und August locken die Strände mit Sand, Sonne, Segeln und anderem Wassersport. Die Feld- und Asphaltwege im Hinterland sind bei Radlern sehr beliebt.

➡ **Elba** Die sommerliche Inselidylle ist ein Traum für Seekajak-Fans, Segler, Taucher und Schnorchler. Schöne Familienwanderungen von Bucht zu Bucht, durch duftende *macchia* (Buschwald) und Pinienwald

➡ **Val d'Orcia** Familientaugliche Wander- und Radtouren in der Umgebung von Siena

➡ **Maremma** (S. 270) Wandern, Radfahren, Reiten und Kanutouren an der toskanischen Südküste.

Fertig ...

Für gelungene Entdeckungstouren durch die paradiesische Natur der Toskana braucht man ein paar Anregungen und die richtige Ausrüstung.

Informationen

Turismo in Toscana (www.turismo.intoscana.it) ist eine gute Anlaufstelle für Hintergrundinfos, interaktive Karten, Routenvorschläge für Wanderer, Radfahrer und Reiter sowie Infos zu Höhlenwanderungen, Wassersport und Wellnessangeboten.

Überall in der Toskana halten Touristeninformationen und Nationalparkbüros Berge von Informationen zu Outdoor-Aktivitäten bereit, u. a. Listen mit Führern und Unterkünften. Gedruckte Routenbeschreibungen usw. werden allerdings immer seltener zur Verfügung gestellt. Karten und Wanderführer deshalb besser schon vor Reiseantritt online kaufen.

In diesem Führer sind verschiedene Tourveranstalter und Spezialanbieter aufgeführt. **Toscana Adventure Team** (☑0571 99 32 52, 3487 91 12 15; www.tateam.it; Casa Carbonaia, Via di Santa Lucia 11, Vinci) ist ein ausgezeichneter Allround-Veranstalter für alles von Mountainbike- und Reittouren bis zu Coasteering, Canyoning, Helibiking, Abseilen, Trekking und Höhlentouren.

WANDERUNGEN ZU VERSCHIEDENEN THEMEN

➡ **Etruskerzeit** Golfo di Baratti (S. 196), Pitigliano (S. 261)

➡ **Vogelbeobachtung** Riserva Naturale Provinciale Diaccia Botrona (S. 268); Laguna di Orbetello (S. 269); Parco Regionale Migliarino, San Rossore, Massaciuccoli (S. 46)

➡ *Butteri* (Cowboys) Parco Regionale della Maremma (S. 268)

➡ **Geologie** Monterotondo Marittimo (S. 260)

➡ **Wein** Chianti (S. 225), Montalcino (S. 242), Montepulciano (S. 248)

➡ **Pilgerwege** Marciana (S. 204), Abbazia di Sant'Antimo (S. 245)

➡ **Küstenpanorama** Monte Capanne (S. 205), Marciana (S. 205)

➡ **Skulpturen** Parco Sculture del Chianti (S. 232), Fattoria di Celle (S. 167)

Karten

Der Florentiner Kartenhersteller **Edizioni Multigraphic** gibt Karten für Wanderer und Mountainbiker heraus, in denen *sentieri* (Wanderwege), *mulattiere* (Maultierpfade – klasse für Mountainbikes), Berghütten usw. besonders hervorgehoben sind. Die Kartenreihen *Carte dei Sentieri* (1:25 000) und *Carte Turistica e dei Sentieri* (1:25 000 oder 1:50 000) sind online bei **Omnimap** (www.omnimap.com) erhältlich.

Ausrüstung

Generell genügt ein Minimum an Ausrüstung. Für leichte Wanderungen oder Radtouren reichen Turnschuhe und ein kleiner Tagesrucksack mit etwas zum Überziehen und Regenzeug. Ganz wichtig sind Sonnenschutzcreme, Sonnenbrille und Kopfbedeckung (bzw. Fahrradhelm), außerdem mindestens 1,5 l Trinkwasser pro Person. Verzehrfertige, hochkalorische Snacks wie Müsliriegel, Trockenobst oder Nüsse sorgen für schnellen Energienachschub.

Wer die ausgetretenen Pfade verlassen will, braucht natürlich Karte und Kompass. Im Gebirge ist wildes Zelten verboten; Wanderer müssen ihre Übernachtungen nach Verfügbarkeit der Betten in den *rifugi* (Berghütten) planen und einen Schlafsack mitbringen.

Los!

Nach der ganzen Vorplanung geht es endlich hinaus. Die Landschaft der Toskana, ist nicht unbedingt etwas für Naturliebhaber, die wilde Adrenalinkicks und heftiges Pulsflattern brauchen. Vielmehr findet man hier vor allem Ruhe, Entspannung und Gelegenheit zur ausgiebigen Würdigung der traumhaften Szenerie und der guten Küche.

Höhlentouren

Caving ist sonst nur etwas für Leute mit der nötigen Ausrüstung und Erfahrung. Doch die saisonalen dreistündigen Touren durch die Grotta del Vento (S. 174) tief in den Apuanischen Alpen – 1200 Schritte an unterirdischen Flüssen und kristallgesäumten Seen entlang – sind eine besondere Erfahrung.

Wandern

Seit Jahrtausenden wandern Menschen kreuz und quer durch die Toskana und haben ihre Spuren und Wege hinterlassen. Eine der wichtigsten europäischen Pilgerrouten des Mittelalters war die **Via Francigena**, seinerzeit eine regelrechte Hauptverkehrsstraße durch die Toskana. Vom Magratal wand sich der Weg durch die

NATIONAL- & REGIONALPARKS

Die Nationalparks und Naturschutzgebiete der Toskana schützen eine Vielfalt von Land-, Fluss- und Meeresökosystemen und versprechen abwechslungsreiche Naturerlebnisse.

PARK	BESCHREIBUNG
Parco Nazionale dell'Arcipelago Toscano	Das größte Meeresschutzgebiet Europas mit 18 000 ha Land- und fast 60 000 ha Meeresfläche; typische Flora und Fauna der Mittelmeerinseln
Parco Nazionale delle Foreste Casentinesi, Monte Falterona e Campigna	Um die Arnoquelle liegt Italiens größter und gesündester Wald: uralte Kiefern, Buchen, fünf Ahornarten und seltene Eiben; Hirsche, Wildschweine, Mufflons, Wölfe und 97 Brutvogelarten
Parco Alpi Apuane	Gebirgiger Regionalpark, der von der Garfagnana zum Meer abfällt; Steinadler, Wanderfalken, Bussarde und die seltene Alpenkrähe (Symbol des Parks)
Parco Regionale Migliarino, San Rossore, Massaciuccoli	Küstenschutzgebiet, das sich von Viareggio bis Livorno erstreckt; außergewöhnliche Vogelwelt (über 200 Arten) in der Feucht- und Dünenlandschaft
Parco Regionale della Maremma	Der Regionalpark umfasst die Monti dell'Uccellina, Pinienwald, Agrarland, Sümpfe und 20 km naturbelassene Küstenlinie; Eichen und Korkeichen, *macchie* (Buschwald); Maremma-Rinder, -Pferde und -Hühner

wilde Lunigiana-Region im Südwesten, führte ein Stück die Küste entlang, verlief dann landeinwärts über San Gimignano nach Siena, wo er gen Süden nach Rom abbog. Teile der Route sind heute noch zu begehen. *Via Francigena in Toscana* (1:50 000) ist eine gute Wanderkarte.

Das andere Extrem ist die **Grande Escursione Appenninica** mit ihren 24 Etappen, die vom Due-Santi-Pass, der oberhalb von La Spezia liegt, südostwärts nach Sansepolcro bis in die Osttoskana führt.

Das **Chianti** ist der Inbegriff eines Wandererlebnisses in der Toskana: Von Weinbergen über Kellereien bis zu jahrhundertealten Bauernhöfen, wo der Tag mit hausgemachter Pasta, Salami, Fleisch und traditionellen Leckereien ausklingt. Übernachtungen in stimmungsvollen *agriturismi* sind das Tüpfelchen auf dem i der klassischen Wanderroute von Florenz nach Siena. Auch **Il Mugello**, nordöstlich von Florenz, ist ein schönes Gebiet für halb- oder ganztägige Wanderungen.

Auf Elba, einem tollen Wanderrevier mit dramatischer Landschaft, wenn auch wenig schwindelnden Gipfeln, führt die einzige schwere Wanderung auf den **Monte Capanne**.

Tipps für Bergwanderer

Anspruchsvollere Wanderrouten locken in den **Apuanischen Alpen** und der **Garfagnana** an der Flanke der Apenninen in der Nordwesttoskana. Ihr Hauptort Castelnuovo di Garfagnana bietet sich als Basislager an. Hier bekommt man auch Infos über die *rifugi* entlang der Wanderrouten in den höheren Lagen der Apuanischen Alpen. Die meisten sind von Juni bis September geöffnet, nur zu Fuß zu erreichen und bieten einfache Kochgelegenheiten und/oder servieren Mahlzeiten. Einige werden privat betrieben; viele gehören zum **Club Alpino Italiano** (CAI; www.cai.it).

Radfahren

Von der gemütlichen Tagestour um Florenz über eine genüssliche Wochenend-Weintour im Chianti bis hin zur ein- bis mehrwöchigen schweißtreibenden Radreise bietet die Toskana beste Möglichkeiten für Pedalritter.

Das am besten geeignete Rad für die Toskana ist ein bequemes Geländerad, mit dem man auf Asphalt und Feldwegen fahren kann und vor allem auch Steigungen hochkommt, ohne sich völlig zu verausgaben.

Die malerische **Strada Chiantigiana** (SS222) schlängelt sich auf ihrem Weg von Florenz nach Siena durch das Chianti. **Le**

REISEPLANUNG OUTDOOR-ERLEBNISSE

WEBSITE	AKTIVITÄTEN	BESTE ZEIT
www.islepark.it	Seekajakfahren, Segeln, Tauchen, Schnorcheln, Wassersport, Wandern, Radfahren, Weinproben	Frühling & Sommer
www.parcoforestecasentinesi.it	Kurz- und Langwanderungen, Vogelbeobachtung	Frühling & Herbst
www.parcapuane.toscana.it	Wandern, Mountainbiking, Höhlentouren	Sommer & Herbst
www.parcosanrossore.org	Kurzwanderungen, Radfahren, Reiten, Vogelbeobachtung, Kanufahren	Frühling, Sommer & Herbst
www.parco-maremma.it	Kurz- und Langwanderungen, Radfahren, Reiten, Kanufahren	Frühling & Herbst (Mitte Juni–Mitte Sept. nur geführte Touren möglich)

TAGESAUSFLÜGE FÜR RADLER

Florenz und Siena sind *die* Startpunkte für geführte Radtouren. Tage nur ein, zwei Tage im Voraus buchen. Rad, Helm, Straßenkarte, Wasserflasche und oft auch Mittagessen und/oder Weinprobe sind inklusive.

Florence by Bike (S. 143) bietet Rad und Routenbeschreibung ohne Führer. FiesoleBike (S. 95) veranstaltet Sonnenuntergangs-Radtouren von Fiesole nach Florenz.

Crete und das **Val d'Orcia** in der Zentraltoskana bezaubern mit goldgelben Weizenfeldern und langen Zypressenalleen.

Nebenstraßen und Feldwege sind eine Alternative für halbwegs fitte Radler mit Mountainbike und genügend Gängen für die toskanischen Hügel. **Monte Amiata** ist etwas für ambitionierte Bergfahrer. **Chianti** und **Le Crete** haben viele hügelige Routen mit kurzen, aber steilen Steigungen.

Zahmere Radstrecken bieten die **Etruskerküste** und die Wein- und Ölstraße **südlich von Livorno**. Bei der Touristeninformation in Livorno gibt es die Broschüre *Costa degli Etruschi: Radtouren in der Provinz Livorno* mit 20 detailliert beschriebenen Radrouten.

Wer sein Rad im Flieger mitbringen will, sollte bei der Fluggesellschaft nachfragen, was das kostet und ob das Rad demontiert bzw. verpackt werden muss. In Italien kann man Räder im Zug mitführen oder sich binnen weniger Tage per Zug nachbringen lassen.

Praktische Tipps

Wer kein Rad mitschleppen will, kann in der Toskana problemlos einen Drahtesel mieten. Entweder bucht man schon vorher über **EcoRent** (www.ecorent.net) oder man wendet sich nach der Ankunft an einen der Fahrradvermieter in Florenz, Pisa, Lucca, Siena und anderswo. Viele Hotels und *agriturismi* vermitteln ihren Gästen Leihfahrräder.

Die meisten historischen Stadtzentren sind für Autos gesperrt, für Radler dagegen freigegeben. Eine Fahrt durch die Natur, mit Wildblumenwiesen, salbeiduftenden Hecken und über kilometerlange, einsame Landstraßen, bleibt dennoch unübertroffen.

Reiten

Das rhythmische Knirschen der Hufe beim gemächlichen Ritt durch Kastanien- und Korkeichenwälder, an knallgelben Sonnenblumenfeldern, rotem Klatschmohn und üppigen Weinreben vorbei, wirkt hypnotisch beruhigend – und ist typisch toskanisch.

Reiten ist in der ganzen Region groß angesagt; viele *agriturismi* halten Reitpferde für ihre Gäste bereit. Diverse Bauernhöfe, vor allem im südtoskanischen **Parco Regionale della Maremma**, haben sich auf Reiturlauber spezialisiert und bieten ein- bis mehrtägige Wanderritte an. Diese Reiterhöfe kombinieren die Gemütlichkeit der *agriturismi* samt Mahlzeiten am Gemeinschaftstisch mit dem Tagesablauf einer Reitschule und sind die schönste Möglichkeit, die Toskana auf dem Pferderücken zu erleben. Circolo Ippico Uccellina (S. 268) und Il Gelsomino (S. 268) sind besonders empfehlenswerte Reiterhöfe. Und dann wäre da noch das Reiterlebnis mit den *butteri* (Cowboys) der Maremma.

Ein Reitweg an der Etruskerküste entlang führt von Livorno 170 km südostwärts nach Sassetta, über sonnenversengte Küstenpfade (am schönsten im Frühjahr und Herbst), Feldwege und schattige Pfade durchs bewaldete Hinterland (am schönsten im Sommer). An der Strecke liegen Unterkunftsmöglichkeiten für Pferde und Reiter und halb- oder ganztägige Abstecher für Reiter mit viel oder weniger Erfahrung.

Auf der Insel Elba werden heute alte Militär- und Waldwege im **Parco Nazionale dell'Arcipelago Toscano** als Reitwege genutzt; die Touristeninformation von Portoferraio hält Karten, Broschüren und ausführliche Wegbeschreibungen bereit.

Ballonfahrt

Sacht und geräuschlos über die filmreife Landschaft aus grünen Weinbergen und silbrigen Olivenhainen zu schweben, ist ein Naturerlebnis, das besonders gut zu einer Reise in die Toskana passt.

Die Saison für Ballonfahrten geht vom späten Frühjahr bis zum Frühherbst.

DIE BESTEN UNTERKÜNFTE MIT REITMÖGLICHKEIT

➡ La Cerreta (S. 194), Sassetta
➡ Montebelli Agriturismo & Country Hotel (S. 260), bei Vetulonia
➡ Il Gelsomino (S. 268), Alberes

Startzeit ist um 6 Uhr herum. Die Flüge dauern 1¼ Stunden und kosten um 240 € pro Person, oft inklusive Sektfrühstück.

Schwerelos durch den Himmel gondeln kann man mit:

Tuscany Ballooning (☎055 824 91 20; www.tuscanyballooning.com; Via del Masso 14 , San Casciano in Val di Pesa) bei Florenz

Ballooning in Tuscany (☎338 146 29 94; www.ballooningintuscany.com) südlich von Siena

Chianti Ballooning (☎055 807 79 40; www.chiantiballooning.com) im Chianti

Wassersport

Die meisten denken bei der Toskana zuerst an Zypressen und mittelalterliche Hügelstädtchen und weniger an die blau schimmernden, mit Inseln gesprenkelten Wasserstreifen am Horizont. Doch wer sich ein Seekajak oder Surfbrett schnappt, kann in einer versteckten Sandbucht, die nur vom Meer zu erreichen ist, das perfekte Idyll finden, und auch sonst bieten die toskanische Küste und ihre Inseln reichlich Outdoor-Potenzial.

Tauchen & Schnorcheln

Die Insel **Elba** gehört zu den beliebtesten ganzjährigen Tauchrevieren Italiens (ohne Halbtrockenanzug dürfte man zwischen November und Mai allerdings ziemlich frösteln). Wer auf Wracks steht, kommt bei Pomonte auf seine Kosten, wo der Frachter *Elvisco* in 12 m Tiefe auf dem Meeresboden liegt. Bei Portoferraio liegt eine deutsche Ju 52 aus dem Zweiten Weltkrieg in anspruchsvolleren 38 m Tiefe. Sehr sehenswert ist auch die geschützte Meeresflora und -fauna.

Die Taucheinrichtungen genügen generell hohen Standards. Mehrere Tauchschulen verleihen die benötigte Ausrüstung und organisieren Führer, Kurse usw. Wer nicht so tief runter will, kann auch schnorcheln. Außerdem kann man an der **Etruskerküste** und weiter südlich in Porto Ercole auf **Monte Argentario** tauchen.

Kajak- & Kanufahren

Was wäre an einem schwülen Sommernachmittag verlockender als eine geruhsame Seekajak- oder Kanutour an der herrlichen Küste von **Elba**, von einer Strandbucht zur nächsten? Verpflegung ist mitzubringen, denn hier ist man ganz allein mit seinem Kajak, Sand, Meer und ein oder zwei verwitterten Felsen. Auch an den Dünen des **Parco Regionale della Maremma** entlang führt eine traumhafte Kanuroute.

Segeln & Surfen

Die Buchten des Toskanischen Archipels und um **Monte Argentario** sind ideal zum Segeln, Windsurfen, Kitesurfen und Seekajakfahren. Ausrüstung und Kurse gibt's in allen größeren Urlaubsorten. **Viareggio** veranstaltet mehrmals im Jahr Segelregatten.

Rafting

Im Kurort **Bagni di Lucca** in der Nordwesttoskana gibt es einige Anbieter, die Raftingtouren auf dem Lima organisieren.

Reiseplanung
Reisen mit Kindern

Wer ein familienfreundliches Reiseziel sucht, ist in der Toskana goldrichtig. Falls die lieben Kleinen doch mal über die vielen Kirchen und Museen auf dem Besichtigungsprogramm maulen, dürften *gelato* (jippie!), Pizza und Pasta (jippie-jey!) und das Riesenangebot kindertauglicher Aktivitäten sie rasch wieder versöhnen.

Top-Ziele für Kinder

Florenz

Mit interaktiven Museen, phantastischen *gelaterie* (Eisdielen) und Parks steht die größte Stadt der Toskana ganz oben auf der Liste familientauglicher Ziele.

Nordwestliche Toskana

In den Apuanischen Alpen und der Garfagnana kann man den Arbeitern in den Marmorsteinbrüchen zusehen und über wildblumenübersäte Wiesenhänge wetzen. Auch die Stadt Lucca unten in der Ebene hat für kleine Reisende viel zu bieten.

Etruskische Riviera & Elba

Strand und Boote – was will man mehr?

Südliche Toskana

Diese Ecke der Toskana strotzt von Naturschutzgebieten, Nationalparks und Ausgrabungsstätten, wo Kinder zwischen den Ruinen Verstecken spielen können. Reichlich Gelegenheit, sich nach Herzenslust auszutoben.

Toskana für Kinder

Sind wir bald da?

Die meisten Besucher bereisen die Toskana mit dem Auto. Zum Glück liegen die einzelnen Ziele nicht sehr weit auseinander, und es gibt immer reichlich Schafe zu erspähen oder Kirchtürme zu zählen.

Auch in Italien gilt, dass Kinder unter zwölf nicht auf den Beifahrersitz gehören, sondern in den Kindersitz und angegurtet auf die Rückbank.

Für Nutzer öffentlicher Verkehrsmittel: Busfahrscheine für Erwachsene und Kinder kosten dasselbe; Kleinkinder und Babys, die bei Erwachsenen auf dem Schoß sitzen, fahren gratis mit. Im Zug gibt es für Kinder unter 12 Jahren 50 % Ermäßigung.

Teenager

Familienmitglieder im Teenager-Alter könnten anfänglich eine Flappe ziehen – es gibt weder Einkaufszentren noch Erlebnisparks, und PlayStations und Xboxes gehören nicht zur Standardausstattung der Hotelzimmer. Womöglich müssen sie sich daher mit dem Rest der Familie auf die vielen Natur- und Kulturangebote der Region einlassen. Und entdecken dabei vielleicht, dass das richtig Spaß machen kann …

Ermäßigungen

Kinder kommen bei Museen und anderen Attraktionen oft gratis oder zum ermäßigten Preis rein. Meist sind die Eintrittspreise gestaffelt: kostenlos für Kinder unter sechs; 50 % Ermäßigung für Schüler und Studenten bis 25 Jahre. Einige Museen und Sehenswürdigkeiten bieten ermäßigte Familienkarten an; das wird in den jeweiligen Beschreibungen eigens erwähnt.

Strände

Wer weite, wilde Naturstrände gewöhnt ist, dürfte die toskanischen Strände enttäuschend finden. Sie bieten wenig Brandung, spärlichen Sand und im Sommer kaum Bewegungsfreiheit. Gewöhnungsbedürftig sind die vielen privatisierten Strandabschnitte mit happigen Eintrittspreisen und Liegestuhl-Vermietung.

Sonnencreme oder Sunblocker sind überall erhältlich, Badekleidung und Kopfbedeckungen mit integriertem UV-Schutz dagegen nicht. Wer seine Kinder optimal schützen will, sollte Kleidung mit UV-Schutz von zu Hause mitbringen.

Den schönsten Strandurlaub in der Region verspricht auf jeden Fall Elba.

Museen & Kirchen

Was tun, wenn die Erwachsenen ganz heiß auf Kirchen und Museen sind, denen die kleinen Mitreisenden überhaupt nichts abgewinnen können? Bestechung ist eine Möglichkeit; eine andere sind Museen mit interaktiven Exponaten oder Führungen speziell für Kinder. Auf solche Angebote wird in diesem Buch eigens hingewiesen. In Kunstmuseen oder Kirchen hilft vielleicht das Spiel: „Finde ein lebensechtes Bild vom Jesuskind." So was gibt es nämlich nicht (eins der großen Rätsel der Renaissancekunst), aber die Herausforderung hält die kleinen Detektive beschäftigt!

Highlights für Kinder

Die folgenden Aktivitäten halten Kinder auf Trab und bei Laune und sind vielleicht auch für die Eltern nett.

Türme für Klettermaxe

➡ **Torre del Mangia, Siena** Viele, viele steile Stufen und ein Superblick von oben. (S. 214)

➡ **Duomo und Campanile, Florenz** Der *campanile* (Glockenturm) von Giotto und die Domkuppel laden zum Klettern ein. (S. 68)

➡ **Schiefer Turm, Pisa** Mann, ist der schief! Und es macht immer wieder Spaß, Fotos zu schießen, auf denen die Kinder ihn zu stützen scheinen. (S. 149)

➡ **Torre d'Arnolfo, Florenz** Bis zu den krönenden Zinnen des Palazzo Vecchio sind 418 Stufen zu erklimmen. (S. 72)

➡ **Torre Civica delle Ore, Lucca** Spannend: In dem Uhrturm aus dem 13. Jh. soll ein Gespenst umgehen. (S. 157)

BESTECHUNG: DAS MITTEL DER WAHL

Es spricht wirklich nichts dagegen, hin und wieder zur Bestechung zu greifen, ob es nun darum geht, die jüngeren Familienmitglieder in ein Museum oder eine Kirche zu locken oder den Unmut auf einem Autoausflug in Grenzen zu halten. Hier ein paar Vorschläge:

Agriturismi Wer sich auf einem Bauernhof einquartiert, kann das vormittägliche Besichtigungsprogramm mit dem Versprechen versüßen, den Nachmittag am Pool oder mit dem Hunden, Katzen und anderen Tieren zuzubringen.

Gelato Funktioniert eigentlich immer und überall.

Pizza Da die meisten Pizzerien erst abends aufmachen, kann man mit der Aussicht auf Pizza zum Abendessen u. U. ganztägiges Wohlverhalten erkaufen.

Heiße Schokolade Besonders sahnig und süß schmeckt sie im Caffè Rivoire, das praktischerweise ganz in der Nähe der Uffizien liegt.

Pinocchio Die Toskana war der Geburtsort des hölzernen Lausbubs mit der langen Nase und überall verkaufen Souvenirstände Pinocchio-Marionetten, Holzfiguren und anderes Spielzeug, das kleine Kinder beglückt.

REISEPLANUNG

Eine Toskanareise mit Kindern erfordert so gut wie keine zusätzliche Vorausplanung. Am wichtigsten ist die Auswahl der Unterkunft. Sehr zu empfehlen sind *agriturismi* (Unterkünfte auf Bauernhöfen) und ländliche Villen, die oft kindgerechte Aktivitäten wie Schwimmen, Tennis, Reiten und Mountainbiking anbieten. Viele haben auch ein eigenes Restaurant, was nach einem langen, anstrengenden Tag eine echte Wohltat ist.

Abenteuerliche Parks

➡ **Parco Sculture del Chianti, Zentraltoskana** Auf dem 1 km langen Wanderweg gibt es die kuriosesten Kunstwerke zu bestaunen. (S. 232)

➡ **Giardino dei Tarocchi, Südtoskana** Noch ulkiger als die Kunstwerke im Parco Sculture del Chianti sind die knallbunten Riesenskulpturen von Niki de Saint Phalle! (S. 270)

➡ **Giardino di Boboli, Florenz** Statuen, versteckte Wege und eine ungewöhnliche „Gesichtsskulptur". (S. 88)

Coole Touren

➡ **Cava di Fantiscritti, Carrara** Wie James Bond per Geländewagen durch die Marmorsteinbrüche oder mit den Bergleuten ins Herz des Gebirges. (S. 175)

➡ **Museo Piaggio, Nordwesttoskana** Die Motorroller sind einfach supercool! (S. 155)

➡ **Stadtmauer, Lucca** Fahrradtour über die Mauerkrone samt Picknickpause. (S. 159)

➡ **Grotta del Vento, Nordwesttoskana** Eine aufregende Welt unterirdischer Abgründe, Seen und Höhlen. (S. 174)

➡ **Museo Galileo, Florenz** Die astronomische und mathematische Sammlung der Medici bietet vieles zum selber Ausprobieren. (S. 73)

➡ **Cabinovia Monte Capanne, Elba** Per Seilbahn auf Elbas höchsten Gipfel. (S. 205)

➡ **Pistoia Sotterranea, Pistoia** Unter einem Hospital aus dem 13. Jh. gibt es einen unterirdischen Fluss zu entdecken. (S. 166)

➡ **Martelli, Lari** Welches Kind würde nicht gern mal bei der Spaghetti-Herstellung zusehen? (S. 192)

Tierwelt

➡ **Museo di Storia Naturale del Mediterraneo, Livorno** Cool: ein Walskelett namens Annie. (S. 190)

➡ **Parco Regionale Migliarino, San Rossore, Massaciuccoli, Nordwesttoskana** Per Pferdewagen durch das Naturschutzgebiet bei Pisa kutschieren

➡ **Riserva Naturale Provinciale Diaccia Botrona, Südtoskana** Bei einer Bootstour durch das Feuchtgebiet kann man Flamingos und Reiher erspähen. (S. 268)

➡ **Parco Regionale della Maremma, Südtoskana** Der weitläufige Küstenpark lässt sich per pedes, Rad oder Kanu erkunden. (S. 268)

➡ **Acquario di Livorno, Livorno** Hier residiert Cuba, eine riesige Suppenschildkröte. (S. 188)

Ritter & Burgen

➡ **Fortezza Medicea, Cortona** Kinder dürften keine Probleme haben, bis zum höchsten Punkt der Stadt hinaufzukraxeln. Manche Eltern sind allerdings mit der steilen Kletterpartie etwas überfordert. (S. 287)

➡ **Museo Stibbert, Florenz** Lebensgroße Reiterfiguren in faszinierenden Rüstungen aus Europa und dem Orient. (S. 76)

➡ **Castello dei Conti Guidi, Osttoskana** Eine waschechte Burg mit Verlies und Ritterrüstungen. (S. 282)

➡ **Palazzo Vecchio, Florenz** Eigentlich keine Burg, sondern ein Palast, aber es gibt eine Geheimtreppe, versteckte Zimmer und Begegnungen mit den ehemaligen Bewohnern (oder so ähnlich...). (S. 71)

Kindgerechte Wanderungen

➡ **„Le Biancane" Monterotondo Marittimo, Südtoskana** Zweistündige Wanderung durch eine bizarre Geothermie-Landschaft voller Dampffahnen und Schwefelkristalle. (S. 260)

➡ **Vie cave von Pitigliano nach Sorano** Spannend für junge Historiker: eine Wanderung durch die alten Hohlwege der Etrusker. (S. 263)

➡ **Parco Archeologico di Baratti e Populonia, Golfi di Baratti** Malerische Wege führen um Steinbrüche und zu den Ruinen uralter Grabstätten. (S. 196)

➡ **Elba** Die größte Insel des Toskanischen Archipels lockt mit tollen Kurzwanderungen zu Landspitzen und Stränden. (S. 197)

Die Toskana im Überblick

Florenz

**Essen
Kunst
Shoppen**

Feinschmeckerparadies

Das Gastronomieangebot der Stadt reicht von *panini* mit Kutteln an Imbisswagen über rustikale Trattorien und wuselnde Lebensmittelmärkte bis zum einzigen Drei-Sterne-Restaurant der Toskana.

Renaissancereichtümer

Die Uffizien gehören zu den berühmtesten Kunstmuseen der Welt, aber es wartet noch viel mehr meisterliche Kunst in dieser Stadt. Kirchen, Kapellen und diverse weniger bekannte Museen hüten ungeahnte Schätze.

Mode & Kunsthandwerk

Von den Designerboutiquen in der eleganten Via de' Tornabuoni bis zu den winzigen Werkstätten im Handwerkerviertel Oltrarno ist die Heimatstadt von Gucci ein Mekka für Freunde des kultivierten Einkaufserlebnisses.

S. 56

Nordwestliche Toskana

**Essen
Berge
Natur**

Weiße Trüffeln

Eine der begehrtesten Spezialitäten der Welt: Mit Beginn der herbstlichen Trüffelsaison geht in den Wäldern um San Miniato die Jagd auf die göttlich duftenden Knollen los und dann wird geschlemmt, was das Zeug hält.

Marmormagie

Auf einer Fahrt durch die Garfagnana, zwischen schroffen Gipfeln und bewaldeten Tälern, sind die majestätischen Marmorberge der Apuanischen Alpen in voller Pracht zu bewundern.

Aufs Zweirad!

Die drei Täler der Garfagnana sind ideal für Besucher, die gern wandern, radeln und schlemmen. Pfade führen kreuz und quer durch Wälder voller Kastanien, Beeren und Steinpilze.

S. 144

Etruskische Riviera & Elba

**Essen
Strände
Geschichte**

Meeresfrüchte in Livorno

Die Bewohner der raubeinigen Hafenstadt sind stolz auf ihren *cacciucco,* den legendären Eintopf mit mindestens fünf Sorten Fisch und Meeresfrüchten. Dazu passt am besten ein Glas des heimischen Sassicaia-Weins.

Küstenkapriolen

Elba, die paradiesische Palmeninsel, auf die Napoleon verbannt wurde, lädt zum Sonnenbaden, Seekajakfahren, Schnorcheln und Schwimmen.

Etrusker-Erbe

Die Überreste der Etruskergräber und -tempel unter den mächtigen Pinien am sandigen Ufer des Golfo di Baratti zu erkunden, ist ein außerordentliches Erlebnis – besonders in Kombination mit einer Picknickwanderung.

S. 184

Siena & Zentraltoskana

Essen
Wein
Hügeldörfer

Süße Sünden

Die berühmten Gebäckspezialitäten aus Siena schmecken am besten zum Kaffee oder zum Dessert, in ein Gläschen süßen Vin Santo gestippt.

In vino veritas

Hier werden weltberühmte Tropfen wie Brunello, Vino Nobile, Chianti Classico und Vernaccia angebaut. Überall in der Region erzeugen Weingüter den Stoff, der Kenner glücklich macht.

Hoch hinaus

Echte Highlights sind die malerischen Hügelstädtchen wie Montalcino, Montepulciano, Volterra und San Gimignano, deren perfekt erhaltene mittelalterliche Architektur ebenso beeindruckt wie ihr Panorama – und das will etwas heißen.

S. 209

Südliche Toskana

Essen
Archäologie
Natur

Slow Food

Die Küche ist erfrischend bodenständig: Heimische Zutaten der jeweiligen Jahreszeit werden nach der „Slow Food"-Philosophie zubereitet und das Resultat ist einfach himmlisch.

Antike Kulturen

Die Etrusker drückten der Region ihren Stempel auf: Die *Città del Tufa* (Tuffsteinstadt) ist geradezu übersät von ihren Gräbern. Aber auch die Römer ließen sich nicht lumpen, wie ein Besuch in Roselle oder Vetulonia beweist.

Artenreiche Landschaft

Scharen europäischer Zugvögel rasten auf dem Weg von und nach Nordafrika in den weitläufigen Naturgebieten mit vielfältiger Tier- und Pflanzenwelt.

S. 253

Östliche Toskana

Essen
Pilgerziele
Kunst

Super-Steaks

Im Val di Chiana lockt die beste *bistecca alla fiorentina* Italiens: Das kurz gegrillte Steak vom heimischen Chianina-Rind ist das kulinarische Aushängeschild der Toskana.

Heilige Stätten

Der hl. Franz ist in dieser Region sehr präsent. Er wurde im nahen Assisi geboren und soll seine Stigmata im Santuario della Verna im wunderbar wilden Casentino-Wald empfangen haben.

Kunst-Rallye

Hier gilt die Maxime: Qualität statt Quantität. Auf einer Rundfahrt zu den Werken von Piero della Francesca sollte man auch nach Arbeiten von Cimabue, Fra' Angelico, Signorelli, Rosso Fiorentino und den Familien Lorenzetti und della Robbia Ausschau halten.

S. 271

Reiseziele in der Toskana

Nordwestliche Toskana (S. 144)

Florenz (S. 56)

Östliche Toskana (S. 271)

Etruskische Riviera & Elba (S. 184)

Siena & Zentraltoskana (S. 209)

Südliche Toskana (S. 253)

Elba

Florenz

357 300 EW.

Gut essen

➡ Il Santo Bevitore (S. 104)

➡ Trattoria Mario (S. 101)

➡ Obikà (S. 100)

➡ Antica Trattoria da Tito (S. 101)

➡ iO Osteria Personale (S. 105)

Schön schlafen

➡ Hotel Scoti (S. 95)

➡ Antica Torre dei Via de' Tornabuoni 1 (S. 96)

➡ Palazzo Guadagni Hotel (S. 98)

➡ Villa Landucci (S. 98)

➡ Academy Hostel (S. 97)

Auf nach Florenz

Egal, der wievielte Besuch es ist: In Florenz gibt's immer etwas Neues zu entdecken. Man kann sich mehrmals am Tag auf eine Brücke über den Arno stellen und sieht doch nie dasselbe: Das Licht – und damit die Stimmung – ist jedes Mal anders. Die Wiege der Renaissance lockt Menschen aus allen Winkeln der Erde an, die hier im Kunstgenuss von Weltrang schwelgen. Die Stadt lässt niemanden los; sie ist romantisch, einzigartig – aber viel zu hektisch. Das Stadtbild hat sich seit der Renaissance kaum verändert, die engen Gassen kennen tausend Geschichten, und Speis und Trank (der Wein!) sind so lecker, dass das Prädikat „fiorentina" weltweit für Qualität steht.

Modedesigner zeigen auf der Via de' Tornabuoni ihr Können. Gucci kam hier zur Welt, genauso wie Roberto Cavalli, der übrigens wie viele andere Florentiner gerne in den Weinbergen außerhalb der Stadt relaxt. Ein verständliches Bedürfnis, wie manch Besucher dieser unglaublich fesselnden Stadt nach einer Weile bestätigen wird.

Entfernungen

	Florenz	Pisa	Lucca	San Miniato
Pisa	69			
Lucca	61	23		
San Miniato	37	47	70	
Siena	51	87	30	77

Unterwegs vor Ort

Von den Flughäfen Florenz und Pisa fahren regelmäßig Busse zum Hauptbahnhof Stazione di Santa Maria Novella; von dort sind es 10 Minuten zu Fuß ins Stadtzentrum. Florenz ist nicht groß und lässt sich am besten per pedes erkunden. Alternativ kann man sich Fahrräder mieten oder das gute Bus- und Tramnetz nutzen. Wer hier ins Auto steigt, ist selbst schuld.

3 PERFEKTE TAGE

1. Tag: Auf Davids Spuren

Immer dem berühmten nackten Mann nach: Den Anfang macht Michelangelos Original in der Galleria dell'Accademia, dann winkt die berühmte Kopie auf der Piazza della Signoria, schließlich warten im Museo Nazionale del Bargello die Versionen von Donatello und Andrea Verrocchio. Zudem wollen noch Werke Michelangelos in der Biblioteca Medicea Laurenzia und der Basilica di Santo Spirito bestaunt werden, und zum Sonnenuntergang geht's auf den Piazzale Michelangelo.

2. Tag: Beiderseits des Arno

Der Vormittag gehört den Uffizien. Mittags erholt man sich bei einem Luxus-Sandwich bei 'Ino oder in einem Weinlokal (z. B. Cantinetta dei Verrazzano oder La Canova di Gustavino). Wer gebucht hat, kann die Führung durch den Vasari-Korridor beginnen, alternativ bietet sich der Stadtspaziergang (S. 90) mit Schaufensterbummel in der Via de' Tornabuoni und ein Trüffel-panino bei Procacci an. Abends dann ein *aperitivo* im Le Volpe e L'uva und Abendessen im Il Santo Bevitore oder Il Guscio.

3. Tag: Kunst, nein danke!

Der Tag beginnt mit einem Frühstück im Caffè Rivoire an der Piazza della Signoria. Dann geht's ins Gucci Museo mit Pause im Museumscafé. Nach einem Bummel zum Fluss hinunter und einer Stippvisite im Museo Galileo weckt das Mittagessen auf der anderen Seite des Ponte Vecchio im Il Ristoro oder im Olio & Convivium die Lebensgeister. Dann lockt ein Spaziergang zum Palazzo Pitti, hinter dem sich der Giardino di Boboli ausbreitet. Für einen Kaffee mit Aussicht bietet sich der Giardino Bardini an, bevor es ostwärts ins Viertel San Niccolò weitergeht. Der Sonnenuntergang vom Piazzale Michelangelo aus gesehen ist ein Muss und ein Abendessen an der Piazza Santo Spirito ein würdiger Abschluss.

Übernachtung

➡ Florenz ist kleiner, als man denkt. Dadurch liegt jede Unterkunft im Zentrum günstig.

➡ Die billigeren Adressen konzentrieren sich im Viertel Santa Maria Novella und im benachbarten San Lorenzo.

➡ Santa Croce und Oltrarno sind schicker und teurer.

NICHT VERSÄUMEN

Nirgends kommt der humanistische Geist der Renaissance besser zum Ausdruck als in Fra' Angelicos Fresken im Museo di San Marco (S. 79). Seine *Verkündigung* (um 1440) ist einzigartig schön.

Fresken

➡ Chiesa di Santa Trinita (S. 74)

➡ Basilica di Santa Maria Novella (S. 74)

➡ Palazzo Medici-Riccardi (S. 78)

➡ Museo di San Marco (S. 79)

➡ Cappella Brancacci (S. 85)

Panoramablicke

➡ Dom & Campanile (S. 68)

➡ Torre d'Arnolfo, Palazzo Vecchio (S. 72)

➡ Piazzale Michelangelo (S. 92)

➡ La Terrazza, Continentale Hotel (S. 107)

Infos im Internet

➡ **Florenz allgemein** (www.theflorentine.net) Englischsprachige Nachrichten.

➡ **Museen in Florenz** (www.firenzemusei.it)

➡ **Tourismus** (www.firenze turismo.it)

➡ **Kunst** (www.arttrav.com) Blog einer amerikanischen Kunsthistorikerin

➡ **Firenze Spettacolo** (www.firenzespettacolo.it) Veranstaltungskalender

Highlights

1 Die grandiose Sammlung von Mittelalter- und Renaissance-gemälden in den **Uffizien** (S. 64) besuchen.

2 Plastische Grabmäler und eine wunderschöne, von Brunelleschi entworfene Kapelle in der **Basilica di Santa Croce** bewundern (S. 81).

3 In die einzig-artige Kuppel des **Doms** und auf den Glockenturm klettern (S. 68).

4 Sich im **Museo di San Marco** von der Genialität Fra' Angelicos überzeugen (S. 79).

5 Die Kunsthand-werkerateliers im **Oltrarno** erkunden – dort, wo die echten Florentiner leben, arbeiten und sich zum *aperitivo* treffen (S. 84).

6 Zum **Piazzale Michelangelo** hinaufstapfen, um mal wieder eine Kopie des *David* zu sehen – und das prächtigste Panorama der Stadt (S. 92).

7 Der Großstadt-hitze entfliehen und dafür Olivenhaine und römische Ruinen in **Fiesole** genießen; ein Mittagessen im **La Reggia degli Etruschi** (S. 95) und eine von Giovanni geführte Radtour bei Sonnenuntergang erleben.

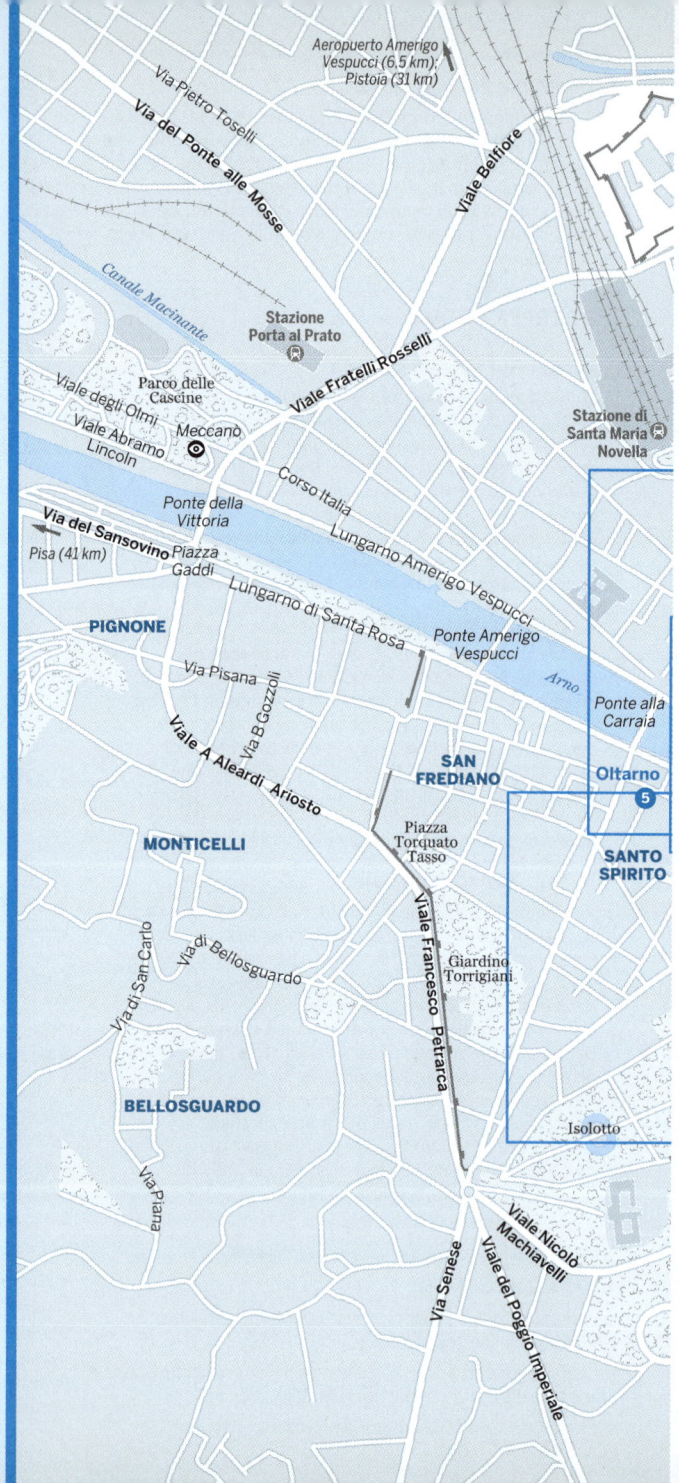

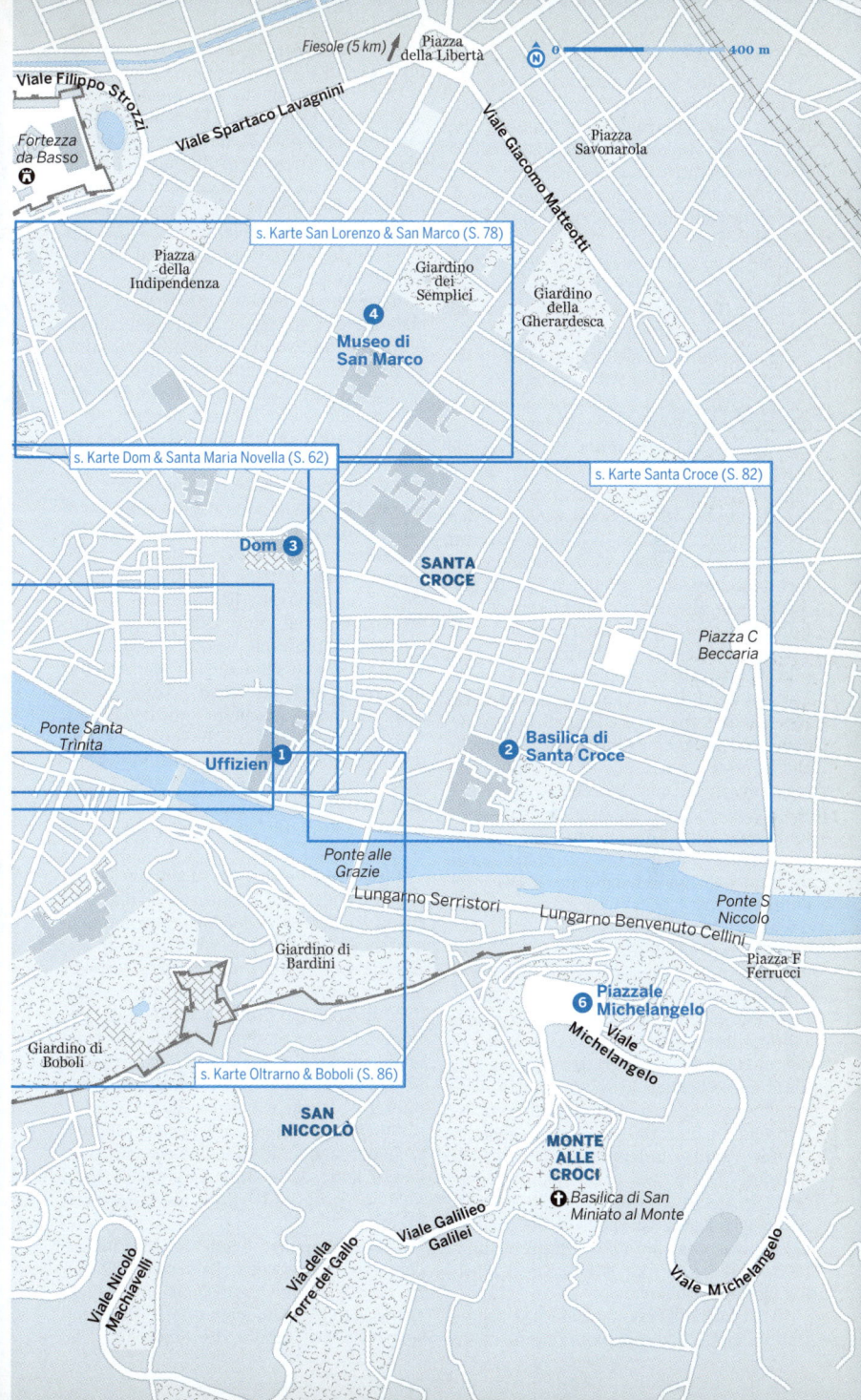

Fiesole (5 km)

Piazza della Libertà

0   400 m

Viale Filippo Strozzi

Fortezza da Basso

Viale Spartaco Lavagnini

Viale Giacomo Matteotti

Piazza Savonarola

Piazza della Indipendenza

s. Karte San Lorenzo & San Marco (S. 78)

Giardino dei Semplici

Giardino della Gherardesca

4

Museo di San Marco

s. Karte Dom & Santa Maria Novella (S. 62)

s. Karte Santa Croce (S. 82)

Dom **3**

SANTA CROCE

Piazza C Beccaria

Ponte Santa Trinita

Uffizien **1**

2 **Basilica di Santa Croce**

Ponte alle Grazie

Lungarno Serristori

Ponte S Niccolo

Lungarno Benvenuto Cellini

Piazza F Ferrucci

Giardino di Bardini

5 **Piazzale Michelangelo**

Viale Michelangelo

Giardino di Boboli

s. Karte Oltrarno & Boboli (S. 86)

SAN NICCOLÒ

MONTE ALLE CROCI

Basilica di San Miniato al Monte

Viale Nicolò Machiavelli

Via della Torre del Gallo

Viale Galileo Galilei

Viale Michelangelo

Geschichte

Die Geschichte von Florenz geht bis zu den Etruskern zurück, die sich in Fiesole niederließen. Julius Cäsar gründete um 59 v. Chr. die römische Kolonie Florentia, strategisch geschickt an der schmalsten Furt durch den Arno. So konnte er die Via Flaminia kontrollieren, die Rom mit Norditalien und Gallien verband.

Nach dem Zusammenbruch des Römerreichs fielen die Goten in Florenz ein, gefolgt von Langobarden und Franken. Das Jahr 1000 markierte einen Wendepunkt für die Stadt, denn damals verlegte der toskanische Markgraf Ugo seinen Hauptsitz von Lucca nach Florenz. 1110 wurde Florenz eine autonome *comune* (Stadtstaat) und ab 1138 von zwölf Konsuln und dem *consiglio di cento* (Rat der Hundert) regiert, dessen Mitglieder meist aus reichen Händlerfamilien stammten. Streitereien zwischen den verschiedenen Fraktionen führten 1207 zur Ernennung eines *podestà* (Statthalter), der nicht aus der Stadt stammen durfte und daher theoretisch über den Streitereien und Intrigen der rivalisierenden Parteien stand.

Das mittelalterliche Florenz war eine reiche, dynamische *comune*. Sie zählte zu Europas wichtigsten Finanz- und Kulturzentren und spielte im Handel mit Wolle, Seide und Leder eine führende Rolle. Reiche Handwerker und Kaufleute bildeten einen nicht unerheblichen Teil der Bevölkerung. Sie schlossen sich zu Zünften zusammen und begannen, Künstler zu fördern. Mit der Aussicht auf lukrative Aufträge zog es diese in die aufstrebende Stadt. Doch die politische Krise begann sich bereits abzuzeichnen.

Mitte des 13. Jhs. erwuchsen die Meinungsverschiedenheiten zwischen papsttreuen Guelfen und kaisertreuen Ghibellinen. Sie bekämpften sich fast ein ganzes Jahrhundert lang, ohne dass eine Partei einen eindeutigen Sieg erringen konnte. Mitten in diese hochexplosive Zeit hinein wurden der revolutionäre Maler Giotto und der kritische Dichter Dante Alighieri geboren. Dantes Familie unterstützte die Guelfen. Als diese sich in zwei Lager spalteten – die Neri (Schwarze) und die Bianchi (Weiße) –, schlug sich Dante auf die Seite der Weißen. Leider war das die falsche Entscheidung: 1302 wurde er für immer aus seinem geliebten Florenz verbannt.

1348 brach die Pest aus und raffte fast die Hälfte der Bevölkerung von Florenz dahin. Diese dunkle Zeit bildet den Hintergrund für Boccaccios *Dekameron*.

Die Ära der Medici begann in Florenz 1434, als der Kunstmäzen Cosimo der Ältere (oft nur Cosimo de' Medici genannt) an die Macht kam. Mit seinem Riecher für Talent und einem enormen Feingefühl im Umgang mit Künstlern brachte er Genies wie Alberti, Brunelleschi, Luca della Robbia, Fra' Angelico, Donatello und Fra' Filippo Lippi zur Entfaltung.

In seinem Bemühen, die katholische Kirche mit den Ostkirchen zu versöhnen, holte der Kirchenrat von Florenz 1439 byzantinische Gelehrte und Handwerker in die Stadt. Sie sollten die Kultur und Techniken der klassischen Antike bekannt machen. Trotz Unterstützung durch den Papst blieb die erhoffte Annäherung aus. Aber der Keim war gelegt für die spätere Renaissance. Unter der Herrschaft von Cosimos gebildetem und allseits beliebtem Enkel Lorenzo dem Prächtigen (1469–1492) entwickelte sich Florenz zum Zentrum der „Wiedergeburt" (franz. *renaissance*). Künstler wie Michelangelo, Botticelli und Ghirlandaio schufen ihre berühmten Werke. An Lorenzos Hof trafen sich Humanisten, die sich für die Würde und das kreative Potential des Menschen stark machten. Ende des 14. Jhs. wurde in Florenz eine Philosophieschule gegründet, an der lateinische und griechische Texte studiert wurden. Musik, Literatur und die Bildenden Künste standen hoch im Kurs. Kurzum: Florenz war der kulturelle Hotspot Italiens.

Diese goldene Zeit war nicht von Dauer, sondern endete mit Lorenzos Tod 1492. Kurz zuvor war die Bank der Medici zusammengebrochen, zwei Jahre später musste die Familie aus Florenz fliehen. Als Antwort auf die Exzesse und Prunksucht der Medici übernahm Girolamo Savonarola das Kommando im Stadtstaat. Der humorlose, lustfeindliche Dominikanermönch zog ganz andere Saiten auf. 1497 landeten die „unmoralischen" Werke von Botticelli & Co. sowie sämtliche Luxusgüter auf dem berühmten „Scheiterhaufen der Eitelkeiten". Im Jahr darauf hatte Savonarola seine Gunst beim Volk verspielt und wurde als Ketzer verbrannt.

Die frankophilen Tendenzen der folgenden republikanischen Regierung führten zu Konflikten mit dem Papst und seinen spanischen Verbündeten. 1512 besetzten spanische Streitkräfte die Stadt, und die

Medici durften zurückkehren. Mit ihrer tyrannischen Herrschaft machten sie sich wenig Freunde. Als Rom 1527 unter dem Medici-Papst Clemens VII. von Kaiser Karl V. besiegt wurde, nutzten die Florentiner die Gunst der Stunde und jagten die Medici erneut zum Teufel. Wieder zwei Jahre später wurde Florenz vom kaiserlich-päpstlichen Heer belagert und gezwungen, Lorenzos Urenkel als Herrscher zu akzeptieren. Alessandro de' Medici, ein selbstherrlicher Despot, wurde von Karl V. zum Herzog von Florenz ernannt. So hatten die Medici für weitere 200 Jahre das Sagen. Sie rissen sich in dieser Zeit fast die gesamte Toskana unter den Nagel. Mit dem Tod Cosimos I. (1537–1574) ging es für Florenz steil bergab.

Der letzte männliche Medici, Gian Gastone, starb 1737. Danach verschacherte seine Schwester Anna Maria das Großherzogtum Florenz an das Haus Habsburg-Lothringen (in dem damals die österreichische Seite dominierte). Abgesehen von einem kurzen Intermezzo unter Napoleon (von 1799 bis 1814) änderte sich lange nichts. 1860 schloss sich das Herzogtum dem neu gegründeten Königreich Italien an. Florenz konnte im Jahr darauf sogar kurzzeitig als italienische Hauptstadt glänzen, ab 1871 fiel diese Ehre dann Rom zu.

Im Zweiten Weltkrieg wüteten die bereits auf dem Rückzug befindlichen deutschen Truppen in Florenz und sprengten sämtliche Brücken mit Ausnahme des Ponte Vecchio. 1966 erlebte die Stadt eine Hochwasserkatastrophe, die vielen Gebäuden und Kunstwerken unermessliche Schäden zufügte. Um sie zu retten, wurden neue Restaurationstechniken angewandt, wovon dann auch andere Kunstschätze landesweit profitierten. 1993 ließ die Mafia in Florenz eine Autobombe hochgehen, bei der fünf Menschen getötet, 37 verletzt und Teile der Uffizien beschädigt wurden. Ein gutes Jahrzehnt später begannen die Arbeiten an einem riesigen Erweiterungsbau für das weltweit einzigartige Museum, was für heftige Diskussionen sorgte. Wann die Nuovi Uffizi fertiggestellt sein werden, ist immer noch nicht abzusehen.

ⓘ MUSEUMSTICKETS

Im Hochsommer und zu anderen Stoßzeiten (z. B. Ostern) bilden sich vor den bekanntesten Museen endlose Schlangen. Wer sich da nicht vorher Eintrittskarten besorgt hat, kann schon mal vier Stunden in der Warteschleife stehen.

Gegen eine Gebühr von 3 € pro Ticket (4 € für die Uffizien und die Galleria dell'Accademia) können Tickets für neun *musei statali* (staatliche Museen) reserviert werden, darunter die Uffizien, die Galleria dell'Accademia (wo *David* zu Hause ist), der Palazzo Pitti, das Museo del Bargello und die Medici-Kapellen (Cappelle Medicee). Eigentlich ist die Vorbestellung nur für die Uffizien und die Accademia wirklich notwendig. Wer das machen will, bucht entweder online, ruft bei **Firenze Musei** (Florentiner Museen; ✆ 055 29 48 83; www.firenzemusei.it; ⏱ tel. Reservierung Mo–Fr 8.30–18.30, Sa bis 12.30 Uhr) an oder reserviert die Karten direkt am Schalter (Die–So 8.30–19 Uhr) in den Uffizien, dem Palazzo Pitti oder vor der Chiesa di Orsanmichele (Mo–Fr 9–16.30 Uhr).

Vor den Uffizien weisen Schilder zum Gebäude gegenüber, wo die vorbestellten Tickets bereit liegen. Dann geht man zum Eingang 1 des Museums (nur mit reservierten Karten) und stellt sich dort an, um hereingelassen zu werden. Das ist zwar auch nervig, aber immer noch besser, als mehrere Stunden mit Schlangestehen zu verbringen. Tipp: Viele Hotels übernehmen Vorabreservierungen für ihre Gäste.

Eine ganze Woche im Jahr, meist im Frühling, sind die staatlichen Museen kostenlos. Das genaue Datum wird kurzfristig bekannt gegeben, um eine entsprechende Reisewelle zu verhindern. Da hilft nur, die Augen offen zu halten. Ein Datum dagegen steht unverrückbar fest: der 18. Februar. Das ist der Todestag von Anna Maria Luisa de' Medici (1667–1743), dem letzten Sprössling der Familie. Sie hinterließ all ihre Kunstschätze der Stadt Florenz, die die großzügige Geste mit freiem Zugang zu den öffentlichen Museen an diesem Tag honoriert.

EU-Bürger unter 18 und über 65 Jahre kommen kostenlos in alle staatlichen Museen in Florenz, zwischen 18- und 25-Jährige zahlen die Hälfte. Also immer den Ausweis einstecken! Gut zu wissen: Eintrittskarten werden meist bis 30 Minuten vor Schließung des Museums verkauft.

Dom & Santa Maria Novella

Dom & Santa Maria Novella

◉ Sehenswertes & Aktivitäten

Florenz ist überwältigend! Zahllose Museen und Galerien horten viele der weltweit besten und spektakulärsten Beispiele der Renaissancekunst. Auch für die Architektur gibt es nur eine Beschreibung: einzigartig! Deswegen begehen viele Besucher den Fehler zu glauben, dass sie ja nichts verpassen dürften. Dabei ist es viel besser, sich persönliche Favoriten herauszupicken und diese dann auf entspannten Streifzügen durch das malerische Straßenlabyrinth mehr wie „zufällig" zu entdecken.

In den meisten Kirchen wird streng auf korrekte Kleidung geachtet (also keine Shorts, ärmellosen Tops oder tiefen Ausschnitte).

◉ Dom & Piazza della Signoria

Zwischen dem Dom und der von Cafés gesäumten Piazza della Signoria schlägt das geografische, historische und kulturelle Herz der Stadt – und hier liegen auch die Top-Sehenswürdigkeiten. An der **Via de' Tornabuoni** funkeln die Schaufenster der Designerläden, die sich links und rechts der Straße wie Perlen einer besonders kostbaren Kette aneinanderreihen: Prada, Gucci, Ferragamo, Gianfranco Ferré, Armani, Pucci und McQueen sind alle vertreten. Trendboutiquen mit gewagten Fummeln finden sich eher in der **Via della Spada** und der **Via Della Vigna Nuova**, die beide westwärts von der Via de' Tornabuoni abzweigen.

★ Uffizien   KUNSTMUSEUM
(Karte S. 62; www.polomuseale.firenze.it; Piazzale degli Uffizi 6; Erw./erm. 6,50/3,25 €; ☺Di–So 8.15–18.50 Uhr) Das Kronjuwel der florentinischen Kunstschätze ist natürlich die Sammlung des riesigen, U-förmigen **Palazzo degli Uffizi**. Sie umfasst die gesamte westliche Kunstgeschichte, doch das unumstrittene Herzstück ist die Abteilung mit Renaissancekunst – allein Botticellis Werke füllen einen ganzen Saal. Für die Uffizien sollte man drei bis vier Stunden einplanen. Wer

FLORENZ SEHENSWERTES & AKTIVITÄTEN

eine Pause braucht, tankt im Café auf der Dachterrasse frische Luft und genießt den Ausblick.

Cosimo I. gab Vasari 1560 den Auftrag, den gigantischen Regierungspalast zu bauen, um darin die zahlreichen Vertreter von Stadtverwaltung, Gericht und Zünften unterzubringen (*uffizi* heißt so viel wie „Büros"). Nach Vasaris Tod 1564 übernahmen die Architekten Alfonso Parigi und Bernardo Buontalenti die Baustelle. Buontalenti änderte die Pläne für das Obergeschoss, um Platz für die Trophäen des leidenschaftlichen Kunstsammlers Francesco I. zu schaffen – das Hobby hatte er vom Vater geerbt. 1580 konnte das Gebäude eingeweiht werden. Als das letzte Mitglied des Medici-Clans 1743 das Zeitliche segnete, vermachte es der Stadt Florenz die umfangreiche Sammlung – mit der strikten Auflage, sie dürfe die Stadt niemals verlassen.

➡ Toskanische Meister: 13. & 14. Jh.

Die durchnummerierten Ausstellungssäle der Uffizien gehen von zwei endlos scheinenden Gängen im Obergeschoss ab. Gleich der erste Saal im **Primo Corridoio** (erster Korridor) links von der Treppe (Saal 2) gehört der sienesischen Kunst aus dem 13. Jh. und ist mit seinem wuchtigen Deckengebälk wie eine mittelalterliche Kapelle gestaltet – passend zu den großartigen Werken, die hier ihren Platz haben: drei große Altaraufsätze der toskanischen Meister Duccio di Buoninsegna, Cimabue und Giotto. Sie standen ursprünglich in Florentiner Kirchen und zeigen den Übergang von der Gotik zur Renaissance besonders deutlich. Auffällig sind die naturalistisch-realistischen Züge bei Giottos von Engeln und Heiligen flankierter *Madonna mit Kind*, die rund 25 Jahre nach Duccios und Cimabues Versionen (um 1306–1310) entstand.

Im nächsten Saal geht es mit sienesischer Kunst des 14. Jhs. weiter. Das Highlight ist Simone Martinis *Verkündigung* (1333), bei der Lippo Memmi mithalf und Maria in ein Meer von Gold getaucht hat. Ebenfalls sehenswert ist Pietro Lorenzettis Triptychon *Madonna mit Kind und Heiligen* (1340), das an Giotto erinnernde, realistische Einschläge aufweist. Leider starben Pietro Lorenzetti und sein ebenfalls malender Bruder Ambrogio 1348 in Siena an der Pest.

Die florentinischen Meister des 14. Jhs. zeigten ähnliche Detailverliebtheit wie ihre sienesischen Kollegen, was die Arbeiten im nächsten Saal beweisen, z. B. die *San Reminio Pietà* (1360–1365) des begabten Giotto-Schülers Giottino (auch Giotto di Stefano genannt). Wieder bestechen der Realismus und der verschwenderische Einsatz von Blattgold.

➡ **Gotik**

Die Säle 5 und 6 (eigentlich ein einziger Raum) beherbergen Meisterwerke des so genannten „weichen Stils" mit dem absoluten Hingucker *Anbetung der Könige* (1423) von Gentile da Fabriano, das Palla Strozzi für Santa Trinità in Auftrag gegeben hatte.

➡ **Wegbereiter der Renaissance**

Mit der Entdeckung der Perspektive läutete die florentinische Schule Anfang des 15. Jhs. die Ära der Renaissance ein (Saal 7). Ein Teilbild (die beiden anderen sind im Louvre und in der National Gallery in London) von Paolo Uccellos überwältigender *Schlacht von San Romano* (1436–1440), die den Sieg von Florenz über Siena feiert, zeigt die noch etwas unbeholfenen Versuche des Künstlers, Perspektive zu erzeugen: Die Lanzen, Pferde und Soldaten streben alle auf einen zentralen Fluchtpunkt zu.

In Saal 8 hängen Piero della Francescas berühmte Profilporträts (1465) des hakennasigen, rotgewandeten Herzogs von Urbino und seiner Gattin. Hier fließt schon humanistisches Gedankengut ein: Den Herzog malte della Francesca von der linken Seite, da er bei einem Turnier sein rechtes Auge

---

ⓘ **WENIGER BEKANNTE PERLEN**

Wem der Massenandrang in den Uffizien, am Ponte Vecchio und zu Füßen des *David* zu viel wird, der flüchtet einfach zu nicht ganz so populären Attraktionen wie Palazzo Strozzi (erstklassige Ausstellungen), Museo del Bargello (Werke aus Michelangelos Frühphase), Chiesa di Orsanmichele (mittelalterliche Skulpturen), Biblioteca Medicea Laurenziana (Michelangelo-Treppe) und Museo Marino Marini (Rucellai-Kapelle).

---

verloren hatte, und die Herzogin ist leichenblass – ein Hinweis darauf, dass das Porträt posthum entstand.

Der Karmelitermönch Fra' Filippo Lippi hatte einen unglücklichen Hang zu irdischen Vergnügen und war mit einer Nonne aus Prato durchgebrannt, was einen Riesenskandal verursachte. Daher hat er sich auf seiner *Marienkrönung* (1439–1447) als pummeligen Bettelmönch dargestellt.

Saal 9 gehört wieder einem verwandten Paar, nämlich den Brüdern Antonio und Piero del Pollaiolo. Ihre Darstellungen der vier Kardinal- und drei Göttlichen Tugenden strotzen nur so von prallem Leben und waren damals für das Händlertribunal an der Piazza della Signoria entstanden. Eher gemessen wirkt dagegen Pieros *Porträt von Galeazzo Maria Sforza* (1471).

Ein Gemälde aus der Tugenden-Reihe stammt nicht von den Pollaiolos: *Tapferkeit* (1470) ist Botticellis erste nachgewiesene Arbeit.

➡ **Botticelli-Saal**

Die spektakuläre Sala del Botticelli (Saal 10 bis 14, aber eigentlich nur ein großer Saal) gehört zu den großen Attraktionen der Uffizien und wird entsprechend belagert. Von den 15 Arbeiten des für seine ätherischen Schönheiten bekannten Renaissancestars sind *Geburt der Venus* (um 1484), *Primavera* (Frühling; um 1478), die sehr vergeistigte *Verkündigung* (1489–1490), die *Anbetung der Könige* (1475, mit einem Selbstbildnis des Künstlers ganz rechts außen) und die *Madonna del Magnificat* (1483) die berühmtesten. Manche Kenner bevorzugen die beiden Miniaturen mit der schwertschwingenden Judith, die aus Holofernes' Zelt zurückkehrt, und mit der Entdeckung des geköpften Holofernes (1495–1500).

➡ **Leonardo-Saal**

In Saal 15 warten zwei frühe florentinische Arbeiten von Leonardo da Vinci: die unvollendete Rötelzeichnung *Anbetung der Könige* (1481–1482; zurzeit der Recherche für Restaurierungsarbeiten abgehängt) und seine *Verkündigung* (ca. 1472).

➡ **La Tribuna**

Ihre wertvollsten Kunstkleinodien versteckten die Medici in dieser exquisiten, achteckigen Schatzkammer (Saal 18), die Francesco I. zwischen 1581 und 1586 bauen ließ. Der originalgetreu restaurierte Raum beeindruckt heute wie damals mit seinen karmesinroten Seidentapeten und der mit 6000 Perlmuttschalen dekorierten roten Kuppel. Er enthält eine kleine Sammlung klassischer Skulpturen und Bilder.

➡ Flämische & deutsche Meister

Die Säle 20 bis 23 beherbergen Werke von Künstlern der Nordischen Renaissance, darunter Albrecht Dürer (*Anbetung der Könige;* 1504) und Lukas Cranach der Ältere (*Adam und Eva;* 1528).

➡ Von der Hochrenaissance zum Manierismus

Vom **Secondo Corridoio** (zweiter Korridor oder Loggia) bietet sich ein herrlicher Blick auf Florenz, bevor es weiter in den **Terzo Corridoio** (dritter Korridor) geht. Die Säle 25 bis 34 waren während unseres Besuchs wegen umfangreicher Ausbau- und Umstrukturierungsarbeiten geschlossen.

Michelangelos überwältigendes *Tondo Doni,* auf dem die Heilige Familie zu sehen ist, hängt nun in Saal 35. Die lebhaften Farben dieser ungewöhnlichen Komposition wirken so frisch, als wären sie nicht 1504–1506, sondern erst gestern aufgetragen worden. Ursprünglich gehörte das Bild dem reichen florentinischen Tuchhändler Agnolo Doni (der es sich übers Bett hing), wurde aber 1594 von den Medici für den Palazzo Pitti gekauft.

Ein unbedingtes Muss ist der wunderschön restaurierte Saal 42, auch **Niobe-Saal** genannt. Er wurde für eine Skulpturengruppe angelegt, die Niobe und ihre Kinder darstellt und 1583 in einem römischen Weinberg entdeckt wurde. Es handelt sich dabei um die römische Kopie eines griechischen Werks, die im 4. Jh. v. Chr. angefertigt wurde und 1775 nach Florenz kam.

Die Werke venezianischer Meister schmücken Saal 43, darunter acht von Tizian. Zu seinen Meisterwerken gehören die sinnliche nackte *Venus von Urbino* (1538) und das bemerkenswerte Porträt von *Eleonora Gonzaga, Herzogin von Urbino* (1536–1537). In Saal 44 hängen Bilder von Paolo Veronese und Tintoretto, dessen berühmtes *Bildnis eines Mannes* (um 1555–1560) trotz seiner dunklen Farben ein Highlight darstellt. Auch seine *Leda mit dem Schwan* (um 1550) ist hier zu sehen.

➡ „Neue Uffizien", Säle der ersten Etage

Im Rahmen des momentanen riesigen Erweiterungsprojekts wurden die sowieso schon gigantischen Räumlichkeiten 2012 um 1800 m² vergrößert; die Arbeiten dauern noch bis mindestens 2014 an. In der

➊ PLANUNG MIT KÖPFCHEN

➡ Wer die Karten für die Uffizien und die Galleria dell'Accademia vorab reserviert, erspart sich lange Wartezeiten.

➡ Es stehen mehrere Museumspässe zur Wahl, die online gekauft werden können.

➡ Die Führungen durch den Vasari-Korridor und den Palazzo Vecchio können vorab reserviert werden, ebenso die Karten für die Cappella Brancacci und die Cappella dei Magi.

➡ Musikfans kaufen Karten für das Opernfestival Maggio Musicale Fiorentino im Frühjahr.

➡ Die Uffizien, die Galleria dell'Accademia und viele weitere staatliche Museen sind montags geschlossen. Eine tolle Alternative für diesen Tag ist das weniger berühmte Museo di Orsanmichele in der gleichnamigen Kirche.

➡ Am Donnerstagabend gibt es kostenlos zeitgenössische Kunst im Palazzo Strozzi.

Sala Blu (Blauer Saal) in der ersten Etage (Säle 46 bis 55) ist die Sammlung ausländischer Künstler des 16. und 17. Jhs. zu Hause, zu denen Rembrandt (Saal 49), Rubens und van Dyck (Saal 55) gehören.

Die folgenden neun Säle, deren tiefroten Wände dem 16. Jh. Rechnung tragen, beherbergen zwei florentinische Schlüsselfiguren der Übergangszeit von der Hochrenaissance zum Manierismus: Andrea del Sarto (Säle 56 bis 59) und Raffael (Saal 66). Der Star unter den Werken im roten Raffael-Saal ist die bezaubernde *Madonna mit dem Stieglitz* (1505–1506), die er während seines vierjährigen Florenzaufenthalts malte.

Auf der Website www.uffizi.org wird unter dem Stichwort „News" (Plan your visit) der neueste Stand des 1997 angestoßenen, 65 Mio. € teuren Mammutprojekts bekanntgegeben. Nach seinem Abschluss (Datum steht noch in den Sternen) werden die Uffizien über 100 Säle und einen neuen Ausgang zur Piazza Castellani haben, den der japanische Architekt Arata Isozaki entworfen hat. Bis dahin muss allerdings mit der Umstrukturierung und zeitweiliger Schließung diverser Säle gerechnet werden.

★ **Duomo di Firenze**   DOM
(Cattedrale di Santa Maria del Fiore; Karte S. 62; www.operaduomo.firenze.it & http://museumflorence.com; Piazza del Duomo; Dom Eintritt frei, Kombiticket für Kuppel, Baptisterium, Glockenturm, Krypta und Museum Erw./bis 14 J. 10 €/ frei; ⊙Mo–Mi & Fr 10–17, Do bis 16, Sa bis 16.45, So 13.30–16.45 Uhr; Kuppel Mo–Fr 8.30–18.20, Sa bis 17 Uhr; Krypta Mo–Fr 10–17, Do bis 16, Sa bis 16.45 Uhr; Glockenturm 8.30–18.50 Uhr) Der Dom ist das Wahrzeichen von Florenz und zusammen mit dem Schiefen Turm von Pisa und dem Kolosseum in Rom einer der „großen Drei" Italiens. Die berühmte ziegelrote Kuppel, der elegante Glockenturm *(campanile)*, die phantastische Fassade aus weißem, rosa und grünen Marmor – da ist man einfach hin und weg. Arnolfo di Cambio, ein Architekt aus Siena, hatte 1296 mit dem Bau begonnen. Es dauerte fast 150 Jahre, bis der Dom vollendet war.

Seine neogotische Fassade hat sich der Architekt Emilio de Fabris im 19. Jh. als Ersatz für das unvollendete Original ausgedacht, das im 16. Jh. abgerissen worden war. Der älteste und deutlich gotische Teil des Doms ist die Südseite mit der Porta dei Canonici (Stifterpforte und Eingang für den Aufstieg zur Kuppel), die Mitte des 14. Jhs. entstand.

DER VASARI-KORRIDOR

Der **Corridoio Vasariano** (Vasari-Korridor; Karte S. 62; ☎ 055 29 48 83; ⊙nur mit Führung; ☷B) birgt so viele Geheimnisse, dass er der berüchtigtste und rätselhafteste Gang der Welt sein dürfte. Über den Schmuckläden an der östlichen Seite des Ponte Vecchio ist er vor allem bei Sonnenuntergang ein spektakulärer Anblick. Der überdachte Verbindungsweg vom Palazzo Vecchio auf der Piazza della Signoria zu den Uffizien und zum Palazzo Pitti auf der anderen Seite des Flusses ist etwa 1 km lang. Vasari hat ihn im Jahr 1565 im Auftrag Cosimos I. entworfen, damit die Medici und die Würdenträger des Hofes bequem und ohne Aufsehen von einem Palazzo zum anderen gelangen konnten. Ab dem 17. Jh. haben die Medici den Gang mit Selbstporträts geschmückt – zu den gut 700 Werken, die dabei herausgekommen sind, gehören u. a. die Selbstporträts von Andrea del Sarto (das älteste der Sammlung), Rubens, Rembrandt und Canova.

Ursprünglich hatte der Korridor zum Fluss hin winzige Fenster und zur Straße vergitterte, kreisrunde Öffnungen als Schutz vor Angreifern. Als jedoch Hitler 1941 Florenz besuchte, ließ Mussolini für den befreundeten Diktator große Fenster in die Brückenmauern reißen, um ihm vom berühmten Ponte Vecchio aus einen Panoramablick über den Arno zu bieten.

Im Stadtteil Oltrarno verläuft der Verbindungsweg direkt an der **Chiesa di Santa Felicità** (Karte S. 86; www.santafelicita.it; Piazza di Santa Felicità; ⊙Mo–Sa 9.30–12 & 15.30–17.30 Uhr) GRATIS entlang. So hatten die Medici eine eigene Empore in der Kirche, von der aus sie die Messe besuchen konnten, ohne sich unters gemeine Volk zu mischen. Von der Piazza di Santa Felicità aus, die sich vor der kleinen romanischen Kirche ausbreitet, sind über dem Portikus der ansonsten unauffälligen Fassade die drei Bögen des Korridors zu sehen. Wer innen vor dem Altar steht und sich umdreht, hat die Medici-Empore im Blick und kann den Korridor dahinter erahnen. Ein weiterer Hingucker, den sich keiner entgehen lassen sollte, ist die *Begegnung Joachims und Annas* von Ridolfo Ghirlandaio am Ende des rechten Querschiffs.

Der Korridor ist nur einer kleinen Schar Auserwählter zugänglich. Aber wer die Augen offen hält, kann in den Uffizien und auch von anderen Orten aus zuweilen einen Blick in den Gang erhaschen. Wer ihn dagegen richtig besichtigen will (auf jeden Fall ein unvergessliches Erlebnis!), kann sich einer italienischen Führung für fünf Teilnehmer anschließen, die die **Firenze Musei** (15 € einschl. Eintritt in die Uffizien und Buchungsgebühren) von Zeit zu Zeit anbieten – Termine werden auf der Website der Uffizien angekündigt (www.uffizi.firenze.it). Einfacher ist es, an einer privaten Führung teilzunehmen, z. B. von **Florence Town** (Karte S. 62; ☎ 055 012 39 94; www.florencetown.com; Via de' Lamberti 1; Erw./Kind 125/70 € inkl. Eintritt in die Uffizien und Frühstück; ⊙2- bis 3mal wöchentlich). Die Touren (auf Englisch) finden vormittags statt und beinhalten zwei Stunden in den Uffizien, Frühstück im Café auf der Dachterrasse und Gang durch den Vasari-Korridor. In jedem Fall ist eine frühzeitige Anmeldung erforderlich.

Als Michelangelo mit der Arbeit am Petersdom in Rom begann, soll er gesagt haben: „Ich werde eine größere, aber keine schönere Kuppel bauen." Die berühmte Florentiner Kuppel ist wirklich eines der baulich wie auch künstlerisch beeindruckendsten Werke der Renaissance und den Aufstieg über eine Innentreppe mit 463 Steinstufen auf jeden Fall wert.

Architekt der **Kuppel** (Kombiticket für Kuppel, Baptisterium, Glockenturm, Krypta und Museum Erw./bis 14 J. 10 €/frei), die zwischen 1420 und 1436 gebaut wurde, war Filippo Brunelleschi. Er hatte das Pantheon in Rom genau studiert und dann eine ganz neue technische Lösung entwickelt: Auf den achteckigen Vierungsgrundriss setzte er einen Tambour (zylinderförmige Mauer), so dass das Gewicht der Kuppel nicht auf dem Langhausdach lastet. Darüber errichtete er eine Rippenkonstruktion, die er anschließend mit einer äußeren und einer inneren ovalen Gewölbeschale bedeckte – dadurch konnten seine Arbeiter auf ein Holzgerüst verzichten. Sie vermauerten über 4 Mio. Steine, die in horizontalen Kreisen um die Rippen gelegt wurden. So entstand die 91 m hohe und 45,5 m breite Kuppel.

Der Aufstieg über die Wendeltreppe ist steil. Wer zu Platzangst neigt, sollte lieber darauf verzichten. Alle, die sich daran wagen, sollten auf der Balustrade eine Pause einlegen und den Blick von oben auf den achteckigen Chor und die sieben runden Buntglasfenster des Tambours genießen, welche von Donatello, Andrea del Castagno, Paolo Uccello und Lorenzo Ghiberti stammen.

Der Blick nach oben fällt auf berauschend schöne Fresken, die den *Giudizio Universale* (Jüngstes Gericht) darstellen und Ende des 16. Jhs. von Giorgio Vasari und Federico Zuccari gemalt wurden.

Unterwegs zeigt sich durch die schmalen Fenster immer wieder mal ein Ausschnitt von Florenz. Und am Ende des letzten, steilen Treppentrakts in der Wölbung der Innenschale wartet dann die Belohnung: das 360-Grad-Panorama einer der schönsten Städte Europas.

Nach der spektakulären Fassade und Kuppel wirkt der großzügige, 155 m lange und 90 m breite Innenraum des Doms überraschend karg. Die meisten Kunstschätze wurden je nach Zeitgeschmack irgendwann ausgewechselt und können jetzt im Grande Museo del Duomo besichtigt werden. An manchen Stellen wirkt die Einrichtung fast weltlich und erinnert daran, dass große Teile des Doms nicht von der Kirche finanziert wurden: Auf den beiden gewaltigen Fresken mit Reiterstatuen im linken Seitenschiff sind zwei *condottieri* (Söldnerführer) zu sehen – links Niccolò da Tolentino, gemalt von Andrea del Castagno (1456), und rechts Sir John Hawkwood, gemalt von Uccello (1436). Die beiden hatten im 14. Jh. für Florenz gekämpft.

In der Sagrestia delle Messe (Sakristei) zwischen dem (linken) Nordarm des Querschiffs und der Apsis sticht die außergewöhnlich schöne Holzverkleidung mit Intarsien von Benedetto und Giuliano da Maiano ins Auge. Die Bronzetüren stammen von Luca della Robbia, der, soweit bekannt, sonst nie mit diesem Material gearbeitet hat. Über dem Eingang hängt seine *Resurrezione* (Auferstehung) aus glasiertem Ton.

Nicht weit vom Haupteingang führt eine Treppe hinunter zur **Krypta** (Kombiticket für Kuppel, Baptisterium, Glockenturm, Krypta und Museum Erw./bis 14 J. 10 €/frei), wo zwischen 1965 und 1974 Teile der Vorgängerkirche Chiesa di Santa Reparata aus dem 5. Jh. ausgegraben wurden.

414 ebenfalls recht steile Stufen führen hinauf in den 85 m hohen **Campanile** (Glockenturm; Kombiticket für Kuppel, Baptisterium, Glockenturm, Krypta und Museum Erw./bis 14 J. 10 €/frei), der auf Giottos Konto geht. Die Aussicht von oben ist fast so berauschend wie die von der Kuppel aus. Beim untersten Reliefband um das Fundament des Campanile handelt es sich um Kopien. Die Originale hatte Pisano angefertigt, möglicherweise nach Vorlagen von Giotto. Sie zeigen die Erschaffung des Menschen und die *attività umane* (Künste und Handwerke). In der zweiten Reliefreihe sind die Planeten, die Kardinaltugenden, die Künste und die sieben Sakramente dargestellt. Die Skulpturen von Propheten und Sibyllen in den Nischen der oberen Stockwerke sind Kopien. Die Originale (von Donatello und anderen Meistern) stehen im Grande Museo del Duomo.

★ **Grande Museo del Duomo**   MUSEUM
(Dommuseum; Karte S. 62; www.operaduomo.firenze.it; Piazza del Duomo 9; Kombiticket für Kuppel, Baptisterium, Glockenturm, Krypta und Museum Erw./bis 14 J. 10 €/frei; ⊙ Mo–Sa 9–18.50, So 9–13.05 Uhr) Obwohl das Dommuseum sicher zu den attraktivsten Florentiner Museen zählt, trampeln die Touristenmassen meist daran vorbei. Momentan wird es komplett umstrukturiert und um 2000 m² Ausstel-

lungsfläche erweitert (wofür das aus einer Garage hervorgegangene Theater nebenan herhalten muss). Es beherbergt die Schätze, die einst den Dom, das Baptisterium und den Glockenturm schmückten. Ein Hingucker sind die Bronzeplatten von Ghibertis *Porta del Paradiso* (Paradiestür) im glasüberdachten Innenhof; am Baptisterium glänzen ja mittlerweile nur noch Kopien.

Nachdem Restauratoren 27 Jahre lang in ihren Werkstätten daran herumpoliert haben, wurden die Vitrinen mit den vergoldeten, 16 m hohen Originalen 2012 in einer pompösen Zeremonie enthüllt.

Ein kleiner Raum am Treppenabsatz beherbergt das berühmteste Juwel des Museums: Michelangelos *Pietà*. In Giorgio Vasaris *Künstlerbiographien* steht, dass der 80-jährige Meister sie für sein eigenes Grabmal vorgesehen hatte, dann aber so frustriert von seinem noch unfertigen Werk und der Marmorqualität war, dass er wutentbrannt den Arm und das linke Bein Jesu zertrümmerte. Einer seiner Schüler brachte das später wieder in Ordnung und vollendete die *Pietà*.

Am Ende der Treppe warten noch zwei außerordentlich schöne geschnitzte *cantorie* (Orgelemporen) von Donatello und Luca della Robbia. Sie standen früher in der Sakristei des Doms und zeigen spielende Kinder und Musikanten, die die fromme Feierlichkeit damals sicher etwas auflockerten. Ebenfalls beachtenswert ist Donatellos hagere, unendlich traurige Maria Magdalena aus Holz im selben Raum, die aus seiner Spätperiode stammt.

Einen Schwindel erregenden Schlusspunkt setzt der Johannes-Altar, ein Meisterwerk der Schmiedekunst des Mittelalters und der Renaissance. Generationen von florentinischen Silberschmieden haben sich zwischen 1367 und 1480 daran abgerackert und dabei über 250 kg Silber allein für die Altarflügel verbraucht. Mit unglaublicher Liebe zum Detail stellten sie das Leben Johannes des Täufers dar; das dazugehörige Kreuz stammt von Antonio del Pollaiolo. Ursprünglich war das gesamte Ensemble für das Baptisterium angefertigt worden.

Die Ausbauarbeiten werden bis Ende 2015 andauern; danach soll das Museum die doppelte Größe haben – genug Platz für Hunderte von weiteren Hinguckern wie z. B. die Nordportale des Baptisteriums von Ghiberti, die 2013 entfernt wurden, um wie ihre östlichen Gegenstücke zu neuem Glanz erweckt zu werden.

★ **Battistero di San Giovanni** BAPTISTERIUM (Karte S. 62; Piazza di San Giovanni; Kombiticket für Kuppel, Baptisterium, Glockenturm, Krypta und Museum Erw./bis 14 J. 10 €/frei; ⊙ Mo–Sa 11.15–18.30, So & 1. Sa des Monats 8.30–13.30 Uhr) Gegenüber dem Dom thront das romanische Baptisterium aus dem 11. Jh. Der achteckige, mit Streifen von grünem und weißem Marmor verzierte Bau weist drei Portalpaare auf, deren Fächer die Geschichte der Menschheit und deren Erlösung nacherzählen. Eintrittskarten gibt's am Ticketschalter gegenüber dem Nordportal in der Via de' Cerretani 7.

Das Südportal von Andrea Pisano (1330) thematisiert das Leben Johannes' des Täufers. Mit seinem Nordportal hatte Lorenzo Ghiberti 1401 eine Ausschreibung gewonnen; es wurde 2013 durch Kopien ersetzt, während die Originale aufpoliert demnächst im Grande Museo del Duomo ausgestellt werden. Am berühmtesten sind jedoch seine vergoldeten Bronzeplatten des Ostportals, der *Porta del Paradiso* (Paradiestür). Die Originale sind jetzt ein Highlight des Grande Museo del Duomo, aber auch die Kopien brauchen sich nicht zu verstecken.

Im Taufbecken des Baptisteriums hat – neben anderen illustren Persönlichkeiten – auch Dante ein kaltes Bad genommen.

Piazza della Signoria PIAZZA

(Karte S. 62; Piazza della Signoria) Eingerahmt von historischen Cafés, vollgestellt mit beeindruckenden Renaissanceskulpturen und überragt vom majestätischen Palazzo Vecchio, bildet die fotogene Piazza seit Jahrhunderten den quirligen Mittelpunkt der Stadt. Für die Florentiner ist sie der angesagte Treff zur *passeggiata*. Am frühen Abend (am Wochenende auch den ganzen Tag über) schlendern sie so durch die Sträßchen der Umgebung, mokieren sich über Kamera schwingende Touristen und genehmigen sich einen Kaffee, eine heiße Schokolade oder einen *aperitivo* im stadtbekannten Caffè Rivoire (S. 136).

Bei jeder der zahllosen politischen Krisen wurden die Florentiner hierher beordert, um als *parlamento* (Stimme des Volkes) Entscheidungen abzusegnen, die meist den Untergang der einen und den Aufstieg einer anderen mächtigen Dynastie bedeuteten. So wechselten sich Szenen unvorstellbaren Prunks mit Szenen ebenso unvorstellbarer Brutalität ab: Hier gingen 1497 unter dem fanatischen Prediger Savonarola Kunstschätze von unermesslichem Wert in Flammen auf, als er Bücher und Gemälde, aber auch Musikinstrumente, Spiegel, Schmuck, Gewänder und ähnlichen Luxus zum „Scheiterhaufen der Eitelkeiten" aufschichten ließ. Ein Jahr später wurde er hier selbst in Ketten gelegt und, zusammen mit zwei Anhängern, als Häretiker verbrannt.

Eine im Boden eingelassene Bronzetafel markiert den Ort beider Verbrennungen vor der **Fontana di Nettuno** (Neptunbrunnen; Karte S. 62) von Ammannati. Der wuchtige Brunnen mit den grotesken Satyrn und lieblichen Göttergestalten wird von vielen Florentinern als *il biancone* (der große Weiße) verspottet; schade um den vielen Marmor. Dafür ist Giambolognas große Reiterstatue von Cosimo I. als Blickfang in der Platzmitte umso beeindruckender. Nicht zu vergessen ist das beliebteste Fotomotiv der Piazza, die Kopie von Michelangelos *David*, der seit 1910 vor dem Westeingang zum Palazzo Vecchio Wache schiebt (das Original befindet sich seit 1873 in der Galleria dell'Accademia). Außerdem gibt es noch die beiden Statuen von Donatello (ebenfalls Kopien), zum einen der florentinische Löwe *Marzocco* (Original im Museo del Bargello), zum anderen *Giuditta e Oloferne* (Judith und Holofernes, um 1455, Original im Palazzo Vecchio).

Gegenüber diesen Attraktionen steht die offene **Loggia dei Lanzi** aus dem 14. Jh. mit Statuen wie z. B. Giambolognas *Raub der Sabinerinnen* (um 1583), Benvenuto Cellinis bronzener *Perseus* (1554) und Agnolo Gaddis *Sieben Tugenden* (1384–1389). Ihren Namen verdankt die Loggia den *Lanzichenecchi* (Landsknechten) von Cosimo I., die hier stationiert waren und deren Nachfolger die Besucherströme bis heute mit strengem Blick kontrollieren – es könnte ja einer die Respektlosigkeit besitzen und mit einer Cola oder Eistüte in der Hand um die Kunstschätze herumschleichen.

⭐ **Palazzo Vecchio**   MUSEUM
(Karte S. 62; ☎055 276 82 24; www.musefirenze.it; Piazza della Signoria; Museum Erw./erm./Kind 10/8 €/frei, Turm 6,50 €, Führungen 2 €; ⊙Museum Sommer Fr–Mi 9–24, Do bis 14 Uhr, Winter Fr–Mi bis

---

FÜHRUNGEN IM PALAZZO VECCHIO

Am besten erschließt sich das dynamische, gut durchdachte Museum bei einer der hervorragenden **Führungen** (☎ 055 276 85 58; info.museoragazzi@comune.fi.it; ⊙ Anmeldung 9.30–17 Uhr).

Für Erwachsene kommt am ehesten die Führung „Secret Passages" (geheime Gänge) in Frage. Die 12er-Gruppen werden zur Geheimtreppe geführt, die 1342 als Fluchtweg für den französischen Herzog von Athen, Walter VI. von Brienne, zwischen den meterdicken Mauern gequetscht wurde. Der Herzog hatte sich zum Signore von Florenz machen lassen und den Palazzo okkupiert, wurde aber ein Jahr später aus der Stadt gejagt. Nach der Geheimtreppe geht's weiter mit dem **Tesoretto** (Schatzkämmerchen) – ein Zimmer nicht größer als ein Schrank, in dem Cosimo I. seine Privatsammlung versteckte. Danach wartet das ebenfalls winzige, prächtige **Studiolo** (Studierzimmer) von Cosimos eigenbrötlerischem, von Alchemie besessenem Sohn Francesco I. Cosimo hatte Vasari und andere Künstler des Manierismus mit der Ausschmückung des Studierzimmers beauftragt. In einem der 34 symbolträchtigen Gemälde erscheint Francesco nicht als Fürst, sondern als durchgeknallter Quacksalber, der mit Schwarzpulver experimentiert. Hinter der unteren Gemäldereihe verbargen sich 20 Schränkchen, in denen Francesco seine Muscheln, Steine, Kristalle und andere Schätze hortete. Die Führung endet unter dem **Dach** über dem Salone dei Cinquecento, wo wuchtige Holzstreben Vasaris prächtige Decke halten.

Viel Spaß machen die kinderfreundlichen Führungen „zum Anfassen" für Teilnehmer von acht oder zehn (je nach Tour) bis 88 Jahre, wenn Darsteller in Renaissancekostüme schlüpfen und ihre kleinen Zuhörer ins Spiel mit einbeziehen. Da regt sich dann eine prächtig herausgeputzte Eleonora di Toledo über das schlampige Outfit der heutigen Kids auf und gibt den jungen Damen Tipps für die Schönheitspflege. Und Cosimo I. legt das Alter, mit dem ein Medici Kardinalswürden tragen darf, neu fest (auf 14 Jahre; so alt war sein Sohn, als er Kardinal wurde).

Die Führungen (viele davon auf Englisch) dauern 1¼ Stunden und beziehen auch Teile des Gebäudes mit ein, die sonst für Besucher gesperrt sind. Anmeldung per Telefon oder E-Mail erforderlich.

19, Do bis 14 Uhr; Turm Sommer Fr–Mi 9–20.30, Do bis 13.30 Uhr, Winter Fr–Mi 10–16.30, Do bis 13.30 Uhr) Zwischen 1298 und 1314 errichtete Arnolfo di Cambio diesen Respekt gebietenden, festungsähnlichen Palazzo mit den charakteristischen Zinnen und dem 94 m hohen Turm als Regierungssitz für die *signoria* (Stadtrat). Zu seinen Hauptattraktionen zählen der **Salone dei Cinquecento**, der Ende des 15. Jhs. für den damals regierenden *consiglio dei cinquecento* (Rat der 500) gebaut wurde, und Michelangelos Statue *Genio della Vittoria* (Genius des Sieges). Während ihrer kurzen Amtszeit durften die neun *priori* (Konsuln) der *signoria* im Palazzo wohnen. Da sie alle zwei Monate unter den Mitgliedern neu ausgelost wurden, herrschte ein ständiges Kommen und Gehen.

1540 machte Cosimo I. den Palazzo zu seiner Fürstenresidenz. Hier fielen alle wichtigen Entscheidungen. Vasari musste ihm die Innenräume standesgemäß aufhübschen. Doch kurz darauf fanden Cosimo und seine Gattin Eleonora di Toledo (die Bronzino mit einem Porträt in den Uffizien verewigte) die frisch renovierten Gemächer als Dauerwohnsitz für die Großfamilie nicht bequem genug. So kauften sie sich den Palazzo Pitti als Sommerresidenz. Nachdem Eleonora und die beiden Söhne Giovanni und Garzia 1562 an Malaria gestorben waren, zog Cosimo I. mit dem Rest der Familie ganz in den Palazzo Pitti um. Ab da bürgerte sich der Name Palazzo Vecchio (alter Palast; vorher hieß er Palazzo della Signoria) ein. Als Sitz von Bürgermeister und Stadtrat gilt er nach wie vor als politisches Machtzentrum der Stadt. Die unterhaltsamste Art, dieses Nest politischer Intrigen kennenzulernen, sind die verschiedenen themenbezogenen Führungen oder eine Tour mit dem Audioguide (S. 71).

Abgesehen von den atemberaubenden Dimensionen des 53 m langen und 22 m breiten **Salone dei Cinquecento** machen die wandhohen, lebensprallen Schlachtszenen den größten Eindruck. Vasari und seine Gehilfen verherrlichten darin die Siege Cosimos I. über die Erzrivalen Pisa und Siena. Übrigens tragen die Pisaner – im Gegensatz zu den Sienesen – keine Rüstungen (wer findet auf dem Gemälde den Schiefen Turm?). Um den Starkult auf den Gipfel zu treiben, ließ sich Cosimo I. als Gott im Zentrum der prächtigen Deckengemälde darstellen; dafür musste der gute Vasari erst mal die Decke 7 m höher legen lassen. In der Rekordzeit von nur zwei Jahren (1563–1565) und mit Michelangelo als Berater stellten Vasari und seine Crew die neue Decke fertig und mit ihr die 34 mit Blattgold verzierten Gemälde, denen ein Holzrahmen Halt gibt – die Wirkung ist schlichtweg überwältigend.

Neben dem Riesensaal wartet die **Kapelle der hl. Cosmas und Damian** mit Vasaris Triptychon (1557–1558), auf dem Cosimo der Ältere in die Rolle des hl. Cosmas (rechts) und Cosimo I. in die des hl. Damian (links) schlüpft. Daran schließt sich die **Sala di Leo X** an, die Privatgemächer des Kardinals Giovanni de' Medici. Der Sohn von Lorenzo dem Prächtigen bestieg 1513 den Papstthron.

Eine Treppe höher und hinter der Empore (mit super Blick auf den Salone dei Cinquecento) liegen die **Quartiere di Eleonora di Toledo**, wo es sich Eleonora mit ihren Dienerinnen gemütlich machte. Auch hier ist der Dekor eine einzige Lobeshymne auf die Medici. Besondere Beachtung verdienen Bronzinos lebendige Fresken in der Kapelle sowie die Decke der **Camera Verde** (Grünes Zimmer), für die sich Rodolfo del Ghirlandaio von Neros Domus Aurea in Rom inspirieren ließ.

Die **Sala dei Gigli** auf derselben Etage wurde nach dem Lilienfries benannt; die Blume symbolisiert die Republik Florenz. Die Sala beherbergt die Originalskulptur *Judith und Holofernes* von Donatello. Domenico Ghirlandaios Fresko an der Rückwand mit berühmten Figuren aus der Römerzeit sollte eigentlich mit Fresken anderer großer Künstler ergänzt werden; auch Botticelli war im Gespräch.

In der kleinen Kanzlei neben der Sala machte sich einst Niccolò Machiavelli seine Gedanken. Und in der **Sala delle Carte Geografiche** (Kartenzimmer) ist Cosimos I. faszinierende Sammlung von Karten untergebracht, die die Vorstellung von der Welt im 16. Jh. widerspiegeln – von Nord- und Südpol bis hin zur Karibik.

An schönen Tagen kann der Besuch mit einem im wahrsten Sinne Atem beraubenden Aufstieg (418 Stufen!) zum **Torre d'Arnolfo** (Turm, an Regentagen geschlossen) enden. Da auf der Aussichtsterrasse nur 25 Besucher gleichzeitig zugelassen sind, bilden sich in der Hochsaison auf der dritten Etage oft Schlangen. Aber der Blick auf die Piazza della Signoria und die Stadt ist unschlagbar. Der Aufenthalt ist auf 30 Minuten begrenzt, Kinder unter sechs Jahren sind nicht zugelassen, das Ticket muss bis spätestens eine Stunde vor Schließung gelöst werden.

Gucci Museo MODEMUSEUM
(Karte S. 62; www.gucci.com; Piazza della Signoria 10; Erw./Kind 6 €/frei; ⊙ 10–20 Uhr) Hinter dem schicken Café mit Buchladen und trendigem Souvenirshop liegt der Eingang des überraschend interessanten Museums. Es erzählt die Geschichte des Gucci-Imperiums von den ersten Reisetaschen im typischen Beige mit dem verschlungenen „GG"-Logo über die rot-grünen Streifenmuster der 1950er-Jahre bis heute. Ein Hingucker ist der strahlend weiße Cadillac Seville von 1979 mit Gucci-Bezügen und goldenen „G"s auf den Radkappen.

Im letzten Raum gibt's Freizeitschuhe für Männer und Spiegel, die einem die Schäbigkeit der eigenen Latschen erbarmungslos vor Augen führen.

Piazza della Repubblica PIAZZA
(Karte S. 62) Dort, wo einmal ein römisches Forum stand und im Mittelalter das Herz von Florenz pochte, entstand in den 1880er-Jahren dieser zentrale Platz. Er war damals Teil eines umstrittenen Stadtsanierungsprojekts, für das der alte Markt, das jüdische Getto und die Elendsviertel der Umgebung abgerissen und fast 6000 Bewohner umgesiedelt wurden. Zum Glück blieb Vasaris hübsche *Loggia del Pesce* (Fischmarkt) erhalten; sie wurde nur in die Via Pietrapiana versetzt. Mittlerweile ist die Piazza della Repubblica für ihre historischen Cafés bekannt.

Museo Galileo NATURWISSENSCHAFTLICHES MUSEUM
(Karte S. 86; ☑ 055 26 53 11; www.museogalileo.it; Piazza dei Giudici 1; Erw./erm./Fam. 9/5,50/22 €; ⊙ Mi–Mo 9.30–17.30, Di bis 12.30 Uhr) Die Sonnenuhr auf dem Gehsteig weist den Weg zum Palazzo Castellani aus dem 12. Jh., gleich neben den Uffizien am Fluss. Darin residiert ein topmodernes Geschichts- und Wissenschaftsmuseum. Der große Wissenschaftler aus Pisa und Namensgeber des Museums, Galileo Galilei, wurde 1610 an den Hof der Medici in Florenz gebeten und ist hier mit zwei Fingern und einem Zahn vertreten.

Zu sehen gibt's ein buntes Durcheinander astronomischer und mathematischer Schätze (Teleskope, wunderbar bemalte Globen, Barometer, Uhren usw.), die Cosimo I. und Erben ab 1562 zusammentrugen und durch die spätere Sammlung der Lothringer Dynastie ergänzt wurden. Im interaktiven Bereich können Besucher, die sich Zeit nehmen, mit historischen Instrumenten experimentieren und herausfinden, wie und warum was funktioniert. Spannend sind auch die Wechselausstellungen.

Chiesa e Museo di Orsanmichele KIRCHE, MUSEUM
(Karte S. 62; Via dell'Arte della Lana; ⊙ Kirche 10–17 Uhr, Museum Mo 10–17 Uhr) GRATIS Die durch und durch ungewöhnliche Kirche mit der ganz besonderen Ausstrahlung entstand im 14. Jh., als die Arkaden des alten Kornspeichers (1290) zugemauert und um zwei Etagen aufgestockt wurden. Im Inneren besticht der gotische Tabernakel von Andrea Orcagna, und auch das reich verzierte Äußere mit von Statuen bewohnten Nischen bietet viele Hingucker. Die *signoria* (Stadtrat) wälzte die Kosten für die Kirchenausstattung nämlich auf die verschiedenen Zünfte ab – und die ließen sich ihre jeweiligen Schutzpatrone von den berühmtesten Bildhauern des 15. und 16. Jhs. meißeln und in den Nischen der Fassade aufstellen.

Heute sind sie durch Kopien ersetzt; alle Originale (mit einer Ausnahme) sind auf zwei Etagen im kaum bekannten, sympathischen Museum über dem Kirchenraum liebevoll ausgestellt (nur montags geöffnet).

Via de' Tornabuoni EINKAUFSSTRASSE
(Karte S. 62) Renaissancepalazzi und Flagship Stores berühmter italienischer Modelabels säumen die teuerste Shoppingmeile der Stadt, die Via de' Tornabuoni. Namensgeber war eine reiche Florentiner Familie, die im 17. Jh. ausstarb. Einheimische nennen die Straße oft auch den „Salotto di Firenze" (Wohnzimmer von Florenz).

Vom Dom aus führen die Via de' Pecori und ihre Verlängerung, die Via degli Agli, westwärts über drei Querstraßen hinweg zur Via de' Tornabuoni. Dort steht auf der anderen Straßenseite der **Palazzo Antinori** (Karte S. 62; Piazza Antinori 3), der 1461–1469 erbaut wurde und seit 1506 im Besitz der gleichnamigen Familie ist. Die Antinori zählen zum florentinischen Hochadel und sind berühmt für den Wein, der auf ihren Besitztümern im Chianti wächst. Gegenüber führt eine breite Steintreppe zur **Chiesa di San Gaetano** (Karte S. 62) aus dem 17. Jh.

Palazzo Strozzi KUNSTMUSEUM
(Karte S. 62; www.palazzostrozzi.org; Via de' Tornabuoni; Eintrittspreise versch.; ⊙ Di–So 10–20, Do bis 23 Uhr) Den repräsentativen Palazzo hatte sich der reiche Bankier Filippo Strozzi, politisch wie wirtschaftlich einer der stärksten Konkurrenten der Medici, im 15. Jh. hinstel-

len lassen; heute ist hier eine der faszinierendsten Galerien der Stadt untergebracht. Allein der Innenhof und die zeitgenössische Kunst in der Strozzini-Galerie (donnerstags ab 18 Uhr Eintritt frei) im Erdgeschoss lohnen den Besuch.

Kunstworkshops, Familiensonntage und andere familienfreundliche Aktionen sorgen dafür, dass rund um den Palazzo immer viel los ist. Die Jugend trifft sich (auch wegen des kostenlosen und schnellen WLAN) im angeschlossenen Renaissance Café (S. 109), das von dem Florentiner Designer Roberto Cavalli höchstpersönlich geführt wird.

Chiesa di Santa Trìnita   KIRCHE
(Karte S. 62; Piazza Santa Trinita; ⊙ Mo–Sa 8–12 & 16–17.45, So 8–10.45 & 16–19 Uhr) GRATIS Die im 14. Jh. erbaute gotische Kirche mit der später errichteten manieristischen Fassade beherbergt einige der schönsten Florentiner Fresken. Dazu zählen Lorenzo Monacos *Verkündigung* (1422) in der **Cappella Salimbenes/Bartholini**, aber auch Ghirlandaios faszinierende Darstellungen des Lebens des hl. Franz von Assisi in der **Cappella Sassetti** rechts vom Altar. Sie entstanden zwischen 1483 und 1485, und einige Mitglieder der damaligen High Society sind ebenfalls darin verewigt.

Am Boden der Kapelle prangt das Wappen der Familie Bartolini Salimbeni mit Mohnblumen und dem Motto „per non dormire" (für die, die nicht schlafen): Die Familie wurde durch den Kauf einer großen Ladung Wolle aus Nordeuropa reich; der Deal gelang nur, weil sie ihren Konkurrenten am Tag, bevor das Schiff eintraf, auf einer Party mit Opium versetzten Wein servierte und diese den Termin verschliefen.

Museo Salvatore Ferragamo   MUSEUM
(Karte S. 62; www.museoferragamo.it; Via de' Tornabuoni 2; Erw./erm. 6 €/frei; ⊙ tgl. 10–19 Uhr) Im prächtigen **Palazzo Spini-Feroni** aus dem 13. Jh. hat sich 1938 das Ferragamo-Imperium häuslich eingerichtet. Wer auf Schuhe oder auf die soziokulturellen Zusammenhänge in der Mode abfährt, sollte sich das etwas abgehobene, aber faszinierende Schuhmuseum nicht entgehen lassen.

Museo di Palazzo Davanzati   MUSEUM
(Karte S. 62; Via Porta Rossa 13; Erw./erm. 2/1 €; ⊙ 8.15–13.30 Uhr, 1., 3. & 5. Mo sowie 2. & 4. So des Monats geschl.) Gut versteckt im Palazzo Davanzati aus dem 14. Jh., der der reichen Händlerfamilie Davanzati seit 1578 als Wohn- und Lagerhaus diente, liegt dieses

Juwel mit seiner wunderschönen, zentralen Loggia. Echte Hingucker sind die in Holz geschnitzten Gesichter an den Pfosten im Innenhof, die bemalte Holzdecke der **Sala Madornale** (Empfangszimmer) im ersten Stock sowie die **Sala dei Pappagalli** (Papageiensaal) und die **Camera dei Pavoni** (Pfauenzimmer).

Museo Marino Marini   KUNSTMUSEUM
(Karte S. 62; Piazza San Pancrazio 1; Erw./erm. 4/2 €; ⊙ Mi–Sa & Mo 10–17 Uhr) Die im 19. Jh. säkularisierte Chiesa di San Pancrazio beherbergt heute ein kleines Kunstmuseum mit Skulpturen, Porträts und Zeichnungen des aus Pistoia stammenden Künstlers Marino Marini (1901–1980). Noch interessanter sind die wunderschön restaurierte **Cappella Rucellai** und eine verkleinerte Kopie des Heiligen Grabs in Jerusalem von Leon Battista Alberti, die zu den versteckten Perlen der Renaissance gezählt werden darf.

Die Kapelle wurde zwischen 1458 und 1467 als Grablege des reichen florentinischen Bankiers und Wollhändlers Giovanni Rucellai errichtet. Alberti wählte weißen Carrara-Marmor und grünen Prato-Marmor für das Grabmal, welches mit seinen klassischen Formen, den geometrischen Ziermotiven und dem Kranzgesims zu einem Schmuckstück geriet. Jahrzehntelang dümpelte es dem Verfall entgegen, seit 2013 erstrahlt es wieder in neuem Glanz.

⊙ Santa Maria Novella

In den Straßen, die im Westen und Süden von der altehrwürdigen Kirche abgehen, drängen sich Trendboutiquen, prächtige Palazzi und Kirchen mit bemerkenswerten Kunstschätzen.

Basilica e Chiostri Monumentali di Santa Maria Novella   KIRCHE, KREUZGANG
(Karte S. 62; www.chiesasantamarianovella.it; Piazza di Santa Maria Novella 18; Erw./erm. 5/ 3 €; ⊙ Mo–Do 9–17.30, Fr 11–17.30, Sa 9–17, So 13–17 Uhr) Der massive Gebäudekomplex aus dem 13. bis 15. Jh. mit seiner grün-weiß gestreiften Marmorfassade besteht aus der **Basilica di Santa Maria Novella** (Karte S. 62), einem verwunschenen Kreuzgang und einer Kapelle mit überwältigenden Fresken. Allein die Basilika ist eine Schatzkammer voller Meisterwerke, die im Freskenzyklus von Domenico Ghirlandaio gipfeln – um sie richtig zu würdigen, sollte viel Zeit eingeplant werden.

DANTE IN DEN GASSEN

Italiens „göttlicher" Dichter kam 1265 in einem winzigen Haus in einer engen Gasse im Florentiner Straßengewirr zur Welt. Nirgends kann man dem Mittelalter zu Zeiten des Dichters besser nachspüren als im **Museo Casa di Dante** (Karte S. 62; ✆ 055 21 94 16; Via Santa Margherita 1; Erw./erm. 4/2 €; ; ⊙ Di–So 10–17 Uhr). Tragische Liebe war schon immer ein Thema in Dantes Leben. Erst zwölf Jahre alt, wurde er Gemma Donati zur Ehe versprochen. Dabei hatte er damals schon ein ganz anderes Mädchen im Auge: Beatrice Portinari (1266–1290); sie war seine Muse, seine Inspiration, seine große Liebe (obwohl er sie überhaupt nur zweimal getroffen hat). In der *Divina Commedia* (Göttliche Komödie) beschreibt Dante wie der Ich-Erzähler auf der Suche nach seiner geliebten Beatrice die Reiche der Unterwelt durchstreift. Entgegen der Tradition verfasste Dante sein Werk in der italienischen Volkssprache statt in förmlichem Latein – eine Revolution.

Die echte Beatrice heiratete schließlich einen Bankier und starb zwei Jahre später mit nur 24 Jahren. Sie liegt in der **Chiesa di Santa Margherita** (Karte S. 62; Via Santa Margherita 4) aus dem 11. Jh. begraben, also ganz in der Nähe von Dantes Haus. Der Weidenkorb vor ihrem Grabmal quillt fast über von Zetteln, auf die Besucher ihre Gedanken und Gebete zum Thema unsterbliche Liebe gekritzelt haben. In derselben kleinen Kirche nahm der Dichter 1295 Gemma zur Frau. Kerzenschein und klassische Musik vom Band erzeugen eine Atmosphäre, die einen in Dantes Zeiten zurückversetzt. Kein Wunder, dass der Bestsellerautor Dan Brown die Kirche als Schauplatz für eine Szene in seinem 2013 erschienenen Thriller *Inferno* gewählt hat, in dem auch Dante eine Rolle spielt.

Um die Stimmung des alten Florenz weiter wirken zu lassen, bietet sich ein Besuch im winzigen Imbiss Da Vinattieri (S. 99) an. Auf einem der Holzschemel draußen auf der altertümlichen Gasse gleich neben der Kirche schmeckt das *panino* mit Kutteln garantiert wie zu Großmutters Zeiten.

Am unteren Teil der Marmorfassade sind noch romanische und frühgotische Stilelemente erkennbar. Der obere Teil und das Hauptportal stammen von Leon Battista Alberti und entstanden zwischen 1456 und 1470. Im Innenraum gleich gegenüber dem Eingang prangt Masaccios wunderbares Fresko *Dreifaltigkeit* (1424–1425). Er war einer der ersten, die die neuen Erkenntnisse von Perspektive und Proportionen umsetzte. Nicht weit davon entfernt hängt im Hauptschiff das leuchtend bunte *Kruzifix* von Giotto (um 1290).

Die erste Kapelle rechts des Altars, die **Cappella di Filippo Strozzi**, wird von Fresken aus der Hand Filippino Lippis (Fra' Filippo Lippis Sohn) geschmückt. Die plastischen Szenen aus dem Leben des Evangelisten Johannes und des Apostels Philippus stammen vom Ende des 15. Jhs.

Hinter dem Altar geht es dann zur Hauptattraktion: Domenico Ghirlandaios Freskenzyklus in der **Cappella Maggiore**. Die anschauliche Bildbiografie der Jungfrau Maria entstand zwischen 1485 und 1490 und gilt als Spiegel des florentinischen Lebens in der Zeit der Renaissance. Auf den Fresken hat Ghirlandaio sowohl berühmte Zeitgenossen

als auch seine Auftraggeber, Mitglieder der Familie Tornabuoni, verewigt.

Die um ein paar Stufen erhöhte **Cappella Strozzi di Mantova** ganz außen links vom Altar haben Niccolò di Tommaso und Nardo di Cione phantasievoll ausgemalt. Das wunderschöne Altarbild (1354–1357) stammt von Nardos Bruder Andrea di Cione, auch Andrea Orcagna genannt.

Eine Seitentür im Kirchenschiff führt in den beschaulichen **Chiostro Verde** (Grüner Kreuzgang; 1332–1362). Er gehört zu dem weitläufigen Klostergelände der Dominikanermönche, die 1219 nach Florenz kamen und sich zwei Jahre später in Santa Maria Novella niederließen. Seinen Namen verdankt er dem grünen Hintergrund der Fresken, die drei der vier Kreuzgangwände zieren. Der spektakuläre **Cappellone degli Spagnoli** (Spanische Kapelle) auf der Nordseite diente den Mönchen ursprünglich als Kapitelsaal und bekam seinen heutigen Namen erst 1566, als er der spanischen Kolonie in Florenz übergeben wurde. Der recht kleine Raum wurde von Andrea di Bonaiuto mit Fresken (um 1365–67) ausgeschmückt. Im Gewölbe prangen *Auferstehung*, *Himmelfahrt* und *Pfingsten*, die Altarwände zeigen

Szenen des *Leidenswegs*, der *Kreuzigung* und des *Abstiegs zur Hölle*. Auf der imposanten Wandmalerei rechts, der *Streitenden und triumphierenden Kirche*, entdeckt das geübte Auge im Vordergrund Porträts von Cimabue, Giotto, Boccaccio, Petrarca und Dante. Weitere beachtenswerte Fresken stellen den *Triumph der christlichen Lehre*, die 14 Symbolfiguren der Künste und Wissenschaften sowie das *Leben des hl. Petrus* dar.

Seitlich des Cappellone führt eine Passage in den **Chiostro dei Morti** (Kreuzgang der Toten), der schon vor der Ankunft der Dominikanermönche existierte. Die in Mauern und Boden eingelassenen Grabsteine stammen aus dem 13. und 14. Jh.

Auf der Westseite des Chiostro Verde liegt der Zugang zur **Cappella degli Ubriachi** aus dem 14. Jh. und zum geräumigen **Refektorium** mit kirchlichen Relikten und dem *Letzten Abendmahl* (1583) von Alessandro Allori. Beide sind momentan wegen Restaurierungsarbeiten geschlossen.

Die Anlage hat zwei Eingänge: einmal den Haupteingang durch die Basilika, zum anderen den Zugang durch die Touristeninformation gegenüber dem Bahnhof an der Via de' Partzani; Inhaber der Firenze Card müssen Letzteren benutzen.

Chiesa d'Ognissanti · KIRCHE

(Karte S. 62; Borgo d'Ognissanti 42; ⊗ Mo–Sa 7–12.30 & 16–20, So 16–20 Uhr) Der Borgo d'Ognissanti führt von der Piazza Carlo Goldoni zur Porta al Prato, einem der alten Stadttore von Florenz. Wer ihn entlang schlendert, kommt an Antiquitätenläden und Designerboutiquen vorbei und erreicht schließlich die Chiesa d'Ognissanti. Sie entstand im 13. als Teil eines Benediktinerklosters und beherbergt Domenico Ghirlandaios Fresko der *Madonna della Misericordia*. Die Arbeit entstand im Auftrag der Vespucci-Familie, dem größten Geldgeber der Kirche.

Amerigo Vespucci war ein berühmter Florentiner Seefahrer; von seinem Vornamen leitet sich der Name des Kontinents Amerika ab. Auf dem Fresko soll er der Junge sein, dessen Kopf zwischen der Madonna und dem Greis hervorblitzt.

Ebenfalls beachtenswert sind die *Kreuzigung* von Taddeo Gaddi, der *Hl. Hieronymus* (1480) von Ghirlandaio und Botticellis *Hl. Augustinus in betrachtendem Gebet* (1480). Botticelli, der in einem Haus am Borgo d'Ognissanti aufwuchs, liegt hier begraben – im südlichen Querschiff unter

einem einfachen runden Grabstein mit der Inschrift „Sandro Filipepe" (sein Geburtsname).

Museo Stibbert · MUSEUM

(www.museostibbert.it; Via Federigo Stibbert 26; Erw./erm. 8/6 €; ⊗ Mo–Mi 10–14, Fr–So bis 18 Uhr) Der in Florenz geborene Frederick Stibbert (1838–1906), Sohn eines Engländers und einer Italienerin, gehörte im 19. Jh. zu den ganz Großen im europäischen Antiquitätengeschäft. Die faszinierende Sammlung, die er zusammengetragen hat, ist heute im Museo Stibbert in der Villa di Montughi zu sehen – erreichbar mit der Buslinie 4 von der Stazione di Santa Maria Novella bis zur Haltestelle „Gioia" in der Via Fabroni. Von dort ist es nicht mehr weit zu Fuß.

Die **Sala della Cavalcata** (Reitersaal) ist vor allem etwas für Kinder: Dicht an dicht stehen dort lebensgroße Pferde- und Reiterfiguren mit Rüstungen aus Europa und dem Orient. Gewänder, Möbel, Teppiche und Gemälde aus dem 16. bis 19. Jh. machen die abwechslungsreiche Ausstellung komplett.

⊙ San Lorenzo

Hier ist Medici-Territorium: ihr Palazzo, ihre Kirche, ihre Bibliothek, ihr Mausoleum – alle mit außergewöhnlichen Kunstwerken auf das Prächtigste herausgeputzt.

Basilica di San Lorenzo · KIRCHE

(Karte S. 62; insignebasilicasanlorenzo.wordpress. com; Piazza San Lorenzo; Eintritt 4,50 €, inkl. Biblioteca Medicea Laurenziana 7 €; ⊗ März–Okt. Mo–Sa 10–17.30, So 13.30–17 Uhr) 1425 gab Cosimo der Ältere, der ganz in der Nähe wohnte, Brunelleschi den Auftrag, die alte Kirche aus dem 4. Jh. wieder aufzubauen. Das neue Gotteshaus sollte die Pfarrkirche und Grablege der Familie Medici werden. Heraus kam einer der harmonischsten Bauten der Renaissance – und das, obwohl er unvollendet blieb.

Michelangelo erhielt 1518 den Auftrag für die Gestaltung der Fassade, die er in weißem Carrara-Marmor plante. Sein Entwurf wurde nie verwirklicht, und das Gebäude behielt sein unfertiges Aussehen.

Im Ehrfurcht gebietenden Innenraum trennen Säulen aus *pietra serena* (weicher, hellgrauer Stein) mit korinthischen Kapitellen das Hauptschiff von den beiden Seitenschiffen. Donatello, der während der Arbeit an den beiden bronzenen Kanzeln mit Kreuzigungsszenen (1460–1467) starb, wurde in der Kapelle mit Fra' Filippos *Verkündigung* (um 1450) beigesetzt. Die **Sagrestia Vecchia** (Alte Sakristei) links des Altars wurde von Brunelleschi entworfen; das Dekor stammt hauptsächlich von Donatello.

Biblioteca Medicea Laurenziana BIBLIOTHEK (Medici-Bibliothek; Karte S. 62; www.bml.firenze. sbn.it; Piazza San Lorenzo 9; Eintritt 3 €, inkl. Basilika 7 €; ☺Mo–Fr 9.30–13.30 Uhr) Hinter dem Kartenhäuschen der Kirche liegt ein friedlicher Kreuzgang mit idyllischem Garten und üppigen Orangenbäumen. Treppen führen hinauf zur Loggia und Biblioteca Medicea Laurenziana, die sich Giulio de' Medici (der spätere Papst Clemens VII.) 1524 ausgedacht hatte, um die von Cosimo I. begonnene und von Lorenzo dem Prächtigen erheblich aufgestockte Büchersammlung unterzubringen.

Die als „dunkler Auftakt" gedachte Treppe hinauf zum Vestibül mit der prächtigen **Sala di Lettura** (Lesezimmer) stammt von Michelangelo.

Cappelle Medicee MAUSOLEUM (Karte S. 62; ☑055 29 48 83; www.polomuseale. firenze.it; Piazza Madonna degli Aldobrandini; Erw./ erm. 6/3 €; ☺8.15–13.20 Uhr, 2. & 4. So sowie 1., 3. & 5. Mo des Monats geschl.) Nirgendwo wird die Selbstgefälligkeit der Medici so deutlich wie in ihrem Mausoleum, den Medici-Kapellen. Unglaubliche Mengen von behauenem Granit, wertvoller Marmor, Halbedelsteine und einige der schönsten Skulpturen Michelangelos vereinigen sich zu einem

STECKBRIEF

Name *David*

Beruf Berühmteste Skulptur der Welt.

Körpermaße Größe: 5,16 m; Gewicht: 19 t perlweißer Marmor mäßiger Qualität aus dem Fantiscritti-Steinbruch in Carrara.

Bedeutung Junger, biblischer Held in meditativer Pose, der mit Gottes Hilfe einen übermächtigen Gegner besiegt. Die Steinschleuder fällt kaum auf; der Sieg von Unschuld und Geist über rohe Gewalt steht im Vordergrund.

Auftraggeber Opera del Duomo (1501); *David* war ursprünglich für den Dom gedacht, wurde dann aber auf der Piazza della Signoria vor dem Palazzo Vecchio aufgestellt, wo er bis 1873 auch blieb.

Größte Reisen 1504 brauchten 40 Männer vier Tage, um die Statue auf Schienen von Michelangelos Werkstatt hinter dem Dom zur Piazza della Signoria zu karren. 1873 ging es in sieben langen Tagen von dort weiter durch die Straßen von Florenz zum aktuellen Standort, der eigens angefertigten *tribuna* in der Galleria dell'Accademia.

Besondere Merkmale (a) Sein Ausdruck: Von links gesehen wirkt er heiter, gelassen und jungenhaft, von rechts dagegen konzentriert, männlich und hitzköpfig (angesichts des bevorstehenden Kampfes gegen den Riesen Goliath); (b) die harmonische Muskelspannung, die sich über den gesamten Körper legt – angefangen von der rechten Hüfte, auf der sein Gewicht lagert, hin zum angespannten linken Bizeps.

Wieso ist der Penis so klein? In der klassischen Kunst galt schon die Darstellung eines durchschnittlichen Gemächts (geschweige denn eines überdurchschnittlichen) als unschicklich, daher die etwas bescheidenere Dimension.

Wieso sind Kopf und Hände so groß? Ursprünglich sollte *David* hoch oben auf einer Säule in der Dom-Apsis stehen – dort hätte optisch alles bestens gepasst.

Kosmetikanwendungen Körperpeeling im Salzsäurebad (1843); Schlammpackung aus Lehm und Zellstoff sowie Bad in destilliertem Wasser (2004).

Berufsrisiken Im Laufe der Jahrhunderte wurde er vom Blitz getroffen und vom Mob angegriffen; seine Zehen waren schon Ziel eines Hammerattentats. Die beiden blassen Linien auf seinem linken Unterarm bezeichnen die Stelle, an der der Arm auseinanderbrach, als beim Aufstand von 1527 die Medici aus der Stadt geworfen wurden. Es heißt, Giorgio Vasari hätte als Kind die Bruchstücke aufgehoben und 16 Jahre später Cosimo I. geschickt, der die Statue restaurieren ließ.

San Lorenzo & San Marco

San Lorenzo & San Marco

Luxusmausoleum für 49 Mitglieder der Medici-Familie.

Francesco I. liegt in der grandiosen **Cappella dei Principi** (Prinzenkapelle) neben Ferdinando I. und II. sowie Cosimo I., II. und III. In der weniger ornamentalen, aber eleganten **Sagrestia Nuova** (Neue Sakristei) ruht Lorenzo der Prächtige, hier wirkte Michelangelo zum ersten Mal als Architekt. Dabei sorgte er auch für eine angemessene Bleibe für drei seiner bewegendsten Skulpturen: *Morgen- und Abenddämmerung* auf dem Sarkophag von Lorenzo, dem Herzog von Urbino, *Nacht und Tag* auf dem Sarkophag von Lorenzos Sohn Giuliano und *Madonna mit Kind*, die das Grabmal von Lorenzo dem Prächtigen ziert.

Palazzo Medici-Riccardi PALAZZO
(Karte S. 62; ☎ 055 276 03 40; www.palazzo-medici.it; Via Cavour 3; Erw./erm. 7/4 €; ◷ Sommer Do–Di 9–18.30 Uhr, Winter bis 17.30 Uhr) Cosimo der Ältere betraute Michelozzo 1444 mit dem Entwurf für das Stadthaus der Familie. Und der lieferte ihm diesen Palazzo, von dem für spätere Bauten in Florenz, z. B. den Palazzo Pitti und den Palazzo Strozzi, viel abgekupfert wurde. In der **Cappella dei Magi** (Karte S. 62; ☎ 055 276 03 40; www.palazzo-medici.it; Palazzo Medici-Riccardi, Via Cavour 3; Erw./erm. 7/4 €; ◷ Sommer Di–Do 9–19 Uhr, Winter bis 18 Uhr) in der oberen Etage versteckt sich ein Juwel der Renaissancemalerei, das sich kein Kunstfreund entgehen lässt.

Der kleine Raum wird von einer Reihe unglaublich detailliert gemalter Fresken (um 1459–1463, kürzlich restauriert) ausgefüllt, die von Fra' Angelicos Schüler Benozzo Gozzoli stammen. Dass er sie *Zug der Könige nach Bethlehem* nannte, war nur ein Vorwand: Er brauchte ein Motiv, in das er so viele Medici wie möglich einbauen und sie von ihrer besten Seite zeigen konnte. Wer Spaß daran hat, sucht Lorenzo den Prächtigen und Cosimo den Älteren. Übrigens wurde die Kapelle für die Treppe im Barockstil umgebaut – daher rührt die etwas unglückliche Teilung des Freskos. Der Altaraufsatz ist eine Kopie der *Anbetung des Kindes* aus dem 15. Jh. von Fra' Filippo Lippi, die ursprünglich hier prangte. Nur zehn Besucher dürfen die Kapelle gleichzeitig betreten; Interessierte sollten sich während der Hochsaison am Kartenschalter des Palazzo anmelden.

Die Medici bewohnten den Palazzo bis 1540. Rund 100 Jahre später zog die Familie Riccardi ein und richtete sich das Gebäude nach ihrem Geschmack her. Auf sie geht auch die reich verzierte, barocke **Sala Lucca Giordano** im oberen Stockwerk zurück. Giordano steuerte das komplexe Deckengemälde *Allegorie der Göttlichen Weisheit* (1685) bei, eine wahre Farborgie im spätbarocken Stil mit viel Blattgold. Heute beherbergt der Palazzo Büros der Provinzverwaltung; die öffentlichen Räume werden für Ausstellungen genutzt.

★ **Mercato Centrale**   MARKT
(Zentralmarkt; Karte S. 78; Piazza del Mercato Centrale; ☺Mo–Fr 7–14, Sa bis 17 Uhr) Der größte und älteste Lebensmittelmarkt der Stadt in der mit Glas durchsetzten Metallkonstruktion aus dem 19. Jh. ist laut und riecht nach tausend frischen, köstlichen Dingen für Kochtopf und Magen. Wer Lust auf etwas zu Essen hat, lässt sich vom Strom mitreißen, der sich unaufhaltsam auf den Traditionsstand Da Nerbone (S. 101) zubewegt.

◉ **San Marco**

Der Stadtteil hat viel mehr zu bieten als nur den berühmtesten Florentiner aller Zeiten, einen gewissen *David*. Die Fresken im Museo di San Marco zum Beispiel sind ein Top-Highlight.

★ **Galleria dell'Accademia**   KUNSTMUSEUM
(Karte S. 78; www.polomuseale.firenze.it; Via Ricasoli 60; Erw./erm. 6,50/3,25 €; ☺Di–So 8.15–18.50 Uhr) Eine ziemlich lange Schlange zeigt, wo der Eingang zu dieser Galerie liegt, die extra für eines der größten Meisterwerke der Renaissance erbaut wurde: Michelangelos *David*. Zum Glück ist die berühmteste Skulptur der Welt die

Wartezeit auch wert! Die Venen auf den sehnigen Armen, die muskulösen Beine, die Art und Weise, wie sich der Ausdruck verändert, wenn man um die Statue herumgeht – diese Detailtreue ist wirklich beeindruckend.

Michelangelo hat sein berühmtestes Werk aus einem einzigen Block Marmor (an der sich vor dem Meister schon zwei andere Bildhauer die Zähne ausgebissen hatten) gemeißelt. Diese Arbeit war auch seine größte Herausforderung: Michelangelo war bei der Auswahl des Marmors (der einige Adern enthielt) nicht dabei gewesen; auch die überlebensgroßen Ausmaße waren schon vorgegeben.

David ist hier erstmals nicht als Knabe, sondern im besten Mannesalter dargestellt. Als er dann 1504 auf ein Podest vor dem Palazzo Vecchio auf der Piazza della Signoria gehievt wurde, haben ihn die Florentiner sofort als Symbol für die Stärke, die Freiheit und den Stolz ihrer Stadtrepublik ins Herz geschlossen.

Übrigens gehen auch der unvollendete *San Matteo* (hl. Matthäus; 1504–1508) und die vier *Prigioni* (Gefangene oder Sklaven; 1521–1530), die hier ausgestellt sind, auf Michelangelos Konto. Die Gefangenen scheinen sich sprichwörtlich aus dem Marmor freizukämpfen und waren eigentlich für das Grabmal von Papst Julius II. vorgesehen, das jedoch nie fertig gestellt wurde. In den anderen Sälen sind Gemälde von Andrea Orcagna, Taddeo Gaddi, Domenico Ghirlandaio, Filippino Lippi und Sandro Botticelli ausgestellt.

★ **Museo di San Marco**   MUSEUM
(Karte S. 78; www.polomuseale.firenze.it; Piazza San Marco 1; Erw./erm. 4/2 €; ☺Mo–Fr 8.15–13.20, Sa & So bis 16.20 Uhr, 1., 3. & 5. So. sowie 2. & 4. Mo des

INSIDERWISSEN

HINTER VERSCHLOSSENEN TÜREN

Was versteckt sich hinter einer Florentiner Haustür? Einen Blick durchs Schlüsselloch gewährt Andrew Losowsky in seinem Buch *The Doorbells of Florence* (http://losowsky.com/doorbells/). Zu Fotos von Türklingeln werden erfundene Geschichten erzählt über das, was sich in den dazugehörigen Wohnungen abspielen mag.

Monats geschl.) Mitten im Universitätsviertel von Florenz macht sich die **Chiesa di San Marco** mit dem angeschlossenen Dominikanerkloster aus dem 15. Jh. breit. Dort verrichteten sowohl der talentierte Maler Fra' Angelico (um 1395–1455) wie auch der scharfzüngige Mönch Savonarola ihren Gottesdienst – jeder auf seine Weise. Heute sind hier, in einem der berührendsten Museen der Stadt, Fra' Angelicos Bilder zu bewundern.

Hinter dem Eingang zu Michelozzos **Kreuzgang des hl. Antonius** (1440) liegt gleich rechts die **Sala dell'Ospizio** (Pilgerherberge), wo Fra' Angelicos Bemühungen um perspektivische, realistische Darstellungen in einer ganzen Reihe von Gemälden zum Ausdruck kommen, darunter die *Grablegung Christi* (1432), die ursprünglich für die Kirche Santa Trinità vorgesehen war.

Giovanni Antonio Soglianis Fresko *Das wundersame Abendmahl des hl. Dominikus* (1536) beherrscht das ehemalige **Refektorium** des Kreuzgangs, und Fra' Angelicos monumentales Fresko *Kreuzigung und Heilige* (1441–1442) ziert den **Kapitelsaal**. Den größten Eindruck hinterlassen jedoch die 44 **Mönchszellen** in der ersten Etage. Am Ende der Treppe zieht Fra' Angelicos berühmteste Arbeit, die *Verkündigung* (ca. 1440), die Blicke auf sich.

Jede einzelne Zelle zeigt weitere Ausschnitte aus dem Werk des toskanischen Mönchs. Die tief religiösen Bilder entstanden zwischen 1440 und 1441 als Meditationshilfe für seine Brüder; die meisten malte er höchstpersönlich, für andere lieferte er nur den Entwurf, den dann seine Schüler (darunter Benozzo Gozzoli) unter seiner Anleitung ausführten. Zu den diversen Meisterwerken zählt auch die wunderschöne *Anbetung der Könige* in der Zelle, die Cosimo dem Älteren als Klausur diente (Nr. 38–39). Einige Darstellungen sind recht brutal – z. B. das Gemälde in der Zelle von San Antonino Arcivescovo, auf dem Jesus das Tor seiner Grabstätte aufstößt und dabei einen dämonisch aussehenden Teufel zerquetscht. Jahrhundertelang galt Fra' Angelico als „Il Beato Angelico" (der gesegnete Engelhafte) oder einfach nur als „Il Beato" (der Gesegnete). 1984 hat Papst Johannes Paul II. den talentiertesten religiösen Maler der Renaissance selig gesprochen.

Im Kontrast zur reinen Schönheit dieser Fresken stehen die schmucklosen Räume, die Savonarola ab 1489 bewohnte. Nachdem er zum Prior des Dominikanerklosters ernannt worden war, entwarf er hier seine Hetzreden gegen Luxussucht, Gier und Korruption unter den Vertretern des Klerus. Wie eine Art Altar zum Andenken an den fanatischen Prediger enthalten die Zellen neben persönlichen Gegenständen das Leinenbanner, das Savonarola auf Prozessionen schwang, sowie ein pompöses Denkmal aus Marmor, das ihm seine Bewunderer 1873 errichteten.

Piazza della Santissima Annunziata PIAZZA (Karte S. 78) Giambolognas Reiterstatue des Großherzogs Ferdinando I. de' Medici beherrscht das Zentrum des Platzes vor der **Chiesa della Santissima Annunziata** (Karte S. 78). Sie wurde 1250 erbaut und Mitte des 15. Jhs. unter anderem von Michelozzo umgestaltet. Das **Ospedale degli Innocenti** (Hospital der Unschuldigen; Karte S. 78; Piazza della SS Annunziata 12) an der Südostseite des Platzes entstand 1421 als erstes Waisenhaus Europas.

Brunelleschi entwarf den von klassischen Elementen inspirierten Säulenvorbau, den Andrea della Robbia (1435–1525) mit in Terrakottamedaillons einmodellierten Wickelkindern verzierte. Am Nordende des Säulenvorbaus hinter dem Eisengeländer, das heute eine Scheintür umringt, befand sich die Drehtür, wo ungewollte Babys abgelegt wurden. Wer einen Euro übrig hat, kann den hübschen Innenhof besichtigen (montags bis samstags von 10 bis 15.30 Uhr, sonntags bis 13.30 Uhr). Die Innenräume sind momentan wegen Restaurierungsarbeiten geschlossen und sollen im April 2015 als nagelneues **Museum der Kindheit** wiedereröffnet werden.

Nicht weit von der nordöstlichen Ecke der Piazza steht das **Museo Archeologico** (Karte S. 78; Piazza Santissima Annunziata 9b; Erw./erm. 4/2 €; ☺Di–Fr 8.30–19, Sa & So 8.30–14 Uhr). Eine reichhaltige Sammlung archäologischer Fundstücke und Antiquitäten (viele davon hatten die Medici gehortet) führt weit in die Vergangenheit zurück und bietet ein willkommenes Kontrastprogramm zur Pracht der Renaissance. In der ersten Etage ist links die Sammlung von Objekten aus dem Alten Ägypten untergebracht, rechts geht's in die etwas kleinere Abteilung mit etruskischer und griechisch-römischer Kunst.

⊙ Santa Croce

Das Viertel mit der gleichnamigen, wuchtigen Franziskanerkirche auf dem Hauptplatz präsentiert sich etwas weniger herausgeputzt.

Piazza di Santa Croce   PIAZZA

(Karte S. 82) Der Platz wurde im Mittelalter freigeräumt, als die Kirchen noch so voll waren, dass die Gläubigen draußen warten mussten. Und zu Savonarolas Zeiten wurden hier Ketzer hingerichtet.

Aber so eine große Fläche findet natürlich schnell noch weitere Nutzungsmöglichkeiten. Ab dem 14. Jh. wurden darauf Turniere ausgetragen, Feste gefeiert – und Fußball gespielt. Bis heute findet hier jedes Jahr in der dritten Juniwoche eine Partie *calcio storico* (mittelalterlicher Fußball; www.calciostorico.it) statt, der allerdings eher an Rugby erinnert und mit ein paar simplen Regeln auskommt (Kopfstöße, Leberhaken, Ellbogeneinsatz und Würgen sind erlaubt, nur Tritte auf den Kopf und unmotivierte Attacken sind tabu). Auf der Südseite des Platzes markiert ein in die Mauer unterhalb der bunten Fresken des **Palazzo dell'Antella** (Karte S. 82) eingelassener Marmorstein die Mittellinie des Spielfelds. Kaum ein Fußballplatz weltweit kann solch eine lange Tradition aufweisen.

Schon ein paar Jahrhunderte zuvor hatten sich die alten Römer an derselben Stelle vergnügt. Im 2. Jh. stand am Westende der Piazza di Santa Croce ein Amphitheater, dessen Oval bis heute von der Piazza dei Peruzzi, der Via de' Bentaccordi und der Via Torta nachgezeichnet wird.

★ Basilica di Santa Croce   KIRCHE

(Karte S. 82; Piazza di Santa Croce; Erw./erm. /Fam. 6/4/12 €; ⊙ Mo–Sa 9.30–17, So 14–17 Uhr) Nach der prächtigen, neogotischen Fassade mit dem vielfarbigen Marmorschmuck ist der schlichte Innenraum der franziskanischen Basilika ein kleiner Schock.

Das Interesse der Besucher konzentriert sich meist auf die Grabmale berühmter Florentiner wie Michelangelo, Galileo und Ghiberti. Aber die eigentlichen Highlights von Santa Croce sind die Fresken von Giotto und seinen Schülern in den Kapellen rechts des Altars.

Santa Croce wurde nach Entwürfen von Arnolfo di Cambio zwischen 1294 und 1385 gebaut und verdankt ihren Namen einem

Splitter aus dem Kreuz Jesu, den der französische König Ludwig der Heilige 1258 als Geschenk überreichte. Die mit Fresken dekorierten Kapellen sind mehr oder weniger gut in Schuss, nur Giottos Malereien in der **Cappella Peruzzi** sind leider kaum noch zu erkennen. Im Vergleich dazu wirken die Szenen aus dem Leben des Franz von Assisi in der **Cappella Bardi** (1315–1320) noch relativ frisch. Giottos Gehilfe und treuester Schüler, Taddeo Gaddi, ist für die Fresken in der benachbarten **Cappella Majeure** und der nicht weit davon entfernten **Cappella Baroncelli** (1332–1338) verantwortlich; Letztere zeigen wichtige Stationen im Leben der Jungfrau Maria.

Taddeos Sohn Agnolo schmückte die **Cappella Castellani** (1385) mit dem Lebensweg des hl. Nikolaus (der mittlerweile mit Rauschebart, Rute und Rentieren unterwegs ist) und malte auch die Fresken über dem Altar.

Im Querhaus führt ein von Michelozzo gestalteter Durchgang in den Korridor zur **Sakristei**. Der wunderschöne Raum aus dem 14. Jh. wird von Taddeo Gaddis *Kreuzigung* links vom Eingang beherrscht. Außerdem sind Reliquien von Franz von Assisi ausgestellt, darunter seine Kutte und sein Gürtel. Wer durch den dahinter liegenden Souvenirshop geht, kommt in die **Scuola del Cuoio** (S. 93), wo Leder verarbeitet und verkauft wird. Die Schüler lassen sich bei der Arbeit über die Schulter gucken.

Am Ende des Gangs liegt eine Kapelle der Medici mit einem hübschen, zweifarbigen Altaraufsatz aus glasiertem Ton von Andrea della Robbia.

Kurz vor seinem Tod 1446 entwarf Brunelleschi den zweiten der beiden beschaulichen **Kreuzgänge** von Santa Croce. Seine unvollendete **Cappella de' Pazzi** am Ende des ersten Kreuzgangs besticht mit harmonischen Linien und den schlichten Terrakottamedaillons mit Apostelbildnissen von Luca della Robbia. Die kleine Perle der Renaissancearchitektur war für die reiche Bankiersfamilie Pazzi gebaut, aber nie von ihr benutzt worden. Die Familie spielte eine maßgebliche Rolle in der Pazzi-Verschwörung von 1478, die Lorenzo den Prächtigen und die Medici stürzen sollte, dabei aber die Pazzi zu Fall brachte.

Vom ersten Kreuzgang aus gelangt man ins **Museo dell'Opera di Santa Croce** (Karte S. 82; Eintritt inkl. Basilika Erw./erm. 5/3 €) mit

Santa Croce

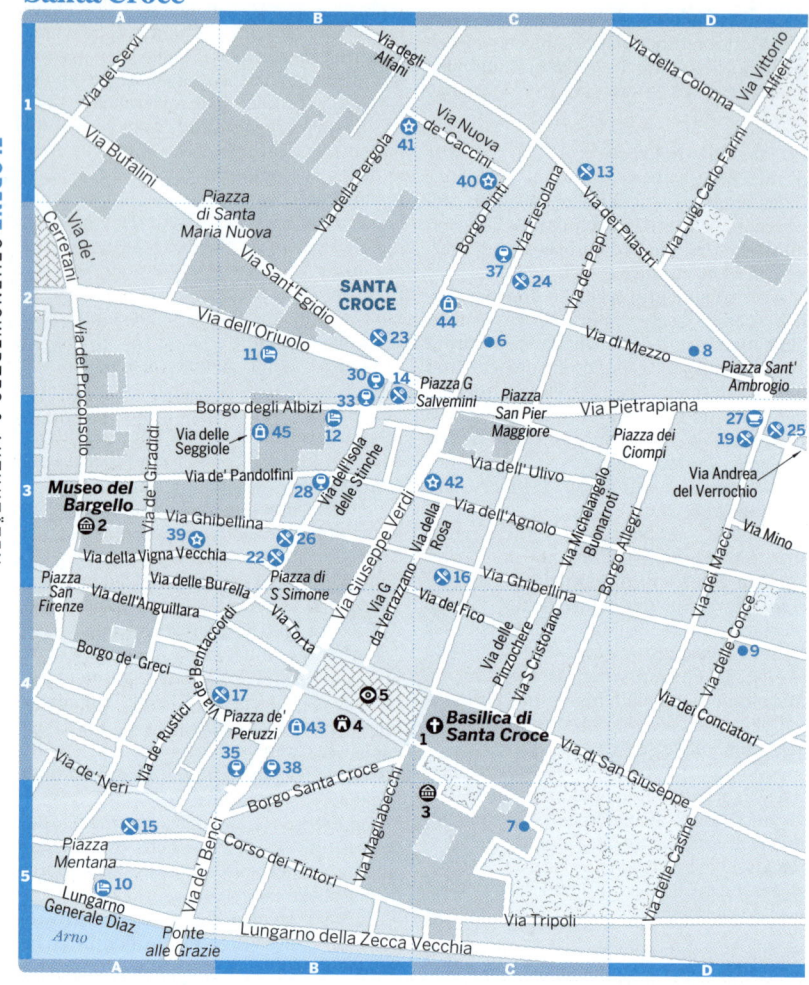

der *Kreuzigung* von Cimabue, die nach der Flutkatastrophe 1966, bei der das Wasser in Santa Croce 4 m hoch stand, so gut wie möglich restauriert wurde.

Auch Donatellos vergoldete Bronzestatue des *Hl. Ludwig von Toulouse* (1424), die ursprünglich in einer Nische der Fassade von Orsanmichele stand, sowie eine wunderschöne Terrakottabüste des *Franz von Assisi, der seine Wundmale empfängt* (aus der Werkstatt della Robbia) und Fresken von Taddeo Gaddi (darunter das *Abendmahl* von 1333) gehören zu den Schätzen des Museums.

⭐ **Museo del Bargello**   KUNSTMUSEUM
(Karte S. 82; www.polomuseale.firenze.it; Via del Proconsolo 4; Erw./erm. 4/2 €, Wechselausstellungen 6/3 €; ☺ Di–So & 1. & 3. Mo des Monats 8.15–16.20 Uhr, im Winter bis 14 Uhr) Hinter der bedrohlichen Fassade des Palazzo del Bargello, dem ersten öffentlichen Gebäude der Stadt, fällte der *podestà* vom Ende des 13. Jhs. bis 1502 Gerichtsurteile. Heute ist hier die umfangreichste Kunstsammlung Italiens zur toskanischen Renaissance beheimatet, darunter auch einige der schönsten Frühwerke Michelangelos.

Nachdem Michelangelo Florenz 1534 endgültig den Rücken gekehrt hatte, rückten andere nach: Baccio Bandinelli, dessen 1551 für den Dom geschaffene Skulptur *Adam & Eva* in der Sala di Michelangelo steht, und Benvenuto Cellini, der dort mit seiner verspielten Marmorfigur *Ganimedes* von 1548–1550 vertreten ist.

Rechts von der Treppe in der ersten Etage liegt der prunkvolle ehemalige Salone del Consiglio Generale, wo der Große Rat der Stadt palaverte. Heute heißt er **Sala di Donatello** und enthält Werke des gleichnamigen Meisters und anderer Künstler des frühen 15. Jhs. Donatellos wunderschöner *Hl. Georg* (1416–1417) in einem Tabernakel am Ende des Gangs prangte früher an der Fassade von Orsanmichele und brachte Bewegung und Perspektive in die italienische Bildhauerkunst. Weitere beachtenswerte Schätze sind die Bronzereliefs, die Brunelleschi und Ghiberti für den Wettbewerb um die Türen des Baptisteriums einreichten.

Die größte Faszination üben Donatellos zwei Versionen des *David* aus, der damals bei Bildhauern sehr beliebt war: Sein jungenhaft-zierlicher, bekleideter Marmor-David entstand 1408, der berühmte Bronzebruder zwischen 1440 und 1450. Letzterer verdankt seinen Ruhm auch der Tatsache, dass es seit der Antike niemand mehr gewagt hatte, eine freistehende nackte Skulptur zu modellieren.

In der **Cappella del Podestà** in der ersten Etage, auch Maria-Magdalena-Kapelle genannt, empfingen die zum Tode Verurteilten früher ihre Sterbesakramente. Hoffentlich konnten die herrlichen Malereien von Hölle, Paradies und den Lebenswegen von Maria, Maria Magdalena und Johannes dem Täufer sie etwas trösten. Die Reste dieser von Giotto stammenden Fresken kamen übrigens erst 1840 zum Vorschein, als die Kapelle zu einem Lagerraum und Gefängnis umgebaut wurde.

Mit ihrer außergewöhnlichen Sammlung von Terrakottaarbeiten der fleißigen della-Robbia-Familie führt die **zweite Etage** des Bargello ins 16. Jh. Hier warten einige der bekanntesten Werke, z. B. Andreas *Ritratto idealizia di fanciullo* (Idealbild eines Jungen; um 1475) und Giovannis *Pietà* (1514). Durch ihre detailverliebte Ausführung und größere Farbvielfalt unterscheiden sich die Arbeiten Giovannis ganz deutlich von denen seines Vaters Luca und seines Cousins Andrea.

Als 21-Jähriger schuf er für den Kardinal seinen mit Trauben geschmückten, beschwipsten *Bacchus* (1496–1497), der in der **Sala di Michelangelo** in der unteren Etage steht. Der Auftraggeber war mit dem Ergebnis aber nicht zufrieden und verkaufte das Objekt an einen Bankier. Auch andere Werke des Meisters wie die Marmorbüste des *Brutus* (um 1539–1540), der *David/Apollo* von 1530–1532 und das große, unvollendete Rundgemälde der *Madonna mit Kind und dem jungen Johannes dem Täufer* (auch *Tondo Pitti* genannt, 1503–1505) sind absolut sehenswert.

Santa Croce

◉ Oltrarno

Der malerische Stadtteil Oltrarno – was wörtlich „auf der anderen Seite des Arno" heißt – gilt traditionell als Hochburg des Kunsthandwerks. In den Straßen südlich des Flusses und westlich des Ponte Vecchio mit dem quirligen Borgo San Jacopo als Zentrum finden sich Restaurants, Läden und zwei Türme aus dem 12. Jh., die **Torre dei Marsili** (Karte S. 62) und die **Torre de' Belfredelli** (Karte S. 86).

Irgendwann hat jeder Besucher genug von Museen und will an die frische Luft. Das ist der Moment, um durch die terrassierten Parks und Gärten hinter dem Palazzo Pitti zu spazieren – ganz besonders bei Sonnenuntergang, wenn die riesige Fassade des Palazzo in intensiven Pinktönen leuchtet.

Wenn einem gelegentlich ein Straßenschild in Oltrarno merkwürdig vorkommt – z. B. ein „Einfahrt verboten"-Schild, auf dem sich ein schwarzes Männchen mit dem weißen Balken aus dem Staub macht –, dann steckt garantiert **CLET** (Via dell'Olmo 8r; ⊙ unterschiedlich) dahinter! Der vieldiskutierte, sehr populäre Florentiner Straßenkünstler bastelt nämlich in seinem Studio in der Via dell'Olmo Sticker, die er dann auf Straßenschildern in der ganzen Stadt anbringt. Als der gebürtige Franzose 2011 bei Nacht und Nebel auf dem Ponte alle Grazie eine lebensgroße Figur mit dem Titel *Uomo Comune* (gewöhnlicher Mensch) aufstellte, verursachte er einigen Wirbel – aber die Behörden drückten eine Woche lang ein Auge zu, bevor sie das Machwerk entfernten.

⭐ Ponte Vecchio   BRÜCKE

(Karte S. 62) Erstmals wurde die Steinbrücke über die engste Stelle des Arno 972 urkundlich erwähnt. Der Fluss sieht zwar harmlos aus, aber wenn er mal überschäumt, dann richtig! Die Überschwemmungen von 1177 und 1333 hatten den Ponte Vecchio jeweils zerstört, und 1966 wäre das um ein Haar erneut passiert. Viele Juweliere hatten Angst, ihr Laden auf der Brücke würde von den Fluten mitgerissen. Aber zum Glück hielt der Ponte Vecchio stand.

Und so gibt es die Juwelierläden bis heute. Viele wurden von Generation zu Generation weitervererbt und bieten ihre Glitzerware seit dem 16. Jh. hier feil. Damals hatte Ferdinando I. de' Medici die Juweliere auf die Brücke geschickt, im Austausch gegen die Metzgerläden, welche die Luft verpesteten und ihre stinkenden Abfälle einfach im Arno entsorgten.

Die heutige Brücke wurde 1345 gebaut und 1944 als einzige von den abziehenden Nazis verschont. Über den Läden auf der Ostseite des Ponte Vecchio ist der legendäre **Corridoio Vasariano** zu erkennen, der am Südende der Brücke seltsamerweise um den mittelalterlichen **Torre dei Mannelli** herum gebaut wurde, statt durch ihn hindurch.

⭐**Basilica di Santo Spirito**   KIRCHE
(Karte S. 86; Piazza Santo Spirito; ☉ Do–Di 8.30–12.30 & 16–17.30 Uhr) `GRATIS` Vor allem an Sommerabenden kommt die Fassade der von Brunelleschi erbauten Kirche voll zur Geltung. Dann bildet sie die stimmungsvolle Kulisse für Open-Air-Konzerte und die Nachtschwärmerszene auf dem sonst eher unattraktiven (manche würden sogar sagen: schäbigen) Platz. Innen ist die Basilika auf ihrer ganzen Länge mit halbrunden Kapellen bestückt (die in den 1960er-Jahren durch eine Wand abgeschirmt wurden). Die Kolonnaden mit korinthischen Säulen aus grauer *pietra forte* lassen sie richtig bombastisch wirken.

Zwei Kunstwerke verdienen besondere Beachtung: Domenico di Zanobis *Hilfreiche Madonna* (1485) in der **Cappella Velutti**, die einen kleinen, roten Teufel mit einem Stock vertreibt, und Filippino Lippis spärlich beleuchtete *Madonna mit Kind und Heiligen* (1493–1494) in der **Cappella Nerli** im rechten Querhaus.

Der schnörkelig barocke Hauptaltar unter der Mittelkuppel wirkt in Brunelleschis gewohnt schlichtem Innenraum etwas deplatziert.

Eine unauffällige Tür neben der **Capella Segni** im linken Seitenschiff führt in die **Sakristei** mit einem ergreifenden hölzernen Kruzifix, das manche Experten Michelangelo zuschreiben.

Der begnadete Künstler hatte die Angewohnheit, nachts in das Hospiz des benachbarten Klosters zu kommen, um an den dort aufgebahrten Leichen anatomische Studien

vorzunehmen. Zum Dank soll er der Kirche diesen wunderschön modellierten Gekreuzigten spendiert haben.

Cenacolo di Santo Spirito   MUSEUM
(Karte S. 86; Piazza Santo Spirito 29; Eintritt 2,50 €; ☉ Sa–Mo 10–16 Uhr) Als Erholung von der übermächtigen florentinischen Renaissance bietet sich das Refektorium an, das Andrea Orcagna mit einem wunderschönen *Abendmahl und Kreuzigung* (um 1370) schmückte. Auch die seltenen, römischen Skulpturen aus dem 11. Jh. sind bezaubernd.

⭐**Cappella Brancacci**   KAPELLE
(Karte S. 86; ☎ 055 276 82 24; www.musefirenze.it; Piazza del Carmine 14; Erw./erm. 6/4,50 €; ☉ Mi–Sa & Mo 10–16.30, So 13–16.30 Uhr) Die **Basilica di Santa Maria del Carmine** (Karte S. 86) aus dem 13. Jh. wurde durch ein Feuer Ende des 18. Jhs. fast völlig zerstört. Zum Glück blieben die umwerfenden Fresken in der Cappella Brancacci rechts vom Eingang von den Flammen verschont. Der Besuch sollte in der Hochsaison vorher angemeldet werden (nur 30 Besucher gleichzeitig sind erlaubt) und erfolgt im Rahmen einer Führung (alle 20 Minuten, Dauer 20 Minuten).

Die Kapelle ist eine wahre Schatzkiste mit Gemälden von Masolino da Panicale, Masaccio und Filippino Lippi. Masaccios Freskenzyklus über das Leben Petri gilt als ein absolutes Meisterwerk. Er machte ein für alle Mal Schluss mit den Stilregeln der Gotik und experimentierte mit den neuen Ausdrucksmitteln der frühen Renaissance. *Die Vertreibung von Adam und Eva aus dem Paradies* und *Der Zinsgroschen,* beide auf der linken Kapellenseite, sind seine berühmtesten Werke. Sie waren von Masolino begonnen worden; die Hauptarbeit erledigte jedoch Masaccio als damals kaum 20-Jähriger, bevor er nach Rom ging und dort mit nur 27 Jahren starb. Erst 60 Jahre später legte dann Filippino Lippi letzte Hand an den Freskenzyklus. Masaccios *Thronender Petrus* enthält übrigens ein Selbstbildnis – er ist der Mann neben dem Apostel, der den Betrachter anstarrt. Die ihn umgebenden Figuren wurden als Brunelleschi, Masolino und Alberti identifiziert. Auch Filippino Lippi hat sich selbst verewigt; in der *Kreuzigung des Petrus* ist er mit seinem Lehrer Botticelli zu sehen.

⭐**Palazzo Pitti**   MUSEUM
(Karte S. 86; www.polomuseale.firenze.it; Piazza Pitti; Erw./erm. Galleria Palentina & Galleria d'Arte

Oltrarno & Boboli

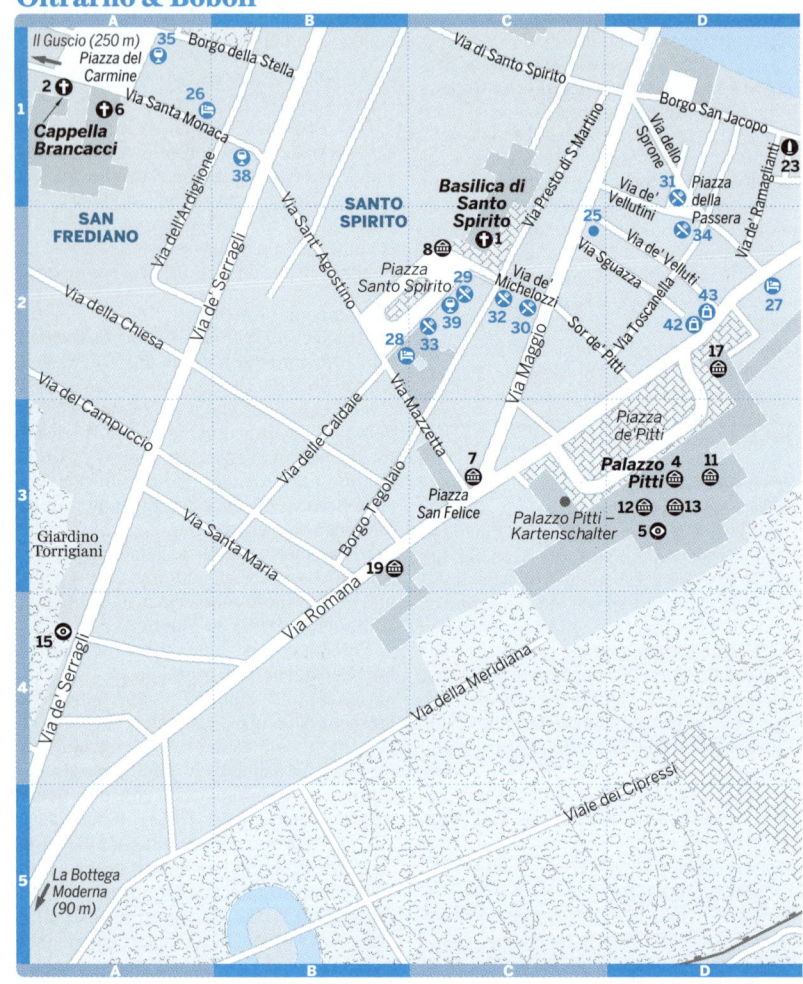

Moderna 8,50/4,25 €, Museo degli Argenti & Galleria del Costume 7/3,50 €; ☺ Sommer Di–So 8.15–18.50 Uhr, im Winter kürzer) Der Bankier Luca Pitti beauftragte Brunelleschi 1457 mit dem Bau des Palazzo. Doch als der endlich fertig war, hatte sich das Blatt gewendet und die Familie war gezwungen, den Bau an die Medici zu verkaufen. Später zogen diverse Stadtoberhäupter ein, von 1865 bis 1919 nahm die königliche Familie der Savoyer hier Residenz. Heute sind darin mehrere Kunstmuseen untergebracht.

Wunderschöne Schnitzereien in Amber, Elfenbeinminiaturen, funkelnde Tiaras und anderer Kopfschmuck, silberne Pillendöschen und alle möglichen weiteren Preziosen bestücken die Räume des **Museo degli Argenti** (Silbermuseum; Karte S. 86; ☺ Sommer 8.15–18.50 Uhr, im Winter kürzer, 1. & letzter Mo des Monats geschl.) im Erdgeschoss. In den reich mit Fresken verzierten ehemaligen Empfangszimmern finden gelegentlich auch Wechselausstellungen statt. Sehenswert, aber nicht immer zugänglich ist die **Sala di Giovanni da San Giovanni** mit ihren mannshohen Gemälden (1635–1642), die Lorenzo den Prächtigen zum Thema haben (u. a. ist Michelangelo zu sehen, der Lorenzo

eine Statue überreicht). „Rede wenig, fasse dich kurz und sei geistreich", lautet das Motto über der gemalten Treppe im Raum daneben, wo der Großherzog Hof hielt und Audienzen gewährte.

Raffael und Rubens konkurrieren in der unglaublich reichen Kollektion von Kunstwerken aus dem 16. bis 18. Jh. Das Ergebnis der Sammelwut der Medici und Lothringer präsentiert sich auf der ersten Etage in der **Galleria Palatina** (Karte S. 86; ☉ Sommer Di–So 8.15–18.50 Uhr, im Winter kürzer), zu der mehrere Treppen vom zentralen Platz des Palazzos führen. Da die ursprüngliche An-

ordnung der Gemälde unangetastet blieb (manche hängen so eng, dass sie sich überlappen), kann es leicht zum visuellen Overkill kommen. Da hilft nur eins: langsam gehen und den Blick fokussieren.

Hier nur einige der Highlights: Fra' Filippo Lippis *Madonna mit Kind und Geschichten aus dem Leben der hl. Anna* (auch *Tondo Bartolini* genannt; 1452–1453) und Botticellis *Madonna mit Kind und dem jungen Johannes dem Täufer* (um 1490–1495) in der **Sala di Prometeo**, Raffaels *Madonna dell'Impannata* (1513–1514) in der **Sala di Ulisse** und

Oltrarno & Boboli

Caravaggios *Schlafender Cupido* (1608) in der **Sala dell'Educazione di Giove**. Sehenswert ist auch die **Sala di Saturno** mit wunderbaren Werken Raffaels, darunter die *Madonna auf dem Stuhle* (1511) sowie Porträts von Anolo Doni und Maddalena Strozzi (um 1506). In der nahe gelegenen **Sala di Giove** hängt seine *Dame mit Schleier* (auch *La Velata* genannt; um 1516), der Giorgiones *Drei Menschenalter* (um 1500) Gesellschaft leisten.

Hinter der **Sala di Venere** beginnen die **Appartamenti Reali** (Königliche Gemächer; Karte S. 86; ☉ Feb.–Dez. Di–So 8.15–18.50 Uhr). Die Einrichtung der Räume entspricht noch dem Zustand um 1880–1891, als sie von den Mitgliedern des Hauses Savoyen bewohnt wurden.

In der **Galleria d'Arte Moderna** (Karte S. 86; ☉ Sommer Di–So 8.15–18.50 Uhr, im Winter kürzer) geht es um Werke aus dem 18. und 19. Jh., vor allem von den florentinischen Macchiaioli (lokale Gruppe von Impressionisten).

Nur wenige Besucher nehmen sich Zeit für die **Galleria del Costume** (Karte S. 86; ☉ Sommer 8.15–18.50 Uhr, sonst kürzer; 1. & letzter Mo. des

Monats geschl.) mit einem Querschnitt durch die Mode seit den Zeiten von Cosimo I. bis zur Haute Couture der 1990er-Jahre.

★ **Giardino di Boboli**   GARTEN
(Boboli-Gärten; Karte S. 86; Piazza Pitti; Erw./erm./Kind 7/3,50 €/frei; ☉ Sommer 8.15–19 Uhr, im Winter kürzer) Hinter dem Palazzo Pitti beginnen die Gärten, die Mitte des 16. Jhs. nach Plänen des Architekten Niccolò Pericoli angelegt wurden. Sie sind das Paradebeispiel eines formalen Gartens toskanischer Art und wirklich eine Augenweide. Phantastische Ausblicke in die ländliche Umgebung eröffnen sich am Südrand unterhalb des von Buchsbaumhecken eingefassten Rosengartens und des **Museo delle Porcellane** (Porzellanmuseum; Karte S. 86; Giardino di Boboli; Erw./erm. 7/3,50 € inkl. Giardino di Boboli, Museo delgi Argenti & Museo del Costume; ☉ März 8.15–17.30 Uhr, April–Mai & Sept.–Okt. 8.15–18.30 Uhr, Juni–Aug. 8.15–19.30 Uhr, Nov.–Feb. 8.15–16.30 Uhr).

Höhepunkte der weitläufigen Anlage mit den unzähligen, zwischen Bäumen versteckten Statuen und Pfaden sind die etwas vernachlässigte **Zypressenallee**, der ummauerte **Giardino del Cavaliere** (Rittergarten)

und der **Isoletto**, ein wunderschöner Zierteich. In der für die Renaissance typischen **Orangerie** aus dem 18. Jh. überwintern rund 500 Zitrusbäume. Das Labyrinth aus dem 17. Jh., ein absolutes Muss in den damaligen toskanischen Gärten, musste in den 1830er-Jahren den breiten Kutschenwegen weichen. Originell ist auch das riesige „Gesicht" (1998) des polnischen Bildhauers Igor Mitoraj (geb. 1944), der heute in Pietrasanta bei Carrara lebt.

Am Ausgang zieren Hunderte von Muscheln die Fassade der von Giambologna konzipierten **Grotta del Buontalenti** (Karte S. 86; ☉ 11, 13, 16 & 17 Uhr). Im Inneren der Grotte ist eine Venus zu erkennen, die aus den Wellen steigt. Die von Orangenbäumen fast verdeckte Mauer links der Höhle ist das Endstück der legendären Verbindung zwischen Uffizien und Palazzo Pitti, genannt **Vasari-Korridor** (S. 68).

Giardino Bardini   GARTEN
(Karte S. 86; www.bardinipeyron.it; Eingänge in der Via de' Bardi 1r & Costa di San Giorgio 2; Erw./erm./Kind 7/3,50 €/frei; ☉ Sommer 8.15–19 Uhr, im Winter kürzer) Namenspate des Gartens war der Kunstsammler Stefano Bardini (1836–1922), der die Villa 1913 kaufte und große Teile der Gartenanlage aus dem Mittelalter restaurierte. Das Resultat ist zwar kleiner, aber gepflegter und fast noch typischer für die Toskana als die Boboli-Gärten – und nicht so überlaufen. In die Villa ist das **Museo Roberto Capucci** (Karte S. 86; www.bardinipeyron.it; Giardini Bardini; Erw./erm. 8/6 €; ☉ April–Okt. Mi–So 10–21 Uhr) mit einer Modekollektion von Capucci eingezogen, außerdem werden hier Wechselausstellungen gezeigt.

Künstliche Grotten, eine Orangerie, Marmorstatuen und Brunnen laden zum gemütlichen Herumschlendern ein. Im April und Mai blühen die Azaleen, Pfingstrosen und Glyzinien, im Juni die Schwertlilien. Das romantische **Sommercafé** (April bis September von 10 bis 18 Uhr geöffnet) in der Steinloggia mit Blick auf die Florentiner Skyline bietet sich für eine kurze Pause mit *panino*, Eiscreme oder einem Tässchen Tee an.

Giardino Torrigiani   GARTEN
(Karte S. 86; ☎ 055 22 45 27; www.giardinotorri giani.it; Via de' Serragli 144; 1 ½-stündige Führung gegen Spende; ☉ Anmeldung vorab per E-Mail) Unglaublich, aber wahr: Hinter den unauffälligen Häuserfassaden der Via de' Serragli versteckt sich ein riesiger Park – Europas größte private Grünanlage in einem historischen Stadtgebiet. Sie gehört den Familien Torrigiani Malaspina und Torrigiani di Santa Cristina, die sich mit viel Liebe und Engagement um den Erhalt kümmern. Der Rundgang durch das kleine Paradies in Begleitung des charismatischen Marquis Vanni Torrigiani Malaspina und seiner Frau Susanna ist ein wahres Vergnügen.

Die sehr persönliche Führung (auf Englisch oder Italienisch) eröffnet Einblicke in eine privilegierte, sehr florentinische Welt.

Die grüne Oase rund um die Villa aus dem 16. Jh. wurde zusammen mit den weiteren Bauten im frühen 19. Jh., auf dem Höhepunkt der Romantik, angelegt. Seltene Baumarten, englischer Rasen, Kräuter- und Gemüsegärten, Steinlöwen, ein wunderschön restauriertes Gewächshaus und weitere Augenweiden werden durch Reste der alten Stadtmauer ergänzt, die Cosimo I. 1544 errichten ließ (als eine der insgesamt sechs Mauern, die Florenz im Lauf der Zeit schützen sollten; Reste eines Walls aus dem 14. Jh. sind außerhalb des Gartens zu erkennen).

Die Anlage steckt voller Freimaurer-Symbole wie z. B. dem eleganten, neugotischen Turm, dessen drei Segmente an die drei Stadien erinnern, die ein Normalsterblicher durchläuft, um in die Gemeinschaft der Freimaurer aufgenommen zu werden.

Im frisch restaurierten Gewächshaus mit Garten, La Serra Torrigiani Vanni, veranstaltet das Ehepaar Vanni Kurse und Workshops zu den Themen Gartenbau und Malerei. Außerdem ist der Bau von drei Baumhäusern geplant, die wie eine B&B-Unterkunft an Gäste vermietet werden sollen.

Casa Guidi   MUSEUM
(Karte S. 86; www.browningsociety.org; Piazza San Felice 8; ☉ April–Nov. Mo, Mi & Fr 15–18 Uhr) GRATIS Gegenüber dem Südflügel des Palazzo Pitti hat sich das englische Dichterehepaar Robert und Elizabeth Browning 1847, ein Jahr nach der Hochzeit, eine Erdgeschosswohnung in der Casa Guidi gemietet und darin 14 Jahre lang gelebt: Er schrieb seinen Roman *Men and Women*; sie brachte hier ihr einziges Kind zur Welt und starb hier in diesen Gemächern.

> ℹ **VON PARK ZU PARK**
>
> In nur fünf Minuten kommt man zu Fuß vom Giardino di Boboli in den Giardino Bardini. Das Tor zwischen den beiden Parks schließt um 17 Uhr.

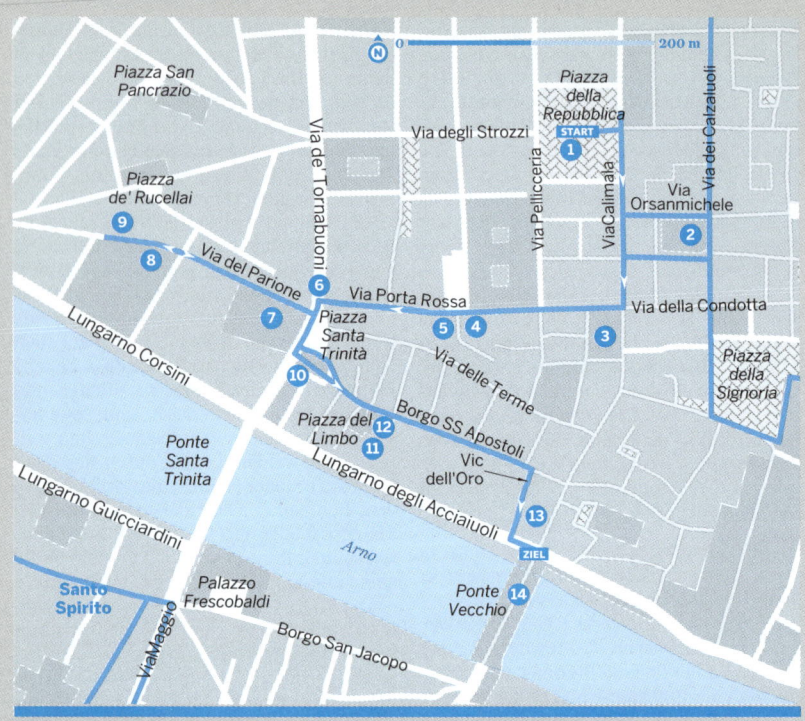

🏃 Spaziergang:
Das Wichtigste in Florenz

START PIAZZA DELLA REPUBBLICA
ZIEL PONTE VECCHIO
LÄNGE 2 KM; ZWEI STUNDEN

Mit einem Tässchen Kaffee auf der **1** **Piazza della Repubblica** (S. 73) ge-stärkt, geht man auf der Via Calimala nach Süden und links in die Via Orsanmichele in Richtung **2** **Chiesa e Museo di Orsanmichele** (S. 73), einer außerge-wöhnlichen Kirche mit Museum. Danach kehrt man zur Via Calimala zurück und läuft weiter nach Süden, bis die Loggia des **3** **Mercato Nuovo** (S. 138) ins Blickfeld kommt. Auf dem „Neuen Markt" steht eine Wildschweinstatue aus Bronze. Wer am Rüssel reibt, heißt es, kehrt nach Florenz zurück.

Der Weg führt anschließend durch die Via Porta Rossa zum **4** **Palazzo Davanzati** (S. 74). Ein paar Häuser weiter schnell einen Blick durch das Eisentor neben der Bar **5** **Slowly** (S. 108) werfen: Genauso stellt

man sich das Florenz der 1001 Tore und Gassen vor!

Dann kreuzt die **6** **Via de' Tornabuoni** mit ihren Luxusboutiquen den Weg; wun-derschön sind aber auch die Fresken in der **7** **Chiesa di Santa Trinita** (S. 74). Ein Abstecher in die Via del Parione lohnt sich vor allem wegen der Kunsthandwerksläden von **8** **Alberto Cozzi** (Papier; S. 141) und **9** **Letizia Fiorini** (Puppen; S. 139).

Zurück auf der Via de' Tornabuoni nach rechts gehen, vorbei am **10** **Palazzo Spini-Feroni** (heute Flagshipstore von Ferragamo) bis zum Borgo Santi Apostoli. An der Piazza del Limbo taucht die romanische **11** **Chiesa dei Santissimi Apostoli** (Karte S. 62) auf.

In der **12** **Bottega dell'Olio** (S. 141) gibt's Olivenöl aus der Toskana, dann führt der Weg östlich weiter und nach rechts in den Vicolo dell' Oro mit dem **13** **Hotel Continental**. Die schicke Dachterrasse ist ideal für einen Sundowner mit Blick auf den **14** **Ponte Vecchio** (S. 84).

Museo di Storia Naturale – Zoologia La Specola NATURGESCHICHTLICHES MUSEUM
(Karte S. 86; www.msn.unifi.it; Via Romana 17; Erw./Kind/Fam. 6/3/13 €; ⊘Okt.–Mai Di–So 9.30–16.30 Uhr, Juni–Sept. bis 17.30 Uhr) Das Haus ist Teil des 1775 gegründeten Naturhistorischen Museums von Florenz und zeigt rund 5000 Tiere aus dem Gesamtfundus von unglaublichen 3,5 Mio. Exemplaren! Absolutes Highlight (aber nichts für zarte Kinderseelen und schwache Nerven) sind die Wachsmodelle verschiedener menschlicher Körperteile in unterschiedlichen Krankheitsstadien.

Via de' Bardi STRASSE
(Karte S. 86) Der erste Abschnitt der Via de' Bardi östlich des Ponte Vecchio weist deutliche Spuren der jüngeren Vergangenheit auf: Das ganze Gebiet war 1944 von der Wehrmacht in die Luft gejagt und nach dem Krieg ruckzuck wieder bebaut worden, ohne einen Gedanken an Ästhetik zu verschwenden. Die Straße führt über die Piazza di Santa Maria Soprarno rechts weiter durch ein angenehm ruhiges Eckchen von Florenz. Einst gehörte die gesamte Häuserzeile der mächtigen Bardi-Familie.

Allerdings waren deren beste Tage bereits vorbei, als Cosimo der Ältere 1415 die

FLORENZ FÜR KIDS

Kinder werden in Florenz so ziemlich überall gern gesehen; viele Familien gehen abends mitsamt dem Nachwuchs aus, sei es zu einem Spaziergang mit Eis am Arno oder zum Abendessen unter freiem Himmel. Und trotzdem ist Florenz nicht gerade ein Urlaubsparadies für die ganz Kleinen: Grünflächen und Spielplätze sind Mangelware, und auch Kinderbetreuung ist nur schwer zu bekommen (höchstens in einigen etwas teureren Hotels).

Für eine Verschnaufpause gibt's für Eltern mit Baby nichts Einfacheres, Zentraleres und Angenehmeres als das Gucci Museo Caffè (S. 109). Die sauberen Toiletten sind mit einem Wickeltisch ausgestattet, keiner hebt eine Augenbraue beim Anblick stillender Mütter, und mit den vielen Kunstbüchern und iPads, die gratis benutzt werden können, sind auch die Kleinen einige Zeit beschäftigt.

Unzählige in Florenz herausgegebene Kinderbücher geben Ideen für Entdeckungstouren durch die Stadt – die Museumsläden im Palazzo Vecchio und in den Uffizien halten eine große Auswahl bereit.

Geführte Touren & Kurse

Viele Angebote für Touren und Aktivitäten sind auf Kinder zugeschnitten, z.B. die ansprechenden Themenführungen und Workshops für Kinder ab vier Jahren (manche auch ab acht oder zehn Jahren) im Palazzo Vecchio sowie die einmal im Monat stattfindenden zweistündigen Kunstworkshops im Palazzo Strozzi (S. 73). Auch ein Kochkurs zum Thema Pizza, Pasta oder *gelato* macht Jungen wie Mädchen Spaß.

Museen & Denkmäler

Wer mit Kinderwagen oder Buggy unterwegs ist, hat's in der Tat schwer, aber für ältere Kinder gibt's nichts Cooleres als den Torre d'Arnolfo im Palazzo Vecchio (S. 72) und den Campanile am Dom hinaufzusteigen und Florenz von oben zu sehen oder das Innere der beeindruckenden Domkuppel zu erkunden. Für Kinder ab sechs Jahren lohnt sich ein Besuch des Museo di Storia Naturale – Zoologia La Specola (S. 91), Museo Stibbert (S. 76) und hochmodernen naturwissenschaftlichen Museo Galileo (S. 73).

Parks & Spielplätze

Die besten Spielplätze für Kinder unter sechs Jahren sind auf der Piazza Massimo d'Azeglio nicht weit vom Dom sowie am Lungarno Santa Rosa und an der Piazza Torquato Tasso auf der anderen Seite des Flusses. Das nostalgische Karussell auf der Piazza della Repubblica verfehlt selten seine Wirkung.

Kinder ab sechs Jahren spielen zwischen den Statuen im Giardino di Boboli (S. 88) Versteck oder tollen im 118 ha großen Parco delle Cascine (Viale degli Olmi; ☐1, 9, 12, 13, 16, 26, 27, 80 & B) herum, wo im Sommer auch ein Freibad zum Planschen einlädt.

Contessina de' Bardi heiratete. Die Via de' Bardi endet an der Piazza de' Mozzi, die von wuchtigen, feudalen Stadtpalazzi eingekreist wird. Während seiner Schlichtungsversuche zwischen Ghibellinen und Guelfen wohnte Papst Gregor X. im **Palazzo de' Mozzi** (Karte S. 86; Piazza de' Mozzi 2).

Forte di Belvedere BEFESTIGUNGSANLAGE, GALERIE (Karte S. 86; ☑ 055 29 08 32; Via di San Leonardo 1; Eintritt 5 €; ⊙ Sommer Fr–Mi 10–20 Uhr) Die weitläufige Befestigungsanlage hat Bernardo Buontalenti Ende des 16. Jhs. für Großherzog Ferdinand I. gebaut. Sie bietet eine perfekte Sicht in alle vier Himmelsrichtungen, sodass die Wachen sowohl nach fremden Invasoren von außen wie auch nach Angreifern auf den Palazzo Pitti aus dem Inneren der Stadt Ausschau halten konnten. Nach fünf langen Restaurierungsjahren ist die beeindruckende Anlage wieder für Besucher geöffnet. Neben spannenden Wechselausstellungen zeitgenössischer Kunst sind auch die atemberaubenden Ausblicke auf Florenz ein Grund, hier vorbeizuschauen.

Der Weg zum Forte di Belvedere führt von der Piazza de' Mozzi aus nach Osten über die Via dei Renai zur grünen Piazza Nicola

TOP 5: ABSEITS DER MASSEN

➡ Florenz kann ganz schön schlauchen. Eine Möglichkeit zur Erholung bietet das friedliche Städtchen **Fiesole** (S. 94) in den Hügeln über der Stadt: entspannt zu Mittag essen mit atemberaubender Aussicht.

➡ Auch bei einer Tasse Tee im wunderschön gepflegten **Giardino Bardini** (S. 89) liegt einem die Stadt zu Füßen.

➡ Ohne Gedränge geht's bei einer exklusiven Führung durch den geheimnisvollen **Vasari-Korridor** zu (S. 68).

➡ Rein in den 1960er-Jahre-Cinquecento und raus aus der Stadt zu Weinbergen und Olivenhainen: mit dem **500 Touring Club** (S. 93).

➡ Steinlöwen und seltene Bäume locken Besucher in den versteckt liegenden **Giardino Torrigiani** (S. 89), Europas größte private Grünanlage im Herzen von Florenz.

Demidoff, die ihren Namen einem russischen Industriellen und Menschenfreund verdankt, der im 19. Jh. in der Parallelstraße Via San Niccolò wohnte. Der **Palazzo Serristori** am Ende der Via dei Renai stammt aus dem 16. Jh. und diente Joseph Bonaparte in den Jahren vor seinem Tod 1844 als Bleibe. Nicht gerade sehr standesgemäß für einen Mann, dessen Bruder Napoleon hieß und der in seinen besten Jahren König von Spanien war. Nach einem Rechtsknick mündet die Straße in die Via San Niccolò, auf der es in östlicher Richtung weiter geht bis zum Turm der **Porta San Niccolò**, einem Rest der früheren Stadtmauer. Wer wissen will, wie diese Mauer einst aussah, macht hinter der Chiesa di San Niccolò Oltrarno einen Schlenker nach Süden zur **Porta San Miniato**. Dort steht links ein Stummelstück, rechts davon führt die alte Mauer steil den Berg hinauf zum **Forte di Belvedere**.

Piazzale Michelangelo AUSSICHTSPUNKT Wer den Ständen mit Touristenramsch (David im Miniaturformat, David auf Boxershorts usw.) auf dieser großen Piazza den Rücken kehrt, hat ein atemberaubendes Panorama von Florenz mitsamt einer David-Kopie vor sich – vor allem bei Sonnenuntergang ist der Anblick spektakulär. Vom Arno schlängelt sich ein Fußweg (10 Min.) mit Treppen und Serpentinen über die Piazza Giuseppe Poggi hinauf zu diesem Platz. Auch von der Piazza San Niccolò aus geht ein Weg nach oben. Achtung: beim Schild „Viale Michelangelo" links halten und die lange Treppe nehmen. Oder auf die einfache Tour am Hauptbahnhof in den Bus Nr. 13 einsteigen.

Basilica di San Miniato al Monte KIRCHE (Via Monte alle Croce; ⊙ Mai–Okt. 8–19 Uhr, Nov.–April 8–12 & 15–18 Uhr) Ein fünfminütiger Fußmarsch von der Piazzale Michelangelo führt bergauf zu der wunderschönen romanischen Basilika. Sie ist dem heiligen Minias geweiht, einem frühchristlichen Märtyrer aus Florenz, der angeblich nach seinem Tod hierher geflogen sein soll (andere wiederum behaupten, er sei nach seiner Enthauptung mit dem Kopf unter dem Arm zu Fuß hinaufgegangen).

Die Kirche stammt aus dem frühen 11. Jh.; die für die Toskana typische mehrfarbige Marmorfassade wurde erst einige Jahrhunderte später hochgezogen. Im Inneren prunkt die Südwand mit Fresken aus dem 13. bis 15. Jh. Das ganze Kirchenschiff ist mit aufwändigen Marmorintarsien verziert und endet über einer großartigen romanischen Krypta. Die **Sakristei** in der Südostecke besticht mit Fresken von Spinello Aretino, die das Leben des hl. Benedikt darstellen. Das Juwel von San Miniato blinkt im Zentrum des Schiffs: die **Capella del Crocefisso**, in der sich Michelozzo, Agnolo Gaddi und Luca della Robbia verausgabt haben.

 Kurse

In Florenz gibt's Trillionen von Schulen, die italienische Sprach-, Koch- und kulturgeschichtliche Kurse anbieten.

Scuola di Arte Culinaria Cordon Bleu KOCHEN
(Karte S. 82; 055 234 54 68; www.cordonbleu-it.com; Via di Mezzo 55r) Professionelle Kochschule für Amateure und Profis. Die Kurse dauern unterschiedlich lange; auch Einzelabende stehen auf dem Programm.

Scuola del Cuoio LEDERVERARBEITUNG
(Karte S. 82; 055 24 45 34; www.scuoladelcuoio.com; Via San Giuseppe 5r) Franziskanermönche haben nach dem Zweiten Weltkrieg diese Lederverarbeitungsschule aus der Taufe gehoben.

In Tavola KOCHEN
(Karte S. 86; 055 21 76 72; www.intavola.org; Via dei Velluti 18r) In Dutzenden von Kursen lernen Anfänger wie Profis die Geheimnisse von Pizza, Gelato, Pasta, toskanischen Spezialitäten und mehr kennen.

Geführte Touren

City Sightseeing Firenze BUSTOUREN
(Karte S. 78; 055 29 04 51; www.firenze.citysightseeing.it; Piazza della Stazione 1; Erw. 1/2/3 Tage 20/25/30 €) Im offenen roten Bus durch Florenz. Die Tickets gibt's beim Fahrer und gelten 24 Stunden; man kann nach Belieben an den 15 Haltepunkten ein- und aussteigen.

Tuscany Bike Tours RADTOUREN
(Karte S. 82; 055 386 04 95; www.tuscanybiketours.com; Via Ghibellina 34r) 23-km-Ganztagestour durchs Chianti mit Mittagessen, Schlossführung, Wein- und Ölverkostung für 80 €. Transfer ins Chianti per Minibus.

Italy by Segway SEGWAY-TOUREN
(Karte S. 62; www.italysegwaytours.com; Via dei Cimatori 9r) Die geführten Segway-Touren (3 Std., 75 €) sowie relativ konventionelle Radtouren (3 Std., 35 €) finden morgens

FLORENZ KURSE

oder abends statt und sollten vorab online gebucht werden.

ArtViva STADTSPAZIERGÄNGE
(Karte S. 62; 055 264 50 33; www.italy.artviva.com; Via de' Sassetti 1; ab 25 € p.P.) Als „die Ersten und Besten" beworben, sind die ein- bis dreistündigen Stadtspaziergänge unter der Führung von promovierten Historikern und Kunsthistorikern wirklich großartig. Im Angebot sind u. a. eine Uffizien-Tour, eine David-das Original-Tour und eine abendliche Murder-Mystery-Tour. ArtViva organisiert auch Touren ins Chianti (mit Weinprobe) und zu einer Renaissance-Villa außerhalb der Stadt (mit Mittagessen und Badepause).

Freya's Florence Tours STADTSPAZIERGÄNGE
(349 0748907; www.freyasflorence.com; 70 €/Std.) Freya stammt aus Australien, lebt heute in Florenz und bietet private Touren an. Eintrittspreise sind zusätzlich zu zahlen.

Faith Willinger – Lessons & Tours KULINARISCHE AUSFLÜGE
(www.faithwillinger.com) Stadtspaziergänge für Feinschmecker mit Marktbummel, Eisorgien und vielem mehr bietet die Wahlflorentinerin Faith Willinger. Die gebürtige Amerikanerin publiziert Bücher über die italienische Küche, gibt Kochkurse, leitet Workshops zu den Themen Einkauf und Ernährung und veranstaltet Verkostungen, Kochvorführungen und kulinarische Ausflüge, z. B. fleischlastige Trips nach Panzano in Chianti.

Accidental Tourist WEIN, KULINARISCHES
(055 69 93 76; www.accidentaltourist.com) 10 € kostet die Mitgliedschaft bei Accidental Tou-

TAGESAUFSLUG NACH FIESOLE

Florenz ist toll – allgemein aus der Ferne und im Besonderen von Fiesole aus gesehen. Das Schmuckstück von einem Dorf schmiegt sich in die Hügel 9 km nordöstlich von Florenz. Schon Boccaccio, Marcel Proust, Gertrude Stein und Frank Lloyd Wright erlagen der Idylle aus frischer Luft und Olivenhainen, hinter denen immer wieder elegante Villen im Renaissancestil auftauchen. Die Ausblicke auf die Ebene und Florenz sind schlicht umwerfend.

10 Uhr

Fiesole wurde im 7. Jh. v. Chr. von den Etruskern gegründet und war die wichtigste Stadt im nördlichen Etrurien. Wer sich gedanklich in diese Blütezeit zurückbeamen will, geht in die **Area Archeologica** (www.museidifiesole.it; Via Portigiani 1; Erw./erm. Fr–So 10/6 €, Mo–Do 8/4 €, Fam. 20 €; ⊙ Sommer 10–19 Uhr, sonst kürzer) nicht weit von der zentralen **Piazza Mino di Fiesole**. Karten gibt's in der Touristeninformation ganz in der Nähe. Der Weg führt an den Ruinen eines kleinen etruskischen Tempels und einer römischen Bäderanlage vorbei zum archäologischen Museum. Für eine Pause bieten sich die Steinstufen des römischen Amphitheaters aus dem 1. Jh. v. Chr. an. Im Sommer treten dort Musiker und Schauspieler beim ältesten Open-Air-Festival Italiens auf, der **Estate Fiesolana**.

Nebenan zeigt das **Museo Bandini** (www.museidifiesole.it; Via Dupré; Erw./erm. 5/3 €, frei für Ticket-Inhaber der Area Archeologica; ⊙ Sommer 10–19 Uhr, sonst kürzer) toskanische Werke der Frührenaissance, darunter Medaillons (um 1505–1520) von Giovanni della Robbia sowie Taddeo Gaddis strahlende *Verkündigung* (1340–1345).

12 Uhr

Vom Museo Bandini aus führt ein 300 m langer Spaziergang über die Via Giovanni Dupré zur **Fondazione Primo Conti** (☎ 055 59 70 95; www.fondazioneprimoconti.org; Via Giovanni Dupré 18; Eintritt 3 €, inkl. Archive 5 €; ⊙ Mo–Fr 9–14 Uhr). Hier lebte und arbeitete im 20. Jh. der gleichnamige Avantgardekünstler. Wer hinein will, um seine rund 60 Werke zu sehen und die Aussicht im Garten zu genießen, klingelt.

13 Uhr

Zurück zur **Piazza Mino di Fiesole**, wo am ersten Sonntag im Monat ein Antiquitätenmarkt stattfindet. Hier locken die im Freien aufgestellten Tische von Cafés und Restaurants. Die meisten Gäste zieht es wegen des spektakulären Blicks auf Florenz auf die überdachte Terrasse der 1860 eröffneten **Villa Aurora** (☎055 5 93 63; www.villaurora.net; Piazza Mino

rist, dafür gibt's Weintouren (60 €), Kochkurse (70 €), Picknicks (35 €) uvm. in und um Florenz.

 Feste & Events

Festa di Anna Maria Medici GEDENKTAG
Am 18. Februar erinnert eine Kostümparade vom Palazzo Vecchio zum Grab der Anna Maria Luisa in den Cappelle Medicee an den Tod der letzten Medici im Jahr 1743.

Scoppio del Carro OSTERN
Am Ostersonntag um 11 Uhr wird ein Karren mit Feuerwerkskörpern vor dem Dom in die Luft gejagt. Wer einen guten Platz ergattern will, muss mindestens zwei Stunden vorher da sein.

Maggio Musicale Fiorentino KULTUR
(www.maggiofiorentino.com) Das älteste Kulturfestival Italiens im Teatro del Maggio Musicale Fiorentino bietet von April bis Juni Oper, Theater, klassische Musik, Jazz und Ballett von Weltrang.

Festa di San Giovanni HEILIGENTAG
Florenz lässt am 24. Juni seinen Schutzpatron Johannes den Täufer mit einer Partie *calcio storico* (Fußball) auf der Piazza di Santa Croce und einem Feuerwerk auf dem Piazzale Michelangelo hochleben.

Festival Firenze Classica KLASSISCHE MUSIK
(www.orcafi.it) Das angesehene Orchestra da Camera Toscana aus Florenz spielt im Juli klassische Musik in stimmungsvollem Ambiente: im Oratorio di San Michele a Castello und im Palazzo Strozzi.

Festa delle Rificolone RELIGIÖSES FEST
Beim Lampionfest ziehen Kinder mit ihren Papierlaternen von der Piazza di Santa Croce zur Piazza della Santissima Annunziata

da Fiesole 39; Mahlzeiten 30 €). Wem der Sinn nach einer rustikalen, typisch toskanischen Mahlzeit am Gemeinschaftstisch steht, geht ins **Vinandro** (☑055 5 91 21; www.vinandrofiesole. com; Piazza Mino da Fiesole 33; Mahlzeiten 20 €;⊙Sommer mittags & abends), noch besser ist **La Reggia degli Etruschi** (☑055 5 93 85; www.lareggiadeglietruschi.com; Via San Francesco; Mahlzeiten 30 €; ⊙tgl. mittags & abends), das sonntags von Florentinern wimmelt, die neben dem Essen auch die traumhafte Aussicht schätzen.

15 Uhr

Jetzt ist die **Cattedrale di San Romolo** (Piazza Mino di Fiesole; ⊙7.30–12 & 15–17 Uhr) GRATIS dran, deren Grundstein im 11. Jh. gelegt wurde. Die Skulptur aus glasierter Terrakotta, die das Portal von innen bewacht, stammt von Giovanni della Robbia und stellt den heiligen Romolo dar. Anschließend geht's die von Mauern gesäumte **Via San Francesco** steil bergauf – der Lohn ist wieder ein Florenz-Panorama, das sich vom Platz neben der **Basilica di Sant'Alessandro** aus dem 15. Jh. bietet! Hier gibt's überall viel Grün für ein Nachmittagsschläfchen, und wer sich dort oben noch weiter die Füße vertreten will, bekommt bei der Touristeninfo eine Broschüre mit Spaziergängen (1–3,5 km).

17 Uhr

Die Florentiner machen sich nun bereit für den *aperitivo* im populären **JJ Hill** (☑055 5 93 24; Piazza Mino da Fiesole 40; ⊙Mo–Mi 18–24, Do–Sa 17–1, So bis 23 Uhr). Das stimmungsvolle irische Pub bietet nicht nur gute Biere, sondern auch exzellente Burger und andere Kneipenklassiker. Aktive Romantiker entscheiden sich vielleicht für die geführte 2½-stündige Radtour bei Sonnenuntergang zurück nach Florenz mit **FiesoleBike** (☑345 3350926; www.fiesolebike.it; Piazza Mino da Fiesole; 25–30 € inkl. Leihrad). Die Agentur wird von Giovanni Crescioli geleitet, einem top Rad- und Wanderführer aus Fiesole. In der Saison beginnt seine Sonnenuntergangs-Tour an der Piazza Mino di Fiesole täglich um 17 Uhr; sie kann vorab online gebucht werden.

Praktisch & konkret

Die **Touristeninformation** (☑055 596 13 23, 055 596 13 11; www.fiesoleforyou.it; Via Portigiani 3, Fiesole; ⊙Sommer 10–18.30 Uhr, sonst kürzer) gibt Auskünfte über Fiesole.

Der ATAF-Bus 7 (1,20 €, 20 Min., 4-mal/Std.) fährt von der Piazza San Marco in Florenz zur zentralen Piazza Mino di Fiesole.

– begleitet von Trommlern, *sbandieratori* (Fahnenwerfern), Musikanten und anderen historisch gekleideten Darstellern. Anlass ist der Geburtstag der Jungfrau Maria am 7.September.

🛏 Schlafen

🛏 Dom & Piazza della Signoria

Unglaublich, aber wahr: Auch mitten im touristischen Zentrum von Florenz findet sich eine ganze Reihe preisgünstiger Unterkünfte.

⭐**Hotel Scoti** HISTORISCHES HOTEL €
(Karte S. 62; ☑055 29 21 28; www.hotelscoti. com; Via de' Tornabuoni 7; EZ/DZ/3BZ/4BZ 80/ 125/150/175 €; 🛜) Mittendrin, zwischen Pra-

da und McQueen, bietet diese Unterkunft die perfekte Kombi aus altmodischem Charme und ausgezeichnetem Preis-Leistungs-Verhältnis. Doreen aus Australien und der Italiener Carmello führen das Hotel ohne Hektik und haben für ihre Gäste immer ein Lächeln übrig. Es ist in einem Palazzo aus dem 16. Jh. auf der elegantesten Einkaufsmeile der Stadt untergebracht. Die 16 Gästezimmer sind sauber und komfortabel, das Highlight ist der Gemeinschaftsraum mit Fresken von 1780. Frühstück gibt's für 5 €.

Hotel Cestelli BOUTIQUEHOTEL €
(Karte S. 62; ☑055 21 42 13; www.hotelcestelli.com; Borgo SS Apostoli 25; DZ 100–115 €, EZ/DZ mit Gemeinschaftsbad 60/80 €, Extrabett 25 €; ⊙Jan.– Feb. 4 Wo., Aug. 3 Wo. geschl.) Das Hotel mit acht Zimmern in einem Palazzo aus dem 12. Jh. ist ein Juwel, und auch die Lage ist spitze –

nur einen Katzensprung vom Arno und der eleganten Via de' Tornabuoni entfernt. Die großen, ruhigen Zimmer verströmen Understatement: Siebdruck im Waschbecken und Antiquitäten im Zimmer. Alessio, eigentlich Fotograf, und seine japanische Frau Asumi haben aktuelle Tipps zum Essen, Ausgehen und Shoppen parat.

Hotel Torre Guelfa   HISTORISCHES HOTEL €€

(Karte S. 62; ☑ 055 239 63 38; www.hotel torre guelfa.com; Borgo SS Apostoli 8; DZ/3BZ/4BZ 200/250/300 €; ✳@🤶) Wer mal in einem durch und durch original Florentiner Palazzo schlafen will, ohne sich dabei finanziell zu ruinieren, nimmt sich eines der 31 Zimmer hinter der festungsartigen Fassade dieses Hotels. Der 50 m hohe Turm aus dem 13. Jh. – der höchste der Stadt in Privatbesitz – ist perfekt für einen Sundowner: Beim Ausblick auf Florenz bleibt einem die Luft weg. In der Nebensaison fallen die Preise praktisch auf die Hälfte.

Wer schon vom Bett aus ein umwerfendes Florenz-Panorama genießen will, bucht die Deluxe-Suite.

Hotel Davanzati   HOTEL €€

(Karte S. 62; ☑ 055 28 66 66; www.hoteldavanzati.it; Via Porta Rossa 5; EZ/DZ/4BZ 132/199/342 €; ✳@🤶) Die gut 20 Stufen hinauf zum Hotel im ersten Stock sollten niemanden abschrecken. Das verwinkelte Haus gleich neben dem Palazzo Davanzati zieht die Gäste in seinen Bann: bezaubernde Zimmer, überraschende Fresken, topaktueller Komfort. Kurz – jede Menge Ausstrahlung, zu der auch die Inhaber beitragen, der charmante Florentiner Tommaso und sein Vater Fabrizio (Großvater Marcello hat die Oberaufsicht). In jedem Zimmer steht ein Laptop, an der Rezeption gibt's iPads.

Hotel Perseo   HOTEL €€

(Karte S. 62; ☑ 055 21 25 04; www.hotelperseo.it; Via de' Cerretani 1; EZ 125 €, DZ 147–165 €, 3BZ 166–195 €, 4BZ 205–230 €; ✳@🤶) Die 20 großen, praktisch eingerichteten Zimmer und die netten Besitzer – Louise aus Neuseeland und ihr italienischer Mann Giacinto - machen das Perseo zum perfekten Familienhotel. Die Zimmer auf der obersten Etage bieten einen herrlichen Blick über die Dächer auf den Dom. Die (schwarze) Hausnummer 1 ist nicht leicht zu finden, aber das macht nichts: Die rote 23 ist auch richtig. In der Nebensaison gibt's über 50% Rabatt.

★ Antica Torre di
Via de' Tornabuoni 1   BOUTIQUEHOTEL €€€

(Karte S. 62; ☑ 055 21 92 48; www.tornabuoni1.com; Via de' Tournabuoni 1; DZ ab 325 €; ⊘ Rezeption 7–22 Uhr; 🤶) Nur ein paar Schritte vom Arno entfernt versteckt sich das vielgepriesene Hotel im wunderhübschen Palazzo Gianfigliazzi aus dem 14. Jh. Die 20 geräumigen Zimmer sind modern gestylt, der absolute Bringer ist die Dachterrasse, die in ganz Florenz ihresgleichen sucht. Wenn die Gäste hier ihren Frühstückscappuccino schlürfen, liegt ihnen die Stadt zu Füßen.

Palazzo Vecchietti   LUXUSHOTEL €€€

(Karte S. 62; ☑ 055 230 28 02; www.palazzovecchietti.com; Via degli Strozzi 4; DZ ab 285 €; ✳@🤶) Die *residenza d'epoca* (historische Unterkunft) mit ihren 14 superromantischen Zimmern und der Loggia in einem Palazzo aus dem 15. Jh. definiert Hotelstyle neu. Wandteppiche, Bücherregale und Gemälde zieren die alten Steinwände, traditionelle Farbtöne sind mit sattem Blau, Rot oder Violett geschmackvoll kombiniert. Drei der Zimmer haben eine Terrasse – der ideale Ort für ein stilvolles Frühstück über den Dächern. Kein Wunder: Hinter alledem steckt *der* Innenausstatter von Florenz, Michele Bönan.

🛏 Santa Maria Novella

Ostello Archi Rossi   HOSTEL €

(Karte S. 78; ☑ 055 29 08 04; www.hostelarchiros si.com; Via Faenza 94r; B 28–32 €, EZ/DZ 62/90 €; ⊘ Dez. 2 Wo. geschl.; @🤶) Kunst und Graffiti von Gästen lockern die Wände des privat betriebenen Hostels in der Nähe des Hauptbahnhofs auf. Die Schlafsäle sind in strahlendem Weiß gehalten und bieten bis zu zwölf Gästen Platz (die auf der Gartenseite sind ruhiger). Es gibt Waschmaschinen, Tiefkühlkost-Automaten und Mikrowellenherde für Gäste. Keine Sperrstunde (nach 2 Uhr klopfen). Die zweistündige Stadtführung täglich um 10 Uhr ist im Preis inbegriffen.

Hotel Azzi   HOTEL €€

(Locanda degli Artisti; Karte S. 78; ☑ 055 21 38 06; www.hotelazzi.com; Via Faenza 56/88r; DZ 105–115 €, 3BZ/4BZ 130/150 €; ✳🤶) Dass es vom zentralen Markt und Hauptbahnhof nur fünf Gehminuten bis zu dem gepflegten Hotel sind, ist ein weiteres Plus. Das nostalgische Flair sowie die Lounge, die gut bestückte Bibliothek, die Terrasse und der Whirlpool kommen vor allem bei älteren

RUHIG SCHLAFEN

Denen, die eine ruhige Unterkunft im Grünen suchen, seien zwei außergewöhnliche Adressen (eine für Low-Budget-Traveller, die andere für gut Betuchte) ans Herz gelegt:

Die **Villa Camerata** (☎055 60 14 51; www.ostellofirenze.it; Viale Augusto Righi 2-4; B 19–21 €; P@🛜) aus dem 17. Jh. gehört mit ihrem weitläufigen Park zu den schönsten Jugendherbergen Italiens und ist dazu noch typisch toskanisch. Die Buslinie 17 vom Hauptbahnhof hält 400 m vom Hostel entfernt. Alles in allem ist man 30 Minuten unterwegs ins Zentrum.

Das **Il Salviatino** (☎055 904 11 11; www.salviatino.com; Via del Salviatino 21; DZ ab 475 €; P✳@🛜🏊) ist benannt nach der Familie Salviati, die ihre Villa aus dem 14. Jh. drei Jahrhunderte später in den atemberaubenden Luxustempel verwandelte, den wir heute kennen: Der Stoff, aus dem die toskanischen Träume sind, versteckt sich in den Bergen 3,5 km östlich von Florenz zwischen Zypressen. Im 17. und 18. Jh. haben sich hier italienische Literaten getroffen; heute checken qualitätsbewusste europäische Trendsetter ein, um sich im Wellnessbereich verwöhnen zu lassen, im Panoramapool oder im makellos zurechtgestutzten Park zu faulenzen oder von der Terrassenbar ein Auge auf den Dom zu werfen.

Semestern (oft Rentnerehepaare) gut an. In diversen weiteren Gebäuden in der Nähe gibt's auch billigere Zimmer und Apartments für Selbstversorger.

Hotel L'O
LUXUSHOTEL €€€

(Karte S. 62; ☎055 27 73 80; www.hotelorologio florence.com; Piazza di Santa Maria Novella 24; DZ ab 315 €; P✳@🛜) Das Hotel ist so durchgestylt, dass sich James Bond wie zu Hause fühlen würde. Möglicherweise dient es vor allem als schicker Ausstellungsraum für die (unglaublich teure) Sammlung von Prestige-Armbanduhren des (unglaublich reichen) Besitzers. Das L'O (hippe Abkürzung für *l'orologio*, also „die Uhr") hat vier Sterne. Die Zimmer sind nach Uhren benannt, und überall tickt es.

🛏 San Lorenzo & San Marco

★ Academy Hostel
HOSTEL €

(Karte S. 62; ☎055 239 86 65; www.academy hostel.eu; Via Ricasoli 9; B 32–34 €, EZ/DZ 42/86 €, DZ mit Gemeinschaftsbad 76 €; ✳@🛜) Billig darf auch komfortabel sein, lautet dankenswerterweise das Motto des modernen Hostels mit zehn Zimmern im ersten Stock von Baron Ricasolis Palazzo aus dem 17. Jh. Der Innenhof und die Terrasse sind einfach traumhaft, die Rezeption war früher mal ein Theater und die „Schlafsäle" haben maximal vier bis sechs Betten, hohe Decken, bunte Spinde und Trennwände mit hübschen Blu-

menmotiven. Im Preis ist (ungewöhnlich für ein Hostel) das Frühstück inbegriffen. Kreditkarten erst ab 150 €.

Antica Dimora Johlea
B&B €€

(Karte S. 78; ☎055 463 32 92; www.johanna.it; Via San Gallo 80; EZ 50–160 €, DZ 70–220 €; ✳@🛜) Das alteingesessene, hochgelobte B&B gehört zu den insgesamt fünf historischen Pensionen, die Johlea & Johanna in und um die Via San Gallo herum betreiben.

Hotel Morandi alla Crocetta
BOUTIQUEHOTEL €€

(Karte S. 78; ☎055 234 47 47; www.hotelmorandi. it; Via Laura 50; EZ 70–120 €, DZ 100–170 €, 3BZ 130–210 €, 4BZ 150–250 €; P✳🛜) Schlafen in einem ehemaligen Kloster aus dem Mittelalter? Und dann noch abseits der Horden von San Marco? Ja! Die edlen, geschmackvollen Zimmer sind mit Stilmöbeln und Gemälden ausgestattet, ein paar davon haben einen Minigarten zum Ausspannen. Doch das Highlight ist die freskengeschmückte Nr. 29 – die ehemalige Kapelle.

🛏 Santa Croce

★ Hotel Dalí
HOTEL €

(Karte S. 82; ☎055 234 07 06; www.hoteldali.com; Via dell'Oriuolo 17; DZ/3BZ 85/110 €, Apartment ab 95 €, EZ/DZ mit Gemeinschaftsbad 40/70 €; P@🛜) In dem entwaffnend freundlichen Hotel mit zehn großen, wohnlichen Zimmern steckt die ganze Liebe und Leidenschaft der nimmermüden Inhaber Marco und Samanta. Sie waren früher selbst Traveller, bevor sich Nachwuchs einstellte. (Zitat: „Ein Hotel zu führen, ist wie reisen, ohne unterwegs zu sein.") In den Zimmern gibt's Wasserkocher, Tee und Kaffee, den Gästen steht eine Mikrowelle zur Verfügung, die Bäder sind top modern.

Das Sahnehäubchen sind die drei Apartments für 2, 4 bzw. 6 Selbstversorger (davon eins mit Blick auf den Dom). Frühstück gibt's nicht, dafür einen kostenlosen Parkplatz im schattigen Innenhof. In der Nebensaison wird's 30% günstiger.

Hotel Orchidea   HOTEL €
(Karte S. 82; ☑ 055 248 03 46; www.hotelorchidea florence.it; Borgo degli Albizi 11; EZ/DZ/3BZ/4BZ mit Gemeinschaftsbad 60/75/100/120 €) Die reizvolle Pension vom alten Schlag liegt in dem Gebäude, das schon im 13. Jh. der Familie Donati als Wohnhaus diente. Dantes Ehefrau Gemma soll hier im Turm zur Welt gekommen sein. Die sieben Zimmer ohne eigenes Bad und WC (allerdings mit Waschbecken) sind einfach, aber der Ausblick verdient fünf Sterne. Manche Gäste kommen jedes Jahr wieder, nur um die 100-jährige Glyzinie blühen zu sehen (Mai–Juni). Es gibt kein Frühstück, aber Gäste können sich jederzeit einen Tee oder Kaffee machen.

Von Zimmer Nr. 5, 6 und 7 gehen riesige Fenster auf einen prächtigen Garten, die Nr. 4 hat eine alte Steinterrasse.

Hotel Balestri   HISTORISCHES HOTEL €€
(Karte S. 82; ☑ 055 21 47 43; www.hotel-balestri.it; Piazza Mentana 7; DZ 100–160 €, 3BZ 140–165 €; ✳☺☎) Das Balestri besteht seit 1888 und ist im Zentrum das einzige Hotel direkt am Arno. Es gehört zur mondänen, qualitätsbewussten Whythebest-Florence-Kette (die auch hinter L'Orologio, Villa Cora und anderen schicken Adressen steckt) und bietet modernen Komfort, kombiniert mit altmodischem Charme.

Villa Landucci   B&B €€
(☑055 66 05 95; www.villalanducci.it; Via Luca Landucci 7; DZ 100–120 €; ℗☎) Fünf elegante, wohltuend geräumige Zimmer, die nach toskanischen Weinen benannt sind, machen das kulinarisch geprägte B&B nicht weit von Santa Croce attraktiv. Die beiden besten Zimmer, „Bolgheri" und „Chianti", gehen nach hinten raus zum bildhübschen Garten mit adretten Blumen- und Gemüsebeeten, einem wunderschönen Magnolien-

baum und altehrwürdiger Palme. Für Kinder gibt's einen Spielplatz.

Die beiden Besitzer, Debora (von Beruf Sommelière) und ihr Partner Marco, kennen sämtliche lohnenswerten Essadressen der Gegend und organisieren für ihre Gäste Weinproben und kulinarische Ausflüge. Zum Frühstück servieren sie vornehmlich Bioprodukte. Dass der Parkplatz kostenlos ist, will in der City etwas heißen. Wer will, leiht sich ein Fahrrad (vorher anmelden), um die 500 m zur Piazza del Duomo zu radeln.

🛏 Oltrarno

Hostel Santa Monaca   HOSTEL €
(Karte S. 86; ☑ 055 26 83 38; www.ostellosanta monaca.com; Via Santa Monaca 6; B 18–22 €, DZ/4BZ p. P. 25,50/22 €; ⏰Rezeption 6–2 Uhr; ☻☎) Bis in die 1860er-Jahre hieß es hier für Mönche „ora et labora" (bete und arbeite), dann wurde 1966 das 112-Betten-Hostel eröffnet, um Flutopfer aufzunehmen. Heute ist es eine wirklich lohnende Adresse für Reisende, die in langen Sommernächten auf der Miniterrasse nach Sternschnuppen Ausschau halten, nachdem sie tagsüber auf dem Leihrad (2/10 € pro Std./Tag) durch Florenz geflitzt sind.

Die freundliche Gemeinschaftsküche hat alles, was das Herz begehrt – sogar eine Waschmaschine (6,50 € pro Waschgang). Schließfächer, WLAN und zwei Computer stehen kostenlos zur Verfügung. Es gibt reine Frauen- wie auch gemischte Schlafsäle mit vier bis 22 Betten, die zwischen 10 und 14 Uhr wegen Reinigung geräumt werden müssen. Um 2 Uhr ist Zapfenstreich. In der Nebensaison sinken die Preise um ein paar Euro.

★ Palazzo Guadagni Hotel   HOTEL €€
(Karte S. 86; ☑ 055 265 83 76; www.palazzogua dagni.com; Piazza Santo Spirito 9; EZ 100–140 €, DZ 140–180 €, Zusatzbett 35 €; ✳☎) Genau da, wo im Sommer das Leben tobt, steht das legendäre Hotel mit der romantischen Loggia. Zeffirelli hat hier mehrere Szenen von *Tee mit Mussolini* gedreht. Die beiden Florentiner Laura und Ferdinando haben dem Renaissancepalazzo neues Leben eingehaucht – und was für eines! Die 15 geräumigen Zimmer verbinden auf geschmackvolle Art Altes und Neues, und die Loggia-Terrasse mit den Korbmöbeln ist ein Traum.

FLORENZ ESSEN

Hotel La Scaletta — HOTEL €€

(Karte S. 86; ☎055 28 30 28; www.hotellasca letta.it; Via Guicciardini 13; EZ 94–119 €, DZ 110–154 €) Ein Hauch von Gediegenheit schwebt durch das labyrinthartige Hotel in einem Stadthaus aus dem 15. Jh. nicht weit vom Palazzo Pitti. Doch seine Zimmer sind geräumig (die teuersten haben Blick auf die Boboli-Gärten), und das Panorama auf der traumhaften Dachterrasse ist einfach phantastisch. Wer hier im Sommer frühstückt oder sich einen Sundowner genehmigt, kann sich nur beglückwünschen, eine der schönsten Unterkünfte der Stadt gefunden zu haben.

Palazzo Magnani Feroni — LUXUSHOTEL €€€

(Karte S. 62; ☎055 239 95 44; www.florence palace.com; Borgo San Frediano 5; DZ ab 379 €; P ✳ @ 🛜) Jeder träumt davon, einmal in so einem außergewöhnlichen alten Palazzo zu wohnen! Die auf vier Etagen verteilten zwölf riesigen Suiten (zwischen denen auch die Privatgemächer der Familie liegen) sind durch und durch elegant. Dafür sorgen die authentischen Stilmöbel, prächtigen Stoffbezüge und Bulgari-Artikel im Bad. Und wer einmal den herrlichen Rundumblick von der Dachterrasse genossen hat, vergisst ihn nie wieder.

 Essen

Hochwertige Zutaten und Zubereitung ohne Schnickschnack sind die Markenzeichen der Florentiner Küche. Die Krone bildet die *bistecca alla fiorentina*: ein riesiges T-Bone-Steak, mit Olivenöl eingerieben, auf Holzkohle gegrillt, mit Salz und Pfeffer gewürzt und richtig schön *al sangue* (blutig) serviert.

Weitere typische Gerichte sind *crostini* (geröstete Weißbrotscheiben, meist mit Hühnerleberpastete), *ribollita* (Eintopf aus Gemüse, Brot und Bohnen), *pappa al pomodoro* (Brot-Tomaten-Suppe) und *trippa alla fiorentina* (Kutteln in pikanter Tomatensoße).

Auch in den Weinlokalen *(enoteche)*, von denen es in der Stadt jede Menge gibt, wird leckeres Essen angeboten. Neben Wurst- und Käseplatten werden oft auch komplette Mahlzeiten serviert.

Wem zwischen den Essenszeiten der Magen knurrt, kann in den historischen Café-Restaurants an der Piazza della Repubblica einkehren – ihre Küche ist nonstop in Betrieb (hat aber ihren Preis).

✗ Dom & Piazza della Signoria

★ Osteria Il Buongustai — OSTERIA €

(Karte S. 62; Via dei Cerchi 15r; Mahlzeiten 15 €; ⊗Mo–Sa 11.30–15.30 Uhr) Laura und Lucia wirbeln elegant und mit atemberaubender Geschwindigkeit durch das Lokal, wo sich Einheimische in der Mittagspause mit kulinarisch anspruchsvollen Studenten um die Tische drängen. Kein Wunder, denn hier gibt's leckere toskanische Familienküche zu günstigen Preisen. Das Ambiente ist wohltuend einfach, die Leute rücken zusammen, bezahlt wird in bar (d.h. keine Kreditkarten).

Cantinetta dei Verrazzano — WEINLOKAL, BÄCKEREI €

(Karte S. 62; Via dei Tavolini 18-20; Focaccia 2,50–3 €; ⊗Mo–Sa 12–21, So 10–16.30 Uhr) Die Kombi aus *forno* (Backofen) und *cantinetta* (kleinem Weinkeller) ist genial. Wer

---

KUTTELN FÜR ZWISCHENDURCH

Wenn der kleine Hunger kommt, sausen Florentiner mal eben zu einem *trippaio* (eine meist fahrbare Imbissbude). Hier genehmigen sie sich eine Portion Kutteln im Brötchen – genau: in Streifen geschnittener, gekochter und gewürzter Kuhmagen.

Bei einigen *trippaio*, diesen Bastionen der guten alten Florentiner Tradition, brummt das Geschäft. Einer steht an der Südwestecke des Mercato Nuovo; weitere sind **L'Antico Trippaio** (Karte S. 62; Piazza dei Cimatori), **Pollini** (Karte S. 82; Piazza Sant' Ambrogio) in Santa Croce und der winzige **Da Vinattieri** (Karte S. 62; Via Santa Margherita 4; ⊗Mo–Fr 10–19.30, Sa & So bis 20 Uhr), der sich in einer Gasse neben Dantes Chiesa di Santa Margherita versteckt. Eine Portion Kutteln mit giftgrüner *salsa verde* (Pesto aus Petersilie, Knoblauch, Kapern und Sardellen) oder mit Salz, Pfeffer und Chili bestreut kostet ca. 4,50 €. Ebenfalls im Angebot: ein Teller *lampredotto* (klein geschnittener Labmagen, stundenlang gekocht; 5,50–7 €).

FLORENZ ESSEN

an einem der Marmortische Platz nimmt, kann die preisgekrönten edlen Tropfen in den Vitrinen bewundern und dabei ein Glas Chianti aus hauseigenem Anbau schlürfen (zwischen 4 und 10 €). Die Focaccia mit karamellisiertem Radicchio ist ein Muss, ebenso wie die kalte Aufschnittplatte (die im Laden hängenden borstigen Wildschweinköpfe einfach ignorieren). Es gibt auch Kuchen.

Tic Toc   BURGER €
(Karte S. 62; Via dell' Oche 15r; Burger 10 €, Clubsandwich 7 €; ☺ Mo–Sa 11–23 Uhr) Igor vom benachbarten Coquinarius, ein geselliger Typ mit Charisma, steckt hinter diesem Newcomer. Tic Toc wirkt wie die florentinisch aufgemotzte Version eines amerikanischen Diners und bietet kulinarisch hochwertige Burger aus handgeschabtem Rindfleisch, Geflügel oder Gemüse.

Dazu gibt's hausgemachte Salsa, Bacon und Pommes als Standard, Extras aus der reichen Palette kosten je 0,50 €. Ein weiteres Plus: Die Burger brutzeln den ganzen Tag über. Gegen Abend trifft man sich zum *aperitivo*. Ein Jack Daniels gefällig?

★ Obikà   KÄSE €€
(Karte S. 62; ☎ 055 277 35 26; www.obika.it; Via de' Tornabuoni 16; 2/3/5 Mozzarellas 13/20/30 €, Pizza 10–13,50 €; ☺ Mo–Fr 12–16 & 18.30–23.30, Sa & So 12–23 Uhr) Durchgestylt und megatrendy – kein Wunder bei *der* exklusiven Lage im Palazzo Tornabuoni. Verschiedene Mozzarellasorten mit Basilikum, Biogemüse oder sonnengetrockneten Tomaten wollen hier verkostet werden, sei es im kathedralenartigen Innenraum oder draußen auf den (von Heizstrahlern erwärmten) Plätzen unter freiem Himmel. Die *aperitivi* für 9 € beinhalten ein Getränk plus zwei Probierteller (Schinken und Mozzarella) und sind – ebenso wie der Sonntagsbrunch – ein Superangebot.

TOP-PANINI

Ein üppig belegtes *panino* (Sandwich) kostet meist zwischen 5 und 8 €.

★ **Mariano** (Karte S. 62; Via del Parione 19r; ☺ Mo–Fr 8–15 & 17–19.30, Sa 8–15 Uhr) Seit 1973 gibt es diesen Laden, der durch seine Schlichtheit besticht. Den ganzen Tag herrscht in dem Souterraingeschäft mit Backsteingewölbe aus dem 13. Jh. Betrieb: Die Florentiner genehmigen sich am Tresen einen Espresso oder ein Glas Wein und lassen sich Salat und *panini* schmecken. Ideal für ein einfaches Frühstück, ein leichtes Mittagessen, einen Aperitif – oder zum Mitnehmen. Erkennungszeichen sind das grüne Neonschild „pizzicheria" oben an der Fassade und der unauffällige Schriftzug „alimentari" über dem Eingang.

★ **Gustapanino** (Karte S. 86; Piazza Santa Spirito; Focaccia 3–3,50 €; ☺ Mo–Sa 11–20, So 12–17 Uhr) Viele Einheimische halten diesen Laden für die beste *enopaninoteca* (coole Kombi aus Wein- und Sandwichbar) der Stadt. Sitzplätze gibt's keine, dafür jede Menge Platz draußen auf der Piazza und auf den Kirchenstufen. Zu verfehlen ist der Laden jedenfalls nicht – bei *der* Schlange …

'**Ino** (Karte S. 62; Via dei Georgofili 3r-7r; Panino 8 €, Probierteller 12 €; ☺ Mo–Sa 11–20, So 12–17 Uhr) In der genialen Sandwichbar nicht weit von den Uffizien ist alles Handarbeit. Die Zutaten stammen aus der Umgebung und werden von Alessandro Frassica phantasievoll kombiniert. Wer sich seine Kreation nicht selbst zusammenstellen will, wählt unter den Dutzenden von Hausspezialitäten. Zum Abschluss unbedingt einen Schokoladen-Probierteller *(degustazione)* nehmen – die Schokolade mit Olivenöl und Zitronenschale schmeckt sensationell!

I Due Fratellini (Karte S. 62; www.iduefratellini.com; Via dei Cimatori 38r; Panino 3 €; ☺ Mo–Sa 9–20 Uhr, 2. Junihälfte & Aug. Fr & Sa geschl.) Seit 1875 gibt es diesen Straßenverkauf. Hier lautet die Devise: *panino* genießen, am Wein nippen und das leere Glas draußen aufs Holzbrett stellen.

Oil Shoppe (Karte S. 82; Via Sant'Egidio 22r; Panino 3–4,50 €; ☺ Mo–Fr 11–17 Uhr) Warme *panini* gibt's hinten im Laden, die kalten vorne. Hier wimmelt es von Studenten. Die Gäste wählen die Zutaten selbst aus oder nehmen das Meisterwerk des Küchenchefs Alberto Scorzon mit zehn Belägen.

La Canova di Gustavino
WEINLOKAL €€

(Karte S. 62; ☐ 055 239 98 06; Via della Condotta 29r; Mahlzeiten 40 €; ⊗ 12–24 Uhr) Im hinteren Raum der stimmungsvollen *enoteca* steht Wein aus der Toskana im Regal. Er passt bestens zu den hausgemachten schwarzen Tagliolini mit Meeresfrüchten und Pesto oder der gegrillten Wachtel mit Polenta und Crème brulée vom Radicchio. Das ist kreative toskanische Küche vom Feinsten, kombiniert mit ebenso edlen Tropfen.

✗ Santa Maria Novella

L'Osteria di Giovanni
TOSKANISCH €€

(Karte S. 62; ☐ 055 28 48 97; www.osteriadigiovanni.it; Via del Moro 22; Mahlzeiten 35 €; ⊗ Mo–Fr abends, Sa & So mittags & abends) Es ist gar nicht so sehr die Einrichtung, die in dem unglaublich familiären Lokal hervorsticht, sondern die Küche: toskanisch und zugleich kreativ. Beispiel: Kichererbsensuppe mit Oktopus oder *tortelli* (eine Art Ravioli) mit Birnen-Ricotta-Füllung in Lauch-Mandel-Sahne. Als Aperitif ein Prosecco mit *coccoli* (traditionelles florentinisches Fettgebäck) aufs Haus – kein Wunder, dass die Gäste immer wieder hierher kommen.

Ach, fast hätten wir's vergessen: Hinterher gibt's einen Vin Santo mit selbstgemachten *cantucci* (zum Eintunken) – mmmh ...

Il Latini
TRATTORIA €€

(Karte S. 62; ☐ 055 21 09 16; www.illatini.com; Via dei Palchetti 6r; Mahlzeiten 35 €; ⊗ Di–So mittags & abends) Ein Liebling der Reiseführer: Die *crostini,* lokalen Wurstspezialitäten, leckeren Nudeln und Fleischgerichte zergehen auf der Zunge. Abends wird in zwei Runden serviert (19.30 und 21 Uhr), der Service kann auch mal weniger gut aufgelegt sein. Ohne Reservierung läuft nichts.

✗ San Lorenzo & San Marco

★ Trattoria Mario
TOSKANISCH €

(Karte S. 78; www.trattoriamario.com; Via Rosina 2; Mahlzeiten 20 €; ⊗ Mo–Sa 12–15.30 Uhr, Aug. 3 Wo. geschl.; ✱) Wer nicht Punkt 12 Uhr da ist, hat kaum Chancen auf einen Platz in der lauten, hektischen, wunderbaren Trattoria, in der Fremde zusammen an den Tischen sitzen. Obwohl das Lokal in allen Reiseführern steht, ist es eine Lieblingsadresse der Einheimischen geblieben und fast eine Legende. Fabio schmeißt den

Laden, den sein Großvater Mario 1953 eröffnet hat, mit viel Charme; sein großer Bruder Romeo und sein Neffe Francesco wirbeln in der Küche.

Montags und donnerstags gibt's Kutteln, freitags Fisch und samstags kommen die Florentiner in Scharen, um sich eine herrliche, blutige *bistecca alla fiorentina* (35 €/kg) zu gönnen. Keine Reservierungen, keine Kreditkarten.

Da Nerbone
MARKTSTAND €

(Karte S. 78; Mercato Centrale, Piazza del Mercato Centrale; ⊗ Mo–Sa 7–14 Uhr) Wer sich zur Mittagszeit an den Käse-, Fleisch- und Wurstständen im Mercato Centrale vorbeikämpft, sieht bald die Schlange beim traditionsreichen Stand von Nerbone (seit 1872 vor Ort), wo sich die Einheimischen *trippa alla fiorentina* (Eintopf mit Kutteln und Tomaten) genehmigen oder die beliebten *panini con bollito* (deftiges, gekochtes Rindfleisch im Brötchen, das vor dem Essen noch extra in Fleischsaft getränkt wird). Wer keinen Tisch ergattert, isst eben im Stehen.

La Forchetta Rotta
TOSKANISCH €

(☐ 055 384 19 98; Via San Zanobi 126r; Mittag-/Abendessen 7,50/25 €; ⊗ Mo–Sa mittags & abends) Der Restaurantableger des dynamischen Duos, das die Monkey Bar in Santa Croce betreibt, ist unglaublich preiswert und super gut. Vor allem Angestellte aus den umliegenden Büros lassen sich hier für 7,50 € drei oder vier der hausgemachten *primi, secondi* und *contorni* (Beilagen) schmecken. Das Buffet mit Knabbereien, das ab 19 Uhr zum Aperitif aufgebaut wird, ist ebenfalls umwerfend.

Clubhouse
AMERIKANISCH, PIZZERIA €

(Karte S. 78; ☐ 055 21 14 27; www.theclubhouse.it; Via de' Ginori 6r; Pizza 6–12 €, Mahlzeiten 20 €; ⊗ 12–24 Uhr) Das Kellerlokal ist eine Mischung aus amerikanischer Bar, Pizzeria und Restaurant. Dank seiner Lage nicht weit vom *David* bietet es sich zu jeder Tageszeit für eine Verschnaufpause an, auch der Sonntagsbrunch ist attraktiv. Designfans finden den Industrielook cool, Foodies können hier Pizzakurse buchen. Es gibt glutenfreie Kost, und ab 18 Uhr lockt das Aperitif-Angebot für 7 €.

Antica Trattoria da Tito
TRATTORIA €€

(☐ 055 47 24 75; www.trattoriadatito.it; Via San Gallo 112r; Mahlzeiten 30 €; ⊗ Mo–Sa mittags & abends) Die Ankündigung im Fenster „keine durchgebratenen Steaks" sagt schon alles: Hier werden lokale Küchentraditionen eisern hochgehalten. Da Tito serviert schon seit 1913 beste toskanische Zwiebelsuppe oder Pasta mit Wildschwein. Die Atmosphäre ist herzlich, an den Tischen sitzen hauptsächlich Stammgäste. Aber keine Angst, auch Fremde sind willkommen.

La Cucina del Garga   TOSKANISCH €€
(Karte S. 78; ☎ 055 47 52 86; www.garga.it; Via San Zanobi 33r; Mahlzeiten 30 €) Das Garga gehört zu den Florentiner Küchenlegenden und ist als moderne Reinkarnation unter der Regie von Alessandro Gargani wiederauferstanden. Der Sohn des berühmten Giuliano „Garga" Gargani, dessen Trattoria in San Frediano 30 Jahre lang ganz Florenz in Verzückung setzte, hat in New York Erfahrungen gesammelt, und das macht sich sowohl in der Küche als auch an den mit moderner Kunst zugepflasterten Wänden bemerkbar.

Alessandro serviert sowohl Garga-Klassiker wie Vaters berühmte *tagliatelle de magnifico* (Bandnudeln mit Minze und Zitronenschale in Cognacsahne) als auch eigene Kreationen. An Wochenenden läuft nichts ohne Reservierung.

✖ Santa Croce

Mercato di Sant'Ambrogio   MARKT €
(Karte S. 82; Piazza Ghiberti; ☺ Mo–Sa 7–14 Uhr) Der Freiluftmarkt besticht durch seine nachbarschaftliche Atmosphäre.

Il Giova   TRATTORIA €
(Karte S. 82; ☎ 055 248 06 39; www.ilgiova.com; Borgo La Croce 73r; Mahlzeiten 25 €; ☺ Mo–Sa mittags & abends) Winzig und brechend voll – die muntere Trattoria ist genau so, wie ein traditionelles florentinisches Lokal sein soll. Gekocht wird nach jahrhundertealten Rezepten, z. B. *zuppa della nonna* (Suppe nach Art der Großmutter), *risotto del giorno* (Risotto des Tages) oder *mafalde al ragù* (Bandnudeln mit Fleischsauce). Wer Seite an Seite mit den Einheimischen essen will, ist hier goldrichtig.

Brac   VEGETARISCH €
(Karte S. 82; ☎ 055 094 48 77; www.libreriabrac. net; Via dei Vagellai 18r; Mahlzeiten 20 €; ☺ 12– 24 Uhr, Mitte Aug. 2 Wo. geschl.; ☒) Das angesagte Buchladen-Café, in dem es auch *aperitivi* und Abendessen gibt, zaubert phantasievolle vegetarische und vegane Leckerbissen.

Die Einrichtung stammt vom Flohmarkt, Kinderzeichnungen sorgen für den familiären Touch, die Atmosphäre ist künstlerisch geprägt.

Gegessen wird an der Bar im vorderen Raum, im Innenhof mit Recycling-Kunst oder zwischen Bücherregalen an einem Tisch mit Kerzen hinten im Speisesaal. An Wochenenden sollte vorbestellt werden. Das Brac ist gar nicht so einfach zu finden, da draußen kein Schild hängt. Es liegt einen Block vom Arno entfernt, der Eingang ist unauffällig, aber das Fenster ist mit Büchern zugestellt – also, nicht aufgeben!

Antico Noè   OSTERIA €
(Karte S. 82; Volta di San Piero 6r; Mahlzeiten 20 €; ☺ Mo–Sa 12–24 Uhr) Die Typen, die draußen herumlungern, sind harmlos, und die abweisend wirkende Gasse sollte auch nicht abschrecken: Hier versteckt sich eine ehemalige Metzgerei mit marmorverkleideten Wänden, Fleischerhaken und rustikalen, authentisch-toskanischen Gaumenfreuden! Wer nur eine Kleinigkeit essen will, bekommt in der *fiaschetteria* (Imbiss) neben an *panini*. Keine Kreditkarten.

Acquacotta   TRATTORIA €
(Karte S. 82; ☎ 055 24 29 07; Via dei Pilastri 51r; Mahlzeiten 25 €; ☺ Di–So mittags & abends) Rotweiß karierte Tischdecken, Terrakottafliesen und Spitzenvorhänge: So stellt sich jeder ein Florentiner Traditionslokal vor. Die Küche ist genauso bodenständig und das Mittagessen für 12,50 € (zwei Gänge, Wasser, Wein) ein echtes Schnäppchen. Für abends muss reserviert werden.

★ Il Teatro del Sale   TOSKANISCH €€
(Karte S. 82; ☎ 055 200 14 92; www.teatrodelsale. com; Via dei Macci 111r; Frühstück/Mittagessen/ Abendessen 7/20/30 €; ☺ Di–Sa 9–11, 12.30–14.15 & 19–23 Uhr, Aug. geschl.) Fabio Picchi, legendärer Florentiner Küchenchef, stiehlt dem Theater die Show mit seinem originellen Club, zu dem nur Mitglieder Zutritt haben (jeder kann für einen Jahresbeitrag von 7 € problemlos beitreten). Der Club liegt in einem ehemaligen Theatergebäude und ist jeweils zu den Mahlzeiten geöffnet. Das Abendessen ist temporeich: Jeder Gast schnappt sich einen Stuhl, versorgt sich mit Wein, Wasser und Antipasti und wartet. Sobald Picchi verkündet, was es zu essen gibt, stürmen alle zur Durchreiche und holen sich ihren *primo* und *secondo* ab. Desserts und Kaffee gibt's dann kurz vor der Vorstellung am Buffet. Ab 21.30 Uhr geht es los mit

turbulenten Liveauftritten von Musikern, Schauspielern und Komikern, die Maria Cassi, Picchis Frau, Komödiantin und Intendantin, organisiert.

Trattoria Cibrèo
TRATTORIA €€

(Karte S. 82; www.edizioniteatrodelsalecibreofiren ze.it; Via dei Macci 122r; Mahlzeiten 30 €; ⊘ Di–Sa mittags & abends, Aug. geschl.) Wer hier isst, kapiert sofort, warum sich abends vor der Tür Schlangen bilden. Denn die Küche läuft wirklich zur Hochform auf: Ricotta-Kartoffel-Flan mit einer geschmeidigen Fleischsauce, einem Schuss Olivenöl und geriebenem Parmesan schmeckt ebenso himmlisch wie eine einfache Polenta, hausgemachte Würste und Bohnen in pikanter Tomatensauce mit geschmortem Sellerie. Wer jetzt Appetit bekommen hat, sollte unbedingt früh da sein, um einen der Tische zu ergattern, denn hier sind Reservierung und Kreditkarten (genauso wie Kaffee) Fremdworte.

Francesco Vini
WEINLOKAL €€

(Karte S. 82; ☎ 055 21 87 37; www.francescovini. com; Piazza de' Peruzzi 8r, Borgo de' Greci 7r; Mahlzeiten 40 €; ⊘ Mo–Sa 9–24 Uhr) Zwei Eingänge führen in das auf römischen Ruinen ruhende Weinlokal. Der eine geht über die Terrasse auf dem belebten Borgo de' Greci, der andere (hübschere) liegt an einer versteckten, typisch Florentiner Piazza. Im Sommer wird draußen serviert, im Winter sitzen die Gäste zwischen den mit Weinregalen gespickten Backsteinwänden. Die Weinkarte ist absolut großartig, alle wichtigen toskanischen Namen sind darin vertreten.

Touch
MODERN TOSKANISCH €€

(Karte S. 82; ☎ 055 246 61 50; www.touchflorence. com; Via Fiesolana 18r; Mahlzeiten 40 €) Hinter einer eleganten, austerngrauen Fassade mit Milchglasfenstern wartet ein intimer Speisesaal mit zeitgemäß aufgepepter toskanischer Küche. Anstelle von Speisekarten liegen auf den Tischen iPads mit Bildern und kleinen Videos der Gerichte und ihrer Zubereitung – ein Tastendruck, und die Bestellung ist gebongt.

Ristorante Cibrèo
MODERN TOSKANISCH €€€

(Karte S. 82; ☎ 055 234 11 00; www.edizioniteatro delsalecibreofirenze.it; Via Andrea del Verrocchio 8r; Mahlzeiten 75 €; ⊘ Di–Sa mittags & abends, Aug. geschl.) Das elegante Restaurant ist der Palazzo in Fabio Picchis kleinem Königreich und ideal für alle, die die moderne toskanische Küche kennenlernen wollen. Unsere Favoriten waren eine würzige Fischsuppe als *primo* und gebratene Taube mit Senffrüchten als *secondo*. Die Weinauswahl lässt keine Wünsche offen.

FLORENZ ESSEN

DIE BESTEN EISDIELEN

Für Florentiner ist *gelato* ein echtes Thema. Deshalb herrscht zwischen den *gelaterie artigianale* (Eisdielen, die ihr Eis selbst herstellen) ein gesunder Konkurrenzkampf. Jeder behauptet, das cremigste, aromatischste und frischeste Eis der Stadt zu produzieren. Das Angebot wird von den Früchten der Saison bestimmt. Eine kleine/mittlere/große/extra große Portion kostet rund 2/3/4/5 €.

Vivoli (Karte S. 82; Via dell'Isola delle Stinche 7; Becher 2–10 €; ⊘ Sommer Di–Sa 7.30–24, So 9–24 Uhr, Winter bis 21 Uhr) Das Besondere an dieser Eisdiele ist der Salon, in dem die Gäste außer Eis auch Kaffee und Kuchen genießen. Die Renner sind Pistazien-, Birne-Karamell- und Schoko-Orangen-Eis. Erst an der Kasse zahlen, dann Bon einlösen. Nur Becher, keine Waffeln.

Grom (Karte S. 62; www.grom.it; Ecke Via del Campanile & Via delle Oche; ⊘ April–Sept. 10.30–24 Uhr, Okt.–März bis 23 Uhr) Es kann regnen, stürmen oder schneien, die Schlange der Wartenden reicht immer weit auf die Straße hinaus. Viele Zutaten stammen aus Bio-Anbau. Die heiße Schokolade und die Milchshakes sind auch lecker.

La Carraia (Karte S. 62; Piazza Nazario Sauro 25r; ⊘ Sommer 9–23 Uhr, Winter bis 22 Uhr) Ein Blick auf die Warteschlange vor dem in Hellgrün und Zitronengelb gehaltenen Laden macht klar, dass die Florentiner auf diese Eiscreme fliegen – kein Wunder bei so leckeren Sorten wie Ricotta-Birne, Zuppa Inglese und dem besten Pfefferminzeis der Stadt.

Carabé (Karte S. 78; www.gelatocarabe.com; Via Ricasoli 60r; ⊘ 10–24 Uhr, Mitte Dez.–Mitte Jan. geschl.) Traditionelles sizilianisches Eis, außerdem *granita* (Sorbet) und *brioche* (eine Art Eis-Sandwich). Sehr günstig gelegen für alle, die für einen Blick auf den *David* Schlange stehen.

PIAZZA DEL PASSERA

Ein hübscher kleiner Platz ohne Autos, dafür mit vielen kulinarischen Genüssen. Günstig sind die bekömmlichen Kuttelvariationen bei **Il Magazzino** (Karte S. 86; ☎ 055 21 59 69; www.tripperiailmagazzino.com; Piazza della Passera 2/3; Mahlzeiten 30 €; ☻ mittags & abends). Etwas teurer sind die Klassiker der toskanischen Küche in der **Trattoria 4 Leoni** (Karte S. 86; ☎ 055 21 85 62; www.4leoni.com; Piazza della Passera 2/3; Mahlzeiten 40 €; ☻ mittags & abends), die schon seit 1550 ihre berühmte *bistecca alla fiorentina* (T-Bone-Steak vom Holzkohlegrill) zaubert. Unbedingt reservieren.

Osteria del Caffè Italiano   TOSKANISCH €€€

(Karte S. 82; ☎ 055 28 93 68; www.osteriacaffeitaliano.com; Via dell'Isola delle Stinche 11-13r; Mahlzeiten 45 €; ☻ Di–So mittags & abends) Auf der Karte des Traditionslokals stehen Klassiker wie *mozzarella di bufala* mit Parmaschinken, Ravioli, gefüllt mit Ricotta und *cavolo nero* (Schwarzkohl), und die berühmte *bistecca alla fiorentina* (Kilopreis 60 €). Krönender Abschluss sind teuflisch gute Profiteroles (kleine Windbeutel), die am Tisch mit Schokoladensauce aus einem herrlich altmodischen Kupfertopf begossen werden.

Das Restaurant liegt im Erdgeschoss des Palazzo Salviati aus dem 14. Jh.

Enoteca Pinchiorri   GOURMETKÜCHE €€€

(Karte S. 82; ☎ 055 24 27 77; www.enotecapinchiorri.com; Via Ghibellina 87r; 4-/8-Gänge-Probiermenü 200/250 €; ☻ Di–Sa mittags & abends, Aug. geschl.) Küchenchefin Annie Féolde verbindet feinste toskanische Küche mit französischer Raffinesse und das so geschickt, dass sie als einziges Restaurant in der Toskana drei Michelin-Sterne absahnen konnte. Gespeist wird in einem Palazzo aus dem 16. Jh. Die Weinkarte ist galaktisch – in Bezug auf Umfang, Qualität und Preis. Aber einmal im Leben darf man sich das gönnen.

✘ Oltrarno

★ Tamerò   PASTA-BAR €

(Karte S. 86; ☎ 055 28 25 96; www.tamero.it; Piazza Santa Spirito 11r; Mahlzeiten 20 €; ☻ Di–So mittags & abends) Ein echter In-Laden an der hipsten Piazza von Florenz! In der offenen Küche lassen sich die Köche auf die Finger schauen, wodurch die Wartezeit auf einen freien Tisch erträglicher wird. Frische Pasta (7,50–10 €), gigantische Salate (7,50 €) sowie üppig bestückte Aufschnitt- und Käseplatten (9 €) sind die perfekte Grundlage für die aufgekratzte Gästeschar, am hinterher irgendwo abzutanzen. Am Wochenende dreht ab 22 Uhr ein DJ an den Turntables, und der Laden im trendigen Industrie-Look brummt.

La Casalinga   TRATTORIA €

(Karte S. 86; ☎ 055 21 86 24; Via de' Michelozzi 9r; Mahlzeiten 25 €; ☻ Mo–Sa mittags & abends) Die ganze Familie werkelt in der bescheidenen, immer vollen Trattoria, deren Preise in Florenz einfach unschlagbar sind. Nicht böse sein, wenn Paolo, der wie Gottvater hinter der Bar steht und das Chaos dirigiert, Einheimische den „Fremdlingen" vorzieht – das ist hier eben so, und die herzhaften, perfekt zubereiteten toskanischen Leckerbissen trösten locker über die „Zwei-Klassen-Gesellschaft" hinweg.

Bollito misto con salsa verde (Siedfleisch mit Kräutersauce), Spaghetti *al pomodoro* und *ribollita* (Gemüseeintopf) schmecken genau so, wie sie schon die Urgroßmutter gekocht hat.

Il Ristoro   TOSKANISCH €

(Karte S. 62; ☎ 055 264 55 69; Borgo San Jacopo 48r; Mahlzeiten 20 €; ☻ Mo 12–16, Di–So bis 22 Uhr) Das auf zwei Räume verteilte Restaurant mit Take-away ist entwaffnend einfach und super günstig – das zweigängige Mittagessen für 15 € ist der Hammer! Auf der Karte stehen Klassiker wie *pappa al pomodoro* oder auch Wurst- und Schinkenplatte. Den atemberaubenden Blick auf den Arno, der direkt unterhalb vorbeifließt, gibt's als kostenlose Dreingabe.

★ Il Santo Bevitore   MODERN TOSKANISCH €€

(Karte S. 62; ☎ 055 21 12 64; www.ilsantobevitore.com; Via di Santo Spirito 64-66; Mahlzeiten 35 €; ☻ Sept.–Juli mittags & abends) Nur wer reserviert hat oder zumindest punkt 19.30 Uhr da ist, bekommt in dem hochgelobten Restaurant einen Platz. Hier ist essen mit Stil angesagt: Feinschmecker speisen bei Kerzenlicht in einem weißgekalkten Raum mit Gewölbedecke und Flaschenregalen. Sowohl die Mittags- als auch die Abendkarte greift phantasievoll Klassiker der Jahreszeitenküche auf, z. B. lilafarbene Rotkohlsuppe mit Mozzarellacreme und Sardellensirup oder Bayerische Creme mit Akazienhonig und in Vin Santo eingelegten Trockenfrüchten.

Olio & Convivium
TOSKANISCH €€

(Karte S. 62; ☏055 265 81 98; Via di Santo Spirito 4; Mahlzeiten 35 €; ⏰Di–Sa mittags & abends, Mo mittags) Die Adresse ist ein kulinarisches Muss: Beim Anblick der Schinken, Trüffelkonserven, Käseräder, Landbrote und anderer Delikatessen, die im Laden verkauft werden, bilden sich unweigerlich kleine Pfützchen im Mund. All das wird im Hinterhof serviert.

Da Ruggero
TOSKANISCH €€

(☏055 22 05 42; Via Senese 89r; Mahlzeiten 25 €; ⏰Do–Mo mittags & abends, Mitte Juli–Mitte Aug. geschl.) Nach einem zehnminütigen Spaziergang durch die Boboli-Gärten (oder ab der Porta Romana die Straße entlang) wartet die seit 1981 von der sympathischen Familie Corsi betriebene Trattoria. Sie verwöhnt mit unverfälschter toskanischer Küche, einfach, herzhaft und köstlich. Zu den Traditionsgerichten gehören *zuppa di ortiche* (Brennnesselsuppe), *spaghetti alla carrettiera* (Spaghetti mit Chili-Tomatensauce) und natürlich die typisch florentinische *bistecca*.

Trattoria Camillo
TRATTORIA €€€

(Karte S. 62; ☏055 21 24 27; Borgo San Jacopo 57r; Mahlzeiten 50 €; ⏰Do–Mo mittags & abends) *Crostini* mit (aphrodisierenden!) Spänen von weißen Trüffeln, im Teigmantel frittierte grüne Tomaten und Zucchiniblüten oder hausgemachter Walnusslikör sind nur ein paar der Saisonspezialitäten, die in dem jahrhundertealten Backsteingewölbe der beliebten Trattoria auf den Tisch kommen. Die Qualität der Zutaten ist 1a und der Service rührend altmodisch.

★iO Osteria Personale
MODERN TOSKANISCH €€€

(☏055 933 13 41; www.io-osteriapersonale.it; Borgo San Frediano 167r; Mahlzeiten 45 €; ⏰Mo–Sa abends) Am besten ist es, wenn sich der ganze Tisch für das Probiermenü entscheidet, das erspart allen die Qual der Wahl, denn in dieser wunderbar zeitgemäßen, kreativen Osteria schmeckt einfach alles zum Niederknien! Der in Pontedera geborene Küchenchef Nicolò Baretti verwendet nur Zutaten der Saison, keine Industrieprodukte, keine künstlichen Aromen – und das Ergebnis ist einfach sensationell.

Das kann beispielsweise Tartar vom Wolfsbarsch mit Ricotta, Pinienkernen und Spinatsalat sein oder aber Kalbsbries mit Majoran-Artischocken. Ein rauschendes Finale bilden Desserts wie Creme von weißer Schokolade und Olivenöl mit Lavendel-Sorbet und Maracujagelee. Das kulinarische Paradies öffnet sich ab 20 Uhr.

Il Guscio
TOSKANISCH €€€

(☏055 22 44 21; www.il-guscio.it; Via dell'Orto 49; Mahlzeiten 40 €; ⏰Mo–Sa mittags & abends) Die Küche dieser Perle von einem Familienbetrieb in San Frediano ist außergewöhnlich. Ob Fleisch oder Fisch, beides wird in höchsten Tönen gelobt, besonders die Suppe von weißen Bohnen mit Fisch und Garnelen oder Hauptgerichte wie Perlhuhnbrüstchen in Balsamicoessig.

Momoyama
JAPANISCH €€€

(Karte S. 62; ☏055 29 18 40; www.ristorantemo moyama.it; Borgo San Frediano 10r; Mahlzeiten 40 €; ⏰12.30–14.30 & 19.30–2 Uhr; 🚌6 & D) Wer mal eine Pasta-Pause braucht und sich

---

ERSTKLASSIGE PIZZERIAS

In den drei folgenden florentinischen Pizzerias kostet das gute Stück zwischen 4,50 und 10 €:

Gustapizza (Karte S. 86; Via Maggio 46r; Pizza 4,50–8 €; ⏰Di–So 11.30–15 & 19–23 Uhr) Lecker! Die Pizzeria an der Piazza Santo Spirito kommt ohne Firlefanz aus und ist immer zum Bersten voll. Wer einen Barhocker an einem der zu Tischen umgebauten Holzfässer ergattern will, muss früh aufkreuzen. Acht Pizzas stehen zur Auswahl.

Pizzeria del' Osteria del Caffè Italiano (Karte S. 82; www.osteriacaffeitaliano.com; Via dell'Isola delle Stinche 11-13r; Pizza 8 €; ⏰7.30–23 Uhr) Die Parole lautet: Weniger ist mehr. Nur drei verschiedene Pizzas kommen in dieser Minipizzeria aus dem Ofen: *margherita*, *napoli* und *marinara*. Keine Kreditkarten.

Il Pizzaiuolo (Karte S. 82; ☏055 24 11 71; Via dei Macci 113r; Pizza 5–10 €, Pasta 6,50–12 €; ⏰Mo–Sa mittags & abends, Aug. geschl.) Die Jugend strömt zum „Pizzabäcker" und mampft hier neapolitanische Pizza mit dickem Rand, frisch aus dem Holzofen. Abends geht nichts ohne Reservierung.

nach minimalistischem Ambiente sehnt, steuert die moderne, voll durchdesignte Nudelbar an. Neben künstlerisch arrangierten Platten mit Sushi, Sashimi, Carpaccio und Reisröllchen gibt's auch diverse kreative Nudelsuppen. Dank der langen Öffnungszeiten kommt hier viel Partyvolk vorbei.

✖ Außerhalb

Im Sommer kann die Luft in der Stadt ziemlich drückend werden. Die Florentiner tun dann das einzig Wahre: Sie fahren raus ins Grüne und schlemmen zwischen Blumen oder am Wasser in einem der folgenden Lokale.

Targa MODERN TOSKANISCH €€
(☑055 67 73 77; www.targabistrot.net; Lungarno Colombo 7; Mahlzeiten 30 €; ⊘Mo–Sa mittags & abends) „Friendly food" – mit diesem Slogan wirbt das elegante, erfrischend moderne *bistrot Fiorentino* am Ufer des Arno, gut 1 km östlich des Ponte San Niccolò. Drinnen oder draußen auf der Holzveranda sitzen die Gäste zwischen viel Grün an Bistrotischen, wie man sie aus Paris kennt. Die Weinkarte ist exzellent. Ohne Reservierung geht nichts.

Trattoria le Cave di Maiano TRATTORIA €€
(☑055 5 91 33; www.trattoriacavedimaiano.it; Via Cave di Maiano 16, Maiano; Mahlzeiten 35 €; ⊘mittags & abends, im Winter Mo. geschl.) An jedem schönen Wochenende fallen die Florentiner in dem Terrassenlokal in Maiano bei Fiesole (8 km nördlich von Florenz) ein, um im Freien zu schlemmen. Kein Wunder, denn die Portionen sind reichlich, alles ist hausgemacht, und dass der Koch sein Handfestes liebt, zeigen die vielen Gerichte mit Kaninchen, Wildschwein und Spanferkel, zu denen der süffige Hauswein bestens passt.

Trattoria Bibe TRATTORIA €€
(☑055 204 00 85; www.trattoriabibe.com; Via della Bagnese 1lr, Galuzzo; Mahlzeiten 35 €; ⊘Dez.–Jan. & März–Okt. Sa & So mittags & abends, Mo, Di, Do & Fr abends) Taube, Froschschenkel, Hase und Perlhuhn gehören zu den vielen Fleischspezialitäten, die in diesem herrlich altmodischen Gasthaus brutzeln (Wartezeit mindestens 40 Min.). Das Lokal ist legendär; der italienische Schriftsteller Eugenio Montale hat 1937 sogar ein Gedicht über den damaligen Wirt und Namensgeber „Opa Bibe" geschrieben. Das Ambiente ist drinnen genauso elegant wie draußen zwischen den Blumen. Das Ganze liegt 3 km südlich von Florenz und ist mit dem Bus 46 zu erreichen.

Ausgehen & Nachtleben

Wenn Florentiner ausgehen, haben sie die Wahl zwischen einer *enoteca* (die Weinlokale liegen voll im Trend und tischen immer auch tolles Essen auf), coolen Bars mit kulinarischen Kleinigkeiten zum *aperitivo* und regulären Cafés, die mittags oft auch Mahlzeiten anbieten.

Weinlokale

Nichts macht mehr Appetit auf den florentinischen Lifestyle, als mit einem Glas Chianti in einer *enoteca* zu sitzen – und oft bleibt es nicht bei einem Glas, denn in den meisten Weinlokalen wird auch leckeres Essen serviert.

★ Il Santino WEINLOKAL
(Karte S. 62; Via Santo Spirito 34; Glas Wein & Crostini 6,50–8 €; ⊘10–22 Uhr) Die Inhaber eines der besten Feinschmeckerlokale der Stadt, Il Santo Bevitore, betreiben ein paar Meter weiter auch dieses Weinlokal im Westentaschenformat. Hier herrscht jeden Abend Hochbetrieb. Drinnen heben sich die wuchtigen Holzhocker von den alten Ziegelwänden ab. Nach 21 Uhr steppt der Bär vor allem draußen, wenn die weinseligen Gäste auf die Straße schwappen.

Le Volpi e l'Uva WEINLOKAL
(Karte S. 86; www.levolpieluva.com; Piazza dei Rossi 1; Crostini 6,50 €, Käse-/Aufschnittplatte 8–10 €; ⊘Mo–Sa 11–21 Uhr) Das intime Lokal ist unbestritten die beste *enoteca con degustazione* (Weinlokal mit Verkostung) der Stadt: Zwei Eichenfässer rahmen den Marmortresen ein, an dem das beeindruckende Weinangebot glasweise ausgeschenkt wird. Wahre Glückseligkeit versprechen die göttlichen *crostini* (6,50 €) mit *lardo* (Speck) und Honig oder die toskanische Käseauswahl (unbedingt den *rocco* von der Fattoria Corzano e Paterno probieren!).

Coquinarius WEINLOKAL
(Karte S. 62; www.coquinarius.com; Via delle Oche 1lr; Crostini & Carpaccio 4 €; ⊘12–22.30 Uhr) Steingewölbe, blanke Holztische und erfrischend modernes Flair sind das Erfolgsrezept der weitläufigen, durchgestylten *enoteca*. Igor, der charismatische Besitzer, bietet jede Menge mehr oder weniger berühmter toskanischer Weine an, dazu herzhafte *crostini* (geröstetes Weißbrot mit verschiedenen

Belägen) und *carpacci* (hauchdünn aufgeschnittenes Fleisch). Nicht selten bleiben die
Gäste auch zum Abendessen hängen – und
werden nicht enttäuscht.

Vivanda
WEINLOKAL

(Karte S. 86; www.vivandafirenze.it; Via Santa Monaca 7r; Mahlzeiten 25 €; ☺ mittags & abends) Als
erste ihrer Art in Florenz legt die freundliche, moderne *enoteca* den Fokus auf Biowein. Dazu gibt's an den eng gestellten
Tischen ein leckeres Mittagsangebot aus lokalen Produkten. Am frühen Abend werden
Weinproben angeboten (reservieren!): vier
verschiedene Bioweine, perfekt begleitet von
in Asche gereiftem Pecorino, Büffelricotta
und Salami vom Cienta Sienese-Schwein.

Sei Divino
WEINLOKAL

(Karte S. 62; Borgo Ognissanti 42r; ☺ 10–2 Uhr)
Die durchgestylte Weinbar unter der Gewölbedecke aus rotem Backstein gehört zu den
lebhaftesten *aperitivo*-Treffs (17–22 Uhr)
in Florenz – mit allem drum und dran wie
Livemusik, gelegentlichen Ausstellungen, einer wasserblauen Vespa als Hingucker und
viel Action auf dem Bürgersteig. Eine echte
Retro-Adresse, die ewig jung bleibt!

Fiaschetteria Nuvoli
WEINLOKAL

(Karte S. 62; Piazza dell'Olio 15r; ☺ Mo–Sa 7–21 Uhr)
In der altmodischen *fiaschetteria,* einen
Steinwurf vom Dom entfernt, kommt man
bei einem Glas *vino della casa* zwanglos mit
den Stammgästen ins Plaudern, die auf Ho-
ckern vor dem Lokal sitzen.

ZEB
WEINLOKAL

(www.zebgastronomia.com; Via San Miniato 2r; ☺ Do
& So–Di 12–15, Fr & Sa 12–15 & 19.30–22.30 Uhr)
Modern und minimalistisch ist das Konzept
der *enoteca* mit einer leckeren Auswahl
kalter Kleinigkeiten am Buffet. Sie liegt im
dorfähnlichen Stadtviertel San Niccolò und
macht Lust auf ein Gläschen, um dann ge-
stärkt zum Piazzale Michelangelo hochzustapfen und das Panorama zu genießen.

Lounge-Bars
Zwei Trends, die die Florentiner mit Leidenschaft pflegen, sind der *aperitivo* (meist
19–22 Uhr) und ein später Cocktail (um Mitternacht, bevor's zum Tanzen geht). Livemusik ist immer mit dabei. Die angesagtesten
Adressen sind:

⭐ Volume
BAR

(Karte S. 86; www.volumefirenze.com; Piazza Santo
Spirito 3r; ☺ 9–1.30 Uhr) Super bequeme Sessel, jede Menge Antikes und Recyceltes vom

---

ℹ APERICENA

Die *apericena* liegt bei Studenten und
Jungvolk mit wenig Geld voll im Trend: Es
handelt sich dabei um ein Buffet mit kleinen Gerichten zum *aperitivo*, oft so üppig
bestückt, dass es locker das Abendessen
(*cena*) ersetzt. Lokale mit besonders
reichhaltigem Häppchenangebot sind
Kitsch (S. 108), Slowly (S. 108) und
Obikà (S. 100).

Flohmarkt, Bücher, Musikbox, Crêpes, leckere Kleinigkeiten zum Kaffee sowie leichte
Mittagsgerichte machen die Mischung aus
Bar, Galerie und Café unheimlich attraktiv.
Das Ganze ist in einer ehemaligen Hutma-
cherwerkstatt untergebracht, altes Werk-
zeug und Holzmodelle unterstützen den
kreativen Vintage-Look.

Wenn Musik, Kunst, DJs oder andere
Events auf dem Programm stehen, lohnt
sich der Besuch doppelt.

La Terrazza
BAR

(Karte S. 62; www.continentale.it; Vicolo dell Oro 6r;
☺ April–Sept. 14.30–23.30 Uhr) Die Bar auf der
hölzernen Dachterrasse des Hotel Continentale (Zugang in der 5. Etage) ist tatsächlich
so schick, wie es sich für ein Haus des Fer-
ragamo-Imperiums gehört. Die Snacks zum
Aperitif sind nicht gerade reichhaltig, aber
wen stört das schon – bei diesem Panoramablick auf eine der schönsten Städte Europas?
Wer sich nicht in Schale wirft, fällt auf.

Flò
LOUNGE-BAR

(www.flofirenze.com; Piazzale Michelangelo 84;
☺ Sommer 19.30–spät) Zweifellos die ange-
sagteste Location der Stadt, um sich sehen
zu lassen. Die Sommernächte im Flò, das
ab Mai oder Juni am Piazzale Michelangelo aufmacht, sind wirklich hot. Verschiedene, thematisch eingerichtete Lounges,
Tanzfläche und ein VIP-Bereich (wo nur die
Florentiner Schickimicki-Szene einen Tisch
bekommt) machen Laune.

Open Bar
LOUNGE-BAR

(Karte S. 86; www.goldenviewopenbar.com; Via de'
Bardi 58; ☺ 7.30–1.30 Uhr) Klar geht's hier touristisch zu, schließlich ist der Ponte Vecchio
ganz in der Nähe. Trotzdem lohnt es sich
vorbeizuschauen – vor allem zum *aperitivo*,
wenn die schicken Florentiner an Cocktails
nippen, Austern schlürfen und auf den Arno
hinunter schauen, der ihnen zu Füßen liegt.

FLORENZ AUSGEHEN & NACHTLEBEN

EIN APERITIF MIT ...

Betörendem Ausblick Flò (S. 107), La Terrazza im Hotel Continentale (S. 107), La Terrazza (S. 136)

Der Schickeria Flò (S. 107), Colle Bereto (S. 108), Open Bar (S. 107), Slowly (S. 108), Gucci Museo Caffè (S. 109)

Buffet zum Sattessen La Forchetta Rotta (S. 101), Kitsch (S. 108)

Edlen Weinen im offenen Ausschank Le Volpi e l'Uva (S. 106), Sei Divino (S. 107), Coquinarius (S. 106)

Biowein Vivanda (S. 107)

Sitzplätzen im Innenhof Obikà (S. 100)

Zoé
BAR

(Karte S. 86; Via de' Renai 13r; ⏰ 8–3 Uhr) Die strahlend weiße Bar auf der anderen Seite des Arno bietet genau das, was ihre Stammkunden wollen: relaxte Atmosphäre im Industrielook. Hier ist (fast) rund um die Uhr chillen angesagt. Ob Frühstück, Mittagessen, Cocktails oder Partynacht, Zoé ist stets zur Stelle. Sobald es wärmer wird, hängen die Gäste draußen auf der Holzterrasse ab. Oft sorgen DJs und Partys für Stimmung.

Drogheria
LOUNGE-BAR

(Karte S. 82; www.drogheriafirenze.it; Largo Annigoni 22; ⏰ 10–3 Uhr) Egal, ob's draußen stürmt oder schneit, hier ist immer was los. Mit ihrer Vintage-Einrichtung (dunkles Holz, weiche grüne Sessel) bietet sich die moderne Bar in Santa Croce zum gemütlichen Herumlümmeln an. Ab Frühling verlegt sich die Action auf die Terrasse an der riesigen Piazza hinter dem Markt Sant' Abrogio.

Die Küche liefert hauptsächlich Burger mit Fleisch, Gemüse, Tofu oder Falafel.

Nano Caffè
CAFÉ, BAR

(Karte S. 82; www.nanocaffe.info; Largo Annigoni, Piazza Ghiberti; ⏰ 9–3 Uhr) Die L-förmige Bar hinter dem Markt Sant' Ambrogio ist wahrscheinlich wegen ihrer Terrasse so beliebt. Zwei ausladende cremefarbene Sonnenschirme überschatten ein Sammelsurium bunt angemalter Stühle, Hocker und mit Sackleinen verkleideter Bänke. Sobald das Thermometer steigt, belagert ein breit gemischtes Publikum die Plätze. Die Einrichtung spricht eine eher hippe Klientel an.

Slowly
LOUNGE-BAR

(Karte S. 62; www.slowlycafe.com; Via Porta Rossa 63r; ⏰ Mo–Sa 21–3 Uhr, Aug. geschl.) Manchmal bis zur Hochnäsigkeit elegant kommt diese Lounge-Bar daher. Besondere Kennzeichen: auf jedem Tisch eine Kerze, todschicke Einrichtung, Schürzenjäger und aufwändige Cocktails mit frischen Früchten – zur *aperitivo*-Zeit (18.30–22 Uhr) für 10 € inklusive Snacks. Aus den Boxen kommen vor allem Loungetracks à la Ibiza.

Caffè Sant'Ambrogio
CAFÉ

(Karte S. 82; www.caffesantambrogio.it; Piazza Sant'Ambrogio 7/r; ⏰ Mo–Sa 10.30–3 Uhr; 📞) Die Café-Bar gehört zu den legendären Ausgeh-Adressen in Santa Croce und hat nichts von ihrem Charakter verloren. Trendige Ü-30er schauen hier in ihrer seit Jahren schon bestehenden Stammadresse auf einen Kaffee, ein kleines Gericht am Mittag, ein Feierabendbier oder einen Absacker vorbei.

Moyo
BAR

(Karte S. 82; www.moyo.it; Via de' Benci 23r; ⏰ Mo–Do & So 8–2, Fr & Sa 9–3 Uhr; 📞) Ein trendiger Allrounder, den vor allem geldsorgenfreie Youngsters frequentieren. Pluspunkte sind das endlose Line-up an DJs, *aperitivi* und Cocktails (oft themenbezogen), ein großes Frühstücksangebot und schnelle Mittagessen. Vor allem die Cocktails können sich sehen lassen – Spezialität des Hauses ist ein Cranberry-Martini mit Zitronensaft und Triple sec.

Colle Bereto
LOUNGE-BAR

(Karte S. 62; Piazza Strozzi 5; ⏰ Di–So 8–2 Uhr; 📞) Das megagestylte Colle Bereto ist die erste Wahl bei den Florentiner Fashionistas. Hier treffen sich die Schönen und Verwegenen zum Frühstück, zum Mittagessen, zum Aperitif – und natürlich zum Sehen und Gesehenwerden.

Soul Kitchen
BAR

(Karte S. 82; www.soulkitchenfirenze.it; Via de' Benci 34r; ⏰ 11–3 Uhr) Flyer kündigen DJs, Livebands und andere hippe Events an, die in der trendigen Designerbar nur ein paar Schritte von der Piazza Santa Croce entfernt für Stimmung sorgen.

Kitsch
BAR

(Karte S. 82; www.kitschfirenze.com; Viale A Gramsci 5; ⏰ 6.30–2.30 Uhr; 📞) Wer in Florenz auf den Cent schaut, liebt das Kitsch wegen des üppig bestücken Aperitif-Buffets – für 8,50 € gibt's zum Getränk so viel zum Knabbern, dass sich das Abendessen von selbst erledigt. Die angesagte, in dramatischem Dunkelrot gehaltene Bar in Santa Croce zieht feierfreudige Leute in den 20ern und 30ern an, gegen später heizen DJs ein.

Danny Rock · BAR
(Karte S. 82; www.dannyrock.it; Via de' Pandolfini 13r; ☉10–2 Uhr; ▢A) Eröffnet wurde das Danny Rock 1980, seit 2012 steht es unter neuem Management, das den Schuppen mächtig aufpoliert hat. Nun ist handwerklich gebrautes Bier aus aller Herren Länder der Renner, aber auch die helle, freundliche Einrichtung, das durchgehende Speisenangebot und vor allem der sympathische Besitzer und Barkeeper Cosimo Lavacchi ziehen Gäste an.

Rex Caffé · BAR
(Karte S. 82; Via Fiesolana 25r; ☉Sept.–Mai 18– Uhr) Noch ein Dauerbrenner: das bodenständige Rex mit seinen phantastischen Drinks und der Einrichtung à la Gaudi.

Dolce Vita · BAR
(Karte S. 86; www.dolcevitaflorence.com; Piazza del Carmine 6r; ☉Di–So 17–2 Uhr, Aug. 2 Wo. geschl.) Fans der 80er-Jahre pilgern in die kleine Bar jenseits des Arno, in deren durchdesigntem Ambiente Livebands, Foto- und Kunstausstellungen bestens zur Geltung kommen. Im Sommer verlegt sich die Action nach draußen auf die Terrasse.

Kneipen

Monkey Bar · KNEIPE
(Karte S. 82; Via della Mattonaia 20r; ☉18–2 Uhr) Hinter dem Markt Sant' Abrogio geben sich in- und ausländische Studenten gern in der quirligen „Affenbar" die Kanne – unter der wohlwollenden Aufsicht des italienischen Besitzerteams Lorenzo und Freddy.

Lion's Fountain · IRISH PUB
(Karte S. 82; www.thelionsfountain.com; Borgo degli Albizi 34r; ☉10–2 Uhr) Wer sich leichter tut, auf Englisch ins Gespräch zu kommen statt auf Italienisch, ist hier richtig – aber auch wer eine Liveband aus der Umgebung hören will. Im belebtesten Irish Pub von Florenz geht's vor allem im Sommer ab, wenn biertrinkende Gäste den hübschen, verkehrsberuhigten Platz bevölkern.

James Joyce · KNEIPE
(☏ 055 658 08 56; Lungarno Benvenuto Cellini 1r; ☉So–Do 18–2, Fr & Sa bis 3 Uhr) Trotz des Namens ist die Kneipe weder zu sehr auf Irland

noch auf Literatur fixiert. Der Dauerbrenner mit Biergarten zieht vor allem (ehemalige) Studenten an, die auf die gigantische Uferterrasse, Guinness vom Fass, Tischfußball und Musik von U2 stehen.

Eby's Bar · LATINOBAR
(Karte S. 82; Via dell'Oriulolo 5r; ☉Mo–Sa 10– 3 Uhr) Studentenvolk sorgt für Stimmung in der jungen, bunten Bar mit Holzbänken im Freien unter einer überdachten Passage. Die Küche ist mexikanisch.

Cafés

Cafés gibt's in Florenz wie Sand am Meer. Die perfekten Plätze zum Draußensitzen und Leutebeobachten sind die Piazza della Repubblica, Piazza Santo Spirito und Piazza della Signoria. Wichtig zu wissen: Wer am Tisch einen Kaffee bestellt, blättert oft das Vierfache dessen hin, was er am Tresen zahlt. Ein Cappuccino kostet 1,40 €/5,50 € (im Stehen/im Sitzen), eine heiße Schokolade 2,50 €/6 €.

Le Renaissance Café · CAFÉ
(Karte S. 62; Via degli Strozzi; ☉Fr–Mi 9–20, Do bis 23 Uhr) Eine geniale Gewölbedecke, schicke schwarze Panton-Stühle, Künstlerambiente und erfreulich niedrige Getränkepreise und das am Palazzo Strozzi! Das gleiche Team betreibt auch das Caffè Giacosa (von Roberto Cavalli, S. 136). Der mit Schokolade veredelte Cappuccino (1,40 € im Sitzen!) sucht in Florenz seinesgleichen.

Gucci Museo Caffè · CAFÉ
(Karte S. 62; Piazza della Signoria 10; Mahlzeiten 25 €; ☉10–23 Uhr; ☏) Vom Besteck bis hin zu den Zuckerstückchen in G-Form leuchtet einem überall das Gucci-Monogramm entgegen. Aber abgesehen von der Markenhysterie handelt es sich hier um eine peppige, relaxte In-Location, wo sich die Gäste zum Kaffee, Mittagessen oder Aperitif treffen, Zeitung lesen, in Designbüchern schmökern oder sich mit den ausliegenden iPads vergnügen. Ein großer Tisch mit mehreren Andockstellen steht für Laptop-Nutzer bereit.

Procacci · CAFÉ
(Karte S. 62; www.procacci1885.it; Via de' Tornabuoni 64r; ☉Mo–Sa 10–20 Uhr) Die letzte Bastion des Florenz „der guten, alten Zeit" in der Via de' Tornabuoni ist dieses winzige Café. Es war 1885 gegenüber der englischen Apotheke als Feinkostgeschäft eröffnet worden, das Trüffeln und andere Delikatessen verkaufte. Bis heute sind die häppchengroßen

Fortsetzung auf S. 136

FLORENZ AUSGEHEN & NACHTLEBEN

Die Uffizien

REISE IN DIE RENAISSANCE

Die auf einem Stockwerk chronologisch angeordneten 45 Säle der Hauptsammlung abzuklappern, ist keine Kunst; zu wissen, welche der rund 1500 Meisterwerke unbedingt gesehen werden müssen, bevor der Overkill einsetzt, dagegen schon. Wer im Erdgeschoss Jacke und Rucksack (unnötiger Ballast!) gegen Lageplan und Audioguide eingetauscht hat, kann sich kopfüber in die Toskana des 16. Jhs. stürzen: Die Uffizien sind nicht nur ein Hort Bildender Kunst, sondern selbst ein architektonisches Meisterwerk dieser Epoche. Schon der von Büsten flankierte Treppenaufgang ist überwältigend – Lift, nein danke.

Vier Stunden sollten für den Ausflug in die Hochrenaissance einkalkuliert werden. Auf der zweiten Etage angekommen (Ticket vorzeigen!), erstreckt sich gleich links der Erste Korridor in seiner ganzen Länge südwärts in Richtung Arno – ein toller Blick! Links im Saal 2 macht die toskanische Kunst ihre ersten Schritte mit schimmernden Altaraufsätzen von **1** **Giotto** und Kollegen. Weiter geht es mit Werken des Mittelalters bis Saal 8 mit **2** **Piero della Francescas** berühmtem Doppelporträt. Kurz einen Blick an die **3** **reich bemalte Decke** des Korridors, dann zurück in Saal 8 und weiter im Text bis **4** **Botticelli** und **5** **da Vinci**. Dort warten die Tribuna als Blickfang und anschließend der **6** **Zweite Korridor auf der Flussseite**, dessen große Fenster Sonnenstrahlen hereinlassen und gleichzeitig wunderbare Panoramen bieten: der Arno mit dem Ponte Vecchio und weiteren vier Brücken, deren Silhouetten mit den Apuanischen Alpen im Hintergrund verschmelzen. Traumhaft! Weiter geht's im Dritten Korridor, wo der Kunstgenuss zwischen den Sälen 25 und 34 unterbrochen werden sollte, um den Eingang zum geheimnisvollen Vasari-Korridor zu bestaunen. Und zum Abschluss das Highlight: die Superstars der Hochrenaissance, **7** **Michelangelo** und **8** **Raffael**.

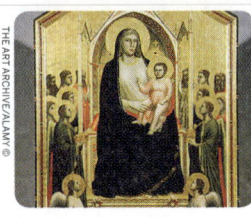

THE ART ARCHIVE/ALAMY ©

Ognissanti-Madonna
Saal 2
Atemberaubend, die schüchtern errötende Madonna von Giotto (*Maestà*; 1310) – so feminin im Vergleich zu den beiden Marienbildern von Duccio und Cimabue, die nur 25 Jahre früher entstanden.

Diptychon des Federico da Montefeltro mit Gattin Battista Sforza
Saal 8
Realismus pur, selbst Warzen hat Piero della Francesca in seinem Doppelporträt (1472–1475) nicht unterschlagen. Die Bilder sind DIN A3 groß und steckten früher in einem mobilen Klapprahmen.

Beginn des Vasari-Korridors (verbindet Palazzo Vecchio mit Uffizien und Palazzo Pitti)

Eingang zur Galerie 2. Etage

Palazzo Vecchio

Piazza della Signoria

Groteske Deckenfresken
Erster Korridor
Die phantasievollen Deckengemälde (1581) im östlichen Korridor lohnen längeres Betrachten: Da purzeln Monster und Fabelwesen durcheinander; besonders gut gelungen ist der Satyr mit Pfeil und Bogen vor Saal 15.

MIT GENEHMIGUNG DES MINISTERO PER I BENI E LE ATTIVITÀ CULTURALI

ALINARI ARCHIVES, FLORENZ ©

Genialer Botticelli
Saal 10–14

Die geringe Größe von Botticellis *Auffindung des toten Holofernes* (um 1470) macht das Glanzstück der Frührenaissance noch beeindruckender. Der Meister zeigt sich persönlich auf seiner *Anbetung der Könige* (1475) links vom Ausgang!

Blick auf den Arno
Der verglaste Korridor, eine architektonische Meisterleistung, eröffnet ein herrliches Stadtpanorama. Im Hintergrund ist einer der 73 Außentürme zu erkennen, die dem Schutz von Florenz dienten.

Zweiter Korridor

Tribuna

Erster Korridor

Arno

6

7

8

5

4

2

3

1

Tribuna
Kein anderer Raum in den Uffizien ist so klein und so exquisit! Die Tribuna wurde als „Schatzkammer" für den Großherzog Francesco angelegt; die darin aufgestellte Medici-Venus gehört zu den Highlights.

Eingang zum Vasari-Korridor

Dritter Korridor

> **Fakten**
>
> Die Sammlung der Uffizien umspannt das 13. bis 19. Jh., einmalig sind vor allem die Werke der Renaissance (15./16. Jh.)!

Doni Tondo
Saal 35

Michelangelo war vor allem Bildhauer. Dieses Gemälde liefert den besten Beweis: Auf seinem *Doni Tondo* (1506–1508) sind Marias muskulöse Arme und die Nackten im Hintergrund so plastisch wie eine Skulptur.

Verkündigung
Saal 15

Maria in toskanischer Landschaft – eines der wenigen Werke von Leonardo da Vinci, die in Florenz geblieben sind (Gemälde von 1472).

> **Günstig zu Mittag**
>
> Das Dach-Café der Uffizien ist okay; besser sind die *panini* bei 'Ino (www.ino-firenze.com; Via dei Georgofili 3-7r).

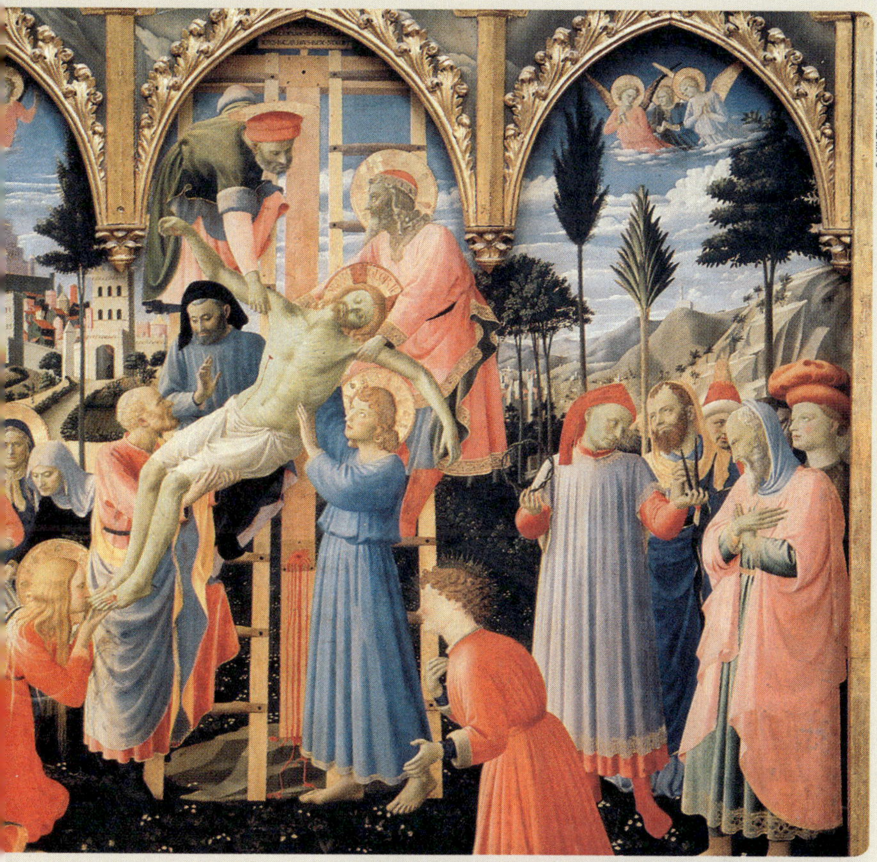

SUPERSTOCK / ALAMY ©

1. Quattuor Coronati (Vier Gekrönte) von Nanni di Banco, Chiesa e Museo di Orsanmichele (S. 73)
Die außergewöhnliche Kirche zieren viele Statuen berühmter Renaissancekünstler.

2. Fra' Angelicos Kreuzabnahme, Museo di San Marco (S. 79)
Das Kloster, in dem Fra' Angelico einst als Mönch lebte, ist heute eines der bewegendsten Museen von Florenz: das Museo di San Marco.

3. Michelangelos David, Galleria dell'Accademia (S. 79)
Trotz der langen Warteschlange ist die berühmteste Statue der Welt einen Besuch wert.

4. Uffizien (S. 64)
Die Uffizien sind einer der größten Schätze von Florenz und beherbergen Kunstwerke aller Epochen, der Schwerpunkt liegt jedoch auf Meisterwerken der Renaissance.

3

JOHN HARPER / GETTY IMAGES ©

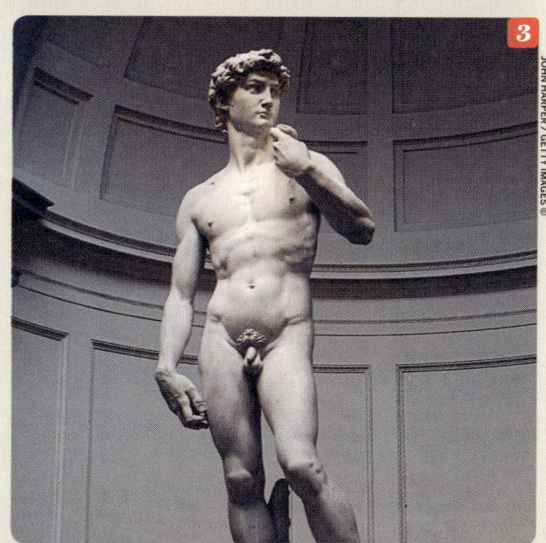

Shoppen in Florenz

Florenz hat Stil – schließlich ist es die Geburtsstadt der Renaissance und von Gucci. Ob angesagte große Labels oder handgenähte Einzelstücke lokaler Designer, Mode spielt hier eine riesige Rolle. Michele Negri, Enrico Coveri, Patrizia Pepe, Ermanno Daelli und Jennifer Tattanelli mit ihren genialen Ledersachen bei Casini Firenze (S. 139) sind nur einige der angesagten Modeschöpfer der Stadt.

Einkaufsmeilen

Alle bekannten Luxusmarken haben einen Laden in der **Via de' Tornabuoni**. Das ist *die* Florentiner Shoppingmeile mit einem unglaublichen Line-up internationaler Häuser (von Prada bis Cartier) und lokaler Namen wie Gucci, Roberto Cavalli und Ferragamo (dessen Schuhmuseum ebenfalls vom Feinsten

ist). Nicht weit davon haben in der malerisch-altmodischen **Via della Vigna Nuova** und **Via della Spada** einige der kreativsten Designer der Stadt ihr Atelier: Die Hutmacherin Grevi (S. 140) aus Siena und die Perlenkünstlerin Ornella Aprosio (S. 139) sind nur zwei Beispiele für die vielen schicken Boutiquen, die in letzter Zeit hier aufgemacht haben. Weiter östlich in **Santa Croce** konzentrieren sich Läden mit Vintage-Mode und Objekten aus Recyclingmaterialien, vor allem in den Straßen Borgo degli Albizi, Borgo Pinti und Via di Mezzo.

Im traditionellen „Arbeiterviertel" **Oltrarno** ist seit jeher das florentinische Kunsthandwerk mit seinen Werkstätten zu Hause. Borgo San Jacopo und Via Santo Spirito sind Fundgruben für Avantgarde-Mode, Schuhe, Holzarbeiten und Schmuck. Nicht weit vom Arno

1. Mercato Nuovo
2. Lederwerkstatt, Santa Croce
3. Luxusmode, Via de' Tornabuoni

arbeitet CLET, einer der witzigsten (und populärsten) Künstler der Stadt, in der Via dell'Olmo wahrscheinlich gerade an seinem nächsten Straßenschild, das bei Passanten garantiert für ein Schmunzeln sorgt.

Handarbeit

Sattler schneiden Taschen aus Kalbsleder zu, Buchbinder marmorieren Papier mit Pfauenmustern, Puppenmacher nähen an Stoffgeschöpfen und Juweliere hämmern und löten Gold – da macht Shoppen Spaß. Zu sehen u. a. in der Scuola del Cuoio (S. 93), bei Letizia Fiorini (S. 139) und Giulio Giannini e Figlio (S. 139).

Märkte

Ein Bummel über die beiden größten Florentiner Märkte, den **Mercato de San Lorenzo** (Karte S. 62; Piazza San Lorenzo;

⊙Mo–Sa 9–19 Uhr) und den Mercato Nuovo (S. 138), ist nett, aber die Lederwaren dort sind meist billiger, importierter Ramsch. Wer Qualität sucht, wird in einem traditionellen Familienbetrieb eher fündig.

BESTE BOUTIQUEN

➡ Grevi (S. 140)
➡ Boutique Nadine (S. 139)
➡ Mrs Macis (S. 138)
➡ Desii Lab (S. 140)
➡ Mio Concept (S. 139)

Warum Pisa schief liegt

Im Jahr 1160 hatte Pisa mehr als 10 000 Türme vorzuweisen, nur dem Dom fehlte ein *campanile* (Glockenturm). Diesen Missstand behob die aufrechte Pisanerin Berta di Bernardo. Als sie 1172 starb, vermachte sie der Stadt 60 Silberstücke, damit die sich daran machte, einen *campanile* zu errichten.

Als Bonnano Pisano 1173 mit dem Bau des berühmtesten *campanile* (Glockenturm) der Welt begann, übersah er leider, dass er sich dabei auf ziemlich unsicheres Terrain begab: Unter der Piazza dei Miracoli verbarg sich eine 40 m dicke tückische Schicht aus Sand und Lehm. Als die Arbeiten fünf Jahre und drei Stockwerke später zum Stillstand kamen, hatte der Stummel von Italiens künftiger Ikone bereits Schlagseite. Bei Wiederaufnahme der Arbeiten 1272 versuchten Bauarbeiter, die Neigung durch eine leichte Bananenform auszugleichen. Im 19. Jh. waren viele überzeugt, dass der Turm schlicht eine schrullige Idee seiner Erfinder und absichtlich schief gebaut worden war.

Als 1838 Schlamm entfernt wurde, der durch den Sockel des Turms quoll, war ein für alle Mal klar, dass das Bauwerk auf unsicherem Fundament ruhte. In den 1950er-Jahren legte man die sieben Glocken im Turm still, die seit 1370 von 14 Männern vom Boden aus geläutet wurden und alle in einem unterschiedlichen Ton erklangen, aus Angst, der Turm könne kollabieren. 1990 wurde der Turm für die Öffentlichkeit gesperrt. Als Gegengewicht zum Überhang auf der Südseite ließen Ingenieure auf der Nordseite Bleiblöcke anbringen, die

1. Dom und Schiefer Turm von Pisa **2.** Die Piazza dei Miracoli aus der Vogelperspektive **3.** Der Schiefe Turm

insgesamt 1000 t wogen. Um das zweite Stockwerk wurden Stahlbänder gelegt.

1995 kippte der Turm um 2,5 mm. Nun wurde das dritte Stockwerk mit Klammern gesichert, die über Stahlseile mit schweren, Zugankern verbunden waren. Später wurden die Anker entfernt und der Schiefe Turm mit den Nachbargebäuden vertäut. Dann wurde unterhalb der Fundamente vorsichtig Erde abgetragen – insgesamt 70 t. Dadurch sank der Turm wieder zurück und richtete sich um 43,8 cm auf: Operation geglückt!

Nun bekam der Turm noch ein Facelifting verpasst und präsentierte sich 2011 in neuem Glanz: Zum ersten Mal seit 20 Jahren sah man den Schiefen Turm von Pisa blendend weiß, standfest – und immer noch schön schief.

GANZ SCHÖN SCHRÄG

➡ **Dom & Baptisterium** (S. 149 & S. 151) Die Nachbarn des Schiefen Turms neigen sich um 25 bzw. 51 cm.

➡ **Chiesa di San Nicola** (Karte, S. 150; Via Santa Maria) Auch Nicola Pisanos achteckiger Glockenturm kämpft mit der Erdanziehung.

➡ **Chiesa di San Michele degli Scalzi** (Via San Michele degli Scalzi) Der quadratische, rote Backsteinturm hat deutlich Schlagseite.

1

2

LILLISPHOTOGRAPHY / GETTY IMAGES ©

4

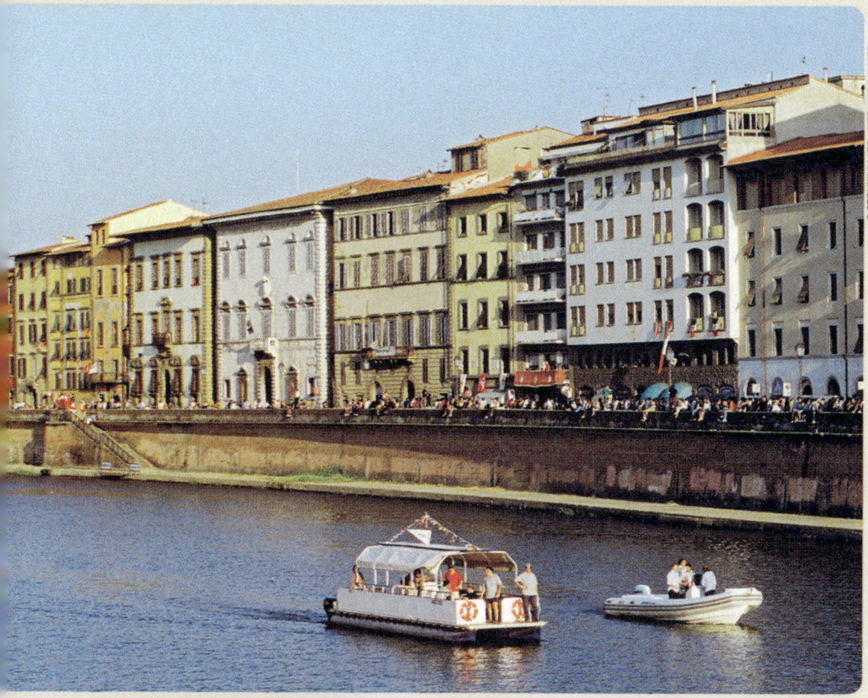

3

1. **Lucca (S. 156)**
Lucca ist eine wahre Perle und bezaubert viele Besucher.

2. **Arno (S. 152), Pisa**
Idyllisch am Ufer des Arno gelegen, verströmt Pisa einen ganz eigenen Charme.

3. **Castelnuovo di Garfagnana (S. 170)**
Frische *porcini* (Steinpilze), Esskastanien und *farro* (Dinkel) bestimmen das herbstliche Marktangebot in Castelnuovo di Garfagnana.

4. **Serchio (S. 170)**
Der Serchio und seine Nebenflüsse haben drei wunderschöne Täler gegraben.

1

3

1. Terrazza Mascagni (S. 188), Livorno
Die elegante Promenade zieht sich malerisch am Meer entlang.

2. Golfo di Baratti (S. 196)
Die sonnenverwöhnte Küste des Golfo di Baratti ist die perfekte Location für ein Mittagessen am Meer.

3. Portoferraio (S. 199), Elba
Die Altstadt von Portoferraio ist ein Labyrinth aus engen Straßen und Gassen, die sich vom alten Hafen den Hang hinauf winden.

2

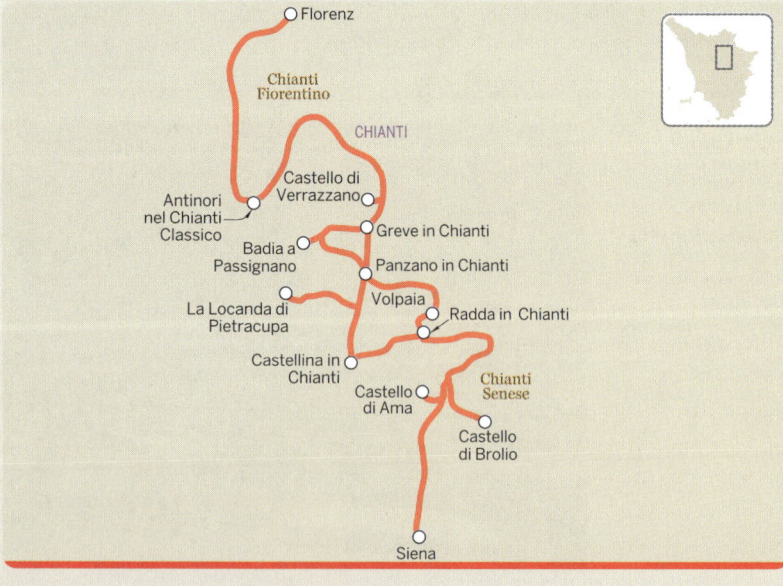

Florenz

Chianti
Fiorentino

CHIANTI

Castello di
Verrazzano

Antinori
nel Chianti
Classico

Greve in Chianti

Badia a
Passignano

Panzano in Chianti

Volpaia

La Locanda di
Pietracupa

Radda in Chianti

Castellina in
Chianti

Chianti
Senese

Castello
di Ama

Castello
di Brolio

Siena

JOHN ELK / GETTY IMAGES ©

4 TAGE
Chianti-Weintour

Mit unzähligen Highlights wartet die Toskana auf, aber nur wenige besitzen den Zauber des Chianti.

Ab **Florenz** geht's auf der *superstrada* (Schnellstraße) Richtung Siena bis zur Ausfahrt Bargino und weiter nach **Antinori nel Chianti Classico** (S. 229; ausgeschildert). Das neue Weingut mit moderner Kellerarchitektur bietet sich als erster Verkostungsstopp an. Im Restaurant Rinuccio 1180 gibt es ein Mittagessen.

Auf der Weiterfahrt über die SS2, SP3 und SS222 (Via Chiantigiana) in Richtung Greve in Chianti ist das historische **Castello di Verrazzano** (S. 230) der nächste Boxenstopp für eine Weinprobe.

Am zweiten Tag steht ein Besuch des Museo del Vino (S. 228) in **Greve in Chianti** und eine selbstorganisierte Verkostung in den Cantine di Greve in Chianti (S. 228) auf dem Plan. Zum Mittagessen gibt's einen toskanischen Burger bei Dario DOC (S. 231) in **Panzano in Chianti** oder ein Mahl in der **Locanda di Pietracupa** (S. 227). Nachmittags wartet die **Badia a Passignano** (S. 230) aus dem 11. Jh., eine noch aktive Abtei des Vallombrosanerordens inmitten der Rebhänge des Weinguts Antinori. Eine Weinprobe in der *enoteca* mündet vielleicht in einen Besuch der Pizzeria L'Antica Scuderia (S. 227) gegenüber der Abtei.

Tag drei beginnt im malerischen Ort **Volpaia** auf einer Hügelkuppe bei **Radda in Chianti**. Nach einer Tour durch die Keller des Castello di Volpaia (S. 232) wird der leere Magen entweder in der entspannten Bar Ucci (S. 227) besänftigt oder mit Michelinstern-Küche im Ristorante Albergaccio (S. 231) in **Castellina in Chianti**.

Am letzten Tag geht's in Richtung **Siena**. Unterwegs steht eine Führung durch das **Castello di Brolio** (S. 231) auf dem Programm, dem Stammsitz der Adelsfamilie Ricasoli. Ihr Weingut ist das älteste Italiens, und eine Verkostung diverser Jahrgänge des Chianti Classico in der *cantina* (Keller) oder beim Mittagessen in der *osteria* (Gastwirtschaft) sollte sich keiner entgehen lassen. Abschließend laden preisgekrönte Weine und zeitgenössische Kunst im **Castello di Ama** (S. 232) zu einer Entdeckungsreise ein.

ROCCO FASANO / GETTY IMAGES ©

Oben: Weinberge im Chianti
Unten: Großvater, Vater und Sohn: Winzerfamilie bei der Arbeit

LEEMAGE / GETTY IMAGES ©

1. *Maestà* von di Buoninsegna **2.** Piazza dei Priori, Volterra
3. Abbazia di Sant'Antimo **4.** Palazzo Comunale, Siena

UNIVERSAL IMAGES GROUP / DEAGOSTINI / ALAMY ©

Mittelalterliche Meisterstücke

2

4

Das Mittelalter kommt wohl in vielen Geschichtsdarstellungen nicht gut weg. Hunger, Pest und Krieg mögen die Bevölkerung heimgesucht haben, aber die Epoche brachte auch außerordentliche Werke in Kunst und Architektur hervor. Städte wie Siena, San Gimignano und Volterra sind gespickt mit Meisterwerken, die aus dieser Zeit stammen.

Palazzo Comunale, Siena

Erbaut an der Schwelle zwischen Mittelalter und Renaissance ist das Rathaus von Siena (S. 211) ein Triumph gotisch-säkulärer Architektur. Drinnen zeigt das Museo Civico eine Sammlung, die zwar nicht groß, aber von herausragender Qualität ist.

Abbazia di Sant'Antimo

Seit dem Mittelalter pflegen die Benediktinermönche des Klosters (S. 245) bei Montalcino den gregorianischen Chorgesang. Das Kloster betört durch karge Schönheit und eine idyllische Umgebung.

Piazza dei Priori, Volterra

Den zentralen Platz von Volterra (S. 239) umgeben mittelalterliche Palazzi, allen voran der hübsche Palazzo dei Priori und der Palazzo Pretorio. Letzterer wird gekrönt vom Torre del Porcellino (Turm des Ferkels), so benannt nach der kleinen Skulptur im oberen Teil.

Maestà von Duccio di Buoninsegna, Siena

Das Altarbild von Duccio zeigt die Jungfrau Maria mit Engeln, Heiligen und prominenten Bürgern Sienas. Für die Kathedrale von Siena geschaffen, ist es heute das Glanzstück des Museo dell'Opera (S. 216).

Collegiata, San Gimignano

Das Innere der romanischen Kathedrale (S. 233) ist mit farbigen Fresken bemalt, die sich wie ein Comic über die Wände ziehen.

1

3

1. Pitigliano (S. 261)
Das Bergdorf thront spektakulär auf einem schroffen Vulkanfelsen.

2. Massa Marittima (S. 255)
Das stille Bergstädtchen besticht durch ausgefallene, sehenswerte Museen, eine besonders reizende zentrale Piazza und größtenteils erhaltene mittelalterliche Straßen.

3. Bei Porto Ercole, Monte Argentario (S. 269)
Spanische Festungen rahmen den kleinen, idyllischen Hafen von Porto Ercole an der weniger überlaufenen Südseite des Monte Argentario ein.

1

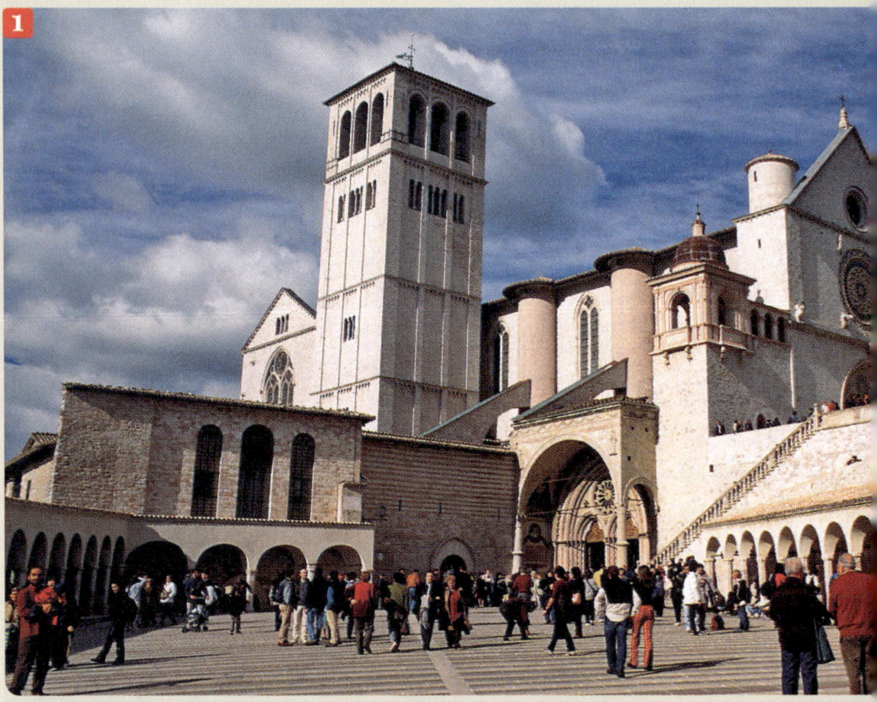

2

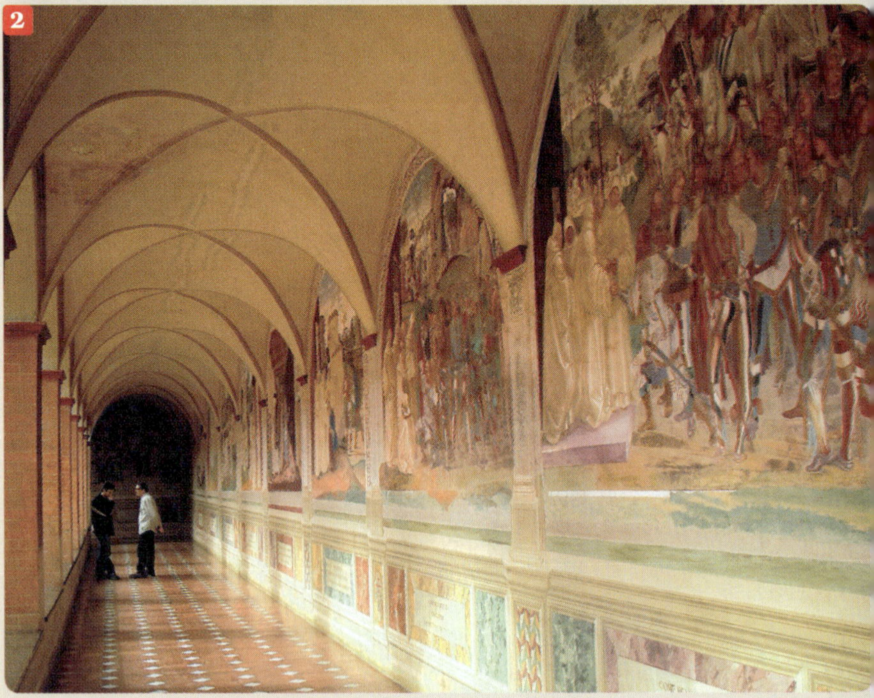

Paradiesische Klöster

Der Besuch der mittelalterlichen Klöster in der Toskana und in Umbrien hat schon manchen bewogen, darüber nachzudenken, sein Dasein auf der Überholspur gegen ein ruhiges Leben einzutauschen.

Basilica di San Francesco, Assisi

Über fünf Millionen Pilger machen sich jährlich auf den Weg in die Geburtsstadt des hl. Franz (S. 286) in Umbrien, um die riesige Basilika und das Kloster zu besuchen, die ihm gewidmet sind, ebenso wie die angemessen bescheidene Kirche für seine Gefährtin und Anhängerin, die hl. Klara.

Abbazia di Monte Oliveto Maggiore

Die Benediktinermönche, die in dieser Abtei südöstlich von Siena (S. 241) leben, bewirtschaften uralte Weinberge und Olivenhaine, studieren in einer der bedeutendsten Bibliotheken des Mittelalters und wandeln in einem Kreuzgang mit Fresken von Luca Signorelle und Il Sodoma.

1. Basilica di San Francisco in Assis **2.** Fresko in der Abbazia di Monte Oliveto Maggiore **3.** Monasterio & Sacro Eremo di Camaldoli

Monasterio & Sacro Eremo di Camaldoli

Tief im Wald des Casentino in einer Landschaft, die sich seit Jahrhunderten kaum verändert hat, liegen das Benediktinerkloster und eine Einsiedelei (S. 285). Zu ihren Kunstschätzen gehören Werke von Vasari und Bronzino sowie ein prächtiges Altarbild aus Terrakotta von Andrea della Robbia.

Santuario della Verna

In diesem spektakulär gelegenen Kloster am südöstlichen Rand des Casentino (S. 285) soll der hl. Franz von Assisi seine Stigmata erhalten haben. Pilger kommen, um in der Cappella delle Stimmate zu beten und Kunstwerke von della Robbia zu bewundern.

Eremo Le Celle

Ein gurgelnder Bach, eine alte Steinbrücke und Olivenhaine machen die märchenhafte Atmosphäre um die Franziskaner-Einsiedelei vor Cortona (S. 287) vollkommen.

PIETRO LORENZETTI / GETTY IMAGES ®

RICHARD I'ANSON / GETTY IMAGES ©

**1. Freske in der Basilica di San
Francesco (S. 286), Assisi**
Assisis Hauptattraktion ist diese Basilika, die aus
zwei mit Renaissancekunst reich gefüllten Kirchen
besteht.

**2. Pinturicchios Fresken, Dom von
Siena (S. 216)**
Die Wände der kleinen Libreria Piccolomini sind
mit leuchtend bunten, erzählenden Fresken
geschmückt.

**3. Masaccios Fresken in der Basilica
di Santa Maria del Carmine (S. 85),
Florenz**
Masaccios Freskenzyklus schildert das Leben Petri
und gilt als Meisterwerk, da es mit der Gotik bricht
und aus einer Fülle neuer Ausdrucksmittel schöpft.

**4. Museo di San Marco (S. 79),
Florenz**
Ganz im Geist der Renaissance verleiht Fra' Ange-
lico den christlichen Figuren auf seinen Fresken
nur allzu menschliche Züge von Unsicherheit und
Zweifel.

JULIET COOMBE / GETTY IMAGES ©

1

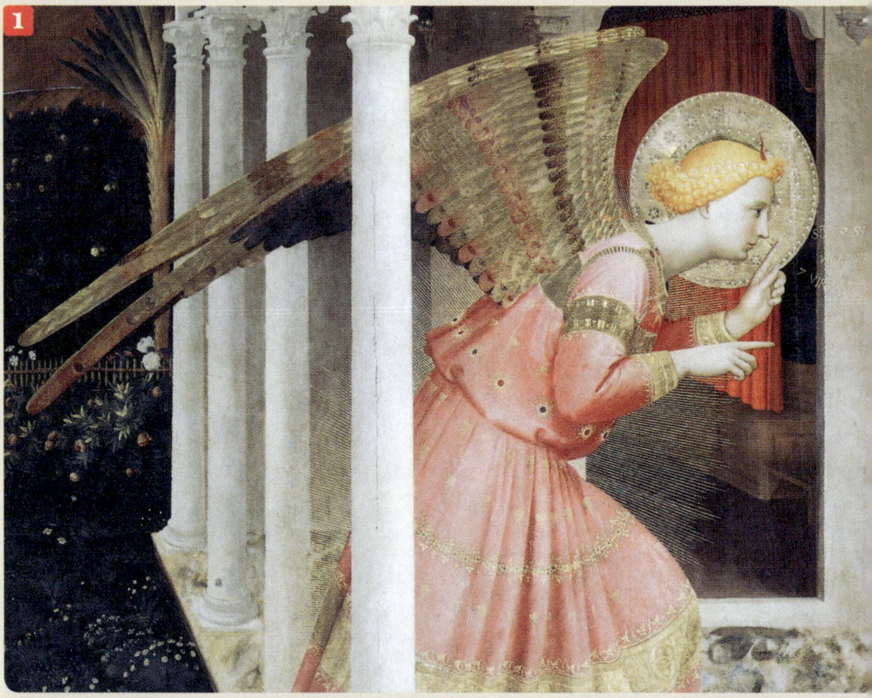

2

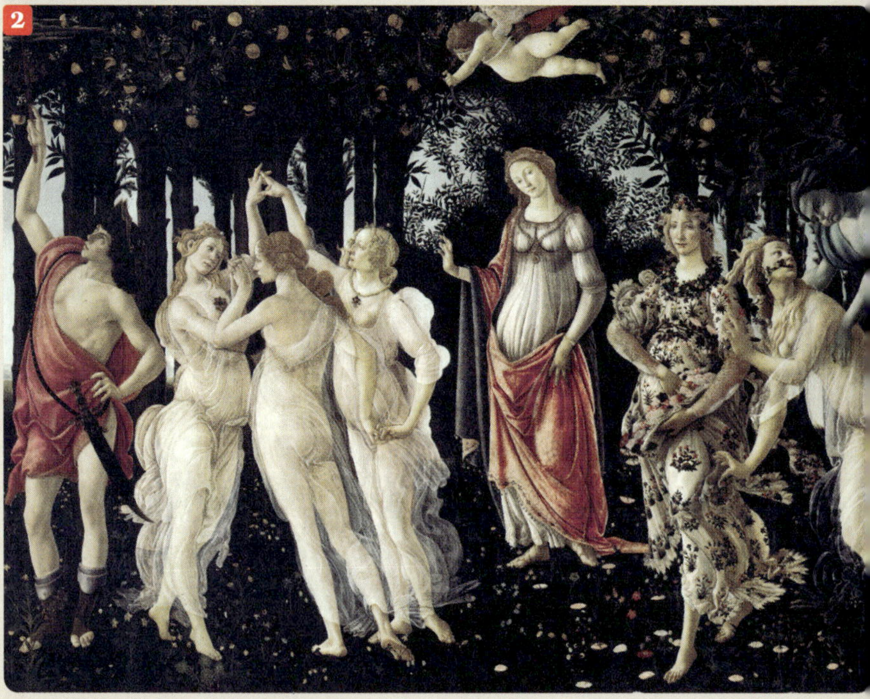

1. Fra' Angelicos *Verkündigung* **2.** Botticellis *Primavera*
3. Die *Madonna mit Engeln* von di Buoninsegna

3

Künstler der Toskana

Viele große Namen konkurrieren um die Plätze auf einer Liste der Top 5 – hier ist unser Vorschlag.

Michelangelo Buonarroti (1475–1564)

Er war der Renaissancemensch schlechthin; Maler, Bildhauer und Architekt, der mehr Meisterwerke schuf als jeder andere Künstler. In Florenz gehören der *David* in der Galleria dell'Accademia und *Tondo Doni* (Heilige Familie mit dem Jesuskind) in den Uffizien aufs Programm.

Sandro Botticelli (1444–1510)

Seine Schönheiten betörten die Medici und locken noch immer jedes Jahr Millionen von Besuchern in die Uffizien. Unbedingt ansehen: *Primavera* und *Geburt der Venus*.

Giotto di Bondone (1266–1337)

Giotto brachte die Renaissance ins Rollen – mit Fresken, auf denen die Körpersprache der Figuren jede Bilderklärung überflüssig machten. Fans pilgern nach Assisi um einen Blick auf den Freskenzyklus *Das Leben des hl. Franziskus* zu werfen.

Fra' Angelico (1395–1455)

Wenige Künstler haben es zum Heiligen gebracht. Eine Ausnahme war Il Beato Angelico, der 1982 heiliggesprochen wurde. Sein berühmtestes Werk ist die *Verkündigung*, von dem Versionen im Museo di San Marco in Florenz und im Museo Diocesano in Cortona hängen.

Duccio di Buoninsegna (1255–1318)

Der Chef der Sieneser Schule war bekannt für fesselnde Marien-Darstellungen: Maria mit durchdringendem Blick und blassgrüner Haut vor glühend goldenem Hintergrund. Sein bestes Stück ist die *Maestà* im Museo dell'Opera in Siena.

Toskanische Architektur

Italien ist mit Architekturikonen reich gesegnet, und viele davon stehen in der Toskana. Nicht nur Brunelleschi und Michelangelo schufen hier Meisterwerke – jeder größere Ort kann zumindest eine Perle der Romanik, Gotik oder Renaissance aufweisen.

Kirchen

Dass Besucher in toskanischen Kirchen andächtig verweilen, hat nicht nur Glaubensgründe. Selbst im kleinsten Dorf steht eine Kirche, und nicht selten handelt es sich dabei um einen Hort großer Kunst. Florenz schwimmt in Meisterwerken (Santa Maria Novella, Santa Croce und San Lorenzo sind ein Muss!), aber auch Siena, Pisa und San Gimignano besitzen wunderschöne *duomos*, die das Stadtbild prägen. Der Dom von Orvieto, nahe der toskanischen der Grenze in Umbrien, gehört zu den schönsten Sakralbauten Italiens.

Baptisterien

Zu großen Kathedralen gehört oft ein separates *battistero* (Baptisterium) mit Altar und Taufbecken. Das an einen Cupcake erinnernde Baptisterium auf der Piazza dei Miracoli in Pisa mit der wunderbaren, sechseckigen Marmorkanzel von Nicola Pisano: göttlich! Dasselbe gilt für sein romanisches Pendant in Florenz, dessen berühmte Bronzeportale Lorenzo Ghiberti schuf.

Hospitale

Die von der Kirche, der *comune* (Stadt) oder vermögenden Familien gegründeten *ospedali* (Hospitale) gehörten zu den

1. Luftbild der Piazza del Campo (S. 211), Siena **2.** Dom von Orvieto (S. 251)

größten und prächtigsten öffentlichen Gebäuden ihrer Zeit. Santa Maria della Scala in Siena ist das bekannteste Beispiel; eine architektonische Perle ist auch Brunelleschis Ospedale degli Innocenti in Florenz.

Palazzi

Nicht nur die Medici hatten eine Schwäche für *palazzi* (prächtige Stadthäuser). Im Mittelalter und während der Renaissance ließen sich die reichen Familien aller toskanischen Städte Prestigebauten entwerfen, und Päpste, Kardinäle und *podestàs* (Stadtverwalter) taten es ihnen nach. Berühmte Beispiele sind die Palazzi Strozzi, Pitti und Medici-Riccardi in Florenz, die Palazzi Piccolomini, Salimbeni und Chigi-Saracini in Siena sowie der Palazzo Piccolomini in Pienza.

Piazze

Auf diesen Paradebeispielen für Stadtplanung pulsiert das Herz jeder toskanischen Gemeinde. Hier trifft sich alles, hier stehen meist alle wichtigen Gebäude (Kirche, Rathaus usw.). Die beiden berühmtesten Plätze, Piazzo Pio II in Pienza und Piazza dei Miracoli in Pisa, gehören zum Weltkulturerbe der Unesco. Ebenfalls erwähnenswert sind Livornos Piazza dei Domenicani, Arezzos Piazza Grande und Massa Marittimas Piazza Garibaldi.

Rathäuser

Als Symbol für Reichtum und Bürgerstolz ist der *palazzo comunale* (Rathaus) oft der beeindruckendste Zivilbau einer toskanischen Stadt. Prachtstücke sind die Rathäuser von Siena (Piazza del Campo), Volterra (Piazza dei Priori) und Florenz (Piazza della Signoria).

NICHT VERSÄUMEN

CAFÉS MIT GESCHICHTE

Es gibt nicht viele Cafés, die so viel in ihrem Leben gesehen und gehört haben wie diese alten Florentiner Schätze.

Caffè Giacosa (Karte S. 62; www.caffegiacosa.com; Via della Spada 10r; Mo–Fr 7.45–20.30, Sa 8.30–20.30, So 12.30–20 Uhr) Das kleine Café ist berühmt für seine Vergangenheit: gegründet 1815, Geburtsstätte des Cocktails Negroni und Treffpunkt von englisch-florentinischen Aristokraten und Intellektuellen in den Jahren zwischen den Weltkriegen. Es ist aber auch für das bekannt, was aus ihm geworden ist: ein angesagtes Café unter der Leitung des Erfolgsdesigners Roberto Cavalli. Sein Flagshipstore liegt gleich nebenan. Erstaunlicherweise ist das Giacosa preislich gemäßigt. Auf der anderen Straßenseite gibt es am Palazzo Strozzi einen ebenso hippen Ableger.

Caffè Rivoire (Karte S. 62; Piazza della Signoria 4; Di–So) Der Evergreen der Cafészene bietet sich an, wenn man nach einem Besuch der Uffizien oder des Palazzo Vecchio wieder auftanken möchte. Nicht billig, aber die Freifläche ist unschlagbar in punkto Leutegucken. Seit 1872 werden hier mit die leckersten Pralinen der Stadt unters Volk gebracht. Für den förmlichen Rahmen sorgen die Barkeeper mit schwarzer Weste und Krawatte.

Caffè Gilli (Karte S. 62; Piazza della Repubblica 3r; Mi–Mo) Das berühmteste unter den historischen Cafés serviert seit 1733 extrem leckere Kuchen, Pralinen, Obsttörtchen und *millefoglie* (Blätterteig mit sahniger Vanille- oder Schokocreme) – zum Hineinlegen. 1910 ist das Lokal an die heutige Adresse am alten römischen Forum gezogen. Die Jugendstileinrichtung ist wunderbar in Schuss.

Caffè Concerto Paszkowski (Karte S. 62, www.paszkowski.com; Piazza della Repubblica 31-35r; Di–So) 1846 erblickte die Florentiner Institution als Brauerei am Fischmarkt das Licht der Welt. 100 Jahre später lockten die beheizte Terrasse und das elegante Interieur mit Piano die Literaten an. Heute wiederum kommen alle querbeet: Jugendliche mit Handys, Geschäftsleute im Anzug und aufgetakelte ältere Damen, die sich zum Tee treffen.

panini tartufati (Brötchen mit Trüffelpaste) der Renner und schmecken mit einem Glas Prosecco besonders lecker.

Cuculia · CAFÉ

(Karte S. 62; www.cuculia.it; Via dei Serragli 11; Di–Fr 10–24, Sa bis 1 Uhr) Wer ein paar Stunden lang zwischen Bücherregalen bei klassischer Musik träumen will, geht in das wunderbar gemütliche Buchladen-Café und lässt sich von der nostalgisch-kultivierten Atmosphäre einlullen. Für ein romantisches Tête-à-tête bei einem Cocktail-*aperitivo* bietet sich die kleine, von Kerzen beleuchtete Ecke an. Es wird auch Essen serviert.

La Terrazza · CAFÉ

(Karte S. 62; La Rinascente, Piazza della Repubblica 1; Mo–Sa 9–21, So 10.30–20 Uhr) Drei große Sonnenschirme und ein Dutzend Tische auf dem Kaufhausdach machen die gut versteckte Dachterrasse zu einem besonderen Ort. Von Vögeln umschwirrt tun sich die Gäste an einem Espresso oder einem Cocktail gütlich und genießen dabei den Blick auf den Dom, die Piazza della Repubblica und die Hügel im Hintergrund.

Clubs

Wer die Florentiner Clubszene wirklich erleben will, darf nicht vor Mitternacht aufkreuzen – die Dancefloors füllen sich meist erst gegen 2 Uhr. Von Juni bis September kommt alles zum Stillstand. Die meisten Clubs machen dann dicht, mit Ausnahme von Central Park und Meccanò, die Open-Air-Tanzflächen haben. Der Eintritt richtet sich nach dem Wochentag, Männer zahlen normalerweise mehr als Frauen. Frühe Gäste (zwischen 21.30 und 23 Uhr) kommen manchmal kostenlos hinein.

Blop Club · CLUB

(Karte S. 62; www.blopclub.com; Via Vinegia 21r; Mo–Mi 23–3, Do–Sa bis 5 Uhr) Der heißeste Club der Stadt liegt natürlich auch im angesagtesten Viertel: Santa Croce. Der kleine, unangepasste Blop hat internationales Publikum, ein Magnet sind die Themennächte mit Musik aus den 60ern, Hiphop, alternativem Rock und was es sonst noch so gibt. Kein Eintritt, aber Neuankömmlinge müssen eine Mitgliedskarte (20 €) kaufen.

YAB   CLUB
(Karte S. 62; www.yab.it; Via de' Sassetti 5r; ☺Okt.–
Mai 21–4 Uhr) Wer hierher pilgert, sollte wissen, was an dem Abend läuft. Der populärste
Club von Florenz hinter dem Palazzo Strozzi
ist seit den 1970er-Jahren aktiv. Donnerstags
zappelt das Ü30-Volk ab, sonst sind vor allem Studenten hier.

Space Club   CLUB
(Karte S. 62; www.spaceclubfirenze.com; Via Palaz-
zuolo 37r; Eintritt 16 € inkl. ein Getränk; ☺22–4 Uhr)
Allein die Größe des Clubs in Santa Maria
Novella ist ein Hammer, und bereits beim
Hereinkommen ist klar: Das wird eine fette
Partynacht mit Schwofen, Trinken und viel-
leicht Video-Karaoke in der Bar. Das Publi-
kum ist international und studentisch. Die
Getränke werden auf einer elektronischen
Karte registriert und am Ausgang abgerech-
net (wer die Karte verliert, zahlt 50 €).

Twice Club   CLUB
(Karte S. 82; www.twiceclub.com; Via Giuseppe Verdi
57r; ☺21–4 Uhr) Der Eintritt ist frei, aber wer
reinkommen will, muss schon einigermaßen
aussehen. Wenn diese Hürde überwunden
ist, eröffnet sich ein stylisher Club (Kron-
leuchter) mit Mainstreammusik. Die hippe
Cocktailbar macht guten Umsatz (Happy
Hour 21–23 Uhr), und erst nach Mitternacht
füllt sich der Dancefloor.

Full Up   CLUB
(Karte S. 82; Via della Vigna Vecchia 21r; ☺Sept.–
Juni Mo–Sa 23–4 Uhr) Das Partyvolk in dem
angesagten Club lässt sich von einem bunten Soundmix in Stimmung bringen. Vor allem Leute in den 20ern tanzen hier bis zum
Morgengrauen ab.

Tenax   CLUB
(www.tenax.org; Via Pratese 46; Eintritt variiert;
☺Okt.–Apr. Do–So 22–4 Uhr) Als einziger Club
in Florenz hat das Tenax europaweit einen
Ruf wegen seiner internationalen Gast-DJs
und der abgefahrenen „Nobody's Perfect"-
House-Partys am Samstag. Das kaufhaus-
ähnliche Gebäude liegt außerhalb, nicht
weit vom Flughafen, und ist mit Bus 29 oder
30 ab Stazione di Santa Maria Novella zu
erreichen.

☆ Unterhaltung

An lauen Sommerabenden lässt es sich natürlich vor den Cafés und Bars prima aus-
halten. Dass Florenz aber auch eine quirlige
Unterhaltungsszene zu bieten hat, ist unter
anderem den vielen ausländischen Studenten zu verdanken. Es gibt renommierte
Bühnen, eine ganze Reihe Festivals und ab
Mitternacht, wenn *aperitivo* und Abendessen abgehakt sind, eine nicht sehr große,
aber bunte Clubszene.

KULTUR IM GEFÄNGNIS

Das ehemalige Stadtgefängnis (1883–1985) und das Nonnenkloster aus dem 15. Jh. hinter
dem Mercato di Sant'Ambrogio haben sich in eines der spannendsten Kulturzentren von
Florenz verwandelt. Schon der um einen Innenhof gruppierte rote Backsteinkomplex hat
etwas: Die massiven Türen führen eindeutig in ehemalige Gefängniszellen, die nun zum
Großteil von einem Buchladen, einer Weinbar, Kunstgalerien oder Ähnlichem okkupiert
werden. Von der hübschen Terrasse des Restaurants **Le Carceri** (Karte S. 82; www.ristorante
lecarceri.it; Piazza della Madonna della Neve 3; Mahlzeiten 30 €; ☺mittags & abends) hat man das
Ensemble gut im Blick. In weiteren Räumlichkeiten des Kulturzentrums finden Weinproben,
Ausstellungen, Performances, Filmvorführungen und andere Events aus dem ständig wachsenden Florentiner Kulturkalender statt.
   Das absolute Highlight ist **Le Murate Caffè Letterario** (Karte S. 82; ☎055 234 68 72;
www.lemurate.it; Piazza delle Murate Firenze; ☺9–1 Uhr), eine künstlerische Café-Bar im Zentrum der Anlage. Hier treffen sich Literaten bei einer Tasse Kaffee oder einem Häppchen
zum Diskutieren, Fabulieren und Vorlesen. Das Literaturcafé versteht sich als Plattform
für Schriftsteller aus dem In- und Ausland, die für Lesungen und Vorträge eingeladen
werden. Dazu gibt's Filmvorführungen, Gesprächsrunden, Livemusik und Kunstausstellungen. Mehrere im Retrostil eingerichtete Räume mit Flohmarktstühlen und Tischplat-
ten aus recycelten Fensterrahmen bilden ein funkiges Ambiente, im Sommer verlagert
sich das Geschehen in den gepflasterten Innenhof. Das Veranstaltungsprogramm steht
im Internet.

Livemusik

Die meisten Locations liegen außerhalb der Stadt und sind im Juli und/oder August geschlossen.

La Cité LIVEMUSIK

(Karte S. 62; www.lacitelibreria.info; Borgo San Frediano 20r; ⌚Mo–Do 15–1, Fr & Sa 17–2 Uhr; 📶) Tagsüber lassen sich die Gäste in dem coolen Büchercafé auf den bunt zusammengewürfelten alten Sitzmöbeln nieder, genehmigen sich einen Cappuccino und surfen im Internet. Ab 22 Uhr verwandelt sich der Raum mit den Bücherregalen in eine quicklebendige Musikbühne – Richtung Swing, Fusion und Jazz mit Jamsessions. Die Treppe neben der Bar führt ins Zwischengeschoss mit weiteren Sitzgelegenheiten.

Jazz Club JAZZ

(Karte S. 82; www.jazzclubfirenze.com; Via Nuovo de' Caccini 3; ⌚Di–Sa 22–2 Uhr, Juli & Aug. geschl.) *Der* Jazzclub in Florenz bietet außer Jazz auch Salsa, Blues, Dixieland und Weltmusik.

Be Bop Music Club LIVEMUSIK

(Karte S. 78; Via dei Servi 76r; ⌚20–2 Uhr) GRATIS Inspiration holt sich der heißgeliebte Retroladen in den Swinging Sixties. Hier gibt's alles, von Coverbands (Led Zeppelin, Beatles) über Swing bis hin zum Funk der Siebziger.

Theater, klassische Musik & Tanz

Teatro del Maggio Musicale Fiorentino OPER, BALLETT

(☎055 28 72 22; www.maggiofiorentino.com; Corso Italia 16) Vorhang auf für Oper, klassische Musik und Ballett. Im Frühsommer gastiert in dem hübschen Theater auch das Kulturfestival Maggio Musicale Fiorentina.

Teatro della Pergola THEATER

(Karte S. 82; ☎055 2 26 41; www.teatrodellapergola.com; Via della Pergola 18) In dem schönen Stadttheater mit dem faszinierenden Eingang werden von Oktober bis April klassische Konzerte aufgeführt.

Shoppen

Geschmacklose Massenware wie Boxershorts mit dem David-Schniedel drauf gibt's überall, vor allem auf den beiden großen Märkten der Stadt: dem Mercato Centrale (S. 79) und dem **Mercato Nuovo** (Karte S. 62; Loggia Mercato Nuovo; ⌚Mo–Sa 8.30–19 Uhr). Sie werden von minderwertigen Textilien, Handtaschen und billigen Ledererzeugnissen nur so überflutet.

Für alle, die niveauvoller shoppen wollen, öffnet sich eine Welt mit Ateliers und Werkstattläden. Seit dem Mittelalter steht Florenz für solide Handwerkskunst. Schon damals waren Gold- bzw. Silberschmiede und Schuhmacher genauso angesehen wie Bildhauer und Maler. Auch die modernen Florentiner stehen auf Design und Kunsthandwerk, denn ihr Volkssport heißt *fare bella figura* (wörtlich: eine gute Figur machen). Aussehen zählt hier unheimlich viel, deswegen werden die schicken Boutiquen von Kunden jeglicher Einkommensklasse frequentiert. Manche kaufen sich ein komplettes Outfit, andere begnügen sich mit einem ausgesuchten Accessoire, aber alle sind sich stets bewusst, welche Marken sie und die anderen tragen.

Wer sich ein echtes Stück Florenz mit nach Hause nehmen will, sollte nach Lederwaren, Schmuck und handbestickter Bett- oder Tischwäsche fahnden, nach Designerklamotten, Parfüm, Marmorpapier, Wein, Puppen und kulinarischen Spezialitäten.

Außer in den folgenden Läden lohnt sich der Besuch auch in der Scuola del Cuoio (S. 93; für Lederwaren) hinter der Basilica di Santa Croce.

Florenz ist die Heimat von Gucci, Emilio Pucci, Roberto Cavalli und einer ganzen Reihe weniger bekannter Modeschöpfer. Sie alle geben ihr Bestes, damit die Stadt ihrem Ruf als Metropole der Schönheit, Kreativität und Handwerkskunst weiterhin gerecht wird. Die legendäre **Via de' Tornabuoni**, ein glitzernder Laufsteg für Designerboutiquen, bietet sich als Ausgangspunkt an. Auch die ganz in der Nähe gelegene **Via della Vigna Nuova**, wo die Florentiner Ikone **Gucci** (Karte S. 62; www.gucci.com; Via de' Tornabuoni 73) 1921 als kleine Sattlerei anfing, ist ein Modeparadies. Die Läden von lokalen Größen wie Michele Negri, Enrico Coveri, **Patrizia Pepe** (Karte S. 62; www.patriziapepe.com; Via degli Strozzi 3; ⌚Mo–Fr 10–19, Sa bis 14 Uhr) und Ermanno Daelli lohnen ebenso den Besuch.

★Mrs Macis MODE

(Karte S. 82; www.mrsmacis.it; Borgo Pinti 38r; ⌚Mo 16–19.30, Di–Sa 10.30–13 & 16–19.30 Uhr) Die begnadete Carla Macis hat ihr Atelier mit Verkaufsraum im Puppenstubenlook eingerichtet – ein echter Blickfang. Die Boutique ist auf sehr feminine Damenmode im Stil der 50er-, 60er- und 70er-Jahre und Schmuck aus neuen und recycelten Materialien spezialisiert. Hier gibt es nur Einzelstücke.

DESIGNER-OUTLETS

Wer in Florenz bezahlbare Designerklamotten sucht, wird in den Outlets vor den Toren der Stadt fündig. Dort liegen die Preise für Ware der abgelaufenen Saison um 30 bis 50 % niedriger.

Barberino Designer Outlet (www.mcarthurglen.it; Via Meucci, Barberino di Mugello; ⊘ Mo–Fr 10–20, Sa & So bis 21 Uhr) Ralph Lauren, D&G, Prada, Class Roberto Cavalli, Missoni, Furla, Benetton und Bruno Magli sind nur einige der rund 100 Marken, die hier verkauft werden. Ein Shuttlebus zum Outlet (Erw./erm. hin und zurück 15/18 €, 35 Min.) fährt täglich um 10 und 14.30 Uhr an der Piazza della Stazione ab. Rückfahrt von Barberino di Mugello (40 km nördlich von Florenz) ist um 13.30 und 18 Uhr.

The Mall (www.themall.it; Via Europa 8, Leccio; ⊘ 10–19 Uhr) Gucci, Ferragamo, Burberry, Ermenegildo Zegna, Yves Saint Laurent, Tod's, Fendi, Giorgio Armani, Marni, Valentino usw. gibt's in diesem Lager 30 km außerhalb von Florenz, das von SITA-Bussen bedient wird (5 €, bis zu 4-mal tgl., Abfahrt am Busbahnhof von SITA). Wer ein eigenes Fahrzeug hat, nimmt die A1 nach Norden bis zur Ausfahrt Incisa und folgt den Schildern nach Leccio.

★ **Casini Firenze**   MODE
(Karte S. 86; www.casinifirenze.it; Piazza Pitti 30-31r; ⊘ Mo–Sa 10–19, So 11–18 Uhr) Die hübsche Boutique gegenüber dem Palazzo Pitti zählt zu den ältesten und angesehensten Modehäusern in Florenz, ist aber dank der Modeschöpferin und Stylistin Jennifer Tattanelli immer topaktuell. Die Florentinerin mit amerikanischen Wurzeln berät persönlich.

★ **Boutique Nadine**   VINTAGE
(Karte S. 82; www.boutiquenadine.com; Via de' Benci 32r; ⊘ Mo 14.30–19.30, Di–Sa 10.30–20, So 12–19 Uhr) Es gibt keine elegantere, nostalgischere Adresse für Vintage-Klamotten, Schmuck, Wohnaccessoires und anderen Schnickschnack als diesen Laden mit Holzboden, antiken Vitrinen und der Umkleidekabine von anno dazumal. Hier stimmt alles bis aufs Detail.

★ **Mio Concept**   WOHNACCESSOIRES
(Karte S. 62; www.mio-concept.com; Via della Spada 34; ⊘ Mo 15–19, Di–Sa 10–13.30 & 14.30–19 Uhr) Ein überraschendes und faszinierendes Sortiment an Designobjekten für die Wohnung (zum Teil recycelt oder getunt), Schmuck, T-Shirts und anderem füllen die schicke Boutique der deutschen Weltenbummlerin Antje bis zum Bersten. Die originell verfremdeten Straßenschilder des in Florenz wohnenden Künstlers CLET sind ein Highlight.

★ **Dolce Forte**   SCHOKOLADE
(Karte S. 62; www.dolceforte.it; Via della Scala 21; ⊘ Mi–Sa & Mo 10–13 & 15.30–19.45 Uhr) Elena steckt mit Leib, Seele und Knowhow hinter dieser unglaublichen Chocolaterie. Hier wandert nur beste Qualität über die Theke: Pralinen mit schwarzen Trüffeln, mit Grappa getränkte Kirschen in weißer Schokolade oder das ultimative Geschmackserlebnis, in Dessertwein marinierter *formaggio di fossa* (ein Käse aus Mittelitalien), umhüllt von Bitterschokolade.

★ **Letizia Fiorini**   PUPPEN
(Karte S. 62; Via del Parione 60r; ⊘ Di–Sa 10–19 Uhr) Das bezaubernde Märchenparadies ist ein One-Woman-Unternehmen: Letizia Fiorini sitzt hinter der Ladentheke, und wenn sie gerade mal Leerlauf hat, näht sie an ihren ausdrucksstarken Puppen. Von den Regalen grüßen Pulcinella, der Clown Arlecchino, die hübsche Magd Colombina, Doctor Peste (mit Gesichtsmaske gegen die Pest), der freche Brighella, der Draufgänger Il Capitano und viele andere Figuren aus der Commedia dell'Arte.

★ **Giulio Giannini e Figlio**   SCHREIBWAREN
(Karte S. 86; www.giuliogiannini.it; Piazza Pitti 37r; ⊘ Mo–Sa 10–19, So 11–18.30 Uhr) An der kleinen, alten Ladenfront läuft man leicht vorbei, auch wenn sich darin schon seit 1856 der Palazzo Pitti in der rosa Abendsonne spiegelt. Die Buchbinderei der Gianninis, einer der ältesten Handwerkerfamilien der Stadt, verkauft Marmorpapier, wunderschön gebundene Bücher und Schreibwaren. Unbedingt auch in die Werkstatt im Obergeschoss schauen.

Aprosio & Co   ACCESSOIRES, SCHMUCK
(Karte S. 62; www.aprosio.it; Via della Spada 38; ⊘ Mo–Sa 10.30–13.30 & 14.30–17.30 Uhr) Aus

winzig kleinen Glasperlen fabriziert Ornella Aprosio glitzernde Schmuckstücke und veredelt damit Haarspangen, Broschen in Tierform, Handtaschen und sogar Kaschmirpullis. Einfach zauberhaft!

Grevi   HÜTE
(Karte S. 62; www.grevi.com; Via della Spada 11-13r; ⊙Mo–Sa 10–14 & 15–20 Uhr) In *Tee mit Mussolini* trug Cher einen Hut von Siena Grevi, ebenso Maggie Smith in *Mein Haus in Umbrien* (2003). Wer sich wie ein Star fühlen will, probiert in der unglaublich romantischen Boutique mal ein paar Hüte durch – zu Preisen ab 30 € bis unerschwinglich.

Vintage di Antonini Alessandra   MODE
(Karte S. 82; Piazza Piero Calamandrei; ⊙Mo 15.30–19.30, Di–Sa 10.30–13.15 & 15.30–19.30 Uhr) Echte Haute-Couture-Fummel, Chanel-Handtaschen, Riemchensandalen von Dior aus den 1970er-Jahren und sonstige Traumstücke stapeln sich in der Edelboutique nicht weit von der Via delle Seggiole.

Alessandro Gherardeschi   MODE
(Karte S. 62; www.alessandrogherardeschi.com; Via della Vigna Nuova 97r; ⊙Mo–Sa 10–19 Uhr) Markante Hemden und Blusen, Kurz- oder Langarm, mit Dutzenden an Dessins (Blumen, Törtchen, Oldtimer, einfach alles!) gibt's in dieser kleinen, bunten Designerboutique beim Fluss.

Desii Lab   MODE
(Karte S. 62; Via della Spada 40r; ⊙Mo–Sa 10–19 Uhr) Ob mit lila und türkisfarbenen Steinchen besetzte Uggs, gelbe Doc Martens aus Kunstleder oder das neueste Converse-Modell, der Laden für Schuhe, Streetfashion und Accessoires hat einfach alles (neu und gebraucht). Es gibt noch weitere Filialen in Florenz.

Loretta Caponi   MODE
(Karte S. 62; www.lorettacaponi.com; Piazza degli Antinori 4r; ⊙März–Okt. Mo–Fr 10–19 Uhr, Sa nur morgens, Nov.–Feb. Mo nachmittags geschl.) Der alte Familienbetrieb (schon vor Urzeiten Ausstatter des Adels) verkauft in seinem unsagbar tollen Laden handbestickte Schlafanzüge, Bett- und Tischwäsche, Hausschuhe, Bademäntel und exquisite Kinderklamotten.

A Piedi Nudi nel Parco   MODE
(Karte S. 62; www.pnp-firenze.com; Via del Proconsolo 1; ⊙10.30–19.30 Uhr) So schick geht es in dem Laden für ausgefallene, hochwertige Designermode zu, dass Kunden an der kleinen integrierten Bar einen *aperitivo* serviert bekommen (ab 18 Uhr).

Francesco da Firenze   SCHUHE
(Karte S. 62; www.francescodafirenze.it; Via di Santo Spirito 62r; ⊙Mo–Sa 10–19 Uhr, Aug. 2 Wo. geschl.) Von Hand genähte Lederwaren sind der Grundpfeiler des kleinen Familienbetriebs. Wem die Damen- und Herrenschuhe in den Regalen nicht gut genug sind, kann sich ein Paar nach Maß anfertigen lassen.

Alessandro Dari   SCHMUCK
(Karte S. 86; www.alessandrodari.com; Via San Niccolò 115r) Der extravagante Goldschmied und Konzertgitarrist Alessandro Dari kreiert in seinem malerischen Laden-Atelier in einem Gebäude aus dem 15. Jh. in San Niccolò einzigartige, unglaublich schöne Stücke. Er selbst nennt sie „Skulpturen zum Anziehen" und arrangiert sie zu thematischen Gruppen.

Lorenzo Villoresi   PARFÜM
(Karte S. 86; ☎055 234 11 87; www.lorenzovilloresi.it; Via de' Bardi 14; ⊙Mo–Sa 10–19 Uhr) Für seine Parfüms und Duftpotpourris vermählt Villoresi typisch toskanische Aromen wie Lorbeer, Olive, Zypresse und Iris mit ätherischen Ölen und Essenzen aus der ganzen Welt. Seine magischen Düfte sind äußerst begehrt, und ein Besuch des Geschäfts im familieneigenen Palazzo aus dem 15. Jh. ist ein echtes Erlebnis. Laufkundschaft ist willkommen, aber es schadet nichts, vorher anzurufen.

La Gare 24   MODE
(Karte S. 62; Borgo d'Ognissanti 24r; ⊙Mo–Sa 10–20 Uhr) Wer die Retroboutique nicht weit vom Arno betritt und als Erstes das türkisfarbene Sofa mit pinkfarbenen Kissen sieht, weiß, dass er hier an einer der ersten Adressen für abgefahrene Mode gelandet ist.

Angela Caputi   MODE
(Karte S. 62; www.angelacaputi.com; Borgo SS Apostoli 42-46; ⊙Mo–Sa 10–13 & 15.30–19.30 Uhr) Der bunte, peppige Gießharzschmuck von Angela Caputi, die seit den 1970er-Jahren in Florenz tätig ist, hat viele Fans. Ketten und Broschen sind echte Hingucker und kommen in Kombination mit den Klamotten der originellen Modelabels, die Angela auf ihren vielen Reisen entdeckt hat, besonders gut zur Geltung.

Madova   HANDSCHUHE
(Karte S. 86; www.madova.com; Via Guicciardini 1r; ⊙Mo–Sa 10–19 Uhr) Egal, ob mit Kaschmir-,

Seiden- oder Lammfellfutter oder auch ungefüttert – hier gibt's Handschuhe in allen Größen und Farben und aus jedem Leder, das das Herz begehrt. Der Betrieb besteht seit 1919.

La Bottega Moderna KUNSTHANDWERK
(www.labottegamoderna.com; Via Romana 118r; ⊙Mi–Sa 10–13 & 15.30–19.30 Uhr) In der zeitgemäßen Version einer traditionellen Werkstatt lässt es sich herrlich stöbern. Der junge florentinische Maler, Dekorateur und Restaurator Simafra Prosperi kreiert Kunstwerke, Designobjekte und dekorative Wohnaccessoires, oft aus Recyclingmaterial.

La Bottega dell'Olio OLIVENÖL
(Karte S. 62; Piazza del Limbo 2r; ⊙Di–Sa 10–13 & 14–18.30 Uhr) In dem ansprechenden Laden werden Olivenöle, Seifen und Kosmetika aus Olivenöl (die Lepo-Serie ist super!) sowie Teller und Platten aus Olivenholz mit viel Liebe und Geschick in Szene gesetzt.

Obsequium WEIN
(Karte S. 62; www.obsequium.it; Borgo San Jacopo 17-39r; ⊙11–19.30 Uhr) Der Laden liegt im Erdgeschoss eines der am besten erhaltenen mittelalterlichen Türme der Stadt und bietet feine toskanische Weine, Weinzubehör und Delikatessen (auch Trüffeln) an.

Officina Profumo-Farmaceutica di Santa Maria Novella PARFÜMERIE
(Karte S. 62; www.santamarianovella.com.br; Via della Scala 16; ⊙9.30–19.30 Uhr) Schon 1612 mischten die Dominikanermönche von Santa Maria Novella in der Parfümerie und Apotheke Kräuter aus dem Klostergarten zu duftenden Salben und heilenden Tinkturen. In den Regalen der prächtigen Verkaufsräume drängen sich Duftwässerchen, Tees, Essenzen und Kosmetikprodukte. Trotz digitalem Verkaufskatalog und modernstem Zahlungssystem hat das Geschäft seinen nostalgischen Charme nicht verloren.

Nach einem Besuch in den chronisch überfüllten Uffizien oder der Accademia kann man hier seinen Nerven etwas Aqua di Santa Maria Novella gönnen – das hilft angeblich gegen Hysterie.

Antico Setificio Fiorentino STOFFE
(Via Bartolini 4; ⊙Mo–Fr 9–13 & 14–17 Uhr) Wertvolle Samt- und Seidenstoffe und andere Luxustextilien werden auf Webstühlen aus dem 18. und 19. Jh. produziert. Seit 1786 stellt die weltberühmte Fabrik prächtige Damast- und Brokatstoffe im Renaissancestil her.

Alberto Cozzi SCHREIBWAREN
(Karte S. 62; Via del Parione 35r; ⊙10–19 Uhr) Florenz ist berühmt für feinstes marmoriertes Papier, und das stellt dieser Buchbinder- und Restaurationsbetrieb seit 1908 in Handarbeit her – inzwischen in der vierten Generation. Daneben gibt's auch in Leder gebundene Alben und Tagebücher sowie bunte Karten.

Pineider SCHREIBWAREN
(Karte S. 62; www.pineider.com; Piazza della Signoria 13-14r; ⊙10–19 Uhr) Das exklusive Schreibwarengeschäft nahm 1774 seinen Betrieb auf und entwarf sogar Visitenkarten für Napoleon. Die können Kunden auch heute noch haben, neben einer verführerischen Auswahl an Papier und eleganten Büroaccessoires aus Leder.

Fabriano Boutique SCHREIBWAREN
(Karte S. 62; www.fabrianoboutique.com; Via del Corso 59r; ⊙Mo–Sa 10–19.30, So 11–19 Uhr) Luxuriöses Schreibpapier, Origami, originelle Klappkarten und andere nette Papierprodukte ziehen Kunden in diesen hochmodernen Schreibwarenladen, der sich wohltuend von der Norm abhebt. Er bietet auch Kurse für Kalligraphie, Kartenherstellung und Origami an.

❶ Praktische Informationen

NOTFALL
Polizeistation (Questura; ☏055 4 97 71; http://questure.poliziadistato.it; Via Zara 2; ⊙24 Std.)

Touristenpolizei (Polizia Assistenza Turistica; ☏055 20 39 11; Via Pietrapiana 50r; ⊙Mo–Fr 8.30–18.30, Sa bis 13 Uhr) Fremdsprachenkundiges Personal nimmt Diebstahlanzeigen und Ähnliches entgegen.

MEDIZINISCHE VERSORGUNG
24-Stunden-Apotheke (Stazione di Santa Maria Novella)

Dr Stephen Kerr: Medical Service (☏335 8361682, 055 28 80 55; www.dr-kerr.com; Piazza Mercato Nuovo 1, 4. Etage; ⊙Mo–Fr 15–17 Uhr und nach Vereinbarung) Britischer Arzt.

Krankenhaus (Ospedale di Santa Maria Nuova; ☏055 2 75 81; Piazza di Santa Maria Nuova 1)

TOURISTENINFORMATIONEN
Flughafen (☏055 31 58 74; Via del Termine, Flughafen; ⊙Mo–Sa 9–19, So bis 16 Uhr)

ℹ️ GÜNSTIG INS MUSEUM

Die **Firenze Card** (www.firenzecard.it; 72 €) gilt 72 Stunden – im Preis inbegriffen ist der Eintritt in 72 Museen (einschließlich der großen), Villen und Parks sowie der komplette städtische Nahverkehr. EU-Bürger können mit der Karte Minderjährige kostenlos mitnehmen. Zu bekommen ist die Firenze Card online (bei Ankunft in Florenz abholen), bei den Touristeninformationen und an den Kartenschaltern in den Uffizien (Eingang Nr. 2), im Palazzo Pitti, Palazzo Vecchio und Museo del Bargello, in der Cappella Brancacci, im Museo di Santa Maria Novella und in den Giardini Bardini.

Der große Haken an der Firenze Card: Sie gilt für jedes Museum nur einmal. Wer also auf mehrere Tage verteilt in den Uffizien stöbern will, legt sich (genau wie Nicht-EU-Bürger mit Kindern) besser die Jahreskarte der **Amici degli Uffizi** (www.amicideigliuffizi.it; Erw./erm./ 4-köpfige Fam. 60/40/100 €) zu. Sie gilt ein ganzes Kalenderjahr (1. Januar bis 31. Dezember) und deckt den Eintritt in 22 Museen ab (u. a. Galleria dell'Accademia, Museo del Bargello und Palazzo Pitti) – und zwar so oft man will. Bei jedem Besuch muss ein Ausweis vorgezeigt werden. Die Jahreskarte gibt's online und beim **Amici degli Uffizi Welcome Desk** (☎ 055 28 56 10; ⊙ Di–Sa 10–17 Uhr) in den Uffizien, gleich beim Eingang Nr. 2.

Hauptbahnhof (Karte S. 62; ☎ 055 21 22 45; Piazza della Stazione 4; ⊙ Mo–Sa 9–19, So bis 16 Uhr)

San Lorenzo (Karte S. 78; ☎ 055 29 08 33, 055 29 08 32; www.firenzeturismo.it; Via Cavour 1r; ⊙ Mo–Sa 8.30–18.30 Uhr)

Piazza San Giovanni (Karte S. 62; ☎ 055 28 84 96; Piazza San Giovanni 1; ⊙ Mo–Sa 9–19, So bis 16 Uhr)

ℹ️ An- & Weiterreise

AUTO

Die A1 verbindet Florenz mit Bologna und Mailand im Norden sowie mit Rom und Neapel im Süden. Die Autostrada del Mare (A11) führt von Florenz nach Pistoia, Lucca, Pisa und zur Küste. Die meisten Einheimischen bevorzugen die *superstrada* FI-PI-LI (zweispurig, dafür gratis); den blauen Hinweisschildern FI-PI-LI (für Firenze-Pisa-Livorno) folgen. Die ebenfalls zweispurige S2 verbindet Florenz mit Siena. Viel malerischer ist die West-Ost-Verbindung SS67 von Pisa über Florenz nach Forli und Ravenna.

BUS

Der **SITA-Busbahnhof** (Karte S. 62; www.sita bus.it; Via Santa Caterina da Siena 17r; ⊙ Infobüro Mo–Fr 8.30–12.30 & 15–18, Sa bis 12.30 Uhr) an der Westseite der Piazza della Stazione bietet nur eine sehr begrenzte Anzahl an Busverbindungen an, die Zugverbindungen sind meist besser.

San Gimignano (Poggibonsi; 7,10 €, 1¼ Std., 14-mal tgl.)

Siena (7,50 €, 1¼ Std., mind. stündl.)

Greve in Chianti (4,10 €, 1 Std., stündl.)

FLUGZEUG

Der größte internationale Flughafen der Toskana (S. 156) liegt 10 Autominuten südlich von Pisa und bietet Verbindungen zu fast allen großen europäischen Städten.

Flughafen Florenz (www.aeroporto.firenze.it) Auch Amerigo Vespucci oder Peretola genannt, 5 km nordwestlich der Stadtmitte; vor allem Inlandsflüge, auch ein paar europäische Destinationen.

ZUG

Die **Stazione di Santa Maria Novella** (Piazza della Stazione) ist der Hauptbahnhof von Florenz. Die **Gepäckaufbewahrung** (Deposito Bagagliamano; Stazione di Santa Maria Novella; bis 5 Std. 5 €, dann 0,70 €/Std.; ⊙ 6–23 Uhr) liegt am Gleis 16, das Büro der *Assistenza Disabili* (Hilfe für Behinderte) am Gleis 5. Fahrkarten werden in der Schalterhalle verkauft, können aber auch (ohne Schlangestehen) an Automaten mit Touch-Screen-Bedienung (auch auf Deutsch) erstanden werden. Zahlung mit Kreditkarte möglich.

Florenz liegt an der Verbindungsachse Mailand–Rom. Züge gehen nach:

ZIEL	PREIS	FAHRTZEIT
Bologna	24 €	1 bis 1¾ Std.
Lucca	7 €	1½ bis 1¾ Std.
Mailand	50 € bis 60 €	2¼ bis 3½ Std.
Pisa	7,80 €	¾ bis 1 Std.
Pistoia	4,10 €	¾ bis 1 Std.
Rom	20,55 € bis 43 €	1¾ bis 4¼ Std.
Venedig	45 €	2¾ bis 4½ Std.

ℹ Unterwegs vor Ort

AUTO

Die Innenstadt ist fast die ganze Woche über für den Individualverkehr gesperrt (Anlieger frei). Aber mit dem Auto nach Florenz reinzufahren, bringt ohnehin nur Ärger und Stress.

FAHRRAD & MOTORROLLER

Milleunabici (www.bicifirenze.it; Piazza della Stazione; pro Std./Tag 2/5 €; ☺ März–Okt. 10–19 Uhr) Vor dem Hauptbahnhof Santa Maria Novella können gegen Vorlage eines Ausweises violette Fahrräder gemietet werden.

Florence by Bike (www.florencebybike.com; Via San Zanobi 120r; ☺ Mo–Sa 9–13 & 15.30–19.30 Uhr) Der topmoderne Fahrradladen hat Routenplaner, bietet Fahrradtouren an und vermietet Zweiräder (Citybike/Roller 14,50/68 € pro Tag).

ZUM/VOM FLUGHAFEN

ATAF (einfach/hin & zurück 6/8 €, 25 Min.) pendelt mit dem „Vola in bus" zwischen dem Flughafen Amerigo Vespucci und dem Bahnhof Stazione di Santa Maria Novella. Er verkehrt zwischen 6 und 23.30 Uhr im 30-Minuten-Takt (vom Stadtzentrum aus 5.30–23 Uhr). **Terravision** (www.terravision.eu) fährt täglich (einfache Fahrt 4,99 €, 1¼ Std., stündl.) von der Bushaltestelle vor dem Bahnhof Santa Maria Novella in der Via Alamanni (unter der Digitaluhr) zum Pisa International Airport. Fahrkarten dafür gibt's online, im Bus selbst und am Terravision-Schalter in der Deanna Bar. Der Schalter von Terravision in der Ankunftshalle des Flughafens ist nicht zu übersehen.

Ein Taxi vom Flughafen Florenz in die Stadt kostet 20 € (Festpreis; an Sonn- und Feiertagen 22 €, zwischen 22 und 6 Uhr 23,30 €) plus 1 € Zuschlag pro Gepäckstück. Der Taxistand liegt gleich rechts vom Ausgang des Terminals.

Züge verkehren regelmäßig zwischen dem Bahnhof Santa Maria Novella in Florenz und dem Pisa International Airport (7,80 €, 1½ Std., zwischen 4.30 und 22.25 Uhr mindestens stündl.).

ÖFFENTLICHE VERKEHRSMITTEL

Die Busse und elektrischen Minibusse der städtischen ATAF (☎199 104245, 800 424500; www.ataf.net) verkehren in Florenz. Die meisten (auch Bus 13 zum Piazzale Michelangelo) halten an der ATAF-Haltestelle gegenüber dem Südostausgang der Stazione di Santa Maria Novella. Tickets kosten 1,20 € (im Bus 2 €; Fahrer wechseln nicht!) und gelten 90 Minuten (Rückfahrten sind nicht erlaubt). Verkauft werden sie an Kiosken, in Tabakläden und im **Auskunfts- und Ticketbüro der ATAF** (Karte S. 78; Piazza della Stazione; ☺7.30–19.30 Uhr) beim Hauptbahnhof. Buspässe für 1/3/7 Tage kosten 5/12/18 €. Einzelfahrscheine müssen bei Fahrtantritt im Bus entwertet werden (andernfalls droht Bußgeld). Seit Neuestem ist auch die erste **Tramlinie** (www.gestramvia.it) in Betrieb, die weiteren geplanten Straßenbahnlinien sollen bis 2016 fertig sein.

TAXI

Taxiruf ☎ 055 42 42 oder ☎ 055 43 90.

PARKEN IN FLORENZ

In der Altstadt (centro storico) gibt's eine verkehrsberuhigte Zone (Zona a Traffico Limitato; ZTL), die von Montag bis Freitag zwischen 7.30 und 19.30 Uhr und am Samstag zwischen 7.30 und 18 Uhr für den Autoverkehr gesperrt ist (Anwohner frei). Überwachungskameras an den Zufahrten stellen sicher, dass sich alle daran halten. Von Mitte Mai bis Mitte September gilt das Verbot auch mittwochs, freitags und samstags zwischen 23 und 4 Uhr. Wer in einem Hotel in der verkehrsberuhigten Zone wohnt, darf dorthin fahren, um sein Gepäck abzuladen, muss aber vorher telefonisch bei der Rezeption Autonummer und Uhrzeit durchgeben (es gibt ein zweistündiges Zeitfenster), damit das Hotel eine Fahrgenehmigung beantragen kann. Bei Verstößen gegen das Fahrverbot flattert dem Fahrer bzw. der Mietwagenfirma eine Verwarnung über rund 150 € ins Haus. Ausführlichere Infos hierzu stehen auf der Website www.comune.fi.it.

In den Straßen rund um den Piazzale Michelangelo dürfen Autos umsonst parken. Teure Parkgaragen (um die 20 € pro Tag) gibt's rund um die Fortezza da Basso und im Oltrarno unterhalb des Piazzale di Porta Romana. Weitere Möglichkeiten hat www.firenze parcheggi.it parat, aber auch viele Hotels kümmern sich um Parkplätze für ihre Gäste.

Nordwestliche Toskana

Inhalt ➡

Auf in die nordwestliche Toskana

Der berühmte Schiefe Turm ist nur eines der vielen Highlights in dieser grünen Ecke der Toskana. Dennoch düsen die meisten Urlauber hindurch, um schnell nach Florenz und Siena zu kommen. Dabei bieten sich hier tolle Gelegenheiten zu entschleunigen, aufs Fahrrad bzw. die eigenen zwei Beine umzusteigen. Warum nicht den Tag mit regionalen Schlemmereien in Häppchen einteilen, frühmorgens beobachten, wie ein mittelalterliches Dorf zum Leben erwacht, oder auf uralten Pilgerwegen wandeln?

Auch die Städte der Region mit ihrem historischen Flair rechtfertigen einen Aufenthalt. Pisa ist durch die Studenten sehr lebendig, und Lucca mit seiner Stadtmauer, dem Gassenlabyrinth, den Plätzen und romanischen Prachtbauten ist einfach charmant. Hier zeigt sich das bunte italienische Leben jenseits von Hektik.

Gut essen

➡ Villa Bongi (S. 163)

➡ Osteria Vecchia Mulino (S. 170)

➡ Pepenero (S. 169)

➡ Filippo (S. 179)

Schön schlafen

➡ Piccolo Hotel Puccini (S. 160)

➡ Locanda Gavarini (S. 183)

➡ Barbialla Nuova (S. 169)

➡ Al Benefizio (S. 173)

Entfernungen

	Pistoia	Pisa	Lucca	San Miniato
Pisa	55			
Lucca	40	23		
San Miniato	64	47	70	
Pietrasanta	68	31	30	77

Unterwegs vor Ort

Die meisten Städte und größeren Orte sind über die A11 und A12 zu erreichen, aber es macht viel mehr Spaß, auf Nebenstraßen durch die Landschaft zu streifen, vor allem in der Lunigiana und der Garfagnana. Die Zentren von Pisa und Lucca sind für Pkw tabu, deshalb sollte man rechtzeitig nach einem Parkplatz Ausschau halten. Die Zugverbindungen nach Florenz, Pisa, Lucca und Viareggio sind sehr gut. Andere Orte wie Lajatico sind ohne Auto nur schwer erreichbar.

3 PERFEKTE TAGE

1. Tag: Lucca per Rad

Es macht Spaß, sich ein Fahrrad zu leihen, bei Forno Giusti ein Stück ofenfrische Pizza oder Focaccia einzupacken und durch die mittelalterlichen Straßen der Stadt zu radeln. Tolle Picknickplätze bieten die imposante Stadtmauer und die Parkanlage einer Renaissancevilla im Osten von Lucca. Als stilvoller Abschluss lockt ein Kirchenkonzert mit Puccini-Arien.

2. Tag: Auf Nebenstraßen in und um Pisa

Die versteckten Sträßchen von Pisa sind bei vielen Liebe auf den ersten Blick! Der Schiefe Turm und die Piazza dei Miracoli sind schnell erledigt; die beste Sicht darauf bietet sich sowieso vom hübschen Klostergarten des Museo dell'Opera del Duomo aus. Und so ist der Nachmittag frei für einen Bummel durch das von den Massen ignorierte Slow-Food-Städtchen San Miniato. Anschließend gibt's in einer der netten Bars dort einen *aperitivo* mit leckeren Knabbereien und Talblick, gefolgt von einem Gourmetmahl im Pepenero (vorher reservieren!) oder, etwas außerhalb, im kreativen Podere del Grillo. Übernachtungstipp: die Trüffelfarm Barbialla Nuova.

3. Tag: Berge & Meer

Der Tag beginnt in Castelnuovo di Garfagnana mit Markteinkäufen fürs Picknick, dann geht die Fahrt über die Apuanischen Alpen, wo gigantische Marmorblöcke aus den Bergflanken gebrochen werden. Der Passo del Vestito ist ideal für das mitgebrachte Mittagessen unter freiem Himmel mit anschließendem Besuch des botanischen Gartens. Unten an der Küste warten Massa und weiter nördlich Carrara mit seinen Marmorsteinbrüchen; im Süden liegt das elegante Städtchen Pietrasanta mit zeitgenössischer Kunst und spannenden Restaurants.

Übernachtung

Pisa bietet sich als Basis an, hat jedoch kaum empfehlenswerte Unterkünfte. Auch Verkehrslärm ist ein Problem. Besser eignen sich das bezaubernde Lucca (Nachteil: kaum Parkplätze), die *agriturismi* um San Miniato und das Kunststädtchen Pietrasanta. Alle drei haben viel Charme und liegen nicht weit von den Attraktionen der Nordwesttoskana entfernt.

NICHT VERSÄUMEN

Nach dem Besuch von Carrara ist ein Mittagessen mit *lardo di colonnata* (Schweinespeck, zwölf bis 24 Monate in Kräuter-Olivenöl im Marmorbecken gereift) in Colonnata ein Muss!

Essen & Wein

➡ Barbialla Nuova (S. 169)

➡ Mercato della Terra di San Miniato (S. 169)

➡ La Barchina (S: 180)

➡ L'Enoteca Marcucci (S. 179)

Für Familien

➡ La Cittadella di Carnevale (S. 180)

➡ Cava di Fantiscritti (S. 175)

➡ Grotta del Vento (S. 174)

➡ Museo Piaggio (S. 155)

➡ Ponte del Diavolo (S. 174)

Infos im Internet

➡ **Pisa Turismo** (www.pisaturismo.it)

➡ **Parco Regionale delle Alpi Apuane** (www.parcapuane.it)

➡ **Toscana Mare** (www.tuscancoast.org) Infos über die toskanische Küste.

Highlights

1 Auf der malerischen Renaissance-Stadtmauer von **Lucca** (S. 159) radeln und picknicken.

2 Den berühmten **Schiefen Turm** (S. 149) von Pisa bei Sonnenuntergang erleben.

3 In **Barbialla Nuova** (S. 169) bei San Miniato nach weißen Trüffeln suchen.

4 Auf dem Bauernmarkt einkaufen, Wein probieren und bei einem berühmten Fernsehkoch in **San Miniato** (S. 168) essen.

5 Zeitgenössische Kunst, kulinarische Köstlichkeiten und großartige Shops in **Pietrasanta** (S. 177) genießen.

6 In der **Garfagnana** (S. 170) die ländliche Seite der Toskana kennenlernen.

7 Die Marmorsteinbrüche von **Carrara** (S. 175) bestaunen, die einst Michelangelo das Rohmaterial lieferten.

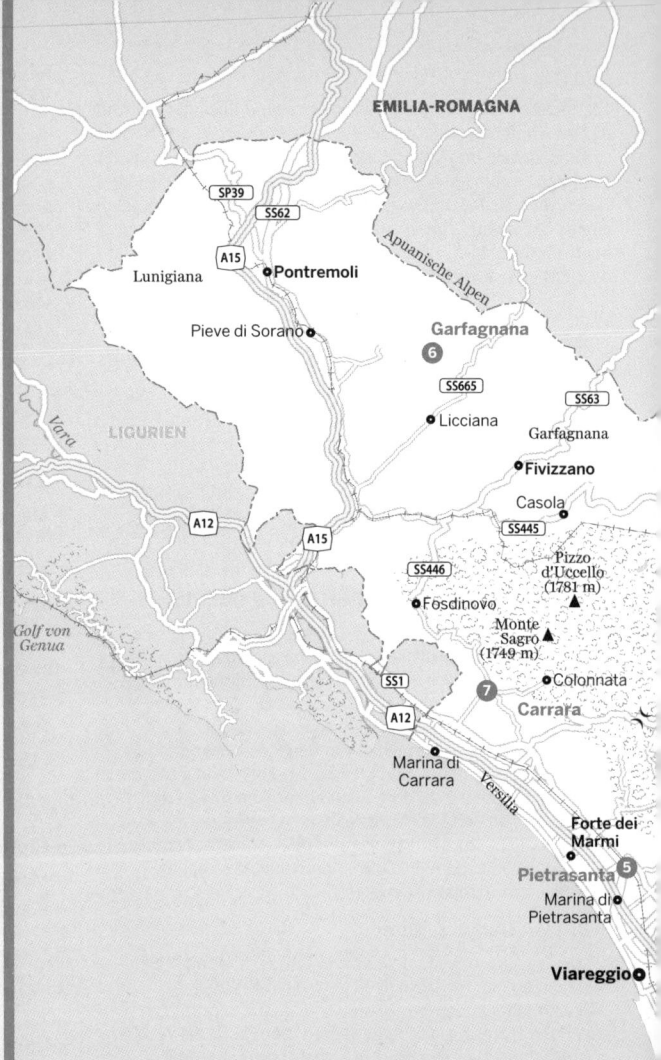

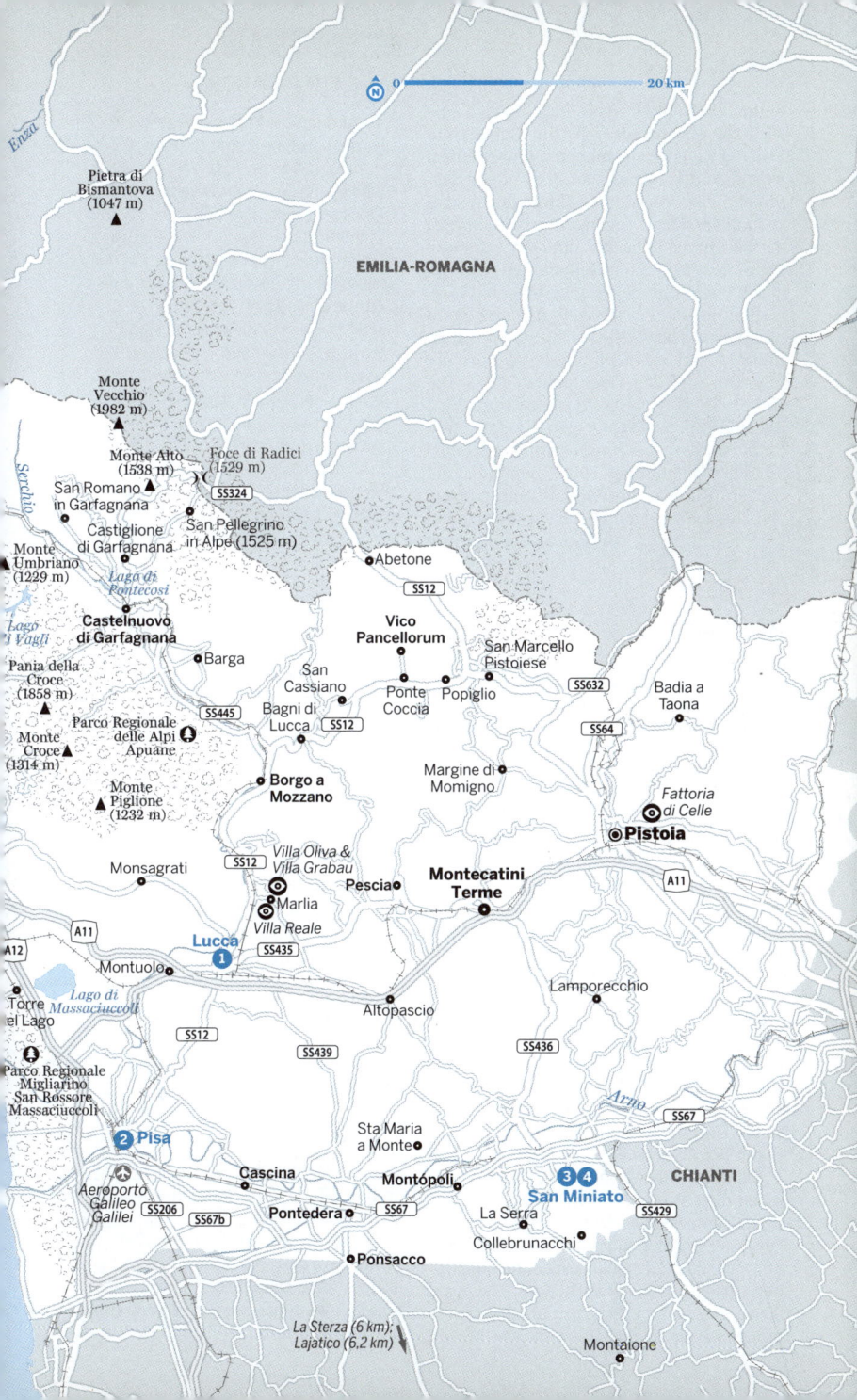

EMILIA-ROMAGNA

Pietra di
Bismantova
(1047 m) ▲

Monte
Vecchio
(1982 m) ▲

Monte Alto
(1538 m) ▲

Foce di Radici
(1529 m)

SS324

San Romano
in Garfagnana ▲

Castiglione
di Garfagnana

San Pellegrino
in Alpe (1525 m)

Monte
Umbriano
(1229 m) ▲

*Lago di
Pontecosi*

Abetone

SS12

*Lago
i Vagli*

Castelnuovo
di Garfagnana

Vico
Pancellorum

San Marcello
Pistoiese

SS632

Barga

San Cassiano

Ponte
Coccia

Popiglio

Badia a
Taona

Pania della
Croce
(1858 m) ▲

SS445

Bagni di
Lucca

SS12

SS64

Parco Regionale
delle Alpi
Apuane

Margine di
Momigno

Monte
Croce
(1314 m) ▲

Monte
Piglione
(1232 m) ▲

Borgo a
Mozzano

Fattoria
di Celle

Pistoia

Monsagrati

SS12

*Villa Oliva &
Villa Grabau*

Pescia

**Montecatini
Terme**

A11

Marlia

Villa Reale

A11

Lucca ❶

SS435

Montuolo

A12

*Lago di
Massaciuccoli*

Altopascio

Lamporecchio

Torre
el Lago

SS12

SS439

SS436

Arno

Parco Regionale
Migliarino
San Rossore
Massaciuccoli

SS67

❷ **Pisa**

Sta Maria
a Monte

CHIANTI

Aeroporto
Galileo
Galilei

SS206

Cascina

Montópoli

❸❹ **San Miniato**

SS67b

Pontedera

SS67

La Serra

SS429

Ponsacco

Collebrunacchi

*La Sterza (6 km);
Lajatico (6,2 km)*

Montaione

0 ——————— 20 km

Enza

Serchio

PISA

85 500 EW.

Kaum zu glauben, dass Pisa einmal eine wichtige Hafenstadt war, die Genua und Venedig Konkurrenz machte. Heute denken jedenfalls die meisten bei Pisa an ein Bauprojekt, das im wahrsten Sinne des Wortes gründlich schief gegangen ist. Dabei ist der berühmte Turm nur eine der zahllosen Attraktionen der überschaubaren und zugleich faszinierenden Stadt. Seit dem 15. Jh. ist Bildung hier der Wirtschaftsmotor Nummer eins; bis heute sind Studenten aus ganz Italien scharf auf einen Studienplatz an der Elite-Uni und den Hochschulen Pisas. Davon profitiert auch das Stadtzentrum, denn die relaxten, preisgünstigen Kneipen und Cafés sorgen für Abwechslung zwischen all den romanischen Prestigebauten, gotischen Kirchen und Renaissanceplätzen. Nur die auswärtigen Besucher, die sich ein paar Schritte von der Piazza dei Miracoli entfernen, tauchen ins Studentengewusel wirklich ein.

Geschichte

Für das alte Rom war Pisa ein bedeutender Handels- und Marinestützpunkt und auch in späteren Jahrhunderten blieb der Hafen eine wichtige Anlaufstelle. Die goldene Ära der Stadt begann im 10. Jh., als sie eine unabhängige Seerepublik wurde und ihren Rivalen Genua und Venedig durchaus Paroli bieten konnte. In den folgenden hundert Jahren segelte Pisas Flotte weit über die Grenzen des Mittelmeers hinaus, trieb erfolgreich Handel mit dem Orient und brachte neue Ideen für Kunst, Architektur und Wissenschaft mit nach Hause. Auf dem Höhepunkt seiner Glanzzeit im 12. und 13. Jh. beherrschte Pisa Korsika, Sardinien und die toskanische Küste. Die meisten Prachtbauten stammen aus dieser Periode, als der typisch pisanisch-romanische Architekturstil mit farbigem Marmor und maurisch-andalusischen Einflüssen florierte. Viele dieser Gebäude erhielten ihren letzten Schliff durch das berühmte Vater-Sohn-Gespann Nicola und Giovanni Pisano.

Während der Konkurrenzkämpfe zwischen dem Papst und dem Kaiser des Heiligen Römischen Reiches schlug sich Pisa auf die Seite der kaisertreuen Ghibellinen und bekam daher Schwierigkeiten mit seinen papsttreuen guelfischen Nachbarn Siena, Lucca und Florenz. Aber den härtesten Schlag steckte Pisa ein, als ihm die

genuesische Flotte 1284 in der Schlacht von Meloria eine vernichtende Niederlage bescherte. Nachdem die Stadt 1406 unter die Herrschaft von Florenz gefallen war, brachten die Medici Kunst, Literatur und Wissenschaft zu neuer Blüte. Sie bauten auch die Universität wieder auf, wo Ende des 16. Jhs. der berühmteste Sohn der Stadt, Galileo Galilei, lehrte. Leider wurde im Zweiten Weltkrieg 40 % der Altstadt zerstört.

◉ Sehenswertes & Aktivitäten

Viele Besucher kommen am Bahnhof San Rossore an, gehen die paar Schritte bis zur Piazza dei Miracoli und haben Pisa damit abgehakt. Viel schlauer ist es, bis zur Stazione Centrale zu fahren, um dann gemütlich durch das *centro storico* (Altstadt) zu schlendern.

◉ Piazza dei Miracoli

Keine toskanische Sehenswürdigkeit wird so gnadenlos als Motiv für Kitschsouvenirs ausgeschlachtet wie der berühmte Turm an dem Platz namens **Campo dei Miracoli** (Feld der Wunder), auch Piazza Duomo (Domplatz) genannt. Mit jährlich 2 Mio. Besuchern herrscht hier ein ständiges Gedränge, das gelegentlich durch Blitzüberfälle von Bustouristen aus Florenz zum Massenauflauf ausartet.

Vom 17. Juni bis zum letzten Augustsonntag (oder dem ersten Sonntag im September) können der Schiefe Turm und der Camposanto bis 22 Uhr besichtigt werden – spätabends ist der Besuch ein echtes Erlebnis!

⭐ **Schiefer Turm**   WAHRZEICHEN

(Torre Pendente; www.opapisa.it; Piazza dei Miracoli; 18 €; ☺ variiert: Sommer ca. 8–22 Uhr, Winter ca. 10–17 Uhr) Ja, es stimmt: Der Schiefe Turm ist wirklich schief. Sein Bau begann 1173, musste aber schon zehn Jahre später eingestellt werden, weil sich die ersten drei Stockwerke bedenklich neigten. Weitere 100 Jahre später versuchten Baumeister und Maurer die Fundamente zu stärken, was ihnen jedoch nicht gelang. Trotzdem bauten sie weiter und glichen dabei die Neigung aus, indem sie einfach die bereits bestehende Struktur senkrecht aufstockten.

Im Verlauf der Jahrhunderte neigte sich der Turm pro Jahr um einen Millimeter weiter zur Seite. 1993 betrug der Abstand zur Senklinie 4,47 m, das entspricht einer Neigung von über 5 %. Im Rahmen der jüngsten Rettungsaktion wurden rund um das 3. Stockwerk Klammern angebracht und der Turm per Stahlseile mit seinen Nachbargebäuden vertäut. So war der Turm erst mal fixiert, während Arbeiter vorsichtig unter dem Nordfundament Erde abtrugen. Nachdem 70 t Aushub entfernt worden waren, sank der Turm auf sein Niveau aus dem 18. Jh. zurück; der Abstand zur Senklinie verringerte sich dadurch um 43,8 cm. Experten sind der Ansicht, dass der Turm so die nächsten 300 Jahre überstehen wird.

Maximal 40 Besucher dürfen gleichzeitig den Turm besteigen; Kinder unter acht Jahren haben keinen Zutritt, Acht- bis Zwölfjährige nur, wenn ein Erwachsener sie an die Hand nimmt. Wer keine Lust auf stundenlanges Warten hat, reserviert sein Ticket vorab oder steuert sofort nach der Ankunft in Pisa das nächstliegende Kartenhäuschen an, um sich ein Ticket für später am Tag zu sichern. Besucher haben 30 Minuten Zeit, um die rund 300 zum Teil glatten Stufen zu bewältigen und die Aussicht zu genießen. Jegliches Gepäck, auch Handtaschen, muss vorher an der kostenlosen Gepäckaufbewahrung neben der Hauptticketverkaufsstelle abgegeben werden. Immerhin ist es erlaubt, die Kamera mitzunehmen.

⭐ **Duomo**   DOM

(Piazza dei Miracoli; Eintritt frei mit Coupon vom Kartenschalter; ☺ variiert: Sommer ca. 10–20 Uhr, Winter ca. 10–13 & 14–17 Uhr) Nachdem die Pisaner 1063 bei Palermo die arabische Flotte besiegt und fette Beute gemacht hatten, konnten sie sich den Bau ihres Doms leisten. Ein Jahr später wurde der Grundstein gelegt. Das auffällige Streifenmuster aus grünem und cremefarbenem Marmor wurde bald zum Markenzeichen romanischer Kirchen in der Toskana. Die ovale Kuppel, die 1380 aufgesetzt wurde, war ein europäisches Novum.

Bei Fertigstellung war der Dom der größte in Europa. Seine atemberaubenden Proportionen sollten die Vormachtstellung Pisas am Mittelmeer unterstreichen. Die erst im 13. Jh. vollendete Hauptfassade ist mit vier prächtigen Blendarkaden geschmückt, deren Säulen mit zunehmender Höhe immer zierlicher werden. Im 96 m langen und 28 m hohen Innenraum tragen 68 massive Granitsäulen die Last der Holzdecke, deren Verzierungen aus 24-karätigem Gold eine Hinterlassenschaft der Medici sind.

Bemerkenswert sind die drei doppelflügeligen Bronzetüren des Haupteingangs an der Westseite aus dem 16. Jh. Sie stammen aus

---

ℹ️ **TICKETS FÜR DEN TURM & KOMBITICKETS**

Zwei gut ausgeschilderte Verkaufsstellen, der **Hauptkartenschalter** hinter dem Turm und der kleinere **Kartenschalter** (www.opapisa.it; Piazza dei Miracoli; ☺ Sommer 8–20 Uhr, Winter 10–17 Uhr) im Museo delle Sinópie, reservieren und verkaufen Karten für den Schiefen Turm. Wer Schlangestehen vermeiden und ganz sicher gehen will, am gewünschten Tag dranzukommen, kauft sein Ticket vorab (frühestens 20 bis zwölf Tage vor dem Termin).

An den Kartenschaltern gibt's auch Kombitickets, die für das Baptisterium, den Camposanto, das Museo dell'Opera del Duomo und das Museo delle Sinópie gelten. Ein Ticket für eine/zwei/drei/vier Sehenswürdigkeiten nach Wahl kostet 5/7/8/9 € (ermäßigt 3/4/5/6 €). Die Viererkarte ist zwei Tage lang gültig. Der Dom kostet keinen Eintritt, aber Besucher müssen entweder ein Ticket für eine der anderen Attraktionen oder einen Gratiscoupon vorzeigen, der ebenfalls am Kartenschalter erhältlich ist.

Pisa

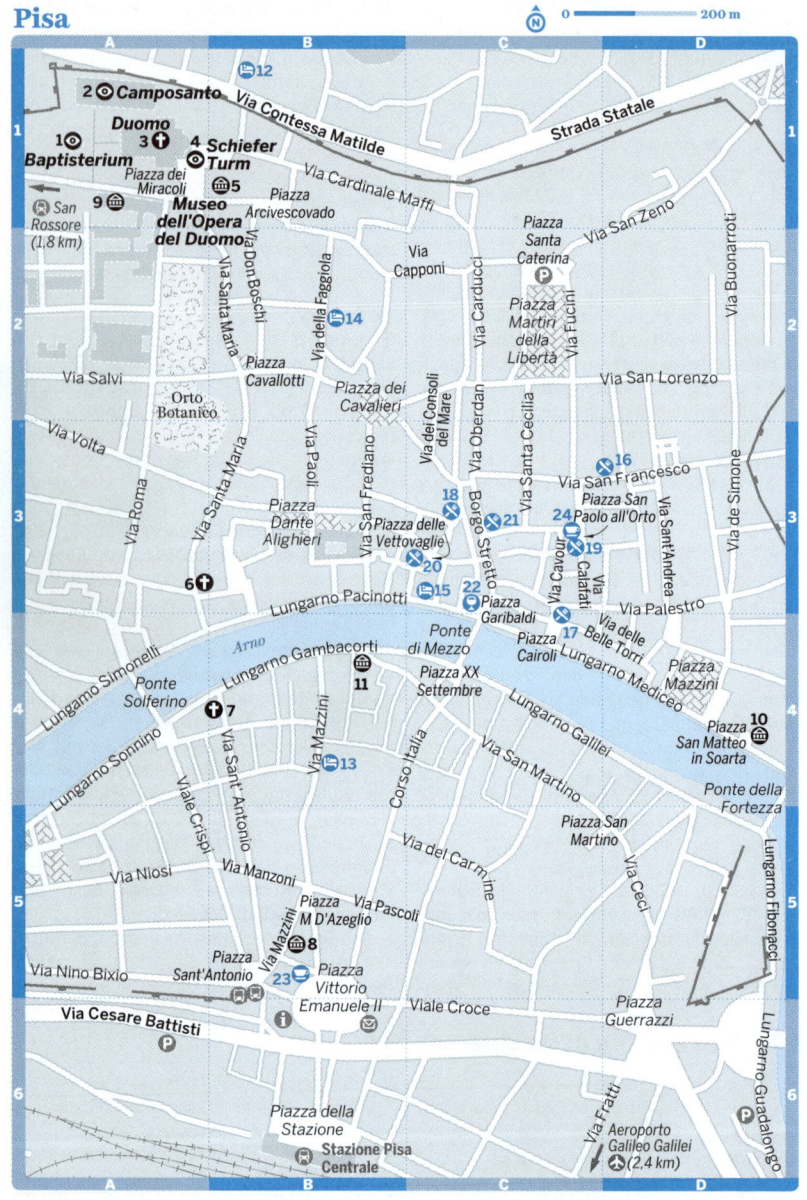

N   0   200 m

NORDWESTLICHE TOSKANA PISA

2 ⊙ **Camposanto**   Via Contessa Matilde

Strada Statale

Duomo
Baptisterium 1 ⊙ 3 ⊕ 4 ⊙ **Schiefer Turm**
Piazza dei Miracoli
9 ⊞ 5 ⊞
Museo dell'Opera del Duomo

⊞ San Rossore (1,8 km)

Via Cardinale Maffi

Via Don Boschi

Via della Faggiola

Piazza Arcivescovado

Via Capponi

Via Carducci

Piazza Santa Caterina

Via San Zeno

Via Buonarroti

⊞12

Via Santa Maria

Via Salvi

Orto Botanico

Piazza Cavallotti

⊞14

Piazza dei Cavalieri

Via dei Consoli del Mare

Via Oberdan

Via Santa Cecilia

Piazza Martiri della Libertà

Via Fucini

Via San Lorenzo

Via Volta

Via Roma

Via Paoli

Via Santa Maria

Via San Frediano

Piazza Dante Alighieri

18

20

Piazza delle Vettovaglie

Borgo Stretto

21

16 San Francesco

Piazza San Paolo all'Orto

Via Sant'Andrea

Via di Simone

24

19

6 ⊕

Lungarno Pacinotti

15 22

Piazza Garibaldi

Via Cavour

Via Calafati

Via delle Belle Torri

Via Palestro

Arno

Lungarno Simonelli

Lungarno Gambacorti

Ponte Gambacorti

Piazza XX Settembre

Ponte di Mezzo

Piazza Cairoli

17

Lungarno Mediceo

Piazza Mazzini

Ponte Solferino

11

Lungarno Galilei

10

7

Via Mazzini

Corso Italia

Via San Martino

Piazza San Matteo in Soarta

Ponte della Fortezza

Lungarno Sonnino

Viale Crispi

Via Sant'Antonio

⊞13

Via del Carmine

Piazza San Martino

Via Ceci

Lungarno Fibonacci

Via Niosi

Via Manzoni

Piazza M D'Azeglio

Via Pascoli

8

Via Nino Bixio

Piazza Sant'Antonio

23

Piazza Vittorio Emanuele II

Viale Croce

Piazza Guerrazzi

Lungarno Guadalongo

Via Cesare Battisti

Piazza della Stazione

Stazione Pisa Centrale

Via Fratti

Aeroporto Galileo Galilei (2,4 km)

---

der Werkstatt der Schule von Giambologna und ersetzten die ursprünglichen Holztüren, die sich zusammen mit großen Teilen der Innenausstattung bei einem Brand 1596 in Rauch aufgelöst hatten. Man könnte Stunden damit verbringen, die dargestellten biblischen Szenen zu entschlüsseln. Sie stellen u.a. die unbefleckte Empfängnis und Christi Geburt (mittlere Tür), den Kalvarienberg und die Kreuzigung (rechts) und das Wirken Christi (links) dar. Beliebtes Suchspiel für Kinder: Wo versteckt sich das Nashorn?

Pisa

Im Innenraum ist die achteckige Kanzel aus Carrara-Marmor im nördlichen Seitenschiff ein Highlight; Giovanni Pisano verzierte sie Anfang des 14. Jhs. mit Figuren von Nackten und Helden, die unglaublich fein gearbeitet sind und der Skulpturensprache der Gotik einen neuen, lebendigeren Ausdruck verliehen. Im krassen Gegensatz dazu stehen die moderne Kanzel und der Altar des italienischen Bildhauers Giuliano Vangi, deren Aufstellung 2001 für Kontroversen sorgte.

★ Baptisterium   SAKRALBAU
(Piazza dei Miracoli; Erw./erm. 5/3 €; ⏲ variiert: Sommer ca. 8–20 Uhr, Winter ca. 10–17 Uhr) Das ungewöhnliche, runde Baptisterium besitzt zwei übereinander gelagerte Kuppeln, die halb mit Ziegeln, halb mit Bleischindeln gedeckt sind und von einer vergoldeten Bronzeskulptur Johannes des Täufers (1395) gekrönt werden. Die Bauarbeiten hatten 1152 begonnen, aber ein gutes Jahrhundert

später nahmen Nicola und Giovanni Pisano wichtige Änderungen vor. Vollendet wurde der Bau erst im 14. Jh. Das erklärt den Architekturmix: Die untere Arkadenreihe lässt sich der Pisaner Romanik zuordnen, der mit Spitzgiebeln versehene obere Teil und die Kuppel sind gotisch.

Im Innern ist Nicola Pisanos phänomenale sechseckige **Marmorkanzel** (1260) eindeutig die Hauptattraktion. Schon Galileo Galilei, der aus Pisa stammte, badete im achteckigen Taufbecken von 1246. Es heißt, dass ihn der Anblick einer schaukelnden Lampe im Dom auf seine Pendelgesetze gebracht hätte. Als Banause outet sich, wer das Baptisterium verlässt, ohne von der **oberen Galerie** aus die außergewöhnliche Akustik und die Echoeffekte der Doppelkuppel bewundert zu haben, die ein Angestellter alle 30 Minuten demonstriert.

★ Camposanto   FRIEDHOF
(Piazza dei Miracoli; Erw./erm. 5/3 €; ⏲ variiert: Sommer ca. 8–22 Uhr, Winter ca. 10–17 Uhr) Von Kreuzrittern mitgebrachte Erde vom Kalvarienberg füllt angeblich das von weißen Mauern eingefasste Areal dieses berückend schönen Friedhofs. Hier haben viele prominente Pisaner ihre letzte Ruhestätte gefunden. Ein Großteil der wertvollen Fresken im Kreuzgang wurde während des Zweiten Weltkriegs von den Alliierten zerstört. Was davon übrig geblieben ist, kann in der **Sala Affreschi** (Freskensaal) bewundert werden.

Besonders sehenswert ist *Triumph des Todes* (1333–1341), eine phantasievolle Darstellung der Hölle. Sie wird dem Maler Buonamico Buffalmacco zugesprochen. Zum Glück wurden die Spiegel entfernt, die offensichtlich früher neben den mit sadistischer Detailtreue gemalten Verdammten, die lebend am Spieß über dem Höllenfeuer schmoren, angebracht waren – so bleibt es dem Betrachter erspart, in dem martialischen Wandgemälde das eigene Gesicht zu entdecken. Buffalmaccos *Jüngstes Gericht und Hölle* (1336–1341) im selben Saal ist ebenso brutal.

★ Museo dell'Opera del Duomo   MUSEUM
(Piazza dei Miracoli; Erw./erm. 5/3 €; ⏲ variiert: Sommer ca. 8–20 Uhr, Winter ca. 10–17 Uhr) Hier sind Kunstwerke ausgestellt, die einst den Dom und das Baptisterium verschönerten. Besonders faszinierend sind Giovanni Pisanos *Madonna mit Kind* (1299) aus Elfenbein, die den Hochaltar des Doms schmückte, und seine *Madonna del colloquio*, die

NORDWESTLICHE TOSKANA PISA

ⓘ PISA LIEBEN LERNEN

Natürlich steht und fällt Pisa mit dem Schiefen Turm, zu dem alle pilgern. Wer das Chaos der Piazza dei Miracoli mit den aufdringlichen Souvenirverkäufern, lärmenden Schulklassen, fürs Fotoalbum posierenden Familien und ähnlichen Stressfaktoren überstanden hat, will meist nur noch weg.

Kein Wunder, dass viele nach der Besichtigung eines der berühmtesten Wahrzeichen Europas etwas ernüchtert sind. Wer das vermeiden will, hebt sich den Schiefen Turm & Co. für den frühen Abend oder (von Mitte Juni bis Ende August) für den späten Abend auf. Dann sind die Touristenbusse weg, und die weißen Bauwerke schimmern geheimnisvoll in der Dunkelheit.

Das Alternativprogramm direkt nach der Ankunft ist also ein gemütlicher Bummel am Arno entlang. Brücken führen hinüber ins historische Zentrum der Stadt. Dort warten Keith Harings letztes monumentales Wandgemälde und weniger bekannte architektonische Perlen wie die Chiesa di Santa Maria della Spina oder der Palazzo Blu. Im Sottobosco schmeckt's unter lauter Einheimischen gleich doppelt gut.

Wer das „andere" Pisa erst lieben gelernt hat, ist innerlich stark genug, um den Schiefen Turm anzugehen.

an einem Domportal Wache hielt und Mitte des 13. Jhs. entstand. Im idyllischen Klostergarten ist der Blick auf den Schiefen Turm unschlagbar.

Museo delle Sinópie · MUSEUM
(Piazza dei Miracoli; Erw./erm. 5/3 €; ☺ variiert: Sommer ca. 8–20 Uhr, Winter ca. 10–17 Uhr) Dieser Hort der Freskenmalerei beherbergt auch diverse *sinópie* (Entwürfe), die die Künstler im 14. und 15. Jh. mit roten Erdpigmenten auf den Mauern des Camposanto skizziert hatten, bevor die eigentlichen Fresken darüber gepinselt wurden. Mit Kurzfilmen und maßstabsgetreuen Modellen wird die hohe Kunst der Wandmalerei veranschaulicht.

⊙ Entlang des Arno

Ein paar Schritte von den übervölkerten Besuchermagneten der Piazza dei Miracoli entfernt zeigt Pisa links und rechts des Arno sein wahres Gesicht. Prächtige Palazzi präsentieren sich in allen Farbschattierungen entlang des südlichen *lungarno* (Flussufer), von wo die Einkaufsstraße Corso Italia in Richtung Hauptbahnhof abzweigt. Ein Hingucker ist die mit drei Spitztürmen gekrönte Chiesa di Santa Maria della Spina (Lungarno Gambacorti), die zwischen 1230 und 1323 als Reliquienschrein für eine *spina* (Dorn) aus der Dornenkrone Christi gebaut wurde. Das mit Tabernakeln und Statuen überhäufte Meisterwerk der Pisaner Gotik ist leider für Besucher geschlossen.

Pisas mittelalterliches Herz pocht nördlich des Flusses. Das ist an der Piazza Cai-

roli mit ihren Bars und *gelaterie* besonders deutlich zu spüren. Es setzt sich in der Via Cavour fort und verebbt in den umliegenden Gassen. Täglich frische Waren bringen einem auf dem Markt der Piazza delle Vettovaglie den Mund wässrig; unter den Arkaden aus dem 15. Jh. verstecken sich Straßencafés und Bars.

Palazzo Blu · MUSEUM
(www.palazzoblu.it; Lungarno Gambacorti 9; ☺ Di–Fr 10–19, Sa & So bis 20 Uhr) GRATIS Das dem Fluss zugewandte, perfekt restaurierte Gebäude aus dem 14. Jh. überrascht mit seiner blauen Fassade. In den prächtigen Innenräumen aus dem 19. Jh. kommt die Sammlung der Stiftung CariPisa besonders gut zur Geltung. Den größten Raum nehmen Werke Pisaner Künstler aus dem 14. bis 20. Jh. ein, dazu kommen wechselnde Ausstellungen.

Museo Nazionale di San Matteo · MUSEUM
(Piazza San Matteo in Soarta; Erw./erm. 5/2,50 €; ☺ Di–Sa 8.30–19, So bis 13.30 Uhr) Die sehenswerte Sammlung mittelalterlicher Meisterwerke ist in einem ehemaligen Benediktinerkloster aus dem 13. Jh. untergebracht, das am Nordufer des Arno steht. Sie fasziniert mit Gemälden der toskanischen Schule (ca. 12.–14. Jh.) von Meistern wie Lippo Memmi, Taddeo Gaddi, Gentile da Fabriano und Ghirlandaio. Spezielle Aufmerksamkeit verdienen Masaccios *Hl. Paulus,* Fra Angelicos *Madonna mit Kind* und Simone Martinis *Katharina-Polyptychon.*

Auch die Skulpturen Pisaner Künstler aus dem 14. und 15. Jh., z.B. von Nicola und Giovanni Pisano, Andrea und Nino Pisano,

Francesco di Valdambrino, Donatello, Michelozzo und Andrea della Robbia, sind eine wahre Augenweide.

Domus Mazziniana   MUSEUM
(www.domusmazziniana.it; Via Mazzini 71; ⏰Mo–Fr 9–12.30 Uhr) Schon die wunderschön restaurierte Fassade des Palazzo Nathan-Rosselli, in dem der Rebell und Betreiber der italienischen Einigung, Giuseppe Mazzini, 1872 starb, verdient einen Extrablick. Wer will, macht noch eine Stippvisite hinein, um die Dokumente, Manuskripte, Briefe, Flaggen und Fotografien zu bestaunen, die Mazzinis Kampf für die Demokratie während des Risorgimento dokumentieren.

✨ Feste & Events

Luminaria   FEUERWERK
Am 16. Juni, in der Nacht vor dem Gedenktag des pisanischen Schutzpatrons, flackern auf und am Arno Tausende von Kerzen und Fackeln; ein Feuerwerk macht die magische Stimmung komplett.

Regata Storica di San Ranieri   REGATTA
Bei der Ruderregatta am 17. Juni, dem Gedenktag von San Ranieri, ist auf dem Arno schwer was los.

Gioco del Ponte   MITTELALTER
Beim Gioco del Ponte (Brückenspiel) am letzten Sonntag im Juni kämpfen zwei Teams in mittelalterlichen Kostümen um den Ponte di Mezzo.

Palio delle Quattro Antiche Repubbliche Marinare   REGATTA
Regatta der vier historischen Seerepubliken: Jedes Jahr im Juni treffen sich die vier ehemaligen Konkurrenten Pisa, Venedig, Amalfi und Genua zum Wettkampf, mit Bootsparade und spannendem Rennen. Pisa ist 2017 wieder Austragungsort.

🛏 Schlafen

Hostel Pisa Tower   HOSTEL €
(☎329 7017387, 05 0520 2454; www.hostelpisa-tower.it; Via Piave 4; B mit Gemeinschaftsbad 18–22 €, Apartment 49–69 €; @🛜) Nicht weit von

NORDWESTLICHE TOSKANA PISA

RUNDGANG ÜBER DIE PIAZZA DEI MIRACOLI

Wo gibt es noch so eine herrliche Piazza mit riesigen Rasenflächen und einer derartigen Konzentration an romanischen Meisterwerken? Der Bummel um den „Platz der Wunder" beginnt am Kartenhäuschen (S. 149) hinter dem Schiefen Turm in Richtung Dom (S. 149), dem ältesten Platzhirsch. Auf dem Weg zum Haupteingang lohnt sich ein Blick auf die **Portale di San Ranieri** (gegenüber dem Schiefen Turm) mit ihren Bronzetüren (Kopien der Originale aus dem 12. Jh.), auf denen das Leben Christi dargestellt ist. San Ranieri, der hl. Rainer, ist Pisas Schutzpatron.

Am Hauptportal angelangt, bereitet die prächtige Marmorfassade schon auf weitere Highlights im Inneren vor: Unter der gigantischen goldenen Decke geht's an der Kanzel vorbei zur **Cappella di San Ranieri**. Hier ruht das mumifizierte Skelett des Schutzheiligen in einem marmornen Sarg mit verglasten Seitenwänden. Arabische Schmuckelemente demonstrieren den damals starken Einfluss der islamischen Welt; der Bronzegreif (11. Jh.), der bis 1828 auf dem Domfirst thronte, war Kriegsbeute und stammt wahrscheinlich aus Ägypten.

Vom *duomo* führt ein kurzer, mit Marmor gepflasterter Weg zum Baptisterium (S. 151), das ein Jahrhundert später gebaut wurde. Auf der **oberen Galerie** wird die außerordentliche Akustik, die ein Angestellter demonstriert, besonders deutlich. Nach einem Bummel zu den **Souvenirständen** auf der Südseite der Piazza und dem obligatorischen Erinnerungsfoto, auf dem der Schiefe Turm gestemmt wird, ist der idyllische Camposanto (S. 151) eine Oase der Ruhe. Gegenüber bezaubert das Museo delle Sinópie (S. 152) mit seinen Fresken und erklärt auch gleichzeitig, wie diese entstanden. Im 13. Jh. bot das weitläufige Gebäude Armen, Kranken, Waisen und Pilgern Zuflucht und wurde bis 1979 als Krankenhaus genutzt.

Kein Museum erläutert die Wunderwerke an der Piazza besser als das Museo dell'Opera del Duomo (S. 151). Die Runde endet vor den original Bronzetüren des Portale di San Ranieri und dem geklauten Greif, mit dem die Pisaner ihren *duomo* einst krönten.

Der Spaziergang dauert drei bis vier Stunden.

der Piazza dei Miracoli hat das unheimlich ansprechende Hostel eine Villa mit Garten okkupiert. Die Räumlichkeiten sind hell, sauber und bequem. Es gibt keine Gemeinschaftsküche, und die sanitären Einrichtungen sind ziemlich knapp (zwei Duschen und zwei Toiletten für 22 Gäste). Im Apartment mit kleiner Küche ist Platz für zwei bis drei Personen. Parkplätze und WLAN sind gratis, Internetzugang kostet 4 € pro Stunde.

Royal Victoria Hotel
HOTEL €€

(☎05 094 01 11; www.royalvictoria.it; Lungarno Pacinotti 12; DZ 110–170 €, 3BZ 130–170 €, 4BZ 170 €, EZ/DZ mit Gemeinschaftsbad 70/80 €; ✳☎) Die Familie Piegaja ist stolz darauf, das alteingesessene Hotel seit 1837 zu führen. Es zeichnet sich neben nostalgischem Komfort durch einen freundlichen, aufmerksamen Service aus. Die Meinungen über die Zimmer sind geteilt, aber die, die wir gesehen haben, gefielen uns: eine schöne Mischung aus alten Möbeln, Parkettböden, Sichtmauerwerk und modernen Annehmlichkeiten.

Außerdem geht nichts über einen Aperitif auf der großzügigen Dachterrasse mit den vielen Pflanzenkübeln. Garagenplätze und Leihräder kosten 20 bzw. 15 € pro Tag, WLAN 2,50 € pro Stunde, Frühstück gibt's für 5 €.

Hotel Bologna
HOTEL €€

(☎05 050 21 20; www.hotelbologna.pisa.it; Via Mazzini 57; DZ 134–198 €, 3BZ 188–278 €, 4BZ 194–298 €; ✳@☎) Mit 1 km Sicherheitsabstand zum Trubel auf der Piazza dei Miracoli bietet das Vier-Sterne-Hotel auf der Südseite des Arno 68 himmlisch ruhige Zimmer mit Holzböden und hohen Decken, manche sogar mit Freskengemälde. Die Vierbettzimmer sind zwar nicht gerade billig, aber ideal für Familien.

Die kleine Gartenterrasse auf der Rückseite ist im Sommer ein traumhafter Frühstücksplatz. Parkplatz im Hof/Leihrad kosten 10/12 € pro Tag. Bei den Zimmerpreisen gibt's je nach Datum und Saison Riesenunterschiede.

Hotel Relais dell'Orologio
HOTEL €€€

(☎05 083 03 61; www.hotelrelaisorologio.com; Via della Faggiola 12-14; EZ/DZ ab 120/195 €; ✳☎) Das romantische Fünf-Sterne-Hotel in einem geschmackvoll renovierten Wehrturm aus dem 14. Jh. hat echtes Flitterwochenflair. In manchen Zimmern sind noch Originalfresken erhalten. Die ruhige Lage und

das Restaurant im mit Blumen geschmückten Patio auf der Rückseite lassen jegliche Hektik vergessen. Garagenplätze kosten extra. Saisonale Rabattangebote stehen auf der Website.

Essen

Als Universitätsstadt hat Pisa ein breites Angebot an Lokalen, vor allem im Borgo Stretto, an der von Cafés umringten Piazza Dante Alighieri in Uni-Nähe (wo sich die Studenten drängeln) und im trendigen Viertel San Martino südlich des Arno.

Herausragende lokale Spezialitäten sind frischer *pecorino* (Schafskäse) aus San Rossore, *zuppe di cavolo* (Kohlsuppen), *pan ficato* (Kuchen mit Feigen) und *castagnaccio* (Kuchen aus Kastanienmehl mit Walnüssen).

Il Montino
PIZZERIA €

(Vicolo del Monte 1; Pizza 3–6,50 €; ⊙Mo-Sa 10.30–15 & 17–22 Uhr) Von schick und hip ist Il Montino weit entfernt; trotzdem ist die einfache Pizzeria in Pisa eine Institution, zu der Studenten wie Krawattenträger pilgern. Für alle, die an den meist besetzten Tischen drinnen und draußen keinen Platz mehr finden, gibt's die Spezialitäten des Hauses auch zum Mitnehmen: *cecina* (Pizza mit Kichererbsen), *castagnacci* (Kastanienkuchen), *spuma* (süßer Softdrink), *foccacine* (Fladen) mit Salami, *pancetta* (Bauchspeck) oder *porchetta* (Spanferkel).

Das Lokal versteckt sich in einer Gasse und ist am einfachsten zu finden, wenn man am Nordende des Borgo Stretto (gegenüber dem Café Lo Sfizio, Borgo Stretto Nr. 54) über die Via Ulisse Dini westwärts bis zur Piazza San Felice geht. Dort weist links ein blaues Neonschild zur Pizzeria.

Il Crudo
PANINI €

(www.ilcrudopisa.it; Piazza Cairoli 7; Panini 4,50–6 €; ⊙Mo-Do 11–15.30 & 17–1, Fr bis 2, Sa 11–2, So 11–1 Uhr) Einfach lecker, so ein *panino* – für unterwegs oder draußen am Tisch mit einem Glas Wein. Das winzige Il Crudo, wo Schinken dekorativ von der Decke baumeln, liegt an einem der hübschesten Plätze Pisas und direkt am Fluss.

Osteria Bernardo
MODERN TOSKANISCH €€

(☎05 057 52 16; www.osteriabernardo.it; Piazza San Paolo all'Orto 1; Mahlzeiten 30 €; ⊙Di–So mittags & abends) Die kleine *osteria* an einem der netteren Plätze von Pisa mit Sicherheitsabstand zu den Touristenmassen am Schie-

VESPA-TOUR

Gibt's etwas Romantischeres, als auf einer Vespa durch die Toskana zu kurven? Der Motorroller, der zu einer italienischen Ikone wurde, erblickte 1946 in der Piaggio-Fabrik in **Pontedera**, 25 km südöstlich von Pisa, das Licht der Welt. Er hat das Reisen revolutioniert. Seitdem bekam das Aussehen des liebevoll „Wespe" genannten Zweirads schon 120 Liftings verpasst. Die neuesten Modelle, GTV und LXV, zeigen deutliche Retro-Einschläge – gutes Design ist eben zeitlos.

Wie die genuesische Firma 1921 in die Toskana kam, warum sie auch viermotorige Flugzeuge und Hydroplane-Rennboote baute, wie sie im Zweiten Weltkrieg zerstört wurde und als Europas Motorrollerfabrikant Nr. 1 wieder auferstand – die komplette Vespa-Story wird spannend und unterhaltsam im **Museo Piaggio** (www.museopiaggio.it; Viale Piaggio 7; ⏱ Di–Sa 10–18 Uhr) GRATIS in einem ehemaligen Fabrikgebäude in Pontedera erzählt.

Wer dieses Feeling von „Was kostet die Welt?" spüren will, macht in Florenz mit **Tuscany by Vespa** (www.tuscanybyvespa.com; Via de' Lamberti 1) oder in San Miniato mit **Entroterra Viaggi & Turismo** (www.entroterraturismo.com; Via Rosa Agazzi 28) auf einer Vespa einen ganz persönlichen Ausflug in die Wilden Fünfziger.

fen Turm ist eine perfekte Mischung aus einfacher und Gourmetküche. Auf der Karte stehen nur vier, fünf Gerichte pro Gang, aber in kreativer Zubereitung.

Als Vorspeise käme vielleicht ein in Kakao (!) mariniertes Carpaccio in Frage, als *primo* (erster Gang) *pappardelle* (breite Bandnudeln) in mit Schokolade gewürzter Wildschweinsauce oder *paccheri* (kurze Hohlnudeln) mit Babytintenfisch und Zucchiniblüten. Göttlich!

Osteria del Porton Rosso   OSTERIA €€

(☎05 058 05 66; www.osteriadelportonrosso. com; Vicolo del Porton Rosso 11; Mahlzeiten 25 €; ⏱Mo–Sa mittags & abends) Eine ziemlich düstere Gasse führt zu der quirligen, exzellenten *osteria* einen Häuserblock nördlich des Arno. Der Gastraum ist gemütlich, und die Küche macht das Beste aus regionalen Zutaten von Land und Meer. Pisanische Spezialitäten wie Ravioli mit Stockfisch und Kichererbsen werden von toskanischen Klassikern wie Steak vom Grill ergänzt. Das Mittagsangebot zu 10 € ist unschlagbar.

Der Eingang liegt vom Lungarno Pacinotti aus in die Gasse gesehen am Ende um die Ecke.

biOsteria 050   BIO €€

(☎05 054 31 06; Via San Francesco 36; Mahlzeiten 20–30 €; ⏱Mo–So mittags, Di–So abends; 🌿🍃) Das clevere Konzept von Marco und Raffaele geht auf: Saisonale Zutaten aus regionalem Bioanbau (50 km Umkreis) werden zu Risotto mit Schwarzkohl, Walnüs-

sen und Gorgonzola oder Kaninchen mit süßem Senf verarbeitet. Ein preiswertes Tagesgericht sowie vegetarische und glutenfreie Angebote machen das Vergnügen perfekt.

Ausgehen & Nachtleben

Die meisten Studentenkneipen liegen an und im Umkreis der Piazza delle Vettovaglie. Auch die Cafés der Piazza Dante Alighieri sind aufgrund der Uni-Nähe immer brechend voll. Der hiesige DOCG-Wein heißt Chianti delle Colline Pisane. Weißweine mit DOC-Siegel hat Pisa nicht zu bieten, aber der Bianco Pisano di San Torpè (subtiler trockener Weißwein auf Trebbiano-Basis) ist eine beliebte Alternative.

Sottobosco   CAFÉ

(www.sottoboscocafe.it; Piazza San Paolo all'Orto; ⏱Di–Fr 10–24, Sa 12–1, So 19–24 Uhr) Das kreative Café mit kleinem Buchsortiment und origineller Einrichtung spricht viele sofort an. Hier schmeckt ein Doughnut mit einem Cappuccino. Unter den Glasplatten der Tische präsentiert sich eine Auswahl von Künstlerkreiden oder eine Knopfsammlung. Die Mittagsgerichte (Salate, Pasta, Tartes) sind einfach und hausgemacht; abends sorgen oft Jazzbands oder DJs für Stimmung.

Bazeel   BAR

(www.bazeel.it; Lungarno Pacinotti 1; ⏱17–2 Uhr) Großzügigkeit beim *aperitivo* (Aperitif mit Knabbereien), Livebands oder DJs und eine nette kleine Terrasse sind der Grund, warum hier stets etwas los ist. Über Twitter wird mitgeteilt, was gerade läuft.

Salza CAFÉ
(Borgo Stretto 44; ⊘ Sommer 8–20.30 Uhr, Winter Di–So kürzer) Seit 1898 verführt dieser Kuchentempel im Borgo Stretto Passanten zu süßen Sünden oder einem Cocktail, egal zu welcher Tageszeit.

❶ Praktische Informationen

Touristeninformation (☑ 05 04 22 91; www.
pisaunicaterra.it; Piazza Vittorio Emanuele II
16; ⊘ Mo–Sa 9–19, So bis 16 Uhr)

❶ An- & Weiterreise

AUTO

Pisa liegt nicht weit von der A11 und der A12. Wer gebührenfrei nach Florenz und Livorno fahren will, nimmt die SCG FI-PI-LI (SS67). Die Nord-Süd-Achse Via Aurelia (SS1) verbindet Pisa mit La Spezia und Rom.

BUS

Am Busbahnhof an der Piazza Sant'Antonio halten die Busse von **CPT** (www.cpt.pisa.it, auf Ital.) von/nach Volterra (6,10 €, 2 Std., bis zu 10-mal tgl.) und Livorno (2,75 €, 55 Min., alle 30 oder 60 Min.).

FLUGZEUG

Pisa International Airport (☑ 05 084 93 00; www.pisa-airport.com; Piazzale D'Ascanio) Der größte internationale Flughafen der Toskana liegt 10 Autominuten südlich von Pisa. Von hier werden die meisten europäischen Metropolen angeflogen.

ZUG

Im Hauptbahnhof **Pisa Centrale** (Piazza della Stazione) gibt es eine **Gepäckaufbewahrung** (Deposito Bagagli; 4 €/12 Std., folgende 12 Std. 2 €; ⊘ 6–21 Uhr). Ein zweiter Bahnhof, Pisa San Rossore, liegt am Nordrand der Stadt. Ab Pisa Centrale gibt es folgende Regionalverbindungen:
Florenz (7 €, 1¼ Std., häufig)
Livorno (2,50 €, 15 Min., häufig)
Lucca (3,30 €, 30 Min., halbstündl.)
Viareggio (3,30 €, 15 Min., alle 20 Min.)

❶ Unterwegs vor Ort

AUTO

Parkplätze kosten in Pisa bis zu 2 € pro Stunde. Vorsicht: Keine Parkplätze in der Sperrzone benutzen. Ein kostenloser Parkplatz außerhalb der Sperrzone befindet sich am Lungarno Guadalongo in der Nähe der Fortezza di San Gallo am Südufer des Arno.

FAHRRAD

Die meisten Hotels verleihen Fahrräder. Am Nordende der Via Santa Maria und in weiteren Straßen rund um die Piazza dei Miracoli können Fahrräder für 3 € pro Stunde und Vierräder für bis zu drei/sechs Personen für 10/15 € pro Stunde gemietet werden.

VOM/ZUM FLUGHAFEN

Züge fahren ab/nach Pisa Centrale (2,50 €, 5 Min., mind. 30-mal tgl.); Ticket vor dem Einsteigen kaufen und entwerten.

Die (rote) Buslinie LAM Rossa (1,10 €, 10 Min., alle 10–20 Min.) der Firma CPT (S. 156) bedient das Stadtzentrum und den Hauptbahnhof auf dem Weg zum/vom Flughafen. Tickets gibt's an den blauen Automaten neben den Bushaltestellen rechts vom Bahnhofsausgang.

Ein Taxi vom Flughafen zum Stadtzentrum (und umgekehrt) sollte nicht mehr als 10 € kosten und kann bei Radio Taxi Pisa telefonisch bestellt werden.

PFERDEKUTSCHEN

Von Ostern bis Oktober stehen vor dem Museo dell'Opera del Duomo an der Piazza dei Miracoli Pferdekutschen. Eine 20-minütige Stadtrundfahrt kostet 40 €.

LUCCA

86 900 EW.

Lucca ist eine wunderschöne Stadt, in die sich viele auf Anhieb verlieben. Hinter den imposanten Wehrmauern aus der Renaissance verstecken sich gepflasterte Straßen, hübsche Piazze und schattige Promenaden. Lucca lässt sich am besten zu Fuß erkunden – auf einem Tagesausflug von Florenz aus oder während eines längeren Aufenthalts. Wenn die Sonne untergeht, locken historische Cafés und Restaurants mit einem (oder mehreren) Gläschen Wein aus den lucchesischen Hügeln. Und wer will, lässt sich bei der Gelegenheit auch mit rustikalen Gerichten, zubereitet aus den Produkten der Garfagnana, verwöhnen.

Mit einem Auto bietet sich die Erkundung des Berglands östlich der Stadt an; historische Villen und der Jugendstilbadeort Montecatini Terme, wo sich schon Puccini im warmen Heilwasser aalte, sind perfekte Ziele für eine Spritztour von Lucca aus.

Geschichte

Lucca wurde von den Etruskern gegründet und 180 v. Chr. von den Römern übernommen. Es entwickelte sich im 12. Jh. zur freien *comune* (Stadtstaat) und erlebte dank des Seidenhandels eine Phase des Wohlstands. 1314 fiel Lucca kurzzeitig an Pisa, erkämpfte sich aber unter der Führung des aus Lucca stammenden Abenteurers Castruccio Castracani degli Anterminelli seine Eigenständigkeit zurück. Er erschloss weitere Territorien in der Westtoskana, darunter Carrara mit seinen lukrativen Marmorvorkommen. Castruccio starb 1328, doch Lucca konnte sich seine Unabhängigkeit für weitere knapp 500 Jahre bewahren.

Erst mit Napoleon brachen 1805 neue Zeiten an. Er gründete das Fürstentum Lucca und übertrug einem seiner schier unzähligen Familienmitglieder (in diesem Fall seiner Schwester Elisa) die Herrschaft über die gesamte Toskana. Zehn Jahre später wurde aus Lucca ein Herzogtum der Bourbonen, bevor es dann dem Königreich Italien angegliedert wurde. Wie durch ein Wunder blieb Lucca von den Bomben des Zweiten Weltkriegs verschont. Die Innenstadt präsentiert sich heute noch wie vor vielen hundert Jahren.

◎ Sehenswertes & Aktivitäten

Die gepflasterte **Via Fillungo** schlängelt sich durch das mittelalterliche Herz Luccas. Nicht vergessen den Blick nach oben zu richten, um auch die historischen Vordächer und netten architektonischen Details mitzubekommen. Östlich der Via Fillungo liegt eine der schönsten Piazze der Toskana: die ovale, von Cafés gesäumte **Piazza Anfiteatro**. Sie verdankt ihren Namen dem Amphitheater, das die Römer hier einst errichtet hatten. Wer genau hinschaut, kann an den Außenwänden der mittelalterlichen Häuser noch Reste der gemauerten römischen Torbögen und andere Überbleibsel des Amphitheaters entdecken.

Wer das Museo della Cattedrale, die Chiesa SS Giovanni e Reparata und die Sakristei in der Cattedrale di San Martino anschauen will, fährt mit einem Kombiticket günstiger (Erw./erm. 7/5 €; an allen Kartenschaltern).

Torre Civica delle Ore   UHRTURM
(Via Fillungo; Erw./erm. 6/5 €; ◎ Sommer 9.30–18.30 Uhr) Auch wenn die Boutiquen in der

NORDWESTLICHE TOSKANA LUCCA

ABSTECHER

VILLENTOUR

Zwischen dem 15. und 19. Jh. war es unter lucchesischen Emporkömmlingen Mode, seinen Reichtum mit dem Bau einer feudalen Sommerresidenz zur Schau zu stellen. Von den unzähligen Villen in den Hügeln rund um die Stadt sind einige zwar mittlerweile verfallen oder verwaist, doch viele werden nach wie vor bewohnt.

Elisa Bonaparte, Napoleons Schwester und kurzzeitige Regentin der Toskana, residierte einst in der **Villa Reale** (www.parcovillareale.it; Via Fraga Alta, Marlia; Gartentour 7 €; ◎ Sommer Di–So 10–13 & 14–18 Uhr) in Marlia, 7 km nördlich von Lucca. Das Gebäude selbst ist nicht öffentlich zugänglich, aber der reich mit Statuen versehene Garten kann im Rahmen von stündlichen Führungen besichtigt werden.

Die klassizistische **Villa Grabau** (www.villagrabau.it; Via di Matraia 269, San Pancrazio; ◎ Juli & Aug. Di–So 10–13 & 15–19 Uhr, sonst kürzer, im Winter nur So) gleich nördlich von Lucca in San Pancrazio thront inmitten einer ausgedehnten Parklandschaft mit prächtigen Gärten im englischen und italienischen Stil. Hier plätschern Brunnen, es duften über 100 Zitronenbäume in Terrakottakübeln, und in der entzückenden Orangerie aus dem 17. Jh. finden oft Konzerte und andere Aufführungen statt. Falls sich jemand in die Villa Grabau verliebt, kann er sich dort sogar in eine der Ferienwohnungen einmieten.

Im selben Ort liegt auch die **Villa Oliva** (www.villaoliva.it; San Pancrazio; ◎ Sommer 9.30–12.30 & 14–18 Uhr). Der Landsitz aus dem 15. Jh. wurde vom dem Luccheser Architekten Matteo Civitali entworfen. Die Anlage des von diversen Brunnen und Gewässern aufgelockerten und auf drei Ebenen verteilten Parks blieb bis heute unverändert; besonders hübsch ist ein Spaziergang hier im Frühling. Die Zypressenallee ist sehr romantisch, und die Stallungen, heißt es, seien noch schöner als die von Versailles. Es werden oft Konzerte gegeben.

Alle drei Villen sind über die SS12 nordöstlich von Lucca (Richtung Abetone) erreichbar. Die davon abzweigende SP29 führt nach Marlia, von wo es nur 1,2 km (in nördlicher Richtung) bis San Pancrazio sind.

Lucca

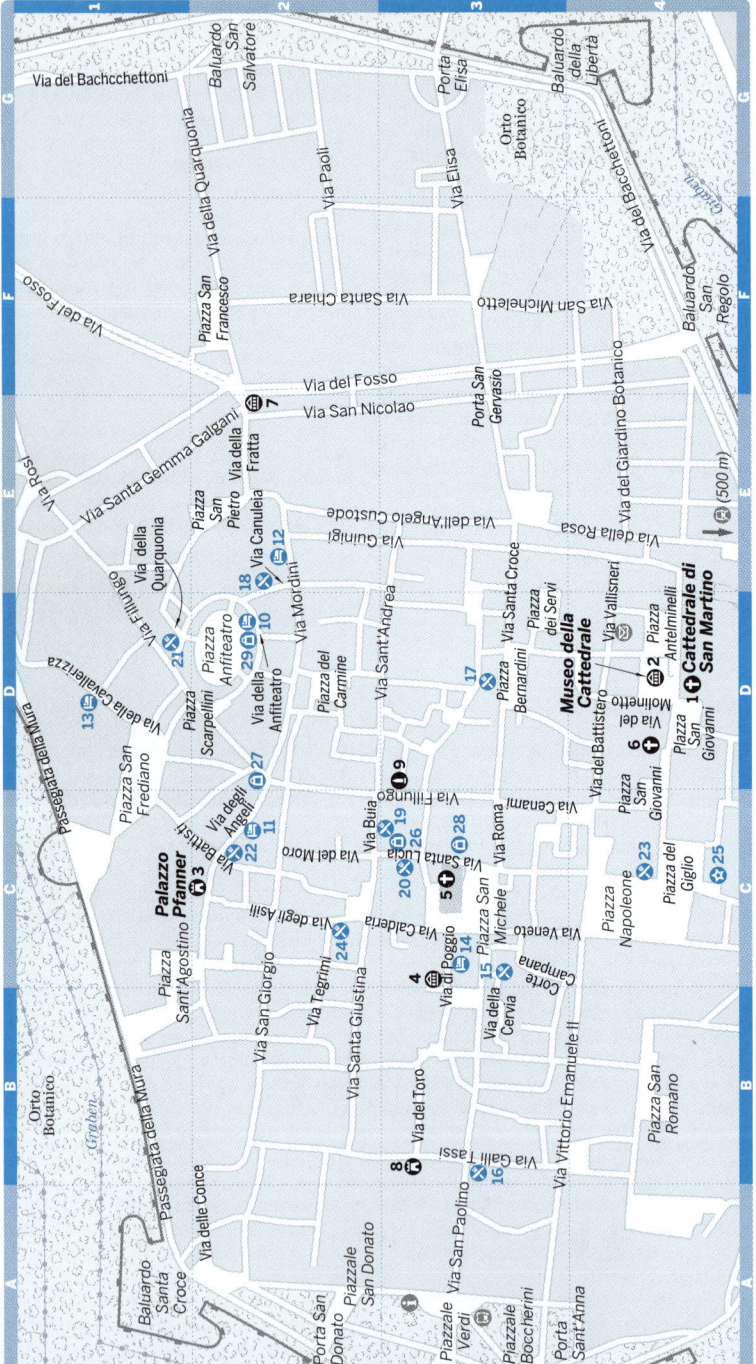

200 m

N

Via del Bachcchettoni

Baluardo San Salvatore

Porta Elisa

Baluardo della Libertà

Via della Quarquonia

Via Paoli

Via Elisa

Orto Botanico

Baluardo San Regolo

Piazza San Francesco

Via Santa Chiara

Via San Michetto

Via del Fosso

Via del Giardino Botanico

Via Santa Gemma Galgani

Via della Fratta

Via del Fosso

Via San Nicolao

Porta San Gervasio

Via Roser

Via della Quarquonia

Piazza San Pietro

Via Canuleia

Via dell'Angelo Custode

Via della Rosa

7

Via Filungo

Piazza Anfiteatro

12

18

Via Mordini

Via Sant'Andrea

Via Guinigi

Via Santa Croce

Piazza dei Servi

Via Vallisneri

Antelminelli

(500 m)

2

1 Cattedrale di San Martino

21

29

10

Via dell' Anfiteatro

Piazza del Carmine

17

Piazza Bernardini

Museo della Cattedrale

Via del Molinetto

Via della Cavallerizza

13

Piazza Scarpellini

Via degli Angeli

Piazza San Frediano

Via del Battistero

Piazza San Giovanni

6

Via del Moro

Via Buia

Via Santa Lucia

Via San Giovanni

Passeggiata della Mura

Palazzo Pfanner

27

11

22

Via Battisti

9

Via Filungo

19

26

28

Via Cenami

Piazza San Giovanni

23

25

3

Via degli Asili

20

5

Via Roma

Piazza San Michele

Via del Giglio

Piazza Sant'Agostino

Via San Giorgio

Via Tegrini

24

Via Caldera

Via di Poggio

Via San Paolino

Corte Campana

Piazza Napoleone

Piazza del Giglio

Orto Botanico

Gryphen

Piazza Santa Giustina

14

4

15

Via della Cervia

Piazza San Michele

Via Veneto

Piazza San Romano

Via delle Conce

Via del Toro

Via Galli Tassi

8

16

Via Vittorio Emanuele II

Baluardo Santa Croce

Porta San Donato

Piazzale San Donato

Piazzale Verdi

Piazzale Boccherini

Porta Sant'Anna

Lucca

Via Fillungo sehr verlockend sind, macht es Spaß, die 207 Holzstufen zu dem Uhrturm aus dem 13. Jh. hochzusteigen. Mit 50 m ist er unter den 130 mittelalterlichen Türmen der Stadt der höchste und bietet natürlich eine herrliche Aussicht.

Angeblich soll darin der Geist von Lucida Mansi hausen, eine Luccheser Maid, die ihre Seele dem Teufel verkaufte, um dafür 30 Jahre lang jung und schön zu bleiben. Am 14. August 1623 forderte der Teufel seinen Tribut, und Lucida stürmte den Uhrturm hinauf, um die Zeit anzuhalten – vergeblich, der Unhold erwischte sie vorher und nahm sich ihre Seele.

★ **Palazzo Pfanner** PALAZZO
(www.palazzopfanner.it; Via degli Asili 33; Palazzo oder Garten Erw./erm. 4,50/4 €, beides zusammen 6/5 €; ☉ Sommer 10–18 Uhr) Romantiker werden das private Anwesen mit Palazzo aus dem 17. Jh. lieben. Hier wurden Teile des Films *Portrait of a Lady* (1996) mit Nicole Kidman und John Malkovich gedreht. Der Barockgarten (der einzige nennenswerte Garten innerhalb der Stadtmauern) ist mit seinem Zierteich, der Jugendstil-Orangerie, den griechischen Götterstatuen aus dem 18. Jh. und den Zitronenbäumen in Kübeln ein echtes Prachtstück.

Die prunkvolle Außentreppe führt zum *piano nobile*, dem großen, reich möblierten und mit Fresken verzierten Empfangssaal. Hier lagen einst die Gemächer von Felix Pfanner, einem Österreicher, der von 1846 bis 1929 in den Kellergewölben Bier brau-

te und den Gerstensaft in Italien einführte. Die Einrichtung der Wohnräume, von den Kupferkesseln über dem Küchenherd bis zum gedeckten Mittagstisch im Speisesaal, veranschaulicht das Alltagsleben in einer Luccheser Stadtresidenz. Im Sommer finden im Palazzo Pfanner zauberhafte Kammerkonzerte statt.

Mura STADTMAUER
Luccas beeindruckende *mura* (Stadtmauer) entstand im 16. und 17. Jh. als Wall rund um die historische Innenstadt. Dank lang anhaltender Friedenszeiten ist sie bis heute fast unverändert erhalten. Die Mauer ist 4 km lang, 12 m hoch und wird von einem breiten, von Bäumen gesäumten Fußweg gekrönt. Von oben eröffnen sich schöne Ausblicke auf die Altstadt und die Apuanischen Alpen.

Hier treffen sich die Luccheser bei der abendlichen *passeggiata* (traditioneller Abendspaziergang), die gerne auch per Rad oder Inlineskates absolviert wird. Kinderspielplätze mit Schaukeln und Picknickbänke unter schattigen Platanen sorgen für Leben an drei der insgesamt elf Bastionen: Baluardo San Regolo, Baluardo San Salvatore und Baluardo Santa Croce. Auf den Wiesen am Baluardo San Donato wird Fußball gespielt.

★ **Cattedrale di San Martino** DOM
(Piazza San Martino; Sakristei Erw./erm. 3/2 €, mit Dommuseum & Chiesa dei SS Giovanni e Reparata 7/5 €; ☉ Sommer 7–18 Uhr, Winter bis 17 Uhr, Sakristei Mo–Fr 9.30–16.45, Sa bis 18.45, So 11.30–

17 Uhr) Der größtenteils romanische Dom stammt aus dem frühen 11. Jh. Die prächtige Fassade im typisch lucchesisch-pisanischen Stil wurde dem existierenden *campanile* angepasst. Die Reliefs über dem linken Eingang in der Säulenvorhalle werden Nicola Pisano zugeschrieben.

Das Innenleben des Doms wurde im 14. und 15. Jh. erneuert und mit gotischem Zierrat ausstaffiert. Eine besondere Faszination verströmt das **Volto Santo** (wörtlich „heiliges Antlitz"): Der Legende nach hat Nikodemus, der die Kreuzigung Jesu beiwohnte, dieses archaische Kruzifix eines dunkelhäutigen, lebensgroßen Jesus am Kreuz angefertigt. Erst vor Kurzem wurde das Alter zwar eindeutig auf das 13. Jh. datiert, trotzdem bleibt das Kreuz ein beliebtes Pilgerziel. Jedes Jahr am 13. September wird das Volto Santo im Rahmen der **Luminaria di Santa Croce** in der Abenddämmerung durch die Straßen getragen, begleitet von einem Fackelzug. Die feierliche Prozession soll an seine wundersame Ankunft in Lucca erinnern.

Unter den zahlreichen weiteren Kunstwerken ist besonders Tintorettos wunderschönes *Abendmahl* über dem dritten Altar des südlichen Seitenschiffs hervorzuheben sowie Domenico Ghirlandaios *Thronende Madonna mit Heiligen* von 1479. Das beeindruckende Gemälde von Michelangelos Lehrmeister hängt momentan in der **Sakristei** gegenüber dem bewegenden Marmorgrabmal von Ilaria del Carretto, das Jacopo della Quercia 1407 schuf. Ilaria war die zweite Frau des lucchesischen Herrschers Paolo Guinigi (15. Jh.) und starb mit nur 24 Jahren im Kindbett. Zu ihren Füßen hält ihr treuer Hund Totenwache.

★ Museo della Cattedrale   MUSEUM
(www.museocattedralelucca.it; Piazza San Martino; Erw./erm. 4/3 €, mit Sakristei & Chiesa dei SS Giovanni e Reparata 7/5 €; ☉10–18 Uhr) Im angeschlossenen Dommuseum sind u. a. Gold- und Silberschmuck für das Volto Santo ausgestellt, darunter eine Krone aus dem 17. Jh. und ein Zepter aus dem 19. Jh.

Chiesa e Battistero dei SS Giovanni e Reparata   KIRCHE
(Piazza San Giovanni; Erw./erm. 4/3 €, mit Dommuseum & Sakristei 7/5 €; ☉Sommer 10–18 Uhr, Winter Sa & So bis 17 Uhr) Die aus dem 12. Jh. stammende Einrichtung der säkularisierten Kirche bietet einen stimmungsvollen Rahmen für die **Opernabende** im Sommer. Karten dafür gibt's (auch vorab) im Kirche-

ninnenraum. Im nördlichen Querschiff ruht das **Baptisterium** auf einer archäologischen Ausgrabungsstätte mit fünf übereinander liegenden Ebenen, die bis in die römische Antike zurückreichen. Der Aufstieg auf den **Uhrturm** aus rotem Backstein lohnt sich – die Aussicht ist phantastisch!

Chiesa di San Michele in Foro   KIRCHE
(Piazza San Michele; ☉Sommer 7.40–12 & 15–18 Uhr, Winter 9–12 & 15–17 Uhr) Wo sich einst ein römisches Forum befand, erhebt sich heute eine romanische Kirche aus dem 11. Jh. Die lucchesische Perle der Architektur mit einer Fassade im Hochzeitstortenstil wurde auf den Resten der Vorgängerkirche aus dem 8. Jh. errichtet. Der Bau dauerte ganze 300 Jahre.

Auf dem Dach prangt eine Figur des Erzengels Michael, der einen Drachen tötet. Im südlichen Querschiff hat Filippino Lippi 1479 die Heiligen Helena, Hieronymus, Sebastian und Rochus (mit Pestbeulen) auf einem Gemälde verewigt.

Palazzo Mansi   PALAZZO
(Via Galli Tassi 43; Erw./erm. 4/2 €; ☉Di–Sa 8.30–19.30 Uhr) Der aus dem 16. Jh. stammende Palazzo eines reichen Luccheser Händlers ist ein Paradebeispiel für den Dekorationswahn des Rokoko. Wandteppiche, Gemälde und schwere Chintzstoffe füllen die Privatgemächer bis zum Bersten. Die prächtig ausgestattete, goldglänzende Hochzeitssuite muss wohl inspirierend gewirkt haben.

Lucca Center of Contemporary Art   KUNSTMUSEUM
(LuCCA; www.luccamuseum.com; Via della Fratta 36; ☉Di–So 10–19 Uhr) GRATIS Luccas Museum für zeitgenössische Kunst zeigt spannende Wechselausstellungen; Genaueres dazu steht auf der Website.

⚜ Feste & Events

Lucca Sommerfestival   MUSIK
(www.summer-festival.com) Das einmonatige Festival im Juli bringt internationale Popstars nach Lucca; 2011 standen u. a. James Blunt und Elton John auf der Bühne an der Piazza Napoleone.

⌒ Schlafen

★ Piccolo Hotel Puccini   HOTEL €
(☎ 05 835 54 21; www.hotelpuccini.com; Via di Poggio 9; EZ/DZ 73/98 €; ❈ ☎) Beim Geburtshaus des großen Komponisten um die Ecke liegt dieses elegante Hotel, das ihm alle Ehre

macht. Die Einrichtung der 14 Zimmer mit hohen Decken und nostalgischen Ventilatoren ist ein diskreter Mix aus Stilmöbeln und Antiquitäten.

Die blendend weißen Sanitäranlagen sind auf dem neuesten Stand. Das italienische Frühstück (Brot, Marmelade und Gebäck) wird an Tischen mit Kerzenlicht serviert. Im Winter sinken die Preise um rund 30 %.

La Magnolia B&B €

(☎05 8346 7111; www.lamagnolia.com; Via Mordini 63; EZ/DZ 60/90 €) Das stimmungsvolle B&B residiert in einem wunderschönen, cremefarbenen Palazzo aus dem 15. Jh., der in die Stadtmauer integriert wurde. Ein Garten mit alten Bäumen lädt zum Relaxen ein und macht die Unterkunft zur perfekten Oase.

AUF PUCCINIS SPUREN

Wenn Opernfreunde den Namen Lucca hören, bekommen sie eine Gänsehaut: Hier erblickte der geniale Giacomo Puccini 1858 das Licht der Welt. Er wurde am Tag nach seiner Geburt in der Chiesa dei SS Giovanni e Reparata (S. 160) getauft. Der Komponist, der in einer langen Reihe lucchesischer Musikgrößen steht, wuchs im Haus am Corte San Lorenzo Nr. 9 auf, dem heutigen Museum **Casa Natale di Puccini** (www.puccinimuseum.org; Corte San Lorenzo 9; Erw./erm. 7/5 €; ☉ Sommer Mi–Mo 10–18 Uhr, Winter Mi–Mo 11–17 Uhr), vor dem eine imposante Puccini-Statue aufgestellt wurde. Als Teenager spielte Puccini die Orgel in der Cattedrale di San Martino (S. 159) und hämmerte als Begleitmusiker im **Teatro del Giglio** (www.teatrodelgiglio.it; Piazza del Giglio 13-15) in die Pianotasten. In dem Theater aus dem 17. Jh. wurden später auch seine berühmtesten Opern aufgeführt: *La Bohème* (1896), *Tosca* (1900) und *Madame Butterfly* (1907).

1880 verließ Puccini Lucca, um in Mailand Musik zu studieren. Danach kehrte er in die Toskana zurück und mietete sich ein Haus in **Torre del Lago** am Lago Massaciuccoli, 15 km westlich von Lucca. Nachdem er mit *Manon Lescaut* (1893) und *La Bohème* große Erfolge gefeiert hatte, ließ er sich neun Jahre später am Ufer des Sees eine Villa erbauen und kümmerte sich höchstpersönlich um deren Jugendstileinrichtung. 24 Jahre lang wohnte er darin zusammen mit seiner Frau Elvira, tüftelte an seinen Opern, ging auf die Jagd oder zum Angeln und pflegte einen sehr gemischten Freundeskreis aus Jagdkumpanen, Fischern und Lebenskünstlern. *Madame Butterfly, La fanciulla del West* (1910), *La Rondine* (1917) und *Il Trittico* (1918) entstanden am Forster-Flügel in seinem Arbeitszimmer, die Partituren notierte er am maßangefertigten Schreibtisch aus Walnussholz.

Die Villa blieb seit Puccinis Zeiten praktisch unverändert und beherbergt heute das faszinierende und absolut sehenswerte **Museo Villa Puccini** (www.giacomopuccini.it; Torre del Lago; Erw./erm. 7/3 €; ☉ Sommer Mo 15–18.20, Di–So 10–12.40 & 15–18.20 Uhr, Winter bis 17.10 Uhr), durch das Besucher im 40-Minuten-Takt geführt werden. Im Sommer wimmelt es auf dem Anwesen und am Seeufer von Besuchern des weltberühmten **Puccini Festival** (www.puccinifestival.it; Torre del Lago). Drei oder vier Puccini-Opern werden in einem extra dafür errichteten, riesigen Open-Air-Theater aufgeführt. Die Tickets dafür gehen weg wie warme Semmeln und müssen schon Monate im Voraus gekauft werden.

Von Torre del Lago aus fuhr Puccini regelmäßig nach **Montecatini Terme**, einem hübschen Kurort 56 km weiter östlich. Er ist für seine Mineralquellen berühmt, und auch Verdi kam öfter hierher. Bis heute herrscht von Mai bis Oktober Hochbetrieb; Kurgäste lassen sich mit Bädern, Anwendungen und Schönheitsbehandlungen verwöhnen. Unter den prächtigen alten Badehäusern, die von einem wunderschönen, gepflegten Park umschlossen werden, ist das Leopoldine (1773) am beeindruckendsten. Weitere Infos dazu gibt die **Touristeninformation** (☎05 7377 2244; www.montecatiniturismo.it; Viale Verdi 66-68, Montecatini Terme; ☉ Mo–Sa 9–12.30 & 15–18 Uhr, im Sommer auch So 9–12 Uhr) in der Hauptstraße.

1921 zog das Ehepaar Puccini in eine Villa im nahe gelegenen Küstenstädtchen **Viareggio**. Hier war Giacomo Stammkunde im **Gran Caffè Margherita** (Viale Regina Margherita 30). Und hier bastelte er auch an seiner letzten (unvollendeten) Oper *Turandot* (1926). Nach seinem Tod 1924 ließen Gattin Elvira und Sohn Antonio an die Villa in Torre del Lago eine Kapelle anbauen, in der Puccinis sterbliche Überreste 1926 bestattet wurden.

PICKNICK AUF DER STADTMAUER

Eine der nettesten Lokalitäten, um in Lucca zu essen, ist zweifellos die Stadtmauer. Ob im Gras oder an einem der aufgestellten Holztische – ein Picknick hier macht einfach Laune (und das sehen die Einheimischen auch so).

Dazu gehören ofenfrische Pizza und Focaccia in verschiedenen Varianten aus der berühmten Bäckerei **Forno Amedeo Giusti** (Via Santa Lucia 20; Pizza & gefüllte Focaccia 9–16 € pro kg; Mo–Sa 7–13 & 16–19.30, So 16–19.30 Uhr) sowie eine Flasche Luccheser Wein und *biscotti al farro* (Dinkelkekse) von der **Antica Bodega di Prospero** (Via Santa Lucia 13; 9–13 & 16–19.30 Uhr) schräg gegenüber; schon die Auslagen des nostalgischen Ladens – Säcke über Säcke mit Bohnen, Linsen und anderen regionalen Hülsenfrüchten – sind eine Augenweide.

Süßer Abschluss der Schlemmerei ist ein *buccellato*, ein Hefekuchen mit Rosinen und Anissamen, der in Lucca seit 1881 Tradition hat. Reste davon schmecken zu Hause mit Butter, als „Armer Ritter" mit Ei in der Pfanne aufgebraten oder in Vin Santo getunkt. Verkauft wird die Spezialität bei **Taddeucci** (www.taddeucci.com; Piazza San Michele 34; Laib à 300/600/900 g 4.50/9/13.50 €; 8.30–19.45 Uhr, Winter Do. geschl.). Noch süßer sind Trüffel, Creme aus weißer Schokolade und andere himmlische Schokokreationen von **Caniparoli** (www.caniparolicioccolateria.it; Via San Paolino 96; 9.30–13 & 15.30–21.30 Uhr), der besten *cioccolateria* (Pralinengeschäft) von Lucca.

Ostello San Frediano
HOSTEL €
(05 8346 9957; www.ostellolucca.it; Via della Cavallerizza 12; B/EZ/DZ/3BZ/4BZ 22/45/65/80/105 €; Mitte Feb.–Dez.;) Mitten im Herzen der Altstadt in einem historischen Gebäude voller Atmosphäre – besser können es Traveller nicht treffen! Komfort und Service sind 1a, neben 141 Betten in großzügigen Räumen hat das zum Verband Hostelling International gehörige Hostel eine Bar und einen wunderschönen Speisesaal (Frühstück 3 €, Mittag- oder Abendessen 11 €). Wer kein HI-Mitglied ist, kann vor Ort für 2 € einen Jahresausweis bekommen.

★ Locanda Vigna Ilaria
B&B €€
(05 833 32 09; www.locandavignailaria.it; Via della Pieve Santo Stefano 967c, St Alessio; DZ/4BZ 110/120 €;) Wer im Auto unterwegs ist und keine Parkplatzsorgen haben will, wird auf das hübsche Natursteinhaus in einem der besten Viertel Luccas fliegen (das Auto stehen lassen und auf grünen Pfaden zwischen den Villen und Olivenhainen spazieren gehen). Die *locanda* (Gasthaus) hat fünf Zimmer unterschiedlicher Größe, die mit alten, neuen und recycelten Möbeln (viele Weinkisten) eingerichtet sind.

Das dazugehörige Restaurant (abends geöffnet) serviert fischlastige Köstlichkeiten (Mahlzeiten 45 €, Menüs 30–79 €). Im Sommer wird auf der Holzterrasse im hübschen Garten gegessen. Die *locanda* liegt 4 km nördlich von Lucca in St Alessio.

2italia
APARTMENT €€
(392 9960271; www.2italia.com; Via della Anfiteatro 74; Apartment für 2 Erw. & bis zu 4 Ki. 190 €;) 2italia vermietet fünf familienfreundliche Apartments (Minimum zwei Nächte) mit Blick auf die Piazza Anfiteatro, im Dachgeschoss gibt's ein für alle zugängliches Kinderspielzimmer. Kristin (Engländerin) und Kaare (Norweger) haben selbst drei Kinder und sind viel unterwegs. So kamen sie auf die Idee, diese geräumigen Unterkünfte für bis zu sechs Personen mit gut eingerichteter Küche und Waschmaschine anzubieten; Bettwäsche und Handtücher werden gestellt.

Die beiden vermieten noch weitere Ferienwohnungen und Villas in und um Lucca und organisieren außerdem Radtouren, Kochkurse, Weinproben und Olivenernten.

Alla Corte degli Angeli
BOUTIQUEHOTEL €€
(05 8346 9204; www.allacortedegliangeli.com; Via degli Angeli 23; EZ/DZ 120/190 €;) Der „Engelshof" mit lediglich zehn Zimmern auf drei Etagen einer Stadtvilla aus dem 15. Jh. hat seine vier Sterne zu Recht, denn er steckt voller Charme: Die Lobby zeigt freigelegte Deckenbalken, die mit romantischen Wandmalereien verzierten Zimmer sind nach Blumen benannt. Wer im Rosenzimmer schläft, sieht die Schwalben am Himmel flattern; zum Orchideenzimmer gehört eine Sauna. Das Frühstück kostet 10 €.

 Essen

Lucca ist bekannt für seine traditionsreiche Küche und feinstes Olivenöl. Aus der nahen Garfagnana kommen Kastanien, Steinpilze, *farro* (Dinkel), Honig, Schafskäse und *formenton* (Maismehl); getrunken wird der leichte Weißwein Colline Lucchesi oder der Rotwein Montecarlo di Lucca.

Da Felice
PIZZERIA €

(www.pizzeriadafelice.com; Via Buia 12; Focaccia 1–3 €, Pizzastück 1,30 €; ⊗Mo–Sa 10–20.30 Uhr) Der quirlige Treffpunkt der Einheimischen hinter der Piazza San Michele ist leicht zu finden: Um die Mittagszeit drängt sich alles um die beiden winzigen Tische drinnen, der Eingang ist verstopft, und viele Gäste weichen auf die beiden Bänke an der Straße aus. Die *cecina,* eine pikante Pizza mit Kichererbsen frisch aus dem Ofen, und der *castagnaccio* (Kastanienkuchen) sind hier seit 1960 heiß begehrt.

Die in weißes Papier eingeschlagenen Pizzas und Focaccias (auch zum Mitnehmen) schmecken mit einem kühlen Maretti-Bier besonders lecker. Ein Hingucker sind die mit Wäscheklammern an einer Schnur im Fenster befestigten Fotos des Besitzerehepaars Pasqina und Marino „Felice" Grazzini aus den 1960er-Jahren bis heute.

Trattoria da Leo
TRATTORIA €

(☎05 8349 2236; Via Tegrimi 1; Mahlzeiten 25 €; ⊗Mo–Sa mittags & abends) Leo ist ein echter Veteran und ganz Lucca schwört auf das freundliche Ambiente und die preiswerten Gerichte, auch wenn deren Qualität zwischen akzeptabel und wie bei Großmuttern

schwankt. Im Sommer sind die zehn Tische unter den Sonnenschirmen auf der engen Straße heiß umkämpft, denn der Gastraum ist mit seinem 1970er-Jahre-Dekor ziemlich langweilig und zudem laut. Unser Tipp: *vitello tonnato* (kalt aufgeschnittenes Kalbfleisch mit einer Thunfisch-Kapern-Sauce). Keine Kreditkarten.

Osteria del Manzo
TOSKANISCH €€

(☎05 8349 0649; Via Battisti 28; Gerichte 25 €; ⊗Mo–Sa mittags & abends) Mit der bodenständigen Küche ist die Osteria auch ohne Terrasse ein Liebling der Lucchesi. Unter schweren Deckenbalken lassen sie sich die lokalen Spezialitäten schmecken – beobachtet von einer Batterie Gartenzwerge (!) –, und offenbar sammelt hier auch jemand Flaschen.

Cantine Bernardini
TOSKANISCH €€

(☎05 8349 4336; www.cantinebernardini.com; Via del Suffragio 7; Gerichte 40 €; ⊗Di–So mittags & abends) In den Backsteinkellern des Palazzo Bernardini aus dem 16. Jh. versteckt sich diese gelungene Mischung aus *osteria* und *enoteca.* Auf der Karte stehen saisonale Spezialitäten wie Ravioli aus Kastanienmehl mit Wildschweinragout oder ein frühlingshafter Artischockenflan. Das toskanische Weinangebot ist sensationell. Weitere Pluspunkte sind die Kinderkarte und Livemusik oder DJs an Freitagabenden.

Canuleia
TOSKANISCH €€

(☎05 8346 7470; Via Canuleia 14; Mahlzeiten 35 €; ⊗Di–So mittags & abends) Der Trumpf des Lokals ist der lauschige Garten auf der Rückseite, wo die Gäste abgeschirmt von

---

INSIDERWISSEN

VILLA BONGI

Wer einen Lucchesen fragt, wohin man am besten sonntags zum Mittagessen geht oder wo man der drückenden Hitze der Stadt entkommt, wird mit Sicherheit an die **Villa Bongi** (☎05 8351 0479; www.villabongi.it; Via di Cocombola 640, Montuolo; Mahlzeiten 20–25 €; ⊗Di–Sa abends, So mittags & abends), 7 km westlich von Lucca, verwiesen. Der ehemalige Konvent hat sich zu einer pompösen, lachsfarbenen Traumvilla mit Veranda und Steinbalustrade gemausert, die von Olivenhainen umringt wird. Von der Terrasse aus bieten sich die sanften Luccheser Hügel mit ihren Rebzeilen wie auf dem Präsentierteller dar. Die Küche serviert Traditionsgerichte mit kreativem Touch, z. B. Rotkrautrisotto mit geschmolzenem Gorgonzola oder safrangelbe *tagliatelle* (wie alle Pastasorten hausgemacht) mit Schinken und Garnelen. Im Winter kuscheln sich die Gäste mit einem Glas Wein in der Hand vor das Feuer im offenen Kamin. Eine Tischreservierung ist unbedingt empfehlenswert, vor allem für sonntags, wenn halb Lucca zum unschlagbar preiswerten Mittagstisch (drei Gänge, Wein, Wasser und Kaffee für 20 €, für Kinder bis 10 Jahre 5 €) strömt.

Besucherhorden dem Vogelgezwitscher lauschen und das Essen genießen – z. B. Rebhuhnrisotto, Spaghetti mit Artischocken und Garnelen oder *peposo*, ein traditionelles Schmorgericht mit Rindfleisch und viel Pfeffer.

Osteria Baralla OSTERIA €€

(☎05 8344 0240; www.osteriabaralla.it; Via Anfiteatro 5; Mahlzeiten 30 €; ☺Mo–Sa mittags & abends) Nicht umsonst ist die seit 1860 bestehende, gut besuchte Osteria in allen Reiseführern gelistet, denn was in dem roten Backsteingewölbe aufgetischt wird, schmeckt einfach göttlich! Ein absolutes Muss unter den lokalen Spezialitäten ist die Suppe mit Kichererbsen, Stockfisch und Olivenöl aus neuer Ernte. Donnerstags ist das *bollito misto* (gemischtes gekochtes Fleisch) der Renner, samstags gibt's Schweinebraten.

★ Ristorante Giglio TOSKANISCH €€€

(☎05 8349 4058; www.ristorantegiglio.com; Piazza del Giglio 2; Mahlzeiten 40 €, Probiermenü für 2 Pers. 70 €; ☺Do–Mo mittags & abends, Mi abends) Die schäbige Terrasse mit Plastikdach und die Lage an Luccas größtem Platz in der Fußgängerzone sollte keinen abschrecken, denn innen ist das Giglio superedel: Weiße Tischdecken, Marmorkamin mit knisterndem Feuer und ein Glas Prosecco zur Begrüßung machen klar, dass das Restaurant im freskengeschmückten Palazzo Arnolfini aus dem 18. Jh. zu den besten Adressen der Stadt gehört.

Die toskanische Traditionsküche wird modern aufgepeppt; es gibt beispielsweise Artischockensalat in einem (essbaren) Körbchen aus geschmolzenem Parmesan oder Chianti-Risotto und als süßen Abschluss *buccellato* (Luccheser Hefekuchen), gefüllt mit Eiscreme und Beeren.

Buca di Sant'Antonio TOSKANISCH €€€

(☎05 835 58 81; www.bucadisantantonio.com; Via della Cervia 3; Mahlzeiten 50 €; ☺Di–Sa mittags & abends, So mittags) Wow, was für eine prächtige Sammlung von Kupfertöpfen hier an den Deckenbalken baumelt! Seit 1782 ist das stimmungsvolle Lokal ein Treffpunkt verliebter Paare für ein romantisches Dinner. Die Weinkarte ist so genial, dass die Küche daneben etwas abfällt, sich aber keinesfalls verstecken muss. Recht steife Kellner (älteres Semester, schwarzer Anzug und Krawatte) empfangen die Gäste mit einem Glas Prosecco auf Kosten des Hauses.

🏠 Shoppen

Die autofreie Via Fillungo ist mit ihren netten kleinen Boutiquen ein Shoppingparadies. Ein Tipp für Bierfans: die **Mikrobrauerei** in der Hausnr. 90, wo handwerklich gebrautes italienisches Bier probiert und eingekauft werden kann.

Premium MODE

(www.premiumfashionboutique.it; Via Fillungo 90; ☺Mo 15.30–19.30, Di–Fr 10–13 & 15.30–19.30, Sa 9.30–20 Uhr) Eine Modeboutique mit so viel Charme ist wirklich selten! Die Einrichtung im Stil der 1950er-Jahre passt perfekt zu dem Mix aus hippen Fummeln und Vintage-Stücken. Das Sortiment reicht von Kaschmirschals über handgearbeitete Hüte bis zur neuesten Schuhmode, und alles hat lässigen Schick.

Vi-Ta Playtime KUNSTHANDWERK

(www.vitaplaytime.com; Piazza Anfiteatro 35; ☺Sommer 11–19 Uhr, Winter kürzer) Exquisite, kreative und wirklich einmalige Spielsachen aus Pappe, Holz und Stoff – alles handgemacht – sind die Spezialität der talentierten Lola Murzina, die von Haus aus Architektin ist.

ℹ Praktische Informationen

Touristeninformation (☎05 8358 3150; www.comune.lucca.it; Piazzale Verdi; ☺Sommer 9–19 Uhr, Winter bis 17.30 Uhr) Reserviert Zimmer, vermietet Fahrräder und fungiert als Gepäckaufbewahrung.

ℹ An- & Weiterreise

AUTO

Die A11 führt westwärts nach Pisa und Viareggio, ostwärts nach Florenz. Die Garfagnana ist via SS12 und SS445 erreichbar.

Die einfachste Parkmöglichkeit in Lucca ist der Parcheggio Carducci direkt vor der Porta Sant'Anna. Innerhalb der Stadtmauer sind die meisten Parkplätze Anliegern vorbehalten (gelb markiert). Blau markierte Parkplätze sind für jedermann (auch Touristen) und kosten zwischen 1,50 und 2 € pro Stunde. Wer eine Unterkunft innerhalb der Stadtmauer gebucht hat, sollte vorher dort anrufen und fragen, ob er für die Dauer des Aufenthalts einen Anliegerausweis bekommen kann.

BUS

Von den Bushaltestellen rund um den Piazzale Verdi bietet **Vaibus** (www.vaibus.it) Verbindungen ins Umland und zu folgenden Zielen: **Bagni di Lucca** (3,40 €, 1 Std., 8-mal tgl.)

Castelnuovo di Garfagnana (4,20 €, 1½ Std., 8-mal tgl.)

Pisa Flughafen (3,20 €, 45–60 Min., 30-mal tgl.)

ZUG

Der Bahnhof liegt südlich der Stadtmauer; ein Fußweg führt über den Wallgraben und durch einen dunklen Tunnel unter dem Baluardo San Colombano in die Innenstadt. Es gibt folgende Regionalverbindungen:

Florenz (7 €, 1¼–1¾ Std., stündl.)

Pietrasanta (4,10 €, 1 Std. über Viareggio, stündl.)

Pisa (3,30 €, 30 Min., halbstündl.)

Viareggio (3,30 €, 25 Min., stündl.)

❶ Unterwegs vor Ort

FAHRRAD

Leihräder gibt's bei der Touristeninformation (pro Stunde/Tag 3/15 €, Ausweis muss hinterlegt werden) und bei folgenden Agenturen:

Biciclette Poli (☑ 05 8349 3787; www.bici clettepoli.com; Piazza Santa Maria 42; pro Tag 15 €; ☺ Sommer 9–19 Uhr)

Cicli Bizzarri (☑ 05 8349 6682; www.ciclibiz zarri.net; Piazza Santa Maria 32; pro Tag 15 €; ☺ Sommer 9–19 Uhr)

PISTOIA

89 100 EW.

Das hübsche Pistoia kuschelt sich an den Fuß des Apennin. Viele kommen für einen Tagesausflug von Pisa, Lucca oder Florenz her, aber die Stadt verdient mehr Aufmerksamkeit, als ihr üblicherweise zugestanden wird. Da Pistoia weit über seine mittelalterlichen Befestigungsmauern hinausgewachsen ist, geht's im *centro storico* relativ ruhig zu. Die ehrwürdigen Gemäuer beherbergen mittlerweile auch spannende zeitgenössische Kunst.

Mittwochs und samstags verwandelt der Markt die großzügige Piazza del Duomo und ihre umliegenden Straßen in ein bewegtes Meer aus blauen Markisen, zwischen denen geschäftiges Treiben herrscht. An allen Werktagen locken Berge von Obst und Gemüse der Saison an den Ständen auf der kleinen Piazza della Sala westlich des Doms.

◉ Sehenswertes

Die Hauptsehenswürdigkeiten von Pistoia drängen sich rund um die wunderschöne **Piazza del Duomo**. Sie wird von einem dichten Netz enger, schattiger Straßen um-schlossen, die für Autos tabu sind und deshalb zum Herumschlendern perfekt sind.

⭐**Museo Marino Marini** MUSEUM
(www.fondazionemarinomarini.it; Corso Fedi 30; Erw./erm. 3,50/2 €; ☺ Sommer Mo–Sa 10–18 Uhr, Winter bis 17 Uhr) Das Museum im ehemaligen Palazzo del Tau zeigt Werke seines Namensgebers, des aus Pistoia stammenden Malers und Bildhauers Marino Marini (1901–1980). Nach den mehreren Dutzend Zeichnungen und Bildern zu urteilen, waren weibliche Akte und Pferde seine Lieblingsmotive.

Das eigentliche Highlight des Museums ist die **Cappella del Tau**, eine winzige, komplett mit Fresken ausgemalte Kapelle aus dem 14. Jh. Sie beherbergt mehrere Skulpturen von Marini; der wuchtige Bronzekoloss *Wunder* (1952) aus seiner Serie von Reiterskulpturen ist ein besonderer Blickfang.

Piazzetta degli Ortaggi PIAZZA
Das hübsche, kleine Juwel von einer Piazza mit einladenden Straßencafés ist ein Muss. Hier steht die lebensgroße Skulpturengruppe **Giro di Sole** (Sonnenbahn; 1996) des Pistoier Künstlers Roberto Barni (geb. 1939). Sie liegt neben der Piazza della Sala, fungierte im 18. Jh. als Marktplatz der Stadt, beherbergte ein Bordell und war zugleich der Eingang zum jüdischen Ghetto.

⭐**Cattedrale di San Zeno** DOM
(Piazza del Duomo; Silberaltar 2/1,50 €; ☺8.30–12.20 & 15.30–18.45 Uhr, Silberaltar 9–10, 11.30–12.30 & 15.30–18 Uhr) Als beachtenswertes Beispiel für die Pisaner Romanik besticht die Fassade mit einer Lunette von Andrea della Robbia, die die Jungfrau mit Kind, flankiert von zwei Engeln, zeigt. Das zweite Highlight des Doms versteckt sich in der düsteren **Cappella di San Jacopo** am nördlichen Querschiff: der silberne **Dossale di San Giacomo** (Altaraufsatz des hl. Jakobus), der 1287 begonnen und zwei Jahrhunderte später von Brunelleschi vollendet wurde. Eintrittskarten dafür gibt's im Battistero di San Giovanni (S. 165) auf der anderen Seite des Platzes. Wer montags besichtigen will, wenn das Baptisterium geschlossen ist, findet mit etwas Glück einen Kirchendiener, der Zugang gewährt.

⭐**Battistero di San Giovanni** SAKRALBAU
(Piazza del Duomo; Baptisterium Eintritt frei, Glockenturm 6/4,50 €; ☺Di–So 10–13 & 15–18 Uhr) Gegenüber der Kathedrale steht das achteckige Baptisterium aus dem 14. Jh. Die elegante, weiß-grüne Marmorfassade hat Andrea Pisano entworfen. Das rechteckige Tauf-

Pistoia

becken und die kühne Kuppel sind die einzigen Hingucker im schlichten Innenraum aus rotem Backstein. Vom Glockenturm aus zeigt sich Pistoia aus der Vogelperspektive.

Museo Civico
MUSEUM

(Piazza del Duomo 1; Erw./erm. 3,50/2 €; ◷Do-So 10–18 Uhr) Der gotische **Palazzo Comunale** steckt voll von Werken toskanischer Künstler des 13. bis 20. Jhs. Sehenswert ist die *Madonna della Pergola* (1498) von Bernardino di Antonio Detti, dessen hl. Jakobus, Maria und Kind erstaunlich modern wirken. Ob die Fliege auf Jesus' Arm nicht kribbelt?

Ospedale del Ceppo &
Pistoia Sotterranea
HISTORISCHES BAUWERK

(www.irsapt.it; Piazza Giovanni XXIII 13; Führung Erw./erm. 9/8 €; ◷ Sommer 9–18 Uhr, Winter bis 17 Uhr) Selbst, wer sich an Kunst schon gründlich sattgesehen hat, wird angesichts Giovanni della Robbias bunten Terrakotta-

friesen aus dem 16. Jh. an der Fassade des **Ospedale del Ceppo** wieder munter. Sie illustrieren die *sette Opere di Misericordia* (sieben Werke der Barmherzigkeit), während fünf Medaillons die *Virtù Teologali* (theologischen Tugenden) zeigen.

Noch überraschender ist das unterirdische Labyrinth, das sich unter dem ehemaligen Hospital ausbreitet.

Die einstündige Führung unter dem Motto **Pistoia Sotteranea** nimmt Besucher mit in die Tiefen des Krankenhauses aus dem 13. Jh., das im 16. Jh. eine berühmte Schule für Chirurgie beherbergte. Neben unterirdischen Wasserläufen sind alte Sezierwerkzeuge, Skalpelle und Ähnliches spannend präsentiert.

✱✷ Feste & Events

Giostra dell'Orso
KULTUR

Beim „Bärenturnier" handelt es sich um ein Mittelalterfest, u. a. mit Kämpfen zu Pferd.

Pistoia

Es wird am 25. Juli auf der Piazza del Duomo zu Ehren des Schutzpatrons von Pistoia, dem hl. Jakobus, veranstaltet.

🛏 Schlafen

Tenuta di Pieve a Celle   HOTEL €€
(☏ 05 7391 3087; www.tenutadipieveacelle.it; Via di Pieve a Celle 158; DZ 160 €; P ❄ 🏊) Eine Zypressenallee als Zufahrt, ein Olivenhain, ein Pool, ein Landhaus aus den 1850er-Jahren inmitten von Hügeln (3 km außerhalb von Pistoia) – davon träumt doch jeder, der an die Toskana denkt. Die fünf Zimmer mit Himmelbett geben den Blick frei auf die weitläufigen Gartenanlagen; aus den biologisch angebauten Produkten bereitet Gastgeberin Fiorenza auf Anfrage gerne ein Abendessen zu.

🍴 Essen & Ausgehen

Die Fressmeile von Pistoia liegt in der Fußgängerzone und heißt Via del Lastrone.

Dort drängen sich Cafés, *gelaterie*, Weinlokale und Traditionsrestaurants, die heimische Spezialitäten servieren wie *carcerato* (Eintopf mit Innereien), *frittata con rigatino* (Omelette mit gepökeltem Bauchspeck), *farinata con cavalo* (Kichererbsenpfannkuchen mit Kohl) oder *migliacci* (Crêpes mit Schweineblut). Als Abschluss eines Essens ist *berlingozzo* beliebt, ein Gebäck, zu dem traditionell ein Glas Vin Santo aus lokaler Produktion getrunken wird.

⭐ **Trattoria dell'Abbondanza**   TOSKANISCH €€
(☏ 05 7336 8037; Via dell'Abbondanza 10; Mahlzeiten 30 €; ⊙ Fr–Di mittags & abends, Do abends) Draußen in einer malerischen Gasse unter bunten Sonnenschirmen oder drinnen inmitten von Türglocken, Nudelschüsseln und anderen Sammlerstücken wird einfache toskanische Küche serviert – was genau, ist auf der handgeschriebenen Speisekarte nur schwer zu entziffern.

Osteria La BotteGaia   OSTERIA €€
(☏ 05 7336 5602; www.labottegaia.it; Via del Lastrone 17; Mahlzeiten 30 €; ⊙ Di–Sa mittags & abends, So abends) Auch Slow Food schwärmt von den exzellenten Fleischprodukten und der interessanten Weinkarte dieses Lokals, dessen Küche sich von traditionell bis experimentell austobt. Wer nicht reserviert hat, findet nur schwer einen freien Tisch und kann zur Not auf die Weinbar von La BotteGaia ausweichen (Hausnr. 4), wo Salate, *crostini* und *bruschetta* serviert werden.

Caffètteria Marini   CAFÉ
(www.fondazionemarinomarini.it; Corso Fedi 32) Im munteren, freundlichen Museumscafé neben dem Museo Marino Marini ist immer etwas los. Einheimische schlürfen an der Bar

ABSTECHER FÜR KUNSTFREUNDE

Ein Teehaus, eine Voliere und weitere romantische Relikte aus dem 19. Jh. bilden einen interessanten Kontrast zu den avantgardistischen Installationen weltberühmter zeitgenössischer Künstler in der **Fattoria di Celle** (☏ 05 7347 9907; www.goricoll.it; Via Montalese 7, Santomato di Pistoia; Führung gratis; ⊙ Sommer Mo–Sa nur nach Vereinbarung) GRATIS 5 km von Pistoia entfernt. Dank der Kunst- und Sammelleidenschaft des Geschäftsmanns Giuliano Gori entstand auf seinem weitläufigen Familienanwesen ein einzigartiger privater Skulpturenpark mit 70 Installationen, die speziell für diesen Ort geschaffen wurden. Die geführte zwei- bis vierstündige Besichtigungstour ist für echte Kunstliebhaber gedacht und muss vorher angemeldet werden (mindestens einen Monat im Voraus, am besten per E-Mail).

einen Espresso oder gönnen sich an einem der vier Tische einen Cappuccino und plaudern dabei mit Freunden. Draußen unter dem Vordach stehen Sofas, von denen aus der Blick über die blühenden Hortensien des wunderschönen Gartens schweift – im Sommer ein Traum!

❶ Praktische Informationen

Touristeninformation (☑ 05 732 16 22; www.pistoia.turismo.toscana.it; Piazza del Duomo 4; ⊙ 9–13 & 15–18 Uhr)

❶ Anreise & Unterwegs vor Ort

ZUG

Der Bahnhof liegt 400 m südlich der Altstadt an der Piazza Dante Alighieri. Es gibt Regionalzüge nach:

Florenz (4,10 €, 45 Min., häufig)

Lucca (5,10 €, 45–60 Min., halbstündl.)

Pisa (5,10 €, 1¾ Std., 1-mal tgl., sonst umsteigen in Lucca)

Viareggio (6,40 €, 1 Std., stündl.)

SAN MINIATO & UMGEBUNG

27 600 EW.

Schon aus kulinarischen Gründen ist das bezaubernde, verschlafene Mittelalterstädtchen auf halber Strecke zu je 50 km zwischen Pisa und Florenz einen Besuch wert: Hier dreht sich alles um den *tuber magnatum pico*, die weiße Trüffel.

Die alten Pflasterstraßen von San Miniato, die in der heißen Sommersonne kupfer- bis ingwerfarben leuchten, machen Lust auf einen gemütlichen Bummel. Sie führen durch das harmonische Stadtbild mit prächtigen Fassaden und Kirchen aus dem 14. bis 18. Jh., passieren den imposanten romanischen Dom und steigen schließlich steil bergan zum rekonstruierten mittelalterlichen Wehrturm **Torre di Federico II** (Turm Friedrichs II.; Eintritt 3,50 €; ⊙ Di–So 11–17 Uhr), von dem sich herrliche Ausblicke bieten. Am günstigsten ist es, sich vor dem Stadtbummel in der Touristeninformation ein Kombiticket (5 €) für die Hauptsehenswürdigkeiten zu kaufen.

NICHT VERSÄUMEN

JAGD AUF WEISSE TRÜFFELN

Seit dem Mittelalter sind Trüffeln aus der Kulturgeschichte der Gegend nicht wegzudenken. Rund 400 *tartufai* (Trüffelsucher) grasen die drei kleinen Täler bei San Miniato nach der kostbaren hellbraunen bis beigen Knolle ab, die dort von Mitte Oktober bis Mitte Dezember wächst. Welchen Pfaden sie dabei folgen, sind streng gehütete Familiengeheimnisse, die von Generation zu Generation weitergegeben werden. Denn was ihre speziell ausgebildeten Hunde da erschnüffeln, ist ein kleines Vermögen wert. In der Toskana liegt der Kilopreis für weiße Trüffel bei 1500 €, in Berlin und anderen europäischen Hauptstädten kosten sie ein Vielfaches davon.

Um den Mythos um diese in Nacht- und Nebelaktionen geborgenen Aromaschätze hautnah mitzuerleben, gibt's keine bessere Gelegenheit als die **Mostra Mercato Nazionale del Tartufo Bianco** (Nationale Messe für weiße Trüffeln). Sie findet an den letzten drei Novemberwochenenden in San Miniato statt. Dorthin pilgern Profi- wie Hobbyköche aus aller Welt um einzukaufen, aus Trüffeln hergestellte Spezialitäten zu probieren und sich von dem einzigartigen Geschmack verzücken zu lassen. Die Touristeninformation von San Miniato hält eine Liste von Trüffelhändlern bereit und ist allen behilflich, die einen Trüffelsucher in Aktion erleben wollen.

Sehr empfehlenswert sind die frühmorgendlichen Trüffelausflüge von Barbialla Nuova (S. 169). Das wunderschöne Landgut besitzt 500 ha Gelände bei Montaione, 20 km südlich von San Miniato. Mit Guido Manfredi hat hier die jüngere Generation das Zepter übernommen; er führt die Gäste bei der zweistündigen Suche und serviert ihnen anschließend Chianti, Käse und Salami aus biologischer Herstellung. Erfolgreiche Trüffelsucher begleitet Guido gerne in ein Restaurant der Gegend, wo das mitgebrachte „Nugget" dann über Pasta und eine *bistecca alla fiorentina* (T-Bone-Steak vom Holzkohlegrill) geraspelt wird. Weit und breit gibt's keinen erfolgreicheren *tartufaio* als den Besitzer von Barbialla Nuova und seinen Hund; ihr Saisonergebnis liegt bei rund 20 kg.

Kommen wir zum nächsten, wichtigen Thema: Mittagessen. Viele Restaurants sind Kunden von **Sergio Falaschi** (www.sergiofalaschi.it; Via Augusto Conti 18-20), der örtlichen *macelleria* (Metzgerei). Sie verarbeitet vor allem Fleisch der toskanischen Schweinerasse *cinta senese*, z. B. zur Blutwurst *mallegato*, die Slow Food in die Arche aufgenommen hat. Weitere lokale Produkte auf den Speisekarten sind *carciofi samminiatese* (eine Artischockensorte) im April und Mai, Kastanien und Waldpilze im Herbst, *formaggio di capra delle colline di San Miniato* (Ziegenkäse) und Fleisch von Chianina-Rindern.

Vor der Abreise lohnt es sich, bei **Slow Food** (Via Augusto Conti 39) vorbeizuschauen und nach Verkostungen, Besichtigungen, Kellerführungen, Weinproben und anderen Gourmetveranstaltungen zu fragen. Slow Food organisiert auch den phantastischen **Mercato della Terra di San Miniato** (www.mercatidellaterra.it; Piazzale Dante Alighieri; ⊘ 9–14 Uhr), einen Bauernmarkt, auf dem Landwirte und Kleinbetriebe der Region frisches Obst und Gemüse, Fleisch, Rohmilch und andere handwerklich hergestellte Produkte anbieten. Er findet jeden dritten Sonntag des Monats statt.

🛏 Schlafen & Essen

⭐ **Barbialla Nuova**   AGRITURISMO €

(☑ 05 7167 7004; www.barbiallanuova.it; Via Casastada 49, Montaione; Apartment für 2/4/6/8 Pers. ab 100/160/200/320 €, Sommer/Winter mind. 7/3 Nächte; P 🛜 🏊) 🍴 Rahmfarbene Chianina-Rinder grasen auf den Hügeln, und Wildschweine wühlen zwischen den Wurzeln in dichten Wäldern nach Trüffeln. In dieser Idylle liegt der biodynamische Hof mit 500 ha Land und genau dem richtigen Mix aus Abenteuer (ungeteerte Straßen) und Komfort (Einrichtung wie bei „Schöner Wohnen"). In den verstreut liegenden Wirtschaftsgebäuden wurden Apartments für Selbstversorger eingerichtet.

Gäste können beim Schweinefüttern helfen, bekommen Karten mit markierten Wanderwegen durch das Gelände und finden im Hofladen Bioprodukte und Trüffeln, die sie für ihre eigenen Schlemmerkreationen verwenden können. Das Allerbeste: Für die berühmten Trüffelexkursionen bekommen sie 50 % Rabatt! Barbialla liegt 20 km südlich von San Miniato an der SP76; 3 km hinter der Ortschaft Carrazano dem weißen Schild rechts folgen.

ROMANTIK PUR

Das kleinste Restaurant der Welt heißt **Peperino** (☑ 348 7804785; www.peperino.net; Via IV Novembre 1, San Miniato; Mahlzeit inkl. Wein 210 €; ⊘ mittags & abends). Es hat nur einen einzigen Tisch für zwei Personen und liegt mitten in dem Dorf, das als kulinarischer Nabel der Toskana gilt, gleich neben seinem großen Bruder Pepenero. Stilmöbel und rosa Seidenstoffe sorgen für Kuschelatmosphäre, der Kellner kommt nur, wenn die Gäste klingeln. Es ist oft auf Monate ausgebucht.

Podere del Grillo   MODERN TOSKANISCH €

(☑ 05 7140 9379; www.poderedelgrillo.eu; Via Serra 3, La Serra; Mahlzeiten 20 €, Probierteller 10–15 €; ⊘ Mo–Sa 18–23, So 12.30–15.30 & 18–23 Uhr) 🍴 Die außergewöhnliche Qualität der Zutaten macht aufwändiges Kochen oder andere Griffe in die Trickkiste fast überflüssig. Alles stammt aus regionalem, biologischem Anbau – und das schmeckt man. Das trendige Lokal in einem ländlichen Backsteinbau mit künstlerisch-intellektueller Kundschaft verwöhnt mit köstlichen Salaten, Aufschnitt- und Käseplatten. Ab und zu gibt's auch Livemusik oder andere Kulturevents. Das Abendessen wird ab 20 Uhr serviert.

Anfahrt ab San Miniato südwärts in Richtung Montaine, nach ein paar Kilometern nach Kühen Ausschau halten und gegenüber dem Bauernhof aus rotem Backstein parken.

⭐ **Pepenero**   MODERN TOSKANISCH €€€

(☑ 05 7141 9523; www.pepenerocucina.it; Via IV Novembre 13; Mahlzeiten 50 €; ⊘ Sa abends, So & Mi-Fr mittags & abends) Der TV-Starkoch Gilberto Rossi gehört zu der neuen Generation toskanischer Kochkünstler, die aus traditionellen Zutaten der Region moderne, saisonal geprägte Gerichte zaubern. Seine Geheimnisse verrät er in halbtägigen **Kochkursen** und beim anschließenden lockeren Essen auf der Terrasse seines hoch gelobten Restaurants. Voranmeldung erforderlich.

ℹ Praktische Informationen

Touristeninformation (☑ 05 714 27 45; www.sanminiatopromozione.it; Piazza del Popolo 1; Mo 9–13, Di–So 9–13 & 14–17 Uhr)

ℹ An- & Weiterreise

AUTO

Von Pisa und Florenz über die FI-PI-LI (SS67);
Parkplätze gibt's an der Piazza del Popolo.

ZUG

Am Bahnhof von San Miniato wartet ein Shuttle-bus (1 €, alle 20 Min.), der in die Altstadt fährt.
Regionalzüge fahren nach:
Florenz (4,10 €, 45 Min., stündl.)
Pisa (3,70 €, 30 Min., stündl.)

APUANISCHE ALPEN & GARFAGNANA

Landeinwärts geht die Versilia abrupt in die Apuanischen Alpen über, eine zerklüftete Bergkette, die als **Parco Regionale delle Alpi Apuane** (www.parcapuane.it) unter Naturschutz steht. Wanderwege führen zu abgelegenen Bauernhöfen, Einsiedeleien aus dem Mittelalter und verschlafenen Bergdörfern.

Weiter im Landesinneren beherrschen drei bezaubernde, vom Serchio und seinen Nebenflüssen gebildete Täler die Szene: die beiden tiefer gelegenen Valle del Serchio und Valle Lima sowie das Valle Garfagnana etwas weiter oben. Das Trio wird unter dem Namen **Garfagnana** zusammengefasst. Dichte Kastanienwälder bedecken das wenig besuchte Gebiet, eine fast unberührte Naturlandschaft, deren Produkte (Kastanien, Steinpilze, Honig) in der ländlich-rustikalen, unglaublich geschmackvollen Küche die Hauptrolle spielen.

Das Tor zu diesem stark bäuerlich geprägten Landstrich der Toskana ist Castelnuovo di Garfagnana mit dem Besucherzentrum des Regionalparks. Wer nicht völlig dem Landleben erliegen will, schlägt sein Basislager im eleganteren Pietrasanta (S. 177) am Südrand der Apuanischen Alpen auf.

Castelnuovo di Garfagnana

6110 EW.

Wie ein Adlerhorst hängt das mittelalterliche Castelnuovo über dem Zusammenfluss von Serchio und dem etwas kleineren Turrite. Als rostrotes Herz thront in seiner Mitte die **Rocca Ariostesca** (Ariostos Burg) aus dem 12. Jh. Sie ist nach dem italienischen Dichter Ariosto benannt, der hier von 1522

bis 1525 als Verwalter des Adelsgeschlechts Este residierte. Heute fungiert die Burg als Rathaus; im Erdgeschoss ist ein **Archäologisches Museum** (Piazza Ariosto; ⊗ Do, Sa & So 10–12.30 & 16–19 Uhr) ᴳᴿᴬᵀᴵˢ untergebracht.

Gegenüber auf der kleinen Piazza treffen sich die Einwohner seit 1885 in der altmodischen Konditorei und Confiserie **Fronte delle Rocca** (Piazza Ariosto 1; ⊗ Di–So 9–13 & 15–19.30 Uhr). Wieso nicht den Rundgang mit einem Glas Prosecco im Schatten der *rocca* beginnen? Anschließend geht's auf der Via Fulvio Testi bis zum nahe gelegenen **Dom** (Piazza del Duomo) mit der hübschen *Jungfrau Maria und zwei Heilige* von Michele di Ridolfo del Ghirlandaio.

Nur ein paar Schritte weiter, hinter dem alten Stadttor auf der Via Dini, zieht einen das Stillleben aus Säcken mit Bohnen, Kichererbsen, Steinpilzen und Walnüssen im Schaufenster förmlich hinein in den Lebensmittelladen **Alimentari Poli Roberto** (Via Dini 1; ⊗ 8.30–13 & 15.30–20.30 Uhr). Das Kastanien- und Dinkelbier sowie der in Dinkel gewälzte *pecorino, castagnaccio* (Kastanienkuchen), *biroldo* (Schweineblutwurst mit wildem Fenchel) und Honig dürfen bei keinem zünftigen Picknick in der Garfagnana fehlen.

Am Donnerstagmorgen ist Markt.

🛏 Schlafen & Essen

Pradaccio di Sopra   AGRITURISMO €

(☎ 05 8366 6966; www.agriturismopradaccio.it; Pieve Fosciana; DZ 60–78 € Abendessen 23 €; ᴾ 🐾) Inmitten von Dinkelfeldern und Kastanienwäldern ist dieser Familienbetrieb, der auch Weizen und Mais anbaut, ein echter Volltreffer. Die traditionell eingerichteten Zimmer haben moderne Bäder. Abends gibt's Schlemmermahle mit Dinkel-Pasta, Kastanien, gartenfrischen Salaten und Fleisch, das draußen im Holzofen auf den Punkt gegart wird.

Michele und seine Mutter Rosalba haben den Hof im Sommer 2013 übernommen und wollen künftig auch Mittagessen anbieten. Pradaccio di Sopra liegt 3,5 km von Castelnuovo entfernt in Pieve Fosciana. Keine Kreditkarten.

⭐**Osteria Vecchio Mulino**   OSTERIA €

(☎ 05 836 21 92; www.vecchiomulino.info; Via Vittorio Emanuele 12; Probiermenü inkl. Wein 25 €; ⊗ Di–So mittags, abends auf Vorbestellung) Andrea Bertucci ist Wirt aus Leidenschaft. In seiner rustikalen, 160 Jahre alten Osteria gibt's keine Speisekarte, stattdessen fährt

ABSTECHER FÜR OPERNFREUNDE

Rund 35 km westlich von Barbialla Nuova und San Gimignano bilden die Hügel ein beeindruckendes natürliches Amphitheater und mittendrin liegt **Lajatico** (1390 Ew.). Das winzige Dorf ist der Geburtsort des Opernsängers Andrea Bocelli (geb. 1958), der jedes Jahr im Juli für einen einzigen Auftritt in seine Heimat zurückkehrt.

Als Bühne dient ihm das **Teatro del Silenzio** (Theater der Stille; www.teatrodelsilenzio.it), ein eigens zu diesem Zweck konstruiertes Open-Air-Theater auf einer grünen Wiese am Dorfrand. Das ganze Jahr über herrscht dort Stille – bis auf den Abend, an dem der Tenor mit seinen Freunden auftritt (Placido Domingo, José Carreras, Sarah Brightman und der chinesische Pianist Lang Lang waren schon hier). Zu diesem Anlass werden auch Skulpturen zeitgenössischer Künstler aufgestellt, was das zauberhafte Ambiente noch verstärkt. Es ist ein unvergleichliches Erlebnis – die wunderbare Stimme, rund 10 000 Zuhörer und rundherum sanfte, sattgrüne Hügel, soweit das Auge reicht. Tickets gibt's normalerweise ab März bei **TicketOne** (www.ticketone.it) und kosten zwischen 58 und 230 €.

Im 5 km entfernt liegenden **La Sterza** produziert die Familie Bocelli Wein und Olivenöl und verkauft den Ertrag in ihrer **Cantina Bocelli** (☉Mo–Fr 10–12.30 & 16–19 Uhr), einem Keller mit rotem Backsteingewölbe am südlichen Ortsausgang an der SR439.

er eine kalte Platte nach der anderen auf, alle gespickt mit lokalen Spezialitäten. An großen Tischen werden sie gemeinsam verputzt. Und das Beste: Wer in der Gegend eine Ferienwohnung gemietet hat, kann den Schlemmerabend gemütlich bei sich zu Hause genießen – Andrea kommt und bringt alles mit. Reservierung erforderlich.

Fuori dal Centro GELATERIA €
(www.fuoridalcentro.com; Piazza Dini 1f; 1/2/3/4/5 Kugeln 1/1,70/2,20/2,70/3,20 €; ☉Mo–Sa 13–20, So 11–20 Uhr) Wir haben Dutzende toskanischer Eisdielen getestet, und diese moderne Gelateria – tatataaa! – ist eindeutig unser Favorit. Vor allem die regional inspirierten Sorten sind einfach göttlich: Kastanie, Feige mit Honig, Pinienkern, Apfelkuchen, Meringue und *crema di farro* (mit ganzen Dinkelkörnern!).

Il Pozzo PIZZERIA €
(☏05 8366 6380; Via Europa 2a, Pieve Fosciana; Pizza 5–15 €; ☉Do–Di mittags & abends) Vor allem für sonntagabends, wenn sonst fast alles zu hat, ist die eine super Essadresse, die den Geldbeutel schont und jede Menge Sitzplätze im Freien hat. Die Pizzeria liegt in Pieve Fosciana, 3,5 km nördlich von Castelnuovo.

❶ Praktische Informationen

Centro Visite Parco Alpi Apuane (☏05 836 5169; www.turismo.garfagnana.eu; Piazza delle Erbe 1; ☉Sommer 9–13 & 15–19 Uhr,

Winter bis 17.30 Uhr; ☏) Die Mitarbeiter des Regionalpark-Besucherzentrums wissen alles über Wandern, Mountainbiken, Reiten und andere Outdoor-Aktivitäten in den Apuanischen Alpen; sie verkaufen Kartenmaterial und haben Adressen von Guides, *agriturismi* und *rifugi* (Berghütten). Sofas am WLAN-Hotspot (gratis) machen das Surfen superbequem.
Touristeninformation (☏05 8364 1007; www.castelnuovagarfagnana.org; Piazza delle Erbe; ☉Mo–Sa 9.30–13 & 15.30–18.30 Uhr) Gegenüber dem Regionalpark-Besucherzentrum.

❶ An- & Weiterreise

AUTO

Die Anfahrt ab Lucca erfolgt über die SS12 (Richtung Abetone) und die SS445. Parkplätze gibt's an der Piazza del Genio, die jenseits des von Stadtmauern eingefassten *centro storico* und des Flusses an der Via Roma liegt.

ZUG

Es gibt Regionalzüge nach:
Lucca (4,10 €, 1 Std., 9-mal tgl.)
Pisa (5,10 €, 1½ Std., 4-mal tgl.)

Barga

10 300 EW.

Der schicke Ort 12 km südlich von Castelnuovo di Garfagnana ist eines dieser alten, unwiderstehlich entspannten toskanischen Städtchen, in dem sich viele Englisch sprechende Toskanafans niedergelassen haben. Kirchen, Werkstätten, hübsche

Apuanische Alpen & Garfagnana

EMILIA-
ROMAGNA

SS63

Apuanische Alpen

Monte
Vecchio
(1982m)

● Fivizzano

Monte Bocca
di Scala
(1846 m) ▲

Giuncugnano

Serchio

Monte
Frignone
(1331 m)

Monte Alto
(1538 m)

Casola

SS445

Pania di
Corfino
(1602 m)

San Romano in
Garfagnana

Corfino

SS324

Piazza al
Serchio

Villa
Collemandina

Castiglione di
Garfagnana

Pizzo d'Uccello
(1781 m)

Monte
Pisanino
(1945 m)

Monte
Umbriano
(1229 m)

Poggio

Monte
Sagro
(1749 m)

Lago di
Vagli

Pontecosi

Lago di
Pontecosi

Sillico

Pieve
Fosciana

Monte
Crondilice
(1805 m)

Monte
Tambura
(1890 m)

Vagli di
Sotto

Gragnana

Castelnuovo
di Garfagnana

Colonnata

Monte Sella
(1839 m)

Carrara

Monte Sumbra
(1764m)

SP13

Cascio

Antona

Pian della
Fioba

Passo
del Vestito
(1151 m)

Isola
Santa

Altagnana

SP4

Gallicano

Massa

Monte
Altissimo
(1589 m)

Monte
Corchia
(1677m)

Vergemoli

Marina
di Massa

Grotta
del Vento

Levigliani

Pania della
Croce
(1858 m)

Fornovolasco

SS1

Azzano

Monte
Croce
(1314 m)

A12

Seravezza

Stazzema

Parco
Regionale delle
Alpi Apuane

Santa
Anna

Monte
Matanna
(1317 m)

Forte dei
Marmi

Pietrasanta

Monte
Piglione
(1232 m)

Versilia

Monte
Prano
(1220 m)

Ligurisches
Meer

Marina di
Pietrasanta

Camaiore

Natursteinhäuser und Palazzi reicher Händler aus dem 15. bis 17. Jh. säumen die steilen Straßen hinauf zum romanischen **Duomo di San Cristoforo** (Piazza Beato Michele 1). Im ehemaligen Gefängnis nahe der Kirche hat sich das **Museo Civico del**

Territorio di Barga (Piazza dell'Arringo del Duomo; Erw./erm. 3/2 €; ☺ Juli & Aug. Do–So 10–12.30 & 15–18 Uhr, Sept. nur Sa & So) eingerichtet. Es zeichnet die Geschichte und Traditionen der Gegend von der Steinzeit bis ins 17. Jh. nach.

enwäldern eingerahmt wird. Im ehemaligen Stall wurden zwei gut ausgestattete Ferienwohnungen mit phantastischen Ausblicken eingerichtet. Den Gästen stehen Pool, Grill und Mountainbikes zur Verfügung. Doch die eigentliche Attraktion hier ist Francesca, die Besitzerin, Wanderführerin und Imkerin.

Sie nimmt ihre Gäste gerne mit, wenn sie Honig schleudert, und veranstaltet auch Olivenöl-Workshops. Ihr Mann Francesco, ebenfalls super sympathisch, ist von Beruf Toningenieur (deshalb gibt's hier auch ein Heimkino vom Allerfeinsten). Keine Kreditkarten.

Casa Cordati

PRIVATZIMMER €

(☑ 05 8372 3450; www.casacordati.it; Via di Mezzo 17; EZ/DZ/3BZ 30/44/60 €; ⊗ März–Okt.; @ 🛜) Das stimmungsvolle Stadthaus ist eine einzige Huldigung an die Kunst – kein Wunder, denn früher lebte und arbeitete hier der Maler Bruno Cordati (1890–1979). Einige seiner Werke hängen in der Galerie im Erdgeschoss (Eintritt frei), die Gästezimmer liegen darüber und haben Holzböden, Stilmöbel und künstlerisches Flair, aber nur teilweise ein eigenes Bad.

L'Osteria

TOSKANISCH €

(☑ 335 5387113; www.losteriabarga.com; Piazza Angelio 13-14; Mahlzeiten 20 €; ⊗ Sommer mittags & abends, Winter kürzer) Die lockere *osteria* liegt an Bargas hübschester Piazza und kocht nach traditionellen Rezepten, z. B. *baccalà e ceci* (Stockfisch mit Kichererbsen), Lammkoteletts oder gegrillte Wurst und Bohnen, die nach Rosmarin und Salbei duften.

ℹ Praktische Informationen

Touristeninformation (☑ 05 8372 4745; www.comune.barga.lu.it; Via di Mezzo 47; ⊗ Sommer Mo–Fr 9–13, Sa 9–13 & 15–17.30 Uhr, Winter kürzer)

ℹ An- & Weiterreise

AUTO

Autofahrer nehmen die SS12 ab Lucca (Richtung Abetone), biegen links auf die SS445 ab und in Fornacci di Barga rechts auf die SP7, von wo aus es noch 5 km bis Barga sind.

Bagni di Lucca

6560 EW.

Bagni di Lucca, 28 km südlich von Castelnuovo di Garfagnana am Fluss Lima gelegen, ist *wirklich* klein. Wegen der Thermal-

🛌 Schlafen & Essen

⭐ Al Benefizio

AGRITURISMO €

(☑ 05 8372 2201; www.albenefizio.it; Apartment ab 70 €; P @ 🛜 🚐) Ein schmales Sträßchen quält sich zu dieser Olivenfarm 2 km außerhalb von Barga, die von Akazien- und Kastani-

ABSEITS DER ÜBLICHEN PFADE

DREI UNVERGESSLICHE TOUREN

Unzählige Sträßchen schlängeln sich von Castelnuovo aus in das Hinterland der Garfagnana und der Apuanischen Alpen – für Magen und Nerven eine echte Herausforderung!

Alpenflora & Marmorsteinbrüche

Die Route geht westwärts in Richtung Mittelmeer. Die ersten 17 km auf der SP13 sind noch harmlos, aber 2 km südlich von Arni, wenn es rechts abgeht auf die SP4 in Richtung Massa, warten Haarnadelkurven und unbeleuchtete Tunnel. Belohnung für die Tort(o)ur sind atemberaubende Ausblicke auf die Marmorsteinbrüche von Carrara, vor allem am **Passo del Vestito** (1151 m). Freizeitbotaniker halten in **Pian della Fioba** beim **Orto Botanico Pietro Pellegrini** (Botanischer Garten; ⊗ www.parcapuane.toscana.it/ob; Pian della Fioba; ⊗ Mai–Sept. 9–12 & 15–19 Uhr) oder machen eine Kaffeepause im **Rifugio Città di Massa** (☎ 05 8581 9043; www.rifugiodimassa.it; B inkl. Frühstück 25 €; ⊗ Mai–Sept.). Anschließend geht's steil bergab durch die Bilderbuchdörfer **Antona** und **Altagnana** bis nach **Massa** an der Küste. Die Fahrt ist 42 km lang.

Unterirdische Flüsse & Seen

Die kurvige Strecke auf der SS445 führt über saftig grüne Hügel, die von Höhlen durchlöchert sind. Am leichtesten zugänglich und wirklich spektakulär ist die **Grotta del Vento** (☎ 05 8372 2024; www.grottadelvento.com; Grotta del Vento 1, Vergemoli; Erw./Kind Führung 1 Std. 9/7 €, 2 Std. 14/11 €, 3 Std. 20/16 €; ⊗ 10–12 & 14–18 Uhr), 9 km westlich der SS445 an einer höllisch schmalen Straße. In der Höhle tut sich eine andere Welt aus unterirdischen Felsspalten, Flüssen und Seen auf. Von April bis Oktober werden ein-, zwei- und dreistündige Führungen angeboten - wer sich den 800 bzw. 1200 Felsstufen gewachsen fühlt, sollte eine der längeren Touren machen. Von November bis März gibt es nur die einstündige Tour (300 Stufen).

Über den Bergpass

Nördlich von Castelnuovo führt ein mit Haarnadelkurven gespicktes Sträßchen (SS324) hinauf nach **Castiglione di Garfagnana** und über den malerischen **Passo di Radici** hinüber in die Emilia-Romagna. Eine kleinere Parallelstraße führt südwärts nach **San Pellegrino in Alpe** (www.sanpellegrinoinalpe.it). Das Bergdorf (1525 m) hat ein Kloster und ein Krankenhaus, das nun als **Museo Etnografico** (Ethnografisches Museum; Via del Voltone 14; Erw./erm. 2,50/1,50 €; ⊗ Juli & Aug. 10–13 & 14–18.30 Uhr, sonst kürzer und Mo geschl.) das Leben in den Bergen zeigt, welches sich seit Jahrhunderten kaum verändert hat.

quellen stand der Ort Anfang des 19. Jhs. bei der Oberschicht von Lucca hoch im Kurs und hatte auch viele internationale Gäste (darunter Heinrich Heine, Lord Byron, Percy Shelley und Giacomo Puccini). Heute ist vom klassizistischen Glanz kaum noch etwas übrig; im hübschen **Kasino** standen einstmals Strauss, Puccini und Liszt am Dirigentenpult. Neben einem Theater gab es eine überraschend reich verzierte anglikanische Kirche, in der sich mittlerweile die Stadtbibliothek eingerichtet hat (über jedem Fenster der tief rostroten Fassade grüßen ein Löwe und ein Einhorn aus Stuck). Die barocken Grabmäler auf dem kleinen britischen Friedhof erzählen Geschichten vergangener Zeiten.

Der Ort ist klar zweigeteilt: Das kleinere **Ponte a Serraglio** mit Kasino gruppiert sich um eine Brücke über den Lima, während das Zentrum mit den meisten Läden, Restaurants und Hotels 2 km weiter nördlich liegt.

⊙ Sehenswertes & Aktivitäten

Ponte del Diavolo   BRÜCKE
(Borgo a Mozzano) 2,5 km südwestlich des Orts liegt der Weiler Borgo a Mozzano, der für seine steil über den Fluss Serchio aufragende, mittelalterliche Steinbrücke berühmt ist. Sie wurde erstmals im 14. Jh. erwähnt, 1670 wurde die Brücke für den Transport von *ceppi* (Mühlsteinen) gesperrt, um das alte Stein-

pflaster zu schonen. Bis zum höchsten Punkt der Brücke hochzustapfen, ein paar Steinchen in den tief unten liegenden Fluss zu werfen und auf der anderen Seite wieder hinunterzustolpern macht noch heute Vergnügen.

Bagni di Lucca Terme — THERME
(☎ 05 838 72 21; www.termebagnidilucca.it; Piazza San Martino 11; ⏰ Mo–Fr 8–12.30, So 8–12.30 & 14–16 Uhr) Seit den Römern waren die hiesigen Thermalquellen beliebt als Ort der Entspannung und Erholung. Heute ist nur noch ein Bad übrig, das in zwei geothermischen Grotten und einem Wellnessbereich diverse Dampf- und Schlammbäder (1–24 €), Massagen mit Salz, heißen Steinen oder Olivenöl (17 € für 30 Minuten) und weitere Anwendungen anbietet. Eine Tageskarte für das Thermalbecken kostet an Wochentagen/ Wochenenden 12/15 €.

Sorgente La Cova — QUELLE
(Viale Casino Municipale 84) Was wie ein ganz normaler Trinkbrunnen an einer alten Straßenmauer aussieht, ist tatsächlich eine natürliche Quelle. Sie sprudelt ein paar Häuser vom Kasino in Ponte a Serraglio entfernt, und ihr wunderbar warmes Wasser soll gegen alle möglichen Zipperlein helfen. Nichts spricht dagegen, sich hier wie die Einheimischen die Hände zu waschen, ein erholsames Fußbad zu nehmen, das Heilwasser zu trinken und sich ein paar Flaschen davon abzufüllen.

✗ Essen

Circolo dei Forestieri — TOSKANISCH €
(☎ 05 838 60 38; Piazza Jean Varraud 10; Mahlzeiten 20 €; ⏰ Di–So mittags & abends) Früher war die elegante Jugendstilvilla auf der Flussseite der Viale Umberto I, südöstlich des Kasinos, der Sitz des Ausländerclubs. Heute kann hier jedermann im prächtigen Speisesaal mit Kronleuchtern seinen knurrenden Magen mit preiswerten toskanischen Gerichten besänftigen.

❶ Praktische Informationen

Touristeninformation (☎ 05 8380 5745; www. comunebagnidilucca.it; Viale Umberto I 93; ⏰ Mo & Mi–Sa 10–13 Uhr)

❶ An- & Weiterreise

ZUG
Regionalzüge fahren nach:
Lucca (3,10 €, 30 Min., 7-mal tgl.)
Pisa (4,10 €, 1¼ Std., 5-mal tgl.)

Carrara
65 600 EW.

Viele, die zum ersten Mal hier unterwegs sind, halten das leuchtende Weiß auf den Bergen rund um Carrara für Schnee. Doch das ist nur eine Illusion, denn tatsächlich handelt es sich um freigelegten Marmor, der seit den Zeiten der Römer in den Ausläufern der Apuanischen Alpen auf einer Fläche von insgesamt 2000 ha abgebaut wird.

Der Begriff „Marmor" entstammt dem griechischen *marmaros*, was „leuchtender Stein" bedeutet. Die Beschaffenheit und Reinheit des weißen Carrara-Marmors ist weltweit einzigartig. Hier suchte sich Michelangelo das Material für seine Meisterwerke aus – allerdings musste er ausgerechnet den *David* aus einem minderwertigen Block mit schlechter Maserung meißeln. Heutzutage ist Marmor ein millionenschweres Business.

Lange Zeit waren die Steinbrüche 5 km außerhalb der Stadt der größte Wirtschaftsmotor der Region. Die Arbeit ist hart und gefährlich – ein Denkmal auf der Piazza XXVII Aprile erinnert an die Todesopfer, die der Marmorabbau gefordert hat. Die Belegschaften der Steinbrüche bildeten das Rückgrat der starken links-anarchistischen Bewegung in Carrara, die bei den italienischen Faschisten und dann bei den deutschen Nazi-Besatzern wenig beliebt war.

Abgesehen von den mit Marmormosaiken verzierten Gehwegen, den Bänken, *putti* und allem, was sonst noch aus Marmor gefertigt werden kann, bietet Carraras Altstadt nichts Prickelndes. Ausnahme: die faszinierende **Skulpturen-Biennale** (www. biennialfoundation.org) in jedem zweiten (geraden) Jahr von Juli bis Oktober.

◉ Sehenswertes & Aktivitäten

Museo del Marmo — MUSEUM
(Viale XX Settembre; Erw./erm. 4/2 €; ⏰ Mo–Sa 9–12.30 & 14.30–17 Uhr) Im Marmormuseum, gegenüber der Touristeninformation, wird erklärt, wie sich der Marmorabbau mit Hammer und Meißel allmählich zur Hightech-Industrie des 21. Jhs. entwickelte. Eine beeindruckende Multimedia-Präsentation dokumentiert das Leben der Bergarbeiter im 20. Jh.

Cava di Fantiscritti — MARMORSTEINBRUCH
Nach der Theorie folgt dann die Praxis: Hoch in den Bergen liegt diese *cava de*

GUT ORGANISIERT: WANDERN, RADELN & ESSEN

Nicola Born & Christoph Hennig (www.italienwandern.com) Von Deutschland aus organisieren die beiden Italienfans Touren inklusive Übernachtung, die dann in Eigenregie abgewandert werden.

Eco Guide (www.eco-guide.it) Die kreative Agentur aus Lucca hat geführte Naturexkursionen zu Fuß und per Rad im Programm, darunter stimmungsvolle Nachtwanderungen in der Garfagnana, Touren für Familien und einen Ganztagesausflug unter dem Motto „Spektakuläre Apuanische Alpen".

Garfagnana Bikers (www.garfagnana bikers.it) Die Garfagnana ist fürs Motorradfahren einfach wie geschaffen. Diese Biker helfen, die ideale Route auszutüfteln.

Sapori e Saperi Gastronomic Adventures (www.sapori-e-saperi. com) Die passionierte Feinschmeckerin Heather Jarman nimmt Foodies mit auf eine kulinarische Tour durch die Garfagnana und zeigt ihnen, wie hier seit Generationen Brot gebacken, Wurst hergestellt oder der berühmte *pecorino* produziert wird. Die Teilnehmer besuchen Olivenplantagen, helfen bei der Kastanienernte, lernen Kleinkäsereien kennen und essen in traditionellen, von Einheimischen empfohlenen Lokalen.

marmo (Marmorsteinbruch). Zahllose Tunnel mussten durch den Fels getrieben werden, damit Züge das wertvolle Gestein abtransportieren konnten. Erst in den 1960er-Jahren wurden sie allmählich von Lastwagen abgelöst. Unter den vielen Steinbrüchen ist dieser hier für Besucher am besten geeignet.

Im Angebot sind eine 40-minütige **Führung** (☎339 7657470; www.marmotour.it; Erw./Kind 9/4 €; ☉ Sommer 11–18 Uhr, Winter 9–16 Uhr) durch die Stollen zu Fuß und im Minibus sowie eine spektakuläre **Tour im Allradfahrzeug** (☎05 5877 9673; www.carraramar bletour.it; Erw./Kind 10/5 €; ☉ Sommer 11–18 Uhr) durch die Steinbrüche oberhalb im Freien. Beide Touren sind ein echtes Erlebnis – und, stimmt, der Bond-Film *Ein Quantum Trost* ist hier gedreht worden.

Paolo Costa & Co   KÜNSTLERATELIER
(☎05 857 17 40; www.costapaolo.it; Via Carriona 92; ☉Mo–Sa 13–16.30 Uhr) Wer Profis dabei zuschauen will, wie sie aus Marmorblöcken Skulpturen meißeln, muss in diesem Atelier vorbeischauen. Die Öffnungszeiten sind sehr variabel, deshalb empfiehlt es sich, vorher anzurufen.

Essen

Um zu Mittag zu essen, kommt nur *ein* Ort in Frage: der Weiler **Colonnata**, 2 km von Fantiscritti entfernt. Denn dort wird eine der leckersten Spezialitäten der Toskana hergestellt – der im Marmorbecken gereifte *lardo di colonnata* (fetter Schweinespeck, hauchdünn aufgeschnitten). Wer einmal probiert hat, wird an den vielen *larderias* (Läden, die den Speck verkaufen) nicht mehr vorbei kommen. Vakuumverpackte Stücke kosten ab 13,50 € pro Kilo.

Ristorante Venanzio   TOSKANISCH €€
(☎05 8575 8062; Piazza Palestro 3, Colonnata; Mahlzeiten 30 €; ☉Mo–Mi, Fr & Sa mittags & abends, So mittags) Selbst, wer sich eigentlich nicht vorstellen kann, in reines Schweinefett zu beißen, wird seine Meinung ändern, sobald er den *lardo* auf heißen *focaccette* (kleine Fladen aus Weizen- und Maismehl) serviert bekommt. Auch das *menu degustazione* (Probiermenü; 40 €, ab zwei Personen) dieses Familienbetriebs mit klassischer Einrichtung am (marmornen) Hauptplatz von Colonnata macht Gäste glücklich.

Locanda Apuana   TOSKANISCH €€
(☎05 8576 8017; www.locandaapuana.com; Via Communale 1, Colonnata; Mahlzeiten 30 €; ☉Di–Sa mittags & abends, So mittags) Die zweite empfehlenswerte Anlaufstelle in Colonnata liegt bei der zentralen Piazza Palestro um die Ecke und bietet *crostini caldi con lardo* (heiße, geröstete Brotscheiben mit Speck) und weitere Schlemmereien.

Praktische Informationen

Touristeninformation (☎05 8584 4136; Viale XX Settembre; ☉9–16 Uhr) Gegenüber dem Stadion; u. a. Stadtpläne, auf denen Marmorwerkstätten und Steinbrüche eingezeichnet sind.

An- & Weiterreise

ZUG

Der nächste Bahnhof ist in Carrara-Avenza, zwischen Carrara und Marina di Carrara. Regionalzüge fahren nach:

Pietrasanta (2,50 €, 15 Min., mind. 2-mal stünd.)

Viareggio (3,30 €, 25 Min., 2-mal stündl.)

VERSILIA

Die Strände nördlich von Viareggio in Richtung Ligurien stehen vor allem bei italienischen Urlaubern hoch im Kurs. Leider werden sie mit den üblichen Betonburgen verschandelt und im Sommer von riesigen Sonnenanbeterhorden heimgesucht. Wer dem Halligalli entgehen will, macht sich auf ins Hinterland und fährt z. B. nach Pietrasanta, dessen historischer Stadtkern von einer aktiven Kunstszene bevölkert wird.

Die Versilia ist gewissermaßen das Hauptportal zur Lunigiana, Garfagnana und zu den Apuanischen Alpen. Hinter den Küstenstädten beginnen die Landstraßen ihren mühevollen Aufstieg in die Berge mit ihren versteckten Dörfern und zahllosen Wanderwegen.

Pietrasanta

24 900 EW.

Das elegante Städtchen wird oft ignoriert, entpuppt sich aber bei näherem Hinsehen als eine kleine Kunstmetropole. Das schmucke historische Zentrum, früher von einer Stadtmauer umgeben, ist autofreie Zone und steckt voller kleiner Kunstgalerien, Ateliers und Modeboutiquen. Wer einmal einen Tag ausgiebig bummeln und lecker essen gehen will, hat hier die Gelegenheit dazu.

Nachdem der Ort 1255 von Guiscardo da Pietrasanta, dem *podestà* (Statthalter) von Lucca, aus dem Boden gestampft worden war, stritten sich Genua, Lucca, Pisa und Florenz um dieses kleine Juwel mit seinen Marmorsteinbrüchen und Bronzegießereien. Wie so oft war Florenz der Sieger, und Papst Leo X. (Giovanni de' Medici) hatte ab 1513 das Sagen. Großzügig stellte er die Marmorsteinbrüche Michelangelo zur Verfügung, der sich hier 1518 nach Material für die Fassade der Kirche San Lorenzo in Florenz (S. 76) umschaute. Seither hat Pietrasanta ein Herz für Künstler, die sich bis heu-

NORDWESTLICHE TOSKANA PIETRASANTA

ABSTECHER

DER MARMORBERG

Der staubige, weiße Minibus rumpelt durch einen feuchten, unbeleuchteten Tunnel, das trübe Scheinwerferlicht tastet sich über die Felswände, der Fahrer in seinem knallrosa glänzenden Blouson duckt sich über das Lenkrad – die Szene hat etwas Unwirkliches. Nach fünf Minuten Fahrt im schwarzen Loch werden wir angewiesen auszusteigen.

Es herrschen 16 °C, Nebel wabern und der Untergrund ist schlammig und verdammt rutschig. Anstatt des erwarteten weiß schimmernden Marmors empfängt uns nur klammes, düsteres Grau. Mehrere Meter lange und breite Blöcke mit rauen Bruchkanten liegen wie Bauklötze herum. Die Decke ruht auf 15 m hohen Marmorsäulen; darüber befindet sich eine weitere, 17 m hohe Galerie. In das Areal, in dem gearbeitet wird, würden locker mehrere Fußballfelder hinein passen. Trotzdem bleibt noch genug von dem Marmorberg übrig, um die fünf Arbeiter der Cava di Fantiscritti (S. 175), 5 km nördlich von Carrara, zu beschäftigen. Mit Hilfe von Wasser und Diamantkettensägen, die das Gestein wie Butter durchschneiden, fördern sie pro Monat 10 000 t weißen Marmor. Der aktuelle Marktpreis liegt bei 200 bis 1000 € pro Tonne, für beste Carrara-Qualität wird auch schon mal das Doppelte bezahlt.

Um nachzuvollziehen, wie das die alten Römer nur mit Hammer und Meißel geschafft haben, besuchen wir das Freiluftmuseum **Cava Museo di Walter Danesi** (www.cava museo.com; Cava di Fantiscritti; ⊗ 11–18 Uhr) GRATIS neben dem Souvenirladen gegenüber dem Stolleneingang. Besonders interessant finden wir die Schwarzweißfotos, auf denen riesige Marmorblöcke auf der *lizza* (Schneise) talwärts schlittern. Unten werden sie von 18-paarigen Ochsengespannen zum Hafen von Carrara geschleppt. In den 1850er-Jahren wurden dann Tunnel gebohrt, um den Transport per Schiene zu ermöglichen. Nach der Stilllegung der Bahnlinie in den 1960er-Jahren werden nun Besucher wie wir im Minibus durch die Tunnel gekarrt.

VICO PANCELLORUM

Zwischen Kastanien- und Walnusshainen schmiegt sich **Vico Pancellorum** an einen Hügel. Die Abhänge sind z. T. so steil, dass die Häuser jeden Moment herunterzupurzeln scheinen. Aber das ist nicht die Sensation, die der Weiler zu bieten hat: Freunde guter Küche pilgern vor allem hierher, um im Restaurant **Buca di Baldabò** (☑ 05 838 90 62; www.labucadibaldabo.it; Via Prati 11, Vico Pancellorum; Primi/Secondi 8/9 €; ⊙ Juni–Aug. mittags & abends, Mitte Sept.–Mai Mi–So abends, mittags auf Vorbestellung) zu essen.

Hinter einer unscheinbaren Fassade sitzen Einheimische beim Wein und vertrödeln den Tag mit Kartenspielen, Boccia oder Fernsehen; hier versteckt sich aber auch ein Restaurant, um das zurzeit ein Riesenhype gemacht wird. Eine Speisekarte gibt es nicht; die Gäste lassen sich berichten, was den Köchen heute gerade eingefallen ist und suchen sich das Leckerste aus. Giovanni zaubert immer eine große Auswahl an Pasta und Saucen, Enrico ist für die *secondi* zuständig (oft Wild, deshalb hängt auch ein präparierter Wildschweinkopf über dem Kamin) und zeigt bei den *contorni* (Beilagen) viel Phantasie (Fenchel mit bitterem Blattgemüse, süß angemachter Kohl mit Wurst usw.). Luisa kümmert sich um die Desserts.

Die Anfahrt von Bagni di Lucca erfolgt über die landschaftlich schöne SS12 in Richtung Abetone. Nach 9 km geht's am Nordende von Ponte Coccia scharf links ab nach Vico Pancellorum (ausgeschildert). Bis zum Restaurant sind es noch 3 km; es liegt am Fuß des Weilers an einer steilen, schmalen, kurvenreichen Straße. Da die Öffnungszeiten recht flexibel gehandhabt werden (je nachdem, ob gerade Arbeiter im Dorf sind oder ein Freund Geburtstag hat), ist es unbedingt empfehlenswert, vorher zu reservieren.

te hier tummeln, darunter der berühmte, aus Kolumbien stammende Fernando Botero. Viele seiner Werke sind hier ausgestellt.

Pietrasanta bietet sich als Standort für Ausflüge in die Apuanischen Alpen an, ist aber auch ein schönes Tagesziel von Pisa oder Viareggio aus.

⊙ Sehenswertes & Aktivitäten

Wer in Pietrasanta am Bahnhof an der Piazza della Stazione ankommt, überquert die Piazza Carducci und gelangt durch das Tor zur Altstadt auf die zentrale **Piazza del Duomo**. Sie wird als Open-Air-Galerie für Skulpturen und andere XXL-Kunstwerke genutzt. Der beeindruckende **Duomo di San Martino** (1256) ist mit seinem 36 m hohen, roten Backsteinturm nicht zu übersehen. Eigentlich sollte das Mauerwerk noch mit Marmor verkleidet werden.

In der Nachbarschaft steht die säkularisierte **Chiesa di Sant'Agostino** (Piazza del Duomo; ⊙variabel) aus dem 13. Jh., die heute als stimmungsvolle Location für Kunstausstellungen gute Dienste tut. Im angeschlossenen Konvent, dem heutigen **Museo dei Bozzetti** (☑ 05 8479 5500; www.museodeibozzetti.it; Via Sant'Agostino 1; ⊙Di–Sa 14–19, So 16–19 Uhr) GRATIS werden Dutzende

von Gussformen berühmter Skulpturen, die in Pietrasanta entstanden, gezeigt.

Bei der Kirche um die Ecke steht das an längst vergangene Zeiten erinnernde **Baptisterium** (Via Garibaldi 12; ⊙variabel). Die beiden Taufbecken wirken in dem kleinen, von Kerzen beleuchteten Raum sehr beeindruckend – eines stand bis zum 16. Jh. in der Kirche, das andere, sechseckige von 1389 wurde in den zwei Jahrhunderten davor genutzt, als Taufen noch ein Vollbad bedeuteten. Ein Spaziergang entlang der autofreien **Via Garibaldi** führt an Kunstgalerien und trendigen, außergewöhnlichen Modeboutiquen vorbei. Fashionqueen **Zoe** (www.zoecompany.eu; Via Garibaldi 29 & 44-46; ⊙10–13 & 17–24 Uhr, im Winter bis 20 Uhr) ist mit ihren Modelabels topaktuell, sowohl in der Damen- wie auch in der Herrenboutique (wo die Ehefrau des britischen Modepapstes Paul Smith ihrem Mann einen Schal kaufte). Vintagemöbel und Design gibt's bei **Lei** (Via Garibaldi 22); **Dada** (www.dadaconcept.it; Via Garibaldi 39) ist ein spannender Concept Store, und im Studio des Modedesigners **Paolo Milani** (Via Garibaldi 11) werden wild bedruckte Stoffe und unterschiedlichste Materialien zu Klamotten von Grunge bis Glamour verarbeitet.

Auch wenn die Urlaubskasse bereits geplündert ist, lohnt sich ein Abstecher in die **Via Giuseppe Mazzini** auf der anderen Seite der Kirche. Sie ist die Einkaufsmeile der Stadt und wird durch zahlreiche zeitgenössische Skulpturen aufgepeppt. Als abschließendes Highlight versteckt sich dort zwischen den Läden die faszinierende **Chiesa della Misericordia** (Via Mazzini 103; ⏱variabel), deren Fresken *Tor zum Paradies* und *Tor zur Hölle* von Botero stammen (er hat sich selbst übrigens in der Hölle verewigt).

🛏 Schlafen

⭐ Le Camere di Filippo   B&B €
(☎ 05 847 00 10; Via Stagio Stagi 22; DZ 100 €; P ❄ @ 🛜) Zwei Küchen und vier phantastische Zimmer mit modernem Design und jeweils eigenem Farbkonzept machen diese Unterkunft attraktiv.

⭐ Albergo Pietrasanta   BOUTIQUEHOTEL €€€
(☎ 05 8479 3726; www.albergopietrasanta.com; Via Garibaldi 35; EZ 132–231 €, DZ 213–277 €; P ❄ @ 🛜) Wer von Pietrasanta so phasziniert ist, dass er länger bleiben möchte, kann sich in diesem schicken Palazzo aus dem 17. Jh. einquartieren. Mit der gelungenen Mischung aus Alt und Neu gehört er zu den schönsten Boutiquehotels der Toskana. Der bezaubernde Innenhof, der Wintergarten und die ausgesprochen geschmackvoll eingerichteten Zimmer sind genau richtig, um nach einem anstrengenden Galerientag die Füße hochzulegen.

🍴 Essen & Ausgehen

Das Überangebot an künstlerisch angehauchten Lokalen mit blumengeschmückten Terrassen im historischen Stadtkern macht die Auswahl schwer. In der autofreien Via Stagio Stagi, einer Parallelstraße der Via Giuseppe Manzini, liegen mehrere Restaurants. Die Cafés an der Piazza del Duomo sind ideal für einen Cappuccino oder einen Sundowner im Freien.

⭐ Filippo   MODERN TOSKANISCH €€
(☎ 05 847 00 10; http://ristorantefilippo.com; Via Stagio Stagi 22; Mahlzeiten 30 €; ⏱mittags & abends, Winter Mo geschl.) 🍃 Für Foodies ist das eine tolle Adresse: Vom selbstgebackenen Brot (sechs Sorten) und der ofenfrischen Focaccia, die das ganze Menü begleiten, über die modern gestalteten Wände und Designmöblierung bis hin zur offenen Küche macht das Konzept dieses

Lokals Laune. Die jahreszeitlich geprägte Küche ist genauso kreativ wie die Einrichtung.

Vor allem die Salate schmecken göttlich, und die Pastagerichte heben sich wohltuend vom Standard ab. Wer vor oder nach den Hauptessenszeiten kommt, hat Chancen auf einen Tisch; ansonsten reservieren.

San Martino   TOSKANISCH €€
(☎ 05 8479 3197; Via Garibaldi 19; Mahlzeiten 30 €; ⏱mittags & abends) Schon das herzförmige Schild im Fenster mit dem lockeren Schriftzug San Martino – St. Martin ist der Schutzpatron von Pietrasanta - sagt alles. Vintage-Look, trendige Wandfarben und vor allem die herzhafte toskanische Küche sorgen für zufriedene Gäste.

Im Sommer ist die Terrasse attraktiv.

Pinocchio   FISCH & MEERESFRÜCHTE €€€
(☎ 05 847 05 10; Vicolo San Biagio 5; Mahlzeiten 50 €; ⏱Di–So mittags & abends) Das moderne, momentan sehr angesagte Restaurant überzeugt mit kreativ zubereiteten Fischen und Meeresfrüchten sowie lässig-edlem Ambiente. Es hat eine von Sonnenschirmen geschützte Terrasse an der Via Stagio Stagi, der Eingang liegt in der kleinen Gasse um die Ecke.

⭐ L'Enoteca Marcucci   WEINLOKAL
(☎ 05 8479 1962; www.enotecamarcucci.it; Via Garibaldi 40; ⏱Di–So 10–13 & 17–1 Uhr) An hohen Holztischen mit Barhockern oder draußen unter ausladenden Sonnenschirmen funkeln wunderbare toskanische Tropfen in den Gläsern. Dass sich alle Gäste von dem inspirierenden, künstlerischen Flair der beliebten *enoteca* anstecken lassen, liegt aber nicht nur am Alkohol – auch wenn der Sekt (Hausmarke) besonders süffig ist.

ℹ Praktische Informationen

Touristeninformation (☎ 05 8428 3375; www.comune.pietrasanta.lu.it; Piazza Statuto; ⏱Mo–Mi, Fr & Sa 9–13 & 16.30–19, Do 16.30–19, So 9–13 & 16–19.30 Uhr)

ℹ An- & Weiterreise

ZUG

Regionalzüge fahren nach:
Pisa (3,30 €, 25 Min., häufig)
Viareggio (2,50 €, 10 Min., alle 10 Min.)
Lucca (mit Umsteigen in Pisa oder Viareggio; 4,10 €, 35–50 Min., halbstündl.)

Viareggio

64 200 EW.

Das beliebte Sand-und-Sonne-Paradies ist bekannt für seinen Carnevale, der hier fast so heftig tobt wie in Venedig. Die einstmals prächtigen, mittlerweile aber ziemlich heruntergekommenen Jugendstilfassaden der Häuser an der Strandpromenade strahlen eine morbide Faszination aus. Sie erinnern an die Blütezeit der Stadt in den 1920er- und 1930er-Jahren.

⊙ Sehenswertes & Aktivitäten

Cafés, Klettergerüste und andere Vergnügungen für Kinder säumen den breiten, goldenen **Strand** von Viareggio. Doch nur das kurze Stück gegenüber der **Piazza Mazzini** mit ihrem Brunnen ist öffentlich zugänglich; der rest wurde in *stabilimenti* aufgeteilt, also Parzellen, auf denen Strandhütten, Sonnenschirme, Liegen usw. nur gegen Bares zu haben sind. Eine Handvoll Häuser an der Promenade hat sich etwas vom Glanz der alten Zeit erhalten, allen voran das Gran Caffè Margherita (S. 161) von 1929, wo Puccini gern eine schöpferische Pause einlegte. Atmosphäre schafft auch das benachbarte Holzhaus **Chalet Martini**, das 1860 als Bekleidungsgeschäft mit seiner prachtvollen Einrichtung Furore machte.

Literaturfreunde werden es sich nicht nehmen lassen, an der Piazza Shelley vorbeizuschauen. Dieser Platz ist das einzige sichtbare Andenken an den romantischen Schriftsteller, der in den Wellen vor Viareggio ertrank. Sein Freund Lord Byron übergab den am Strand angespülten Leichnam den Flammen.

La Cittadella di Carnevale   VOLKSKUNST
(Via Santa Maria Goretti; ⊙ Sommer Mo–Fr 10–12, Winter Mo, Mi & Fr) GRATIS Nur ein paar Kilometer landeinwärts liegt die „Karnevalsburg", wo 16 riesige Hallen als Werkstätten und Stellplätze für die phantastischen Festwagen dienen, die die berühmten *carristi* (Wagenbauer) von Viareggio für den jährlichen Karneval herausputzen.

Die größten Gefährte besitzen riesige Aufbauten mit Figuren von Clowns, Operndiven, Königen, Skeletten usw. aus Pappmaschee, sind 20 m breit und 14 m hoch. Sie werden in einem Zeitraum von fünf Monaten gebaut und können je 200 Karnevalisten aufnehmen. Wer durch die Hallen schlendert, wird so gut wie sicher von einem *carrista* eingeladen, seine Werkstatt zu besichtigen. Falls nicht, bleibt immer noch das kleine **Museo del Carnevale** (Karnevalsmuseum), in dem die Geschichte des Karnevals erklärt und z. B. gezeigt wird, wie die *teste in capo* (riesige Köpfe, die beim Umzug übergestülpt werden) und *mascheroni a piedi* (Riesenpuppen) fabriziert werden.

Consorzio Marittimo Turistico   BOOTSFAHRT
(✆ 01 8773 2987; www.navigazionegolfodeipoeti. it; Erw./Kind 6–11 J. 30/15 €; ⊙ Mitte Juni–Mitte Sept.) Im Sommer schippert das Boot auf einer Tagestour nach Porto Venere und zu den malerischen mittelalterlichen Küstendörfern der ligurischen Region Cinque Terre. Die genauen Abfahrtsdaten werden online bekanntgegeben.

INSIDERWISSEN

FEINER FISCH

Anstatt in einem der Lokale an der Strandpromenade Viareggios anzustehen (viele sehen nach Touristennepp aus), ist es besser, sich in die Schlange der Einheimischen vor **La Barchina** (✆ 347 7212848; ⊙ Di–Fr 12–15, Sa & So bis 23 Uhr) einzureihen. Auf dem kleinen weißen Boot, das da an der Mole festgemacht hat, wird der Tagesfang zu Mittagsgerichten verarbeitet. Beispielsweise zu *fritto misto* (7 €, unser Tipp!), für das Tintenfisch, Krabben und Oktopus in Teig getaucht, frittiert und mit einem strahlenden Lächeln von Sandro Zani oder seinem Sohn Andrea in Plastikschälchen serviert werden. Freitags gibt's *baccalà* (Stockfisch), und Vegetarier können an Wochentagen auf *funghi fritti* (frittierte Pilze, kleine/große Portion 5/8 €) ausweichen. In der Hochsaison sind Wartezeiten von 30 Minuten keine Ausnahme, aber das nehmen die Kunden geduldig hin. Die *barchina* (Boot) liegt am Hafenende der Strandpromenade Viale Regina Margherita, hinter der weißen Fußgängerbrücke über den Kanal, schräg gegenüber von Tito del Molo an der Uferstraße Lungomolo Corraldo del Greco.

 Feste & Events

Carnevale di Viareggio VOLKSFEST

(www.viareggio.ilcarnevale.com) Viareggios Höhepunkt des Jahres dauert vier Wochen (Februar bis Anfang März). Da stürzt sich die ganze Stadt in den Karneval, als ob es kein Morgen gäbe. Auf Umzügen werden Festwagen bejubelt, die mit ihren Aufbauten oft Politiker oder andere Prominente durch den Kakao ziehen, Feuerwerke werden gezündet, und überall ist bis zum Morgengrauen die Hölle los. Tickets für die Umzüge, die sonntags um 15 Uhr beginnen (Erw./erm. 15/10€), können am selben Tag an einem der Kioske entlang der Route oder vorab bei der **Fondazione Carnevale** (☑ 05 845 80 71; http://viareggio.ilcarnevale.com; Piazza Mazzini 22) gekauft werden.

❶ Praktische Informationen

Touristeninformation (☑ 05 8496 2233; www.aptversilia.it; Viale Regina Margherita 20; ⊙ Mo–Sa 9–14 & 15–19 Uhr) Gegenüber der Uhr am Ufer.

❶ An- & Weiterreise

ZUG

Gegenüber dem Ausgang des **Bahnhofs** (Piazza Dante Alighieri) führt die Via XX Settembre geradeaus direkt ans Wasser (10 Gehminuten). Regionalzüge fahren nach:
Florenz (9 €, 1½ Std., mind. stündl.)
Livorno (5,10 €, 35 Min., 16-mal tgl.)
Lucca (3,30 €, 20 Min., alle 20 Min.)
Pietrasanta (2,50 €, 10 Min., alle 10 Min.)
Pisa (3,30 €, 15 Min., alle 20 Min.)

LUNIGIANA

Die von gewaltigen Landmassen umschlossene Enklave wird im Norden und Osten vom Apennin begrenzt, im Westen von Ligurien und im Süden von den Apuanischen Alpen und der Garfagnana. Die wenigen Besucher, die sich hierher verirren, folgen meist der Via Francigena, einer Pilgerstraße aus dem Mittelalter, oder fahren gezielt zum Mittagessen nach Pontremoli, einer versteckten Perle der Gastronomie.

Wer im Herbst hier unterwegs ist, kann sich über intensiv duftende Steinpilze freuen, die in saftig grünen Wäldern und Hügeln unter Kastanienbäumen wachsen. Wildkräuter wuchern auf Wiesen und an Feldrändern, und 5000 auf das gesamte Gebiet verstreute Bienenstöcke liefern den berühmten Kastanien- und Akazienhonig der Lunigiana. Neben diesen Gaben der Natur locken weitere Spezialitäten wie Zeri-Lamm, gekochte Schweineschulter, ofenfrische *focaccette* (kleine Fladen aus Weizen- und Maismehl), knackig-süße *mele rotella* (eine Apfelsorte), *caciotta* (ein fein aromatischer Kuhmilchkäse), Bohnen der Sorte *bigliolo*, wunderbares Olivenöl und die Weine der Colli di Luni.

Pontremoli

7820 EW.

Der abgelegene Ort liegt im Schatten des trutzigen Castello del Piagnaro. Er ist zwar klein, hat aber dank der strategisch günstigen Position an der alten Pilger- und Handelsroute **Via Francigena** viel Charme. Im Mittelalter verdienten sich die Geschäftsleute hier eine goldene Nase und staffierten den Ort mit Palazzi, Piazze und eleganten Steinbrücken aus.

Die Altstadt erstreckt sich wie ein langer Splitter von Norden nach Süden zwischen den Flüssen Magra und Verde, die einst als natürliche Barriere vor feindlichen Angriffen schützten. Die verschlungenen, gepflasterten Gassen werden von Torbögen überspannt, führen durch ehemalige Festungsanlagen der verfeindeten Guelfen und Ghibellinen und zu einer Kirche aus dem 17. Jh. sowie einem Theater aus dem 18. Jh.

⊙ Sehenswertes

Castello del Piagnaro BURG

(www.statuestele.org; Erw./erm. 4/2 €; ⊙ Sommer Di–So 9–12.30 & 14.30–17.30 Uhr, Winter kürzer) Hinter der zentralen Piazza della Repubblica und der benachbarten Piazza del Duomo geht es nach einem Stück auf der Via Garibaldi links ab. Die steile, hübsche Gasse Sdrucciolo del Castello kämpft sich über Treppenstufen hinauf zur baufälligen Burg, die auch als Militärbaracke herhalten musste. Ihren Namen verdankt sie dem *piagnaro* (Steinplatte), der in der Lunigiana anstelle von Ziegeln für die Dacheindeckung verwendet wird.

Die Burg hat neben einem herrlichen Ausblick ein kleines Museum mit einer Sammlung primitiver Stelen zu bieten, die in der Nähe gefunden wurden. Niemand weiß, welchen Zweck diese Statuen erfüllten, die in der gesamten Lunigiana auftauchen. Die meisten stellen männliche und weibliche Götzenbilder dar und sind rund 5000 Jahre alt.

⚡ Autotour
Via Francigena

START PONTREMOLI
ZIEL AULLA
LÄNGE 32 KM; ZWEI BIS DREI STUNDEN

Der Weg vom englischen Canterbury nach Rom war einst so stark von Pilgern frequentiert, dass die lombardischen Könige im 8. Jh. Hospize und Klöster für sie errichten ließen. Diese Autotour passiert einige davon.

In ① **Pontremoli** (S. 181) geht's auf der SS62 (Richtung Villafranca) 8 km nach Filattiera. Unterwegs zeigt sich auf einem Wiesenstück an der Straße die romanische ② **Pieve di Sorano** (1148), traditionell mit Steinplatten gedeckt und von einem Wachturm flankiert. Hinter der Kirche liegt auf der Hügelkuppe das Dorf. Nun geht es 2,5 km auf der SS62 weiter und dann links ab auf die SP30 Richtung Bagnone. Nach 2,3 km bietet sich ③ **Mocrone** als Fotostopp an, denn hier ist der Blick auf das befestigte ④ **Malgrate** auf dem Hügel links besonders attraktiv. Für die Mittagspause empfiehlt sich das Dorfgasthaus Locanda Gavarini (S. 183).

Etwa 4 km nach Mocrone erreicht man ⑤ **Bagnone**, interessant wegen seiner Burg, der Kirche und der Restaurants. Schön ist der 30-minütige Wanderweg über den Fluss und seine dramatischen Schluchten. Die Route beginnt an der Piazza Roma und endet an der Hauptstraße Via della Repubblicca. Der letzte Abschnitt über den mittelalterlichen, gepflasterten Ponte Vecchio ist märchenhaft.

Von Bagnone geht's zurück nach Mocrone und weiter nach Villafranca; zuvor führt noch ein Schlenker nach links auf die SP29 zum mittelalterlichen Weiler ⑥ **Filetto**, wo man gemütlich durch schmale Gassen und über winzige Piazze schlendern kann.

⑦ **Villafranca di Lunigiana**, 1,5 km südlich, war eine weitere wichtige Station entlang der Pilgerroute. Malerisch am Ufer des Flusses Magra gelegen, ist der Ort recht unauffällig, hat aber ein kleines volkskundliches Museum und eine Getreidemühle aus dem 15. Jh.

Der Ausflug endet 12 km weiter südlich in ⑧ **Aulla**, das für sein Kloster von 884 und den darin aufbewahrten sterblichen Überresten des hl. Caprasius von Lérins bekannt ist.

📖 Schlafen

⭐ **Locanda Gavarini**   HOTEL, RESTAURANT €
(📞 01 8749 3115; www.locandagavarini.it; Via Benedicenti 50, Mocrone; EZ/DZ 50/70 € inkl. Frühst.; **P** 🏊) Das Landhotel mit Gasthaus steht am Ende einer bedenklich schmalen Straße und ist eine idyllische Oase der Ruhe, die nur durch Vogelgezwitscher und den bei Sonnenaufgang krähenden Hahn gestört wird. Die Küche (Mahlzeiten 20 €) ist eine Hommage an die Lunigiana und sucht im weiten Umkreis ihresgleichen.

Costa d'Orsola   HOTEL €€
(📞 01 8783 3332; www.costadorsola.it; Orsola; DZ/3BZ/4BZ 120/150/200 €; **P** @ 🏊) Um die wilde Schönheit dieser ursprünglichen Gegend richtig zu genießen, wäre ein mehrtägiger Aufenthalt in diesem Hotel das Richtige. Die restaurierten, 600 Jahre alten Natursteinhäuser des Weilers Orsola liegen 3,3 km von Pontremoli (Zentrum) und 1,6 km von der Autobahnausfahrt entfernt am Ende einer Landstraße. Die Gäste können durch Olivenhaine wandern, in denen Schafe weiden, sich am Pool in der Sonne aalen, dabei die phantastischen Ausblicke genießen und sich im Restaurant mit leckeren regionalen Köstlichkeiten verwöhnen lassen. Es wird auch Halbpension angeboten.

🍴 Essen & Ausgehen

Im Sommer strömt ab 17 Uhr ganz Pontremoli (so scheint es zumindest) zur **Piazza della Repubblica**, um dort einen Kaffee zu trinken, ein Eis zu essen und den Charme der guten, alten Zeit zu genießen, den dieses kleine, durch und durch ländliche Örtchen verströmt. Was spricht dagegen, es nicht ebenso zu tun?

Trattoria Da Bussè   TRATTORIA €
(📞 01 8783 1371; Piazza del Duomo 31; Mahlzeiten 25 €; 🕐 Mo–Do abends, Sa & So mittags & abends) Seit 1930 wird das von Slow Food hoch gelobte Restaurant von derselben Familie geführt, und auch die Einrichtung hat sich offensichtlich seitdem nicht geändert. Es gibt fast nur Regionales wie *torta d'erbe della Lunigiana* (Kräutertarte, in einer mit Kastanienblättern ausgelegten, gusseisernen Form über Holzkohle gebacken) - köstlich!

Osteria della Bietola   OSTERIA €
(📞 01 8783 1949; Via Bietola 49; Mahlzeiten 25 €; 🕐 Fr–Mi mittags & abends) Die wunderbar authentische *osteria* mit 25 Sitzplätzen liegt in einer schmalen Gasse an der Via Garibaldi und wird von allen geschätzt, die auf frische *porcini* (Steinpilze) und das leckere Kaninchen mit Kräutern abfahren. Die namensgebende *bietola* ist übrigens Mangold.

Caffè degli Svizzeri   KONDITOREI €
(📞 01 8783 0160; Piazza della Repubblica 22; 🕐 Sommer Di–So 7–20 Uhr, Winter kürzer) Das historische Café an Pontremolis zentralem Platz wurde 1842 eröffnet und 1910 mit viel Liebe im Jugendstil renoviert. Seine Kuchenspezialitäten sind ein absolutes Muss – die *spongata degli svizzeri* (Mandelkuchen) und die *biscotti della salute* (Aniskekse) schmecken schon traumhaft, aber der *amor* (Waffelgebäck mit einer Art Zabaglione-Füllung, Stückpreis 1 €) stellt alles in den Schatten!

Trattoria Pelliccia   TRATTORIA €€
(📞 01 8783 0577; Via Garibaldi 137; Mahlzeiten 30 €; 🕐 mittags & abends) In einer holprigen alten Straße am Rand der Altstadt versteckt sich diese wunderbare Trattoria mit regionaler Alltagsküche. Als *primo* sind die *testaroli della Lunigiana al pesto* (eine Art würzige Pfannkuchen, in Rauten geschnitten, wie Pasta gekocht und mit Pesto serviert) zu empfehlen, gefolgt von einem *agnello di Zeri* (Lamm; 13 €) aus dem Holzofen. Und zum Abschluss gibt es eines der leckeren Sorbets (Zitrone und Salbei, Pistazie und Pfeffer, Erdbeere und Portwein …).

ℹ️ Praktische Informationen

Terre di Lunigiana (www.terredilunigiana. com) Ausgezeichnete, umfangreiche Website mit Infos zu Unterkünften, Natur, Aktivitäten, Restaurants usw. in der Lunigiana.
Touristeninformation (📞 01 8783 2000; Piazza della Repubblica 33; 🕐 Sa & So 10–12 k& 15–18 Uhr)

ℹ️ An- & Weiterreise

ZUG
Regionalzüge fahren nach:
La Spezia (5,40 €, 40–55 Min., häufig)
Pisa (7,10 €, 90 Min., 1-mal tgl.)

Etruskische Riviera & Elba

Inhalt ➡

Gut essen

➡ Surfer Joe's Diner (S. 190)

➡ Le Nuvole (S. 196)

➡ Ristorante Capo Nord (S. 205)

➡ Il Castagnacciao (S. 202)

➡ Enoteca Tognoni (S. 194)

Schön schlafen

➡ Belvedere di Suvereto (S. 196)

➡ Podere dell'Orso (S. 193)

➡ La Cerreta (S. 194)

➡ Tenuta La Chiusa (S. 203)

➡ Agriturismo Due Palme (S. 203)

Auf an die Etruskische Riviera & nach Elba

Trotz der herrlichen Lage ist die Etruskische Riviera nicht touristisch überladen. Hier dominieren vor allem Arbeiterstädte, darunter das laute Livorno – eine Stadt, die sich gern charmanter präsentieren würde und auch reizende Ecken hat, aber auf Dauer doch anstrengend ist. Im Landesinneren führen herrliche Wege an Weinbergen und Olivenhainen vorbei. Auf kurvenreichen Sträßchen geht es zu mittelalterlichen Dörfern und etruskischen Ruinen. Sie sind der ganze Stolz der Region. Per Auto, Fahrrad und zu Fuß lässt sich dieser Teil der Toskana variantenreich erkunden.

Im Süden laden Sandstrände zum Sonnenbaden ein, und am Meer sollte man unbedingt Fisch probieren. Schmuckstück der Küste ist der Golfo di Baratti. Ein besonderes Vergnügen stellt eine Fährfahrt nach Elba dar: Auf der Mittelmeerinsel gibt es Orangenbäume, Palmen und versteckte Strandbuchten, aber kein einziges Hochhaus. Aktive können durchs Inselinnere wandern oder Mountainbike fahren. Eine Seekajaktour ist Höhepunkt jedes Elba-Urlaubs.

Entfernungen

	Suvereto	Livorno	Piombino	Bolgheri
Livorno	79			
Piombino	24	86		
Bolgheri	39	50	38	
Portoferrario	24 + 1 Std.	86 + 1 Std.	1 Std.	38 + 1 Std.

Unterwegs vor Ort

Am Hafen von Livorno legen zahlreiche Fähren ab: nach Sardinien, Korsika und zur winzigen Insel Capraia. Wer nach Elba übersetzen möchte, fährt von Livorno auf der A12 und dann auf der SS1 und SP23 rund 90 km Richtung Süden nach Piombino. Livorno liegt an der Bahnstrecke zwischen Rom und La Spezia; es hat außerdem Zugverbindungen nach Florenz und Pisa. Busse verkehren in der Region nur begrenzt. Wer die Gegend erkunden möchte, braucht ein Auto, Motorrad oder Fahrrad.

3 PERFEKTE TAGE

1. Tag: Leckere Meeresfrüchte

In Livorno herrscht ein Überangebot an Fisch und Meeresfrüchten. Die frische Ware kann frühmorgens im riesigen Mercato Centrale begutachtet werden. Am Vormittag geht's nach einem Bummel über das Schachbrettpflaster der Terrazza Mascagni zu einem Mittagessen in einem der Fischrestaurants der Stadt.

2. Tag: Strada del Vino e dell'Olio

Von Livorno führen reizvolle Straßen Richtung Süden durchs hügelige Hinterland mit mittelalterlichen Dörfern und Weinbergen. Lohnende Stopps sind San Guido und Bolgheri; die Dörfchen sind durch eine 5 km lange Zypressenallee miteinander verbunden. Von hier sind's 20 kurvenreiche Kilometer nach Sassetta, wo man bei La Cerreta übernachten kann. Am nächsten Tag steht in Suvereto eine Verkostung der DOC-Weine aus dem Val di Cornia auf dem Programm, abschließend lädt der 25 km südwestlich gelegene Golfo di Baratti zu einem Picknick zwischen etruskischen Ruinen ein.

3. Tag: Elba

Die letzte Etappe liegt auf der Insel Elba. Nach der Überfahrt von Piombino nach Portoferraio kann man das Treiben am Ufer genießen, mit den Fischern um den Preis des Tagesfangs feilschen, in der Altstadt zu Mittag speisen und die Festungen besichtigen. Am schönsten nächtigt es sich auf dem ältesten Weingut der Insel, der Tenuta La Chiusa; hier gibt es den süßen roten Dessertwein der Insel, den Aleatico. Der nächste Tag ist für die Erkundung des westlichen Teils von Elba reserviert, mit einem Trip auf den Monte Capanne, einer abendlichen *passeggiata* (Bummel) in Marciana Marina und einem Essen im Ristorante Capo Nord.

Übernachtung

➜ Auf den ersten Blick bietet sich die Hafenstadt Livorno an.

➜ Wer Ruhe und Stille sucht, macht sich auf den Weg Richtung Süden zu den piniengesäumten Stränden und von Weingärten umgebenen *agriturismi* der Etruskischen Riviera.

➜ Für Inselfreunde bietet sich Elba an.

NICHT VERSÄUMEN

Auf Elba lassen sich wunderbare Touren per Auto, Rad oder zu Fuß unternehmen. Die besten Strände der Insel sind jedoch nur mit dem Kajak erreichbar. Das Abendessen wird selbst geangelt, geschlafen unterm Sternenhimmel.

Für Weinliebhaber

➜ Cantina Nardi (S. 190)

➜ Enoteca Tognoni (S. 194)

➜ Enoteca dei Difficili (S. 196)

➜ Tenuta La Chiusa (S. 203)

➜ Fandango (S. 207)

Für Familien

➜ Acquario di Livorno (S. 188)

➜ Parco Archeominerario di San Silvestro (S. 195)

➜ Parco Archeologico di Baratti e Populonia (S. 196)

➜ Museo dei Minerali e dell'Arte Mineraria (S. 207)

➜ Cabinovia Monte Capanne (S. 205)

Internetinfos

➜ **Costa degli Etruschi** (www.costadegletruschi.it) Etruskische Riviera.

➜ **Arcipelago Toscano** (www.aptelba.it)

➜ **Elba** (www.infoelba.com)

ETRUSKISCHE RIVIERA & ELBA

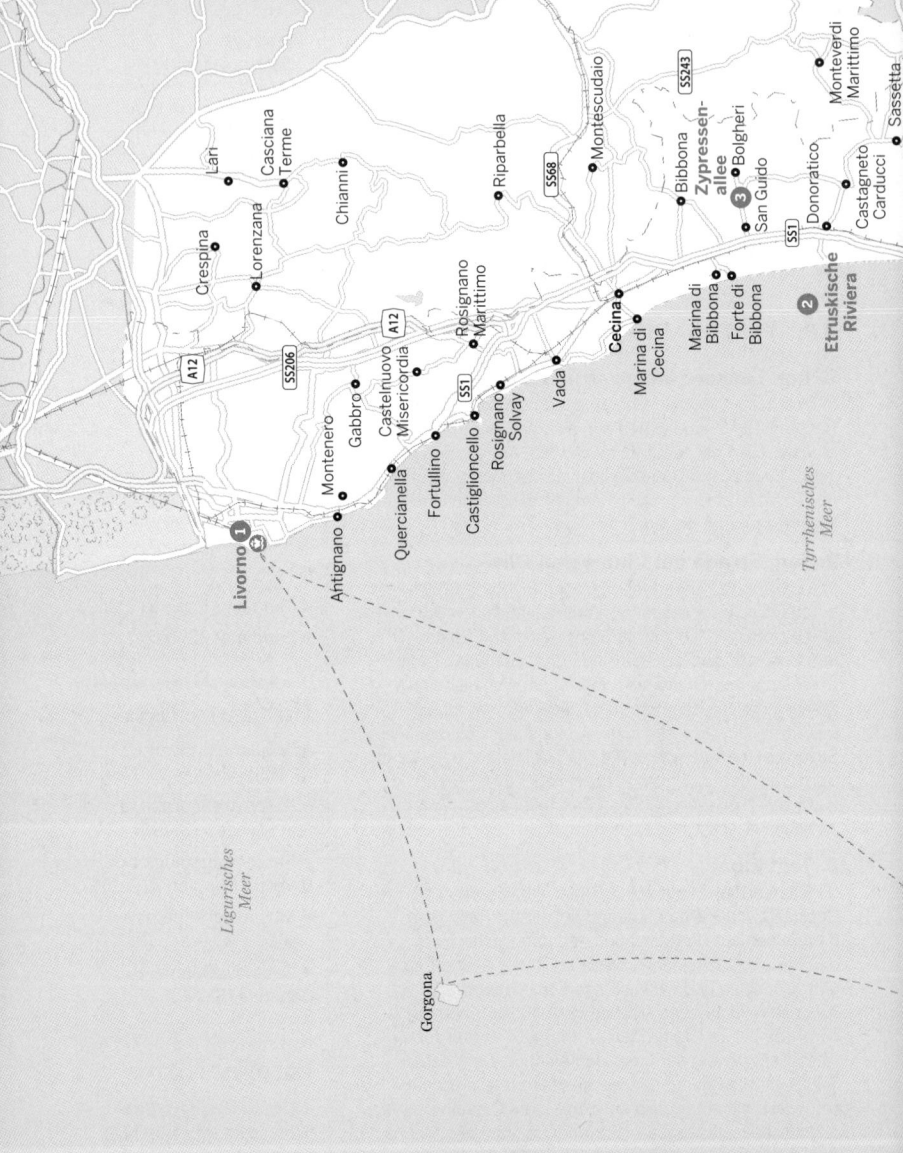

Highlights

1 In der großartigen Fischküche der betriebsamen Hafenstadt **Livorno** (S. 188) schwelgen. Anschließend lädt das filmreife Strandbad **Terrazza Mascagni** (S. 188) aus den 1920er-Jahren zu einem Bad im Meer ein.

2 Entlang der **Strada del Vino e dell'Olio** (S. 193) an der Etruskischen Riviera toskanische Weine probieren.

3 Die längste **Zypressenallee** der Toskana (S. 194) bewundern, die die renommierten Weindörfer San Guido und Bolgheri verbindet.

4 Im **Parco Archeologico di Baratti e Populonia** (S. 196) zwischen etruskischen Gräbern mit majestätischer Aussicht aufs Meer picknicken.

Parco Archeominerario di San Silvestro

Belvedere

Cafaggio

Suvereto

Campiglia Marittima

SS398

Venturina

SS1

San Vincenzo

SP23

Baratti

Parco Archeologico di Baratti e Populonia

4

Populonia

Piombino

Follonica

Golfo di Follonica

Cavo

Rio Marina

Le Grotte

Porto Azzurro

Capoliveri

Portoferraio

La Biodola

5 Elba

Lacona

Marciana Marina

La Pila

Cavoli

Monte Capanne (1018 m) ▲

Fetovaia

Chiessi

Capraia

Capraia

Monte Castello (447 m) ▲

San Stéfano

Monte Arpagna (415 m) ▲

Pianosa

Punta Brigantina

N ◈

0

20 km

5 Auf Napoleons Exilinsel **Elba** (S. 197) übersetzen; in der Altstadt von Portoferraio zu Mittag essen oder ein altehrwürdiges Weingut oder eine nach Orangenblüten duftende Olivenfarm besuchen.

LIVORNO

156 800 EW.

Die zweitgrößte Stadt der Toskana ist eine waschechte Hafenstadt. Der erste Eindruck mag nicht berauschend sein, aber mit ein bisschen Geduld erschließt sich der Charakter von Livorno. Das Angebot an Meeresfrüchten hier ist das beste der gesamten Tyrrhenischen Küste, die Altstadt mit Kanälen wie in Venedig mittlerweile wieder ganz im Trend, und vom eleganten Belle-Époque-Ufer der Stadt ziehen sich Kieselstrände Richtung Süden. Egal ob für einen kurzen Stopp bis zur Abfahrt der Fähre oder für einen Tagestrip von Florenz oder Pisa aus: Livorno ist angenehm unaufdringlich.

Geschichte

Die erste Erwähnung Livornos fällt ins Jahr 1017. Die folgenden Jahrhunderte befand sich der Hafen in den Händen Pisas und später Genuas, bis er 1421 in den Besitz der Florentiner überging. Livorno war zu dieser Zeit noch winzig – um 1550 wurden nur 480 Einwohner gezählt. Dies änderte sich unter Cosimo I. de' Medici, der die bescheidene Siedlung zu einer stark befestigten Küstenbastion ausbaute – noch heute ist Livorno als „Medici-Stadt" bekannt.

Im 17. Jh. wurde Livorno zum Freihafen erklärt. Daraufhin entwickelte sich die Stadt rasant. Am Ende des 18. Jhs. war sie eine lebendige, weltoffene Metropole mit etwa 80 000 Einwohnern und ein wichtiger Stützpunkt für englische und dänische Kaufleute, die regen Handel mit dem Nahen Osten trieben. Auch im 19. Jh. wuchs die Stadt, und die Wirtschaft entwickelte sich ebenso weiter wie das kulturelle Leben.

Als einer der wichtigsten Marinestützpunkte des faschistischen Italiens war Livorno im Zweiten Weltkrieg heftigen Bombenangriffen ausgesetzt. Nach dem Krieg ist es einigermaßen phantasielos wieder aufgebaut worden.

Sehenswertes & Aktivitäten

Terrazza Mascagni PROMENADE
(Viale Italia) Kein Trip nach Livorno wäre komplett ohne einen Bummel über diese elegante, von steinernen Balustraden gesäumte Uferpromenade. Sie zieht sich mit ihrem schwarz-weißen Pflaster am Meer entlang. Als sie in den 1920er-Jahren angelegt wurde, hieß sie nach dem örtlichen Faschistenführer Terrazza Ciano. 40 Jahre später gab ihr die Stadtverwaltung den Namen des in Livorno geborenen Opernkomponisten Pietro Mascagni (1863–1945).

Bagni Pancaldi SCHWIMMEN
(www.pancaldiacquaviva.it; Viale Italia 56; Erw./Kind 5/4 €; ☉ Sommer Sa & So 8.30–12 & 15–18 Uhr) Zwischen der Terrazza Mascagni und der Marineakademie der Stadt erhebt sich die elegante Fassade der Bagni Pancaldi. In der altmodischen Badeanstalt kann man schwimmen, Kanu fahren, in bunten Leinenstrandkörben relaxen und sich in der Sonne räkeln. Als das Bad 1846 eröffnet wurde, war es der allerletzte Schrei; hier fanden Tanznachmittage und Musiksoiréen statt.

Acquario di Livorno AQUARIUM
(www.acquariodilivorno.it; Terrazza Mascagni; Erw./erm. 12/10 €; ☉ Sommer 10–21 Uhr, Winter nur bis 18 Uhr) Das moderne Aquarium an der Hafenpromenade beherbergt 300 verschiedene Fischarten und andere Meeresbewohner von der Etruskischen Riviera und aus dem gesamten Mittelmeerraum. Der Star des Hauses ist Cuba, die Riesenkarettschildkröte.

★ Piccola Venezia HISTORISCHES VIERTEL
Das Viertel Piccola Venezia (Klein-Venedig) ist durchzogen von Kanälen, die im 17. Jh. nach dem Vorbild venezianischer Landgewinnungsmethoden angelegt wurden. Die wichtigste Sehenswürdigkeit des Viertels ist die Fortezza Nuova (Neue Festung; ☉ 24 Std.) GRATIS die im späten 16. Jh. von den Medici errichtet wurde. Von der Festung ist jedoch kaum noch etwas erhalten. Kanäle verbinden sie mit der Fortezza Vecchia (Alte Festung; ☉ 24 Std.) GRATIS die 60 Jahre früher am Wasser erbaut wurde.

Es macht Spaß, das Viertel zu Fuß oder auf einer Bootstour zu erkunden. Die Kanäle säumen Wohnhäuser, die schon ziemlich in die Jahre gekommen sind. Der Putz bröckelt von den Fassaden, und die zum Trocknen aufgehängte Wäsche sorgt für Farbtupfer. Das Viertel hat zwar keine Gondeln (auch keine Touristenströme) wie Venedig zu bieten, aber es besticht durch seinen leicht morbiden Charme und das eine oder andere Café am Wasser.

Ein Streifzug durch Klein-Venedig endet am besten an der reizenden Piazza dei Domenicani, am Nordende der Via Borra, jenseits der Brücke. Auf der Westseite des Platzes hält die **Chiesa di Santa Catarina** mit ihren dicken alten Steinmauern heute noch genauso Wacht wie vor vier Jahrhunderten.

Museo Civico Giovanni Fattori KUNSTMUSEUM (Via San Jacopo in Acquaviva 65; Erw./erm. 4/2 €; ☺ Di–So 10–13 & 16–19 Uhr) Das Museum liegt in einem hübschen Park und zeigt Werke der Macchiaioli, einer Gruppe italienischer Impressionisten aus dem 19. Jh. Die durch die Pariser Schule von Barbizon inspirierten Künstler wurden von Giovanni Fattori aus Livorno angeführt. Sie widersetzten sich den strengen akademischen Kunstkonventionen und malten direkt vor Ort in der Natur. Unmittelbarkeit und Frische wollten sie

Livorno

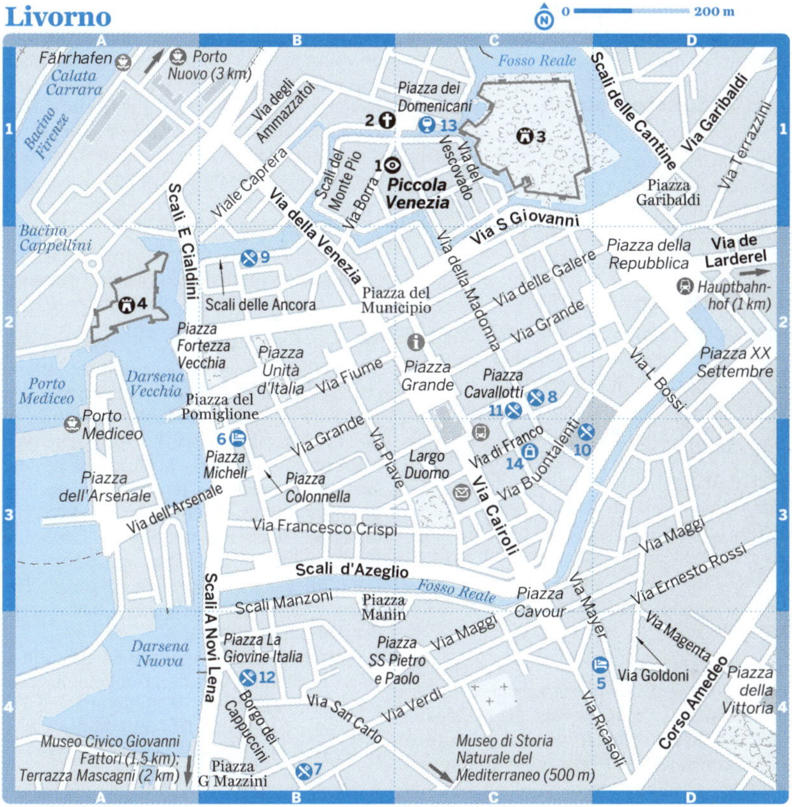

ETRUSKISCHE RIVIERA & ELBA LIVORNO

Livorno

◉ Highlights
1 Piccola Venezia B1

◉ Sehenswertes
2 Chiesa di Santa Catarina B1
3 Fortezza Nuova C1
4 Fortezza Vecchia A2

🛏 Schlafen
5 Hotel al Teatro D4
6 Hotel Gran Duca B3

⊗ Essen
7 Cantina Senese B4
8 La Barrocciaia C2
9 L'Ancora B2
10 Mercato Centrale C3
11 Mercato di Piazza Cavallotti C2
12 Osteria del Mare B4

⊖ Ausgehen & Nachtleben
13 La Bodeguita C1

🔒 Shoppen
14 VAD Formaggi C3

in ihren Bildern durch „Farbflecke" *(macchia)* ausdrücken. `

Museo di Storia Naturale del Mediterraneo

MUSEUM

(Via Roma 234; Erw./erm. 6/3 €; ☺ Mi & Fr 9–13, Di, Do & Sa bis 19, So 15–19 Uhr;) Dies ist ein großes, erstklassiges Mitmachmuseum. Es gibt regelmäßig Sonderausstellungen; das Highlight der ständigen Sammlung ist ein 20 m langes Skelett eines Grönlandwals mit dem Namen „Annie".

👉 Geführte Touren

Giro in Battello

BOOTSFAHRT

(Erw./erm. 10/5 €; ☺ Sommer 11, 12 & 16 Uhr) Tickets für die 2- oder 3-mal tgl. stattfindenden kommentierten Bootsfahrten (45 Min.) auf den Kanälen von Livorno werden in der Touristeninformation verkauft.

🛏 Schlafen

⭐ Hotel al Teatro

BOUTIQUEHOTEL €

(☎05 8689 8705; www.hotelalteatro.it; Via Mayer 42; EZ/DZ 85/110 €; P ❄ @ 🛜) Das 8-Zimmer-Juwel ist eins der reizendsten Stadthotels der Toskana, mit Marmortreppe, alten Möbeln, Wandbehängen und individuell ausgestatteten, nach Komponisten benannten Zimmern – einfach unwiderstehlich. Am schönsten ist der Garten hinterm Haus: Hier können es sich die Gäste auf grünen Korbstühlen unter einer atemberaubenden, 350 Jahre alten Magnolie bequem machen.

Camping Miramare

CAMPINGPLATZ €

(☎05 8658 0402; www.campingmiramare.it; Via del Littorale 220; Camping 2 Pers., Auto & Zelt 40–80 €; ⛱) Ob Zeltstellplatz unter den Bäumen oder Bungalow mit Holzterrasse und Liegestühlen am Sandstrand – dieser Campingplatz hat alles und ist dank Häuschen und Wohnwagen ganzjährig geöffnet. Außerhalb der Sommermonate geben die Preise um mindestens 50% nach. Der Platz liegt 8 km südlich von Livorno in Antignano.

Grand Hotel Palazzo

LUXUSHOTEL €€

(☎05 8626 0836; www.grandhotelpalazzo.com; Viale Italia 195; DZ 140–180 €; P ❄ @ 🛜 ⛱) Der glamouröse Hotelpalast aus dem 19. Jh. am Wasser mit 123 perfekt durchdachten Zimmern und Meerblick verkörpert die Belle Époque Livornos in Reinkultur. Auf dem Dach lockt ein Infinity Pool und nach dem Bad ein *aperitivo* (Getränke und Häppchen vor dem Abendessen) zum Sonnenuntergang mit Panoramablick aufs Meer. Gleichermaßen erhebend ist das Dinner im Dachrestaurant mit Sicht auf die Insel Gorgona.

Hotel Gran Duca

HOTEL €€

(☎05 8689 1024; www.granduca.it; Piazza Micheli 16; EZ/DZ 160/180 €; ❄ @ 🛜) Das Hotel wurde auf einem Teil der alten Stadtmauern aus dem 16. Jh. gebaut. Die Lage gegenüber dem Fischereihafen ist wirklich einzigartig. Die 60 Zimmer sind mit Stoffen in vornehmen Farben klassisch eingerichtet, von einigen bieten sich Ausblicke auf die Festung. Die Zimmer im 2. Stock liegen in der Backsteinstadtmauer, haben eine eigene Terrasse und könnten als Filmkulisse dienen.

🍴 Essen & Ausgehen

Den traditionellen Meeresfrüchteeintopf *cacciucco* zu probieren, ist schon Grund genug für einen Abstecher nach Livorno.

⭐ Surfer Joe's Diner

AMERIKANISCH €

(☎05 8680 9211; www.surferjoe.it/diner; Terrazza Mascagni; Mahlzeiten 15–30 €; ☺ Di–So 12–1 Uhr) Die Surfbar am Meer bringt Schwung in die Gastronomie- und Kneipenszene von Livorno. Das kulinarische Angebot besteht aus amerikanischen Burgern, Zwiebelringen, Pancakes und Smoothies; der „Look" ist der eines Diners aus den 1950er-Jahren und für die richtige Stimmung sorgt Surfmusik. Das Tüpfelchen auf dem i ist die riesige Terrasse in der Meeresbrise mit schattenspendenden Bambushütten.

Tagsüber bevölkern Familien das Diner. Doch nach Einbruch der Dunkelheit überschwemmt ein jüngeres Publikum den Laden, angezogen von DJ- und Jamsessions, Konzerten und anderen hippen Events.

Cantina Nardi

TOSKANISCH €

(☎05 8680 8006; Via Cambini 6-8; Mahlzeiten 20 €; ☺ Mo–Sa mittags & abends) Die Nardis sind seit 1965 im Geschäft und Experten für herzhafte, erschwingliche toskanische Küche, zuvorkommende Bedienung und fabelhafte Weine. Das Lokal, sowohl *enoteca* (Weinstube) als auch Slow-Food-Restaurant, bietet Weinproben und *aperitivi*. Zur Auswahl stehen Esstische drinnen zwischen Regalen voller Flaschen, draußen im reizenden Patio und auf einer Veranda.

La Barrocciaia

OSTERIA €

(☎05 8688 2637; Piazza Cavallotti 13; Mahlzeiten 20 €; ☺ Di–Sa 11–15 & 18–23 Uhr) Das Lokal ist zwar längst kein Geheimtipp mehr, aber

MARKTVERGNÜGEN
....

Ein Paradies für Foodies ist der **Mercato Centrale** (Via Buontalenti; ⊙ Mo–Sa 6–14 Uhr). Die großartige 95 m lange klassizistische Markthalle vom Ende des 19. Jhs. überlebte die alliierten Bombenangriffe des Zweiten Weltkriegs wie durch ein Wunder. Die Markthalle ist sowohl in kulinarischer als auch architektonischer Hinsicht ein echtes Juwel. An den Ständen werden Lebensmittel aller Art verkauft, darunter die erstaunlichsten Fische und Meeresfrüchte.

Jeden Samstagmorgen verwandelt der **Mercato di Piazza Cavallotti** (Piazza Cavallotti; ⊙ Mo–Sa 6–14 Uhr) den ansonsten stillen Platz in ein Meer aus Marktständen mit lila Baby-Artischocken, goldenen Zucchiniblüten, tiefroten Chilischoten und anderen saisonalen Früchten und Gemüsesorten.

Zum krönenden Abschluss der Feinschmeckertour empfiehlt sich ein Besuch im **VAD Formaggi** (www.vadformaggi.com; Via di Franco 36-38; ⊙ Mo & Mi 7.45–12.45, Do–Sa 7.45–12.45 & 16.40–19.30 Uhr). Das phantastische Käsegeschäft existiert seit 1955. An den Wänden stapeln sich riesige Parmesankäselaibe vom Boden bis zur Decke, und an Markttagen reicht die Schlange der Käufer bis auf die Straße.

dank seiner unscheinbaren Fassade inmitten von Marktständen trotzdem nicht leicht zu finden. Bei gutem Timing und mit etwas Glück lässt sich ein Tisch ergattern. Und dann kann man selbst ergründen, warum die Einheimischen mit Ehrfurcht von der Barocciaia sprechen. Die Karte ändert sich ständig, genauso wie die Kunst an den Wänden – mit Ausnahme des Bildes vom Großvater, der würdevoll auf die dritte Betreibergeneration herabblickt.

Cantina Senese OSTERIA €
(☎ 05 8689 0239; Borgo dei Cappuccini 95; Mahlzeiten 20 €; ⊙ Mo–Sa mittags & abends) Hafenarbeiter sind immer die Ersten an den langen Holztischen in diesem wunderbar einfachen und freundlichen Lokal. Sie wissen die Qualität und günstigen Preise zu schätzen. Später kommen Familien aus dem Viertel hinzu. Statt die Karte zu bemühen, verlassen sich die Gäste beim Bestellen gerne auf die Tipps der Bedienung. Herausragend sind die Muscheln, genauso wie der *cacciuco di pesce,* beides serviert mit pikantem Knoblauchbrot.

Osteria del Mare MEERESFRÜCHTE €€
(☎ 05 8688 1027; Borgo dei Cappuccini 5; Mahlzeiten 25 €; ⊙ Fr–Mi mittags & abends) In die hübsche, altmodische Osteria in Meeresnähe zieht es die Gäste wegen der traditionellen Fischgerichte nach Großmutters Art. Wer wie die Einheimischen essen möchte, bestellt *riso nero* (schwarzer Reis) und den Fisch des Tages oder einfach einen Teller *fritto misto* (verschiedene frittierte Fischstückchen).

⭐ **L'Ancora** MEERESFRÜCHTE €€
(☎ 05 8688 1401; www.ristoranteancoralivorno.com; Scali delle Ancora 10; Mahlzeiten 35 €; ⊙ Sommer mittags & abends, Winter Mi–Mo) Sagenhaft! Die Terrasse am Kanal ist bei gutem Wetter heiß umkämpft. Doch auch ein Tisch im eleganten, schlichten Ziegelstein-Bootshaus aus dem 17. Jh. mit Tonnengewölbe ist nicht zu verachten. Auch hier gibt's *cacciucco;* der ganze Stolz der Betreiberfamilie ist die *carbonara di mare* (Meeresfrüchte und Pasta in weißer Sauce).

La Bodeguita BAR
(Scala Rosciano 9; ⊙ Mo–Sa 21–1 Uhr) Eine Kellerbar mit roten Ziegelsteinwänden und einer sonnigen Terrasse am Kanal bei der Piazza dei Domenicani in Piccolo Venezia. Bei einem Cocktail und großzügig belegten bruschetta kann man den Mitgliedern des örtlichen Ruderclubs beim Training zuschauen oder nach Einbruch der Dunkelheit zu Livemusik tanzen.

ℹ️ Praktische Informationen
Touristeninformation (☎ 05 8689 4236; www.costadeglietruschi.it; Via Pieroni 18; ⊙ Sommer 8–17.30 Uhr, sonst kürzer)

ℹ️ An- & Weiterreise
AUTO
Die A12 führt an der Stadt vorbei, und die SS1 verbindet Livorno mit Rom. Am Hafen gibt es Parkplätze.

FÄHRE
Livorno ist ein wichtiger Fährhafen. Die Linienfähren nach Sardinien und Korsika legen von der

DIE HOHE KUNST, SPAGHETTI HERZUSTELLEN

In dem mittelalterlichen Bergdorf Lari (8755 Ew.), gegenüber den wuchtigen roten Ziegelmauern der riesigen Festung aus dem 11. Jh., befindet sich eine Adresse, die sich jeder Feinschmecker merken sollte: **Martelli** (www.martelli.info; Via San Martino 3; ☉Mo, Di, Do & Fr 10–12 & 15–16 Uhr). Hinter der hellgelben Fassade dieser *pastificio trazionale* (traditioneller Pastahersteller), 35 km südöstlich von Pisa, schuften sieben Mitglieder der Familie Martelli ein ganzes Jahr lang, um eine Tonne Pasta herzustellen – diese Menge produziert eine Fabrik innerhalb von Stunden. Der langsam geknetete Teig wird durch traditionelle Nudelmaschinen aus Bronze gedreht, und heraus kommen Spaghetti und Spaghettini, Penne, Macaroni und Fusilli. Die Nudeln werden anschließend 50 Stunden lang getrocknet (bei industriell gefertigter Ware sind es drei Stunden), von Hand geschnitten und in gelben Paketen, dem Markenzeichen von Martelli, verpackt. Sie erinnern an das unverkennbare gelbe Papier, in das bis in die 1960er-Jahre auf den Märkten der Toskana Pasta eingepackt wurde. Dann hielt die maschinelle Verpackungsindustrie Einzug, und alles änderte sich.

Seit 1926 wird die Pasta von Martelli — fester und mit rauerer Oberfläche als viele andere Sorten und daher eine besonders gute Begleitung zu Fleischsaucen – in alle Welt verschickt und in zahlreichen Feinkostläden verkauft. In Lari sind die Nudeln für 4 € das Kilo um die Ecke von der Pastabäckerei im Dorfcafé und Tabakladen **La Bottega delle Specialità** (Via Diaz 12-14) erhältlich. Außerdem werden sie in den Dorfrestaurants zum Mittagessen serviert.

Eine Betriebsbesichtigung ist eine ganz ungezwungene Angelegenheit. Man steckt einfach den Kopf in den Laden und fragt, ob man sich umschauen darf (Luca, dessen Großvater 1926 Martelli gründete, spricht Englisch). Dann spaziert man durch eine benachbarte Gasse zu dem kleinen Raum, wo sich die Spaghettifabrikation abspielt.

Calata Carrara bei der Stazione Marittima ab. Die Fähren nach Capraia (via Gorgona) fahren vom Porto Mediceo, einem kleineren Fähranleger bei der Piazza dell'Arsenale. Fähren nach Spanien und Sizilien sowie einige Sardinien-Fähren starten am Porto Nuovo 3 km nördlich vom Zentrum an der Via Salvatore Orlando.

Fährgesellschaften:

Corsica Ferries (www.corsica-ferries.it) Zwei bis sieben Verbindungen pro Woche nach Bastia, Korsika (ab 36 €, 4 Std.) und Golfo Aranci auf Sardinien (ab 45 €, 6 Std.).

Grimaldi Lines (www.grimaldi-ferries.com) Wöchentliche Verbindungen mit Barcelona (35–85 €, 21 Std.) und Tanger, Marokko (80–240 €, 58 Std.).

Moby (www.moby.it) Fähren nach Bastia auf Korsika (ab 28 €, 4 Std.) und nach Olbia auf Sardinien (46–97 €, 6–10½ Std.).

Toremar (www.toremar.it) Ganzjährig Fähren nach Capraia (20 €, 2¾ Std.).

ZUG

Vom **Hauptbahnhof** (Piazza Dante) gelangt man zu Fuß Richtung Westen (geradeaus) über die Viale Carducci, Via de Larderel und Via Grande zur Piazza Grande, dem Hauptplatz Livornos.

Von der **Stazione Marittima**, dem Bahnhof am Hafen, verkehren weit weniger Züge.

Florenz (9 €, 1½ Std., 16-mal tgl.)

Pisa (2,50 €, 15 Min., häufig)

Rom (21,65–33 €, 3–4 Std., 12-mal tgl.)

❶ Unterwegs vor Ort

ATL (www.atl.livorno.it; Largo Duomo 2) betreibt einen Bus (Linie 1) vom Hauptbahnhof über die Piazza Grande zum Porto Mediceo (1,20 €, im Bus 1,70 €). Zur Stazione Marittima nimmt man die Linie 1 bis zur Piazza Grande und dann an der Via Cogorano nahe der Piazza Grande Linie 5.

ETRUSKISCHE RIVIERA

Die Küste südlich von Livorno bis kurz hinter Piombino (wo die Fähre nach Elba abfährt) wird ihrem geschichtsträchtigen Namen „Costa degli Etruschi" (Küste der Etrusker) gerecht. Es gibt eine ganze Reihe von Stätten mit etruskischen Gräbern in dieser Region. Die einfachen Sandstrände machen nicht viel her, im Hinterland liegen jedoch hübsche Bergdörfer und Weinorte, wo man weniger bekannte, dennoch sehr gute toskanische Weine entdecken kann.

Wer zur Erkundung der Region in die Pedale treten will, findet auf www.costadeglietruschi.it einen detaillierten Überblick über mögliche Routen.

Castiglioncello

In diesem unaufgeregten Badeort 30 km südlich von Livorno hielt Ende des 19. Jhs. der italienische Kunstkritiker und -förderer Diego Martelli Hof. Er lud die Florentiner Impressionisten der Zeit zu sich ein und begründete die Künstlerbewegung La Scuola di Castiglioncello (Schule von Castiglioncello). Die Arbeiten zeitgenössischer Künstler, die sich von der Stadt inspirieren lassen, sind im **Centro per l'Arte Diego Martelli** (☎05 8675 9012; Piazza della Vittoria; ⊙ Fr 15.30–19, Sa & So 10.30–13.15 & 15.30–19 Uhr) GRATIS zu sehen. Die Kunstgalerie befindet sich gleich beim Eingangstor des **Castello Pasquini** (Piazza della Vittoria). In dem Ende des 19. Jhs. erbauten, zinnenbewehrten Schloss auf einem wunderschönen Anwesen mit schattigen Bäumen (ein toller Spielplatz für Kinder) ist heute das Stadttheater untergebracht.

Die besten Sandstrände von Castiglioncello liegen am nördlichen Stadtrand. Karten u. Ä. hält die **Touristeninformation** (☎05 8675 4890; Via Aurelia 632; ⊙ 9.30–12.30 & 16–18 Uhr) im Bahnhof bereit. Nach Livorno (3,10 €, 25 Min.) verkehren regelmäßig Züge.

🛏 Schlafen & Essen

★ Pensione Bartoli   HOTEL €
(☎05 8675 2051; www.albergobartoli.com; Via Martelli 9; EZ/DZ/3BZ/4BZ 60/79/96/115 €, HP 60–70 € p. P., VP 68–74 € p. P.; ⊙ Sommer; P) Die makellos gepflegte Villa mit schattigem Garten verkörpert im besten Sinne eine Pension der Fünfzigerjahre. Sie besitzt viel Flair und das Preis-Leistungs-Verhältnis ist erstklassig. Die altmodische Unterkunft „wie bei Oma" hat 17 kein bisschen angestaubte Zimmer (fünf mit Meerblick) mit altehrwürdigem Mobiliar aus Familienbesitz, Fotos usw. Von Juni bis August gibt's die Übernachtung nur mit Halbpension.

In der Küche (und im Hotel) schwingen die patente Rosabianca und ihre Mutter Aurora (die das Hotel 1952 eröffnete) das Zepter und sorgen dafür, dass die Gäste ausgezeichnet verpflegt werden.

★ Podere dell'Orso   AGRITURISMO €
(☎050 66 26 98; www.poderedellorso.it; Serre di Sotto 1, Colle Alberti, Lorenzana; DZ/3BZ 90/115 €) Die Suche nach dem perfekten Toskana-Zimmer mit Aussicht findet hier ein Ende, in diesem traumhaften Bauernhaus aus dem 15. Jh. Es herrscht inmitten von Obst- und Olivenhainen eine so beschauliche Ruhe, dass man nie wieder weg möchte.

Von den stilvollen Zimmern eröffnen sich weite Ausblicke ins Grüne. In der zum Bauernhof gehörenden Osteria schmausen die Gäste klassische toskanische Gerichte, die mit hauseigenem Olivenöl zubereitet werden (Freitag und Samstag abends, Sonntag mittags geöffnet; nur mit Reservierung).

Anfahrt: Von Lorenzano den Wegweisern Richtung Casciana Terme folgen und nach 3 km links zum Dörfchen Colle Alberti abbiegen.

Grand Hotel Villa Parisi   LUXUSHOTEL €€€
(☎05 8675 1698; www.villaparisi.com; Via Romolo Monti 1; EZ/DZ 104/198 €, HP 109–239 € p. P.; ⊙ April–Sept.; P ✻ 🛰 🏊) Mit seiner schicken cremefarbenen Fassade und den grün gestrichenen Lamellenfensterläden scheint das entzückende Hotel mit Blick aufs Meer direkt einem Hochglanz-Designmagazin entnommen. Das Villa Parisi ist das beste Haus am Platz und verströmt Flair aus jeder Pore. Von Ende Mai bis Mitte September ist Halbpension obligatorisch. Aber wer wollte sich angesichts des vorzüglichen Fünfsterne-Restaurants schon darüber beklagen?

Caffè Ginori   CAFÉ
(Piazza della Vittoria) Auf der schattigen Terrasse und im 1946 eingerichteten Inneren des Caffè Ginori versammeln sich die Einheimischen zu einem Schwätzchen an der Theke oder um sich einen der exquisiten Minikuchen schmecken zu lassen, die zum Aufessen fast zu schade sind. Es war das

WEIN & ÖL

Wer gerne Wein probiert oder Olivenhaine liebt, sollte sich per Auto, Rad oder streckenweise auch zu Fuß auf die **Strada del Vino e dell'Olio** (www.lastradadelvino.com) machen. Die 150 km lange Touristenroute von Livorno nach Piombino setzt sich auf Elba fort. An der Strecke liegen Weinkellereien und -güter sowie Bauernhöfe, wo man Wein bzw. Olivenöl aus eigenem Anbau probieren und kaufen kann. Die Website empfiehlt auch Unterkünfte und Restaurants. Das Besucherzentrum der Wein- und Ölstraße liegt gleich außerhalb von Bolgheri (S. 194).

Lieblingslokal des italienischen Frauenschwarms Marcello Mastroianni, der in der Stadt eine Sommervilla besaß.

Bolgheri & Umgebung

Das winzige Wehrdorf wird von seinem klassischen Backsteinkastell mit dem Stadttor und der romanischen, im späten 19. Jh. umgebauten Chiesa di SS Giacomo e Cristoro dominiert. Die vielen Besucher kommen vor allem wegen der Weine her, insbesondere wegen des berühmten „Super-Toskaners" Sassicaia.

Von Bolgheri sind es 5,7 km auf der SP16 Richtung Westen nach San Guido. Das in einem hübschen Rosengarten gelegene **Besucherzentrum** der **Strada del Vino e dell'Olio** (✆ 05 6574 9705; Castegneto Carducci 45; ☺ Mo–Sa 10–13 & 14–17 Uhr) hält Verzeichnisse der Weingüter mit Verkostung und Direktverkauf bereit, Außerdem arrangieren die Mitarbeiter Besuche bei Weingütern, Olivenplantagen und Imkern.

Die kurze Anfahrt hierher ist traumhaft: entlang einer schnurgeraden, romantischen alten **Zypressenallee** aus 2540 Bäumen, die der toskanische Dichter Giosuè Carducci 1874 mit seinem Gedicht *Davanti a San Guido* berühmt machte. Jedes Jahr im Juli dient die 5 km lange Allee als Kulisse für das phantastische Kulturfestival **Bolgheri Melody** (www.bolgherimelody.com).

🛏 Schlafen & Essen

Strada Giulia 16 — B&B €€
(✆ 331 2661699; www.stradagiuliabolgheri.it; Strada Giulia 16; DZ 150–190 €; 🅿) Strada Giulia 16 ist sowohl der Name als auch die Adresse dieses B&B und gleichzeitig Boutiquehotels, untergebracht in einem jahrhundertealten Haus. Schon die Location innerhalb der historischen Mauern von Bolgheri ist schlichtweg umwerfend. Die vier Gästezimmer tragen stolz die Namen berühmter Ladies: Zur Auswahl stehen Marilyn, Brigitte, Jacqueline und Lady D.

⭐ Enoteca Tognoni — WEINLOKAL €€
(✆ 05 6576 2001; www.enotecatognoni.it; Via Lauretta 5; Mahlzeiten 35 €; ☺ Do–Di mittags & abends) Die Weinstube an der malerischen Hauptplaza von Bolgheri ist ein echter Gourmettempel, sowohl in gastronomischer als önologischer Hinsicht. Unter den Dutzenden Weinen, die verkostet werden können, ist immer ein Sassicaia (22 € pro 0,1 l).

Zu essen gibt's traditionelle toskanische Gerichte aus den besten Zutaten der Region.

Wer zum Wein seiner Wahl eine gemischte Antipastiplatte (12 €) bestellt – mit Salami, Käse, Bruschetta, *crostini* (dicke Scheiben toskanischen Brots mit Pastete, Öl, Tomate usw.) –, schwebt geradewegs in den siebten Feinschmeckerhimmel.

Castagneto Carducci

8470 EW.

Südlich von Bolgheri führt eine Nebenstraße durch dichten Wald, Weinberge und Olivenhaine und schließlich die Berge hinauf zu einer alten befestigten Stadt. Hinter den Stadtmauern verborgen liegen steile, enge Gassen, die von dunklen Häusern gesäumt sind. Über allem thront eine Burg der Gherardesca-Familie, die einst über diese Gegend herrschte. (Die Burg wurde im 18. Jh. in ein Wohngebäude umgebaut.) Der Dichter Giosuè Carducci verbrachte im 19. Jh. hier einen großen Teil seiner Kindheit.

Von Castagneto führt eine kurvige, waldgesäumte Bergstraße zu dem Weiler **Sassetta** (580 Einwohner). Die Häuser scheinen über dem Abgrund zu schweben. Beim Dorfeingang hängt eine Karte mit Wanderwegen der Umgebung.

🛏 Schlafen & Essen

⭐ La Cerreta — AGRITURISMO €€
(✆ 05 6579 4352; www.lacerreta.it; Via Campagna Sud 143, Pian delle Vigne; EZ/DZ HP 80/120 €; 🅿 ♨)) 🍴 Ein toskanischer Traum: La Cerreta ist ein biodynamisches Anwesen mit vier Steinhäuschen inmitten von Wald, Weinreben, Feigenbäumen und weiten Ausblicken über die sanft gewellten Hügel der Toskana. Die Gäste können hier reiten. Der charismatische Daniele führt gerne über den 70-Hektar-Hof und erklärt Haltung und Aufzucht seiner *cinta senese* (eine toskanische Schweinerasse), Maremma-Rinder und seltenen Leghorn-Hühner.

Alles, was beim Abendessen auf den Tisch kommt, stammt vom Hof – mit Ausnahme der Zutaten für das Abendessen am Freitag, dann gibt's nämlich *pesce* von einem befreundeten Fischer aus Piombino. Das ganze Unternehmen ist hundertprozentig im Einklang mit der Natur, auch das hypermoderne Thermalbad (Eintritt 20 €) mit Kieselsteinpools, die sich den Hang hinunter ergießen. Im September werden Trauben und Oliven geerntet, im Oktober Kastanien.

San Vincenzo

7020 EW.

Im Sommer zieht es italienische Besucher scharenweise in diesen moderat einladenden Küstenort mit Sandstränden vor der Kulisse von würzig duftender *macchia* (Buschwald) und Pinienwald.

In der Stadt legen Segler mit ihren Booten in der eleganten, modernen **Marina di San Vincenzo** an, dem von schicken Boutiquen und Bars gesäumten Yachthafen. Szenekenner schwören nach wie vor auf die **Zanzibar** (☏ 05 6570 2927; Piazza del Porto; Mahlzeiten 40 €; ☺ Do–Di mittags & abends) mit Vintagedekor, Designfood und nächtlicher DJ-Unterhaltung. Sie residiert in einer ehemaligen Fischerhütte am Nordende der Marina.

Ein paar Kilometer landeinwärts widmet sich der **Parco Archeominerario di San Silvestro** (www.parchivaldicornia.it; Erw./erm. 15/11 €; ☺ Sommer 9.30–19.30 Uhr, sonst kürzer, Nov. & Dez. geschl.) der 3000-jährigen Bergbaugeschichte der Region. Ungefähr 50 m vor dem Abzweig zum Parkeingang führt rechts ein Hohlweg (beschildert mit *forni fusori*) zu den Überresten etruskischer Schmelzöfen, die einst für die Kupfergewinnung angelegt wurden. Der Park selbst umfasst die Ruinen der Bergbaustadt **Rocca di San Silvestro** aus dem 14. Jh. Sie sind mit einem unterirdischen Zug zu erreichen, der auch durch die Temperino **Kupfer- und Bleierzminen** (mit einem kleinen **Mineralienmuseum**) führt. Führungen zu den verschiedenen Minen beginnen etwa jede Stunde.

Suvereto

3140 EW.

Suvereto ist Bischofssitz und wurde erst 1815 dem Großherzogtum Toskana einverleibt. Es zählt zu den bezauberndsten mittelalterlichen Dörfern der Toskana. Daher bevölkern im Sommer die Massen nach einem Tag am Strand die schmalen Pflasterstraßen und steilen Steintreppen zwischen blumengeschmückten Balkonen und Fenstersimsen. Steil hoch geht es zum krönenden Highlight, der **Rocca** (Burg) aus dem 15. bis 16. Jh. Sie wurde im 17. Jh. aufgegeben und wird zurzeit Stück für Stück restauriert. Der Aufstieg wird mit einer traumhaften Aussicht auf Felder und Olivenhaine belohnt. Unvergesslich ist der Anblick im rötlichen Sonnenuntergangslicht eines Sommerabends.

BELVEDERE

*Das italienische Wort belvedere be-deutet „Aussichtspunkt" oder „gute Aussicht", und genau damit beschenkt das Bergdörfchen **Belvedere** jeden, der den weiten Weg hierher auf sich genommen hat. Der 3 km von Suvereto entfernt auf einem Berggipfel 280 m über dem Meeresspiegel versteckte Weiler entstand Mitte des 16. Jhs. als Luftkurort für die Wohlhabenden aus der malariaverseuchten Tiefebene. Sein ungeteerter Hauptplatz ist wahrscheinlich der zauberhafteste (und idyllischste) der ganzen Toskana. Man hat fast das Gefühl, ungebeten in die Hintergärten der Steinhäuser ringsum zu spähen. Bei Insidern läuft Belvedere unter der Bezeichnung „Belvedere di Suvereto" (S. 196).*

Ein weiterer wunderschöner Spaziergang führt von der Hauptstraße Via Matteoti über die Via del Crocifisso den Hang hinauf zu den Überresten des Convento di San Francesco aus dem 13. Jh. Sein entzückendes **Chiostro di San Francesco** aus roten Ziegelsteinen dient inzwischen als Kulisse für Sommerkonzerte, Theatervorstellungen und andere kulturelle Events. Alljährlich Mitte Juli verwandelt sich das romanische Kloster im Rahmen der **Serate Medioevali** (Mittelalterabende) in einen mittelalterlichen Marktplatz. Hier tummeln sich Einheimische in traditioneller mittelalterlicher Kostümierung, es gibt ein mittelalterliches Bankett, und man kann Euromünzen gegen Münzen aus dem Mittelalter eintauschen und sie an den zahlreichen Kunst-, Kunstgewerbe- und Essensständen ausgeben. Wer seinem/seiner Liebsten im toskanisch-mittelalterlichen Stil das Jawort geben möchte, hat hier – wirklich! – Gelegenheit dazu.

Angesichts der Lobeshymne, die über die „Slow-Food-Stadt", „Weinstadt" und „Ölstadt" angestimmt werden, überrascht es nicht, dass man in Suvereto bestens die **DOC-Weine aus dem Val di Cornia** probieren und auch gut speisen kann. Infos zu entsprechenden Adressen gibt's in der **Touristeninformation** (Via Matteotti 42).

🛏️ Schlafen & Essen

⭐ Belvedere di Suvereto   B&B €
(☑328 7158104, 05 6582 7061; www.belvedere
disuvereto.it; Piazza San Tommaso 33, Belvedere;
EZ/DZ/3BZ/4BZ 58/90/120/140 €) Im nahe
gelegenen Belvedere befindet sich das stylische B&B plus Bistro mit kühlen weißen
Zimmern, minimalistischen Bauernmöbeln
und (wie nicht anders zu erwarten) einer
sagenhaften *belvedere* (Aussicht) auf das
reizende Suvereto.

l'Ciocio   MODERN TOSKANISCH €€
(☑05 6582 9947; www.osteriadisuvereto.it; Piazza
dei Giudici; Mahlzeiten 35 €; ☺Di–So mittags &
abends) Von der Hauptstraße Suveretos geht
es auf der Via Piave hinauf zu dieser kreativen *Osteria*. Sie besticht durch eine nette
Mischung aus alter und neuer Einrichtung,
eine herrliche Terrasse mit Blick auf das
wunderschönen, aus roten Ziegelsteinen
erbauten Palazzo Comunale (Rathaus) und
eine ausgefeilte Gourmetkarte (die zwölf
verschiedenen Sorten Zucker, die nach dem
Essen zum Kaffee zur Auswahl stehen, sagen
eigentlich alles).

⭐ Le Nuvole   MODERN TOSKANISCH €€€
(☑05 6582 9092; www.lenuvoleristobistro.it; Via
Palestro 2; Mahlzeiten 45 €; ☺Di–So mittags &
abends) Das phantastische Le Nuvole zählt
zu den kometenhaft aufsteigenden Sternen
am kulinarischen Himmel der Toskana. In
der Küche des reizenden Boutiquerestau-
rants zaubert der begabte Koch Timothy
Magee (mit einem besonderen Händchen
für gelato und alles, was mit Schokolade zu
tun hat) moderne Toskanaküche, d. h. jede
Menge Fisch. Sommelier Cristina kümmert
sich um die vorzügliche Weinkarte.

🍷 Ausgehen

Enoteca dei Difficili   WEINLOKAL
(Via San Leonardo 2; ☺Mo, Di & Do 18–2, Fr–So bis
3 Uhr) Dies ist eine charmante Weinstube mit
Ziegelsteinmauern, Holzbalken, stilvollen
alten Stühlen und einer sagenhaften Auswahl an edlen Tropfen. Es gibt Livemusik
(Programm auf der Facebook-Seite des Lokals), Crostini, Panini, Bruschetta und verschiedene leckere *taglieri* (Platten mit Wildschweinwurst, Salami, Käse usw.) für 10 €.

Golfo di Baratti

Von San Vincenzo zum hübschen, am Meer
gelegenen Baratti am gleichnamigen Golf
sind es nur 12 km schurgerade Richtung Sü-

den, immer entlang an hohen Schirmkiefern
und schönen Sandstränden. Baratti selbst
ist ein wundervoller kleiner Fischerhafen
mit reizenden Restaurants.

🔆 Sehenswertes & Aktivitäten

⭐ Parco Archeologico di Baratti e Populonia   ARCHÄOLOGISCHE STÄTTE
(☑05 6522 6445; www.parchivaldicornia.it; Ne-
cropoli oder Acropoli Erw./Kind 10/7 €, ganzer
Park Erw./Kind/Fam. 15/11/39 €; ☺Juli & Aug.
9.30–19.30 Uhr, März–Juni, Sept. & Okt. Di–So
10–18 Uhr, Nov.–Feb. geschl.; ♿) In dem riesigen
archäologischen Park führen fünf markierte
Wege zu den freigelegten Überresten mehrerer etruskischer Gräber. Eindrucksvoll sind
die vor allem Rundgräber der Necropoli di
San Cerbone direkt vor dem Besucherzentrum – die Tomba dei Carri misst 28 m im
Durchmesser.

Toll für Familien ist die einfache Via delle
Cave (2 Std.), ein ausgeschilderter Weg
durch ein schattiges Waldgebiet – wer ein
Picknick mitnimmt, kann hier einen ganzen
Tag verbringen. Der Weg führt vorbei an
Steinbrüchen, aus denen ein weicher, ocker-
farbener Sandstein gewonnen wurde und in
die Gräber gemeißelt wurden.

Anspruchsvoller ist die Via della Roma-
nella (Metallverarbeitungsweg; 2½ Std.),
die zur etruskischen Akropolis von Populonia führt. Ausgrabungen haben u. a. die
Fundamente eines etruskischen Tempels
aus dem 2. Jh. v. Chr. zutage gefördert. Wer
nicht hierher wandern möchte, kann auch
fahren und folgt in diesem Fall den Schildern nach Populonia. Das hübsche Dorf mit
nur drei Straßen befindet sich noch immer
im Besitz einer einzigen Familie. Die Siedlung wird durch eine Burg aus dem 15. Jh.
geschützt, von dessen Turm sich ein phan-
tastisches Panorama auf den Park und die
Küste eröffnet.

Sonnenhut, Sonnencreme und gute
Schuhe mitnehmen!

🛏️ Schlafen & Essen

Canessa   MEERESFRÜCHTE €€
(☑05 652 9530; www.canessacamere.it; Baratti;
DZ 70–100 €, Mahlzeiten 30 €; ☺ mittags & abends,
Sept.–Juni Mo geschl.) Was dieses moderne
Fischrestaurant so einzigartig macht, ist
der Wachturm aus dem 15. Jh., um den das
moderne Gebäude herumgebaut ist. Aus der
Küche kommt frisches Fischiges, und durch

die großen Fenster blicken die Gäste direkt aufs Meer. Wer sich ins urige Baratti verliebt (was nicht unwahrscheinlich ist): Das Canessa vermietet vier reizende Zimmer mit Meerblick und romantischen Terrassen, auf denen man dieses einzigartige Fleckchen Erde genießen kann.

ELBA & TOSKANISCHER ARCHIPEL

31 000 EW.

Einer Legende zufolge fielen der Göttin Venus sieben Edelsteine aus dem Diadem, als sie aus den Wellen stieg: Auf diese Weise entstanden die sieben Inseln vor der toskanischen Küste. Das kleinste dieser Inseljuwele ist das winzige unbewohnte Gorgona mit nur 2,23 km², das größte und vollste ist die Isola d'Elba mit 224 km² – weltbekannt als Verbannungsort Napoleons.

Nationalparks

Der **Parco Nazionale dell'Arcipelago Toscano** (www.islepark.it) Hier tummeln sich die mittelmeertypischen Fische, aber auch seltene Arten, wie das nur in diesem Archipel vorkommende Neptungras. Die Mönchsrobbe, die der Mensch schon lange von den anderen Inseln vertrieben hat, ist noch immer vor Montecristo anzutreffen. Vögeln dienen die Inseln auf ihren Zügen zwischen Europa und Afrika als wichtige Station. Das scheue Rothuhn hat auf Elba und Pianosa Zuflucht gefunden. Auf dem Archipel lebt über ein Drittel der gesamten Population der seltenen Korsischen Möwe, die auch das Wappentier des Parks ist.

Der Nationalpark betreibt Besucherzentren in Enfola, Marciana und Rio dell'Elba.

Elba

Napoleon würde es sich heute wahrscheinlich zweimal überlegen, von Elba zu fliehen. Denn es ist bei Weitem nicht mehr so einsam wie im Jahr 1814, als der Kaiser der Franzosen hier abgesetzt wurde (ihm gelang die Flucht bekanntlich nach einem knappen Jahr). Elba hat viel zu bieten: felsige, von Stränden gesäumte Buchten, Weinberge, tiefblaue Gewässer, tolle Panoramastraßen und phantastische Ausblicke. Über allem thront die höchste Erhebung der Insel, der **Monte Capanne** (1018 m). Dazu kommen noch eine wunderbare Fischküche, gute In-

selweine sowie zerklüftete Landschaften, die wie geschaffen sind zum Wandern, Radfahren und Seekajaken.

In der Hochsaison liegen die Badegäste an den Stränden wie die Sardinen nebeneinander, und auf den wenigen Straßen staut sich der Verkehr. Außerhalb der Saison ist Elba so etwas wie ein Robinson-Crusoe-Paradies. Im Frühjahr, Frühsommer und Herbst, wenn die Weintrauben und Oliven geerntet werden, gibt es auf der malerischen, 28 km langen und 19 km breiten Insel zahlreiche stille Eckchen.

Geschichte

Elba ist seit der Eisenzeit bewohnt, und der Abbau von Eisenerz und die Metallverarbeitung waren bis weit in die zweite Hälfte des 20. Jhs. die wichtigsten Erwerbsquellen der Insel. 1917 wurden etwa 840 000 t Eisen produziert. Im Zweiten Weltkrieg waren die Industrieanlagen Ziel der alliierten Bombenangriffe, und Anfang der 1980er-Jahre betrug das Produktionsvolumen nur noch 100 000 t. In Gesteinsmuseen können Besucher auch heute noch nach Herzenslust nach Eisen suchen.

Die Ilvaten, ein ligurischer Stamm, waren die ersten Bewohner der Insel, gefolgt von Etruskern und Griechen aus der Magna Graecia. Als Teil des römischen Herrschaftsgebiets währte auf der Insel einige Jahrhunderte lang Frieden; das änderte sich mit den Überfällen der Langobarden auf dem toskanischen Festland, wodurch Elba Zufluchtsstätte wurde und schließlich selbst in langobardischen Besitz kam. Im 11. Jh. stand die Insel unter der Herrschaft Pisas (und später Piombinos). Festungen wurden gebaut, um muslimische Plünderer und Piraten abzuwehren, die von Nordafrika aus operierten.

Im 16. Jh. riss sich Cosimo I. de' Medici einige Landstriche im Norden der Insel unter den Nagel. Er gründete u. a. die Hafenstadt Cosmopolis (Portoferraio).

Aktivitäten

Erste Anlaufstelle zwecks Infos über die zahlreichen **Wander- und Radwege** sowie andere Outdoor-Aktivitäten auf Elba ist die Touristeninformation in Portoferraio. Besonders empfehlenswert ist das Besucherzentrum in Enfola. Hier gibt's eine Karte mit Beschreibung des hübschen Rundwegs ums Kap, der direkt vor dem Büro am Wasser beginnt. Von Mai bis Oktober organisieren

ETRUSKISCHE RIVIERA & ELBA ELBA

0 5 km

Piombino

Piombino

Piombino

Piombino

Pianosa

Capraia

Montecristo (35 km)

Cavo

Rio Marina

Rio dell'Elba

Rio

Ortano

Cima del Monte (516 m)

Spiaggia dello Stagnone

Eremo di S Caterina

Nisportino

Nisporto

Bagnaia

Magazzini

Schiopparello

Ottone

Le Grotte

San Giovanni

Portoferraio

Spiaggia la Padulella

Spiaggia di Capo Bianco

Spiaggia di Sansone

Spiaggia di Sorgente

Capo d'Enfola

Enfola

Viticcio

Spiaggia di Scaglieri

La Biodola

Spiaggia di Spartaia

Procchio

San Martino

Via Colle Reciso

Lacona

Golfo della Lacona

Golfo di Campo

Porto Azzurro

Capoliveri

Spiaggia di Naregno

Monte Calamita (413 m)

Punta della Calamita

Spiaggia di Morcone

Spiaggia di Pareti

Spiaggia dell'Innamorata

Spiaggia di Zuccale

Spiaggia di Barbarca

Golfo della Biodola

Tyrrhenisches Meer

Spiaggia della Paolina

Marmi

La Pila

Aeroporto Isola d'Elba

Marina di Campo

Monte Perone (630 m)

SP37

Monte Maolo (749 m)

Sant'Ilario in Campo

San Piero in Campo

Cavoli

Le Piscine

Marciana Marina

Poggio

Marciana

Monte Capanne (1018 m)

Santuario della Madonna del Monte

Capo Sant' Andrea

Colle d'Orano

Chiessi

Pomonte

Fetovaia

Seccheto

Punta di Fetovia

Spiaggia delle Tombe

Tyrrhenisches Meer

die Mitarbeiter geführte Botanik- und Naturlehrwanderungen.

Angesichts des kristallklaren Wassers sind natürlich **Tauchen** und **Schnorcheln** die beliebtesten Urlauberaktivitäten zwischen Juni und September. Ansonsten sind die Insel und die umliegenden Gewässer sowie die versteckten winzigen Buchten per **Segelboot**, **Motorboot** oder **Kajak** zu erkunden.

Sea Kayak Italy KAJAKFAHREN
(☑348 2290711; www.seakayakitaly.com) Organisiert Kurse im Seekajakfahren, geführte Kajaktouren und – als Highlight – eine zweitägige Kajaktour ab Marciana Marina inklusive Angeln, Übernachtung im Zelt am Strand und Lagerfeuer-Abendessen mit frisch gefangenem Fisch (140 €, mind. 2 Pers.). Enthusiasten können die gesamte Insel innerhalb von sieben tollen Tagen (450 €) umrunden.

Il Viottolo TREKKING, RADFAHREN
(☑329 7367100; www.ilviottolo.com; Via Fucini 279, Marino di Campo) „Vertikales Trekking", Mondschein-Trekking, archäologische und mineralogische Wanderungen, Mountainbiken, Schnorcheln und Seekajaken – das alles zählt zu den zweistündigen bis ganztägigen Exkursionen, die der Abenteuerspezialist mit Sitz in Marino di Campo anbietet.

Enfola Diving Center TAUCHEN
(☑339 6791367; www.enfoladivingcenter.it; Enfola; ☻Juni–Sept.) Die Tauch- und Schnorchelschule am Strand von Enfola, 6 km westlich von Portoferraio, bietet Ausrüstung, Unterricht und Guides.

Diving in Elba TAUCHEN
(www.divinginelba.com) Das größte Tauchzentrum der Insel Ogle führt zu Schwärmen von Adlerrochen, Mondfischen und Barrakudas sowie zu Wracks römischer Frachtschiffe. Es hat 25 ausgewiesene Tauchstellen entlang der Nordküste von Elbat und Büros in Portoferraio, La Biodola und Procchio.

❶ An- & Weiterreise

Elba liegt eine Stunde Fährfahrt zwischen Piombino und Portoferraio (mind. stündl.; Fußgänger/Pkw & Fahrer 10/50 €) vom Festland entfernt; in der Hochsaison werden von Piombino aus außerdem die kleineren Häfen Cavo und Rio Marina angesteuert.

Der Flughafen von Elba, der **Aeroporto Isola d'Elba** (www.elbaisland-airport.it), liegt 2 km nördlich von Marina di Campo in La Pila.

❶ Unterwegs vor Ort

Am einfachsten lässt sich Elba per Auto erkunden, außer im August – dann steht man nur im Stau. Die schönsten Fahrstrecken bietet die Südwestküste der Insel; für die 35 km lange Route von Procchio nach Cavoli braucht man bei geringem Verkehrsaufkommen eine Stunde.

In Portoferraio vermietet **Twn Rent** (www.twn-rent.it; Viale Elba 32) Motorroller sowie Mountainbikes und andere Fahrräder. Eine Alternative sind die ATL-Busse, die am Busbahnhof schräg gegenüber dem Toremar-Schiffsanleger abfahren.

Portoferraio & Umgebung
11 600 EW.

Der kleine Hafen *(porto)* wurde Mitte des 16. Jhs. von Cosimo I. de' Medici übernommen und befestigt. Da von hier aus Eisen *(ferraio)* exportiert wurde, erklärt sich der Name von selbst.

Portoferraio kann recht voll sein, besonders im August, wenn von den Fähren aus Piombino etwa alle 20 Minuten Urlauber und Tagesgäste in den Ort strömen. Es ist einfach nett, durch die Altstadt mit ihren Sträßchen und Treppen zu bummeln, das kulinarische Angebot zu genießen und mit den Fischern am alten Hafen den Preis für Sardinen zu verhandeln.

◎ Sehenswertes & Aktivitäten

Altstadt HISTORISCHES VIERTEL
Vom Fähranleger ist es knapp 1 km Wegstrecke am Wasser entlang zur Altstadt. Hier führt ein Gewirr schmaler Straßen und Gassen vom alten Hafen hinauf zu den beiden Festungen der Stadt, dem **Forte Falcone** und dem lachsfarbenen **Forte Stella** (Via della Stella; Erw./erm. 2/1,50 €; ☻Ostern–Sept. 9–19 Uhr); Besucher können auf den Festungsmauern aus dem 16. Jh. entlanglaufen, begleitet von Massen kreischender Möwen.

Vom Hauptplatz Piazza Cavour geht es auf der Via Garibaldi bergan zum Fuß der Monumentaltreppe **Scalinata Medici**. Ihre 140 schiefen Steinstufen führen hoch zur schummrig beleuchteten **Chiesa della Misericordia** (Via della Misericordia) aus dem 17. Jh. Drinnen befindet sich Napoleons Totenmaske. Von der Kirche geht's weiter zu den Festungen und zur Residenz Napoleons.

Museo Archeologica della Linguella ARCHÄOLOGISCHE STÄTTE, MUSEUM
(Calata Buccari; Erw./erm. 3/2 €; ☻Sommer Fr–Mi 10–13 & 15.30–19.10 Uhr) Zu Beginn seines

kurzen Exils auf Elba wurde Napoleon 1814 im Torre del Martello, auch Torre della Linguella genannt, „eingesperrt". Der rotbraune, achteckige Turm diente bis 1877 als Gefängnis. Die Ausgrabungen vor dem Turm verweisen auf eine römische Villa aus der Zeit zwischen 1. und 5. Jh. n. Chr. Heute machen sie einen Teil des kleinen Museums aus.

Museo Nazionale della Residenza Napoleoniche MUSEUM, RESIDENZ
(Piazzale Napoleone; ☺ Mo & Mi–Sa 9–19, So bis 13 Uhr) Zwischen den beiden Festungen steht die Villa dei Mulini (auch bekannt als Palazzina dei Mulini). Sie war die Residenz Napoleons während seiner Verbannung auf der Insel und weist noch Mobiliar im Empire-Stil, eine prächtige Bibliothek und Gärten

im italienischen Stil voller Feigenbäume auf. Während seines kurzen Exils mangelte es dem Kaiser sicher nicht an Komfort – auf jeden Fall war das Leben hier luxuriöser als auf seinen Eroberungszügen, wenn er sich mit Feldbett und Reisetruhe begnügen musste.

Museo Villa Napoleonica di San Martino MUSEUM, RESIDENZ
(San Martino; Erw./erm. 3/1,50 €; ☺ Di–Sa 9–19, So bis 13 Uhr) Die Villa ist ein umgebautes Bauernhaus und liegt 5 km südwestlich der Stadt in den Bergen im Ort San Martino. Sie diente Napoleon als Zufluchtsort vor der Hitze der Stadt (man beachte die napoleonischen Steinadler). In den 1850er-Jahren ließ ein russischer Adliger am Fuße des Hauses die ziemlich raumgreifende Galerie bauen,

KAISER NAPOLEON

Am 3. Mai 1814 ankerte exakt um 18 Uhr die englische Fregatte *Undaunted* im Hafen von Portoferraio auf der Insel Elba. Sie führte eine ungewöhnliche Fracht mit sich: Gemäß dem Vertrag von Fontainebleau wurde Napoleon, Kaiser der Franzosen, in dieses scheinbar sichere „Gefängnis", etwa 15 km vor der toskanischen Küste, verbannt. Österreich, Preußen, Russland und Großbritannien hatten beschlossen, Napoleon an diesen Ort zu verbringen.

Anfänglich war Malta im Gespräch gewesen und Großbritannien hatte das abgelegene Inselchen St. Helena im Südatlantik angeboten. Objektiv gesehen hätte es für Napoleon also sehr viel schlimmer kommen können. Aber für jemanden, der vom benachbarten Korsika stammte, musste Elba wie eine bittere Ironie des Schicksals erscheinen. Dem Herrscher, der ganz Europa durchquert und Ägypten erobert hatte, wurde diese kleine Insel als persönliches Lehen überlassen, das ihm bis zum Ende seiner Tage gehören sollte.

Nach Napoleons Aufenthalt war in Elba nichts mehr wie vorher. Der stets hyperaktive Kaiser stürzte sich in seinem neuen, zugegeben bescheidenen Herrschaftsbereich in einen beispiellosen Aktionismus. Er ordnete jede Menge öffentliche Arbeiten an und steigerte die Effizienz der Eisenerzgruben. (Nebenbei bemerkt: Die Gewinne flossen nun in Napoleons Taschen.) Außerdem setzte er sich für eine ertragreichere Landwirtschaft, für Straßenbauprogramme, die Trockenlegung der Sümpfe und eine Neugestaltung des Rechts- und Bildungssystems ein.

Einige Wochen nach seiner Ankunft trafen auch Mutter Letizia und Schwester Paolina ein. Von seiner Frau Marie Louise blieb er getrennt; lediglich seine Geliebte, Maria Walewska, besuchte ihn für zwei (sicher sehr aktive) Tage.

Napoleon entschloss sich dann, ein neues Spielchen zu wagen. Seit Monaten hatte er schon Schiffe unter der Flagge seines kleinen Reiches Elba auf „Routinemissionen" ins Mittelmeer geschickt. Als eines der Schiffe, die *Incostante*, am Morgen des 26. Februar 1815 die Segel setzte, kam niemand auf die Idee, dass sich der Eroberer Europas höchstpersönlich an Bord versteckt hatte. Sir Neil Campbell, Napoleons englischer Bewacher, war am Tag zuvor nach Livorno zurückgekehrt, voll und ganz darauf vertrauend, dass Napoleon in die Angelegenheiten der Insel vertieft wäre.

Napoleon schaffte es bis zurück nach Frankreich, übernahm wieder die Macht und begann seine „Herrschaft der Hundert Tage", die schließlich mit seiner Niederlage in der Schlacht bei Waterloo ein Ende fand. Er wurde dann tatsächlich nach St. Helena verbannt; dort starb er 1821 – möglicherweise an einer Arsenvergiftung oder an einem fortgeschrittenen Magentumor, genau weiß das niemand.

RADFAHREN & WANDERN AUF ELBA

Elba ist von einem verwirrenden Netz aus Wanderwegen und Mountainbikerouten durchzogen. Viele beginnen in Portoferraio. Einige der besten Touren starten weiter entfernt.

Von Colle Reciso nach San Martino und zurück Eine mittelschwere, hin und zurück 15 km lange Mountainbikestrecke, die auf eine Höhe von 280 m führt. Wer möchte, kann hinter San Martino weiterfahren und kommt schließlich hinab nach Marmi. Von dort geht es auf der Hauptstraße zurück nach Portoferraio; diese Strecke ist nicht sehr angenehm zu fahren und in der Hochsaison auch nicht besonders sicher.

Von Marciana nach Chiessi Eine 12 km lange, etwa sechsstündige Wanderung, die hoch oben in Marciana beginnt und an alten Kirchen und Granitblöcken vorbei hinunter nach Chiessi an der Küste führt. Unterwegs eröffnen sich schöne Ausblicke aufs Meer.

Einmal quer durch Elba Eine drei- bis viertägige, 60 km lange Durchquerung der Insel von Ost nach West, die u. a. zum Monte Capanne führt, dem mit 1018 m höchsten Punkt auf Elba. Übernachtet wird unten an der Küste (wildes Zelten ist nicht erlaubt). Höhepunkt der Wanderung ist die letzte, 19 km lange Etappe von Poggio nach Pomonte, vorbei am Santuario della Madonna del Monte und der Felsformation Masso dell'Aquila.

in der heute Wechselausstellungen zu Napoleon zu sehen sind. Von der Dachterrasse bieten sich schöne Ausblicke.

🛌 Schlafen

Im August werden Zimmer gewöhnlich nur mit Halbpension vermietet. Viele Hotels sind sowieso nur von April bis Oktober geöffnet. Die besten Unterkünfte liegen ein kleines Stück vom Zentrum entfernt.

Villa Ombrosa   HOTEL €

(☎05 6591 4363; www.villaombrosa.it; Via Alcide de Gasperi 3; DZ ab 95 €; P🅿🛜) Eines der wenigen Hotels von Portoferraio und das ganze Jahr über geöffnet. Das Dreisterne-Hotel Ombrosa hat Aussicht aufs Meer und das Inselchen Lo Scoglietto. Es ist in einem bunten Stilmix eingerichtet. Im Sommer sind ein Liegestuhl plus Sonnenschirm auf einem Abschnitt des Spiaggia delle Ghiaie (Ghiaie-Strand) auf der anderen Straßenseite im Preis enthalten. Die Zimmer mit Meerblick besitzen Minibalkone. Behindertenfreundlich.

Rosselba Le Palme   CAMPINGPLATZ €

(☎05 6593 3101; www.rosselbalepalme.it; Ottone; Erw./Zelt/Auto 12/14,50/5,40 €; 🕐Mitte April–Sept.; P🛜🏊) Nur wenige Campingplätze sind so schattig und groß wie dieser. Er liegt um einen botanischen Garten herum vor mediterranem Wald. Zum Strand führt ein 400 m langer Fußweg zwischen Bäumen. Das Unterbringungsangebot reicht von schlichten Zeltstellplätzen bis

zu hübschen Holzhütten, „Glamping"-Zelten mit fließend Wasser und freistehenden Badewannen sowie Apartments in einer typischen Toskanavilla. Der Platz befindet sich 9 km östlich von Portoferraio nahe Ottone.

Hotel e Ristorante Mare   HOTEL €€

(☎05 6593 3069; www.hotelmare.org; Magazzini; DZ 122–178 €, HP 53–107 € p. P.; 🕐Sommer; @🏊) Das moderne Hotel Mare verströmt in puncto Architektur und Einrichtung ein deutlich maritimes Flair – und das passt angesichts der Lage an einer malerischen kleinen Bucht gegenüber von Portoferraio (mit dem Auto 9 km von der Innenstadt) natürlich bestens. Ebenso sind auch die Ausblicke von der Dachterrasse, vom Pool und vom Restaurant am Wasser phänomenal. Mindestaufenthalt drei Nächte.

Villa Ottone   LUXUSHOTEL €€€

(☎05 6593 3042; www.villaottone.com; Ottone 4; EZ/DZ 109/309 €, DZ Villa ab 309 €, Dinner 30 €; 🕐Sommer; P✳@🛜🏊) Nobler geht's auf Elba nicht. Das Nonplusultra an Eleganz und Luxus ist diese Aristokratenvilla aus dem 19. Jh. mit Meerblick, 1 km östlich von Magazzini gelegen. Hier residierten bis in die 1920er-Jahre toskanische Grafen. Angesichts von Privatstrand, Spa, Poolbar, üppiger Parkanlage, Restaurants usw., bleiben keine Gästewünsche offen. In einem modernen Block hinter der Villa gibt es auch billigere Zimmer. Ausschließlich Halbpension.

DIE BESTEN STRÄNDE

Es lohnt sich, über die *spiagge* (Strände) von Elba informiert zu sein, denn an der 147 km langen Küste gibt es alle Arten von Strand: schattig, sonnig, mit Sand, Kiesel und Fels. Sandstrände säumen die Südküste und den Golfo della Biodola auf der gegenüberliegenden Seite des Capo d'Enfola bis Portoferraio; **La Biodola** ist der Portoferraio am nächsten gelegene Sandstrand. Die ruhigsten und hübschesten Strände finden sich in winzigen Buchten und sind oft nur per steiler Kletterpartie zu erreichen. Parkplätze gibt's gewöhnlich in begrenztem Umfang an der Straße.

Enfola

Der winzige Fischerhafen nur 6 km westlich von Portoferraio lockt die Massen nicht wegen seines grauen Kieselstrands an. Interessant sind eher die vielen Aktivitäten und Möglichkeiten: Hier gibt's Tretboote zu mieten, eine Tauchschule am Strand und einen familienfreundlichen, 2,5 km langen **Rundwanderweg** um das grüne Kap. Das **Besucherzentrum des Parco Nazionale dell'Arcipelago Toscano** (☑ 05 6591 9411; www.islepark.it; Enfola) befindet sich ebenfalls hier.

Sansone & Sorgente

Die beiden von Klippen eingezwängten Kiesel- bzw. Kiesstrände zeichnen sich durch ihr kristallklares türkisfarbenes Wasser aus – toll zum **Schnorcheln**. Anfahrt mit dem Auto von Portoferraio über die SP27 Richtung Enfola. Es ist aber nicht leicht, einen Parkplatz zu finden.

Morcone, Pareti & Innamorata

Die drei reizenden Sand- und Kieselbuchten, umgeben von duftenden Kiefern und Eukalyptusbäumen, liegen rund 3 km südlich von Capoliveri im südöstlichen Teil der Insel. Am Strand von Innamorata, dem wildesten der drei Strände, kann man Kajaks mieten und aufs Meer hinauspaddeln. In Pareti befindet sich das **Hotel Stella Maris** (☑ 05 6596 8425; www.albergostellamaris.com; Pareti; HP DZ 70–110 € p. P.; P ❋), eines der wenigen am Strand gelegenen 3-Sterne-Hotels der Insel. Hier lässt es sich gut essen und übernachten.

Colle d'Orano & Fetovaia

Das wirkliche Highlight der beiden wunderschönen goldenen Sandstrände an der Westküste Elbas ist die spektakuläre Straße, die sie miteinander verbindet! Die Strecke gehört zu der tollen Küstenstraße im Südwesten der Insel (SP25). Man erzählt sich, dass Napoleon oft nach Colle d'Orano kam, um von seiner Heimat Korsika zu träumen, die jenseits des Meeres zu sehen ist. Der Sandstrand von Fetovaia wird von einer mit himmlisch duftender *macchia* überzogenen Landspitze geschützt; auf den nahen Granitfelsen, bekannt als **Le Piscine**, sonnen sich gern FKKler.

 **Essen**

⭐ **Il Castagnacciao** PIZZERIA €

(Via del Mercato Vecchio 5; Pizza 4,50–7 €; ⊙Do-Di 9–14.30 & 16.30–23 Uhr) Das berühmte Lokal mit Sitzbänken und Holztischen, versteckt in einer Gasse nahe der Piazza Cavour, ist ein Pizzaparadies der schlichten Art. Die dünnkrustigen rechteckigen Pizzas werden im Holzofen zubereitet; im selben Ofen wird auch der *castagnaccio* (Kastanienkuchen) gebacken, für den man sich auf jeden Fall noch Platz im Magen lassen sollte. Wer es den Einheimischen gleichtun möchte, bestellt als Vorspeise einen Teller mit köstlicher *torta di ceci* (Kichererbsen-„Pizza").

Caffescondido TRATTORIA €€

(Via del Carmine 65; Mahlzeiten 25 €; ⊙Mo-Sa mittags & abends) Die Slow-Food-Trattoria, nur ein paar Schritte von der hübschen Piazza Gramsci, eignet sich prima, um der Menschenmenge am Strand zu entfliehen. Die Auswahl beschränkt sich auf eine Handvoll *primi* (Vorspeisen) und *secondi* (Hauptspeisen), die mit Kreide auf dem schwarzen Brett angeschrieben stehen. Darunter fallen meist Klassiker der Region wie *baccacà alla marinese* (Kabeljau mit

Kartoffeln) oder *polpo brisco* (Tintenfisch). Keine Kreditkarten.

Osteria Libertaria   TOSKANISCH €€
(📧05 6591 4978; Calata Giacomo Matteotti 12; Mahlzeiten 30 €; ⊙Sommer mittags & abends) In der Osteria am Wasser, gegenüber von den Fischerbooten, wird köstliches Essen mit Schwerpunkt auf Fisch gezaubert. Die schlichten Gerichte wie gebratene Calamari oder *tonno in crosta di pistacchi* (Thunfischfilet in Pistazienkruste) sind frischer als frisch und ausnahmslos perfekt zubereitet. Draußen stehen Tische: zwei an der lauten Straße, weitere auf einer Terrasse in der Nebengasse. Kein Kaffee.

Stella Marina   MEERESFRÜCHTE €€€
(📧05 6591 5983; www.ristorantestellamarina. com; Viale Vittorio Emanuele II, Banchina Alto Fondale; Mahlzeiten 45 €; ⊙Di–So mittags & abends)

Portoferraios erlesenstes Esslokal hat sich als Domizil ausgerechnet ein unscheinbares Gebäude auf einem Parkplatz ausgesucht. Direkt vor dem Haus legen die Fähren an, damit ist für Zeitvertreib auf der Terrasse garantiert. Aber kaum hat man den Fuß über die Schwelle gesetzt, gibt's nur noch weiße Tischdecken, fachmännischen Service und hochkarätigen, unglaublich einfallsreich zubereiteten Fisch und Meeresfrüchte. Das Wildreisrisotto mit *seppia all' elbana* (Pilze) ist schlichtweg göttlich. Reservierung unumgänglich.

🛈 Praktische Informationen

Touristeninformation (📧05 6591 4671; www. isoleditoscana.it; Viale Elba 4; ⊙Mo–Sa 9–19, Sommer So 10–13 & 15–18, Mo–Do 9–17, Winter Fr bis 13 Uhr) Die hilfsbereiten Mitarbeiter verfügen über besonders reichhaltiges Informationsmaterial zu Wander- und Radwegen auf

---

ABSEITS DER ÜBLICHEN PFADE

SCHLAFEN & SCHLEMMEN

Auf einer Insel, wo es erstklassige Weine und Olivenöle im Überfluss gibt, bieten sich Anwesen, auf denen diese produziert werden, als Unterkünfte für Feinschmecker und Freunde lokaler Küche geradezu an.

⭐**Tenuta La Chiusa** (📧05 6593 3046; www.tenutalachiusa.it; Magazzini 93; DZ 65–120 €, bis zu 5 Pers. 110–185 €, DZ pro Woche 450–850 €, bis zu 5 Pers. pro Woche 750–1300 €; 🅿) 8 km östlich von Portoferraio, erreichbar über die SP26 und SP28, befindet sich das älteste Weingut Elbas. Hier verbrachte Napoleon nach seiner Ankunft auf Elba 1814 eine Nacht, bevor er sich am nächsten Morgen nach Portoferraio begab. Die von einer Mauer umgebene Winzerei ist ein echtes Kleinod. Zu dem Anwesen gehören ein Bauernhaus aus dem 17. Jh., eine Villa aus dem 18. Jh., fast 8 ha sich zum Meer hinunterziehende Weinanbaufläche, Olivenhaine, Palmen und 10 Apartments – einige davon am Strand in ehemaligen Landarbeiterhäuschen. Die Selbstversorgerunterkunft (Sept.–Juli Mindestaufenthalt zwei Nächte, Aug. mind. fünf Nächte) besitzt schlichten Charme, und die Gäste können an der Rezeption Olivenöl und Wein kaufen. Wer sich nicht selbst versorgen möchte: Das am Wasser gelegene Hotel e Ristorante Mare liegt nur zwei Minuten zu Fuß an der wunderbaren kieseligen Küste entlang in der winzigen Bucht von Magazzini. Im Weinkeller des Gutes finden Verkostungen statt.

⭐**Agriturismo Due Palme** (📧388 7433736, 05 6593 3017; www.agriturismoelba.it; Via Schiopparello 28, Schiopparello; Hütte für 4 Pers. 55–130 €) An der Straße nach Schiopparello ist ebenfalls eine Selbstversorgeroption auf einer Olivenplantage. Bei der 6 ha großen Plantage mit 1200 Olivenbäumen handelt es sich um die einzige Plantage auf Elba, die Olivenöl mit IGP-Siegel (Indicazione Geografica del prodotto) hervorbringt. Auch hier können die Gäste das seidige, frische grüne Öl probieren und kaufen (16 € pro Liter). Die rustikale Unterbringung erfolgt in fünf Arbeiterhütten, die zwischen Bäumen verborgen in einem liebevoll angelegten Blumengarten stehen. Hier hält sich das ganze Jahr über der Frühlingsduft von Orangenblüten. Gartenstühle im Schatten von Bäumen, ein Grillplatz und ein grasbewachsener Weg zwischen jahrhundertealten Olivenbäumen unterstreichen den Reiz des Familienanwesens. Es wurde von Fabrizios Großvater gegründet und wird inzwischen hingebungsvoll vom eleganten Fabrizio geleitet. Es gibt auch zwei Bungalows direkt am Meer mit märchenhafter Aussicht zu mieten.

FISCH, FISCH, FISCH

Mit den Einheimischen zusammen auf das Einlaufen der Fischerboote zu warten, gehört zum Leben in Portoferraio. Ab etwa 9.30 Uhr kommen am Kai die Menschen zusammen, um ihre zerknitterten Banknoten gegen frischen Fisch zu tauschen, und wenn die ersten Boote um 10 Uhr anlegen, sind die Schlangen schon recht lang.

Die größeren Fischerboote mit rund 10 Mann Besatzung legen auf halber Strecke zwischen dem Fähranleger und dem alten Hafen an der **Banchina d'Alto Fondale** (dem Kai auf der anderen Seite der verkehrsreichen Straße bei der Piazza del Popolo) an. Manchmal wird ein riesiger Thunfisch angelandet, was dann zahlreiche Schaulustige sowie die Fischereibehörde und andere Leute auf den Plan ruft; doch in der Regel werden hier kistenweise Sardinen, Makrelen und Anchovis abgeladen und von der Crew direkt vom Boot aus verkauft (eine Plastiktüte voll Fisch für 5 €).

Kleinere Boote mit einem oder zwei Fischern an Bord legen jeden Morgen ab 8 Uhr an der **Calata Giacomo Matteotti** im alten Hafen an. Hier gibt's die echten Schätze – Tintenfisch, Hummer, Aal und an guten Tagen Schwertfisch.

Wer nicht um den Preis des Fisches feilschen möchte, geht zur Fischhandlung am Hafen, der **Pescheria del Porto** (Calata Matteotti 10; ⊙ Mo–Sa 8–12.30 Uhr).

der Insel. Das Büro befindet sich in der Nähe des Fähranlegers, um die Ecke von der am Wasser gelegenen Calata Italia 33.

❶ An- & Weiterreise

Ganzjährig verkehren regelmäßig mindestens stündlich Auto- und Passagierfähren von der Stazione Marittima (Fährhafen) in Piombino nach Portoferraio. Es ist nicht erforderlich, eine Fahrkarte im Voraus (z. B. online) zu kaufen – außer an einem Sommerwochenende oder im August. Tickets gibt's an den Schaltern am Hafen. Die Fahrpreise (rund 10/50 € einfach pro Pers./Auto und Fahrer) variieren je nach Jahreszeit. Die Überfahrt dauert eine Stunde. Fährgesellschaften sind z. B. **Blunavy** (www.blunavytraghetti.com), **Moby** (www.mobylines.com) und **Toremar** (www.toremar.it).

Procchio

Der kleine lebendige Badeort, 10 km westlich von Portoferraio, wartet mit einem der längsten Sandstrände Elbas auf sowie mit dem besten *gelato* und der besten sizilianischen *granita* im Eiscafé **Scalo 70** (Via del Mare 10; Waffeln 2,20–4,50 €). Lecker sind auch das Reiseis sowie die Sorten Nuss, Feige und Karamell. Hier kann man ein Rad mieten und die Insel erkunden: **Rent Procchio** (☎ 335 7567764; www.rentprocchio.it; Mountainbikes 10 € pro Tag) hat einen Stand an der Hauptstraße mit Rädern und Routeninfos. Westlich von Procchio schmiegt sich die Straße oberhalb der Strände **Spiaggia di Spartaia** und **Spiaggia della Paolina** an die Klippen. Zu diesen zwei schönen kleinen Stränden muss man hinunterkraxeln.

Relais Baia Bianca APARTMENT €€
(☎ 0565 209 69 916; www.baiabiancarelais.com; La Biodola 16; DZ 110–240 €; ⊙ April–Sept.) Das Einzige, was die blendend weißen Design-Apartments vom Sand trennt, ist ein bilderbuchmäßig manikürter Garten mit knallgrünem Rasen und Plankenwegen. Es handelt sich um eine der zurzeit angesagtesten Adressen, und jedes Selbstversorgerapartment besitzt seine eigene (schneeweiße) Sonnenveranda am Wasser. Das Baia Blanca liegt am goldenen Sandstrand La Biodola, nordöstlich von Procchio.

Im Juni, Juli und September gilt ein Mindestaufenthalt von sieben Nächten, im August sind es 14.

Hotel Hermitage LUXUSHOTEL €€€
(☎ 0565 9740; www.hotelhermitage.it; La Biodola; HP 130–235 € p. P.; ⊙ Sommer; P ❄ @ 🛜 🏊) Wenn James Bond im Smoking mit dem Fallschirm über Elba abspringen müsste, würde er sicher auf den Tennisplätzen des Hermitage landen. Dies ist ein wunderbarer Rückzugsort mit Infinity Pool, Meerblick, Golfplatz, Schönheitszentrum und so gut wie jedem nur erdenklichen Verwöhnangebot. Das Hotel liegt im Dörfchen La Biodola, nordöstlich von Procchio.

Marciana

2190 EW.

Marciana Marina, 18 km westlich von Portoferraio, ist nicht irgendein Yachthafen, sondern eine geschichtsträchtige Marina mit viel Atmosphäre und netten

Kieselstränden. Von hier erreicht man über eine kurvenreiche Straße nach 9 km das landeinwärts gelegene **Marciana**, das älteste und auf 375 m höchstgelegene Dorf der Insel. Es ist von einer ziemlich heruntergekommenen Festung (geschlossen) gekrönt.

Eine wahre Freude ist ein Bummel durch die steinernen Straßen, unter Bögen hindurch, vorbei an Blumenkästen und Minibalkonen und hinauf auf Anhöhen, von wo aus sich weite Ausblicke auf die Küste eröffnen. Highlight ist eine Halbtageswanderung vom Dorf zur wichtigsten Wallfahrtsstätte der Insel, Madonna del Monte.

⊙ Sehenswertes & Aktivitäten

Santuario della Madonna del Monte   KAPELLE
Vom Parkplatz am Dorfausgang von Marciana geht's zu Fuß auf der Via delle Fonti und ihrer Verlängerung, der Via delle Coste und Via dei Monti, hinaus aus dem Dorf zu der mehrfach umgebauten Kirche aus dem 11. Jh. Ihr Schatz ist ein Stein, auf den eine göttliche Hand ein Bildnis der Jungfrau Maria gezeichnet haben soll, welches wiederum wundertätige Kräfte besitzt. Draußen erinnert eine Gedenktafel an die Besuche, die Napoleon der Kirche 1814 zu Pferd abstattete.

Der 40-minütige **Weg**, ein alter Eselspfad mit wildem Salbei und Thymian am Rand, verläuft bergan durch duftende Schirmkiefern- und Kastanienwäldchen. Je höher man kommt, desto wunderbarer eröffnet sich das Küstenpanorama. Unterwegs markieren 14 Kreuzwegstationen den Aufstieg (627 m). Oben angekommen, kann man – wie es wohl auch Napoleon gemacht hat – aus dem steinernen Brunnen von 1695 gegenüber dem Kircheneingang trinken. Dann geht's auf einem kleinen Pfad noch fünf Minuten weiter zu einem Punkt mit toller Aussicht auf Korsika.

★**Cabinovia Monte Capanne**   SEILBAHN
(Seilbahn; ☎05 6590 1020; einfach/hin und zurück 12/18 €; ☉Sommer 10–13 & 14.20–17 Uhr) Wer nur Zeit für einen einzigen Ausflug von Portoferraio aus hat, sollte diesen wählen. An der Straße nach Poggio befördert die Cabinovia Monte Capanne etwa 750 m südlich von Marciana Wanderer in offenen Gitterkabinen zum Gipfel der höchsten Erhebung auf Elba, des **Monte Capanne** (1019 m).

ETRUSKISCHE RIVIERA & ELBA ELBA

MARCIANA MARINA: EINE TRADITIONELLE PASSEGGIATA

Die schönste Zeit des Tages im entspannten Marciana Marina ist um den späten Nachmittag, frühen Abend herum: Dann scheint sich die gesamte Ortsbevölkerung zum Wasser zu begeben, um die ach so toskanische *passeggiata* (Abendspaziergang) zu zelebrieren.

Los geht's an der **Piazza della Vittoria** am östlichen Ende der Uferpromenade mit ihrer riesigen Palme und den Restaurantterrassen; wer etwas auf sich hält, trifft sich zum Aperitif auf der nicht mehr ganz taufrischen Terrasse der **Enoteca Coltelli** (Piazza della Vittoria 11). Um die Ecke liegt das **Lasvolta** (Via Cairoli 6), heißgeliebt wegen seiner *granita* (Gefrorenes mit Kaffee oder frischem Obst) und seines gelato: roter Apfel und Zimt, Orange und schwarzer Pfeffer, Kaffee und Vanille usw.

Dann geht's ein paar Minuten Richtung Westen am Wasser entlang auf dem Viale Margherita und auf einen Abstecher eine Querstraße landeinwärts zum alten Hauptplatz von Marciana Marina, der **Piazza Vittorio Emanuele**. Mit ihrer hübschen pfirsichfarbenen Kirche und dem Kopfsteinpflasterteppich ist dies ganz klar die schönste Piazza auf Elba.

Zurück am Wasser führt der Weg weiter nach Westen vorbei an stilvollen Lädchen, wo u. a. tolle Mode verkauft wird. Bei Sonnenuntergang ist man dann an der **Spiaggia di Capo Nord** angekommen, einem hübschen Strand mit großen, rundgewaschenen Kieselsteinen vor der Kulisse eines Sarazenenturms aus dem 12. Jh.

Zum perfekten Abschluss der *passeggiata* bietet sich ein Besuch im ★**Ristorante Capo Nord** (☎05 6599 6983; Mahlzeiten 50 €; ☉Di–So mittags & abends) an, einem unglaublich romantischen Seafood-Restaurant mit einer traumhaften Terrasse am Spiaggia di Capo Nord. Zusammen mit Tintenfischrisotto oder Schwertfisch lässt sich dort die Aussicht aufs Meer genießen.

Die Fahrt dauert 20 Minuten. Oben kann man um den felsigen Gipfel herum kraxeln und den Rundblick über ganz Elba, die Inseln des Toskanischen Archipels, die Etruskische Riviera und das 50 km entfernte Korsika genießen. Der Duft nach *macchia* ist paradiesisch. Gut trainierte Wanderer können auch eine einfache Fahrkarte kaufen und den Abstieg zu Fuß machen: 1½ Stunden auf einem steinigen, gut markierten Pfad.

🛏 Schlafen & Essen

⭐ Osteria del Noce   FISCH €€
(☑ 05 6590 1285; Via della Madonna 27; Mahlzeiten 25 €; ☺ mittags & abends) Das von einer Familie geleitete Bistro oben in Marciana ist eins von jenen Esslokalen, wo das Brot selbst gebacken und mit Fenchel, Walnussmehl und anderen Zutaten der Saison zubereitet wird. Eine phantastische Vorspeise zu jedem Hauptgericht stellt *miso mare del Noce* (gemischte Fischplatte) dar. Von der gemütlichen, teilweise offenen Terrasse bietet sich ein weiter Ausblick auf die Küste.

Unbedingt probieren: Spaghetti mit Granseolo Elbano (großer, für Elba typischer Krebs).

ℹ Praktische Informationen

Casa del Parco di Marciana (☑ 348 7039374, 05 6590 1030; ☺ Mo 10–13, Di 9–13, Mi & Do 9–13 & 17.30–19.30, Sa 10–13 & 15–19 Uhr, Nebensaison kürzer, Nov.–März geschl.) Das Besucherzentrum des Nationalparks mit vielen Infos zu Wanderungen und anderen Outdoor-Aktivitäten befindet sich unterhalb der Fortezza Pisana.

Poggio

Von Marciana Marina geht es vier kurvenreiche Kilometer hinauf in die Berge zum hübschen Dorf Poggio an der SP25. Poggio, für sein Quellwasser berühmt, ist ein reizendes Örtchen mit steilen Kopfsteinpflastergassen und atemberaubenden Ausblicken auf die Küste.

🔵 Sehenswertes & Aktivitäten

Monte Perone   BERG
Wer Poggio über die SP37 verlässt, kann sein Auto am Picknickplatz am Fuße des Monte Perone (630 m) parken – der ist nicht zu verfehlen. Links (Richtung Osten) geht's den Berg hinauf, von wo sich Ausblicke

über fast die gesamte Insel eröffnen. Rechts (Richtung Westen) erreicht man schnell eine Höhe, von der aus Poggio, Marciana und Marciana Marina zu sehen sind.

Monte Maolo   BERG
Vom Monte Perone geht es weiter zum Monte Maolo (749 m). Dahinter fällt Straße zur Südseite der Insel ab, vorbei an den Granitmauern der romanischen **Chiesa di San Giovanni** und der Ruine des **Torre di San Giovanni**. Unterwegs kann man sich in den beiden unscheinbaren Dörfchen Sant'Ilario in Campo und San Piero in Campo die Beine vertreten.

 Essen

Publius   MEERESFRÜCHTE €€
(☑ 05 659 9208; Mahlzeiten 35 €; ☺ Sommer Di–So mittags & abends) Ein weiteres Lieblingslokal der Insulaner ist das formelle Restaurant mit weißen Tischdecken am tiefer gelegenen Ende des Dorfs Poggio. Hier gibt es feine, klassisch toskanische Küche mit viel Fisch. Von den Panoramafenstern geht der Blick hinaus aufs weite blaue Meer.

Marina di Campo

Der Fischer- und Ferienort auf der Südseite der Insel gehört zur Kommune Campo nell'Elba. Er liegt an einer malerischen Bucht und ist ziemlich touristisch. Der kleine Fischereihafen sorgt für etwas Flair, und der weiße Sandstrand zieht die Feriengäste zu Tausenden an. Die Buchten weiter westlich sind ruhiger, wenn auch weniger schön.

Nordöstlich der Stadt, ausgeschildert an der SP30 Richtung Lacona, schwimmen und krabbeln mehr als 150 Arten von Mittelmeerbewohnern im **Acquario dell'Elba** (www.acquarioelba.com; Marino di Campo; Erw./Kind 7/3 €; ☺ Sommer 9–23 Uhr, Nov.–Mitte März geschl.). An grauen oder Regentagen wird das kleine Aquarium gern von Familien besucht.

Nur 6 km westlich von Marina di Campo eignet sich der Kiesel- und Sandstrand von **Cavoli** mit Strandcafé, Sonnenliegen, Tretbooten und Kinderspielplatz ebenfalls gut für Familien.

🛏 Schlafen & Essen

Wer sich unter die hiesigen Fischer mischen möchte, bestellt einen Cappuccino oder etwas Härteres bei **Da Mario**, einer Institution seit 1952. Das Lokal liegt gegenüber den im Hafen dümpelnden Fischerbooten.

Hotel Montecristo   HOTEL €€
(☎ 05 6597 6861; www.hotelmontecristo.it; Viale Nomelini; DZ 40–90 € p. P.; Ⓟ❤) Die günstigeren Zimmer sind ein bisschen spärlich eingerichtet; ansonsten ist dies ein angenehmes Strandhotel mit Blumenbalkonen sowie Bar und Pool mit Meerblick. Die großen sonnigen Zimmer haben helle Möbel im skandinavischen Stil und große Doppelbetten. Es gibt ein Fitnesszentrum, eine Sauna und kostenlos zu nutzende Fahrräder.

Il Cantuccio   PIZZERIA €
(☎ 05 6597 6775; www.ristoranteilcantuccio.eu; Largo Garibaldi 6; Pizza 6–9 €, Mahlzeiten 25 €; ⊙ mittags & abends) Am besten ignoriert man die mit Speisekarten wedelnden Kellner der Restaurants am Wasser und begibt sich in diese in einer Nebenstraße gelegenen Trattoria, zu erkennen an der minzgrünen Fassade. Das seit 1930 existierende unscheinbare Lokal bietet ein exzellentes Preis-Leistungs-Verhältnis – daher die vielen Einheimischen, die sich hier toskanische Klassiker, hausgemachte Pasta, Holzofenpizza usw. schmecken lassen.

Capoliveri & Porto Azzurro

Nach einer längeren Fahrt von Marina di Campo entlang der Südküste Richtung Osten geht es einen steilen Bergrücken hinauf zum Bergdorf **Capoliveri** (3840 Ew.). Seine steilen, engen Gassen und aneinander geschmiegten Häuser sind hübsch und der Panoramablick über die Dächer und das Meer, der sich von den alten Steinstufen der **Piazza Matteotti** eröffnet, wirklich bezaubernd.

Richtung Nordosten führt die Straße hinunter nach **Porto Azzurro** (3530 Ew.). Über dem Dorf am Meer thront eine von Philipp III. von Spanien 1603 erbaute Festung (heute ein Gefängnis). In dem Labyrinth aus blumengeschmückten Fußgängerstraßen tummeln sich Restaurant- und Caféterrassen, und in Fahrradnähe locken schöne Strände. Hier kann man außerdem in zwangloser Atmosphäre Weine probieren.

✖ Essen & Ausgehen

Il Chiasso   MEERESFRÜCHTE €€€
(☎ 05 6596 8709; Via Cavour 32, Capoliveri; Mahlzeiten 45 €; ⊙ Ostern–Okt. abends) Das versteckt an einer Gasse (chiasso) gelegene Il Chiasso bietet klassische Fischgerichte und eine exzellente Weinkarte. Wer sich Capoliveri sozusagen auf der Zunge zergehen lassen möchte, bestellt die Fischsuppe di Luciano (25 €), die Küchenchef Luciano seit ewigen Zeiten aus viel frischem Fisch zaubert. Reservierung empfehlenswert.

La Taverna dei Poeti   TOSKANISCH €€
(☎ 05 6596 8306; www.latavernadeipoeti.com; Via Roma 14, Capoliveri; Mahlzeiten 35 €; ⊙ abends, im Winter Mo geschl.) In dem bei den Einheimischen sehr beliebten traditionellen Lokal kombiniert Chefkoch Maximus die allerbesten Produkte der Toskana mit einer ordentlichen Dosis Schlichtheit. Die Speisekarte unterteilt sich in „mare" (Meer) und „terre" (wörtlich: Erde, gemeint ist Fleisch). Außerdem gibt es ein Probiermenü für 50 €; jeden der vier Gänge begleitet ein anderer Wein.

La Botte Gaia   OSTERIA €€
(☎ 05 659 5607; www.labottegaia.com; Viale Europa 5-7, Porto Azzurro; Mahlzeiten 35 €; ⊙ abends, im Winter Mo geschl.) Das La Botte Gaia ist zu Recht im Slow-Food-Führer gelistet. Es ist das Top-Restaurant in Porto Azzurro, mit hausgemachter Pasta, frisch gefangenem Fisch und Weinen von der Insel.

★ Fandango   WEINLOKAL
(Via Cardenti 1, Capoliveri; ⊙ Di–So) Vom hinteren Ende der Piazza Matteotti führen Stufen von der Panoramaterrasse hinunter zu dieser Enoteca. Besonders stimmungsvoll ist es, am frühen Abend unter der weinberankten Pergola zu sitzen, mit Cocktails, Livemusik und Kleinigkeiten zum Essen.

Rio dell'Elba & Rio Marina

Wenn es die Zeit (und Lust) noch erlaubt, lässt sich in der Nordostecke der Insel eine weitere Panoramastrecke befahren. Sie führt nach **Rio dell'Elba** (1170 Ew.), dem Herzstück der Eisenzindustrie von Elba, und ihrem 3,5 km weiter östlich an der Küste gelegenen Zwillingsort **Rio Marina** (2220 Ew.). Hier befindet sich das **Museo dei Minerali e dell'Arte Mineraria** (☎ 05 6596 2088; www.parcominelba.it; Via Magenta 26; Erw./erm. 2,50/1,50 €; ⊙ Sommer 9.30–12.30 & 15.30–18.30 Uhr), das sich dem industriellen Erbe der Insel verschrieben hat. Das Museum ist Teil des **Parco Minerario dell'Isola d'Elba** und erzählt die Geschichte des Eisenerztagebaus in Rio, von der Zeit der Etrusker bis zur Stilllegung der Minen 1982. Die Ausstellung umfasst zahlreiche glitzernde goldene Pyritbrocken und tiefschwarze Hämatiten. Im Museum gibt's auch die Tickets für eine kinderfreundliche, 1½-stündige kommentierte Fahrt mit einer Elektrobahn durch das gesamte Bergbaugebiet (Erw./Kind 12/7,50 €), die in der Hauptsaison stattfindet. Unterwegs wird ein ausreichend langer Halt eingelegt, damit die Passagiere aussteigen und nach Mineralien schürfen können (Hämmer und Plastiktüten sind vorhanden!). Vor der Anreise nach Rio erkundigt man sich am besten telefonisch nach dem Tagesprogramm und reserviert eventuell Plätze.

Gorgona, Capraia, Pianosa & Giglio

Das stecknadelkopfgroße **Gorgona** ist die grünste und nördlichste Insel des Toskanischen Archipels. Sie kann nur im Rahmen einer Führung betreten werden. Zwei Türme, erbaut von den Pisanern bzw. den Florentiner Medici, wachen über die steile Küste und das schöne Innere der Insel, das zum Teil seit 1869 Gefängnisgelände ist; das Gebiet ist für Besucher gänzlich gesperrt. Genauere Auskünfte erteilt die Touristeninformation in Portoferraio.

Im Unterschied dazu verfügt die elliptische, 8 km lange und 4 km breite Vulkaninsel **Capraia** (390 Ew.) über ein paar Hotels und Restaurants. Sie liegt nur 31 km von der französischen Insel Korsika entfernt. Höchste Erhebung ist mit 447 m der Monte Castello. Die Insel durchziehen wunderbare Wanderwege (etwa zum Stagnone-See);

entsprechende Wander- und Radwanderkarten sind bei der **Touristeninformation** (📷 05 8690 5138; www.prolococapraiaisola.it; Via Assunzione 42; ⊘ Sommer Fr–Mi 9–12.30 & 16.30–19 Uhr) der Insel erhältlich. Im Verlauf ihrer Geschichte hat die Insel mehrmals den Besitzer gewechselt: Sie gehörte Genua, Sardinien, nordafrikanischen Sarazenen und Napoleon.

Toremar (www.toremar.it) betreibt Auto- und Passagierfähren von Livorno nach Capraia (2½ Std.; ganzjährig tgl. 1- oder 2-mal). Meistens kann man am selben Tag auch wieder zurückfahren, man sollte vor der Abfahrt zur Insel aber zur Sicherheit lieber dreimal nachfragen, ob das an diesem Tag auch wirklich der Fall ist.

Südlich von Elba liegt **Giglio** (1500 Ew.), die zweitgrößte Insel der Toskana. Sie misst 21 km² und geriet vor allem 2012 in die Schlagzeilen, weil sich dort das tragische Unglück des Kreuzfahrtschiffs *Costa Concordia* ereignete. Im Sommer 2013 waren immer noch die Demontage- und Bergungsarbeiten im Gange. Und dann gibt es noch die Miniinsel **Pianosa**, ein stilles Fleckchen Erde, 14 km südwestlich von Elba, das bis 1997 als Strafkolonie diente.

Beide Inseln können im Rahmen eines Tagestrips mit **Aquavision** (📷 328 7095470, 05 6597 6022; www.aquavision.it; Piazza dei Granatieri 203, Marino di Campo) besucht werden. Das Büro des Veranstalters befindet sich in Marina di Campo auf Elba. Die Ausflugsdampfer legen in Porto Azzurro, Marina di Campo und Portoferraio auf Elba ab.

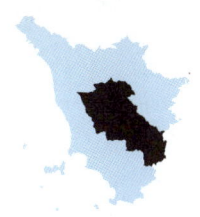

Siena & Zentraltoskana

Gut essen

➡ Enoteca I Terzi (S. 223)

➡ Il Leccio (S. 244)

➡ I Sette Consoli (S. 251)

➡ La Grotta (S. 250)

Schön schlafen

➡ La Bandita (S. 242)

➡ La Casa di Adelina
(S. 247)

➡ Pensione Palazzo Ravizza
(S. 222)

➡ Podere San Lorenzo
(S. 240)

Auf nach Siena & in die Zentraltoskana

Wer sich eine typisch toskanische Landschaft vorstellt, hat meist Bilder von der Zentraltoskana vor Augen. Doch die Region hat noch mehr zu bieten als sanfte Hügel, sonnenbeschienene Weinberge und Zypressenalleen. Ihre wahren Schätze sind die historischen Orte und Städte.

Seit dem Mittelalter zieht dieser besonders schöne Landstrich Fremde an. Damals waren es vor allem christliche Pilger, die über die Via Francigena von Canterbury nach Rom wanderten. In den Orten entlang der Strecke sorgte man gut für das leibliche Wohl der Reisenden, das brachte Geld. Bis heute hat sich daran nicht viel geändert. Die Touristen strömen noch immer in großer Zahl in die Gegend und sind nach wie vor die wichtigste Einnahmequelle der Region.

Kunst, Architektur und das Essen sind gute Gründe für eine Reise in die Zentraltoskana. Darüber hinaus besitzt sie einen Zauber, dem wohl niemand widerstehen kann.

Entfernungen

	Montepulciano	Siena	San Gimignano	Volterra
Siena	70			
San Gimignano	112	46		
Volterra	120	50	30	
Greve in Chianti	102	48	33	53

SIENA & ZENTRALTOSKANA

NICHT VERSÄUMEN

Wer Siena an einem Tag abhaken will, begeht definitiv eine Sünde. Die gotischen Kunst- und Architekturschätze verdienen es, in aller Ruhe genossen zu werden.

Weinproben

➡ Antinori nel Chianti Classico (S. 229) Neben dem Wein ist auch die hochmoderne Architektur des berühmten Weinguts sagenhaft.

➡ Castello di Ama (S. 232) Preisgekrönte Weine und ein Skulpturengarten – toll!

➡ Poggio Antico (S. 244) Hightech im Keller garantiert Brunellos der Spitzenklasse.

Reiseplanung

➡ Tribünenkarten für den Palio mindestens ein Jahr im Voraus buchen.

➡ Besuche der Weingüter Castello di Ama (S. 232), Antinori nel Chianti Classico (S. 229) und Castello di Volpaia (S. 232) anmelden.

➡ Datum und Uhrzeit der Messen mit gregorianischem Gesang in der Abbazia di Sant'Antimo (S. 245) von der Website notieren.

Infos im Internet

➡ **Terre di Siena** (www.terresiena.it)

➡ **Toscana & Chianti News** (www.toscanaechianti news.com)

Unterwegs vor Ort

Siena ist der Verkehrsknotenpunkt der Region. Über die S2, die *superstrada* (Autobahn) Siena–Florenz, rollen Busse von/nach Florenz und in andere große Städte des Landes. Von Siena aus fahren auch Busse in die kleineren Städte der Region, allerdings weniger regelmäßig und über sehr kurvige Strecken. Es gibt Zugverbindungen, aber die einzig nützliche ist die zwischen Siena und Grosseto. In den meisten Städten sind die historischen Zentren verkehrsberuhigt, d. h. nur zu bestimmten Zeiten zu befahren.

3 PERFEKTE TAGE

1. Tag: Durch das Chianti
Der erste Tag gehört den großen Weingütern und Restaurants mit moderner toskanischer Küche. Großartige Geschmackserlebnisse beschert das kürzlich eröffnete Antinori nel Chianti Classico (S. 229) bei Florenz, dann geht es durch das Chianti Fiorentino und das Chianti Senese mit Weinproben unterwegs zum Abendessen nach Siena.

2. Tag: Val d'Elsa
Zwei Hauptattraktionen der Region liegen auf den Hügeln des Val d'Elsa. Vormittags führt ein Bummel durch die Pflasterstraßen Volterras zum Museo Etrusco Guarnacci (S. 239) und in Werkstätten, wo schon seit Jahrhunderten Alabaster bearbeitet wird. Anschließend lockt das mittelalterliche San Gimignano (S. 232) mit einem Kunstausflug, bei dem sich Traditionelles (Collegiata) und Zeitgenössisches (Galleria Continua) die Waage halten.

3. Tag: Rund um Montalcino
Heute heißt das Hauptthema wieder Wein – schließlich sind wir in der Toskana! Nach gregorianischen Gesängen von Mönchen in der mittelalterlichen Abtei Sant'Antimo (S. 245) geht es durch Weinberge mit Sangiovese-Trauben zum Mittagessen im Il Leccio (S. 244). Der Nachmittag gehört Montalcino (S. 242), dem Weinort, wo der weltberühmte Brunello herkommt.

Abseits vom Rummel

➡ Wer keine Lust auf hektischen Massenauftrieb hat, fährt zum Orto de' Pecci (S. 219), einem Bauernhof mit Weinanbau und mittelalterlichem Garten in einem der grünen Täler.

➡ Auch ein Stück auf dem uralten Pilgerweg Via Francigena (S. 237) zu wandern ist erholsam.

➡ Meditative Stille herrscht in und um die Abbazia di San Galgano (S. 243), eine Klosterruine aus dem 13. Jh. südlich von Siena.

SIENA

52 800 EW.

Die historische Rivalität zwischen Florenz und Siena hält bis heute an – nicht nur unter der Bevölkerung. Auch die meisten auswärtigen Besucher geben entweder der einen oder der anderen Stadt den Vorzug. Oft spielt dabei der Kunstgeschmack eine Rolle: Während Florenz seine Blütezeit in der Renaissance erlebte, stammen die faszinierendsten Meisterwerke der Kunst und Architektur in Siena vor allem aus der italienischen Gotik.

Leider hat das Missmanagement der Banca Monte dei Paschi di Siena – der bisher als Arbeitgeber und Kunstmäzen hochgeschätzten, ältesten Bank der Welt – die Stadt schwer getroffen. Mehr dazu steht auf S. 292.

Geschichte

Der Legende nach wurde Siena vom Sohn des Remus gegründet. Deswegen ist die Wölfin, die die Zwillinge Romulus und Remus säugt, in Siena so gegenwärtig wie in Rom. Wahrscheinlich ist die Stadt etruskischen Ursprungs; sie wuchs allerdings erst ab dem 1. Jh. v. Chr. zu einer richtigen Stadt heran, als die Römer hier die Militärkolonie Sena Julia gründeten.

Im 12. Jh. brachte der Ausbau von Handel und Verkehr Siena Wohlstand, Größe und Macht. Mit der Bedeutung Sienas wuchs auch die Rivalität mit dem benachbarten Florenz, die in der ersten Hälfte des 13. Jhs. zu mehreren gewaltsamen Auseinandersetzungen zwischen der Hauptstadt der Guelfen und dem ghibellinischen Siena führte. Im Jahr 1230 belagerten Truppen aus Florenz Siena und katapultierten Kot und Eselsfleisch über die Stadtmauern. Siena revanchierte sich 1260 mit einem überragenden Sieg in der Schlacht von Montaperti. Allerdings war der Erfolg nur von kurzer Dauer. Schon zehn Jahre später wurden die toskanischen Ghibellinen von Karl von Anjou besiegt, und Siena war gezwungen, sich mit Florenz, der Hauptstadt der toskanischen Guelfen, zu verbünden.

In den folgenden Jahrhunderten wurde Siena vom *Consiglio dei Nove* (Rat der Neun) regiert, einer Gruppe von wohlhabenden Bürgern, die ständig im Streit mit dem Adel lag. Der Rat gab viele der gotischen Bauten Sienas in Auftrag, die das Stadtbild prägen. Zu den bleibenden Baudenkmälern gehören der *duomo* (Dom), der Palazzo Comunale und die Piazza del Campo.

In der Malerei entwickelte sich die Sieneser Schule, die Anfang des 14. Jhs. mit Künstlern wie Duccio di Buoninsegna und Ambrogio Lorenzetti ihren Höhepunkt erreichte.

Der Ausbruch der Pest im Jahr 1348 raffte zwei Drittel der 100 000 Einwohner von Siena dahin und leitete eine Zeit des Niedergangs ein, die 200 Jahre später in der Übergabe der Stadt an den Florentiner Cosimo I. de' Medici gipfelte. Der neue Herrscher untersagte den Einwohnern der Stadt jegliche Finanzgeschäfte und schmälerte damit ihren Einfluss erheblich.

Aus heutiger Sicht war der mit der Machtübernahme durch die Medici einsetzende ökonomische Rückgang ein Segen, weil dadurch Geld für große städtebauliche Erneuerungen fehlte. Im Zweiten Weltkrieg nahmen die Franzosen Siena ohne nennenswerte Gegenwehr ein, sodass die Stadt fast unzerstört blieb. All dies führte dazu, dass das historische Zentrum von der Unesco zum Weltkulturerbe erklärt wurde: als lebendiges Beispiel einer mittelalterlichen Stadt.

🔵 Sehenswertes

⭐ Piazza del Campo   PIAZZA

Die abschüssige Piazza wird im Volksmund einfach „Il Campo" genannt. Sie wurde Mitte des 12. Jhs. im Auftrag des *Consiglio dei Nove* angelegt und ist seither das politische und gesellschaftliche Zentrum der Stadt. Früher befand sich hier ein römischer Marktplatz. Die neun Kreissegmente im Pflastermuster stehen für die neun Mitglieder des Rates.

1346 sprudelte zum ersten Mal Wasser aus der **Fonte Gaia** (fröhlicher Brunnen; Piazza del Campo) im oberen Bereich des Platzes. Bei den Bildtafeln am Brunnen handelt es sich um Reproduktionen; die stark verwitterten Originale, die im frühen 15. Jh. von Jacopo della Quercia geschaffen wurden, sind im Complesso Museale di Santa Maria della Scala ausgestellt.

Den unteren Rand des Platzes beherrscht der auf schlichte Weise elegante **Palazzo Comunale** (Palazzo Pubblico), der Ende des 13. Jhs. vom Rat der Neun als Schaltzentrum der republikanischen Regierung angelegt wurde. Er verfügt über eine genial konzipierte konkave Fassade, die sich der konvexen Form des Platzes perfekt anpasst und gilt als eines der schönsten romanischen Bauwerke Italiens. Heute ist darin das **Museo Civico** untergebracht.

Highlights

1 Stilvoll essen, trinken, schlafen und die weltberühmte Weinregion **Chianti** (S. 225) erkunden.

2 In **Siena** (S. 211) in gotischer Architektur und *panforte* schwelgen.

3 In der romanischen **Abbazia di Sant'Antimo** (S. 245) gregorianischen Gesängen lauschen.

4 Durch die wunderbar erhaltenen mittelalterlichen Gassen in **San Gimignano** (S. 232) schlendern.

5 In **Montepulciano** (S. 248) Vino Nobile und Fleisch vom heimischen Chianina-Rind genießen.

6 Etruskische Fundstücke und Meisterwerke aus Alabaster in **Volterra** (S. 237) bewundern.

7 Im mittelalterlichen **Montalcino** (S. 242) den berühmtesten Wein der Toskana kosten.

8 Auf malerischen Wegen durch die Landschaft des Weltkulturerbes **Val d'Orcia** (S. 242) streifen.

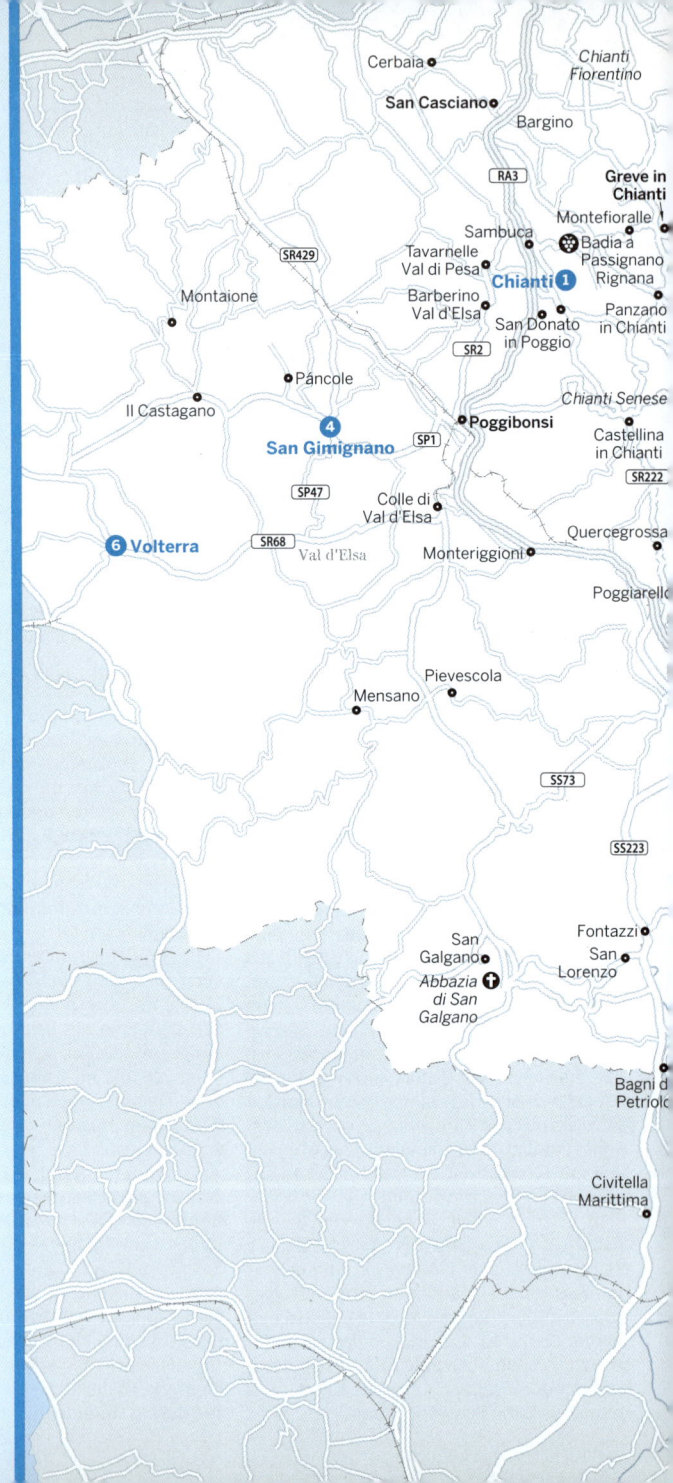

Siena

Map labels:

Stadio Comunale · Piazza Gramsci · Siena (30 m) · Siena (70 m) · Viale dello Stadio · Viale Frederico Tozzi · La Lizza · Viale · Via della Stufa Secca · Via di Vallerozzi · & Università per Stranieri (2 km) · Via del Rossi · Piazza San Francesco · 13 · Via del Montanini · Via di Vallerozzi · Palazzo Salimbeni · 30 · Vic di Provenzano · 36 · Via del Giglio · Piazza Matteotti · Via Planigiani · 27 · Piazza Salimbeni · Piazza Provenzano Salvani · Mittwochsmarkt (200 m); kostenlose Parkplätze (250 m); Hotel Villa Liberty (450 m); Fortezza Medicea (490 m); Enoteca Italiana (500 m) · Via del Paradiso · Costa dell'Incrociata · 17 · Via Banchi di Sopra · 32 · Via della Sapienza · Piazza San Domenico · 23 · 20 · Costa di Sant'Antonio · Via delle Terme · 21 · 31 · Piazza Tolomei · Via Cecco Angiolieri · 8 · 7 · 24 · Via Camporegio · Via Santa Caterina · Via di Galluzza · 35 · Piazza Indipendenza · 28 · 16 · 29 · Banchi di Sotto · Vic delle Scotte · Via di Pantaneto · Parkhaus Santa Caterina (Fontebranda) (400 m) · Via di Fontebranda · 40 · 38 · 37 · 9 · 4 · 10 · 33 · Via del Porrione · Via dei Pellegrini · 41 · Piazza del Campo · Via di Città · 6 · Piazza San Giovanni · Via Francigena · Duomo 2 · 11 · Piazza Jacopo della Quercia · 3 · Museo Civico · Piazza del Mercato · Via di Salicotto · 12 · Piazza di Selva · Piazza del Duomo · 1 · Complesso Museale Santa Maria della Scala · Via del Castoro · Via del Capitano · 15 · 42 · Via di Casato di Sotto · Via di Casato di Sopra · Historischer städtischer Waschplatz · Via del Sole · Via di Porta Giustizia · Piazza di Postierla · Casato di Sopra · Via Giovanni Duprè · Via S. Agata · 19 · Piazza delle Due Porte · Via di Stalloreggi · Via San Pietro · 5 · Pinacoteca Nazionale · 14 · Via Paolo Mascagni · Pian dei Mantellini · 25 · 22 · 39 · 18 · Via Tommaso Pendola · Prato di Sant'Agostino · 26 · 34 · 0 · 200 m

Der zentrale Hof im Erdgeschoss ist allgemein zugänglich. Dort ragt der elegante **Torre del Mangia** (Eintritt 8 €; ⊙ März–Mitte Okt. 10–18.15 Uhr, Mitte Okt.–Feb. bis 15.15 Uhr) rund 500 Stufen oder 102 m in die Höhe. Der Ausblick von oben ist großartig, aber um ihn genießen zu können, muss man in der Hochsaison Zeit mitbringen, da immer nur 30 Personen gleichzeitig hinauf dürfen.

Il Campo ist zweifellos das Herz der Stadt. Das prachtvolle Pflaster wirkt wie ein Teppich, auf dem Studenten und Besucher picknicken und entspannen. Die Cafés rund um den Platz gehören zu den beliebtesten Lokalen der Stadt für einen Aperitif vor dem Abendessen

⭐ **Museo Civico** MUSEUM
(www.comune.siena.it; Palazzo Comunale, Il Campo; Erw./erm. für EU-Bürger 8/4,50 €; ⊙ Mitte März–Okt. 10–18.15 Uhr, Nov.–Mitte März bis 17.15 Uhr) Die Räume des eindrucksvollsten Museums der Stadt sind reich mit Fresken von Künstlern der Sieneser Schule ausgeschmückt. Das Besondere an diesen Fresken ist, dass sie von der Stadtregierung in Auftrag gegeben wurden und nicht von der Kirche; daher sind viele nicht den bevorzugten religiösen

Siena

Themen der Zeit, sondern weltlichen Themen gewidmet. Ein Highlight ist Simone Martinis beeindruckend große *Maestà* (thronende Madonna).

Nach dem Kartenkauf am Schalter rechts vom Eingang geht's im ersten Obergeschoss am Souvenirladen vorbei in die beeindruckende **Sala del Risorgimento**. Ihre Fresken aus dem ausgehenden 19. Jh. zeigen Schlüsselszenen des Kampfes um die Einigung Italiens. Danach folgt die **Sala di Balia** (Saal der Macht). Die 15 Szenen auf den Wandfresken erzählen Episoden aus dem Leben Papst Alexanders III. (dem Sienesen Rolando Bandinelli), u. a. seine Auseinandersetzung mit Kaiser Friedrich Barbarossa. Anschließend geht's in die **Sala del Concistoro** (Saal des Kirchenrats), die von den allegorischen Deckenmalereien des Manieristen Domenico Beccafumi beherrscht wird. Hinter einem Vestibül links liegen die Anticapella (Kapellenvorraum) und die Ka-

pelle selbst. Die Fresken der **Anticappella** stammen von Taddeo di Bartolo, der 1415 die Tugenden der Macht (Gerechtigkeit, Großmut, Stärke, Vorsicht, Religion) sowie einige republikanische Führer aus dem Alten Rom malte. Die **Cappella** selbst beherbergt die herrliche *Sacra Famiglia e San Leonardo (hl. Familie und hl. Leonhard)* von Il Sodoma. Das Highlight im **Vestibolo** (Vestibül) nebenan ist die Bronzeskulptur einer Wölfin, dem Symboltier der Stadt.

Das Beste kommt zuletzt: Vom Vestibül gelangt man in die **Sala del Mappamondo** (Saal der Weltkarte), wo das Juwel des Museums zu bestaunen ist, Simone Martinis ein- und ausdrucksvolle *Maestà*. Martinis ältestes bekanntes Werk wurde 1315 vollendet und zeigt die von Heiligen und Engeln umringte Madonna unter einem Baldachin. Auf der gegenüberliegenden Seite befindet sich ein weiteres Fresko von Martini, sein berühmtes Porträt (1328–1330) von Guidoriccio da Fogliano, einem Feldherrn der Sieneser Armee.

Im nächsten Saal, der **Sala dei Nove**, tagte der Rat der Neun. Die Wände schmückt ein Freskenzyklus von Ambrogio Lorenzetti, die *Allegorien der guten und der schlechten Regierung* (1338–1340). Das Fresko in der Mitte zeigt Personifikationen der Gerechtigkeit, der Weisheit, der Tugend und des Friedens, die (für diese Zeit ungewöhnlich) alle als Frauen dargestellt sind; daneben werden Bestrafungen für Vergehen und Belohnungen für Rechtschaffenheit gezeigt. Im rechten Winkel dazu sind die beiden Fresken *Allegorie der guten Regierung* und *Allegorie der schlechten Regierung* zu sehen, die in der wiedererkennbaren Umgebung von Siena sehr gegensätzliche Szenen darstellen. Die Folgen des guten Regierens sind eine sonnendurchflutete, idyllische Stadt mit fröhlichen Bürgern und fruchtbare Landschaften; die schlecht regierte Stadt ist gekennzeichnet von Lasterhaftigkeit, Verbrechen und Krankheit. Die Fresken gehören zu den bedeutendsten weltlichen Bildern der Renaissance und sind unbedingt sehenswert.

Opera della Metropolitana di Siena   DOM
(www.operaduomo.siena.it; Piazza del Duomo; OPA SI-Pass März–Okt. 12 €, Nov.–Feb. 8 €) Der Dom von Siena ist eine der schönsten gotischen Kirchen Italiens und Mittelpunkt eines Gebäudeensembles, zu dem das Museo dell'Opera del Duomo, ein Baptisterium und eine Krypta gehören. Mit dem OPA SI-Pass reduziert sich der Eintritt für die einzelnen Sehenswürdigkeiten.

➡ Duomo
(www.operaduomo.siena.it; Piazza del Duomo; März–Okt. 4 €, Nov.–Feb. frei; ⊙ März–Okt. Mo–Sa 10.30–18.30, So 13.30–17.30 Uhr, Nov.–Feb. bis 17 Uhr) Mit dem Bau des *duomo* wurde 1215 begonnen, aber erst im 14. Jh. war er vollendet. Die prächtige, mehrfarbige Fassade aus weißem, grünem und rotem Marmor wurde von Giovanni Pisano entworfen. Die Statuen der Philosophen und Propheten sind Kopien, die Originalfiguren stehen im Museo dell'Opera.

Im Jahr 1339 planten die Stadtoberen den Ausbau des Doms, um ihn zu einem der größten Gotteshäuser Italiens zu machen. Überreste dieses Vorhabens, des sogenannten *duomo nuovo* (Neuer Dom), sind auf der Piazza Jacopo della Quercia auf der Ostseite des Doms zu finden. Der Ausbruch der Pest im Jahr 1348 vereitelte den tollkühnen Plan, ein riesiges neues Kirchenschiff zu bauen

und den existierenden Dom als Querschiff zu verwenden.

Das Innere des *duomo* ist atemberaubend. An den Wänden und Säulen setzt sich das schwarz-weiße Streifenmuster der Außenfassade fort, während die Gewölbe blau ausgemalt und mit goldenen Sternen versehen sind. Marmorintarsien im Boden zeigen in 56 Bildfeldern historische und biblische Motive. Die Einlegearbeiten wurden im Laufe von 200 Jahren – vom 14. bis zum 16. Jh. – von etwa 40 Künstlern gestaltet. Die älteren, rechteckigen Felder stammen von unbekannten Meistern, so z. B. *das Rad der Fortuna* (1372) und *die Wölfin von Siena mit den Wappenzeichen der verbündeten Städte* (1373), die beide 1864 restauriert wurden. Domenico di Niccoló dei Cori war der erste bekannte Künstler, der an der Kathedrale mitbeitete und zwischen 1413 und 1423 mehrere Bildfelder schuf, gefolgt vom berühmten Maler Domenico di Bartolo, der 1434 *Kaiser Sigismund auf dem Thron* beisteuerte. Im 15. Jh. erweiterten Alberto Aringhieri und der gefeierte Sieneser Künstler Domenico Beccafumi das Bildprogramm auf dem Boden. Diese späteren Felder wurden in verschiedenfarbigem Marmor und mit sechseckigen und rautenförmigen Intarsien ausgeführt. Leider sind sie zur Hälfte unter einer unansehnlichen Schutzabdeckung verborgen und nur vom 21. August bis zum 27. Oktober zu sehen (genaues Datum variiert von Jahr zu Jahr; Eintritt 6 €).

Aufmerksamkeit verdient auch die Kanzel aus Marmor und Porphyr von Nicola Pisano, der bei seiner Arbeit von Arnolfo di Cambio (der später den Neubau des Florentiner Doms leitete) unterstützt wurde. Die fein gearbeiteten, lebhaften, realistischen Massenszenen sind Meisterwerke gotischer Bildhauerei.

Durch eine Tür im nördlichen Seitenschiff gelangen Besucher in die zauberhafte **Libreria Piccolomini** (Piccolomini-Bibliothek; März–Okt. im Eintrittspreis des Doms enthalten, Nov.–Feb. 2 €), die für die Büchersammlung von Enea Silvio Piccolomini, besser bekannt als Papst Pius II., gebaut wurde. Die Wände des kleinen Saals wurden zwischen 1502 und 1507 von Bernardino Pinturicchio mit farbenfrohen Fresken bemalt, die Szenen aus dem Leben Piccolominis zeigen.

➡ Museo dell'Opera del Duomo
(Piazza del Duomo; Eintritt 7 €; ⊙ März–Okt. Mo–Sa 10.30–18.30, So 13.30–17.30 Uhr, Nov.–Feb. bis 17 Uhr) Die Sammlung zeigt Kunstwerke,

die für den Dom geschaffen wurden, darunter die zwölf Propheten- und Philosophenstatuen von Giovanni Pisano, die früher an der Fassade angebracht waren. Die Figuren haben verzerrte Proportionen und recken ihre Hälse so unansehnlich nach vorne, weil sie ursprünglich aus großer Entfernung und aus der Untersicht betrachtet werden sollten.

Glanzstück des Museums ist die einzigartige *Maestà* (1311) von Duccio di Buoninsegna. Der beidseitig bemalte Aufsatz für den Hochaltar des Doms zeigt die Jungfrau Maria umringt von Engeln, Heiligen und prominenten Bürgern Sienas. Auf der Rückseite (leider unvollständig) sind Szenen aus der Passionsgeschichte dargestellt. Auch das Fenster mit der leuchtenden Glasmalerei im Untergeschoss ist ein Werk von Duccio und gehörte ursprünglich in den Dom.

➡ Battistero di San Giovanni

(Piazza San Giovanni; Eintritt 4 €; ☉ März–Okt. Mo–Sa 10.30–18.30, So 13.30–17.30 Uhr, Nov.–Feb. bis 17 Uhr) Hinter dem Dom führt eine steile Treppe hinab zur reich mit Fresken ausgeschmückten Taufkapelle. In der Mitte steht ein achteckiges Marmortaufbecken von Jacopo della Quercia, das mit Bronzereliefs verkleidet ist. Die Reliefs zeigen Szenen aus dem Leben von Johannes dem Täufer und stammen von Künstlern wie Lorenzo Ghiberti *(Taufe Christi* und *Gefangennahme des Johannes)* sowie Donatello *(Gelage des Herodes)*.

➡ Cripta

(Piazza San Giovanni; Eintritt inkl. Audioguide 6 €; ☉ März–Okt. Mo–Sa 10.30–18.30, So 13.30–17.30 Uhr, Nov.–Feb. bis 17 Uhr) Die Krypta unterhalb der Domkanzel wurde 1999 wiederentdeckt und restauriert, nachdem der Raum seit dem 14. Jh. mit Schutt gefüllt war. Die Wände sind vollständig mit *pintura a secco* aus dem 13. Jh. überzogen. Die „trockene" Wandmalerei steht im Gegensatz zu Fresken, die auf den frischen, noch feuchten Putz aufgetragen werden und dadurch dauerhafter sind. Auf einer 180 m2 großen Fläche sind mehrere Bibelgeschichten dargestellt, u. a. Jesu Kreuzweg und Kreuzigung.

➡ Panorama del Facciatone

(☉ März–Okt. Mo–Sa 10.30–18.30, So 13.30–17.30 Uhr, Nov.–Feb. bis 17 Uhr) 131 Stufen über eine enge Wendeltreppe sind das Tribut für den herrlichen Rundumblick auf dem Panorama del Facciatone, oberhalb der Fassade des nie realisierten *Duomo Nuovo*. Der Eintritt ist im Ticketpreis für das Museo dell'Opera enthalten.

★ Complesso Museale
Santa Maria della Scala   KULTURZENTRUM
(www.santamariadellascala.com; Piazza del Duomo 1; Erw./erm./Kind bis 11 J. 6/3,50 €/frei; ☉ 10.30–16 Uhr, Hochsaison bis 18.30 Uhr) Teile des ehemaligen Krankenhauses gegenüber dem Dom stammen aus dem 13. Jh. Es war ursprünglich als Hospiz für Pilger auf der Via Francigena gedacht. Ein echtes Highlight ist der Pellegrinaio (Pilgerhalle) im obersten Geschoss. Lebendige Fresken aus dem 15. Jh. von Lorenzo Vecchietta, Priamo della Quercia und Domenico di Bartolo preisen die guten Werke des Krankenhauses und seiner Schutzherren.

Heute ist das Gebäude ein Kulturzentrum mit drei Museen: das archäologische Museum, das Kunstmuseum für Kinder und das Zentrum für zeitgenössische Kunst (SMS Contemporanea). Außerdem sind einige historische Säle und Kapellen sowie wechselnde Ausstellungen zu sehen. Das archäologische Museum in den Kellergewölben ist sehr eindrucksvoll; im mittelalterlichen *fienile* (Heuboden) im dritten Stock stehen die Originalbildtafeln der *Fonte Gaia* von Jacopo della Quercia.

★ Pinacoteca Nazionale   MUSEUM
(Via San Pietro 29; Erw./erm. 4/2 €; ☉ Di–Sa 10–17.45, So & Mo 9–12.45 Uhr) Der einst herrliche, heute leider etwas vernachlässigte Palazzo Buonsignori aus dem 14. Jh. zeigt in einem Labyrinth von Korridoren eine unglaubliche Sammlung gotischer Meister der Sieneser Schule. Die besten Stücke sind in der zweiten Etage zu sehen: herrliche, inspirierende Werke von Duccio di Buoninsegna, Simone Martini, Niccolò di Segna, Lippo Memmi, Ambrogio und Pietro Lorenzetti, Bartolo di Fredi und Taddeo di Bartolo.

Die Sammlung ist allerdings auch ein Beweis für den großen Graben zwischen der Sieneser Kunstwelt und der von Florenz im 15. Jh. Während 70 km weiter nördlich die Renaissance erblühte, blieben die Künstler und deren Förderer in Siena den byzantinischen und gotischen Konzepten verhaftet, mit denen sie seit dem frühen 13. Jh. so erfolgreich waren. Zu sehen sind altbewährte religiöse Motive, typischerweise großzügig mit Blattgold verziert. Sie sind jedoch ohne den Ehrgeiz ausgeführt, Neuerungen in puncto Perspektive, Ausdruck und Bewegung zu wagen, wie ihn die Florentiner Maler an den Tag legten. Das macht sie keineswegs minderwertig – viele Werke gehö-

ℹ KOMBITICKETS

Verschiedene Kombitickets ermöglichen den Besuch mehrerer Museen und Gebäude zu einem günstigen Gesamtpreis:

➡ OPA SI-Pass (*duomo*, Libreria Piccolomini, Museo dell'Opera, Battistero di San Giovanni, Cripta und Oratorio di San Bernardino; März–Okt./Nov.–Feb. 12/8 €, drei Tage gültig)

➡ SIA Sommer (Museo Civico, Complesso Museale Santa Maria della Scala, Museo dell'Opera, Battistero di San Giovanni, Oratorio di San Bernardino und Chiesa di San Agostino; 17 €, zwischen 15. März und 31. Oktober sieben Tage gültig)

➡ SIA Winter (Museo Civico, Complesso Museale Santa Maria della Scala, Museo dell'Opera und Battistero di San Giovanni; 14 €, zwischen 1. November und 14. März sieben Tage gültig)

➡ Museo Civico und Torre del Mangia (13 €)

➡ Musei Comunali (Museo Civico und Complesso Museale Santa Maria della Scala; 11 €, zwei Tage gültig)

Der OPA SI-Pass kann online gekauft werden: www.operaduomo.siena.it. Alle anderen Tickets gibt es nur direkt an den Museumskassen.

SIENA & ZENTRALTOSKANA SIENA

ren zum Schönsten und Wichtigsten, was in jener Zeit geschaffen wurde.

All diese Meisterwerke aufzuzählen, würde den Rahmen sprengen. Aber unbedingt sehenswert sind Duccios *Madonna mit Kind* (Saal 2), *Madonna mit Kind und Heiligen* (Saal 4) und *Santa Maria Maddalena* (Saal 5). Außerdem Simone Martinis *Madonna della Misericordia* und *Madonna mit Kind* (beide Saal 4), seine weitere *Madonna mit Kind* und sein Altarbild *Der hl. Augustinus* (beide Saal 6). Weiter geht's mit Lippo Memmis *Anbetung der Könige* (Saal 6), Ambrogio Lorenzettis leuchtende *Himmelfahrt* und *Madonna mit Kind* (beide Saal 8), Pietro Lorenzettis *Thronende Jungfrau mit hl. Nikolaus und Prophet Elias* und *Kreuzigung* (beide Saal 8) sowie Taddeo di Bartolos *Verkündigung* (Saal 11).

Die Ausstellungsordnung wird gelegentlich geändert; bei unserem letzten Besuch trafen die genannten Saalnummern zu.

Chiesa di San Domenico   KIRCHE
(Piazza San Domenico; ⊙ 9–12.30 & 15–19 Uhr) In der eindrucksvollen Kirche legte die hl. Katharina ihr Gelübde ab. Fresken von Il Sodoma in der **Cappella di Santa Caterina** zeigen Szenen aus ihrem Leben. Katharina starb in Rom, wo sie auch bestattet wurde; ihr Kopf aber kehrte als Reliquie nach Siena zurück (er liegt in einem Tabernakel aus dem 15. Jh. oberhalb des Altars).

Auch ihr vertrockneter Daumen (in dem kleinen Glaskasten rechts von der Kapelle) ist zu sehen, ebenso wie eine übel aussehende Kettenpeitsche, mit der die Heilige sich geißelte.

Casa Santuario di Santa Caterina   PILGERSTÄTTE
(Costa di Sant'Antonio 6; ⊙ März–Nov. 9–18.30, Dez.–Feb. 10–18 Uhr) GRATIS Mehr über das Leben und Wirken der hl. Katharina bietet diese Pilgerstätte, in der die Heilige, ihre Eltern und die 24 Geschwister einst lebten (Einheimische scherzen gern, dass ihre Mutter auch eine Heilige gewesen sein müsse). Die Zimmer des Hauses wurden im 15. Jh. in kleine Kapellen umgewandelt.

An das Zimmer der Heiligen auf der unteren Etage, das 1893 von Alessandro Franchi mit Fresken versehen wurde, schließt sich Katharinas unveränderte, fast leere Zelle an. Die größte Kapelle wird von Nonnen betreut und während deren Mittagspause (12.30–15 Uhr) geschlossen.

Oratorio di San Bernardino   MUSEUM
(www.operaduomo.siena.it; Piazza San Francesco 9; Erw./erm. 3/2,50 €; ⊙ März–Okt. 10.30–19 Uhr) Im Schatten der großen gotischen Kirche San Francesco steht, an ihre Mauern geschmiegt, das Bethaus aus dem 15. Jh. Es ist dem hl. Bernhard geweiht und mit manieristischen Fresken von Il Sodoma, Beccafumi und Pacchia ausgeschmückt. Im Obergeschoss zeigt das kleine **Museo Diocesano di Arte Sacra** hübsche Bilder wie die *Madonna del Latte* (Stillende Madonna, um 1340) von Ambrogio Lorenzetti.

Der Eintritt zum Oratorium ist im OPA SI-Pass enthalten.

Museo delle Tavolette di Biccherna MUSEUM (http://archiviostato.si.it, auf Ital.; Banchi di Sotto 52; ⊙ Führungen Mo–Sa 9.30, 10.30 & 11.30 Uhr) GRATIS Sienas Staatsarchive sind im **Palazzo Piccolomini** untergebracht, einem prächtigen Renaissancegebäude nicht weit vom Campo. Der Eingang liegt im Innenhof, ein Fahrstuhl bringt Besucher zu dem bezaubernden Museum im vierten Stock. Seinen Namen verdankt es dem Sahnestück der Ausstellung, den *tavolette di Biccherna*. Die Serie kleinformatiger Gemälde stammt aus dem 13. Jh.

Sieneser Künstler wie Ambrogio Lorenzetti hatten die *tavolette* als Umschlagbilder für die Rechnungsbücher gemalt. Wer sie (und weitere historisch wertvolle Dokumente, z. T. aus dem Mittelalter) sehen will, muss an einer Führung (nur auf Italienisch) teilnehmen.

 **Kurse**

Accademia Musicale Chigiana MUSIK (☑ 0577 2 20 91; www.chigiana.it; Via di Città 89) Veranstaltet jeden Sommer Meisterkurse und Workshops in klassischer Musik.

Fondazione Siena Jazz MUSIK (☑ 0577 27 14 01; www.sienajazz.it; Fortezza Medicea 1) Eine der führenden europäischen Institutionen in diesem Bereich, bietet Kurse und Workshops für erfahrene Jazzmusiker an.

Scuola Leonardo da Vinci SPRACHKURSE (☑ 0577 24 90 97; www.scuolaleonardo.com; Via del Paradiso 16) Italienisch-Sprachschule mit ergänzendem Kulturprogramm.

Società Dante Alighieri SPRACHKURSE (☑ 0577 4 95 33; www.dantealighieri.com; Via Tommaso Pendola 37) Kurse zu Sprache und Kultur; die Schule liegt südwestlich vom Stadtzentrum.

Tuscan Wine School WEINPROBEN (☑ 333 7229716; www.tuscanwineschool.com; Via Stalloreggi 26) Täglich zweistündige Weinseminare zu italienischen und toskanischen Weinen (40 €).

Università per Stranieri SPRACHKURSE (Ausländeruniversität; ☑ 0577 24 01 00; www.unistrasi.it; Piazza Carlo Rosselli 27-28) Bietet verschiedene Kurse zur italienischen Sprache und Kultur; Lage in Bahnhofsnähe.

 **Geführte Touren**

Centro Guide Turistiche Siena e Provincia STADTRUNDGÄNGE (☑ 0577 4 32 73; info@guidesiena.it; Galleria Odeon, Via Banchi di Sopra 31; ⊙ Mo–Fr 10–13 & 15–17 Uhr) Zwischen Ostern und Oktober bietet der Verband professioneller Fremdenführer empfehlenswerte Touren (auf Italienisch und Englisch) an: eine einstündige Führung durch den *duomo* (tgl. 11, 12 & 16 Uhr; 5 € plus Eintritt), einen klassischen, 90-minütigen Stadtspaziergang durch Siena (montags bis samstags 11 Uhr; 20 € inkl. Eintritt in den Dom) und einen ebenfalls 90-minütigen Ausflug ins „unbekannte Siena" (sonntags 11 Uhr; 20 € inkl. Eintritt zum Complesso Museale Santa Maria della Scala). Die Domführung beginnt neben dem Ticketschalter OPA SI, die beiden Stadtspaziergänge vor der Touristeninformation am Campo. Kinder bis 11 Jahre bezahlen nichts, Voranmeldung empfehlenswert.

Der Verband organisiert auch private Führungen in Siena und Umgebung (3/6 Std. 150/280 €).

ABSEITS DER ÜBLICHEN PFADE

ORTO DE' PECCI

Hinter dem Palazzo Comunale geht es an der Piazza del Mercato vorbei bergab zum historischen städtischen Waschplatz, der aber nicht mehr benutzt wird. Daneben liegt der **Orto de' Pecci** (www.ortodepecci.it; ⊙ 24 Std.) GRATIS eine echte grüne Oase mit Gänsen, Enten, Ziegen und Eseln, denen Kids gerne einen Besuch abstatten. Hier suchen auch Einheimische Zuflucht vor den Touristenhorden und erholen sich bei Picknick und Siesta. Ein gemeinschaftlich betriebener Biohof baut Obst und Gemüse an und beliefert damit das **Restaurant** (⊙ März–Okt. Di–Sa 12.30–14.30 & 19.30–22, So 12.30–14.30 Uhr, Nov.–Feb. Fr & Sa 12.30–14.30 & 19.30–22, So 12.30–14.30 Uhr) vor Ort. Außerdem gibt's einen mittelalterlichen Garten und einen Versuchsweinberg, den die landwirtschaftliche Abteilung der Universität Siena mit Klonen mittelalterlicher Rebsorten bepflanzt hat. An Sommerabenden finden hier ab und zu auch Konzerte statt.

SIENA & ZENTRALTOSKANA SIENA

 **Feste & Events**

Die Accademia Musicale Chigiana veranstaltet drei hochrangige Konzertserien klassischer Musik mit Künstlern aus aller Welt: Micat in Vertice von November bis April, Settimana Musicale Senese im Juli und Estate Musicale Chigiana im Juli und August. Die Konzerte finden an verschiedenen Orten statt, z. B. Teatro dei Rinnovati am Campo, Teatro dei Rozzi an der Piazza Indipendenza, Chiesa di Sant'Agostino und Palazzo Chigi Saracini (Via di Città, Nähe Piazza del Duomo).

Weitere Informationen zu Veranstaltungen bietet die Website www.terresiena.it.

DIE HL. KATHARINA VON SIENA

Sie ist eine von zwei Schutzheiligen Italiens (der andere ist der hl. Franz) und eine von nur drei Kirchenlehrerinnen (zusammen mit der hl. Teresa von Avilà und der hl. Therese von Liseux). Die hl. Katharina wurde 1347 in Siena geboren. Sie war das 23. von 25 Kindern der Familie. Wie es sich für ein Wunderkind gehört, hatte sie ihre ersten Visionen bereits in sehr jungen Jahren. Es wird erzählt, dass sie beabsichtigte, sich für einen Mann auszugeben, um sich dem Dominikanerorden anschließen zu können, und dass sie gelegentlich auf die Straße hinaus rannte, um den Boden zu küssen, über den Dominikanermönche gelaufen waren.

Im zarten Alter von sieben Jahren weihte sie, sehr zum Unwillen der Familie, ihre Jungfräulichkeit Jesus Christus. Mit 18 Jahren trat sie dem 3. Orden der Dominikaner bei und entschloss sich, wie sich das für einen eigensinnigen Teenager gehört, als Einsiedlerin im Keller des elterlichen Hauses zu leben, um sich ganz der Andacht und spirituellen Ekstase hinzugeben. Sie war bekannt dafür, über lange Zeiträume fasten zu können und sich nur von der Kommunion zu nähren. Ernährungswissenschaftler werden bestätigen, dass dies wohl die Ursache für das ein oder andere Delirium gewesen sein könnte. Eines dieser Erlebnisse bezeichnete Katharina als „mystische Vermählung" mit Jesus. Einem humanitären Drang zum Helfen folgend, verließ sie schließlich ihr klösterliches Exil im Keller und widmete sich im Ospedale Santa Maria della Scala der Sorge um die Kranken und Armen.

Weitere Visionen – diesmal von Hölle, Fegefeuer und Himmel – überzeugten Katharina, noch einen Schritt weiterzugehen. Sie schrieb unerschrockene Briefe an verschiedene einflussreiche Menschen, darunter auch Papst Gregor XI., mit dem sie einen ausgedehnten Briefwechsel begann. Sie ersuchte adlige und religiöse Führer um alles Mögliche, vom Wunsch nach Frieden zwischen den italienischen Republiken bis zur Reform der Kirche. Diese direkte, sehr frühe Form des Bürgerengagements war für Frauen äußerst ungehörig, und ihre kompromisslose Art, mit der sie Kardinäle und Könige wie ungezogenen Kindern die Leviten las, war mehr als mutig. Doch sie wurde für ihre Anmaßung nicht verfolgt, vielmehr wurde sie für die Kraft ihrer Überzeugung bewundert, mit der sie oft Erfolge erzielte, wo andere gescheitert waren. Katharina soll auch die Wundmale empfangen haben, was jedoch nicht bekannt gemacht wurde, denn es galt als schlechter Stil, Stigmatisierungen zu tragen. Die wurden damals nur einem zugestanden: dem hl. Franz von Assisi.

Als Botschafterin für Florenz ging Katharina nach Avignon und konnte Papst Gregor XI. überzeugen, den Sitz des Papstes nach 73 Jahren in Frankreich wieder nach Rom zu verlegen. Einige Jahre später wurde sie vom neu gewählten Papst Urban VI. nach Rom gerufen, um an seiner Seite den Gegenpapst zu bekämpfen (Großes Abendländisches Schisma). Sie bemühte sich nach bestem Wissen und Gewissen, die Auswirkungen seiner Launenhaftigkeit und seines Despotismus abzufangen. Dieser heroische, sie völlig verzehrende Einsatz führte 1380 wahrscheinlich zu ihrem verfrühten Tod im Alter von 33 Jahren.

Die enthusiastische Verehrung Katharinas setzte schon bald nach ihrem Tod ein. Papst Pius II. sprach sie 1461 heilig. Erst in jüngster Zeit, 1970, verlieh Papst Paul VI. Katharina den Titel „Kirchenlehrerin", und Papst Johannes Paul II. erklärte sie 1999 zu einer Schutzheiligen Europas. Sie ist außerdem eine von drei Schutzpatronen Sienas (zusammen mit den hl. Ansano und Ambrosius).

Informationen zu Führungen durch das Siena der hl. Katharina sowie Tipps für Stadterkundungen auf eigene Faust gibt es unter www.viaesiena.it.

IL PALIO

Das spektakuläre, jährlich wiederkehrende Ereignis hat seine Wurzeln im Mittelalter. Am 2. Juli und am 16. August dreht sich in Siena alles um farbenprächtige Festumzüge und ein wildes Pferderennen. Beim *palio* kämpfen zehn der insgesamt 17 Stadtviertel, die *contrade*, um ein begehrtes Seidenbanner. Jedes Viertel hat seine eigenen Traditionen, Symbole und Farben, eine eigene Kirche und ein Palio-Museum.

Das Rennen findet auf dem Campo statt. Ab etwa 17 Uhr ziehen Vertreter der konkurrierenden *contrade* in historischen Kostümen und Fahnen schwenkend um den Platz. Später rasen dann für gerade mal eine aufregende Minute zehn ungesattelte Pferde samt Reiter mit einer Geschwindigkeit und Rücksichtslosigkeit drei Runden auf einer provisorischen Rennbahn, dass einem die Haare zu Berge stehen.

Im Juli startet das Rennen um 19.45 Uhr, im August um 19 Uhr. Besucher sollten sich mindestens vier Stunden vor dem Startschuss in der Mitte des Campo einfinden, um einen guten Platz zu ergattern. Allerdings kommt man dann bis zum Ende des Rennens auch nicht mehr heraus, etwa um auf Toilette zu gehen oder etwas zu trinken zu holen. Die Cafés am Campo verkaufen Plätze auf ihren Terrassen, die Preise liegen zwischen 350 € und 400 € pro Ticket. Bei der Touristeninformation können die Plätze bis zu ein Jahr im Voraus gebucht werden.

Während des Palio erhöhen die Hotels die Zimmerpreise um 10 bis 50 % und legen einen Mindestaufenthalt fest.

Schlafen

⭐ Hotel Alma Domus
HOTEL €
(☎0577 4 41 77; www.hotelalmadomus.it; Via Camporegio 37; EZ 40–48 €, DZ ohne Aussicht 60–75 €, mit Aussicht 65–85 €, 4BZ 95–125 €; ❀@🛜) Das Budgethotel gehört der katholischen Diözese, und die Gäste wohnen mit sechs Dominikanernonnen unter einem Dach. Trotz der niedrigen Preise ist der Standard der erst kürzlich renovierten Zimmer in der vierten Etage tipptopp. Die meisten bekamen Klimaanlage, neue Betten und ein neues Bad – der super Blick auf den Dom und über das enge, grüne Fontebranda-Tal ist natürlich geblieben.

Familien sind gerne gesehen und werden das ganz besonders hübsche Zimmer 12 lieben, das vier Schlafplätze und einen Balkon hat. Achtung: Um 1 Uhr ist Sperrstunde.

Antica Residenza Cicogna
B&B €
(☎0577 28 56 13; www.anticaresidenzacicogna.it; Via dei Terme 67; EZ 65–90 €, DZ 85–110 €, Suite 120–150 €; ❀@🛜) Die charmante Gastgeberin Elisa hat die jüngsten Renovierungsarbeiten an dem Gebäude aus dem 13. Jh. persönlich überwacht und erzählt mit Begeisterung die Geschichten des Hauses. Es ist seit Generationen im Besitz ihrer Familie. Die sieben Zimmer sind sauber und gepflegt, mit bequemen Betten, Deckenmalerei und gefliesten Böden. Außerdem gibt es eine winzige Lounge, in der man bei kostenlosem Vin Santo und *cantucci* (hartes,

süßes Mandelgebäck) die Seele baumeln lassen kann.

Die Rezeption ist nur am Vormittag besetzt (8–13 Uhr), entsprechend sollte die Ankunft geplant werden.

Bed and Breakfast Alle Due Porte
B&B €
(☎0577 28 76 70; www.sienatur.it; Via Stalloreggi 51; EZ 65 €, DZ 75–85 €; ❀🛜) Nicht nur die zentrale Lage in der Nähe des namensgebenden Stadttors, sondern auch die unglaublich familiäre Atmosphäre macht das individuelle B&B bei Travellern beliebt. Auf der ersten Etage des restaurierten Turmhauses aus dem 12. Jh. betreibt das ältere Besitzerehepaar drei Zimmer (zwei davon mit Klimaanlage) und einen kleinen Frühstücksraum.

Hotel Athena
HOTEL €
(☎0577 28 63 13; www.hotelathena.com; Via Paolo Mascagni 55; EZ 55–140 €, besseres DZ 65–180 €, Deluxe-DZ 90–280 €; ⊙Feb. geschl.; P❀@🛜) Würde eine Schule für Hotelmanagement ein Beispiel für ein gut geführtes Hotel suchen, könnte sie getrost das Athena nehmen. Seit vier Jahrzehnten verwöhnt die Familie Bianciardi Gäste in ihren sauberen, bequemen, freundlichen und penibel in Schuss gehaltenen Räumlichkeiten. Die Deluxe-Zimmer mit Blick ins Grüne sind ihren Preis mehr als wert, und die Bar- und Restaurantterrasse wird bei vielen unter der Rubrik „meine schönsten Urlaubserinnerungen" auftauchen.

Die Standardzimmer in den unteren Etagen sind bei Weitem nicht so attraktiv wie die höherklassigen und Deluxe-Zimmer, aber dafür viel preiswerter (siehe Angebote auf der Website). Die Hotelparkplätze sind gratis und leicht erreichbar.

Albergo Bernini   PENSION €
(☎0577 28 90 47; www.albergobernini.com; Via della Sapienza 15; DZ mit/ohne Bad 85/65 €; 🛜) Die Vorteile: freundlicher Familienbetrieb, zehn propere Zimmer, geniale Terrasse mit Blick über den *duomo* und die Chiesa di San Domenico. Die Nachteile: unbequeme Betten, nur zwei Zimmer (das Einzel- und das Dreibettzimmer) haben Klimaanlage. Frühstück kostet zwischen 3 und 7,50 €. Im Winter können günstigere Preise ausgehandelt werden, bezahlt wird nur in bar.

★Pensione Palazzo Ravizza   BOUTIQUEHOTEL €€
(☎0577 28 04 62; www.palazzoravizza.it; Pian dei Mantellini 34; Zi. im Loft 80–150 €, DZ 100–220 €, Suite 180–320 €; 🅿 ✳ @ 🛜) Ein Renaissance-Palazzo in ruhiger, guter Lage beherbergt dieses ausgezeichnete Hotel. Die Zimmer haben mit Fresken geschmückte Decken, riesige Betten sowie kleine, gut ausgestattete Badezimmer. Die Suiten sind noch eindrucksvoller und geben einen Blick auf den herrlichen Garten hinter dem Haus frei. Gratisparkplätze sind ein weiteres, schlagendes Argument, und in der Nebensaison gibt's beträchtliche Rabatte.

Die drei günstigsten Zimmer liegen alle im Dachgeschoss und sind ganz nett, haben aber ziemlich kleine Fenster und noch kleinere Bäder.

Hotel Villa Liberty   HOTEL €€
(☎0577 4 49 66; www.villaliberty.it; Viale Vittorio Veneto 11; EZ 62–167 €, DZ 102–294 €, Suite 122–368 €; ✳🛜) Die Jugendstilvilla gehört zu den besten Mittelklassehotels der Stadt. Sie liegt gegenüber der Fortezza Medicea an einer von Bäumen gesäumten Allee. Obwohl der Campo nur 15 Minuten Fußweg entfernt liegt, ist die Gegend weit weniger touristisch als das historische Zentrum der Stadt. Vor dem Hotel kann kostenlos geparkt werden, aber die Plätze sind heiß umkämpft.

Die 17 Zimmer sind hell und modern eingerichtet, mit bequemen Betten und kleinen, aber vollkommen ausreichenden Badezimmern. In den teureren Zimmern gibt's Wasserkocher für Tee und Kaffee (gratis).

★Campo Regio Relais   BOUTIQUEHOTEL €€€
(☎0577 22 20 73; www.camporegio.com; Via Sapienza 25; EZ 150–300 €, DZ 190–300 €, Suite 250–600 €; ✳ @ 🛜) Sienas bezauberndstes Hotel hat nur sechs Zimmer, die alle individuell eingerichtet und komfortabel ausgestattet sind. Das Frühstück wird in der prächtig ausstaffierten Lounge oder auf der Terrasse serviert, von der aus man eine tolle Sicht auf den Dom und den Torre del Mangia hat.

Villa Scacciapensieri   BOUTIQUEHOTEL €€€
(☎0577 4 14 41; www.villascacciapensieri.it; Via Scacciapensieri 10; EZ 65–140 €, DZ 100–315 €, Suite 210–345 €; 🅿 ✳ 🛜 ≋) Etwa 2,5 km nördlich von Siena bietet die Villa aus dem 19. Jh. mit zwei Anbauten viele Annehmlichkeiten – Gartenanlage, Swimmingpool, Restaurant (donnerstags bis dienstags Abendessen 40 €) und Tennisplätze. Das Auto kann hier stehen bleiben, für einen Tagesausflug nach Florenz nimmt man den Bus. Die Bushaltestelle liegt vor der Tür.

✖ Essen

Zu den vielen traditionellen Sieneser Gerichten gehören *panzanella* (Sommersalat mit eingeweichtem Brot, Basilikum, Zwiebeln und Tomaten), *ribollita* (deftige Gemüsesuppe mit Bohnen und Brot), *pappardelle con la lepre* (Bandnudeln mit Hasenragout) und *panforte* (Gewürzkuchen mit Mandeln, Honig und kandierten Früchten). Bei Fleischgerichten lohnt es sich, auf der Karte nach der toskanischen Schweinerasse *cinta senese* zu suchen.

Morbidi   FEINKOST €
(www.morbidi.com; Via Banchi di Sopra 75; Mahlzeit 12 €; ⏱ Mo-Sa 9–20 Uhr, Mittagsbuffet 12.30-14.30 Uhr) Die Gastronomen der Stadt kaufen hier ein, weil es im Morbidi die beste Auswahl an Käse, Wurstwaren und importierten Delikatessen gibt. Auch das Mittagsbuffet bietet Hervorragendes zu günstigen Preisen. Für nur 12 € können Gäste sich bei Antipastiplatten, Salaten, Pastagerichten und Desserts des Tages bedienen, Nachschlag inklusive! Wasserflaschen stehen auf den Tischen, Wein und Kaffee müssen extra bestellt werden.

Consorzio Agrario di Siena   FEINKOST €
(Via Pianigiani 13; ⏱ Mo-Sa 8–19.30 Uhr) Seit 1901 funktioniert diese Agrarkooperative, die eine reiche Auswahl an Ess-und Trinkbarem (meist aus der Region) bietet. Im

kleinen Thekenbereich können frisch geba- ckene Pizzastücke bestellt und verschlungen werden (12–14,30 € pro kg).

Grom
EISDIELE €
(www.grom.it; Via Banchi di Sopra 11-13; Portion 2,50–5,50 €; ⊙ April–Sept. So–Do 11–24, Fr & Sa bis 0.30 Uhr, Okt.–März So–Do 11–23, Fr & Sa bis 24 Uhr) Köstliches Eis in den Geschmäckern der Saison; viele Zutaten sind aus biologi- schem Anbau oder von Slow Food zertifi- ziert. Milchshakes gibt's auch.

Kopa Kabana
EISDIELE €
(www.gelateriakopakabana.it; Via dei Rossi 52-55; Portion 1,80–4,30 €; ⊙ Mitte Feb.–Mitte Nov. 12– 20 Uhr, bei gutem Wetter länger) Frisches Eis aus der Küche des selbsternannten Eismeisters Fabio – das Ergebnis spricht für sich.

★ Enoteca I Terzi
MODERN TOSKANISCH €€
(☑ 0577 4 43 29; www.enotecaiterzi.it; Via dei Ter- mini 7; Mahlzeiten 35 €, Antipastiplatte 9 €; ⊙ Mo– Sa 11–1 Uhr) In der Nähe des Campo, aber abseits der Touristenpfade, liegt die stilvolle, moderne *enoteca* (Weinlokal). Besonders beliebt ist sie bei intellektuellen Einheimi- schen, die sich hier zum Arbeitsessen, After- Work-Aperitif oder lockeren Dinner treffen. Hervorragende *salumi* (Wurst- und Schin- kenspezialitäten), exzellente, hausgemachte Pasta, schmackhafte Risotti und saftiges Fleisch werden von einer phantastischen Weinkarte begleitet, die auch viele Angebote im offenen Ausschank hat. Hingehen!

Ristorante Grotta
Santa Caterina da Bagoga
TOSKANISCH €€
(☑ 0577 28 22 08; www.bagoga.it; Via della Gal- luzza 26; Mahlzeiten 28 €; ⊙ Di–Sa 12.30–14.30 & 19.30–22.30, So 12.30–14.30 Uhr) Pierino „Ba- goga" Fagnani war ein legendärer Sieneser Palio-Jockey, der 1973 die Kochmütze auf- setzte und sich seither in dem beliebten Res- taurant nicht weit von der Casa Santuario di Santa Caterina verwirklicht. Auf der Karte stehen toskanische Gaumenschmeichler, die in den viergängigen Menüs „tipico" (35 €) und „degustazione" (50 € inkl. Wein) am besten zur Geltung kommen.

La Compagnia dei Vinattieri
WEINLOKAL €€
(☑ 0577 23 65 68; www.vinattieri.net; Via delle Terme 79; Antipastiplatten 7–9 €, Mahlzeiten 35 €; ⊙ 12–22 Uhr, Ende Feb.–Ende März geschl.) Eine niedrige Treppe führt in den Keller, wo ein schnelles Glas Wein mit Aufschnitt- oder Käseplatte genauso Laune macht wie ein ausgedehntes Schlemmermahl mit einem

der vielen guten Tropfen aus dem Weinsor- timent. Hier drängen sich Einheimische wie Touristen an der Theke, und wer richtig es- sen will, sollte unbedingt reservieren.

Tre Cristi
FISCH & MEERESFRÜCHTE €€€
(☑ 0577 28 06 08; www.trecristi.com; Vicolo di Pro- venzano 1; 3-Gänge-Probiermenü 35–45 €, 5-Gänge- Menü 65 €; ⊙ Mo–Sa 12.30–15 & 19.30–22.30 Uhr) Fischrestaurants sind eher eine Seltenheit in dieser fleischbesessenen Region. Es gibt also gute Gründe, das Durchhaltevermögen des Tre Cristi zu würdigen – immerhin gibt es das Restaurant seit 1830. Das Menü ist so elegant wie das Ambiente, dazu kommen kleine Aufmerksamkeiten wie ein kostenlo- ses Glas Prosecco zum Aperitif.

Osteria Le Logge
MODERN TOSKANISCH €€€
(☑ 0577 4 80 13; www.osterialelogge.it; Via del Por- rione 33; Mahlzeiten 55 €; ⊙ Mo–Sa 12–14.45 & 19–22.30 Uhr) Das Angebot kreativer toskani- scher Küche wechselt fast täglich. Die besten Tische stehen draußen vor der Tür und im Untergeschoss der ehemaligen Apotheke, von der noch hübsche Verkaufsvitrinen übrig geblieben sind. Die Antipasti und die *primi* (erster Gang) sind durchweg köstlich, die Hauptgerichte können manchmal ent- täuschen.

Ausgehen

Caffè Fiorella
CAFÉ
(www.torrefazionefiorella.it; Via di Città 13; ⊙ Mo– Sa 7–20 Uhr) Für den besten Kaffee von Siena muss man sich in das winzige Lokal hinter dem Campo quetschen. Im Sommer bietet die Kaffeegranita mit einem Klecks Sahne eine herrliche Abkühlung.

Enoteca Italiana
WEINLOKAL
(www.enoteca-italiana.it; Fortezza Medicea; ⊙ Ap- ril–Sept. 12–1 Uhr, Okt.–März bis 24 Uhr) Muni- tionskeller und Verlies der ehemaligen Fes- tung wurden gekonnt in eine elegante *eno- teca* verwandelt, in der über 1500 italieni- sche Weine angeboten werden. Man kann den Wein in Flaschen kaufen, ihn sich kisten- weise liefern lassen oder auch ein oder zwei Gläser in dem schönen Hof bzw. dem stim- mungsvollen Kellergewölbe kosten. Meist gibt es dazu auch Essbares.

Bar Il Palio
CAFÉ
(Piazza del Campo 47; ⊙ 8–24 Uhr) Der beste Kaffee am Campo schmeckt preisgünstig im Stehen – wer bequem sitzen will, muss den Mehrpreis akzeptieren.

🛍 Shoppen

Panificio Il Magnifico
BÄCKEREI

(www.ilmagnifico.siena.it; Via dei Pellegrini 27; ⊙ Mo–Sa 7.30–19.30 Uhr) Lorenzo Rossi ist Sienas bester Bäcker. Viele Sienesen kaufen hier ihren Wochenvorrat an *panforte, ricciarelli* (weiches, mit Puderzucker bestäubtes Mandelgebäck) und *cavallucci* (Mandelgebäck mit toskanischem Blütenhonig). Wer sie einmal im Laden hinter dem *duomo* probiert hat, versteht warum.

Bottega d'Arte
KUNST

(www.arteinsiena.it; Via Stalloreggi 47) Die Sienesischen Meister des 14. und 15. Jhs. inspirierten die beiden Künstler Chiara Perinetti Casoni und Michelangelo Attardo Perinetti Casoni zu diesen exquisiten Tempera-Ikonen mit Blattgold. Teuer? Ja. Lohnt sich trotzdem? Auf jeden Fall!

Il Pellicano
KERAMIK

(📞0577 24 79 14; www.siena-ilpellicano.it; Via Diacceto 17a; ⊙Ostern–Okt. 10.30–19 Uhr, Nov.–Ostern Mo–Sa bis 19 Uhr) Seit über 30 Jahren töpfert, brennt und bemalt Elisabetta traditionelle Keramikobjekte. Oft greift sie dabei auf Stilelemente der Renaissance oder *contrade*-Motive zurück. Ihr Atelier liegt in der Nähe des Parkplatzes Santa Caterina, ihr Laden nicht weit vom Dom. Elisabetta unterrichtet auch alte Töpfertechniken – bei Interesse einfach anrufen.

Mittwochsmarkt
MARKT

(⊙7.30–13 Uhr) Einer der größten Märkte der Toskana, der sich von der Fortezza Medicea bis zum Stadio Comunale erstreckt. Zu kaufen gibt's Lebensmittel und preiswerte Kleidung. Jeden dritten Sonntag des Monats gesellt sich ein Flohmarkt dazu.

Pizzicheria de Miccoli
FEINKOST

(Via di Città 93-95; ⊙8–20 Uhr) De Miccoli duftet nicht nur verführerisch, der Laden fällt auch ins Auge: Über dem Eingang hängt ein ausgestopfter Wildschweinkopf, und die Fenster sind mit Würsten, Käselaiben und Säcken voller *funghi porcini* (Steinpilze) festlich dekoriert. Es gibt auch *panini* zum Mitnehmen.

ℹ Praktische Informationen

Krankenhaus (📞 0577 58 51 11; Viale Bracci) Nördlich von Siena in Le Scotte.

Polizeistation (📞 0577 20 11 11; Via del Castoro 6)

Touristeninformation (📞 0577 28 05 51; www.terresiena.it; Piazza del Campo 56; ⊙Ostern–Sept. 9.30–18.30 Uhr, Okt.–Ostern Mo–Fr bis 17.30, So bis 12.30 Uhr) Reserviert Unterkünfte, verkauft Stadtpläne von Siena (1 €), vermittelt die Vermietung von Autos und Motorrollern und verkauft Bahnfahrkarten (gegen Kommission). Hier können auch diverse Tagestouren und -aktivitäten der Agentur My Tour gebucht werden, z. B. ein Komplettangebot für den Palio, Kochkurse, Heißluftballonfahrt, Ausritte und Ausflüge nach Montalcino, San Gimignano, Montepulciano und ins Chianti.

ℹ An- & Weiterreise

AUTO

Die *S2 superstrada* (Autobahn) führt direkt nach Florenz, auf der SR222 ist die Fahrt malerischer.

BUS

Siena Mobilità (📞 800 570530; www.siena mobilita.it) gehört zum Netzwerk **Tiemme** (📞 0577 20 42 46; www.tiemmespa.it) und verbindet Siena mit dem Rest der Toskana. Der **Ticketkiosk** (⊙ Mo–Fr 6.30–19.30, Sa & So 7–19 Uhr) steht unterhalb des Busbahnhofs an der Piazza Gramsci, wo es auch eine Gepäckaufbewahrung (24 Std. 5,50 €) gibt.

Ein Bus von Siena Mobilità fährt zum Flughafen Pisa (einfach/hin und zurück 14/26 €; 2 Std.); Abfahrt in Siena um 7.10 Uhr, am Flughafen Pisa um 13 Uhr. Tickets sollten mindestens einen Tag vorher online oder am Kartenkiosk gekauft werden.

Corse-Rapide-(Express)-Busse fahren regelmäßig auf direktem Weg nach Florenz (7,80 €, 1¼ Std.); sie sind sie eine schnellere Alternative zu den Corse-Ordinaire-Bussen, die in Poggibonsi und Colle di Val d'Elsa Zwischenstopps einlegen. Außerdem gibt es Verbindungen nach San Gimignano (6 €, 1–1½ Std., 10-mal tgl., direkt oder mit Umsteigen in Poggibonsi), Poggibonsi (4,35 €, 50 Min., alle 40 Min.), Arezzo (6,60 €, 1½ Std., 8-mal tgl.) und Colle di Val d'Elsa (3,40 €, 30 Min., stündl.) mit Anschluss nach Volterra (2,75 €). Sonntags und an Feiertagen ist das Angebot stark eingeschränkt. Busse nach Montalcino (4,90 €, 1½ Std., 6-mal tgl.), Montepulciano (6,60€, 1 Std., 2-mal tgl.) und Pienza (5,50€, 70 Min., 2-mal tgl.) fahren vor dem Zugbahnhof ab.

Das Busunternehmen **Sena** (📞861 199 19 00; www.sena.it) fährt von und nach Rom Tibertina (23 €, 3½ Std., 6-mal tgl.), Flughafen Fiumicino (23 €, 3¾ Std., 2-mal tgl.), Turin (36, 8¼ Std., 1-mal tgl.), Mailand (35 €, 4¼ Std., 2-mal tgl.), Venedig (29 €, 5½ Std., 1-mal tgl.) und Perugia (12 €, 1½ Std., 1-mal tgl.). Der **Ticketkiosk** (⊙Mo–Sa 8.30–19.45 Uhr) liegt ebenfalls unterhalb des Busbahnhofs an der Piazza Gramsci.

SIENA & ZENTRALTOSKANA SIENA

ZUG

Siena liegt an keiner Hauptstrecke, deshalb sind Busse oft die bessere Alternative. Allerdings gibt's eine Direktverbindung mit dem Zug nach Grosseto (9 €, 1½ Std., 8-mal tgl.). Wer nach Rom will, muss in Chiusi umsteigen, für Florenz und Pisa ist Empoli der Umsteigebahnhof.

ⓘ Unterwegs vor Ort

AUTO

Das historische Zentrum ist eine ZTL (*Zona a Traffico Limitato*); Besucher dürfen ihr Gepäck am Hotel ausladen, müssen aber dann die Altstadt wieder verlassen (dem Hotel das Kennzeichen mitteilen, sonst riskiert man einen saftigen Strafzettel).

Große Parkplätze in günstiger Lage befinden sich am Stadio Comunale und rund um die Fortezza Medicea, beide etwas nördlich der Piazza San Domenico. Es gibt einige kostenlose Parkmöglichkeiten (nach den weißen Markierungen schauen) in der Viale Vittorio Veneto am südlichen Ende der Fortezza Medicea, die sind aber heiß umkämpft. Die gebührenpflichtigen Parkhäuser in San Francesco und Santa Caterina (Fontebranda) verfügen jeweils über eine *scala mobile* (Rolltreppe), mit der man bequem ins oberhalb gelegene Stadtzentrum kommt.

Die Gebühr beträgt überall 1,70 €/Std. Mehr Infos zum Parken in Siena unter www.sienapar cheggi.com (auf Italienisch).

BUS

Siena Mobilità betreibt die städtischen Busse (1,10 € für 90 Minuten). Die Buslinien 8 und 9 fahren zwischen dem Bahnhof und der Piazza Gramsci.

CHIANTI

In den uralten Weinbergen dieser Bilderbuchgegend wachsen die Trauben, aus denen die rubinroten DOCG-Weine Chianti und Chianti Classico gekeltert werden. Sie werden mit anderen roten Trauben verschnitten, der Wein muss aber mindestens zu 75 % (Chianti) bzw. 80 % (Chianti Classico) aus Sangiovesetrauben bestehen. Beide werden unter der Schutzmarke „Gallo Nero" (Schwarzer Hahn) vertrieben. In der Region werden auch noch andere gute Tropfen produziert, wie z. B. Colli dell'Etruria Centrale, Pomino, Vin Santo del Chianti und Vin Santo del Chianti Classico DOC. Die größten Weingüter haben *cantine* (Keller), in denen Weinproben stattfinden und Wein direkt verkauft wird. Allerdings können nur

---

ⓘ **AUTOFAHREN IM CHIANTI**

Die Straßen der Region können beängstigend schmal und schwer befahrbar sein. Um den Stress am Steuer zu reduzieren, lohnt sich die Anschaffung der Karte *Le strade del Gallo Nero* (2,50 €), in der Haupt- und Nebenstraßen des Weinanbaugebiets sowie die einzelnen Weingüter verzeichnet sind. Sie wird an den meisten Zeitungskiosken verkauft.

---

wenige Güter, kleine wie große, ohne Voranmeldung besucht werden.

Das Chianti-Gebiet verteilt sich auf die Provinzen Florenz (Chianti Fiorentino) und Siena (Chianti Senese). Man erreicht die Region über die SR222 (Via Chiantigiana). Sie wird von einem Netz malerischer *strade provinciale* (Bundesstraßen) und *strade secondarie* (Landstraßen) durchzogen, von denen einige unbefestigt sind. Auf ihnen fährt man durch gepflegte Weinberge, Olivenhaine und dichte Wälder, vorbei an honigfarbenen Bauernhäusern, romanischen *pieve* (Gemeindekirchen), hübschen Renaissancevillen und trutzigen Burgen, die im Mittelalter von florentinischen und sienesischen Rittern gebaut wurden.

Das **Chianti Festival** (www.chiantifestival. com) mit verschiedenen Kunstveranstaltungen findet im Juni und Juli statt.

Informationen zum Consorzio Vino Chianti Classico (das bekannte Konsortium regionaler Weinproduzenten) gibt es auf www. chianticlassico.com. Im Mai und Juni veranstaltet das *consorzio* das beliebte zehntägige Festival Chianti Classico E (www.classico-e. it) rund um Wein und Essen.

Die nördliche Hälfte der Region (Chianti Fiorentino) wird gern als Ziel von Tagesausflügen per Bus, Auto oder Fahrrad ab Florenz gewählt.

Der Süden des Chianti (Chianti Senese), der heute zur Provinz Siena gehört, war in früherer Zeit Kerngebiet der Lega del Chianti, eines militärischen und verwaltungstechnischen Verbundes der Orte Castellina, Gaiole und Radda innerhalb des Stadtstaats Florenz.

🛏 Schlafen

Ostello del Chianti   HOSTEL **€**
(☎ 055 805 02 65; www.ostellodelchianti.it; Via Roma 137, Tavarnelle Val di Pesa; B 14–16 €, 4BZ mit Bad/Gemeinschaftsbad 70/76 €; ⊗ Rezeption

8.30–11 & 16–24 Uhr, Nov.–Mitte März geschl.; P @ 🛜) Das Hostel gehört zu den ältesten Italiens und liegt in einem hässlichen Gebäude im langweiligen Städtchen Tavarnelle Val di Pesa. Aber dafür ist das Personal super nett, und die Preise sind unschlagbar billig. In den Schlafsälen stehen nie mehr als sechs Betten, Frühstück kostet 2 € und ein Leihrad 8 € pro Tag. Guter Anschluss an Florenz mit SITA-Bussen (3,30 €, 1 Std.).

Fattoria di Rignana AGRITURISMO €€
(☑ 055 85 20 65; www.rignana.it; Rignana; DZ mit/ohne Bad im Bauernhof 90/100 €, in der Villa 110–130 €; P @ 🛜 🏊) Ein altes Bauernhaus und eine edle Villa, 3,8 km von Badia a Passignano, haben alles für die perfekte Chianti-Atmosphäre – historisches Ambiente, phantastische Ausblicke, einen großen Swimmingpool und einen Fußweg zu einem anständigen Esslokal. Es gibt zwei Übernachtungsmöglichkeiten: die eleganten Zimmer in der Villa aus dem 17. Jh. und die eher rustikalen Zimmer für die *fattoria* (Bauernhaus) nebenan.

Villa I Barronci HOTEL €€
(☑ 055 82 05 98; www.villaibarronci.com; Via Sorripa 10, San Casciano Val di Pesa; EZ 85–150 €, DZ 115–230 €; P ❄ @ 🛜 🏊) In der nordwestlichen Ecke des Chianti, zwischen Florenz und Pisa, liegt das äußerst komfortable und moderne Landhotel, das vorbildlichen Service und viele Annehmlichkeiten bietet. Es gibt eine Bar und ein Restaurant zum Entspannen, ein Spa für die Verjüngungskur, einen Pool zum Faulenzen, und in der Umgebung liegen Volterra, San Gimingnano und Siena für Tagesausflüge.

Villa Il Poggiale BOUTIQUEHOTEL €€
(☑ 055 82 83 11; www.villailpoggiale.it; Via Empolese 69, San Casciano Val di Pesa; DZ 80–250 €, Suite 120–350 €; ⊘ Mitte Jan.–Mitte Feb. geschl.; P @ 🛜 🏊) In der Regel sind Unterkünfte im Chianti verboten teuer. Aber die hoch gelegene Renaissancevilla mit Blick auf das Val d'Elsa („Il Poggiale" heißt Hügelkuppe) macht die berühmte Ausnahme. Auf die labyrinthartigen Räumlichkeiten verteilen sich 24 große, individuell eingerichtete Zimmer und Suiten, z. T. mit Himmelbetten und Deckenfresken. Wasserkocher und Tee-/Kaffeesortiment sind Standard.

Im Spabereich mit Sauna und Whirlpool im Untergeschoss bieten sich vom Pool aus herrliche Ausblicke. Der (kostenlose) Nachmittagstee wird im eleganten Empfangssalon serviert, abends freuen sich die Gäste nach einer anstrengenden Sightseeingtour über das reichhaltige Buffet.

Locanda La Capannuccia LANDGASTHOF €€
(☑ 0577 74 11 83; www.lacapannuccia.it; Borgo di Pietrafitta; EZ 80–90 €, DZ 96–130 €, mind. zwei Nächte; ⊘ Nov.–Feb. geschl.; P 🛜 🏊) Toskana pur – am Ende einer 1,5 km langen unbefestigten Straße, etwas versteckt im Tal, liegt dieser Schlupfwinkel. Der Landgasthof bietet fünf einfache, gemütliche Zimmer und tischt ein Abendessen (25–30 €) auf, wenn es vorab bestellt wurde. Von Castellina in Chianti fährt man auf der SR222 in nördlicher Richtung und biegt dann rechts ab, Richtung Pietrafitta.

★ Villa Sassolini BOUTIQUEHOTEL €€€
(☑ 055 970 22 46; www.villasassolini.it; Largo Moncioni, Località Moncioni; DZ 198–355 €, Suite 324–443 €, Abendessen 50 €; ⊘ Nov.–Mitte März geschl.; ❄ 🛜 🏊) In puncto Romantik ist das hoch in den dichten Wäldern an der Grenze zum Valdarno gelegene Hotel kaum zu toppen. Luxuriöse Zimmer, ein intimes Restaurant und eine spektakuläre Terrasse mit Pool sind nur drei der vielen Pluspunkte dieser absolut unwiderstehlichen Adresse – die Nähe zum Designer-Outlet in Valdarno könnte ein vierter sein.

Villa Le Barone BOUTIQUEHOTEL €€€
(☑ 055 85 26 21; www.villalebarone.com; Via San Liolino 19, Panzano in Chianti; Zi 195–365 €, Abendessen 32 €; P 🛜 🏊) Das mit viel Geschmack umgebaute Gutshaus mit Panoramablick inmitten eines Rosengartens wurde einst von Mitgliedern der berühmten Bildhauerfamilie della Robbia bewohnt. Ebenso prestigeträchtig sind moderne Annehmlichkeiten wie Pool, Tennisplatz, Restaurant und Trimm-dich-Pfad. Die 28 Zimmer verteilen sich auf die Villa, verschiedene Wirtschaftsgebäude und einen umgebauten Heuschober.

Castello delle Serre BOUTIQUEHOTEL €€€
(☑ 338 5040811; www.castellodelleserre.com; Piazza XX Settembre 1, Serre di Rapolano; Zi. 250 €, Suite 300–375 €; P ❄ @ 🛜) Die mittelalterliche Burg liegt zwar außerhalb des Chianti Senese (sie gehört zu Le Crete), aber eine Nacht in ihren Mauern lohnt den 41-km-Abstecher von Gaiole in Chianti. Der italienisch-amerikanische Hotelier Salvatore Gangale hat alles liebevoll renoviert. Die Zimmer sind riesig, und es gibt einen schicken Pool.

Für einen unvergesslichen Aufenthalt sollte man die Deluxe-Suite im Turm buchen. Sie hat eine eigene Terrasse mit wahrhaft majestätischem Panoramablick.

La Locanda
BOUTIQUEHOTEL €€€

(📋 0577 73 88 32; www.lalocanda.it; Montanino di Volpaia; Zi. 220–290 €, Suite 290–310 €; ⊘ Nov.– Mitte April geschl.; 🅿❄🛜🏊) Oberhalb des mittelalterlichen Dorfs Volpaia in der Nähe von Radda in Chianti versteckt sich das umgebaute Bauernhaus aus dem 16. Jh. Es bietet sieben hübsche Zimmer sowie eine Lounge und eine Bibliothek. Der Speisesaal (Abendessen montags, mittwochs und freitags 35 €) befindet sich im ehemaligen Stall.

Essen & Ausgehen

Il Giglio
EISDIELE €

(www.gelateriailgiglio.it; Via del Giglio 13, San Donato in Poggio; Portion 1,50–4 €; ⊘ Ostern–Okt. 15–23 Uhr) Das befestigte mittelalterliche Dorf San Donato liegt an der *superstrada* Siena–Florenz, in der Nähe von Tavarnelle Val di Pesa und nur eine kurze Fahrt von Badia a Passignano entfernt. Seine Bekanntheit beruht auf drei Dingen: einer netten Hauptstraße mit Palazzo aus der Renaissance, einer hübschen *pieve* (Dorfkirche) aus dem 12. Jh. und einer Eisdiele, in deren hübschem Hof die selbstgemachten Eiscremesorten oberlecker schmecken.

Bar Ucci
WEINLOKAL €

(www.bar-ucci.it; Crostoni 4,50–6 €, Antipastiteller 8 €, Salate 4–8 €; ⊘ Di–So 8–21 Uhr) Paola Baruccis kleine Café-Bar im mittelalterlichen Weiler Volpaia ist ein mit Recht populärer Zwischenstopp auf Ausflügen im Chianti Senese. Sie hält ein gutes Sortiment an regionalen Flaschenweinen sowie Volpaias eigenen Chianti Classico und Reserva im offenen Ausschank bereit. Als Snacks bietet sie dazu Salate und *crostoni* (Toasts) mit diversen Belägen an.

La Locanda di Pietracupa
GOURMETKÜCHE €€

(📋 055 807 24 00; www.locandapietracupa.com; Via Madonna di Pietracupa 31, San Donato in Poggio; Mahlzeiten 40 €; ⊘ Di geschl.; 🅿🛜) Die Preise des Restaurants nahe dem Sanktuarium der Madonna di Pietracupa (aus der Spätrenaissance) sind erstaunlich moderat, gemessen an der Qualität der modernen toskanischen Küche, die hier geboten wird. Gäste können auf der Terrasse ein langes Mittagessen genießen, sich für ein üppiges Abendessen in den eleganten Speisesaal niederlassen und, falls nötig, danach eines der vier B&B-Zimmer beziehen (EZ/DZ 70/80 €). Dass die Weinkarte ebenso beeindruckend wie die Speisekarte ist, muss wohl nicht extra erwähnt werden.

Rinuccio 1180
MODERN TOSKANISCH €€

(📋 055 235 97 20; www.antinorichianticlassico.it; Via Cassia per Siena 133, Bargino; Mahlzeiten 32 €, Probierteller 9–12 €; ⊘12–16 Uhr) Wie wär's mit einem Mittagessen hinter riesigen Panoramascheiben oder auf einer Terrasse mit berauschendem 180°-Blick auf leuchtend grüne Weinberge und dazu dezentes Vogelgezwitscher? Genau das bietet der jüngste Star der Gastroszene im Chianti. Die Küche des Restaurants im neuen Antinori-Keller in Bargina ist toskanisch, saisonal, modern und originell.

Wassergläser aus recycelten Weinflaschen sind witzige Hingucker. Dass die mit Kork überzogene Karte edelste Weine auflistet, ist kein Wunder. Reservierung erforderlich.

La Cantinetta di Rignana
TOSKANISCH €€

(📋 055 85 26 01; www.lacantinettadirignana.it; Mahlzeiten 40 €; ⊘Mi–Mo 12–15 & 19–22 Uhr) Das Restaurant liegt idyllisch in der alten Ölmühle des Rignana-Guts und bietet neben rustikalem Essen für jeden Geschmack eine große Terrasse mit typischer Toskana-Aussicht. Es liegt 15 Minuten Autofahrt von Badia a Passignano entfernt, zwischen Panzano in Chianti und Mercatale Val di Pesa. Das letzte Stück ist ein langer, unbefestigter Feldweg.

L'Antica Scuderia
TOSKANISCH €€

(📋 055 807 16 23; www.ristorolanticascuderia. com; Via di Passignano 17, Badia a Passignano; Mahlzeiten 44 €, Pizza 7–15 €; ⊘Mi–Mo 12.30–14.30 & 19.30–22.30 Uhr) Wenn jemand davon träumt, auf einer Gartenterrasse mit Blick auf die Antinori-Weinberge zu speisen, ist das zwanglose Lokal genau das Richtige. Zu Mittag gibt es Antipasti, Pasta und traditionelle gegrillte Fleischgerichte, abends wird vor allem Pizza serviert. Kinder lieben den Spielplatz – und Erwachsene den Umstand, dass er am anderen Ende des Gartens liegt.

Osteria Le Panzanelle
TOSKANISCH €€

(📋0577 73 35 11; www.lepanzanelle.it; Lucarelli; Mahlzeiten 35 €; ⊘Di–So 12–14.30 & 19.30–21.30 Uhr, im Jan. & Feb. teilw. geschl.) Unterwegs von Greve in Chianti nach Siena ist das der perfekte Ort für eine Mittagspause. Der Gasthof direkt an der Straße serviert im hübschen Garten und im Bar-Gastraum im Souterrain traditionelle Gerichte der Toskana. Die Karte wechselt jeden Monat

INSIDERWISSEN

OUTLETS

Italienische Schnäppchenjäger lieben die Gegend um das Val d'Arno im Nordosten des Chianti, wo auch ausländische Fashionistas ihre Kreditkarte zum Glühen bringen können. In mehreren Outlets werden Teile aus den letzten Kollektionen zu günstigen Preisen angeboten. Zu den beliebtesten gehören **The Mall** (www.the mall.it; Via Europa 8; ⊙ 10–19 oder 20 Uhr) in Leccio Regello, **Dolce & Gabbana** (☏ 055 833 13 00; Via Pian dell'Isola 49, Località Santa Maria Maddalena; ⊙ Mo–Sa 10–19, So 15–19 Uhr) an der SR69 bei Incisa Val d'Arno und **Prada** (☏ 055 28 34 39; www.prada.com; Space Factory Outlets, Via Levanella Becorpi, Località Levanella; ⊙ Mo–Fr & So 10.30–19.30, Sa 9.30–19.30 Uhr) nicht weit von der SR69 am südlichen Ende von Montevarchi.

und orientiert sich an der Jahreszeit. 5 km südlich von Panzano in Chianti auf der SP2 nach Radda in Chianti. Reservierung empfohlen.

Osteria di Passignano   GOURMETKÜCHE €€€
(☏ 055 807 12 78; www.osteriadipassignano.com; Via di Passignano 33; Mahlzeiten 70 €; ⊙ Mo–Sa 12.15–14.15 & 19.30–22 Uhr) Das elegante Lokal im Antinori-Anwesen in Badia a Passignano war lange Zeit die glamouröseste Essadresse der Toskana. Die Küche verarbeitet Produkte der Umgebung zu eindeutig toskanischen Gerichten, die aber manchmal etwas überspannt wirken. Wie zu erwarten, steht auf der Weinkarte alles, was Rang und Namen hat, darunter das Antinori-Sortiment im offenen Ausschank (7–35 € pro Glas).

Greve in Chianti

13 888 EW.

Die Hauptstadt des Chianti Fiorentino liegt 26 km südlich von Florenz. Sie ist der Mittelpunkt der lokalen Weinindustrie und die Heimat der passionierten Unternehmerfamilie Falorni, die hier drei touristische Attraktionen betreibt.

Die **Weinmesse** von Greve wird jährlich in der ersten oder zweiten Woche im September abgehalten. Übernachtungen in dieser Zeit müssen weit im Voraus gebucht werden.

⊙ Sehenswertes & Aktivitäten

Museo del Vino   MUSEUM
(Weinmuseum; www.museovino.it; Piazza Nino Tirinnanzi 10; ⊙ variabel) Nach über 40-jähriger leidenschaftlicher Recherche haben die Brüder Lorenzo und Stefano Falorni 2010 dieses private Museum eröffnet. Es dokumentiert die Geschichte der lokalen Weinwirtschaft und ergänzt die Sammlung ihres Vaters, der bereits viele Fundstücke zum Thema zusammentrug. Die Ausstellung ist ausufernd und vielfältig: Zu sehen sind historische Ansichtskarten aus dem Chianti, Weinhandbücher und -kataloge, Geräte und Anlagen für die Weinproduktion, Barriques (225-Liter-Fässer) und noch viel mehr. Der Audioguide verrät ebenso viel Wissenswertes wie die audiovisuelle Vorführung, die zu großen Teilen aus einem Interview besteht. Bei Drucklegung war das Museum nur nach Absprache geöffnet. Der aktuelle Stand kann per E-Mail erfragt werden.

Le Cantine di Greve in Chianti   WEINPROBEN
(www.lecantine.it; Galleria delle Cantine 2; ⊙ 10–19 Uhr) Ein weiteres Familienunternehmen der Falornis ist die riesige *enoteca* mit mehr als 1200 Sorten Wein im Angebot. Für eine Kostprobe aus 140 Weinen (darunter Supertoskaner, Spitzen-DOC- und DOCG-Weine, Vin Santo und Grappa) erwirbt man an der zentralen Theke eine Prepaid-Weinkarte für 10 oder 25 €. Die Karte wird in den jeweiligen Zapfautomaten gesteckt – und schon fließt der gewünschte Tropfen ins Glas.

Nicht verbrauchtes Guthaben wird bei Rückgabe der Karte zurückerstattet. Das macht großen Spaß, außer für Autofahrer ... Zum Glück kann man sich hier auch mit einem Flaschenvorrat eindecken und den später im Hotel trinken oder mit in die Heimat nehmen.

✗ Essen

Osteria Mangiando Mangiando   TOSKANISCH €€

(☏ 055 854 63 72; www.mangiandomangiando.it; Piazza Matteotti 80, Greve in Chianti; Mahlzeiten 36 €; ⊙ Feb.–Dez. 12–14.30 & 19–22 Uhr) Auch wenn eine der begehrten Slow-Food-Schnecken durch die Küche kriecht, ist das unauffällige Lokal am Hauptplatz von Greve freundlich und unverkrampft geblieben. Das einfache, aber ansprechende Ambiente und die mit toskanischen Dauerbrennern plus einigen leichteren Neukreationen (vor allem Suppen) gut ausbalancierte Karte sorgen für das etwas andere Esserlebnis.

Antica Macelleria Falorni FLEISCHEREI
(www.falorni.it; Piazza Matteotti 71; ⊙ Mo–Sa 8–13 & 15.30–19.30, So 10–13 & 15.30–19 Uhr) Die 1729 von der Familie Falorni eröffnete *macellería* (Fleischerei) mit viel Atmosphäre an der zentralen Piazza ist bekannt für ihre *finocchiona briciolona* (Schweinesalami mit Fenchelsamen und Chianti), aber man bekommt hier auch andere Zutaten für ein leckeres Picknick.

ℹ Praktische Informationen

Die **Touristeninformation** (☑ 055 854 62 99; Piazza Matteotti 11; ⊙ 10–19 Uhr) liegt am Hauptplatz von Greve.

ℹ Anreise & Unterwegs vor Ort

AUTO

Greve liegt an der Via Chiantigiana. Das zweistöckige, offene Parkhaus an der Piazza della Resistenza an der Hauptstraße ist kostenlos. Wer in der Nacht von Freitag auf Samstag sein Fahrzeug auf den gebührenpflichtigen Plätzen an der Piazza Matteotti parkt, muss damit rechnen, dass es abgeschleppt wird, um den Ständen für den Samstagsmarkt Platz zu machen.

BUS

SITA-Busse pendeln zwischen Greve in Chianti und Florenz (3,30 €, 1 Stunde, stündl.).

Rund um Greve in Chianti

Eine schmale Straße führt von Greve in Chianti hinauf in das mittelalterliche Dorf **Montefioralle**. Hier lebte die Familie von Amerigo Vespucci (1415–1512). Der Entdecker, Seefahrer und Kartograf reiste zweimal auf der Route nach Amerika, die Kolumbus gefunden hatte. Nach seiner Rückkehr schrieb er so begeistert über die Neue Welt, dass der deutsche Kartograf Martin Waldseemüller auf seiner 1507 gedruckten Weltkarte den neuen Kontinent nach Amerigo „Amerika" benannte. Der Fuß- bzw. Radweg hinauf ist sehr steil, die Panoramaaussicht entschädigt dafür.

⊙ Sehenswertes & Aktivitäten

★ Antinori nel Chianti Classico WEINGUT
(www.antinorichianticlassico.it; Via Cassia per Siena 133, Località Bargino; Führung & Weinprobe 20 €; Reservierung erforderlich; ⊙ Mo–Sa 11–18, So bis 14 Uhr) Manch einer wird sich beim Besuch der weitläufigen Kellerei wie in einem James-Bond-Film vorkommen. Am Eingangstor muss eine Kopie der Reservierung vorgezeigt werden, dann geht's zum skulpturalen Haupthaus, das in den Hang gebaut wurde. Die einstündige Führung (auf Italienisch und Englisch) endet mit einer Dreierprobe von Antinori-Weinen in der rundum verglasten Probierstube, die wie eine Loge über den Fässern schwebt (wow!).

RADFAHREN IM CHIANTI

Eine Radtour im Chianti ist für viele ein Höhepunkt ihrer Reise. Die Touristeninformation von Greve in Chianti gibt eine Broschüre mit den Wander- und Radwegen der Gegend heraus. Fahrräder verleiht **Ramuzzi** (☑ 055 85 30 37; www.ramuzzi.com; Via Italo Stecchi 23; Tourenrad/Moped 125 ccm pro Tag 20/55 €; ⊙ Mo–Fr 9–13 & 15–19, Sa 9–13 Uhr) in Greve in Chianti. Folgende Anbieter organisieren geführte Radtouren von Florenz aus:

Florence by Bike (Karte S. 82; ☑ 055 48 89 92; www.florencebybike.it; Via San Zanobi 120r) Tagesausflug in den Norden des Chianti, Mittagessen und Weinprobe inklusive (76 €; März–Okt.).

I Bike Italy (☑ 342 9352395; www.ibikeitaly.com) Bietet eine Tagestour inkl. Mittagessen in einem Weingut (83 €, Mitte März–Okt.) an. Ein Shuttlebus ab Florenz bringt die Teilnehmer im Chianti an den Start. Studenten bekommen eine Ermäßigung von 10 %.

I Bike Tuscany (☑ 335 8120769; www.ibiketuscany.com) Veranstaltet ganzjährig Tagesausflüge (120–150 €) für Fahrradfahrer aller Leistungsniveaus. Der Veranstalter holt die Teilnehmer mit dem Minibus an ihrem Hotel in Florenz ab und bringt sie zum Treffpunkt im Chianti. Es gibt auch Hybrid- und Elektroräder und auf Wunsch ein Begleitfahrzeug. Außerdem wird eine Tagestour Florenz–Siena (145 €) angeboten.

Natürlich gibt's auch einen Shop mit Wein, Weingläsern und anderen Kinkerlitzchen zum Thema sowie eine todschicke Bar, in der 16 verschiedene Weine verkostet werden können (pro Glas 4–9 €). Laien lassen sich bei einer Dreierprobe mit Sommelier (9–12 €) instruieren, Kenner wählen selbst, was sie im Glas haben wollen (ab 7 € pro Glas für einen Marchese Antinori 2009 bis 35 € pro Glas für den Solaia 2009). Anschließend ist ein Essen im Rinuccio 1180 (S. 227) fast ein Muss.

Bargino liegt 20 km nordwestlich von Greve und ist über die landschaftlich reizvollen SS222, SP3 und SS2 zu erreichen.

Badia a Passignano WEINGUT

(www.osteriadipassignano.com) Die Abtei (*badia*) aus dem 11. Jh. liegt 6 km westlich von Montefioralle und gehört den Vallombrosanern, einem Benediktinerorden. Darum herum gruppiert sich das malerische Weingut der Antinoris, einer der renommiertesten Winzerfamilien der Toskana. Bei Drucklegung wurde das Hauptgebäude generalüberholt, und es sieht so aus, als würde das noch ein paar Jahre dauern. Aber die Keller und Weinberge können im Rahmen einer Führung besichtigt werden.

Die beliebte vierstündige Führung „Antinori und die Badia a Passignano" (150 €; Mo–Sa 11.15 & 18.15 Uhr) geht durch Rebzeilen und Kellergewölbe und schließt mit einem Essen in der hauseigenen Osteria di Passignano ab, das von vier berühmten Antinori-Weinen begleitet wird.

Weitere Touren führen zum Weinberg Tignanello, wo die Trauben für die Supertoskaner Tignanello und Solaia wachsen. Alternativ wird auch eine reine Kellertour mit Viererprobe angeboten (80 €, Mo–Sa 16 Uhr, mind. 6 Personen).

Sämtliche Führungen müssen vorab gebucht werden. Antinori-Weine und Olivenöle können auch im kleinen Hofladen La Bottega gekauft werden – sogar ohne vorherige Buchung!

Castello di Verrazzano WEINGUT

(055 85 42 43; www.verrazzano.com; Via Citille, Greti) Im Schloss 3 km nördlich von Greve lebte einst Giovanni Verrazzano (1485–1528), der die nordamerikanische Küste erkundete. In New York erinnert die Verrazano-Narrows-Bridge an den Entdecker – ein „z" muss der Seefahrer irgendwo auf dem Atlantik verloren haben. Heute gehört das Schloss zu einem 220 ha großen historischen Weingut.

Es gibt diverse Führungen, die alle einen kurzen Besuch der alten Weinkeller und der Gärten sowie eine Verkostung von hauseigenen Weinen (inklusive dem berühmten Chianti Classico) und anderen Produkten (Honig, Olivenöl, Balsamicoessig usw.) einschließen. Zur „Classic Wine Tour" (1½ Std., 16 €, Mo–Fr 15 Uhr) gehört eine Weinprobe; bei der „Chianti Tradition" (2½ Std., 32 €, Mo–Fr 11 Uhr) werden dazu auch gastronomische Spezialitäten gereicht; die „The Wine & Food Experience" (3 Std., 54 €, Mo–Fr 12 Uhr) schließt mit einem Vier-Gänge-Menü und hauseigenen Weinen ab. Die „Executive Wine Tour" (115 €, Di–Do) umfasst eine private Führung, ein Mittagessen mit Gutsweinen und die Fahrt von und nach Florenz; der Preis basiert auf einer Teilnehmerzahl von vier Personen. Für alle Führungen empfiehlt es sich, vorab zu buchen.

Castellina in Chianti

2873 EW.

Von den Etruskern gegründet und im 15. Jh. von den Florentinern als Verteidigungsposten gegen die Sieneser befestigt, ist Castellina in Chianti heute eines der wichtigsten Zentren der Weinindustrie. Unverkennbares Merkmal sind die riesigen, zylindrischen Tanks, randvoll mit Chianti Classico, im Zentrum des Ortes. Im ortsbekannten Weinladen **Antica Fattoria la Castellina** (Via Ferruccio 26) können sich Besucher von der Qualität des örtlichen Rebsafts überzeugen.

Vom Parkplatz im Süden geht es über die Via Ferrucio oder den Panoramaweg unterhalb der östlichen Befestigungswälle zur stimmungsvollen **Via delle Volte**, einem tunnelartigen Durchgang, in dem im Mittelalter heilige Riten gefeiert wurden und der später von den Florentinern überdacht und zu Verteidigungszwecken umgebaut wurde.

Funde aus der Zeit der Etrusker sind im **Museo Archeologico del Chianti Sienese** (www.museoarcheologicochianti.it; Piazza del Comune 18; Erw./erm. 5/3 €; April–Mai & Sept.–Okt. 10–18 Uhr, Juni–Aug. 11–19 Uhr, Nov.–März Sa & So 10–17 Uhr) ausgestellt, das in der mittelalterlichen *rocca* (Burg) untergebracht ist. In Saal 4 sind Grabbeigaben zu sehen, die in etruskischen Gräbern aus dem 7. Jh. v. Chr. gefunden wurden. Der Fundort, eine Grabanlage am **Monte Calvario** (Ipogeo Etrusco di Monte Calvario; 24 Std.) GRATIS, liegt nördlich der Stadt an der SR222.

 **Essen**

Ristorante Albergaccio GOURMETKÜCHE €€€

(☎0577 74 10 42; www.albergacciocast.com; Via Fiorentina 63, Castellina in Chianti; 4-Gänge-Menü 58 €, 5-Gänge-Menü 68 €, 3-Gänge-Kindermenü 27 €; ☺Mo–Sa mittags & abends, Dez.–März teilw. geschl.) Das Edelrestaurant liegt 1 km außerhalb von Castellina in Chianti, an der Straße nach San Donato in Poggio. In dem restaurierten Bauernhaus kommt (laut Eigenwerbung) „das Land auf den Tisch" – mit biologisch angebauten, saisonalen Zutaten der Region. Die Gerichte sind innovativ und bei einheimischen und ausländischen Foodies gleichermaßen beliebt. Die Weinkarte bietet eine gute Auswahl und ist nicht überteuert.

❶ Praktische Informationen

Die **Touristeninformation** (☎0577 74 13 92; ufficioturistico@comune.castelina.si.it; Via Ferruccio 40; ☺Mitte März–Mai Di, Do, Sa & So 10–12 & 15–18 Uhr, Juni–Okt. 10–13 & 15– 19 Uhr, Nov. Sa & So 15–18 Uhr, Dez.–Mitte Jan. Fr 10–12, Sa & So 10–12 & 15–18 Uhr) organisiert Besuche in Weingütern und -kellern. Außerdem gibt es dort Karten von der Umgebung, Übernachtungsangebote und weitere Informationen.

❶ Anreise & Unterwegs vor Ort

AUTO

Der Parkplatz im Süden des Ortes, erreichbar über Via IV Novembre (1/5 € pro Std./Tag), liegt besonders günstig.

BUS

Busse der Siena Mobilità fahren zwischen Castellina in Chianti und Siena (3,40 €, 35 Min., 10-mal tgl.).

Radda in Chianti

1688 EW.

Schilder und Wappen an der Fassade des **Palazzo del Podestà** im Zentrum zeugen von der nicht immer friedlichen Vergangenheit des Ortes 11 km östlich von Castellina in Chianti. Die **Touristeninformation** (☎0577 73 84 94; proradda@chiantinet.it; Piazza Castello 2; ☺Ostern–Sept. 10–13 & 15–19 Uhr, Okt.–Ostern 10.30–12.30 & 15.30–18.30 Uhr) bucht Unterkünfte und Ausflüge in diesem Teil des Chianti. Zudem gibt's hier Infos über Wanderungen in der Region.

Rund um Radda in Chianti

Castello di Brolio BURG

(☎0577 73 02 80; www.ricasoli.it; Besichtigung von Garten, Kapelle & Krypta 5 €, Führung durch Museum, Kapelle & Krypta 8 €; ☺Mitte März–Nov. 10– 17.30 Uhr, Führungen Di–So 10–13 & 14.30–17.30 Uhr alle 30 Min.) Der Stammsitz der Adelsfamilie Ricasoli wurde im 11. Jh. gebaut und ist Italiens ältestes Weingut. Der mittlerweile 32. Baron öffnet sein Haus mit Gartenanlage, Panoramaterrasse und Museum interessierten Tagesausflüglern, die nach der hochinteressanten Museumsführung meist in der hauseigenen *osteria* zu Mittag essen. s

Drei Räume im Burgturm dokumentieren das spannende Leben des Barons Bettino Ricasoli (1809–1880), seines Zeichens zweiter Ministerpräsident der Republik Italien, aber eigentlich als Wissenschaftler, Landwirt, Winzer, Politiker und Geschäftsmann ein echtes Allroundtalent. Er war eine der Schlüsselfiguren bei der Einigung Italiens, hat jedoch mit der Erstellung des Regelwerks für den Chianti Classico weit wichti-

L'ANTICA MACELLERÌA CECCHINI

Das südwestlich von Greve gelegene Städtchen Panzano in Chianti ist in ganz Italien für seine *macelleria* (Metzgerei) berühmt. Sie gehört dem populären, sehr extrovertierten **Dario Cecchini** (www.dariocecchini.com; Via XX Luglio 11; ☺9–16 Uhr), einem Metzger aus Leidenschaft. Als poetisch veranlagter Wächter der *bistecca* (Steak) und anderer toskanischer Fleischspezialitäten hat er sich seine persönliche Nische geschaffen. Mittlerweile betreibt er neben der Metzgerei noch drei Esslokale, das **Officina della Bistecca** (☎055 85 21 76; festes Menü 50 €; ☺Di, Fr & Sa ab 20, So ab 13 Uhr) mit einem einfachen Menü rund um die *bistecca*, das **Solociccia** (☎055 85 27 27; festes Menü 30 €; ☺Do, Fr & Sa ab 19 und ab 21, So ab 13 Uhr), wo alle Gäste gemeinsam am Tisch sitzen und verschiedene Fleischspezialitäten verkosten, und **Dario DOC** (Burger 10–15 €, leichtes Menü 20 €; ☺Mo–Sa 12–15 Uhr), ein lockeres Mittagslokal. Im Officina und im Solociccia sollte reserviert werden.

gere Lorbeeren geerntet (finden zumindest wir).

Die Kapelle stammt aus dem frühen 14. Jh.; in der Krypta darunter wurden Generationen von Ricasolis zur ewigen Ruhe gebettet.

Auf dem Anwesen wird Wein und Olivenöl produziert. Von der riesigen Terrasse aus bietet sich ein Panoramablick auf die Anbauflächen. Die Burg wird von einem *bosco Inglese* (Englischer Garten) umrahmt. Nicht weit vom Parkplatz entfernt liegt die hauseigene **Osteria del Castello** (☏ 0577 73 02 90; 4-Gänge-Probiermenü inkl. Wein 50 €; ☺ Ende März–Okt. Fr–Mi 12–14.30 & 19.30–21.30 Uhr). Auf der anderen Seite des Eingangstors an der SP484 steht eine moderne **cantina** (☺ März–Dez. Mo–Fr 9–19, Sa 11–19 Uhr, Jan. & Feb. Mo–Fr 9–18 Uhr), in der die renommierten Gutsweine probiert werden können.

Castello di Volpaia   WEINGUT
(☏ 0577 73 80 66; www.volpaia.it; Località Volpaia) Wein, Olivenöl, Essig und Honig werden in diesem Weingut im mittelalterlichen Weiler Volpaia schon seit Jahrhunderten produziert. Wer die Weinkeller besichtigen will, muss sich vorher anmelden. Aber eine Stippvisite in der *enoteca* im größten Turm Volpaias ist jederzeit möglich.

Wer schon mal hier ist, kann in der Bar Ucci einen Snack einschieben oder im **Ristorante La Bottega** (☏ 0577 73 80 01; www.la bottegadivolpaia.it; Mahlzeiten 25 €; ☺ Ostern–Jan.

Mi–Mo 12–14.30 & 19.30–22 Uhr) ausgiebig speisen – die *cucina contadina* (Bauernküche) ist sehr lecker. Beide Lokale werden von der hier ansässigen Familie Barucci betrieben und liegen am Hauptplatz des Weilers. Die Restaurantterrasse direkt neben dem sehr produktiven Gemüsegarten der Baruccis bietet schöne Ausblicke.

VAL D'ELSA

Das Tal ist eine optimale Ausgangsbasis für Ausflüge in die ganze Toskana. Es erstreckt sich vom Chianti bis zur Maremma und enthält eine ganze Reihe Sehenswürdigkeiten, die auf das Programm einer Toskana-Reise gehören. Dazu kommen unzählige Gelegenheiten, Essen, Wein und Landschaft zu genießen. Die größten Städte im Tal sind Colle di Val d'Elsa und Poggibonsi, die touristische Hauptattraktion ist San Gimignano. Volterra liegt zwar im Val di Cecina (Provinz Pisa), ist aber ein nahegelegener Abstecher und deshalb in diesem Abschnitt aufgeführt.

San Gimignano

7638 EW.

Wer sich von Osten her nähert, dem erscheint das von einer Stadtmauer umgebene San Gimignano mit seinen 15 Türmen wie ein mittelalterliches Manhattan. Die Stadt,

---

SKULPTURENPARKS

Für Kunstgenuss zwischen den Weinproben sorgen spannende und sehenswerte Skulpturenparks im Chianti Senese:

Castello di Ama (☏ 0577 74 60 31; http://arte.castellodiama.com; Führungen 15 €, mit Wein- & Ölverkostung 35 €; ☺ ganzjährig, nach Vereinbarung) Das renommierte Weingut produziert international bekannte Tropfen wie den Merlot „L'Apparita", die Cuvée aus Sangiovese, Cabernet Franc und Merlot namens „Haiku" oder den köstlichen Chianti Classico „Vigneto Bellavista". In den letzten Jahren wurde ein Skulpturenpark angelegt, in dem 13 eigens für dieses Gelände geschaffene Werke von Künstlern wie Louise Bourgeois, Chen Zhen, Anish Kapoor, Kendell Geers und Daniel Buren stehen. Führungen durch die Keller, die Villa und den Skulpturenpark werden auf Deutsch, Englisch, Französisch und Italienisch angeboten. Das Gut liegt 11 km südwestlich von Gaiole, in der Nähe von Lecchi in Chianti.

Parco Sculture del Chianti (Chianti-Skulpturenpark; ☏ 0577 35 71 51; www.chiantisculp turepark.it; Erw./Kind 10/5 €; ☺ April–Okt. 10 Uhr–Sonnenuntergang, Nov.–März nach Vereinbarung; ♿) Über die 5,2 ha große Parkanlage verteilen sich 26 für das Gelände geschaffene Werke moderner Kunst, die ein 1 km langer Spazierweg miteinander verbindet. Der Park liegt 12 km südwestlich von Gaiole und 7 km nördlich von Siena an der SS408. Wer schon mal hier ist, sollte auch das Dorf **Pievasciata** anschauen, dessen Straßen ebenfalls zunehmend mit Plastiken zeitgenössischer Künstler verschönert werden; ein Hingucker sind Yu Zhaoyangs witzige *Town Ostriches* (Stadtaustern) neben den Zypressen.

ursprünglich ein etruskisches Dorf, wurde nach dem Bischof von Modena, dem hl. Gimignano, benannt, der sie vor dem Hunnenkönig Attila gerettet haben soll. 1199 wurde sie zu einer unabhängigen *comune* und kam wegen der Lage an der Via Francigena zu Wohlstand. Um ihren Reichtum und ihre Macht zu zeigen, wetteiferten die adeligen Familien der Stadt im Bau möglichst hoher „Geschlechtertürme" (ursprünglich waren es 72). Im Jahr 1348 raffte die Pest einen Großteil der Bevölkerung dahin und schwächte die örtliche Wirtschaft so stark, dass sich die Stadt 1353 Florenz unterwarf. Heute würde wohl nicht einmal die Pest die Massen sommerlicher Tagesbesucher abschrecken, die hierherkommen, um sich von der Geschichte, den mittelalterlichen Straßen und der zauberhaften Landschaft drum herum verführen zu lassen.

⊙ Sehenswertes

Die dreieckige Piazza della Cisterna ist nach dem Brunnen aus dem 13. Jh. in ihrer Mitte benannt. An der Piazza del Duomo stehen gegenüber dem Dom auch der **Palazzo del Podestà** aus dem späten 13. Jh. samt **Torre della Rognosa**.

★ Collegiata   KIRCHE
(Duomo Collegiata oder Basilica di Santa Maria Assunta; Piazza del Duomo; Erw./Kind 3,50/1,50 €; ⊙ April–Okt. Mo–Fr 10–19.10, Sa bis 17.10, So 12.30–19.10 Uhr, sonst kürzer, 2. Hälfte Nov. & Jan. geschl.) San Gimignanos romanische Hauptkirche wird kurz Collegiata genannt, nach dem einst hier ansässigen Priesterkolleg, von dem sie verwaltet wurde. Teile des Gebäudes stammen aus der zweiten Hälfte des 11. Jhs. Die unglaublich lebendigen Fresken, die sich wie ein mittelalterlicher Comic über die Wände ziehen, sind aus dem 14. Jh.

Der Zugang erfolgt über eine Seitentreppe durch eine Loggia, die ursprünglich überdacht war und für Taufen genutzt wurde. In Blickrichtung zum Altar an der linken Wand sind Bartolo di Fredis Szenen aus der Genesis und Motive aus dem Alten Testament (um 1367) zu sehen. Die obere Freskenfolge erzählt die Geschichte von der Erschaffung der Welt bis zum Sündenfall. Weiter geht's in der mittleren Reihe mit einem Fresko, das die Vertreibung Adams und Evas aus dem Paradies darstellt (und im Krieg beschädigt wurde). Weitere Bilder zeigen die Geschichten von Kain und Abel, der Arche Noah und von Josefs Mantel. In den unteren Szenenfolgen sind u. a. der Auszug der Juden aus

GALLERIA CONTINUA

Es erscheint etwas merkwürdig, in der mittelalterlichen Zeitkapsel San Gimignano ausgerechnet auf einen Hort moderner Kunst hinzuweisen. Aber dafür gibt es einen guten Grund: Die **Galleria Continua** (☎ Infotel. 0577 94 31 34; www.galleriacontinua.com; Via del Castello 11; ⊙ Di–Sa 14–19 Uhr) `GRATIS` gehört zu den besten kommerziellen Kunstgalerien Europas. Hier werden Arbeiten von 40 weltbekannten Künstlern ausgestellt, darunter Ai Weiwei, Daniel Buren, Carlos Garaicoa, Moataz Nasr, Kendell Geers, Liu Jianhua und Sophie Whettnall. Die Galerie verteilt sich auf drei Orte (ein altes Kino, einen mittelalterlichen Turm und ein mittelalterliches Kellergewölbe) und ist eine der spannendsten Attraktionen von San Gimignano.

Ägypten und die Geschichte von Hiob zu sehen.

Auf der rechten (südlichen) Wand befinden sich Szenen aus dem Neuen Testament von Künstlern aus der Werkstatt von Simone Martini (vermutlich geleitet von Lippo Memmi, dem Schwager von Martini), die 1336 fertiggestellt wurden. Die Fresken verteilen sich ebenfalls auf drei Reihen. Die sechs oberen Lunetten zeigen u. a. die Verkündigung der Geburt Christi, Epiphanias (Erscheinung des Herrn), der kleine Jesus im Tempel und das Massaker des Herodes an den unschuldigen Kindern. Auf den Fresken in den unteren Reihen ist das Leben und Leiden Christi mit Wiederauferstehung usw. dargestellt. Einige der Fresken haben Schäden davongetragen, aber die meisten sind in gutem Zustand.

Über die gesamte Innenwandbreite der vorderen Fassade erstreckt sich eine beachtliche Darstellung des Jüngsten Gerichts von Taddeo di Bartolo. Oben links ist das Paradies dargestellt, oben rechts die Hölle. Das Fresko darunter zeigt den hl. Sebastian und stammt von Benozzo Gozzoli.

Hinter dem südlichen Seitenschiff, neben dem Hauptaltar, liegt die **Cappella di Santa Fina**. Die Renaissancekapelle ist mit naiven, anrührenden Fresken von Domenico Ghirlandaio ausgeschmückt, die Stationen aus dem Leben eines Schutzpatrons der Stadt zeigen. Szenen aus Franco Zeffirellis Film Tee mit Mussolini von 1999 wurden hier gedreht.

San Gimignano

San Gimignano

⭐ **Museo Civico** MUSEUM
(Piazza del Duomo 2; Erw./erm. 5/4 €; ⏰April–
Sept. 9.30–19 Uhr, Okt.–März 11–17.30 Uhr) Der
Palazzo Civico aus dem 12. Jh. war immer
schon Sitz der Stadtregierung. In der **Sala
di Dante** (auch Sala del Consiglio genannt)
sprach der große Dichter 1299 zum Rat der
Stadt und drängte darauf, sich auf die Seite
der Guelfen zu stellen. Nicht zu übersehen
ist die *Maestà* von Lippo Memmi aus dem
frühen 14. Jh. Die thronende Jungfrau mit
Kind ist umringt von Engeln, Heiligen und
örtlichen Würdenträgern – der kniende
Herr in Rot-Schwarz ist der *podestà* (Rats-
präsident). Die übrigen Fresken zeigen Tur-
nier- und Jagdszenen, Burgen und andere
mittelalterliche Motive.

Die kleine **Pinacoteca** in der Etage darüber beherbergt Glanzstücke wie zwei *Mariä Verkündigungen* (1482) von Filippino
Lippi, *Gnadenreiche Madonna, angebetet
von zwei Heiligen* (1466) und *Madonna mit
Kind und Heiligen* (1466) von Benozzo Gozzoli und ein Altarbild von Taddeo di Bartolo
(1401), auf dem das Leben in San Gimignano
dargestellt ist.

In der **Camera del Podestà** am Ende der
Treppe ist ein sorgfältig restaurierter Freskenzyklus von Memmo di Filippuccio zu
sehen, der eine moralische Botschaft bereit-
hält: Der Lohn der Ehe wird in Szenen dargestellt, in denen Ehemann und Weib nackt
im Badezuber und im Bett zu sehen sind.

Nach dem Besuch in der Pinacoteca sollte
man unbedingt die 154 Stufen zur **Torre
Grossa** hochsteigen. Von oben hat man einen spektakulären Ausblick auf den Ort und
die Umgebung.

Chiesa di Sant'Agostino KIRCHE
(Piazza Sant'Agostino; ⏰Mitte März–Okt. 9–12 &
15–19 Uhr, Nov.–Dez. bis 18 Uhr, Jan.–Mitte März
Mo 16–18, Di–So 10–12 & 15–18 Uhr) Die Kirche
aus dem späten 13. Jh. steht am nördlichen
Ende des Ortes. Sie ist vor allem wegen eines
besonders schönen Freskenzyklus über das
Leben des hl. Augustinus von Benozzo Gozzoli bekannt (hinter dem Altar; für Beleuchtung ein 50-Cent-Stück einwerfen).

Von Gozzoli stammt auch das sehr ungewöhnliche Fresko mit dem hl. Sebastian an
der Nordwand. Der vollständig bekleidete
Heilige beschützt die Bürger von San Gimignano, an seiner Seite eine barbusige Jungfrau Maria und ein halbnackter Jesus. (Die
Darstellung beruht auf der Legende, der
Heilige habe 1464 die Bewohner der Stadt
vor der Pest bewahrt.)

Museo del Vino MUSEUM, WEINPROBEN
(Weinmuseum; museodelvino@sangimignano.com;
Parco della Rocca; ⏰April–Okt. 11.30–18.30 Uhr)
ᴳᴿᴬᵀᴵˢ Das Museum in einer nicht weiter
gekennzeichneten Villa neben der *rocca*
(Festung) ist eine einzige Hommage an
den Vernaccia, San Gimignanos berühmten
Weißwein. Es gibt eine kleine Ausstellung
zur Geschichte des Vernaccia (nur auf Italienisch) sowie eine *enoteca*, wo man sich mit
einem Glas Wein auf die Terrasse setzen und
das wunderbare Panorama genießen kann.

**Museo Archeologico, Speziera
di Santa Fina & Galleria d'Arte
Moderna e Contemporanea** MUSEUM
(Via Folgore da San Gimignano 11; beide Museen
Erw./erm. 3,50/2,50 €; ⏰April–Sept. 11–17.30 Uhr,
Okt.–März 14–18 Uhr) Das ehemalige Konvent
beherbergt zwei Museen und eine Galerie:
die **Speziera di Santa Fina**, eine rekonstru-
ierte Apotheke des 16. Jhs. mit Kräutergar-
ten, ein kleines **archäologisches Museum**
mit vor Ort gefundenen Stücken aus etruskischer, römischer und mittelalterlicher
Zeit und die moderne Kunstgalerie **Galleria
d'Arte Moderna e Contemporanea**, zu deren ständiger Ausstellung Renato Guttusos
eindrucksvolle *Marina* (1970) gehört.

Museo d'Arte Sacra MUSEUM
(Piazza Pecori 1; Erw./Kind 3/1,50 €; ⏰April–Okt.
Mo–Fr 10–19.10, Sa bis 17.10, So 12.30–19.10 Uhr,
Nov.–Mitte Jan. & Feb.–März Mo–Fr 10–16.40, Sa &
So 12.30–16.40 Uhr, 2. Hälfte Nov. & Jan. wg. religiöser Feste geschl.) In diesem schlichten Museum werden Werke religiöser Kunst aus der
Collegiata und anderen Kirchen des Ortes
gezeigt. Kenner mittelalterlicher Sakralob-
jekte werden die Kunstfertigkeit zu schätzen
wissen, mit der Kelche und Weihrauchfässer
aus Gold und Silber sowie exquisit bestickte
Textilien angefertigt wurden.

San Gimignano del 1300 MUSEUM
(www.sangimignano1300.com; Via Berignano 23;
Erw./Kind 3 €/frei; ⏰10–19 Uhr, Winter geschl.; ♿)

> ℹ️ **KOMBITICKETS**
>
> Sparmöglichkeiten bieten zwei
> Kombitickets: Das erste (Erw./erm.
> 7,50/5,50 €) gilt für das Museo Civico,
> das Museo Archeologico und ein kleines
> Vogelkundemuseum. Das zweite (Erw./
> erm. 5,50/2,50 €) gilt für die Collegiata
> und das Museo d'Arte Sacra.

Vor allem Kinder lieben die Nachbildung der mittelalterlichen Stadt aus Tonerde und Tuffstein. Die großartige Handwerkerleistung zeigt, wie Häuser, Straßen, Türme und Menschen wohl um 1300 ausgesehen haben.

Geführte Touren

Die Touristeninformation übernimmt Buchungen für eine Reihe von Führungen (auf Englisch). Im Angebot sind u. a. ein **Besuch auf einem Vernaccia-di-San-Gimignano-Weingut** (20 €; April–Okt. Di & Do 17–19 Uhr) mit Weinprobe und Verköstigung regionaler Spezialitäten sowie **Naturwanderungen** (15–22 €) in den umliegenden Hügeln, auf der Via Francigena (6 km) und durch das Riserva Naturale di Castelvecchio südwestlich von San Gimignano.

Feste & Events

San Gimignano Estate　　　　　KULTUR
(www.sangimignano.com) Zwischen Juni und September stehen Opern auf der Piazza del Duomo, Filmvorführungen in der *rocca* sowie Konzerte, Theater und Tanz auf dem Programm.

Ferie delle Messi　　　　　　　KULTUR
Im Juni (meist am dritten Wochenende) versetzt dieser Festumzug den Ort mit nachgespielten Schlachten, Bogenschießen und Gauklerspielen zurück ins Mittelalter.

Festival Barocco di San Gimignano　MUSIK
Eine Reihe von Barockkonzerten im September und Anfang Oktober.

Schlafen

⭐ **Al Pozzo dei Desideri**　　　　B&B €
(☑ 370 3102538, 0577 90 71 99; www.alpozzodeidesideri.it; Piazza della Cisterna 32; DZ 75–110 €, 3BZ 95–120 €, 4BZ 115–160 €; ❋🐾) Drei Zimmer mit Aussicht (zweimal hinaus ins Grüne, einmal auf den Hauptplatz) bietet das kürzlich eröffnete B&B. Alle sind hübsch eingerichtet, haben stylische Badezimmer, Kühlschrank und alles zum Kaffee/Tee kochen. Es gibt kein Frühstück, dafür ein nettes Café um die Ecke.

Foresteria Monastero di San Girolamo　　　　　HOSTEL €
(☑ 0577 94 05 73; www.monasterosangirolamo.it; Via Folgore da San Gimignano 26-32; EZ/2BZ/3BZ 37,50/75/112,50 €) Die beste Unterkunft für den kleinen Geldbeutel wird von freundlichen vallombrosanischen Nonnen betrieben. Die Zimmer für zwei bis fünf Personen

sind einfach, aber komfortabel und haben ein eigenes Bad. Küchenbenutzung und Parkplatz kosten nicht die Welt, die Buchung sollte vorab online auf www.monasterystays.com erfolgen, da oft belegt ist.

Wer nicht reserviert hat, sollte zwischen 9 und 12.30 Uhr oder 15.30 und 17.45 Uhr an der Klosterglocke klingeln (nicht an der Foresteria, da kommt keiner).

Hotel L'Antico Pozzo　　BOUTIQUEHOTEL €€
(☑ 0577 94 20 14; www.anticopozzo.com; Via San Matteo 87; EZ 80–95 €, DZ 90–135 €, bessere DZ 169–180 €; ☉ 1. Hälfte Nov. & Jan. geschl.; ❋@🐾) Namensgeber des Hotels ist der malerisch beleuchtete *pozzo* (Brunnen) vor der Lobby des Palazzo aus dem 15. Jh. an der quirligen Via San Matteo. Die meisten Zimmer haben hohe Decken, großzügig bemessene, etwas antiquierte Bäder und sind einfach, aber elegant eingerichtet. Die hübschesten kosten zwar etwas mehr, sind aber den billigeren im oberen Stockwerk auch vorzuziehen. Frühstücksraum und Hinterhof sind ebenfalls sehr ansprechend.

Essen & Ausgehen

San Gimignano ist bekannt für den Handel mit *zafferano* (Safran). Auf dem **Markt am Donnerstagmorgen** (Piazza delle Erbe) rund um die Piazze Cisterna, Duomo und Erbe gibt's außer Fleisch, Gemüse und Fisch auch viele Leckereien zum Mitnehmen.

Dal Bertelli　　　　　　　PANINI €
(Via Capassi 30; Panini 3–5 €, Glas Wein 1,50 €; ☉ März–Anf. Jan.) Die Bertelli-Familie ist seit 1779 in San Gimignano ansässig, und der derzeitige Patriarch ist genauso stolz auf seine Herkunft wie auf seine *panini*. Signor Brunello Bertelli erwirbt Salami, Käse, Brot und Wein ausschließlich von örtlichen Produzenten und zaubert daraus opulente belegte Brote, die in herrlich touristenfreiem Ambiente über die Theke gehen. Fabelhaft.

Gelateria Dondoli　　　　　EISDIELE €
(www.gelateriadipiazza.com; Piazza della Cisterna 4; Portion 2–3 €; ☉ März–Mitte Nov. 8.30–23 Uhr; ❋) Eismeister Sergio Dondoli verwendet nur die allerfeinsten Zutaten für sein cremiges Eis. Für Lokalkolorit sorgen Sorten wie *crema di Santa Fina* (Safraneis) und das Vernaccia-Sorbet.

⭐ **Ristorante La Mandragola**　TOSKANISCH €
(☑ 0577 94 03 77; www.locandalamandragola.it; Via Berignano 58; Mahlzeiten 37 €, feste Menüs 14–25 €, Kindermenü 10 €; ☉ 12–14.30 & 19.30–21.30 Uhr,

Nov.–Anf. März Do geschl.) Kein Einheimischer würde auf die Idee kommen, in einem der Touristenlokale an der Via San Giovanni zu essen – aber ins La Mandragola gehen sie alle. Es ist in die Stadtmauer integriert und hat genügend Platz, um Stammgäste, italienische Tagesausflügler, ausländische Bustouristen und auch noch Zufallsgäste aufzunehmen. Das Essen ist jedenfalls top (besonders die Pasta), der Hauswein ein exzellenter Vernaccia und das Personal so freundlich, dass sich tatsächlich alle wohl fühlen.

Perucà
TOSKANISCH €€

(☏0577 94 31 36; www.peruca.eu; Via Capassi 16; Mahlzeiten 30 €; ⏰Mitte Feb.–Anf. Dez. Di–So 12.30–14 & 19.30–22 Uhr, April–Sept. auch Mo) Die Besitzerin kennt und liebt das Essen und die Weine der Region, was sich in ihrer exzellenten Küche bemerkbar macht. Besonders empfehlenswert ist die Spezialität des Hauses, *fagottini del contadino* (mit Pecorino, Birnen und Safrancreme gefüllte Teigtaschen) mit einem Glas Vernacchia der Fattoria San Donato – ein himmlischer Genuss.

Il Pino
MODERN TOSKANISCH €€

(☏0577 94 04 15; www.ristorantteilpino.it; Via Cellolese 8-10; Mahlzeiten 44 €; ⏰Fr–Sa & Mo–Mi 12–14.30 & 19–21.30, So 12–14.30 Uhr) Ein eleganter Gewölbekeller, in dem Gerichte der Saison serviert werden, dazu Pasta und Brot aus eigener Produktion. Es ist das einzige Restaurant des Ortes, das im renommierten Restaurantführer Gambero Rosso empfohlen wird – Feinschmeckeralarm!

❶ Praktische Informationen

Die außerordentlich hilfsbereite **Touristeninformation** (☏ 0577 94 00 08; www.sangimignano. com; Piazza del Duomo 1; ⏰ März–Okt. 10–13 & 15–19 Uhr, Nov.–Feb. 10–13 & 14–18 Uhr) organisiert Ausflüge, bucht Unterkünfte und hält Kartenmaterial bereit. Sie weiß auch alles über die *Strada del Vino Vernaccia di San Gimignano* (Weinstraße).

Auf und um die Piazza del Duomo gibt's kostenloses WLAN.

❶ Anreise & Unterwegs vor Ort

AUTO

Autofahrer nehmen in Florenz oder Siena die *superstrada,* dann die SR2 und in Poggibonsi schließlich die SP1. Ab Volterra geht es auf der SR68 ostwärts und dann auf der SP47 nordwärts nach San Gimignano.

ABSEITS DER ÜBLICHEN PFADE

VIA FRANCIGENA

Wer im Urlaub nicht nur faulenzen will, kann zur Abwechslung ein Stück auf der **Via Francigena** fahren oder wandern. Die mittelalterliche Pilgerstrecke vom südenglischen Canterbury nach Rom führt durch viele interessante toskanische Orte, darunter San Gimignano, Monteriggioni, San Quirico d'Orcia und Radicófani. GlobalMap hat die Karte *Via Francigena in Toscana* herausgegeben, eine erstklassige Wanderkarte (1:50 000) mit genauen Streckenbeschreibungen und Infos zu Übernachtungsmöglichkeiten für Pilger. Es gibt sie bei Touristeninformationen und Buchhandlungen in der ganzen Region. Online sind Streckenkarten und GPS-Koordinaten unter www.francigena librari.beniculturali.it zu finden.

Parken ist teuer! Am billigsten ist der Parcheggio Giubileo (pro Std./24 Std. 1,50/6 €) am südlichen Ortsrand, am bequemsten der Parcheggio Montemaggio an der Porta San Giovanni (pro Std./24 Std. 2/20 €).

BUS

Die Bushaltestelle liegt direkt neben den Carabinieri (Polizeistation) an der Porta San Giovanni. Tickets gibt's in der Touristeninformation. Die Busse fahren nach/von Florenz (6,80 €, 1¼–2 Std., 14-mal tgl.), oft mit Umsteigen in Poggibonsi. Es gibt auch Verbindungen von/nach Siena (6 €, 1–1½ Std., werktags 10-mal tgl.). Die Fahrt nach Volterra geht über Colle di Val d'Elsa (3,40 €, 35 Min., werktags 4-mal tgl.), dort gibt's dann Anschluss nach Volterra (2,75 €, 50 Min., 4-mal tgl.)

ZUG

Der nächste Bahnhof liegt in Poggibonsi (Bus 2,50 €, ca. 30 Min., häufig).

Volterra

10 675 EW.

Die gut erhaltenen Stadtmauern von Volterra verleihen der windumtosten Stadt einen abweisenden, stolzen Charakter. Wohl deshalb wählte sie die Autorin Stephenie Meyer für ihre megapopuläre *Twilight*-Serie als Hauptsitz der Vampire. Glücklicherweise sieht die Wirklichkeit bei einem Gang durch die gewundenen Kopfsteinpflastergassen (in denen noch erfreulich viele Einheimische unterwegs sind) viel freundlicher aus.

Volterra

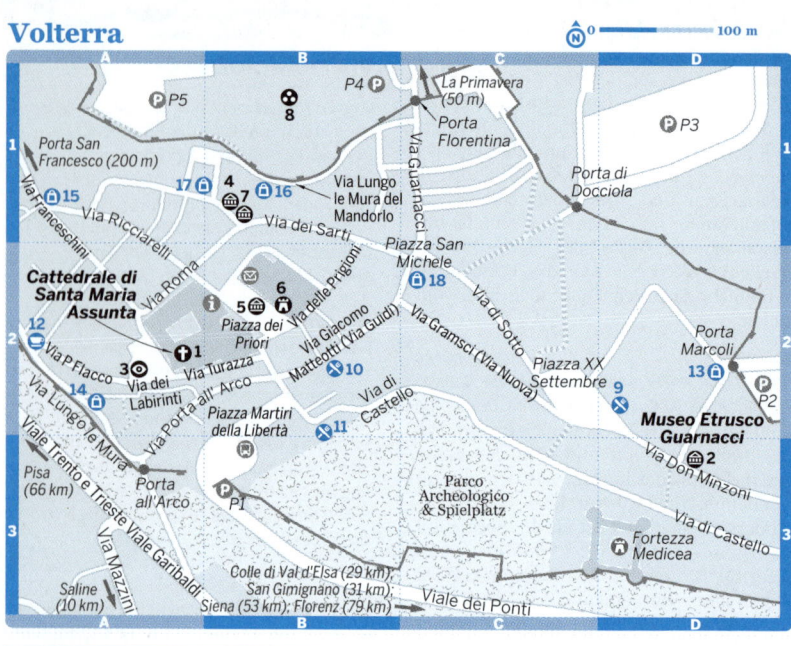

Volterra

◉ Highlights

◉ Sehenswertes

✖ Essen

◉ Ausgehen & Nachtleben

◉ Shoppen

Die etruskische Siedlung Velathri war ein wichtiges Handelszentrum und ranghohes Mitglied der zwölf Bundesstädte Etruriens. Während der Blütezeit der Etrusker sollen hier 25 000 Menschen gelebt haben. Auch aufgrund ihrer unwirtlichen Umgebung war die Stadt eine der letzten, die sich Rom unterwerfen mussten – sie wurde erst um 260 v. Chr. ins Römische Reich integriert und erhielt den Namen Volaterrae. Im 12. und 13. Jh. entstand der Großteil der Altstadt. Volterra war zu dieser Zeit eine freie Gemeinde, die ihre Unabhängigkeit zu verteidigen wusste. Erst 1361 gelangte die Stadt unter den Machteinfluss von Florenz, widersetzte sich aber weiter tapfer der Herrschaft der Medici. Ihr Widerstand wurde von den Soldaten Lorenzo I. de' Medici gebrochen, die die Stadt 1472 einnahmen. 1530 rebellierten die Einwohner von Volterra erneut und wurden wieder brutal von den Florentinern niedergeschlagen. Volterra erhielt seine Unabhängigkeit nie zurück, denn von den Florentinern ging die Herrschaft direkt auf das Großherzogtum Toskana über, das die Stadt bis zur Einigung Italiens 1860 regierte.

☉ Sehenswertes & Aktivitäten

⭐ Museo Etrusco Guarnacci MUSEUM
(Via Don Minzoni 15; Erw./Stud. 8/6 €; ☉ Mitte März–Okt. 9–19 Uhr, Nov.–Mitte März 10–16.30 Uhr) Die hier gezeigte Sammlung etruskischer Kunst gehört zu den eindrucksvollsten in ganz Italien. Alle Ausstellungsstücke wurden in der Umgebung gefunden, darunter mehr als 600 Begräbnisurnen, überwiegend aus Alabaster und Tuffstein, die nach Motiven und Zeitperioden präsentiert werden. Die schönsten Exemplare (aus späterer Zeit) befinden sich im 2. und 3. Stock.

Besonders interessante Ausstellungsstücke sind die *Urne der Eheleute* mit einem ausdrucksstarken, realistischen Terrakotta-Relief eines älteren Paars, ein Helm aus der Tomba del Guernero bei Poggio alle Croci und *L'Ombra della Sera* (Schatten des Abends), eine langgestreckte nackte Bronzefigur, die verblüffend an die Skulpturen des italienischen Bildhauers Alberto Giacometti erinnert.

⭐ Cattedrale di Santa Maria Assunta DOM
(Duomo di Volterra; Piazza San Giovanni; ☉ Sa–Do 8–12.30 & 15–18, Fr 16–18 Uhr) Der Dom stammt aus dem 12. und 13. Jh., sein Inneres wurde aber im 16. Jh. umgestaltet und verfügt seither über eine hübsche Kassettendecke. Die **Kapelle der Mater Dolorosa**, links vom Eingang an der Piazza San Giovanni, birgt zwei Skulpturen von Andrea della Robbia und das kleine Fresko *Zug der Könige* von Benozzo Gozzoli.

Vor dem Dom steht das **Baptisterium** (Piazza San Giovanni) aus dem 13. Jh. mit einem kleinen marmornen Taufbecken (1502) von Andrea Sansovino.

Palazzo dei Priori HISTORISCHES GEBÄUDE
(Piazza dei Priori; Erw./Kind/Fam. 4/2,50/8 € inkl. Turm; ☉ Mitte März–Okt. 10.30–17.30 Uhr, Nov.–Mitte März Sa & So 10–16 Uhr) Das ist der älteste Sitz einer Regionalregierung in der Toskana. Höhepunkte im Gebäude sind ein Fresko von Piero Francesco Fiorentino über der Treppe, das die Kreuzigung Jesu darstellt, und der herrliche Ratssaal mit Kreuzgewölbe. Der **Glockenturm** wurde im 19. Jh. erheblich umgebaut; eine Treppe und ein Lift führen nach oben.

Der **Palazzo Pretorio** (Piazza dei Priori) gegenüber stammt aus derselben Zeit. Aus ihm ragt die **Torre del Porcellino** (Schwein-chenturm) hervor, die ihren Namen der kleinen Skulptur eines Keilers im oberen Teil verdankt.

Pinacoteca Comunale MUSEUM
(Via dei Sarti 1; Erw./Stud. 8/6 €; ☉ Mitte März–Anf. Nov. 9–19 Uhr, Anf. Nov.–Mitte März 10–16.30 Uhr) Eine kleine Sammlung von Kunstwerken aus Volterra, Siena und Florenz ist in den Räumen des Palazzo Minucci Solaini zu sehen, unter anderem die liebliche *Madonna mit Kind* (1411) von Taddeo di Bartolo und die erstaunlich modern wirkende *Kreuzabnahme* (1521) von Rosso Fiorentino.

Ecomuseo dell'Alabastro MUSEUM
(Via dei Sarti 1; Eintritt im Pinacoteca-Ticket enthalten; ☉ Mitte März–Okt. 9.30–19 Uhr, Nov.–Mitte März 10.30–16.30 Uhr) Wie es sich für eine Stadt gehört, die den wertvollen Werkstoff Alabaster seit etruskischer Zeit aus den benachbarten Steinbrüchen holt, verfügt Volterra über ein Alabastermuseum. Im Erdgeschoss sind moderne Arbeiten zu sehen, in den oberen beiden Etagen sind ausgesuchte Exemplare aus etruskischer Zeit und späteren Epochen ausgestellt; außerdem befindet sich hier die Rekonstruktion einer Steinmetzwerkstatt. Im gleichen Gebäude ist auch die Pinakothek untergebracht.

Römisches Theater AUSGRABUNGSSTÄTTE
(Eintritt 3,50 €; ☉ Mitte März–Okt. 10.30–17.30 Uhr, Nov.–Mitte März Sa & So bis 16.30 Uhr) Im Mittelalter wurde das Gelände als Schutthalde genutzt, dann brachten Ausgrabungen in den 1950er-Jahren diese Anlage aus dem 1. Jh. v. Chr. ans Licht. Zwei Treppen und 19 Sitzreihen sind deutlich zu erkennen. Aber ehrlich gesagt lohnt sich der Eintritt nicht, denn von der Via Lungo le Mura del Mandorlo aus hat man das Theater perfekt im Blick.

☞ Geführte Touren

Volterra Walking Tour (☎0588 08 62 01; www.volterrawalkingtour.com; pro Pers. 10 €, mind. 3 Teilnehmer; ☉April–Juli & Sept.–Okt. 18 Uhr) bietet genau das: einen einstündigen Stadt-

---

❶ KOMBITICKETS

Das *biglietto cumulativo* (Erw./Stud. & Kind/Fam. 10/6/20 €) gilt für das Museo Etrusco Guarnacci, die Pinacoteca Comunale und das Ecomuseo dell'Alabastro.

spaziergang mit Führung in englischer Sprache. Die Runde unter der Leitung eines lizensierten Führers beginnt an der Piazza Martiri della Libertà. Reservierung ist nicht erforderlich, Bezahlung nur bar.

Von Mitte Juni bis Mitte September bietet die Touristeninformation den 90-minütigen Spaziergang **Volterra by Night** (www.volterra tur.it/en/volterra-by-night; Erw./Kind 10 €/frei; ☺ Mitte Juni–Mitte Sept. Sa 21.30 Uhr) in Englisch und Italienisch an. Teilnehmer müssen sich vorher anmelden.

⚜ Feste & Events

Volterra AD 1398   KULTUR

(www.volterra1398.it; Tagespass 9 €) Am dritten und vierten Sonntag im August drehen die Einwohner von Volterra die Zeit um gut 600 Jahre zurück und ziehen in historischen Kostümen durch die Straßen und über den mittelalterlichen Jahrmarkt.

Volterragusto   ESSEN

(www.volterragusto.com) Verschiedene Events Mitte März, Ende Oktober und Anfang November stellen die Produkte der Region vor, darunter Käse, weiße Trüffeln, Olivenöl und Schokolade.

🛏 Schlafen

⭐ Podere San Lorenzo   AGRITURISMO €

(☎0588 3 90 80; www.agriturismo-volterra.it; Via Allori 80; B&B DZ 100 €, Apt. mit 2/3/4B ohne Frühstück 100–130 €; 🛜🏊) Die Vorzeige-Unterkunft im Sinne des grünen Tourismus gehört zu einer Olivenfarm 3,5 km außerhalb von Volterra. Die zwei Zimmer und fünf Apartments für Selbstversorger (davon zwei mit Terrasse) sind einfach, aber dafür ist die Umgebung idyllisch. Der Pool wird von Bergquellen gespeist, und abends wird in der Franziskanerkapelle aus dem 12. Jh. hemmungslos geschlemmt (Abendessen inkl. Wein 30 € pro Pers.).

Aktivitäten wie Wandern, Radfahren, Reiten und Mithilfe bei der Olivenölproduktion (Okt./Nov.) sowie Kochkurse der Hausherrin Mariana (100 € pro Pers.) halten die Gäste auf Trab.

⭐ La Primavera   B&B €

(☎0588 8 72 95; www.affittacamere-laprimavera. com; Via Porta Diana 15; EZ/DZ/3BZ 50/75/100 €; ☺Mitte März–Mitte Nov.; 🅿🛜) Silvia Pineschis heimelige Pension liegt gleich außerhalb der Stadtmauer, nur fünf Gehminuten von der Piazza dei Priori. Sie verwöhnt ihre

Gäste mit vier geräumigen Zimmern in beruhigenden Pastellfarben, einer Lounge und einem hübschen Garten. Weiterer Pluspunkt: die kostenlosen Parkplätze. Keine Kreditkarten.

Molino d'Era   HOTEL €

(☎0588 3 32 20; www.molinodera.com; SR439; EZ 54–79 €, DZ 64–89 €; ☺Jan., Feb. & So–Do im März geschl.; 🅿🛜) Hier bewahrheitet sich die Lebensweisheit „der Schein trügt": Bei der Ankunft in dem hochmodernen Gebäude 6,4 km nördlich von Volterra waren wir leicht schockiert – es ist einfach potthässlich! Wir blieben trotzdem und fanden die Zimmer simpel, aber bequem, den Service sehr aufmerksam und das Restaurant mit toskanischer Familienküche und tollem Frühstück (super Kaffee) wirklich klasse!

Chiostro delle Monache   HOSTEL €

(☎0588 8 66 13; www.ostellovolterra.it; Via del Teatro 4, Località San Girolamo; B 16–20 €, EZ 48–53 €, DZ 62–69 €; ☺Mitte März–Okt.; 🅿🛜) Das wunderbare, privat geführte Hostel öffnete nach einer Generalüberholung der Räumlichkeiten 2009. Es liegt in einem Kloster aus dem 13. Jh. mit Refektorium, wo das Frühstück serviert wird. Die Zimmer mit Blick auf den Kreuzgang haben hohe Decken und gute Matratzen und Bäder. In den Schlafsälen stehen maximal sechs Betten, Frühstück kostet 6 €.

Das Hostel liegt außerhalb der Stadt, in der Nähe des Krankenhauses. Ins historische Zentrum führt ein 30-minütiger, allerdings steiler Fußweg; Busse von und zur Piazza Martiri della Libertà (1 €) halten direkt vor der Tür. Die Rezeption ist von 8 bis 12 Uhr und von 17 bis 23 Uhr besetzt, in der Hochsaison oft auch durchgehend.

🍴 Essen & Ausgehen

La Carabaccia   TOSKANISCH €

(☎0588 8 62 39; www.lacarabacciavolterra.it; Piazza XX Settembre 4-5; Mahlzeiten 20 €; ☺12–14.30 & 19.30–21.30 Uhr, Okt.–Ostern Mo geschl.; 🐾) Ein Frauentrio – die Schwestern Sara, Lala und Patrizia – sind Herz und Seele der großartigen Trattoria. Das beste Lokal der Stadt ist nach einer einfachen, toskanischen Gemüsesuppe benannt. Die Karte ist übersichtlich und wechselt täglich, je nachdem was die Bauern der Umgebung gerade anbieten, und immer steht auch Vegetarisches darauf. Die Gäste sitzen auf der Terrasse oder im rustikalen Speisesaal.

L'Incontro
CAFÉ €

(Via G Matteotti 18; Panini 2,50–3,50 €; ⏱ Do–Di 6.30–13 Uhr) Hinten im *salone* gibt's eine schnelle Antipastiplatte oder ein *panino* in der Mittagspause, vorn an der Bar tummeln sich ganztägig die Einheimischen, sei es bei Espresso oder *aperitivo*. Die selbstgebackenen Kekse sind göttlich, vor allem die nussigen, weichen *brutti ma buoni* (hässlich, aber gut) und ihre helle Variante, die *ossi di morto* (Totenknochen).

Ristorante-Enoteca Del Duca
TOSKANISCH €€

(☎0588 8 15 10; www.enoteca-delduca-ristorante. it; Via di Castello 2; 5-Gänge-Probiermenü 45 €; ⏱12.30–14.30 & 19.30–22 Uhr) Auf dem Speiseplan des einzigen feinen Restaurants in Volterra steht traditionelle toskanische Küche, die in Kellergewölben und einem herrlichen Garten hinter dem Haus serviert wird. Die Weinkarte ist exzellent – kein Wunder, der Betreiber hat einen eigenen Weinberg.

Caffè dei Fornelli
CAFÉ, BAR

(www.caffedeifornelli.it; Piazza dei Fornelli 3-4; ⏱21 Uhr bis spät, Winter Do geschl.) Treffpunkt der örtlichen Bohème ist das Lokal des genialen Carlo Bigazzi, der oft Lesungen, Jazzkonzerte und Ausstellungen organisiert. Billiger Hauswein (1,50 € pro Glas) schmeckt im nett gestalteten Innenraum und auf der Straßenterrasse, deren Tische sehr begehrt sind.

Shoppen

Infos über Kunsthandwerk in Volterra stehen auf www.arteinbottegavolterra.it.

Emporio del Gusto
LEBENSMITTEL

(Via San Lino 2; ⏱Mo–Fr 9.30–13 & 16.30–20 Uhr) Die Lebensmittelgenossenschaft wird von der Gemeinde subventioniert und verkauft Produkte aus der Region. Es gibt allerlei aus Olivenöl (auch zur Körperpflege), frische Milch und Joghurt, Käse, Gemüse, Safran, Trüffeln, Pasta, Brot und Wein.

Fabula Etrusca
SCHMUCK

(www.fabulaetrusca.it; Via Lungo Le Mura del Mandorlo 10; ⏱Ostern–Weihnachten 10–19 Uhr) Die Werkstatt auf den nördlichen Stadtmauern verkauft handgearbeitete Unikate aus 18-karätigem Gold, oft von etruskischen Motiven inspiriert.

Alabasterwerkstätten
KUNSTHANDWERK

Volterra ist als „Stadt des Alabasters" bekannt, und es gibt zahlreiche Geschäfte, die handgearbeitete Alabasterstücke verkaufen. Viele sind gleichzeitig Atelier. Zu den besten gehören **Opus Artis** (www.opusartis.com; Piazza Minucci 1), **Paolo Sabatini** (www.paolo sabatini.com; Via G Matteotti 56) und das Atelier des Bildhauers **Alessandro Marzetti** (www.alessandromarzetti.it; Via dei Labirinti). Bei **alab'Arte** (Via Orti San Agostino 28; ⏱Mo–Sa 9.30–12.30 & 15–19 Uhr) kann man zuschauen, wie Alabaster bearbeitet wird.

 ## Praktische Informationen

Die gute **Touristeninformation** (☎0588 8 72 57; www.volterratur.it; Piazza dei Priori 19-20; ⏱9.30–13 & 14–18 Uhr) versorgt Besucher mit kostenlosem Kartenmaterial, bucht Unterkünfte und vermietet Audioguides (5 €) für einen Stadtrundgang.

ABSEITS DER ÜBLICHEN PFADE

Abbazia di Monte Oliveto Maggiore

Die Ordensgemeinschaft des mittelalterlichen **Klosters** (☎0577 70 76 11; www.monteoli vetomaggiore.it; Eintritt frei, Spende für die Bibliothek erwünscht; ⏱Mo–Sa 9.15–12 & 15.15–17 Uhr, Sommer bis 18, So 9–12.30 Uhr), 39 km südöstlich von Siena, wurde 1313 von Giovanni Tolomei gegründet. Der Klosterbau begann jedoch erst 1393. Noch heute leben hier einige Benediktinermönche. Besucher kommen vor allem wegen des wunderbaren Freskenzyklus im großen Kreuzgang, der von Luca Signorelli und Il Sodoma geschaffen wurde und Szenen aus dem Leben des Ordensgründers, dem hl. Benedikt, darstellt.

Auch die Kirche mit dem prächtigen Chorgestühl mit Holzintarsien ist sehenswert, ebenso das Refektorium mit Fresken von Paolo Novelli, die herrliche Bibliothek von 1518, die Apotheke und der Kapitelsaal.

Unterhalb des Hauptgebäudes liegt die **Cantina Storica** (historischer Weinkeller; www. agricolamonteoliveto.com; ⏱10–13 & 14.30–18.30 Uhr, Winter bis 18 Uhr) des Klosters. In dem Gebäude aus dem 14. Jh. werden Führungen und Weinproben angeboten.

❶ Anreise & Unterwegs vor Ort

AUTO

Mit dem Auto ist Volterra über die SR68 erreichbar, die, nicht weit von der Autobahn Siena-Florenz entfernt, vom Küstenort Cecina nach Colle di Val d'Elsa führt.

Im historischen Zentrum herrscht Parkverbot. Am günstigsten liegt der Parkplatz hinter der Piazza Martiri della Libertà (pro Std./Tag 1,50/11 €), aber es gibt noch diverse weitere Möglichkeiten in der Umgebung – P5, P6 und P8 sind kostenlos. Allerdings muss P6 in der Nacht von Freitag auf Samstag frei bleiben, da frühmorgens der Wochenmarkt aufgebaut wird.

BUS

Die Bushaltestelle liegt an der Piazza Martiri della Libertà, wo die Busse von **CPT** (☎800 570530; www.cpt.pisa.it) nach Pisa abfahren (6,10 €, 2 Std., bis zu 10-mal tgl.).

Der Bus nach Colle di Val d'Elsa (2,75 €, 50 Min., 4-mal tgl.) hat dort Anschluss nach San Gimignano (3,40 €, 35 Min., 4-mal tgl.) und Siena (3,40 €, 2 Std., 4-mal tgl.). Für Florenz kann der Fahrschein direkt gelöst werden (8,35 €, 2 Std., 3- bis 4-mal tgl.), aber normalerweise muss man in Colle di Val d'Elsa ebenfalls umsteigen. Alle Buslinien werden sonntags erheblich seltener bedient. Fahrscheine gibt's bei der **Associazione Pro Loco Volterra** (☎0588 8 61 50; www.provolterra.it; Piazza dei Priori 10; ⊗9.30–12.30 & 15–18 Uhr).

VAL D'ORCIA

Das malerische, landwirtschaftlich genutzte Tal wurde, zusammen mit dem Ort Pienza am Nordostrand, von der Unesco zum Weltkulturerbe erklärt. Seine besondere Landschaft ist durchzogen von flachen Kalkebenen, aus denen sich beinahe kegelförmige Hügel mit befestigten Siedlungen und prächtigen Klöstern erheben - Letztere waren einst Pilgerstationen auf der Via Francigena.

Montalcino

5155 EW.

Die mittelalterliche Stadt konnte sich dem mächtigen Florenz lange widersetzen, auch nachdem Siena schon gefallen war. Aus dieser Zeit stammt der Name „Republik von Siena in Montalcino". Schließlich aber gab Montalcino alle machtpolitischen Bestrebungen auf und widmete sich ganz der Weinproduktion. Heute trägt einer der besten Weine der Welt den Ort in seinem Namen: der Brunello di Montalcino.

❂ Sehenswertes & Aktivitäten

Die Hauptattraktionen des Ortes sind die *enoteche*. Nichtalkoholische Alternativen sind ein Besuch der *fortezza* und des Museo Civico e Diocesano d'Arte Sacra. Das Kombiticket kostet 6 € und wird in der Touristeninformation verkauft.

Fortezza   FESTUNG

(Piazzale Fortezza; Hof frei, Wehrmauer Erw./Kind 4/2 €; ⊗April–Okt. 9–20 Uhr, Nov.–März 10–18 Uhr) Die beeindruckende Festung aus dem 14. Jh., die später unter den Medici-Herzögen erweitert wurde, dominiert die Silhouette der Stadt. In der *enoteca* der Festung kann man Weine aus der Gegend probieren (Verkostung von 2/3/5 Brunellos 9/13/19 €) und erwerben. Wer möchte, kann die Festungsmauern besteigen. Tickets gibt's in der Bar.

Museo Civico e
Diocesano d'Arte Sacra   MUSEUM

(☎0577 84 60 14; Via Ricasoli 31; Erw./Kind 4,50/3 €; ⊗Di–So 10–13 & 14–17.50 Uhr) Das Museum im ehemaligen Konvent der benachbarten **Chiesa di Sant'Agostino** zeigt eine Sammlung religiöser Kunst aus dem Ort und der Umgebung. Dazu gehören ein Triptychon von Duccio, eine *Madonna mit Kind*

LA BANDITA

Die ländliche Oase **La Bandita** (☎333 4046704; www.la-bandita.com; DZ 195–500 €; ⊗März–Dez.; P ❋ @ ☎ ⚠) liegt umringt von Schafherden in einer der schönsten Gegenden des Val d'Orcia. Besitzer und Betreiber sind der ehemalige Musikmanager John Voigtmann aus New York und seine Frau (Autorin von Reiseführern, aber nicht für Lonely Planet). Sie bieten komfortable Zimmer, Annehmlichkeiten im Überfluss (Toilettenartikel von Ortigia!), eine wunderbare Küche und herzlichen, individuellen Service. Mit einem Wort: Das ist der Landsitz, von dem alle träumen, auch wenn ihn sich nur die wenigsten leisten könnten. Idealer Ausgangspunkt für Ausflüge nach Pienza, Montepulciano und Montalcino.

ABBAZIA DI SAN GALGANO

52 km südwestlich von Siena erreicht die SS73 die beeindruckenden Ruinen eines Zisterzienserklosters aus dem 13. Jh., der **Abbazia di San Galgano** (www.sangalgano. org; Erw./erm./Fam. 2/1,50/6 €; ☺April–Juni & Sept.–Okt. 9–19, Juli & Aug. 9–20, Nov.–März 9.30–17.30 Uhr). Das selbst für Italien außerordentliche Meisterwerk der Gotik lohnt einen Besuch, vor allem im Sommer während des Opernfestivals **San Galgano Opera Festival** (www.festivalopera.it).

Auf einem Hügel oberhalb der Abtei steht der romanische Rundbau der kleinen **Cappella di Monte Siepi**, in der schlecht erhaltene Fresken von Ambrogio Lorenzetti ihr Dasein fristen. Sie zeigen Episoden aus dem Leben von San Galgano, Soldat und Heiliger, der hier seine letzten Lebensjahre als Eremit verbrachte.

Kurz vor der Klosterzufahrt steht eine **fattoria** (Bauernhof) mit **Café** (Panini 3,50– 4 €) und **Restaurant** (Mahlzeiten 22 €).

Wer anschließend nach Siena, Montalcino, Pienza oder Montepulciano weiterfahren will, sollte unbedingt die SS73 südwärts nehmen und dann nach Osten auf die SP delle Pinete (Richtung San Lorenzo a Merse) abbiegen, die durch malerische, unter Naturschutz stehende Wälder führt.

von Simone Martini sowie Werke von den Gebrüdern Lorenzetti, Giovanni di Paolo und Sano di Pietro.

 Feste & Events

Benvenuto Brunello　　　　　　　WEIN
An einem Wochenende im Februar wird mit Verkostungen und Preisverleihungen die neue Ernte gefeiert. Veranstalter ist der **Consorzio del Vino Brunello di Montalcino** (www.consorziobrunellodimontalcino.it).

Internationales Kammermusikfestival　　　　　　MUSIK
(www.musica-reale.com) Findet im Juli statt.

Sagra del Tordo　　　　　　　VOLKSFEST
(www.comunedimontalcino.it) Am letzten Oktoberwochenende zieht eine Prozession durch den Ort, anschließend geht's zum traditionellen Wettkampf im Bogenschießen.

🛏 Schlafen

Hotel Vecchia Oliviera　　BOUTIQUEHOTEL **€€**
(☎0577 84 60 28; www.vecchiaoliviera.com; Via Landi 1; EZ 70–85 €, DZ 120–190 €, Suite 200– 240 €; ☺Dez.–Mitte Feb. geschl.; 🅿✳🛜♨) Die ehemalige Olivenölmühle direkt neben der Porta Cerbaia wurde geschmackvoll restauriert und in ein stilvolles, kleines Hotel verwandelt. Jedes der elf Zimmer ist individuell eingerichtet; die teureren haben einen tollen Ausblick und einen eigenen Jacuzzi. Auch die Gartenterrasse bietet ein großartiges Panorama, und im Garten lockt ein Pool.

Hotel Il Giglio　　　　　　　HOTEL **€€**
(☎0577 84 81 67; www.gigliohotel.com; Via Soccorso Saloni 5; EZ 95 €, DZ 135–145 €, Anbau EZ/DZ 60/90 €, Apt. 100–150 €; 🅿🛜) Die bequemen, schmiedeeisernen Betten sind mit einer gemalten *giglio* (Lilie) verziert. Die Doppelzimmer im Hauptgebäude bieten Panoramablick, Zimmer 1 hat sogar eine private Terrasse, und das kleine Einzelzimmer ist ein wahres Schmuckstück.

 Essen & Ausgehen

⭐**Osticcio**　　　　　　　　WEINLOKAL **€€**
(www.osticcio.it; Via Matteotti 23; Antipastiplatte 13–24 €, Mahlzeiten 37 €; ☺Mitte Feb.–Mitte Jan. Fr–Mi 12–16 & 19–23, Do 12–19 Uhr) Eine riesige Auswahl an Brunello und seinem bescheideneren, aber immer noch vorzüglichen Bruder, dem Rosso di Montalcino, steht in dieser hervorragenden *enoteca* neben Dutzenden von Weinen aus allen Teilen der Welt. Nach einem Gang durch die Kellerregale ist es Zeit, sich oben an einem Tisch niederzulassen und zum Wein eine Antipastiplatte oder eine Portion Pasta zu bestellen.

Fiaschetteria Italiana 1888　　　CAFÉ
(Piazza del Popolo 6; ☺7.30–24 Uhr, Okt.–Ostern Do geschl.) Hut ab vor diesem stimmungsvollen Weincafé am Hauptplatz. Seit 1888 treffen sich die Einheimischen hier zu Kaffee und Brunello, und weder seine schmucke Einrichtung noch seine Atmosphäre zeigen irgendwelche Alterserscheinungen.

BRUNELLOPOLI

2008 zog Montalcino die Aufmerksamkeit der Welt auf sich, als einige örtliche Weinbauern beschuldigt wurden, ihren Brunello di Montalcino mit „fremden" Rebsorten wie Merlot oder Cabernet Sauvignon verschnitten zu haben. Der Disciplinare di Produzione dei Vini a Denominazione di Origine Controllata (italienische Produktionsverordnung für Wein) legt fest, dass der Brunello aus 100 % Sangiovesetrauben bestehen muss, weswegen das Vergehen weder von der Regierung noch von der Weinindustrie und der internationalen Fachpresse auf die leichte Schulter genommen wurde.

Die USA reagierte auf die Beschuldigungen mit einem Importverbot für Brunello, was die Wirtschaft von Montalcino hart traf (etwa 25 % der Ernte werden in die USA verkauft). 17 Winzer wurden zu Geld- oder sogar Haftstrafen verurteilt, und der Ruf der örtlichen Weinwirtschaft (und des Weines selbst natürlich) war schwer beschädigt.

Nach dem Skandal, der in der Presse als Brunellopoli oder Brunellogate bekannt wurde, forderten einige Winzer, die strengen DOCG-Regeln aufzuweichen. Das Beimischen von anderen Trauben sollte den Verkaufswert des Brunello erhöhen, insbesondere bei den Weintrinkern, die an die Tropfen der Neuen Welt gewöhnt sind. Im Consorzio del Vino Brunello (dem wichtigsten lokalen Winzerverband) wurde heftig debattiert, ob das Bestehen auf Traditionen bedeute, sich dem Fortschritt zu verschließen.

Derzeit spricht sich eine große Mehrheit der rund 700 Mitglieder für die Reinsortigkeit aus, weil sie die Eigentümlichkeit und Einzigartigkeit des Weins am besten hervorbringe und zugleich sein stärkstes Qualitäts- und Marketingmerkmal sei. Das Mischen bedeute lediglich einen weiteren Schritt hin zur Homogenisierung des globalen Weingeschmacks. Befürworter einer Änderung der Regel argumentieren, dass sie nicht nur wirtschaftliche Vorteile habe, sondern sich auf diesem Weg auch bessere Weine hervorbringen ließen.

Hier dürfte das letzte Wort noch nicht gesprochen sein.

ⓘ Praktische Informationen

Die **Touristeninformation** (☏ 0577 84 93 31; www.prolocomontalcino.com; Costa del Municipio 1; ☻10–13 & 14–17.50 Uhr) liegt am Hauptplatz und bucht Kellerbesichtigungen wie Unterkünfte.

ⓘ An- & Weiterreise

AUTO

Ab Siena führt die SR2 (Via Cassia) und ab Lama die SP14 nach Montalcino. Rund um die *fortezza* gibt's jede Menge Parkplätze (8–20 Uhr 1,50 € pro Std.).

BUS

Die Busse von Siena Mobilità (4,90 €, 1½ Std., werktags 6-mal tgl.) fahren von/nach Siena.

Rund um Montalcino

Poggio Antico   WEINGUT
(☏0577 84 80 44; www.poggioantico.com; ☻Keller 10–18 Uhr, Restaurant April–Okt. Di–So 12.30–14.30 & 19.30–21.30 Uhr, Nov.–Dez. & Feb. Di–So 12.30–14.30 Uhr) 4,5 km außerhalb von Montalcino an der Straße nach Grosseto entstehen die preisgekrönten Weine der Poggio Antico (Brunello Altero oder Riserva probieren!). Die Kellerführung in Deutsch, Englisch oder Italienisch ist kostenlos, die Weinproben liegen bei 25 € (je nach Wein) und im hauseigenen Restaurant werden Probiermenüs angeboten (40–50 € ohne Wein). Die Führung muss vorab gebucht werden.

★ **Il Leccio**   TOSKANISCH €€
(☏0577 84 41 75; www.illeccio.net; Costa Castellare 1/3, Sant'Angelo in Colle; Mahlzeiten 40 €; ☻Do–Di 12.30–14.30 & 19.30–21.30 Uhr) Ein einfaches Gericht perfekt hinzubekommen, kann eine schwierige Aufgabe sein. Der Koch dieser Trattoria im Herzen der Toskana kann's. Wer ihm zusieht, wie er für jede Bestellung zwischen Herd und Garten herumwuselt, wird „frisch" ganz neu definieren. Das Resultat seiner Bemühungen – wie auch der Brunello des Hauses – ist jedenfalls göttlich!

Sant'Angelo in Colle liegt 10 km südwestlich von Montalcino (Anfahrt über die Via del Sole) und 10 km westlich von der Abbazia di Sant'Antimo (Anfahrt auf ungeteerten Wirtschaftswegen durch die Weinberge, ausgeschildert).

Pienza

2134 EW.

Wenn nicht die Hauptstraße nach Montepulciano direkt durch das kleine Pienza führen würde, wäre es wohl immer noch das verschlafene Örtchen von damals, als Enea Silvio Piccolomini (Pius II.) entschied, es im herrlichsten Renaissancestil umzugestalten. Und offen gesagt, vielleicht wäre das besser gewesen. An Sommerwochenenden überschwemmen Besucher den Ort, und auf einen Einheimischen kommen etwa 50 Touristen. Wenn möglich, sollte man Pienza unter der Woche besuchen.

Die Unesco hat das historische Zentrum 1996 in die Liste des Weltkulturerbes aufgenommen – wegen der revolutionären Städtebauvision, die mit der Piazza Pio II. und den umliegenden Gebäuden Wirklichkeit wurde.

◉ Sehenswertes

Piazza Pio II   PIAZZA

Wer sich auf diesem prächtigen Platz einmal um die eigene Achse dreht, hat alle wichtigen Sehenswürdigkeiten von Pienza gesehen. Sämtliche Gebäude wurden innerhalb von nur drei Jahren zwischen 1459 und 1462 errichtet - getreu dem Entwurf von Bernado Rossellino und streng nach den Renais-

sancevorstellungen von einer idealen Stadt, die ihm sein Lehrer Leon Battista Alberti vermittelt hatte.

Da der Platz, der Rossellino zur Verfügung stand, begrenzt war, setzte er die Gebäude schräg zum Dom und um eine kunstvoll gepflasterte Piazza. Dadurch wurden die perspektivische Wirkung und die erhabene Anmutung der großartigen Gebäude noch verstärkt. Eine Glanzleistung.

➡ Palazzo Piccolomini

(www.palazzopiccolominipienza.it; 30 Min. Führung Erw./erm. 7/5 €; ⊘ Mitte März–Mitte Okt. Di–So 10–18 Uhr, Mitte Okt.–Mitte März bis 16 Uhr) Der Palazzo rechts vom Dom, seinerzeit als päpstliche Residenz errichtet, gilt als Rossellinos Meisterwerk. Vor dem Bau standen auf dem Grundstück Häuser der Familie Piccolomini. Über eine Treppe im schönen Innenhof gelangt man in die päpstlichen Gemächer, die mit Möbeln aus der Zeit und unbedeutenden Kunstwerken bestückt sind. Hinten gewährt eine dreistöckige Loggia einen spektakulären Ausblick auf das Val d'Orcia. Alle halbe Stunde beginnt eine Führung durch die Räumlichkeiten in der ersten Etage, der Hof ist kostenlos zu besichtigen.

➡ Duomo

(Piazza Pio II; ⊘ 8.30–13 & 14.15–18.30 Uhr) Blickfang der Piazza ist sicher der Dom. Er wurde

SIENA & ZENTRALTOSKANA PIENZA

Abbazia di Sant'Antimo

Die wunderschöne romanische **Abbazia di Sant'Antimo** (www.antimo.it; Castelnuovo dell'Abate; ⊘ Mo–Sa 10.30–12.30 & 15–18.30, So 9.15–10.45 & 15–18 Uhr) GRATIS liegt in einem abgelegenen Tal direkt unterhalb des Dorfes Castelnuovo dell'Abate, 10,5 km von Montalcino entfernt. Die Abtei sollte am besten morgens besichtigt werden, wenn das Licht, das durch die Fenster der Ostwand fällt, für eine fast surreale Atmosphäre sorgt. Auch abends, wenn die Kirche wie ein Leuchtturm strahlt, ist der Anblick beeindruckend.

Der Überlieferung nach soll Karl der Große 781 das zugehörige Kloster gestiftet haben. Abgesehen von den in Stein gemeißelten Fabeltieren präsentiert sich das Äußere der Kirche aus blassem Travertin sehr schlicht. Im Innern sollte man sich die Säulenkapitelle im Langhaus genauer ansehen, besonders das mit Daniel in der Löwengrube (vom Eingang gesehen die zweite Säule rechts). Weitere Highlights sind eine besonders ausdrucksstarke mehrfarbige Madonna mit Kind (13. Jh.) sowie über dem Altar eine bewegende Kreuzigung (12. Jh.).

Während der täglichen Messen singen die Mönche gregorianische Choräle; die Uhrzeiten stehen auf der Website.

Von Montalcino fahren täglich drei bis vier Busse (1,50 €, 15 Min., werktags) in das Dorf Castelnuovo dell'Abate.

Zu Fuß braucht man zwei bis drei Stunden von Montalcino zum Kloster. Der Weg beginnt neben der Polizeistation in der Nähe des zentralen Kreisverkehrs. Viele Besucher wandern zum Kloster und fahren mit dem Bus zurück. Die Abfahrtszeiten hängen in der Touristeninformation aus.

Das Kloster betreibt ein eigenes **Gästehaus** (foresterie@antimo.it) mit einfachen Unterkünften für Pilger.

INSIDERWISSEN

BAGNI SAN FILIPPO

Auf diesen Abschnitt der Via Francigena von Canterbury nach Rom freuten sich die mittelalterlichen Pilger ganz besonders, denn hier sprudeln unzählige Thermalquellen. Das therapeutische Einweichen ist heute so beliebt wie damals. Wer sich das gönnen will, sollte die steifen Bäder und Hotels in Bagno Vignoni links liegen lassen und in das kleine Dorf Bagni San Filippo weiterfahren. Es liegt 16 km südwestlich von Pienza und hat Wasserfälle mit Thermalwasser. Sie rauschen direkt oberhalb des Hotels Le Terme und sind einfach zu finden: Dem Schild „Fosso Bianco" folgen und ca. 150 m bis zu den Kalksteinfelsen gehen. Die warmen Kaskaden werden immer spektakulärer, je weiter es nach unten geht. Da macht das Baden wirklich Laune; es kostet nichts und – wenn es nicht zu windig ist – gibt's vielleicht anschließend noch ein Picknick.

anstelle der romanischen Chiesa di Santa Maria errichtet, von der nur noch wenig erhalten ist. Die Renaissancefassade aus Travertin ist eindeutig von Alberti inspiriert. Das Kircheninnere ist eine merkwürdige Mischung aus Gotik und Renaissance und beherbergt eine Sammlung von fünf Altargemälden aus der Sieneser Schule sowie einen prächtigen Marmortabernakel von Rossellino, in dem eine Reliquie des Apostels Andreas, dem Schutzpatron von Pienza, aufbewahrt wird. Die päpstliche Bulle von 1462 verbat jegliche Veränderungen an der Kirche, sodass sie heute mehr oder weniger noch genauso aussieht wie damals.

➡ **Palazzo Vescovile**

(Piazza Pio II) Links vom Dom steht ein Palazzo, der 1492 unter Roderigo Borgia, dem späteren Papst Alexander VI., umgebaut und erweitert wurde. Dieser und der benachbarte **Palazzo Borgia e Jouffrey** beherbergen heute das **Museo Diocesano** (☎0578 74 99 05; Corso Rossellino 30; Erw./erm. 4,50/3 €; ⊙Mitte März–Okt. Mi–Mo 10–13 & 14–17 Uhr, Nov.–Mitte März Sa & So 10–16 Uhr) und die Touristeninformation (Eingang durch den Hof am Corso Rossellino). Hinter dem Palazzo Vescovile, gleich neben dem *duomo*, versteckt sich die **Casa dei Canonici** (Haus der Kanoniker).

Pieve di Corsignano KIRCHE
(⊙ Juni–Nov. 9–18 Uhr, Dez.–Mai ab 10 Uhr) Die romanische Kirche stammt aus dem 10. Jh., als Pienza noch Corsignano hieß, und hat einem merkwürdigen runden Glockenturm mit acht Bogenfenstern. Bei genauem Hinsehen erkennt man in der Steinmetzarbeit über dem Haupteingang eine zweiköpfige Sirene und am rechten Seiteneingang Szenen von Christi Geburt und der Anbetung der Heiligen Drei Könige.

Am Taufbecken im Innenraum wurde Papst Pius II. nass gemacht.

🛏 Schlafen

⭐ **La Bandita Townhouse** BOUTIQUEHOTEL €€€
(☎0578 74 90 05; www.labanditatownhouse.com; Corso Rossellino 111; Zi. 195–495 €, Suite 275–695 €; P ❄ @ 🛜) Um Gästen das Gefühl toskanischen Dorflebens zu vermitteln, wurde kürzlich dieser Ableger des legendären Landhotels La Bandita (S. 242) eröffnet. Pienzas luxuriöseste Unterkunft liegt in einem nachgebauten Renaissancekonvent und bietet zwölf minimalistisch, aber superedel eingerichtete Zimmer und Suiten. Eine Lounge-Bibliothek sowie eine lockere Café- und Weinbar machen das Ambiente komplett.

🍴 Essen

Osteria Sette di Vino TOSKANISCH €
(☎0578 74 90 92; Piazza di Spagna 1; Mahlzeiten 16 €; ⊙Do–Di 12.30–14.30 & 19.30–22 Uhr) Die einfache *osteria* ist berühmt für ihre *zuppa di pane e fagioli* (Suppe aus Brot und weißen Bohnen), *bruschette* und verschiedene *pecorino*-Sorten. Geführt wird sie von dem temperamentvollen Luciano, der über dem Tresen auf einer Kopie von Caravaggios berühmtem Bild als Bacchus verewigt wurde. Es gibt Tische drinnen und draußen. Kein Kaffee, keine Kreditkarten, Reservierung erforderlich.

Pummarò PIZZERIA €
(Via del Giglio 4; Pizzastück 2,20 €, Pizza 5,50–9 €; ⊙Di–So bis 23 Uhr; 🛜) In einer Gasse an der Via Rossellino, wo grün-weiß-rote Fahrräder stehen, liegt der Eingang zu der aufgeweckten Pizzeria, die für einen schnellen, preiswerten Happen ideal ist. Unser Tipp: die *pizza pummarò* (mit Kirschtomaten, Büffelmozzarella und Basilikum).

Townhouse Caffè MODERN TOSKANISCH €€
(☎0578 74 90 05; www.labanditatownhouse.com; Via Rossellino 111, Eingang in der Via San Andrea;

Frühstück 10 €, Mittagessen 15 €, Abendessen 30 €;
☺ Mo & Di 19–23, Mi–So 8–23 Uhr) Nachdem die
Piazza Pio II abgehakt ist, wäre eine ein- bis
zweistündige Pause mit leichtem Mittagessen, Kaffee oder einem Glas Wein im von
mittelalterlichen Mauern eingefassten Garten dieses Cafés keine schlecht Idee. Die Küche lässt sich von regionalen Bioprodukten
inspirieren und zaubert z. B. Hamburger aus
Chianina-Rind mit geschmolzenem jungem
Pecorino und Minzmayonnaise. Auch die
Weinkarte kann sich sehen lassen.

Il Rossellino TOSKANISCH €€

(☏ 0578 74 90 64; www.rossellino.it; Piazza di
Spagna 4; Mahlzeiten 40 €; ☺ Fr–Mi 12.30–14.30
& 19.30–21.30 Uhr) Sie steht in der Küche,
er macht den Service: Ein Ehepaar betreibt das altmodische Lokal mit nur einer
Handvoll Tischen und hat sich mit hausgemachter Pasta und perfekt zubereiteten
Fleischgerichten einen Namen gemacht.
Komplimente auch für die Weinkarte.

ⓘ Praktische Informationen

Touristeninformation (☏ 0578 74 99 05; info.
turismo@comune.pienza.si.it; Corso Rossellino 30; ☺ Mitte März–Okt. Mi–Mo 10–13 &
14–17 Uhr, Nov.–Mitte März Sa & So 10–16 Uhr)
Im Erdgeschoss des Palazzo Vescovile.

ⓘ An- & Weiterreise

AUTO

Am Wochenende wird die Parkplatzsuche mühsam, da sich der zentrumsnahe öffentliche Parkplatz ruckzuck füllt. Er kostet 1,50 € pro Stunde.
Achtung: Wer seine Parkzeit überzieht, hat schnell
einen Strafzettel unter dem Scheibenwischer.

BUS

Zwei Busse von Siena Mobilità verkehren montags bis samstags zwischen Siena und Pienza
(5,50 €, 70 Min.) und neun Busse fahren ab/
nach Montepulciano (2,50 €). Die Bushaltestellen liegen an der Piazza Dante Alighieri. Fahrscheine gibt's in den Bars der Umgebung.

Monticchiello

15 Autominuten von Pienza entfernt in Richtung Südosten liegt Monticchiello, ein total
verschlafenes, idyllisches Dorf, das auf einem Hügel thront.

⭐ La Casa di Adelina B&B €

(☏ 0578 75 51 67; www.lacasadiadelina.eu; Piazza
San Martino 3; EZ 55 €, DZ 85–115 €, 4B-Apt. 90–
110 €; ☺ Nov. 2 Wo. geschl.; @ 🕾) Vier komfor-

table Zimmer, dazu eine Lounge mit Holzofen (super im Winter!), freundliche Gastgeber, jede Menge Kunst und unheimlich
viel Atmosphäre – was will man mehr? In
der Nähe gibt's noch ein gut ausgestattetes
Apartment für zwei Personen, das sich perfekt für einen längeren Aufenthalt eignet
(dann winken auch Rabatte).

Osteria La Porta TOSKANISCH €€

(☏ 0578 75 51 63; Via del Piano 3; Mahlzeiten 40 €;
☺ Café 9–12.30 & 15–19 Uhr, Restaurant 12.30–15
& 19.30–22.30 Uhr) Das hochgelobte Lokal
direkt am Haupttor von Pienza ist wegen
seiner kleinen Terrasse mit Panoramablick
über das Val d'Orcia, dem freundlichen Service und natürlich dem Essen so berühmt,
dass selbst in der Nebensaison reserviert
werden muss. Das Mittagsmenü ist seine
18 € locker wert. Außerhalb der Essenszeiten werden *spuntini* (Snacks) wie *bruschetta*, Oliven oder ein Käseteller serviert.

VAL DI CHIANA

Das malerische Tal erstreckt sich über die
Provinzen Siena und Arezzo und ist vor allem für gutes Essen und besondere Weine
bekannt. Ein Restaurantbesuch in Monte-

FATTORIA LE CAPEZZINE

Das **Weingut** (☏ 0578 72 43 04; www.
avignonesi.it; Via Colonica 1, Valiano di
Montepulciano; Mai–Okt.9–18 Uhr, Nov.–April
Mo–Fr 9–17 Uhr) 15 km nordöstlich von
Montepulciano gehört zum hochangesehenen Unternehmen Avignonesi, welches
Vino Nobile di Montepulciano, Rosso di
Montepulciano, Vin Santo, Grappa und
Olivenöl produziert. Es erstreckt sich
über 19 ha und hat sich mit seinem „runden Weinberg" einen Namen gemacht:
Das Projekt untersucht, inwiefern die
Weinqualität von der Rebdichte und
der Rebunterlage abhängt. Wer vorab
bucht, kann eine zweistündige **Führung**
(Standard-/Premiumweinprobe 15/38 €;
☺ Führungen Mai–Okt. 10 & 15 Uhr, Nov.–
April Mo–Fr 9–17 Uhr) durch Weinberge,
Reifekeller und *vinsantaia* (wo der Vin
Santo schlummert) mitmachen, gefolgt
von einer Verkostung von Avignonesi-
Weinen; Näheres dazu steht auf der
Website.

SIENA & ZENTRALTOSKANA MONTICCHIELLO

Montepulciano

pulciano, der größten Stadt in der Region, ist ein Highlight – besonders wenn das Steak auf dem Teller vom toskanischen Chianina-Rind stammt und daneben ein Glas (oder zwei) des berühmten Vino Nobile steht.

Montepulciano

14 188 EW.

Der schmale, steile vulkanische Bergrücken, auf dem sich Montepulciano erstreckt, strapaziert die Beinmuskeln der Besucher bis aufs Äußerste. Bei der Erholung helfen ein ordentlicher Schluck vom

renommierten Vino Nobile und ein spektakulärer Blick über die Täler Val di Chiana und Val d'Orcia.

Die ältesten Besiedlungsspuren sind Überreste einer Festung aus der späten Etruskerzeit. Im Mittelalter war der Ort ein ständiger Zankapfel zwischen Florenz und Siena, bis Florenz 1404 die Oberhand gewann. Und so löste der Marzocco, der florentinische Löwe, die sienesische Wölfin als Wappentier der Stadt ab. Die neuen Herren luden Architekten wie Michelozzo und Sangallo il Vecchio ein, die den frischen Wind der Renaissance in die gotisch

Montepulciano

geprägte Stadt brachten. Die spannungsreiche Mischung gleicht den steilen Aufstieg wieder aus.

◉ Sehenswertes

Il Corso   STRASSE
Die Hauptstraße klettert von der Porta al Prato am Ostrand des Städtchens hoch und am Westrand wieder hinunter zur Via di Collazi. Unterwegs ändert sie ihren Namen von Via di Gracciano in Via di Voltaia und Via dell'Opio. Zur Piazza Grande im Zentrum geht's rechts ab in die Via del Teatro.

Oberhalb der Porta al Prato, auf der Piazza Savonarola, steht die **Colonna del Marzocca**, die 1511 zum Zeichen der florentinischen Herrschaft über Montepulciano errichtet wurde. Der mächtige Steinlöwe, der wie ein dicker Hauskater auf seiner Säule thront, ist eine Kopie; das Original befindet sich im Museo Civico. Beachtenswert unter den vielen schmucken Gebäuden sind der **Palazzo Avignonesi** (Hausnr. 91) aus der Spätrenaissance, der **Palazzo Cocconi** (Nr. 70) und der **Palazzo di Bucelli** (Nr. 73), in dessen Sockel etruskische und lateinische Inschriften und Reliefs eingelassen sind.

Weiter oben steht Michelozzos **Chiesa di Sant'Agostino**. Die Terrakotta-Gruppe im Bogenfeld über dem Portal zeigt eine Madonna mit Kind, Johannes den Täufer und den hl. Augustinus. Auf der gegenüberliegenden **Torre di Pulcinella**, einem mittelalterlichen Turmhaus mit Stadtuhr, schlägt Pulcinella, der Hanswurst des italienischen Volkstheaters, Einheimischen und Besuchern die Stunde. Hinter dem schönen alten Caffè Poliziano (S. 251) geht der Corso geradeaus weiter, die Via del Teatro biegt scharf rechts davon ab.

Piazza Grande   PIAZZA
Sie ist der höchste Punkt der Stadt. Hier wurde die große Massenszene in *New Moon – Bis(s) zur Mittagsstunde*, dem zweiten Film der *Twilight*-Reihe, gedreht. Die markantesten Gebäude an der Piazza sind der **Palazzo Comunale** (Panoramaterrasse 2 €) aus dem 14. Jh. und der **Duomo** (Piazza Grande) mit seiner unvollendeten Fassade aus dem späten 16. Jh. Hinter dem Hochaltar steht das wunderbare Triptychon *Himmelfahrt* (1401) von Taddeo di Bartolo.

Via Ricci   STRASSE
Von der Piazza Grande führt die Via Ricci hinunter zum **Palazzo Ricci** (www.palazzoricci.com; Via Ricci 9–11). Er beherbergt seit 2001 die Europäische Akademie für Musik und Darstellende Kunst. Vom Hof des Palazzo führen Treppen in den historischen Weinkeller **Cantina del Redi** (Via Ricci; Weinproben kostenpflichtig; ⊙Mitte März–Anf. Jan. 10.30–19 Uhr, Anf. Jan.–Mitte März Sa & So). Die Straße endet an der **Piazza San Francesco**, von wo aus man einen tollen Blick über das Val di Chiana hat.

Museo Civico   MUSEUM
(www.museocivicomontepulciano.it; Via Ricci 10; Erw./erm. 5/3 €; ⊙Märtz–Juli & Sept.–Okt. Di–So 10–13 & 15–18 Uhr, Aug. Di–So 10–19 Uhr, Nov.–Feb. Sa & So 10–13 & 15–18 Uhr) Das Stadtmuseum hat den Palazzo Neri Orselli in Beschlag genommen. Ganzer Stolz der Sammlung ist ein Porträt, das kürzlich Caravaggio zugesprochen wurde.

Cantine Contucci   WEINPROBE
(www.contucci.it; Via del Teatro 1; Weinprobe kostenpflichtig; ⊙Mo–Fr 9.30–12.30 & 14.30–18, Sa & So ab 9.30 Uhr) Tief in den Eingeweiden des ansprechenden Palazzo aus dem 13. Jh.

SIENA & ZENTRALTOSKANA MONTEPULCIANO

versteckten sich auf drei Ebenen die historischen Keller des Weinguts Contucci, das seit der Renaissance im Geschäft ist und zu den renommiertesten Produzenten von Vino Nobile zählt.

 ## Kurse & Geführte Touren

Die Vereinigung **Strada del Vino Nobile di Montepulciano** (www.stradavinonobile.it) veranstaltet Führungen und Kurse, darunter Kochkurse (60–180 €), Führungen auf Weingütern (18–48 €), Slow-Food-Touren (100–155 €), Weinseminare (37 €) und Spaziergänge durch Weingüter mit abschließender Weinprobe (45–60 €). Buchungen nimmt das Informationsbüro an der Piazza Grande entgegen.

Feste & Events

Musica di Stelle   KULTUR
(www.fondazionecantiere.it) Oper, Theater, klassische und zeitgenössische Musik finden an verschiedenen Veranstaltungsorten eine Bühne.

Bravio delle Botti   VOLKSFEST
(www.braviodellebotti.com) Am letzten Augustsonntag versuchen Einwohner der acht *contrade* von Montepulciano, um die Wette ein 80 kg schweres Weinfass den Berg hinauf zu rollen.

Kammermusikfestival   MUSIK
(www.palazzoricci.com) Findet Ende August und im September im Palazzo Ricci statt.

 ## Schlafen

Camere Bellavista   HOTEL €
(🕿 347 8232314; www.camerebellavista.it; Via Ricci 25; EZ 65–70 €, DZ 75 €; P 🛜) Der Name ist Programm: Fast alle zehn Doppelzimmer in diesem tollen Budgethotel bieten eine großartige Aussicht. Sie haben durchweg hohe Decken, Zimmer Nr. 6 eine eigene Terrasse (100 €). Da kein Personal anwesend ist, muss man die Schlüsselübergabe vorab telefonisch vereinbaren (für den Fall, dass man daran nicht gedacht hat, steht ein Telefon in der Lobby). Kein Frühstück.

⭐**Locanda San Francesco**   B&B €€
(🕿 349 6721302; www.locandasanfrancesco.it; Piazza San Francesco 5; Zi. 150–240 €; ⊘ Mitte Jan. geschl.; P ✳ @ 🛜) Vier hübsche Zimmer mit herrlichem Ausblick und ansprechenden Bädern warten in dem luxuriösen B&B auf Gäste. Gastgeberin Cinzia Caporali führt die

Pension und das Weinlokal E Lucevan Le Stelle mit freundlicher Effizienz.

⭐**Fattoria San Martino**   AGRITURISMO €€
(🕿 0578 71 74 63; www.fattoriasanmartino.it; Via di Martiena 3; Zi. 140–180 €; ⊘ Dez.–Ostern geschl.; P 🛜 ✉) 🌱 Ein Job in Mailands hektischer Modebranche brachte die Holländerin Karin und den Italiener Antonio zusammen. Sie beschlossen, dass ein Biobauernhof eher ihr Ding sei und begeistern nun Gäste in ihrem um- und ausgebauten Anwesen aus dem 12. Jh. mit gemütlichen Zimmern, vegetarischen Mahlzeiten (Abendessen 35 € plus Wein), einem schönen Garten, biologisch gefiltertem Pool und konsequenter Nachhaltigkeit.

Meublé Il Riccio   B&B €€
(🕿 0578 75 77 13; www.ilriccio.net; Via Talosa 21; Standard-Zi. 100–110 €, Luxus-Zi. 120–160 €; P ✳ @ 🛜) Nicht viele Gebäude gehören seit 800 Jahren derselben Familie – aber hier trifft das zu. Es hat sich in ein unglaublich stimmungsvolles B&B verwandelt, dessen Zimmer mit den über die Jahrhunderte angesammelten Möbeln, Bildern und Kronleuchtern mehr oder weniger edel ausgestattet wurden. Wer es sich leisten kann, nimmt eines der Luxuszimmer (alle mit toller Aussicht, manche mit eigenem Balkon).

Der Frühstückssalon (Frühstück 8 €) ist beeindruckend, der Blick von der Terrasse spektakulär.

Essen & Ausgehen

Osteria Acquacheta   OSTERIA €
(🕿 0578 71 70 86; www.acquacheta.eu; Via del Teatro 22; Mahlzeiten 20 €; ⊘ Mi–Mo 12.15–16 & 19.30–22.30 Uhr) Der Laden brummt. Er ist bei Einheimischen und Besuchern gleichermaßen beliebt. Die Spezialität ist *bistecca alla fiorentina* (über Holzkohle gegrilltes T-Bone-Steak), das in riesigen Scheiben, kurz gebraten und unglaublich schmackhaft daherkommt (bloß nicht fragen, ob man es durchgebraten bekommen kann!). Es wird je in zwei Runden serviert, mittags um 12.15 und 14.15 Uhr, abends um 19.30 und 21.15 Uhr. Reservierung erforderlich.

⭐**La Grotta**   TRADITIONELL ITALIENISCH €€€
(🕿 0578 75 74 79; www.lagrottamontepulciano.it; Via San Biagio 15; Mahlzeiten 44 €, 6-Gänge-Probiermenü 48 €; ⊘ Do–Di 12.30–14.30 & 19.30–22 Uhr, Mitte Jan.–Mitte März geschl.) Gegenüber der Renaissancekirche Tempio di San Biagio an der Straße nach Chiusi bietet das La

Grotta Essen in elegantem Ambiente. Der atmosphärische Hof ist perfekt für warme Sommertage. Das Essen ist traditionell, aber mit modernem Touch, die Bedienung vorbildlich. Noch ein Tipp: Nicht aufs Dessert verzichten!

E Lucevan Le Stelle — WEINLOKAL

(www.locandasanfrancesco.it; Piazza Francesco 5; ☺ Ostern–Okt. 11.30–23 Uhr; ☏) Bequeme Sofas, cooler Jazz (aus der Konserve und Live) und moderne Kunst an den Wänden sind die Markenzeichen des angenehm lockeren Weinlokals mit Bistro. Antipasti (4,50–8 €), *piadinas* (Fladenbrot; 6 €) und Pasta (6,50–9 €) sind einfach, aber lecker. Auf der Terrasse schmeckt der *aperitivo* nochmal so gut.

Caffè Poliziano — CAFÉ

(Via di Voltaia nel Corso 27; ☏) Seit das 1868 eröffnete Café vor 20 Jahren liebevoll in seine ursprüngliche Form zurückverwandelt wurde, ist es der Lieblingstreff der Einheimischen. Der Kaffee im Sitzen ist teuer, aber wenn es einem gelingt, einen der winzigen, wackeligen Balkontische zu ergattern, ist es die Investition wert.

Shoppen

Maledetti Toscani — LEDERWAREN

(www.maledettitoscani.com; Via di Voltaia nel Corso 44-46) Die Erfolgsstory des Lederspezialisten dauert schon seit 1848, denn die Qualität der Schuhe, Taschen, Jacken und Gürtel sucht wirklich ihresgleichen. Hier werden Damen fündig, der Laden für Herren ist in Hausnr. 40.

ⓘ Praktische Informationen

Informationsbüro Strada del Vino Nobile di Montepulciano (☑ 0578 71 74 84; www.stradavinonobile.it; Piazza Grande 7; ☺ Mo–Fr 10–13 & 15–18 Uhr) Bucht Unterkünfte, Kurse und Führungen.

Touristeninformation (☑ 0578 75 73 41; www.prolocomontepulciano.it; Piazza Don Minzoni 1; ☺ Ostern–Sept. Mo–Sa 9.30–12.30 & 15–19, So 9–13 Uhr, Okt.–Ostern Mo–Sa 9.30–12.30 & 15–18, So 9.30–12.30 Uhr) Bucht Unterkünfte, bietet Internetzugang (3,50 € pro Std.), hat Stadtpläne, verkauft Fahrscheine für Bus und

SIENA & ZENTRALTOSKANA MONTEPULCIANO

ABSTECHER

ORVIETO

Die umbrische Stadt erhebt sich wahrhaft spektakulär über der A1 *superstrada* (Autobahn) auf einem zerklüfteten, vulkanischen Hügel. Ihre Silhouette beherrscht der riesige **Dom** (www.opsm.it; Piazza Duomo; Eintritt 3 €, inkl. Cappella di San Brizio 5 €; ☺ April–Sept. 9.30–19 Uhr, März & Okt. 9.30–18 Uhr, Nov.–Feb. 9.30–13 & 14.30–17 Uhr), ein Meisterwerk mittelalterlicher Baukunst. Der 1290 begonnene Bau wurde erst drei Jahrhunderte später fertiggestellt. Kaum eine Kirche Italiens kann sich einer derartig schönen Fassade rühmen; im schlichten, aber atmosphärisch dichten Innenraum bezaubert Luca Signorellis Freskenzyklus *Das Jüngste Gericht*. Er hatte 1499 mit diesen außerordentlichen Malereien begonnen, und es heißt, Michelangelo habe sich davon inspirieren lassen.

Orvieto liegt nur etwa eine Stunde Fahrtzeit von Montepulciano oder Arezzo entfernt, kann also bequem innerhalb eines Tages besucht werden, wenn man sich im Val di Chiana aufhält. Die **Touristeninformation** (☑ 0763 34 17 72; info@iat.orvieto.tr.it; Piazza Duomo 24; ☺ Mo–Fr 8.15–13.50 & 16–19, Sa & So 10–13 & 15–18 Uhr) liegt gegenüber dem Dom. Nicht weit davon findet sich das Restaurant **I Sette Consoli** (☑ 0763 34 39 11; www.isetteconsoli.it; Piazza Sant'Angelo 1a; Mahlzeiten 40 €, 6-Gänge-Probiermenü 42 €; ☺ Do–Di 12.30–15 & 19.30–22 Uhr), eine der besten Essadressen Umbriens. Bei unserem letzten Besuch gab es werktags ein für 20 € wirklich spektakuläres Mittagsmenü (drei Gänge plus Wasser und ein Glas Wein).

Züge fahren von/nach Florenz (*regionale veloce*, 15 €, 2¼ Std., 8-mal tgl.) und Rom (*regionale veloce*, 7,50 €, 80 Min., 8-mal tgl.). Für den Transfer vom Bahnhof hinauf ins Zentrum sorgt der *funicolore* (Seilbahn; 1 €, mit Zugfahrkarte 0,80 €, Mo–Fr 7.05–20.25 Uhr alle 10 Min., Sa & So 8.15–20 Uhr alle 15 Min.). Tickets dafür gibt's in den *tabacchi* (Tabakläden) am Bahnhof.

Der Parkplatz neben der Bergstation des *funicolore* kostet zwischen 8 und 20 Uhr 1,20 € pro Stunde.

Zug (Zugfahrkarten mit Kommission) und vermietet Mountainbikes (pro Std./Tag 2,50/15 €) sowie Roller.

ⓘ Anreise & Unterwegs vor Ort

AUTO

Von Florenz geht es über die A1 (Richtung Bettolle-Sinalunga) bis zur Ausfahrt Valdichiana. Dann den Schildern folgen. Von Siena aus nimmt man die Autobahn Siena–Bettolle–Perugia.

Von Mai bis September ist das historische Stadtzentrum durchgehend verkehrsberuhigt (ZTL); von Oktober bis April gilt das Fahrverbot von 8 bis 20 Uhr, von November bis März von 8 bis 17 Uhr. Hotels können meist eine Fahrerlaubnis besorgen. Zu empfehlen ist der Parkplatz an der Piazza Don Minzoni (April–Okt. 1,30 € pro Std., sonst gratis), von der sich Minibusse (1 €) zur Piazza Grande hinaufschlängeln.

BUS

Der Busbahnhof liegt neben dem Parkplatz P5. Siena Mobilità fährt viermal täglich zwischen Siena und Montepulciano (6,60 €, 1 Std.) mit Zwischenstopp in Pienza (2,50 €). Von/nach Florenz gibt es drei Verbindungen täglich (11,20 €, 90 Min.).

Außerdem fahren Busse regelmäßig nach Chiusi-Chianciano Terme (3,40 €, 40 Min.), von wo es mit dem Zug über Arezzo (6,40 €, 50 Min.) nach Florenz weitergeht (12,50 €, 2 Std., häufig).

Südliche Toskana

Inhalt ➡

Gut essen

➡ Grantosco (S. 267)

➡ Il Pellicano (S. 270)

➡ Il Tufo Allegro (S. 262)

➡ La Tana del Brillo Parlante (S. 258)

Schön schlafen

➡ La Fattoria di Tatti (S. 258)

➡ Le Camere del Ceccottino (S. 262)

➡ Montebelli Agriturismo & Country Hotel (S. 260)

➡ Pieve di Caminino (S. 260)

Auf in die südliche Toskana

Was den Süden auszeichnet, ist seine Vielfalt. Hier führt die Reise innerhalb weniger Stunden von Sandstränden hoch zu schneebedeckten Bergen. Die Fahrt geht durch sumpfige Küstenebenen mit artenreicher Fauna, Weinberge und atemberaubend gelegene Bergorte. Ebenso vielfältig ist das Angebot an Aktivitäten: schwimmen, wandern, reiten, mountainbiken, Vögel beobachten und den Tag an der frischen Luft und die Nacht in stimmungsvollen *agriturismi* (Gästezimmer auf Bauernhöfen oder Weingütern) verbringen.

Die Einheimischen sind stolz auf die uralten Sitten und Gebräuche der Maremma, wie die Region gewöhnlich genannt wird. Jede Stadt, jedes Dorf atmet Geschichte. Eine Vielzahl etruskischer Stätten sowie Ortschaften mit Wurzeln im Mittelalter und in der Renaissance - mit alten Straßen, Kirchen und Museen – sorgen dafür, dass garantiert keine Langeweile aufkommt.

Entfernungen

	Vetulonia	Massa Marittima	Grosseto	Pitigliano
Massa Marittima	38			
Grosseto	52	48		
Pitigliano	129	120	75	
Parco Regionale della Maremma	28	67	20	56

Unterwegs vor Ort

Wer diese Ecke der Toskana bereisen möchte, braucht ein Auto. Am besten erkundet man die kleineren Straßen abseits der Autobahn S1. Die Frecciabianca (ICE-Züge) hält nur auf der Fahrt von Rom nach Genua in Grosseto, und die Regionalzüge, die auf dieser Strecke verkehren, halten in Orbetello-Monte Argentario. Die einzige andere Bahnlinie verläuft zwischen Siena und Grosseto. Noch schlechter sieht's beim Busnetz aus: Busse verkehren nur in großer Taktung auf wenigen Strecken.

3 PERFEKTE TAGE

1. Tag: Città del Tufa

Die Etrusker haben zwar in der gesamten Toskana ihre Spuren in Dörfern, Städten und der Landschaft hinterlassen, jedoch birgt die südöstliche Ecke ein besonders reiches etruskisches Erbe. Das malerische Pitigliano empfiehlt sich zum Mittagessen mit anschließender Erkundung der Nachbarorte Sorano und Sovana. Dort gibt es etruskische Nekropolen, archäologische Museen und mysteriöse *vie cave* (Hohlwege) zu besichtigen. Zum Abschluss kann man noch auf eine Kostprobe des preisgekrönten Morellino di Scansano bei der Società Agricola Terenzi vorbeischauen.

2. Tag: Parco Regionale della Maremma

Die unberührte Natur des Regionalparks lädt zum Wandern, Reiten, Rad fahren oder Paddeln ein. Außerdem kann man dem Landschaftsbetrieb Agienza Regionale Agricola di Alberese einen Besuch abstatten, wo die berühmten *butteri* (Cowboys) arbeiten. Auch der skurrile Skulpturengarten Giardino dei Tarocchi in der Nähe von Capalbio ist etwas Besonderes.

3. Tag: Massa Marittima

Nur wenige Touristen finden den Weg in die mittelalterliche Bergstadt auf den Colline Metallifere (Erzberge) – ihnen entgeht etwas! Der Vormittag gehört einem Bummel durch die schmalen Straßen und über die bezaubernden Piazze des historischen Zentrums (unbedingt den Dom besichtigen). Danach geht's weiter zu den faszinierenden Geothermalstellen in der Umgebung von Monterotondo Marittimo oder zur Etruskersiedlung Vetulonia.

Reiseplanung

➡ Für einen Sommerurlaub Unterkünfte in Küstennähe sehr früh reservieren.

➡ Vorausbuchungen für: Boots- oder Radtouren durch die Riserva Naturale Provinciale Diaccia Botrona, einen Besuch auf dem Landwirtschaftsbetrieb Agienza Regionale Agricola di Alberese sowie für geführte Touren in den Parco Regionale della Maremma.

NICHT VERSÄUMEN

Keinesfalls entgehen lassen darf man sich die berühmten etruskischen Stätten der Region. Die eindrucksvollsten sind das Museo Civico Archeologico 'Isidoro Falchi' und die Ausgrabungsstätte Scavi di Città, beide in Vetulonia, außerdem der Parco Archeologico 'Città del Tufa' nahe Sovana sowie die ärchäologische Stätte Roselle bei Grosseto.

Für Wanderer

➡ **Von Pitigliano nach Sovana** (S. 263) Zum Teil durch *vie cave*.

➡ **Le Biancane, Monterotondo Marittimo** (S. 260) Durch eine spektakuläre Geothermallandschaft.

➡ **Parco Regionale della Maremma** (S. 268) Am Strand entlang, durch Feuchtgebiete und einen Wald zu einer Turmruine aus dem 12. Jh.

Tolle Feste

➡ Torciata di San Giuseppe (S. 263), Pitigliano

➡ Balestro del Girifalco (S. 255), Massa Marittima

Infos im Internet

➡ **Turismo in Maremma** (www.turismoinmaremma.it)

➡ **Parco degli Etruschi** (www.parcodeglietruschi.it)

ALTA MAREMMA

Die Alta (Obere) Maremma beginnt südlich von Livorno und erstreckt sich bis hinunter nach Grosseto. Sie umfasst Massa Marittima und die umliegenden Colline Metallifere (Erzberge), die jetzt Teil des Europäischen Geoparknetzes der Unesco sind. Zur Alta Maremma gehören außerdem die Bergorte im Landesinneren südlich der Crete Senesi und die Gebirgsregion um den Monte Amiata.

Massa Marittima

8620 EW.

Zu den Anziehungspunkten des stillen Bergstädtchens zählen ausgefallene Museen, eine bezaubernde zentrale Piazza und größtenteils intakte mittelalterliche Straßen, durch die sich glücklicherweise keine Busladungen mit Touristen schieben.

Massa Marittima stand für kurze Zeit unter pisanischer Herrschaft und errang 1225 sogar den Status einer unabhängigen *comune* (Stadtstaat), wurde aber ein Jahrhundert später von Siena vereinnahmt. Die Pest von 1348 und der Niedergang der profitablen Metallgewinnung 50 Jahre später brachten die Stadt an den Rand des Ruins. Die weite Verbreitung der Malaria aufgrund der umliegenden Sümpfe tat ein Übriges. Erst nach der Trockenlegung der Sümpfe im 18. Jh. und der Wiederaufnahme der Metallgewinnung erblühte Massa Marittima zu neuem Leben.

Die Stadt ist in drei Bezirke unterteilt: die Città Vecchia (Altstadt), die Città Nuova (Neustadt) und den Borgo. Den Übergang von der Città Vecchia zur Città Nuova bildet der massive **Arco Senese** (Siena-Bogen; Piazza Matteotti). Er verbindet die Wehranlagen der Stadtmauer mit der **Torre del Candeliere**, einem Turm, von dem sich umwerfende Ausblicke über die Stadt bieten.

⊙ Sehenswertes & Aktivitäten

★ Cattedrale di San Cerbone DOM
(Piazza Garibaldi; ⊙ 8–12 & 15–17 Uhr) Über der pittoresken Piazza Garibaldi (auch Piazza Duomo genannt) thront der im 13. Jh. schräg zum Platz erbaute *duomo* von Massa Marittima. Er ist dem hl. Cerbonius geweiht, dem Schutzpatron der Stadt, der immer mit einer Schar von Gänsen dargestellt wird. Besondere Betrachtung im Kirchenschiff

verdient die freistehende *Maestà* (Jungfrau mit Kind auf dem Thron; 1316). Diverse Experten schreiben die Skulptur Duccio di Buoninsegna zu.

Zu den weiteren Schätzen des *duomo* zählen die geschnitzte Marmorurne *Arca di San Cerbone* (Sarkophag des San Cerbone; 1324) hinter dem Hochaltar und ein hölzernes Kruzifix von Giovanni Pisano aus dem frühen 14. Jh. auf dem Altar selbst.

Tafelbilder an der Fassade über dem Haupteingang zeigen Szenen aus dem Leben des hl. Cerbonius.

★ Museo di Arte Sacra MUSEUM
(Museum für Sakralkunst; www.museiartesacra.net; Corso Diaz 36; Erw./Kind 5/3 €; ⊙ Sommer Di–So 10–13 & 15–18 Uhr, Winter Di–So 11–13 & 15–17 Uhr) Das Museum befindet sich im ehemaligen Kloster San Pietro all'Orto. Die Ausstellungsstücke umfassen eine großartige *Maestà* (um 1335–1337) von Ambrogio Lorenzetti sowie Skulpturen aus der Werkstatt von Giovanni Pisano, die ursprünglich die Domfassade zierten. Auch die schlichten Flachreliefs aus grauem Alabaster stammen vom *duomo*, sie datieren jedoch aus einer früheren Zeit.

Museo Archeologico MUSEUM
(Piazza Garibaldi 1; Erw./Kind 3/2 €; ⊙ Sommer Di–So 10–12.30 & 15.30–19 Uhr, Winter Di–So 10–12.30 & 15–17 Uhr) Das etwas angestaubte Archäologische Museum residiert im **Palazzo del Podestà** aus dem 13. Jh. Das einzige wirklich bemerkenswerte Stück hier ist *La Stele del Vado all'Arancio,* eine einfache, aber beeindruckende Steinstele aus dem 3. Jahrtausend v. Chr.

Albero della Fecondità FRESKO
Unterhalb der Piazza Garibaldi steht gegenüber vom Hauptparkplatz der Stadt ein Gebäude aus dem 13. Jh., das einst als Getreidespeicher diente. Unter der Loggia befindet sich die Fonte dell'Abbondanza (Brunnen des Überflusses). Den inzwischen stillgelegten, früher öffentlichen Trinkbrunnen schmückt das außergewöhnliche Fresko des *Albero della Fecondità* (Fruchtbarkeitsbaum). Wer genau hinschaut, erkennt, welche Früchte der Baum trägt!

⚑ Feste & Events

Balestro del Girifalco KULTUR
(Falkenherzwettstreit; www.societaterzierimassetani.it) Der Wettbewerb im Armbrustschießen findet zweimal jährlich statt, und zwar

Highlights

❶ Im **Parco Regionale della Maremma** (S. 268) für ein paar Stunden ein toskanischer Cowboy sein.

❷ In **Massa Marittima** (S. 255) ein wunderbares Fresko und eine der schönsten Piazze Italiens bewundern.

❸ Eine Wanderung durch die ungewöhnliche Geothermallandschaft von **Monterotondo Marittimo** (S. 260) unternehmen.

❹ In der archäologischen Stätte von **Vetulonia** (S. 259) spannende etruskische Ausgrabungen erkunden.

❺ Im Bergdorf **Pitigliano** (S. 261) eine alte Synagoge besuchen, in der einst die größte jüdische Gemeinde Italiens betete.

❻ In der geheimnisvollen Landschaft um **Sovana** (S. 264) auf den Spuren der Etrusker wandeln.

❼ Zehntausenden Zugvögeln in die unberührte Natur der **Riserva Naturale Provinciale Diaccia Botrona** (S. 268) folgen.

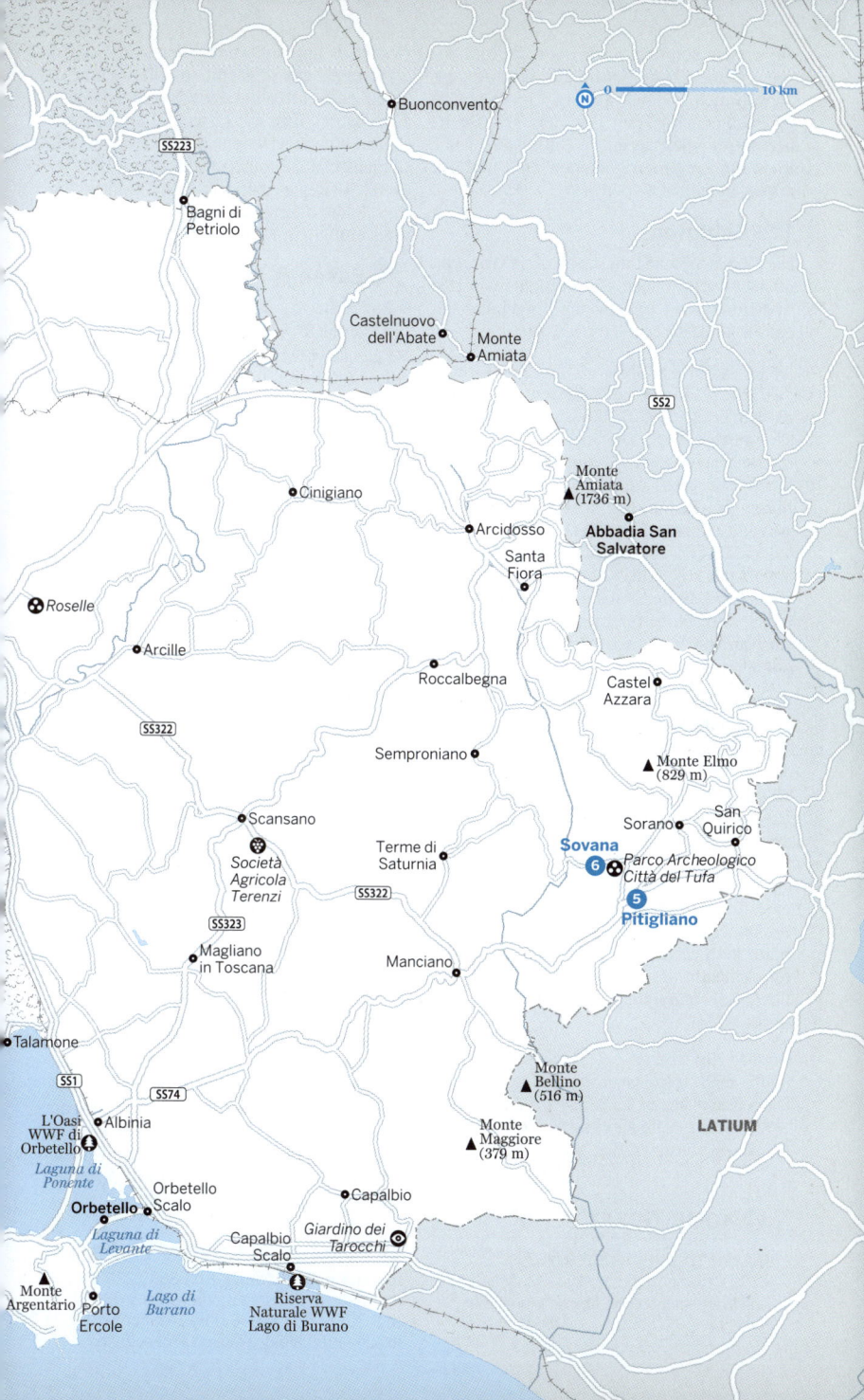

Buonconvento

SS223

Bagni di
Petriolo

Castelnuovo
dell'Abate
Monte
Amiata

SS2

Cinigiano

Monte
Amiata
(1736 m)

Abbadia San
Salvatore

Arcidosso

Santa
Fiora

Roselle

Arcille

Roccalbegna

Castel
Azzara

SS322

Semproniano

Monte Elmo
(829 m)

Scansano

Terme di
Saturnia

Sorano

San
Quirico

Società
Agricola
Terenzi

Sovana

6

Parco Archeologico
Città del Tufa

SS322

5

Pitigliano

SS323

Magliano
in Toscana

Manciano

Talamone

SS1

SS74

Monte
Bellino
(516 m)

L'Oasi
WWF di
Orbetello

Albinia

Monte
Maggiore
(379 m)

LATIUM

Laguna di
Ponente

Orbetello
Scalo

Capalbio

Orbetello

Laguna di
Levante

Capalbio
Scalo

Giardino dei
Tarocchi

Monte
Argentario

Porto
Ercole

Lago di
Burano

Riserva
Naturale WWF
Lago di Burano

N   0   10 km

am ersten Sonntag nach dem 20. Mai sowie an einem Sonntag im Juli oder August (gewöhnlich zweiter Sonntag im August). 24 Schützen aus den drei *terzieri* (Stadtbezirke) konkurrieren in mittelalterlicher Kleidung um einen goldenen Pfeil und ein großes bemaltes Seidentuch.

🛏️ Schlafen

Die Hotels in der Stadt lassen viele Wünsche offen. Es gibt jedoch ein empfehlenswertes Apartmenthotel und in der Umgebung ein paar tolle B&Bs und *agriturismi*.

⭐ La Fattoria di Tatti   B&B €

(📞05 6691 2001; www.tattifattoria.it; Via Matteotti 10, Tatti; EZ 50–80 €, DZ 90–115 €; ⊘Nov.–Mitte März geschl.; 🅿️@) Die im 18. Jh. erbaute, restaurierte *fattoria* (Bauernhaus) in Tatti, einem Bergdorf 25 km südöstlich von Massa Marittima, hat acht schlichte, aber stilvolle Zimmer. Betreiberin Maria bereitet jeden Morgen ein köstliches Frühstück zu, ansonsten steht die Küche den Gästen zur Verfügung. In der Nähe gibt es einen Spielplatz und eine Pizzeria/Trattoria, daher sind auch Familien in der Fattoria prima aufgehoben.

Residenza d'Epoca
Palazzo Malfatti   SELBSTVERSORGER €

(📞05 6690 4181; www.palazzomalfattiresidenza depoca.com; Via Moncini 10; DZ 60–115 €, 3BZ 90–165 €, 4BZ 120–230 €, 5BZ 150–290 €; 🛜) Die sieben Apartments in einem Palazzo aus dem 13. Jh. mit Blick auf die Piazza Garibaldi eignen sich für Selbstversorger, die ein wenig länger bleiben möchten (bei Aufenthalt von mehr als zwei Nächten gibt's Preisnachlass). Den Umbau des Gebäudes hätte man cleverer gestalten können, doch die Badezimmer sind gut und die Räumlichkeiten behaglich und recht ordentlich ausgestattet.

Podere Riparbella   AGRITURISMO €€

(📞05 6691 5557; www.riparbella.com; Località Sopra Pian di Mucini; EZ 82–94 €, DZ 164–184 €; ⊘Anfang Jan.–Mitte April geschl.; 🅿️🛜) 🍴 Die Schweizer Besitzer des 46 ha großen An-

wesens 5 km außerhalb der Stadt haben die letzten gut 20 Jahre damit verbracht, einen nachhaltigen Landwirtschaftsbetrieb aufzubauen. Ihre elf Gästezimmer befinden sich in einem reizenden alten Gebäude mit Gemeinschaftslounge und Terrasse. Ein leckeres 4-Gänge-Abendessen aus hofeigenen bzw. lokalen Erzeugnissen ist im Zimmerpreis enthalten. Keine Kreditkarten.

🍴 Essen & Ausgehen

Il Bacchino   FEINKOST €

(Via Moncini 8; ⊘März–Jan. 9–22 Uhr, Feb. So & Mo geschl.) Magdy Lamei, der Eigentümer von Il Bacchino, ist zwar kein waschechter Einheimischer (eigentlich stammt er aus Kairo), aber kaum jemand weist so viel Fachkenntnis und Begeisterung für die regionalen Lebensmittel auf wie er. Eine ausgezeichnete Adresse für toskanische Weine und Picknickzutaten wie Schinken, Käse und Salami.

⭐ La Tana
del Brillo Parlante   TOSKANISCH €€

(📞05 6690 1274; Vicolo del Ciambellano 4; Mahlzeiten 32 €; ⊘Dez.–Okt. Do–Di 12–14.30 & 19.30–22 Uhr) Das Restaurant erfüllt alle Anforderungen der Slow-Food-Philosophie. Im winzigen Speiseraum der angeblich kleinsten Osteria Italiens haben gerade mal zehn Personen Platz (im Sommer können sich weitere vier Gäste an winzige Tische draußen in der Gasse quetschen). Geboten wird himmlische, authentische Maremma-Küche. Wer hier am Wochenende oder im Sommer speisen möchte, sollte weit im Voraus reservieren. Keine Kreditkarten.

L'Osteria da Tronca   TOSKANISCH €€

(📞05 6690 1991; Vicolo Porte 5; Mahlzeiten 28 €; ⊘März–Juli & Sept.–Mitte Dez. 19.30–22.30 Uhr, Aug. Do–Di 19.30–22 Uhr) Das in einer Nebenstraße hinter dem Hotel Il Sole liegende Restaurant mit Steinwänden ist auf die rustikalen Gerichte der Maremma spezialisiert. Dazu zählen *acquacotta* (eine herzhafte Gemüsesuppe mit Brot und Ei), *tortelli alla maremma* (Teigtaschen mit Ricotta-Spinat-Füllung) und *coniglio in porchetta* (gebratenes gefülltes Kaninchen).

ℹ️ Praktische Informationen

Touristeninformation (📞05 6690 2756; www. altamaremmaturismo.it; Via Todini 3-5; ⊘Di–So 9.30–13 & 14–18.30 Uhr) An einer Seitenstraße unterhalb des Museo Archeologico.

ℹ️ **KOMBITICKET**

Mit einem **Kombiticket** (Erw./Kind 15/10 €) kann man sämtliche Museen und Wahrzeichen von Massa Marittima besuchen.

SÜDLICHE TOSKANA MASSA MARITTIMA

Massa Marittima

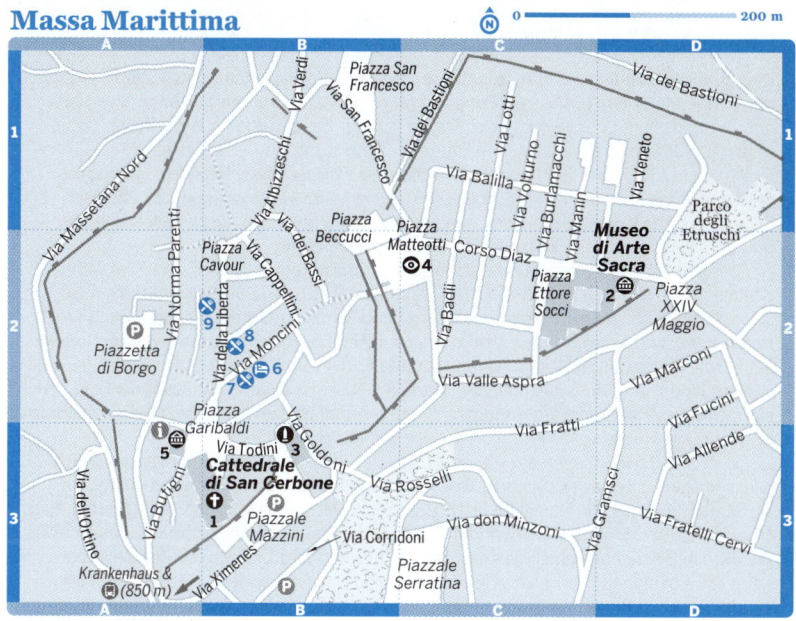

ℹ An- & Weiterreise

AUTO

Ein günstig gelegener Parkplatz (tagsüber 1 €
pro Stunde, nachts kostenlos) befindet sich in
der Nähe der Piazza Garibaldi: den Hang hoch
auf der linken Seite. Weiter unten am Hang gibt
es einen kostenlosen Parkplatz an der Piazzetta
di Borgo.

BUS

Der Busbahnhof befindet sich in der Nähe des
Krankenhauses an der Piazza del Risorgimento,
1 km von der Piazza Garibaldi den Hügel hinab.
Täglich verkehren ein Bus nach Grosseto
(3,70 €, 1 Std.) und zwei nach Siena (5,30 €,
2 Std., 7.05 und 16.40 Uhr). Um nach Volterra zu
kommen, muss man in Monterotondo Marittimo
umsteigen. Bus- und Zugfahrkarten verkauft
Massa Veternensis (Piazza Garibaldi 18).

ZUG

Der nächstgelegene Bahnhof ist Massa-Follo-
nica in Follonica, 22 km südwestlich von Massa;
dorthin verkehrt ein Pendelbus (2,60 €, 25 Min.,
10-mal tgl.).

Vetulonia & Umgebung

Das windgepeitschte Bergdorf 23 km nordwestlich von Grosseto war ursprünglich
eine wichtige Niederlassung der Etrusker.

Sie wurde 224 v. Chr. von den Römern in
Beschlag genommen und weist bedeutsame
Spuren beider Kulturen auf.

◉ Sehenswertes

⭐ Museo Civico
Archeologico 'Isidoro Falchi'   MUSEUM
(museovetulonia@libero.it; Piazza Vatluna; Erw./
Kind 4,50/2,50 €; ⏱ Juni−Sept. Di−So 10−13 &

COLLINE METALLIFERE

Die schönen Gebäude und Kunstschätze verdankt Massa Marittima seiner Lage im Herzen der Colline Metallifere (Erzberge). Bergbau gab es hier über drei Jahrtausende lang, und er hat die Landschaft und die Kultur der Region geprägt. Dem wurde unlängst Rechnung getragen: Der **Parco Nazionale Technologico Archeologico delle Colline Metallifere Grossetane** (Nationaler Technologie- und Archäologie-Park der Colline Metallifere; www.parco collinemetallifere.it) wurde in das Europäische Geoparknetz aufgenommen, das unter der Schirmherrschaft der Unesco steht. Aufgabe des Parks ist es, die regionale Metallurgie- und Bergwerksgeschichte zu bewahren und zu präsentieren.

Zum Nationalpark gehören zahlreiche Stätten, darunter **Le Biancane** (⊙ Infobüro Sommer Di–So 10.30–12.30 & 15–17.30 Uhr, Winter Di & Do 10.30–12.30, Sa & So 10.30–12.30 & 15–17 Uhr) `GRATIS` in **Monterotondo Marittimo**. In dem geothermischen Park 21 km nördlich von Massa werden seit 1916 die natürlichen Dampfemissionen aus dem Boden in Energie umgewandelt. Damit werden rund 1 Mio. Haushalte der Toskana versorgt – insgesamt sind damit 25 % des Energiebedarfs der Toskana abgedeckt. Besucher begeben sich auf einen zweistündigen Rundgang durch bewaldetes Terrain vorbei an dampfenden Löchern und wundervollen Klumpen aus Schwefelkristallen.

Einen Besuch lohnt auch der **Parco Minerario Naturalistico Gavorrano** (www. parcominerario.it; Località Ex Bagnetti, Gavorrano; Erw./erm. 10/8 €; ⊙ Mitte Juni–Mitte Sept. Di–So 10–13 & 16–19 Uhr; Mai–Mitte Juni & Mitte Sept.–Dez. nur Sa & So, Jan.–April geschl.). Das Museum samt Bildungsstätte befindet sich in einer riesigen alten Pyritmine, die von 1898 bis 1984 in Betrieb und einst die größte Mine ihrer Art in Europa war. Ein Teil der insgesamt 180 km langen Stollen kann im Rahmen einer faszinierenden Führung besichtigt werden; dabei erfahren die Teilnehmer auch etwas über die Sozialgeschichte des Bergbaus, es gibt auch interaktive Exponate.

16–21 Uhr, März–Mai Di–So 10–13 & 14–17 Uhr) Von der Hauptpiazza des Ortes bieten sich spektakuläre Ausblicke auf das umliegende Land. Am Platz residiert auch dieses kleine, trotzdem sehr eindrucksvolle Museum mit einer großen Zahl an Exponaten. Sie wurden aus etruskischen Gräbern und Siedlungen der Gegend zutage gefördert. Zu den Highlights zählen die Fundstücke aus der Grabstätte *Fibula d'Oro* (Goldene Brosche), darunter die kostbare Brosche selbst.

🛏 Schlafen

⭐**Montebelli Agriturismo & Country Hotel** AGRITURISMO €€
(☏ 05 6688 7100; www.montebelli.com; Località Molinetto Caldana; günstige Zimmer 68–145 €, Standardzimmer 84–185 €, Luxus-Hotelzimmer 110–225 €; ⊙ Jan.–Ende März geschl.; P ✳ 🛜 🛝) Auf dem weitläufigen biologisch-dynamischen Wein- und Olivengut 10 km nördlich von Vetulonia herrscht eine Art Country-Club-Flair. Die Einrichtungen sind sensationell: Tennisplatz, zwei Pools (einer drinnen, einer draußen), Reitstunden, Restaurant (5-Gänge-Abendessen Erw./Kind 30/15 €) und ein schickes Wellnesszentrum. Gäste haben die Wahl zwischen billigeren (aber stimmungsvolleren) Zimmern im *agriturismo* und luxuriösen, klimatisierten Zimmern im modernen Country Hotel.

⭐**Pieve di Caminino** AGRITURISMO €€
(☏ 05 6456 9736; www.caminino.com; Via Provinciale di Peruzzo, Roccatederighi; EZ & DZ 110–130 €, DZ & 3BZ 140–190 €, 4-Pers.-Apt. 150–250 €; P ✳ 🛜 🛝) Die historische Atmosphäre des ehemaligen Klosters aus dem 11. Jh. 25 km nordöstlich von Vetulonia findet man so schnell bei keiner zweiten Unterkunft. Sie liegt auf einem 500 ha großen Anwesen mit Olivenbäumen und Weinstöcken und bietet sechs reizend eingerichtete Suiten und zwei Ferienwohnungen mit Aussichtsterrassen. Jede Einheit verfügt über Sitzecke und Küchenzeile, vier haben WLAN und drei eine Klimaanlage. Frühstück (optional) kostet 5–10 €.

🍴 Essen

⭐**La Vecchia Hosteria** TOSKANISCH €€
(☏ 05 6684 4980; www.lavecchiahosteria.it; Viale Marconi 249, Bagno di Gavorrano; Mahlzeiten 28 €; ⊙ Feb.–Dez. Fr–Mi 12–14.30 & 19–22 Uhr) Das unscheinbare Äußere des Lokals an der Hauptstraße von Bagno di Gavorrano verrät nichts

über die außergewöhnliche Qualität seiner Küche. Die hausgemachte Pasta ist großartig (wir empfehlen wärmstens die *tortelli di ricotta*), und die rustikalen Hauptgerichte sind ebenfalls unglaublich gut. Das Städtchen liegt 14 km nördlich von Vetulonia in der Nähe des Parco Minerario Naturalistico Gavorrano.

 An- & Weiterreise

Um nach Vetulonia zu gelangen, biegen Autofahrer bei der Ausfahrt Montepescali/Braccagni Richtung Braccagni von der SS1 ab und folgen dann der SP152 und SP72 bergan zum Dorf.

CITTÀ DEL TUFA

Die malerischen Orte Pitigliano, Sovana und Sorano bilden ein Dreieck um eine spektakuläre Landschaft, in der die Häuser seit den Zeiten der Etrusker aus vulkanischem Tuffstein gebaut werden. Die Region wird Città del Tufa (Tuffsteinstadt) genannt, manchmal auch Paese del Tufa (Tuffsteinland).

Pitigliano

3840 EW.

Wer sich Pitigliano mit dem Auto nähert, muss aufpassen, dass er beim Anblick des malerisch auf einem Felsen thronenden Dorfes nicht plötzlich und ohne Rücksicht auf Verluste auf die Bremsen steigt, den Fotoapparat zückt und sich in einer Knipsorgie ergeht. Der Ort scheint wie verwachsen mit dem Berg. Die Abhänge, die Pitigliano auf drei Seiten umgeben, bilden eine natürliche Abwehr vor Feinden, und im Osten wehrte eine von Menschenhand geschaffene Festung Eindringlinge ab. Im Ort selbst verschwinden gewundene Steintreppen geheimnisvoll hinter Häuserecken, grazile Bögen spannen sich über Kopfsteinpflastergassen, und die urigen Steinhäuser des Dorfes scheinen planlos übereinandergestapelt worden zu sein.

Ursprünglich von den Etruskern erbaut, gelangte Pitigliano unter römische Herrschaft, um dann von den reichen Familien der Aldobrandeschi und Orsini übernommen zu werden. Die aus Rom stammenden Orsini ließen die Festung erweitern, die Wehrmauern verstärken und den beeindruckenden Aquädukt erbauen. Ihre Herrschaft über die Stadt endete, als Pitigliano dem Großherzogtum Toskana einverleibt wurde.

1944 wurden bei alliierten Luftangriffen 88 Einwohner des Ortes getötet und viele Gebäude beschädigt. Eine Gedenktafel bei der Piazza della Repubblica erinnert an die Opfer.

⊙ Sehenswertes & Aktivitäten

La Piccola Gerusalemme HISTORISCHES VIERTEL (Klein-Jerusalem; ☎ 05 6461 4230; www.lapiccola gerusalemme.it; Vicolo Manin 30; Erw./erm. 4/3 €; ⊙ Sommer So–Fr 10–13.30 & 14.30–18.30 Uhr, Winter So–Fr 10–12.30 & 15–17.30 Uhr) Wer die Via Zuccarelli entlang geht und beim Wegweiser „La Piccola Gerusalemme" links abbiegt, begibt sich auf eine faszinierende Zeitreise in die reiche, aber leider fast ausgestorbene jüdische Kultur Pitiglianos. Zu sehen sind eine winzige, reich geschmückte Synagoge (nur eine von fünf in der Toskana, 1598 begründet), ein rituelles Bad, eine koschere Metzgerei, eine Bäckerei, ein Weinkeller und Färbereien.

Auf Informationstafeln ist die geschichtliche Entwicklung festgehalten: Im Lauf des 16. Jhs. entstand in Pitigliano eine jüdische Gemeinde, die spürbar wuchs, als Papst Pius IV. 1569 die Juden aus Rom verbannte. Unter den Medici mussten die Juden in die-

FUNDE AUS DER ETRUSKERZEIT

Seit 2009 gräbt ein kleines Archäologenteam in der **Scavi di Città** (⊙ Sommer Mo, Mi & Fr–So 10.10–18.50 Uhr, Winter Mo, Mi & Fr–Sa 8.30–16.50 Uhr) GRATIS die Fundamente eines 2300 Jahre alten etruskischen *domus* (Haus) aus. Die Grabungsstätte liegt an der Hauptstraße gleich unterhalb von Vetulonia. Unter der Leitung von Dr. Simona Rafanelli wurden Bruchsteinmauern freigelegt, außerdem ein Ziegelsteinfußboden, ein kleiner Terrakotta-Altar, jede Menge Amphoren und das Fragment eines Wandfreskos. Dr. Rafanelli ist davon überzeugt, dass es sich um die besterhaltene Villa aus etruskisch-römischer Zeit handelt und es hier noch weitere Häuser, Läden und Tempel zu entdecken gibt.

Bei früheren Ausgrabungen in der Gegend wurden u. a. zwei (leider leere) etruskische Grabstätten gefunden. Sie liegen ein paar Kilometer weiter bergab (und dann rechts).

ses kleine Getto umziehen, wo sie bis 1772 blieben. Von da ab und bis weit ins folgende Jahrhundert hinein erlebte die rund 400 Seelen starke Gemeinde ihre Blütezeit, und dieser größten jüdischen Gemeinde Italiens verdankte Pitigliano den Beinamen „Klein-Jerusalem". Als die Faschisten 1938 ihre Rassegesetze erließen, waren die meisten Juden schon fortgezogen; etwa 80 blieben zurück, und nur wenige, die von Einheimischen vor den Faschisten versteckt wurden, überlebten den Krieg.

Palazzo Orsini
MUSEUM, PALAZZO

(www.palazzo-orsini-pitigliano.it; Piazza della Fortezza; Erw./erm. 4/3 €; ☉ Sommer Di–So 10–13 & 15–19 Uhr, Winter Di–So 10–13 & 15–17 Uhr) Die miteinander verbundenen Plätze Piazza Petruccioli und Piazza Garibaldi bilden einen majestätischen Laufsteg hin zu dieser Burg aus dem 13. Jh. Sie wurde im 16. Jh. von den Orsini erweitert, um als Bischofsresidenz zu dienen, und beherbergt heute ein Museum. Die Räume sind gefüllt mit Kunstwerken und religiösen Gegenständen aus Kirchen der Diözese.

Museo Civico Archeologico di Pitigliano
MUSEUM

(Piazza della Fortezza; Erw./Kind 3/2 €; ☉ Juni–Aug. Mo, Do & Fr 10–17, Sa & So bis 18 Uhr, Ostern–Mai Sa & So 10–17 Uhr) Das kleine, gut geführte Museum, zu dem eine Steintreppe gegenüber dem Eingang des Palazzo Orsini führt, beherbergt eine reiche Sammlung an etruskischen Funden von örtlichen Ausgrabungen. Zu den Highlights zählen große intakte *bucchero*-Urnen (aus schwarzem Ton) aus dem 6. Jh. v. Chr. und reizende rosafarbene Ölgefäße aus Ton in der Form kleiner Rehe.

🎆 Feste & Events

Am ersten Wochenende im September findet das Weinfest **Settembre diVino – Festa delle Cantine** (Winzerfest) statt. Im Mittelpunkt stehen Weine wie der Vorzei-

gewein des Ortes, der trockene, lebendige Bianco di Pitigliano, und in den *cantine* (Weinkeller) der Stadt und Umgebung gibt es Verkostungen. Genaueres unter www.comune.pitigliano.gr.it.

🛏 Schlafen

Il Tufo Rosa
PENSIONE €

(☎ 05 6461 7019; www.iltuforosa.com; Piazza Petruccioli 97-101; EZ 42–48 €, DZ 55–75 €; ✳🖥) Die Betreiberin der altmodischen *pensione* ist sehr stolz auf ihre sauberen, individuell eingerichteten Zimmer, die alle nach einer *contessa* der Aldobrandeschi, Orsini oder Medici benannt sind. Die Zimmer befinden sich in der alten Bastion der Festung an der Piazza Petruccioli, nicht weit von der Hauptbushaltestelle des Ortes. Kein Frühstück, Klimaanlage nur in einigen Zimmern.

⭐ Le Camere del Ceccottino
PENSIONE €€

(☎ 05 6461 4273; www.ceccottino.com; Via Roma 159; Zi 80–150 €; ✳🖥) Die überaus hilfsbereiten Eigentümer Chiara und Alessandro wohnen im Haus und betreiben auch eine benachbarte Osteria und Enoteca gleichen Namens. Ihre *pensione* in erstklassiger Lage beim Dom hat vier makellose, gut ausgestattete Zimmer. Man sollte sich aber möglichst eins der teureren geben lassen, denn die sind weniger beengt als die Standardzimmer. Kein Frühstück.

🍴 Essen & Ausgehen

Enoteca La Corte del Ceccottino
WEINLOKAL €

(Via Vignoli; Teller ab 8 €; ☉ Mitte März–Mitte Jan. Fr–Mi unterschiedl. Öffnungszeiten) Der „versenkte" Patio ist ein romantisches Plätzchen für ein (oder zwei) Glas toskanischen Weins und dazu einen Teller Antipasto oder eine Portion Pasta.

La Rocca
WEINLOKAL €

(Piazza della Repubblica 92; panino 3,50 €, Mahlzeiten 24 €; ☉ Di–So 10–23 Uhr) In dem gewölbeartigen Weinlokal, gleichzeitig auch Café und Restaurant, warten bis zum Rand gefüllte Gläser mit Weinen aus der Region. Zu essen gibt's *prodotti tipici* (typische Produkte der Region) wie rustikale Pastagerichte, Antipasti-Teller und mit Pecorinokäse und Prosciutto gefüllte *panini*.

⭐ Il Tufo Allegro
TRADITIONELL ITALIENISCH €€

(☎ 05 6461 6192; www.iltufoallegro.com; Vicolo della Costituzione 5; Mahlzeiten 35 €; ☉ Do–Mo

12–13.30 & 19.30–21.30 Uhr, März–Dez Mi–Mo) Die Düfte, die aus der Küchentür an der Via Zuccarelli entweichen, reichen eigentlich schon aus, um jeden Vorbeigehenden die Treppe hinab an die gemütlichen Tische zu locken. Küchenchef Domenico Pichini stellt immer zwei Menüs zusammen – ein traditionelles und ein modernes. Bei seinen Kreationen lässt er sich in erster Linie von regionalen Produkten inspirieren. Das Lokal liegt in der Nähe von Piccola Gerusalemme.

Hostaria del Ceccottino
TRADITIONELL ITALIENISCH €€

(☎ 05 6461 4273; www.ceccottino.com; Piazza San Gregorio VII 64; Mahlzeiten 40 € ; ☺ Mitte März–Mitte Jan. 12–14.30 & 19.30–22 Uhr, Okt–Mai Do geschl.) Das Ceccottino im Schatten des barocken Doms verschreibt sich der Slow-Food-Philosophie. Es ist auf das Fleisch der hiesigen Chianina- und Maremmaner Rinder spezialisiert, hat aber auch erstklassige vegetarische Gerichte, insbesondere Pasta. Die Tische auf der Piazza sind im Sommer heiß umkämpft.

ⓘ Praktische Informationen

Die **Touristeninformation** (☎ 05 6461 7111; www.comune.pitigliano.gr.it; Piazza Garibaldi 12; ☺ Sommer Di–Sa 10–12.20 & 15.30–18 Uhr, Winter Fr & Sa 10–12.30 & 14.30–17, So 10–12.30 Uhr) befindet sich auf der Piazza gleich hinter dem Haupteingangstor zur Altstadt.

ⓘ An- & Weiterreise

AUTO
Es gibt jede Menge kostenlose Parkplätze im Ort; nach den weißen Linien Ausschau halten! Auf dem Parkplatz bei der Piazza Petruccioli kostet das Parken von 8 bis 13 und von 15 bis 20 Uhr 0,50 € pro Stunde.

BUS
Busse von **Rama Mobilità** (☎ 199 848787; www.ramamobilita.it) nach Grosseto (5,80 €, 2 Std.) fahren 4-mal täglich an der Via Santa Chiara ab, direkt an der Piazza Petruccioli. Außerdem gibt's eine Verbindung am Tag nach Siena (8,50 €, 3 Std.), vier nach Sorano (1,35 €, 10–20 Min.) und eine nach Sovana (1,35 €, 10–20 Min.). Sonntags verkehren normalerweise keine Busse.

VIE CAVE

In den Tälern unterhalb von Pitigliano gibt es mindestens 15 in den Tuffstein gehauene *vie cave* (Hohlwege). Diese gewaltigen Durchgänge – bis zu 20 m tief und 3 m breit – gelten im Volksglauben als heilige Wege, welche die Nekropolen und andere Kultstätten der Etrusker miteinander verbanden. Einer anderen, simpleren Erklärung zufolge wurden durch diese Korridore – unsichtbar für den Feind – Tiere und Gerätschaften für Verteidigungszwecke von einem Dorf zum nächsten transportiert. Was auch immer der Grund für ihren Bau war: Jedes Frühjahr findet in der Nacht der Tagundnachtgleiche (19. März) ein Fackelumzug auf der Via Cava di San Giuseppe statt. Diese **Torciata di San Giuseppe** endet mit einem riesigen Freudenfeuer auf der Piazza Garibaldi in Pitigliano, es ist ein Symbol der Reinigung und Erneuerung am Ende des Winters.

Zwei besonders sehenswerte *vie cave* – die Via Cava di Fratenuti und die Via Cava di San Giuseppe – befinden sich 500 m westlich von Pitigliano an der Straße nach Sovana. Die Fratenuti weist hohe senkrechte Wände und etruskische Zeichen auf. Die San Giuseppe führt an der Fontana dell'Olmo vorbei, einem in den Fels gehauenen Brunnen. Dem Betrachter blickt an dieser Quelle Bacchus, der römische Gott der Fruchtbarkeit, entgegen.

Von Pitigliano nach Sovana (8 km) verläuft ein herrlicher Wanderweg, der teilweise auch *vie cave* mit einschließt. Eine Beschreibung und eine Karte der Strecke finden sich auf www.trekking.it; hier kann man unter dem Abschnitt „Maremma" eine PDF-Datei herunterladen. Ein schöner, 2 km langer Weg führt von der kleinen Steinbrücke in der Schlucht unterhalb von Sorano durch die Via Cava San Rocco zu den **Necropoli di San Rocco**, einer weiteren etruskischen Begräbnisstätte.

Das **Museo Archeologico all'Aperto 'Alberto Manzi'** (Archäologisches Freiluftmuseum Alberto Manzi; Via Cava del Gradone, am Rand der SS74; Erw./erm. 4/2 €; ☺ Juni–Aug. Mi–Mo 10–19 Uhr, Ostern–Juni & Sept.–Okt. Sa & So 10–17 Uhr), ein Freiluftmuseum südlich von Pitigliano an der Straße nach Saturnia, umfasst Abschnitte von *vie cave* sowie mehrere Nekropolen.

SOCIETÀ AGRICOLA TERENZI

Das **Weingut** (🖉 05 6459 9601; www.
terenzi.eu; Località Montedonico, Scansano)
wurde im renommierten Weinführer
Gambero Rosso 2013 *Vini d'Italia* (italienische Weine) als „Aufsteiger des Jahres"
ausgezeichnet. Es liegt an einem landschaftlich reizvollen Straßenabschnitt
unweit der Ortschaft Scansano, 50
Minuten Autofahrt von Pitigliano über
eine Landstraße Richtung Grosseto.
Aushängeschild ist der Morellino
di Scansano DOCG, ein rubinroter
Sangiovese mit dem Aroma von Beeren
und Veilchen, den man sich bei einem
Mahl im hauseigenen **Restaurant**
(🕙 Ostern–Dez. 12–15 Uhr) schmecken
lassen oder in der **Cantina** (🕙 Mo–Fr
8.30–13 & 14–17.30, Sa 9–14 & 18–20, So
9–12 Uhr) auf dem Gut käuflich erwerben
kann. Für Reisende, die ein paar Tage
lang die wundervolle Aussicht und die
angebotenen Weine genießen möchten,
steht eine **Locanda** (DZ 110–155 €, Suite
140–175 €; 🅿 ❄ 🛜 🛏) bereit.

Die Fahrkarten gibt es in der **Bar Guastini** auf
der Piazza Petruccioli zu kaufen.

Sovana

Die Hauptattraktionen des bildhübschen
Städtchens sind die kopfsteingepflasterte
Hauptstraße aus der Römerzeit, zwei wunderbar schlichte romanische Kirchen und
ein Museum mit antiken Goldmünzen.

👁 Sehenswertes

Duomo   DOM
(Concattedrale dei Santi Pietro e Paolo; 🕙 10–13 &
14.30–18 Uhr) Der romanische Dom, der ab
dem 12. Jh. über einen Zeitraum von 200
Jahren entstand, geht zurück auf Papst Gregor VII. (Hildebrand von Sovana, um 1015–
85). Das ungewöhnlich positionierte Portal
ist mit Darstellungen von Menschen, Tieren
und Pflanzen geschmückt. Das Innere verdankt seine Schönheit weniger irgendwel-
chen Kunstwerken, als vor allem der genialen Architektur.

Museo di San Mamiliano   MUSEUM
(Piazza del Pretorio; Erw./Kind 4/2 €; 🕙 Sommer
Do–Di 10–13 & 15–19 Uhr, Aug. tgl., Okt. bis 18 Uhr,

Nov. & Dez. Sa & So 10–13 & 14–17 Uhr) 2004
machten Archäologen unter den Ruinen der
aus dem 9. Jh. stammenden Kirche des hl.
Mamiliano die Entdeckung ihres Lebens:
Sie fanden 498 Goldmünzen in einer kleinen Vase, die im 5. Jh. n. Chr. rund 2,5 m
unter dem Kirchenboden vergraben wurde.
Fast alle Münzen sind in diesem kleinen Rö-
merzeit-Museum in der restaurierten Kirche
ausgestellt.

Santa Maria Maggiore   KIRCHE
(Piazza Pretorio) Die in einem romanisch-
gotischen Übergangsstil erbaute Kirche
zeichnet sich vor allem durch ihre Fresken
aus dem 16. Jh. in der Apsis und ein unge-
wöhnliches Ziborium (Altarbaldachin) aus
dem 9. Jh. aus.

Essen

La Tavernetta   TRATTORIA €
(Via del Pretorio 3; Mahlzeiten 20 €, Pizzas 4–7 €;
🕙 Sommer tgl., Winter Mi–Mo) Den ganzen Tag
über werden hier traditionelle Gerichte aus
der Maremma serviert, abends außerdem
Holzofenpizza – mit diesem lockeren Lokal
in der Nähe der Touristeninformation kann
man nichts falsch machen.

🛈 Praktische Informationen

Die unglaublich hilfsbereite **Touristeninformation** (🖉 05 6461 4074; 🕙 nur im Sommer Fr–Mi
10–13 & 15–19 Uhr) befindet sich im Palazzo
Pretorio an der Hauptpiazza.

🛈 An- & Weiterreise

AUTO
Auf dem Parkplatz am Ortseingang kostet das
Parken 0,50 € pro Stunde.

BUS
Busse von **Rama Mobilità** (S. 263) fahren 1-mal
täglich nach Pitigliano (1,35 €, 10–20 Min.)
und 1- oder 2-mal am Tag nach Sorano (1,35 €,
15 Min.).

KOMBITICKET

Wer sowohl das Museo di San Mamiliano
als auch den Parco Archeologico 'Città
del Tufa' außerhalb der Stadt sowie die
Fortezza Orsini in Sorano besuchen will,
kann mit einem **Kombiticket** (Erw./Kind
10/5 €) Geld sparen.

Umgebung von Sovana

Die bedeutendsten etruskischen Gräber der Toskana befinden sich im **Parco Archeologico 'Città del Tufa'** (Necropoli di Sovana; www.leviecave.it; Eintritt 5 €; ☺ Sommer 10–19 Uhr, Nov. & März Sa & So 10–17 Uhr), 1,5 km östlich der Stadt. Erläuterungstafeln (Italienisch und Englisch) informieren über die Stätte.

Es gibt insgesamt vier Gräber. Die **Tomba dei Demoni Alati** (Grabmal der geflügelten Dämonen) mit einer kopflosen Liegefigur in Terrakotta wurde 2004 entdeckt. Die Plastik eines Seedämonen, die das Zentrum des Grabes bildete, befindet sich jetzt unter einem Schutzdach in der Nähe. Die nach Papst Gregor VII. (Hildebrand von Sovana) benannte **Tomba Ildebranda** weist noch Säulen- und Treppenfragmente auf und ist der wichtigste Teil des Parks. Die **Tomba del Tifone** (Grabmal des Taifuns) erreicht man nach 300 m über einen Pfad; er führt vorbei an Gräbern, die aus dem Tuffstein gehauen wurden. In der Nähe befinden sich tolle Abschnitte der *vie cave* „Cavone" und „Poggio Prisca".

Auf der anderen Seite der Stätte liegen die **Tomba della Sirena** sowie eine weitere *via cava* („San Sebastiano"; zur Zeit der Recherche aus Sicherheitsgründen gesperrt).

Östlich des Dorfes (vom Hauptplatz ausgeschildert) liegen in der **Area Archeologica di Vitozza** (☺ 24 Std.) GRATIS über 200 Höhlenbehausungen. Sie wurden aus einem hohen Gesteinsrücken gehauen und schon in prähistorischer Zeit bewohnt. Es ist einer der größten Komplexe dieser Art in Italien. Für die etwa zweistündige Erkundung der Stätte ist festes Schuhwerk unerlässlich.

Sorano

3590 EW.

Die Lage Soranos ist nicht ganz so dramatisch wie die von Pitigliano, aber fast. Die vom Wetter gezeichneten Steinhäuser ziehen sich an einem Felsrücken oberhalb des Flusses Lente entlang. Unterhalb des Kammes sind in den Tuffstein *cantine* (Keller) sowie terrassierte Gärten gehauen – viele davon vor neugierigen Blicken versteckt.

⊙ Sehenswertes & Aktivitäten

Fortezza Orsini FESTUNG
(☎ 05 6463 3767; Eintritt 4 €; ☺ Sommer Di–So (Aug. tgl.) 10–13 & 15–19 Uhr, Okt. bis 18 Uhr, Nov. Sa & So 10–13 & 14–17 Uhr) Die gewaltige Festung oberhalb des Ortes wurde im 11. Jh. errichtet und im Lauf der Jahrhunderte immer wieder erweitert. Sie verfügt über zwei durch dicke Mauern verbundene Bastionen und ist von einem Trockengraben umgeben. Das Highlight eines Besuchs ist zweifellos eine Führung durch die unterirdischen Gänge (um 11 und 14 Uhr).

🛏 Schlafen

★ Sant'Egle LANDGASTHOF €€
(☎ 34 8888 4810; www.santegle.it; Case Sparse Sant'Egle 18; DZ 110 €, Suite 160 €; P ⑤) 🅿 Mit seinen stimmungsvollen Gästezimmern, dem schönen Garten und ausgeprägtem Umweltbewusstsein ist das Sant'Egle eine ausgezeichnete Wahl. Es ist in einem fachmännisch restaurierten Zollhaus aus dem 17. Jh. auf dem Anwesen eines Bio-Bauernhofs zwischen Sorano und Pitigliano untergebracht. Abgesehen von den hübschen Zimmern verfügt der Gasthof auch über ein Restaurant. Das dort angebotene Abendessen (30 €) wird mit Obst und Gemüse aus eigenem Anbau, von Hand gemachter Pasta, selbstgebackenem Brot und Fleisch von freilaufenden Tieren zubereitet. Den Gästen stehen Mountainbikes zur Verfügung.

Hotel della Fortezza HOTEL €€
(☎ 05 6463 3549; www.fortezzahotel.it; Piazza Cairoli 5; DZ 75–140 €, Suite 115–160 €; P) Wer schon immer mal in einer mittelalterlichen Festung übernachten wollte, ist in diesem komfortablen Hotel genau richtig. Es liegt in einer der Bastionen, und von vielen der 16 Zimmer bieten sich spektakuläre Ausblicke. Am bezauberndsten ist zweifellos die riesige „La Torre" (Turm)-Suite.

🍸 Ausgehen

Cantina L'Ottava Rima WEINLOKAL
(www.cantinaottavarima.com; Via del Borgo 25; ☺ Sommer 12–15 & 18–24 Uhr, Winter Do 18–24 & Fr–So 12–15 & 18–24 Uhr) In der aus dem Tuffstein gehauenen, rustikalen *cantina* an einem reinen Fußgängerweg gibt es Weine der Region, Mikrobrauereibiere und einfache Gerichte (Antipasti-Teller 12 €) aus erstklassigen Maremma-Erzeugnissen. Von den bescheidenen Cafés/Esslokalen der Stadt ist dies das beste.

ℹ Praktische Informationen

Die beste **Touristeninformation** (☎ 05 6463 3099; ☺ Di–So 10–13 & 15–19 Uhr) befindet sich an der *fortezza;* die Filiale in der Ortsmitte ist komplett nutzlos.

TERME DI SATURNIA

Die schwefelhaltigen **Terme di Saturnia** (☎ 05 6460 0111; www.termedisaturnia.it; Tageskarte 44 €, nach 15 Uhr 39 €; ⊙ Sommer 9.30–19.30 Uhr, Winter bis 17.30 Uhr) liegen 2,5 km unterhalb des gleichnamigen Dorfes, das 35 km von Sorano und 26 km von Pitigliano entfernt ist. Wer möchte, kann in diesem Luxusresort wie die alten Römer einen ganzen Tag lang in den warmen Becken planschen oder sich Wellness-Anwendungen gönnen. Wem das zu teuer ist, kann sich an den Gewässern erfreuen, die sich gleich südlich des Abzweigs zu den Terme di Saturnia immer hundert Meter entlang der Straße erstrecken. Am besten nach Fahrzeugen, die an der Straße parken, Ausschau halten und dort einem Pfad folgen bis zu einer schönen Stelle mit völlig kostenlosem, konstant 37,5 °C warmem Wasser. Eine weitere Alternative ist eine Übernachtung im **Hotel Saturno Fontepura** (☎ 05 6460 1313; www.hotelsaturnofontepura.com; Zi. 130–180 €; P ✳ 🛜 🏊). Das Wellness-Resort mit eigenem Thermalbecken liegt an der Straße oberhalb der *terme*.

🛈 An- & Weiterreise

AUTO

Auf dem Parkplatz vor dem Rathaus kostet das Parken von 8 bis 13 und 15 bis 20 Uhr täglich 0,50 € pro Stunde. Kostenlose Parkplätze gibt es an der *fortezza*.

BUS

Busse von **Rama Mobilità** (S. 263) fahren nach Pitigliano (1,35 €, 10–20 Min., 4-mal tgl.) und Sovana (1,35 €, 15 Min., 1-mal tgl.).

BASSA MAREMMA

Die Bassa (Untere) Maremma zieht sich von Grosseto an der Küste entlang. Sie umfasst die Halbinsel Monte Argentario und den Parco Regionale della Maremma.

Grosseto

78 500 EW.

Grosseto wird touristisch kaum beachtet. Es liegt nicht sehr schön und kann nur wenige Sehenswürdigkeiten vorweisen. Praktisch ist es vor allem als Orientierungsmarke für Reisende auf der Küstenschnellstraße hinunter nach Rom. Trotzdem – wie alle Städte der Toskana verströmt es einen besonderen Charme. Warum nicht mal kurz anhalten?

Grosseto war eine der letzten von Siena beherrschten Städte, die in die Hände der Medici fielen. Als die Florentiner 1559 die Macht übernahmen, machten sie sich gleich daran, Wehranlagen und 2,5 km lange Mauern im Sechseck um die Stadt zu bauen, um das für das Großherzogtum wichtige Getreide- und Salzdepot zu schützen. Heute ist Grosseto Provinzhauptstadt der Maremma. Außerdem gehört das *centro* *storico* (Altstadt) zu den wenigen Orten in der Toskana, wo die ausgewiesene „autofreie Zone" (fast) vollständig verwirklicht wurde. Das sind tolle Bedingungen für einen gemütlichen Stadtbummel und eine *passeggiata* (Abendspaziergang) über den Corso Carducci.

Die Stadt ist für ihre heftigen Novemberregenfälle berüchtigt. Diese haben in der Vergangenheit schon zu katastrophalen Überschwemmungen geführt.

👁 Sehenswertes & Aktivitäten

Cattedrale di San Lorenzo   DOM
(Piazza del Duomo; ⊙ 7.30–12 & 15.30–19 Uhr) Der auf das 13. Jh. zurückgehende Dom verströmt sienesisches Flair und beeindruckt mit einer besonders harmonischen Fensterrose. Der Bau wurde im Lauf der Zeit immer wieder umgestaltet; so wurde ein großer Teil der Fassade im 19. Jh. im neoromanischen Stil erneuert. Drinnen lohnt ein Blick auf die *Madonna delle Grazie* im linken Querschiff, Teil eines größeren Gemäldes des Sieneser Künstlers Matteo di Giovanni.

Ebenfalls bemerkenswert sind das Taufbecken von 1470 und die beiden Buntglasfenster aus dem 15. Jh. mit Heiligendarstellungen.

Museo Archeologico e d'Arte della Maremma   MUSEUM
(Piazza Baccarini 3; Erw./erm. 5/2,50 €; ⊙ Di–Sa 10–17.30 Uhr, im Sommer länger) Der Komplex, die wichtigste Sehenswürdigkeit der Stadt, umfasst im Erdgeschoss ein archäologisches Museum und im ersten Stock ein Museum für sakrale Kunst. Gezeigt werden römische und etruskische Artefakte, die in Roselle, Vetulonia und anderen etruskischen Stätten ausgegraben wurden. Zu sehen sind außerdem Gemälde aus dem 13. bis 17. Jh.

Feste & Events

Zu Ehren des hl. Laurentius, dem Schutzpatron von Grosseto, findet jedes Jahr am 9. und 10. August die **Festa di San Lorenzo** statt.

Schlafen

In Grosseto selbst gibt's nur wenige gute Unterkünfte, sodass die meisten Besucher in *agriturismi* in der Umgebung unterkommen. Die einzige akzeptable Budgetoption ist ein B&B in der Nähe des Caffè Ricasoli. Doch wegen des mit dem Lokal verbundenen Geräuschpegels kann es nicht wirklich empfohlen werden.

Grand Hotel Bastiani   HOTEL €€
(☑ 05 642 00 47; www.hotelbastiani.com; Piazza Gioberti 64; EZ ab 80 €, DZ ab 118 €, Suite ab 178 €; ❄ @ ☎) Das altmodische Hotel befindet sich gleich hinter dem Haupttor zur Altstadt in praktischer Nähe zu einem öffentlichen Parkplatz. Es residiert in einem prächtigen alten Gebäude mit ausladender Treppe. Gemütliche, allerdings ein wenig abgewohnte Zimmer, effizienter und freundlicher Service sowie ein üppiges Frühstücksbuffet.

Essen & Ausgehen

⭐ **Grantosco**   TOSKANISCH €€
(☑ 05 642 60 27; www.grantosco.it; Via Solferino 4; Mahlzeiten 35 €; ⏰ Mo 19–22, Di–Sa 12–14.30 & 19–22, So 12–14.30 Uhr) Saftige Bratenstücke, z. B. vom Maremmaner Rind, *cinta senese* (toskanisches Schweinefleisch) und in Morellino di Scansano-Wein mariniertes *cinghiale* (Wildschwein), sind die Stars auf der Speisekarte, aber auch die Pastagerichte und Desserts schmecken köstlich. Mit Weinregalen, hohen Decken und indirekter Beleuchtung ist ein wunderbares Ambiente geschaffen.

Die Bar und die Tische auf dem Bürgersteig sind eine begehrte Anlaufstelle für die abendlichen *aperitivi*; zum Abendessen möglichst einen Tisch reservieren.

Rosso e Vino   WEINLOKAL €€
(Piazza Pacciardi 2; Mahlzeiten 38 €, Glas Wein 5–10 €; ⏰ Do–Di 12–14.30 & 20–22 Uhr, Weinbar 17 Uhr–open end, Juli geschl.) Die schicke Enoteca wird von der Fattoria Le Pupille betrieben, einem Weingut der Gegend, das einen ausgezeichneten Ruf genießt. Das Weinlokal bildet in stilistischer Hinsicht das Zentrum Grossetos und eignet sich bestens für eine Mahlzeit oder einen Aperitif. Die Restaurantterrasse säumt die Piazza Pacciardi, der Eingang zum Lokal befindet sich aber um die Ecke in der Via Garibaldi. Hand in Hand

mit den hervorragenden Weinen geht die moderne toskanische Küche einher.

Caffè Ricasoli   BAR, CAFÉ
(www.caffericasoli.it; Strada Ricasoli 20; ⏰ Mo–Sa 8–24 Uhr; ☎) Die pulsierende Mischung aus Bar und Café bei der Piazza Dante Alighieri ist der Hotspot des städtischen Nachtlebens. Hier gibt's kostenloses WLAN und gegen Ende der Woche legen DJs italienischen Pop auf. Manchmal werden auch Autorenlesungen und Livemusik geboten. Das aktuelle Programm ist der Website zu entnehmen.

Shoppen

**Dolci Tradizioni
dalla Maremma Toscana**   LEBENSMITTEL
(Via Garibaldi 60; ⏰ tgl.) Die wundervolle *pasticceria* gegenüber der Medici-Festung ist auf Leckereien wie *lo sfratto*, ein traditionelles jüdisches Gebäck mit Honig und Walnüssen, spezialisiert. Alles wird von Hand gefertigt und in schönen Päckchen verkauft.

Praktische Informationen

In der Nähe des *duomo* gibt es eine **Touristeninformation** (☑ 05 6448 8208; www.turismoinmaremma.it; Corso Carducci 1; ⏰ Mo–Do 9–13 & 16–19, Fr & Sa 9–13 & 17–20 Uhr).

An- & Weiterreise

AUTO
Im *centro storico* ist der Verkehr sehr eingeschränkt. Um die Stadtmauern herum gibt's jede Menge kostenpflichtige Parkplätze; am praktischsten ist der beim Stadttor am Viale Zimenes bei der Piazza Lamaremma (1 € pro Std.).

BUS
Busse fahren meist vom Bahnhof ab. Nach Massa Marittima (3,70 €, 1 Std.) gibt's nur eine Direktverbindung am Tag. Zudem bestehen Verbindungen nach Porto Santo Stefano (3,70 €, 1 Std., 3-mal tgl.), Siena (7,80 €, 80 Min., 13-mal tgl.) und Pitigliano (5,80 €, 2 Std., 4-mal tgl.). Fahrkartenverkauf im **Tiemme-Büro** in Bahnhofsnähe.

ZUG
Grosseto liegt (ebenso wie Livorno) an der Hauptbahnstrecke zwischen Rom und Pisa, die entlang der Küste führt (Intercity 21,50 €, 2 Std.). Eine Fahrkarte von Grosseto nach Livorno (75 Min.) oder Pisa (90 Min.) kostet 16,50 €. Zwischen Rom und Genua verkehrt der Hochgeschwindigkeitszug *Frecciabianca*, der in Grosseto hält (27,50 €, 90 Min.). Ein Ticket von Grosseto nach Livorno (1 Std.) oder Pisa (75 Min.) kostet 21,50 €. Nach Siena (9 €, 90 Min.) fahren täglich acht direkte Regionalzüge.

Umgebung von Grosseto

Riserva Naturale Provinciale
Diaccia Botrona

NATIONALPARK

(☏05 642 02 98; www.maremma-online.it) Die Sümpfe in der Umgebung des Küstenorts Castiglione della Pescaia sind ein wichtiges Zugvögelschutzgebiet, und dieses 1272 ha umfassende Naturreservat mit seiner flachen Landschaft abseits der SS322 eignet sich wunderbar für einen Nachmittag im Freien. Bei den täglich angebotenen **Bootstouren** (Erw./Kind 12/6 €; ⊙Mitte Juni–Mitte Sept. Di–So 17 & 18.30 Uhr) lassen sich Wasservögel, Reiher, Flamingos und andere Vogelarten erspähen; Reservierung empfohlen.

Ausgangspunkt der Bootfahrten ist das **Besucherzentrum** (Multimediadisplay Erw./erm. 3,50/2,50 €; ⊙Mitte Juni–Mitte Sept. Di–So 15.30–20.30 Uhr, Mitte Sept.–Mitte Juni Do–So 15.30 Uhr–Sonnenuntergang). Es ist in der **Casa Rossa Ximenes** untergebracht, einem entzückenden Schleusenhaus, das der habsburgisch-lothringische Großherzog Leopold II. Mitte des 18. Jhs. erbauen ließ. Es war Teil seines anspruchsvollen Riesenprojektes, die Sümpfe in Agrarland zu verwandeln und gleichzeitig die seuchenartig verbreitete Malaria in der Region einzudämmen. Im Gebäude informiert eine Multimediaausstellung (nur auf Italienisch) über das Reservat und seine Tierwelt, das Bauwerk und den Verlauf des Landgewinnungsprojekts.

Von Ende Mai bis Anfang Oktober werden in der nahe gelegenen Ortschaft Castiglione della Pescaia geführte **Mountainbiketouren** (Erw./Kind 8/5 €) durch das Schutzgebiet angeboten. Ebenso wie für die Bootsfahrten ist eine Buchung notwendig.

Roselle

ARCHÄOLOGISCHE STÄTTE

(SS 223; Erw./erm. 4/2 €; ⊙Mai–Aug. 8.30–19 Uhr, März, April, Sept. & Okt. bis 18.30 Uhr, Nov.–Feb. bis 17.30 Uhr) Das knapp 7 km nordöstlich der Altstadt von Grosseto gelegene Roselle (Rusellae) war seit dem 7. Jh. v. Chr. eine etruskische Stadt und kam im 3. Jh. v. Chr. unter römische Herrschaft. Es sind keine großartigen Monumente mehr erhalten, aber die weitläufige historische Stätte verfügt noch über eine etruskische Wehrmauer und birgt aus römischer Zeit ein elliptisches Amphitheater sowie Überreste von Häusern, dem Forum und einigen Straßen.

Parco Regionale della Maremma

Der spektakuläre **Regionalpark** (www.parco-maremma.it; Erw./erm. 10/5 €, Mountainbikeverleih 15 € pro Tag) umfasst die Uccellina-Bergkette, einen 600 ha großen Pinienwald, sumpfige Ebenen und einen 20 km langen Abschnitt ursprünglicher Küste. Das **Hauptbesucherzentrum** (☏05 6440 7098; Via del Bersagliere 7-9; ⊙Mitte Juni–Mitte Sept. 8.30–18 Uhr, Mitte Sept.–Mitte Nov. 8.30–17 Uhr, Mitte Nov.–Mitte Juni 8.30–14 Uhr) befindet sich in Alberese, am Nordrand des Parks. Ein kleineres **Besucherzentrum** (☏05 6488 7173; Via Nizza 12; ⊙Juli & Aug. 9–12 & 15–17 Uhr) liegt neben dem **Acquario di Talamone** am Südrand des Parks. Das Aquarium widmet sich den Lagunenhabitaten und dem Schutz einheimischer Schildkröten.

Der Zugang zum Park ist auf 13 ausgeschilderte Wanderwege mit einer Länge von 2,5 bis 13 km beschränkt. Am beliebtesten ist der A2 („Le Torri"), ein 5,8 km langer Weg zum Strand. Die Eintrittsgebühr wird bei den Besucherzentren entrichtet. Ein parkeigener Bus bringt Besucher vom Besucherzentrum in Alberese zur gewählten Route. Vom 15. Juni bis 15. September ist der Park wegen der hohen Waldbrandgefahr nur im Rahmen einer Führung zugänglich. Zur Zeit der Recherche fanden diese Führungen auf Italienisch und Deutsch (von Mitte Juni bis Mitte September mittwochs um 16 Uhr) statt – man sollte aber besser vorher anrufen, um sich hinsichtlich Zeit und Toursprache zu vergewissern,

Neben Wandern besteht auch die Möglichkeit, an vier verschiedenen geführten Mountainbiketouren (10–15 € plus Radverleih, 2–6 Stunden) und einer begleiteten 2½-stündigen Kanutour (Erw./Kind 16/10 €) teilzunehmen; zu buchen im Alberese-Besucherzentrum. Eine Reihe privater Anbieter veranstaltet Pferde- und Ponytreks durch den Park, darunter **Il Gelsomino** (☏347 774 64 76; www.ilgelsomino.com; Via Strada del Barbicato 4, Alberese) und **Circolo Ippico Uccellina** (☏334 979 71 81; www.circoloippicouccellina.it; Località Collecchio 38, Magliano in Toscana). Beide bieten Unterkunft sowie Reitausflüge und -stunden.

Von Mitte Juni bis Mitte September finden im *degustazion* (Verkostungs)-Raum im Obergeschoss des Besucherzentrums in Alberese kostenlose Spezialitäten- und Weinverkostungen statt. Veranstaltet werden sie von Mitgliedern des Consorzio Naturalmente Toscana, einem hiesigen Bauernverband. Gegenüber vom Besucherzentrum befinden sich ein Café und **I Briganti al Parco**, eine kleine freundliche *enoteca* (unterschiedliche Öffnungszeiten); hier gibt's belegte Brote, Antipasti-Teller sowie Pasta und dazu Wein aus der Gegend.

Teile des Regionalparks werden wie schon seit Jahrhunderten auch heute noch landwirtschaftlich genutzt, vor allem für die Züchtung der berühmten Maremmaner Rinder. Auf dem riesigen Landwirtschaftsbetrieb **Agienza Regionale Agricola di Alberese** (☏ 05 6440 7180; www.alberese.com; Via della Spergolaia) werden Rindfleisch, Wein, Olivenöl und Bionudeln erzeugt. Der Betrieb ist außerdem das regionale Hauptquartier der Slow-Food-Organisation. Angeboten wird eine **Hofbesichtigung** (☏ 05 6440 7100; 25 €; ☺ Juli & Aug. Do 10–13 Uhr, sonst nur mit Reservierung) mit einer Einführung in die Arbeit der berühmten *butteri* (Cowboys) der Maremma und Verkostungen von Produkten des Betriebes. Erfahrene Reiter können auch einen *buttero* bei der Arbeit unterstützen (50 €; tgl. 7–12 Uhr). In der **Fattoria** (Bauernhaus; Via dell'Artigliere 4; ☺ Di & Do–So 8.30–12.30 & 16.30–19.30 Uhr) des Betriebes in der Nähe des Besucherzentrums in Alberese werden die eigenen Produkte sowie die Erzeugnisse anderer Slow-Food-zertifizierter Betriebe verkauft. Für Selbstversorger ist dies eine tolle Gelegenheit, sich mit Lebensmitteln einzudecken; der robuste Rotwein Morellino di Scansano kostet hier nur 1,55 € pro Liter – am besten bringt man also ein paar leere Flaschen zum Befüllen mit!

Auf dem Anwesen stehen Gästezimmer in der **Villa Fattoria Granducale** (☏ 05 6440 7100; www.alberese.com/fattoria-granducale; B&B DZ & 3BZ 90–100 €, Apt. für Selbstversorger 75–125 €; beide Mindestaufenthalt 2 Nächte) bereit, einer Villa aus dem 15. Jh. Außerdem werden einfache Apartments in umliegenden Hofgebäuden vermietet; Genaueres ist der Website zu entnehmen.

Orbetello

14 700 EW.

Auf einem schmalen Landstreifen in einer Lagune südlich des Parco Regionale della Maremma liegt das entspannte Orbetello. Seine bescheidene Hauptattraktion ist die **Kathedrale** (Piazza della Repubblica; ☺ 9–12 & 15–18 Uhr). Sie hat sich ihre gotische Fa-

ABSEITS DER ÜBLICHEN PFADE

MAGLIANO IN TOSCANA

Dieser Bergort liegt 23 km von Orbetello entfernt im Landesinnern. Er ist mit monumentalen Mauern befestigt, die zwischen dem 14. und 16. Jh. errichtet wurden. Außer den romanischen Kirchen San Martino und San Giovanni Battista (Letztere mit umgestalteter Renaissance-Fassade) ist nicht viel zu sehen. Die Fahrt hierher lohnt sich dennoch allein für ein Mittagessen im hübschen geschützten Garten der **Antica Trattoria Aurora** (☏ 05 6459 2030; Via Chiasso Lavagnini 12/14; Mahlzeiten 45 €; ☺ März–Dez. Do–Di 12–14.30 & 19.30–22 Uhr). Hier wird ausgezeichnete moderne toskanische Küche serviert. Wer es weniger förmlich und günstiger mag, kann in der angeschlossenen *cantina* (Gerichte 5–12 €) etwas essen. Nach Magliano gelangt man, indem man die SS1 bei der Ausfahrt Albinia verlässt und dann nach links auf die SS323 abbiegt.

sade aus dem 14. Jh. erhalten, obwohl sie im 16. Jh. im spanischen Stil umgestaltet wurde. Andere Zeugnisse der spanischen Garnison, die fast 150 Jahre lang in der Stadt stationiert war, sind die **Residenz des Vizekönigs** an der Piazza Eroe dei Due Mondi, die Festung und die Stadtmauern, die zum Teil noch aus den original etruskischen Befestigungsanlagen bestehen.

Wer die Vögel in der Lagune von Orbetello beobachten will – wo schon über 140 verschiedene Arten gezählt wurden –, begibt sich am besten zur **L'Oasi WWF di Orbetello** (www.wwf.it; SS Aurelia, Località Ceriolo; Erw./erm. 5/3 €; ☺ Führungen Sept.–April Sa & So 9.30 & 13.30 Uhr) nördlich des Ortes. Sie befindet sich im Besitz des italienischen World Wide Fund For Nature (WWF).

Monte Argentario

12 500 EW.

Das zerklüftete Kap war früher eine Insel, und seine heutigen Verbindungen zum Festland sind durch angeschwemmten Sand entstanden. Neben der Landzunge von Orbetello gibt es zwei weitere Sandbänke, den Tombolo della Giannella im Norden und den Tombolo di Feniglia im Süden. Sie umschließen die Lagune, die heute

GIARDINO DEI TAROCCHI

Dieser im wahrsten Sinne des Wortes phantastische **Skulpturengarten** (www.nikidesaintphalle.com; Località Garavicchio-Capalbio; Erw./erm. 12/7 €; ☺ Sommer 14.30–19.30 Uhr)) zieht sich über eine Bergflanke. Die franko-amerikanische Künstlerin Niki de Saint Phalle (1930–2002) hat hier 22 übergroße, von Gaudí beeinflusste Skulpturen geschaffen, die mit Mosaiken überzogen sind und sich perfekt in die Landschaft einfügen. Das Ergebnis ist – mit den Worten der Künstlerin – ein „Garten der Freude". Das kolossale Projekt spielt mit den Motiven auf den wichtigsten Karten des Tarot: dem Mond, dem Narren, der Gerechtigkeit und dem Turm. In einer der Skulpturen lebte die Künstlerin während der Bauzeit monatelang. Der Schweizer Bildhauer und Kinetikkünstler Jean Tinguely steuerte zu vielen der Figuren bewegliche Elemente bei; das Besucherzentrum entwarf der Schweizer Architekt Mario Botta. Auch wenn man sich nicht für das Tarot interessiert – diese Kunstwerke hinterlassen Eindruck und sind auch für Kinder ein buntverrücktes Highlight. Von der SS1 die Ausfahrt Pescia Fiorentina nehmen.

ein **Naturschutzgebiet** ist. Die Nordseite des Kaps, besonders rund um den überlaufenen Hafenort **Porto Santo Stefano**, ist im Sommer ein beliebtes Wochenendziel der Römer und leider durch rücksichtslose Bebauung ruiniert worden. In der Hochsaison verderben die überhöhten Hotelpreise die Urlaubsstimmung, und Parken scheint unmöglich. Am besten reist man nur zu einem Tagesbesuch an und übernachtet im Landesinnern.

Wer über ein eigenes Fahrzeug verfügt, kann der schmalen, manchmal gefährlich überfüllten **Via Panoramica** folgen: Von der Rundstrecke eröffnen sich tolle Blicke über die Küste und das Meer bis hinüber zur buckeligen Isola di Giglio, die aus dem Dunst aufragt. Östlich und westlich von Porto Santo Stefano gibt es mehrere gute **Strände**, meist mit Kieselsteinen.

An der weniger überlaufenen Südseite des Kaps liegt **Porto Ercole**; der kleine schöne Hafen schmiegt sich zwischen drei spanische Festungen. Bei einem Bummel durch das *centro storico* geht es den Hügel hinauf zur größten **Festung**, vorbei an der eingezwängten Chiesa di Sant'Erasmo. Der Strand unten am Wasser ist zwar recht sauber, aber mit Sonnenliegen und -schirmen vollgestellt.

Essen & Ausgehen

⭐ **Il Pellicano**   GOURMETKÜCHE €€€
(☎ 05 6485 8275; www.pellicanohotel.com; Località Lo Sbarcatello, Porto Ercole; Festmenü 150 €; ☺ Sommer tgl. abends) Das noble Restaurant im gleichnamigen 5-Sterne-Hotel ist stolzer Träger von zwei Michelin-Sternen – das können nur drei weitere in der Toskana vorweisen. Spezialität sind Meeresfrüchte. Von den zwei Terrassen schaut man herrlich weit aufs Meer. Ein wenig günstiger ist das Essen in der nicht ganz so exklusiven Grillbar am Pool, die sowohl zum Mittag- als auch Abendessen geöffnet hat.

Giulia   CAFÉ
(Via del Molo 16/17, Porto Santo Stefano; ☺ Di–So 18.30–4 Uhr, Sommer tgl.) Das beste Café in Porto Santo Stefano liegt fast am Ende des *lungomare* (Hafenpromenade). Es hat auch Tische im Freien und ist ein tolles Plätzchen für einen Kaffee am Morgen, einen *panino* zu Mittag oder einen Aperitif am späten Nachmittag.

Praktische Informationen

Touristeninformation Orbetello (☎ 05 6486 0447; proorbet@ouverture.it; Piazza Giovanni Paolo II 2; ☺ 9–13 & 16–20 Uhr) Gegenüber der Kathedrale.

Touristeninformation Porto Santo Stefano (☎ 05 6481 4208; info@infopointargentario.it; Piazzale Sant'Andrea; ☺ 9–13 & 16–20 Uhr) Liegt sehr ungünstig am östlichen Ende des Hafens.

ℹ An- & Weiterreise

AUTO

Von der SS1, die Grosseto mit Rom verbindet, der Ausschilderung zum Monte Argentario folgen.

BUS

Die meisten Orte am Monte Argentario sind durch die häufig verkehrenden Busse der Gesellschaft **Rama Mobilità** (S. 263) mit dem Zentrum und Bahnhof von Orbetello (2,60 €, 20 Min.) verbunden. Es gibt auch Busse nach Grosseto (3,70 €, 1 Std., bis zu 4-mal tgl.).

Östliche Toskana

Gut essen

➡ Il Tirabusciò (S. 285)

➡ LAB Pasticceria (S. 278)

➡ Ristorante Da Ventura
(S. 280)

➡ Ristorante La Nena
(S. 279)

➡ Trattoria del Leone
(S. 278)

Schön schlafen

➡ Borgo Corsignano (S. 283)

➡ Casa Chilenne (S. 288)

➡ Relais Palazzo Magi
(S. 280)

➡ Villa Fontelunga (S. 278)

➡ Villa Marsili (S. 288)

Auf in die östliche Toskana

In- und ausländische Regisseure haben im Osten der Toskana schon öfter tolle Drehorte gefunden. Diverse Bockbluster mit unvergesslichen Bildern haben so die Landschaft, die mittelalterlichen Bergstädtchen und einfachen Menschen unsterblich gemacht. Seltsamerweise ist die Region (abgesehen von Cortona) dennoch keine Topdestination für Touristen. Daher können Besucher, die sich rund eine Woche Zeit für die Erkundung nehmen, hier abseits der ausgetretenen Pfade wandeln. An Attraktionen herrscht kein Mangel: eine spektakuläre Berglandschaft, wunderbare Wanderungen im Casentino, herrliche Kunst und Architektur in den mittelalterlichen Städten Arezzo, Sansepolcro und Cortona (eine der bedeutendsten katholischen Wallfahrtsstätten Italiens) sowie das beste *bistecca alla fiorentina* im Val di Chiana. Es mag ungewohnt sein, dass man auf weniger Reisende trifft als anderswo in der Toskana, der Sonderweg lohnt sich in jedem Fall.

Entfernungen

	Assisi	Arezzo	Cortona	Sansepolcro
Arezzo	94			
Cortona	65	29		
Sansepolcro	76	38	52	
Poppi	132	36	62	71

NICHT VERSÄUMEN

Sansepolcro befindet sich nahe der Grenze zu Umbrien und weitab der Touristentrampelpfade. Sie ist bekannt für handgeklöppelte Spitze, zahlreiche Gemeindekirchen und das ausgezeichnete Museo Civico.

Beste Museen

➡ **Museo Civico, Sansepolcro** (S. 280) Drei grandiose Bilder von Piero della Francesca.

➡ **Museo Diocesano, Cortona** (S. 287) Eine kleine, sensationelle Sammlung religiöser Kunst.

➡ **Casa Museo di Ivan Bruschi, Arezzo** (S. 277) Die bunte Privatsammlung eines Antiquitätenhändlers.

Mittelalterfeste

➡ Giostra del Saracino, Arezzo (S. 277)

➡ Palio della Ballestra, Sansepolcro (S. 280)

➡ Giostra dell'Archidado, Cortona (S. 287)

Infos im Internet

➡ **Arezzo & Umgebung** (www.benvenutiadarezzo.it)

➡ **Casentino** (www.casentino.net)

➡ **Parco Nazionale delle Foreste Casentinesi, Monte Falterona e Campigna** (www.parcoforestecasentinesi.it)

Unterwegs vor Ort

Arezzo liegt an der Bahnlinie Florenz–Rom, ebenso Camucia, 15 Minuten mit dem Shuttlebus von der Altstadt Cortonas entfernt. Regionalzüge verbinden Arezzo mit dem Casentino und Sansepolcro mit Perugia. In dieser Ecke der Toskana verkehren nur wenige Busse: Man kann von Arezzo via Anghiari nach Sansepolcro fahren oder von Arezzo nach Cortona via Castiglion Fiorentino. Für Abstecher ins Casentino und Val di Chiana ist ein eigenes Fahrzeug erforderlich.

3 PERFEKTE TAGE

1. Tag: Arezzo

In Arezzo, der größten Stadt im Osten der Toskana, lohnt es sich, jene historischen Straßen und Plätze zu erkunden, die als Kulissen für Roberto Benignis *La vita è bella* (Das Leben ist schön) dienten. Zum Streifzug gehören die Besichtigung des *duomo* und der Pieve di Santa Maria sowie die Verneigung vor dem Genie eines Piero della Francesca, der die herrlichen Fresken in der Capella Bacci schuf. In dieser Kapelle hat Anthony Minghella eine Schlüsselszene für *Der englische Patient* aufgenommen.

2. Tag: Die Familie della Robbia

Die berühmte Bildhauerfamilie hat im 15. Jh. aus Keramik phantastische Skulpturen gearbeitet. Der heutige Tag gehört dem Besuch der mittelalterlichen Klöster Camaldoli und La Verna im Parco Nazionale delle Foreste Casentinesi, Monte Falterona e Campigna, um glasierte Meisterwerke des berühmtesten Familienmitglieds, Andrea (1435–1525), zu besichtigen.

3. Tag: Val di Chiana

Apfelgärten, Olivenhaine und üppige Wiesen, auf denen weiße Chianina-Rinder weiden, sind die typischen Merkmale des weiten Val di Chiana. Es ist ein lohnender Abstecher auf dem Weg von Arezzo nach Cortona (oder umgekehrt) bzw. in die Zentraltoskana. Hier lassen sich Bergstädtchen wie Castiglion Fiorentino, Foiano della Chiana und Lucignano erforschen – abseits der Massen.

Geheimtipps

➡ Im mittelalterlichen Bergort **Anghiari** nahe Sansepolcro fand 1440 die berühmte gleichnamige Schlacht statt.

➡ Ein typisches Casentinesi-Bergdorf ist das bescheidene **Bibbiena**, zwischen Poppi und Arezzo.

➡ Die Stadt **Stia** im Casentino ist wunderschön am Arno gelegen und für ihre Wollindustrie berühmt.

AREZZO

98 000 EW.

Arezzo liegt weniger zentral als andere Städte in der Toskana. Aber die Altstadt, die die Bombardierung im Zweiten Weltkrieg zum Teil unzerstört überstanden hat, ist die Anreise wert.

Arezzo war einmal ein wichtiger Handelsort der Etrusker, später wurde es dem Römischen Reich einverleibt. Seit dem 10. Jh. war die Stadt freie Republik. Im Streit zwischen Kaiser und Papst stand sie auf der Seite der Ghibellinen, also der Kaiseranhänger. 1384 wurde sie von Florenz unterworfen.

Heute ist Arezzo vor allem für Kirchen, Museen und kulturelle Vielfalt sowie für gute Einkaufsmöglichkeiten bekannt. Die Arentini (Bewohner von Arezzo) zieht es an jedem ersten Wochenende im Monat zum riesigen Antiquitätenmarkt um die Piazza Grande, wo sich herrlich stöbern lässt.

⊙ Sehenswertes & Aktivitäten

★ Cappella Bacci   KIRCHE
(☑ 0575 35 27 27; www.pierodellafrancesca.it; Piazza San Francesco; Erw./erm. 8/5 €; ⊘ Mai–Aug. Mo–Fr 9–18.30, Sa bis 17.30, So 13–17.30 Uhr, Sept.–April Mo–Fr 9–17.30, Sa bis 17, So 13–17 Uhr) Die von der Apsis der **Basilica di San Francesco** aus dem 14. Jh. abgehende Cappella Bacci birgt ein Meisterwerk: Zwischen 1452 und 1466 wurde die Hauptchorkapelle von Piero della Francesca mit dem zehnteiligen Freskenzyklus *Die Legende vom wahren Kreuz* ausgemalt.

Diese mittelalterliche Legende über das Heilige Kreuz ist zwar frei erfunden, aber ausgesprochen unterhaltsam. Die Bildergeschichte beginnt mit Adams Sohn Seth, der auf dem Grab seines Vaters einen Setzling vom Baum der Erkenntnis pflanzt. Es ist der Baum, aus dessen Holz das Kreuz Jesu gefertigt werden wird. Eine andere Szene zeigt Helena, die Mutter Konstantins, die das lange verloren geglaubte Kreuz wiederfindet. Im Hintergrund ist Jerusalem in Gestalt des mittelalterlichen Arezzo dargestellt. Eine Schlachtszene zeigt den Sieg des Herakleios über den Perserkönig Chosrau II., der das Kreuz gestohlen haben soll.

Zu den bekanntesten Bildern gehört das von der Begegnung zwischen der Königin von Saba und König Salomon. In der ersten Hälfte kniet die Königin auf einer Brücke über dem Fluss Siloe und betet das Kreuz an. Sie und ihr Gefolge tragen prächtige Renaissancegewänder. In der zweiten Hälfte ist Salomons Palast zu sehen – er könnte glatt ein Entwurf von Leon Battista Alberti, einem Zeitgenossen Pieros, sein.

Alle halbe Stunde werden maximal 25 Personen (für max. 30 Min.) in die Kapelle eingelassen, daher ist eine Reservierung ratsam.

★ Pieve di Santa Maria   KIRCHE
(Corso Italia 7; ⊘ Mai–Sept. 8.30–12.30 & 15–19 Uhr, Okt.–April 8.30–12 & 15–18 Uhr) Arezzos älteste Kirche stammt aus dem 12. Jh. Sie hat eine herrliche, mit romanischen Bögen und individuell verzierten Säulen bestückte Fassade. Über dem Hauptportal ist eine in Stein gehauene Darstellung der zwölf Monate zu sehen. Der Januar ist mit zwei Gesichtern dargestellt: Eines schaut zurück in das vergangene Jahr, das andere nach vorne.

Das bedeutendste Kunstwerk im Inneren ist das Polyptychon *Madonna und die Heiligen* (1320–24) von Pietro Lorenzetti in der Apsis. Unter dem Hochaltar steht eine Silberbüste des Schutzheiligen der Stadt, San Donato (14. Jh.). Aufmerksamkeit verdient außerdem ein Kruzifix von Margarito di Arezzo aus dem 13. Jh., das in der Nähe der Tür zur Sakristei hängt. Eine weitere Kostbarkeit ist das Fresko von Andrea di Nerio (1331–1369) an einer Säule hinter dem Altar (links). Es stellt den hl. Franziskus und den hl. Dominikus dar.

Piazza Grande   PIAZZA
Die abschüssige Piazza liegt hinter der Pieve di Santa Maria. Am oberen Ende wird sie vom Säulenportal des **Palazzo delle Logge Vasariane** von 1573 abgeschlossen. Der kirchenähnliche Bau des **Palazzo della Fraternità dei Laici** in der nordwestlichen Ecke des Platzes wurde 1375 im gotischen Stil begonnen und zu Beginn der Renaissance abgeschlossen.

Auf der Piazza findet alljährlich die berühmte Giostra del Saracino (S. 277) statt, aber auch der renommierte Antiquitätenmarkt von Arezzo, einer der größten Italiens.

★ Duomo di Arezzo   DOM
(Cattedrale di SS Donato e Pietro; Piazza del Duomo; ⊘ 7–12.30 & 15–18.30 Uhr) Der Grundstein des duomo wurde schon im 13. Jh. gelegt, abgeschlossen wurde der Bau erst im 15. Jh. Im nordöstlichen Teil, links von dem kunstvoll geschnitzten Hauptaltar, befindet sich das Fresko *Maria Magdalena* (1459) von Piero della Francesca. Ebenfalls beachtenswert

Highlights

1 Die wunderbaren Fresken in der Capella Bacci betrachten und sich anschließend zur *passeggiata* auf dem noblen Corso Italia in **Arezzo** (S. 273) unter die Einheimischen mischen.

2 Werke des Renaissancemalers Piero della Francesca an seinem Geburtsort **Sansepolcro** (S. 279) bewundern.

3 Im Wehrdorf **Poppi** (S. 282) eine gut erhaltene Burg aus dem Mittelalter erkunden.

4 Bei einer Wanderung zu zwei mittelalterlichen Klöstern im abgeschiedenen **Parco Nazionale delle Foreste Casentinesi, Monte Falterona e Campigna** (S. 283) mit der Natur eins werden.

MARKEN

EMILIA-ROMAGNA

0 — 10 km

N

SR67

Acquacheta

San Godenzo

Alpi di San Benedetto

Parco Nazionale delle **Foreste Casentinesi; Monte Falterona e Campigna** 4

Monte Falterona (1654 m)

Bagno di Romagna

E45

Papiano **SR310**

Stia

Pratovecchio

Monastero & Sacro Eremo di Camaldoli

Badia Prataglia

Santuario della Verna 1

SR258

Alpe della Luna

Pieve di Santo Stefano

SS3bis

Chiusi della Verna

SR208

Caprese Michelangelo

Casentino

Bibbiena

Arno **S71**

Castello di Romena

Poppi 3

S71

Consuma **SS70**

Montemignaio

Passo della Consuma

San Miniato in Alpe

Riserva Naturale Vallombrosa

Vallombrosa

Loro Ciuffenna

Anciolina

Florenz (20 km)

Cascia

Reggello

Vaggio

Figline Valdarno

Sansepolcro 2

San Giustino

Valtiberina

E45

S71

Città di
Castello

SS3bis

Tevere

UMBRIEN

Monterchi

Anghiari

SS73

Perugia (15 km);
Assisi (40 km)

Lago
Trasimeno

Terontola

Borghetto

5 Cortona

Ossaia

Castello di
Montecchio

Castiglion
Fiorentino

SS71

Camucia

SP10

1 Arezzo

SS75

Val di Chiana

SS73

Foiano della
Chiana

Rom (185 km)

Bettolle

A1

Monte San
Savino

Lucignano

SS73

San Giustino
Valdarno

Borro

Arno

Valdarno

SS73

A1

Montevarchi

Pestello

San Giovanni
Valdarno

SS69

SS540

SS326

Chianti

Siena
(15 km)

Monti del Chianti

5 Im spektakulär
gelegenen Städtchen
Cortona (S. 286)
entspannte Tage mit
der Besichtigung von
Kirchen und Museen
verbringen.

sind fünf exquisite, glasierte Keramiken von Andrea della Robbia und Mitarbeitern seiner Werkstatt.

Hinter dem *duomo* steht die fünfeckige **Fortezza Medicea**. Die Festung wurde 1502

auf der Kuppe eines der beiden Hügel von Arezzo erbaut (der *duomo* auf dem anderen). Anfang des 14. Jhs. schüttete man die Senke zwischen den Hügeln auf und legte einen weitläufigen öffentlichen Park an,

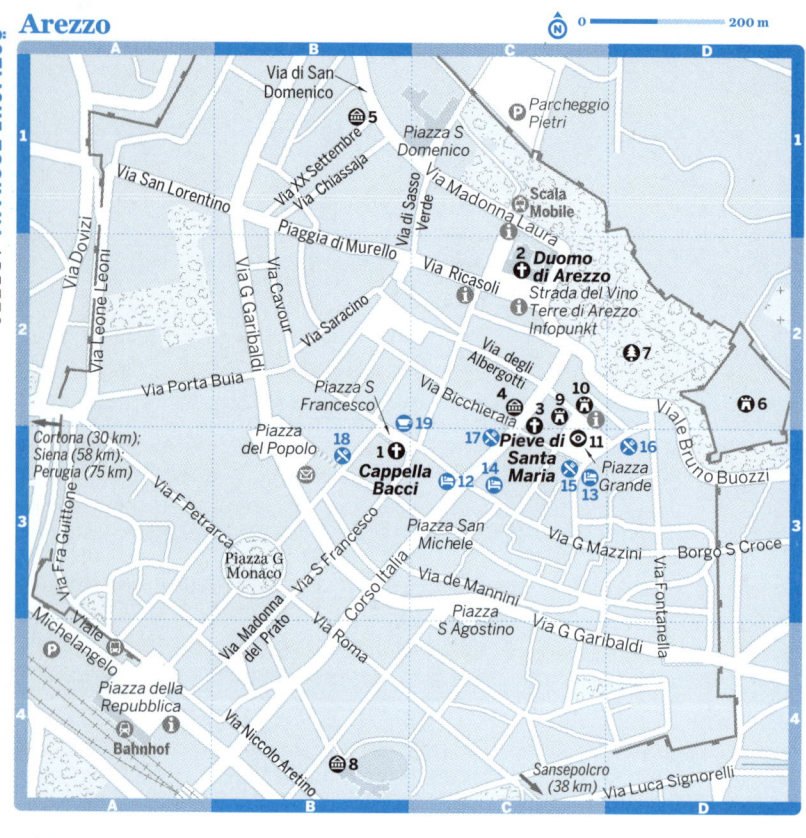

Arezzo

Arezzo

auf dem Pferderennen abgehalten wurden. Heute befindet sich hier immer noch eine öffentliche Parkanlage, der **Giardino del Prato**.

Museo Archeologico Nazionale 'Gaio Cilnio Mecenate' MUSEUM

(Via Margaritone 10; Erw./erm./Kind 6/3 €/frei; ⊙ Anfang März–Mitte Jan. 8.30–19.30 Uhr, Mitte Jan.–Anfang März bis 14 Uhr) Das Museum, das in einem Kloster aus dem 14. Jh. untergebracht ist, zeigt beachtliche Kunst aus der Zeit der Etrusker und der Römer. Das Highlight ist der Krater des Euphronios, eine riesige Vase aus dem 6. Jh. v. Chr. mit Darstellungen des kämpfenden Herakles. Sie steht im Obergeschoss in Raum 6.

Betrachtenswert ist auch das erlesene, winzige Porträt eines Mannes mit Bart. Es wurde in der Chrysographytechnik ausgeführt, d. h. aus einem hauchfeinen Goldblatt ausgeschnitten und zwischen zwei Glasscheiben geschoben. Das Kunstwerk stammt aus der zweiten Hälfte des 3. Jhs. n. Chr. und befindet sich im oberen Stockwerk in Raum 2.

Casa Museo di Ivan Bruschi MUSEUM

(www.fondazionebruschi.it; Corso Italia 14; Erw./erm. 5/3 €; ⊙ Ende März–Okt. Di-So 10–18 Uhr, Nov.–Ende März Di-So 10–13 & 14–18 Uhr) Der Palazzo del Capitano del Popolo aus dem 13. Jh. gegenüber der Pieve di Santa Maria ist seit Beginn des 20. Jhs. im Besitz der Familie Bruschi. In den 1960er-Jahren wurde er von Ivan Bruschi, einem wohlhabenden Antiquitätenhändler, restauriert. Nach dessen Tod wurde aus dem Palazzo ein Museum, in dem Bruschis Privatsammlung mit Möbeln, Kunstwerken, Münzen, Schmuck, Kostümen und Keramiken ausgestellt ist. Hier stehen prähistorische Fundstücke neben Exponaten aus der Zeit der Etrusker, Römer und Griechen, dem Mittelalter und der Renaissance. Wenn man eine Eintrittskarte für die Cappella Bacci vorweisen kann, kostet der Eintritt nur 1 €.

Casa Vasari MUSEUM

(Via XX Settembre 55; Erw./erm. 4/2 €; ⊙ Mo & Mi-Sa 9–19, So bis 13 Uhr) Das Gebäude, das heute ein kleines Museum ist, wurde von dem in Arezzo geborenen Maler, Architekten und Kunsthistoriker Giorgio Vasari (1511–1574) erbaut und verschwenderisch ausgestaltet. Seine Wohnung war auch sein Arbeitsplatz, und das Originalmanuskript seines Hauptwerks *Lebensbeschreibungen der berühmtesten Maler, Bildhauer und Architekten*

(1550) – das bis heute u. a. in deutscher Sprache lieferbar ist – wird hier aufbewahrt.

Der wichtigste Raum ist die **Sala della Virtu** (Saal der Tugend), die Vasari 1548 ausmalte, während er die *Lebensbeschreibungen* verfasste. Es zeigt Episoden aus dem Leben der berühmtesten Maler der Antike. Seine Zeitgenossen verewigte Vasari in der **Camera della Fama e delle Arti** (Saal des Ruhmes und der Kunst). Unter den sieben Porträts befindet sich eins von Michelangelo, eins von Andrea del Sarto und – er muss doch ein bisschen eitel gewesen sein – ein Selbstporträt.

Wer eingelassen werden will, muss klingeln.

Geführte Touren

Zweistündige **Stadtführungen** (☎ 0575 40 33 19, 334 3340608; www.centroguidearezzo.it; Erw./Kind 10 €/frei) auf Englisch finden von Mai bis Oktober jeden Donnerstag um 11 Uhr statt. Reservierung erforderlich.

✦ Feste & Events

Fiera Antiquaria di Arezzo ANTIQUITÄTEN

(Antiquitätenmarkt von Arezzo; www.arezzofiera antiquaria.org) Der berühmteste Anitquitätenmarkt der Toskana findet am ersten Wochenende jeden Monats um die Piazza Grande statt.

Giostra del Saracino KULTUR

(Sarazenenspiel; www.giostradelsaracino.arezzo.it; Piazza Grande) Das mittelalterliche Ritterturnier wird jeden dritten Samstag im Juni und jeden ersten Sonntag im September auf der Piazza Grande abgehalten. Für jedes der vier *quartieri* (Stadtviertel), die jeweils eine „Rittergruppe" in den Kampf schicken, sind dies die Höhepunkte des Jahres.

🛏 Schlafen

Palazzo dei Bostoli B&B €

(☎ 334 1490558; www.palazzobostoli.it; 2. Stock, Via G Mazzini 1; EZ/DZ/3BZ 50/70/90 €; ✳ 🕾) Der mit alten Möbeln eingerichtete Palazzo aus dem 13 Jh. in der Nähe der Piazza Grande bietet fünf einfache, aber komfortable Zimmer. Das Frühstück – ein Kaffee

ABSEITS DER ÜBLICHEN PFADE

VILLA FONTELUNGA

Für die **Villa Fontelunga** (☏ 0575 66 04 10; www.fontelunga.com; Via Cunicchio 5, Foiano della Chiana; DZ/2BZ 160–350 €, Suite 210–395 €; ⊙ Nov.–Anfang März geschl.; P ✳ @ 🛜 🏊) gibt es nur ein Wort: traumhaft. Die Villa aus dem 19. Jh. steht in Foiano della Chiana, 30 Minuten südwestlich von Arezzo. Drei charmante Freunde (ein Architekt, ein Landschaftsgärtner und ein ehemaliger Bänker) haben das Haus renoviert und neu eingerichtet und dabei die perfekte Kombination aus traditionell-toskanisch-elegant und Jet-Set-Ambiente getroffen. Mindestaufenthalt zwei Nächte.

mit *cornetto* (Croissant) – wird in der Bar Stefano am Corso Italia, gleich um die Ecke, serviert.

Graziella Patio Hotel   BOUTIQUEHOTEL €€

(☏ 0575 40 19 62; www.hotelpatio.it; Via Cavour 23; EZ 115–190 €, DZ 145–225 €, Suite 265–280 €; ✳ @ 🛜) Jedes der zehn Zimmer des charaktervollsten Hotels von Arezzo in unübertrefflicher Lage ist einem Reisebuch von Bruce Chatwin gewidmet und entsprechend eingerichtet. Das hübscheste Zimmer ist „Utz", deshalb sollte man zuerst nach diesem fragen.

La Corte Del Re   B&B €€

(☏ 0575 40 16 03; www.lacortedelre.com; Via Borgunto 5; EZ 80–100 €, DZ 90–120 €; ✳ 🛜) Besitzerin Franca ist eine quirlige Person und sehr hilfsbereit (sie holt Gäste sogar vom Bahnhof ab). Ihr nur ein paar Zentimeter von der Piazza Grande entferntes B&B umfasst neun schlichte Zimmer. Manche haben eine Küchenzeile und Aussicht auf den Platz – und die meisten sind schlecht gegen Lärm isoliert. Zu einer vorher vereinbarten Zeit gibt's Frühstück aufs Zimmer.

Essen & Ausgehen

⭐ LAB Pasticceria   KONDITOREI €

(www.pasticcerialab.com; Corso Italia 40; Kaffee & Kuchen 3,50 €; ⊙ Mi–So 10–13.30 & 16.30–20.30 Uhr) Hinter der Glasfront dieses „Labors" sind nicht etwa verrückte Wissenschaftler zugange. Es handelt sich vielmehr um einen Konditorenteam, das die Arentini mit ihren exquisiten süßen Kreationen verwöhnt. Hinter dem Eingang am überdach-

ten Hof beim Corso Italia verbirgt sich ein mega-stylisches Café mit Tischen drinnen und draußen, freundlichen Mitarbeitern und Glasvitrinen voller Torten, Kuchen, Gebäck und *grissini* (Brotstangen).

⭐ Trattoria del Leone   MODERN TOSKANISCH €€

(☏ 0575 35 79 27; Scalinata Camillo Berneri 2; Mahlzeiten 28 €; ⊙ Di–So 12–14.30, Di–Sa auch 19.30–22 Uhr, Aug. geschl.) Das del Leone ist ein Paradebeispiel für die Art Trattoria, die heute in der Toskana Furore macht. Es befindet sich in an einer Gasse, die zur Piazza del Popolo hinab führt. Das Innenleben ist fachmännisch designt und das Essen himmlisch: relativ überschaubare Portionen wunderschön angerichteter moderner Varianten toskanischer Klassiker, darunter hausgemachte Pasta, *bruschette* und Salate.

La Torre di Gnicche   WEINLOKAL €

(www.latorredignicche.it; Piaggia San Martino 8; Suppe 7 €, Wurst- & Käseplatten 11 €; ⊙ Do–Di 12–15 & 18–1 Uhr, im Jan. zwei Wochen geschl.) In dem gemütlichen Lokal am Rand der Piazza Grande erwartet die Gäste zwischen Regalen voller Weinflaschen eine riesengroße Auswahl an Toskana-Weinen (offen oder flaschenweise). Das Speiseangebot umfasst Käse- und Wurstplatten sowie bodenständige Hausmannskost wie *pappa al pomodoro* (sämige Brot-Tomaten-Suppe) und *ribollita* (eine Suppe aus zweimal gekochten Gemüse, Kohl und Brot, die traditionellerweise im Winter auf den Tisch kommt).

TERRE DI AREZZO

Die Arezzo-Region kann einen DOCG und fünf DOC-Weine vorweisen: Chianti Colli Arentini DOCG, Vinsanto del Chianti Colli Arentini DOC, Vinsanto del Chianti Colli Arentini Occhio di Pernice DOC, Valdichiana DOC, Cortona DOC und Pietraviva DOC. Um sie kennenzulernen, muss man nur der **Strada del Vino Terre di Arezzo** (www.stradadelvino. arezzo.it) folgen. In den Restaurants der Region werden sie auch häufig zum Menü angeboten. Nähere Auskünfte und eine Landkarte sind bei der **Information Strada del Vino Terre di Arezzo** (☏ 0575 29 40 66; Via Ricasoli 38-40; ⊙ Mo–Fr 9.30–15 Uhr) in Arezzo erhältlich.

ANGHIARI

Der authentische mittelalterliche Bergort schaut von hoch oben auf die Ebene hinab, wo 1440 das Heer der italienischen Koalition unter Führung der Republik Florenz den berühmten Sieg über die zahlenmäßig überlegene Armee von Mailand errang. Das von mächtigen Stadtmauern umgebene Anghiari stellt ein wunderbares Ziel für einen Abstecher auf der Fahrt zwischen Arezzo und Sansepolcro dar. Die steilen kopfsteingepflasterten Straßen innerhalb der Mauer säumen Wohnhäuser, Läden, Kirchen und das **Museo Statale di Palazzo Taglieschi** (Piazza Mameli 16; Erw./Kind 2/1 €; ⊙ Mai–Sept. Di–So 10–19 Uhr, Okt.–April Di–So 9–18 Uhr) mit seiner überschaubaren Sammlung von Skulpturen und Gemälden aus dem 15. und 16. Jh. Die hilfreiche **Touristeninformation** (☑ 0575 74 92 79; www.anghiari.it; Corso Giacomo Matteotti 103; ⊙ 9.30–12.30 & 16–18.30 Uhr) befindet sich neben dem Postamt am fast senkrecht verlaufenden Corso Giacomo Matteotti direkt außerhalb der Stadtmauer. Dort liegt auch das erstklassige **Ristorante La Nena** (☑ 0575 78 94 91; www.ristorantenena.it; Corso Giacomo Matteotti 10-14; Mahlzeiten 35 €; ⊙ Di–So 12–14.30 & 19.30–22 Uhr), ein altehrwürdiges, bei Slow-Food-Anhängern sehr begehrtes Lokal. Günstig und preiswert parken kann man auf der Piazza Baldaccio (auch: Piazza del Mercato) gegenüber der Touristeninformation.

La Bottega di Gnicche
PANINI €

(www.bottegadignicche.com; Piazza Grande 4; Panini 3–5 €; ⊙ Do–Di 11–20 Uhr) In dem Lebensmittelladen auf dem zentralen Platz von Arezzo gibt es eine köstliche Auswahl an hausgemachten Wurst- und Käsesorten für panini imbottiti (belegte Brote).

Caffè dei Costanti
CAFÉ

(www.caffedeicostanti.it; Piazza San Francesco 19-20; ⊙ Mi–So 8.30–21.30 Uhr, Sommer bis 2 Uhr) Das älteste und stimmungsvollste Café von Arezzo liegt gegenüber der Basilica di San Francesco und ist das perfekte Plätzchen für einen Kaffee vor oder nach dem Besuch der Capella Bacci. Der Kaffee ist genauso gut wie die hausgemachten Kuchen. Die Tische im Freien sind eine beliebte Anlaufstelle zum *aperitivo*.

⊕ Praktische Informationen

Centro di Accoglienza Turistica Benvenuti ad Arezzo (☑ 0575 40 19 45; www.benvenuti-adarezzo.it; Palazzo Comunale, Via Ricasoli; ⊙ Mo–Fr 10–13 & 14–19, Juni–Sep. Sa & So 10–13 Uhr, Okt.–Mai bis 16 Uhr) Die zentrale Touristeninformation der Region liegt gegenüber des *duomo*. Eine Filiale (Piazza della Repubblica 22-23) mit gleichen Öffnungszeiten befindet sich auf der Piazza della Repubblica neben dem Bahnhof.

Una Vetrina per Arezzo e Le Sue Vallate (☑ 0575 182 27 70; ⊙ 9–19 Uhr) Privat betriebene Touristeninformation an der *scala mobile*, die hinauf zur Piazza del Duomo führt. Sie bietet Toiletten (0,50 €) sowie Stadtpläne und Karten (0,50 €). Filiale (Piazza Grande; ⊙ Sa & So 10.30–17.30 Uhr) auf der Piazza Grande.

Nuovo Ospedale San Donato (☑ 0575 25 50 01; Via A de Gasperi) Krankenhaus außerhalb der Stadtmauern.

Polizei (☑ 0575 31 81; Via Fra Guittone 3)

⊕ An- & Weiterreise

AUTO

Aus Florenz kommend, die A1 nehmen; die SS73 führt Richtung Westen um Siena. Ein Parkplatz (manche Plätze sind kostenlos, manche kosten 0,70 € pro Stunde oder 5 € pro Tag) befindet sich an der Via Pietri. Von dort geht es per *scala mobile* hoch zur Piazza del Duomo. Parken am Bahnhof kostet 1,50 € pro Stunde.

BUS

Busse von **Siena Mobilità** (www.sienamobilita.it) fahren nach Siena (6,60 €, 1½ Std., 7-mal tgl.) und Busse von **Etruria Mobilità** (www.etruria mobilita.it) nach Sansepolcro (4,10 €, 1 Std., an Wochentagen regelmäßig, am Wochenende seltener) und Cortona (3,50 €, 1 Std., regelmäßig). Alle Busse fahren an der Piazza della Repubblica ab.

ZUG

Arezzo liegt an der Bahnstrecke Florenz–Rom. Es fahren zahlreiche Züge nach Florenz (*Regionale* 7,80 €, 1½ Std.) und Rom (Intercity 19–25 €, 2 Std.). Es gibt auch stündliche *Regionale* nach Cortona (3,30 €, 20 Min.).

SANSEPOLCRO

16 100 EW.

Wenn ein Ort die reichlich abgegriffene Formulierung „verstecktes Schmuckstück" tatsächlich verdient, dann Sansepolcro (von den

Einheimischen „Borgo" genannt). 1000 n. Chr. gegründet, erreichte es seine heutige Größe schon im 15. Jh. Die Altstadt blieb glücklicherweise weitgehend unberührt – sowohl von zu vielen modernen Einflüssen als auch vom Tourismus, was man nicht von allen Ecken der Toskana sagen kann.

👁 Sehenswertes

Die Altstadt ist durchsetzt mit Palazzi und Kirchen, darunter die **Chiesa di Sant'Antonio Abate** (Ecke Via San Antonio/Via del Campaccio; ⏱8.30–13 & 15–18 Uhr), die ein 1505 von Luca Signorelli bemaltes Prozessionsbanner vorweisen kann. Es gibt außerdem die säkularisierte **Chiesa di San Lorenzo** (Ecke Via di San Croce/Via Lucca Pacioli) aus dem 16. Jh., in der Rosso Fiorentinos Meisterwerk *Kreuzabnahme Christi* von 1528 hängt (für den Einlass in der Via di San Croce 2 klingeln), und die **Chiesa di Santa Maria delle Grazie** (Piazza Beato Ranieri; ⏱8.30–13 & 15–18 Uhr), erbaut im 16. Jh. von einer Bruderschaft, die sich der Pflege von Pestkranken verschrieben. Die Kirche ziert das Gemälde *Madonna delle Grazie* (1555). Die Darstellung der schwangeren Maria könnte kurz vor Piero della Francescas *Madonna del Parto* in Monterchi entstanden sein. Das Bild stammt von Raffaellino del Colle, einem Mitglied jener Bruderschaft. Als Hinweis auf die Pestkranken malte er zu Füßen der Madonna einen Totenschädel.

⭐ Museo Civico   MUSEUM
(www.museocivicosansepolcro.it; Via Niccolò Aggiunti 65; Erw./erm./Kind 8/5/3 €; ⏱Mitte Juni–Mitte Sept. 9.30–13.30 & 14.30–19 Uhr, Mitte Sept.–Mitte Juni 9.30–13 & 14.30–18 Uhr) Das Aushängeschild der Stadt sind drei Meisterwerke von Piero della Francesca: *Auferstehung Christi* (1458–1474), das Polyptychon *Madonna della Misericordia* (1445–1456) und ein *Bildnis des hl. Julian* (1455–1458). Bei einem vierten Werk, *Der hl. Ludwig von Toulouse* (1460), ist die Urheberschaft Pieros inzwischen umstritten.

Zur Sammlung gehören außerdem Gemälde von Raffaellino del Colle, Matteo di Giovanni und Santi di Tito. Im Hauptsaal verdienen zwei Arbeiten aus der Werkstatt Andrea della Robbias besondere Beachtung: eine polychrome Keramik namens *Geburt und die Anbetung der Hirten* (1485) sowie ein wunderschönes Tondo (Rundbild) *Jungfrau und Kind mit Wappen* (1503).

Cattedrale di San Giovanni Evangelista   DOM
(Duomo di Sansepolcro; Via Giacomo Matteotti 4; ⏱Mitte Juni–Mitte Sept. 8.30–12.30 & 15–19 Uhr, Mitte Sept.–Mitte Juni bis 18 Uhr) Im duomo von Sansepolcro (14. Jh.) befindet sich eine Himmelfahrtsdarstellung von Perugino, eine *Auferstehung* von Raffaellino Dal Colle und ein Polyptychon von Niccolò di Segna, das Piero della Francesca bei seinem Werk *Auferstehung Christi* inspiriert haben soll. Links vom Hauptaltar befindet sich ein eindrucksvolles *Volto Santo* (wörtl. heiliges Gesicht) aus dem 9. oder 10. Jh. n. Chr.; der ans Kreuz geschlagene Christus hat die Augen weit geöffnet.

🎎 Feste & Events

Am zweiten Sonntag im September findet in Sansepolcro der **Palio della Ballestra** statt, ein Armbrustturnier zwischen den örtlichen Schützen und ihren Rivalen aus dem Nachbarort Gubbio. Wettstreiter und Zuschauer kleiden sich in mittelalterliche Kostüme und haben viel Spaß.

🛏 Schlafen

⭐ Relais Palazzo Magi   B&B €
(☎0575 74 04 77; www.hotelmagisansepolcro.it; Via XX Settembre 160-162; EZ 65–80 €, DZ 90–100 €, Suite 120–200 €; ✳🌐) Komfort und Charme gehen Hand in Hand in der besten Unterkunft von Sansepolcro. Sie ist in einem Palazzo aus dem 15. Jh. mitten in der Altstadt untergebracht, hat 16 gut ausgestattete Zimmer (manche mit Wandmalereien), ein Billard- sowie ein behagliches Fernsehzimmer. Außerhalb der Saison ist die Rezeption nur tagsüber besetzt und die Gäste bekommen einen Hausschlüssel ausgehändigt, damit sie bei nächtlicher Heimkehr nicht vor verschlossener Tür stehen.

🍴 Essen & Ausgehen

Die ersten drei der nachstehend gelisteten Lokale haben auch schlichte Gästezimmer inkl. Frühstück.

⭐ Ristorante Da Ventura   TRADITIONELL ITALIENISCH €€
(☎0575 74 25 60; www.albergodaventura.it; Via Niccolò Aggiunti 30; Mahlzeiten 32 €; ⏱Di–So 12–14.30, Di–Sa 19.30–22 Uhr) Achtung vor den Servierwagen in diesem herrlichen Restaurant. Sie sind mit riesigen Portionen von gebratenem Fleisch beladen, für die das Restaurant berühmt ist (Schweinsbraten, Rin-

derbraten in Chianti Classico und gebratene Kalbshaxe) und werden von den Kellnern geschickt durch den altmodischen Speisesaal manövriert.

Auch Vegetarier werden hier satt – die *uova con tartufo marzolino fresco* (Omelett mit gehobeltem schwarzem Trüffel) ist ein Hit, ebenso wie die selbst gemachte Pasta mit Trüffel oder frischen *funghi porcini* (Steinpilze), die Antipasti und die leckeren Beilagen.

Ristorante
Fiorentino
TRADITIONELL ITALIENISCH **€€**

(☏0575 74 20 33; www.ristorantefiorentino.it; Via Luca Pacioli 60; Mahlzeiten 40 €; ☺Do–Di 12.30–14.30 & 19.30–22.30 Uhr) Kein Wunder, dass die Einheimischen Geburtstage und andere Feste hier feiern. Der große Speisesaal ist mit Antiquitäten, Kronleuchtern und Kunst eingerichtet, und der geniale Hausherr Alessio gibt jedem das Gefühl ein besonderer Gast zu sein. Die Küche ist traditionell ausgerichtet mit gelegentlichen modernen Variationen, die Weinkarte ausgezeichnet.

Enoteca Guidi
WEINLOKAL

(☏0575 74 19 07; www.locandaguidi.it; Via Luca Pacioli 44-46; ☺Do–Sa, Mo & Di 11–24, So 18–23 Uhr) Besitzer Severio regiert in der schmucken *enoteca,* wacht aber gleichzeitig auch über das hintere Speisezimmer, wo einfache Gerichte (34 €) aufgetischt werden. Zu trinken gibt's vor Ort gebrautes Bier (Severio empfiehlt „La Tipografica") oder Wein (regionalen wie auch die angesagten Super-Toskaner).

Torrefazione Alessandrini
CAFÉ

(Via Luca Pacioli 31; ☺Juni–Sept. Mo–Sa 7.45–13 & 16.30–20 Uhr, Okt.–Mai Mo–Sa 7.45–13 & 16–19.30 Uhr) Im Lauf der Jahrzehnte hat sich das Innere des beliebtesten Cafés der Stadt kaum verändert. Ebensowenig die Öffnungszeiten: Mittags bleibt das Lokal drei Stunden lang geschlossen, damit die Angestellten nach Hause gehen und im Kreis der Familie zu Mittag essen können. Eine Packung der im Haus gerösteten Kaffeebohnenmischung gehört für Einheimische zum wöchentlichen Einkaufsritual.

 Shoppen

Fuselli e Ricamo
KUNSTGEWERBE

(Via Niccolò Aggiunti 42; ☺Mo 16–20, Di–Sa 9–13 & 16–20 Uhr) Sansepolcro ist für seine erstklassige handgeklöppelte Leinenspitze berühmt,

und dieses Geschäft ist die beste Adresse, um „Spitzenprodukte" zu erstehen. Wer sich ausführlicher mit der Materie beschäftigen möchte, sollte dem **Spazio del Merletto** (Piazza Garibaldi 2) einen Besuch abstatten. Dort haben Generationen von Frauen aus dem Ort die Kunst des Spitzenklöppelns gelernt und ausgeübt – mit etwas Glück findet sich eine der Handarbeiterinnen zu einer Führung durch das kleine hauseigene Museum bereit.

❶ Praktische Informationen

Die ungeheuer hilfreiche **Touristeninformation** (☏0575 74 05 36; info@valtiberinaintoscana.it; Via Giacomo Matteotti 8; ☺April–Okt. 9.30–13 & 14.30–18.30 Uhr, Nov.–März 10–13, Fr–So auch 15–17 Uhr; ☏) befindet sich gegenüber dem *duomo.* Besucher können sich schon vor der Reise per Email nach aktuellen Events erkundigen und Routenvorschläge für die Region einholen. In dem Büro gibt es auch kostenlosen öffentlichen Internetzugang und WLAN.

❶ An- & Weiterreise

AUTO

Der Stadtkern ist eine *Zona a Traffico Limitato* (ZTL, verkehrsberuhigte Zone); kostenlose Parkplätze gibt es direkt vor der Stadtmauer.

BUS

Busse von **Etruria Mobilità** (S. 279) verbinden Sansepolcro mit Anghiari (1,30 €, 10 Min., an Wochentagen regelmäßig, am Wochenende seltener) und Arezzo (4,10 €, 1 Std., an Wochentagen regelmäßig, am Wochenende seltener). Ein Bus von **Sulga** (www.sulga.it) fährt 1-mal täglich außer sonntags nach Rom und zum Flughafen Fiumicino (18,50 €, 3½–4¼ Std.), Abfahrt um 7 Uhr. Alle Busse fahren von der Haltestelle bei der Via G Marconi ab, in der Nähe der Porta Fiorentina. Tickets werden in der Bar Autostazione verkauft.

ZUG

Ein Zug von **Umbria Mobilità** (www.umbria mobilita.it) verkehrt zwischen Sansepolcro und Perugia (4,60 €, 2 Std., Mo–Sa 7-mal tgl., So 3-mal).

DAS CASENTINO

In der nordöstlichen Ecke der Toskana sind spektakuläre Berge, historische Klöster und ruhige Ortschaften zu entdecken, in denen Traditionen ebenso gepflegt werden wie die regionale Küche.

PIERO DELLA FRANCESCA

Viele Einzelheiten seines Lebens liegen im Dunkeln, doch darf davon ausgegangen werden, dass dieser hervorragende Maler der Renaissance gegen 1420 in Sansepolcro zur Welt kam und 1492 starb. Im Alter von 15 Jahren begann er seine Ausbildung zum Maler. Durch seine besondere Art der perspektivischen Darstellung, eine meisterhafte Beherrschung der Lichtgebung und die gelungene Synthese aus Form und Farbe hebt er sich von seinen Künstlerzeitgenossen ab. Die schlichte Eleganz seiner Figuren bleibt bis zum heutigen Tag unübertroffen. In den *Lebensbeschreibungen der berühmtesten Maler, Bildhauer und Architekten* bezeichnete Pieros Landsmann Giorgio Vasari ihn als den „besten Geometriker seiner Zeit" und bedauerte die Tatsache, dass nur wenige seiner Arbeiten für die Nachwelt erhalten blieben, was ihn „der Ehre beraubt(e), die seinen Werken zusteht".

Pieros berühmteste Kunstwerke sind die *Legende des wahren Kreuzes* in der Cappella Bacci in Arezzo, seine *Auferstehung* im Museo Civico von Sansepolcro und sein Diptychon des *Federico da Montefeltro mit seiner Gattin Battista Sforza, Herzog und Herzogin von Urbino* in den Uffizien. Die meisten Herzen eroberte er sich wahrscheinlich durch seine ergreifende **Madonna del Parto** (Schwangere Madonna; Via della Reglia 1; Erw./erm./Kinder & Schwangere 5,50/4 €/frei; ⊗ April–Okt. 9–13 & 14–19 Uhr, Nov.–März Mi–Mo 9–13 & 14–17 Uhr). Das berühmte Gemälde hängt in der Kapelle von Monterchi, einem Dorf im Tibertal zwischen Sansepolcro und Arezzo.

Wer sich näher mit Piero beschäftigen möchte, besorgt sich die Broschüre über Piero della Francesca und sein Wirken in und um Arezzo. Sie ist in allen Museen und Touristeninformationen der Gegend erhältlich.

Poppi

6198 EW.

Poppi Alta (der historische obere Teil der Stadt) mit dem unübersehbaren Castello dei Conti Guidi scheint in den Wolken über der Arno-Tiefebene zu schweben. Die Piazza vor der Burg ist in den Sommermonaten der gesellschaftliche Mittelpunkt des Städtchens. Davon abgesehen, findet das soziale Leben vor allem in Ponte a Poppi (Unterstadt) statt.

⊙ Sehenswertes

Castello dei Conti Guidi BURG
(www.buonconte.com; Piazza Republica 1; Erw./Kind 6/5 €; ⊗ Sommer 10–18.30 Uhr, Winter Do–So bis 16.30 Uhr) Das Castello dei Conti Guidi wurde im 13. Jh. vom Grafen Simone da Battifolle, Oberhaupt der Guidi-Familie, gebaut. Die Besucher erwartet ein märchenhafter Innenhof, ein raffinierter Treppenaufgang, eine Bibliothek mit mittelalterlichen Manuskripten und eine Kapelle mit Fresken von Taddeo Gaddi. Herodes Gastmahl zeigt Salome, die beim Tanzen mit den Fingern zu schnippen scheint. Sie wird von einem Flötenspieler begleitet, während der kopflose Körper von Johannes dem Täufer in der Ecke liegt.

🛏 Schlafen

Albergo San Lorenzo B&B €
(☎0575 52 01 76; www.poppi-sanlorenzo.com; Piazza Bordoni 2-5, Poppi Alta; DZ 84 €; ⊗Mitte März–Mitte Nov.; @🤶🖼) Es kann nicht allzu viele B&Bs geben, die eine altehrwürdige Kapelle mit Ausstellungs- und Veranstaltungsraum aufzuweisen haben – das San Lorenzo ist eins davon. Das künstlerisch angehauchte B&B neben der Burgmauer besitzt neun etwas klein geratene Gästezimmer mit Bodenfliesen und Deckenfresken oder -balken. Zur „Herberge" gehören auch ein terrassierter Garten mit herrlichem Ausblick und ein helles, luftiges Frühstückszimmer.

Die deutschen Eigentümer organisieren auf Wunsch Feinschmeckertouren durch die Region.

Poggio a Poppi AGRITURISMO €
(☎0575 52 98 86; www.poggioapoppi.it; Via Magrete 13; DZ 70–80 €, Apt. 80–100 €; ⊗Nov. geschl.) In der von Weizenfeldern und einem Obstgarten umgebenen alten Steinvilla außerhalb vom Poppi stehen sechs Doppelzimmer und zwei Selbstversorgerapartments zur Verfügung. Vor allem im Sommer eine attraktive Option, denn dann können die Gäste den großen Swimming-

pool, den Pizzaofen im Freien und die weiten Ausblicke in vollen Zügen genießen. In der kalten Jahreszeit ist es hier vielleicht ein wenig trist.

 **Borgo Corsignano** FERIENANLAGE €€
(0575 50 02 94; www.borgocorsignano.it; Località Corsignano; Apt. mit 1 Schlafzi. 100–130 €, Apt. mit 2 Schlafzi. 180–200 €, Apt. mit 3 Schlafzi. 250–300 €; P@📶🏊) Die beste Unterkunft im Casentino ist ein ehemaliger *borgo* (mittelalterliches Dorf), in dem früher Kamaldulensermönche lebten. Nur fünf Minuten Autofahrt von Poppi entfernt, werden hier Apartments für Selbstversorger und viele Annehmlichkeiten geboten: zwei Swimmingpools, eine kleine Wellnessanlage mit Sauna und Jacuzzi (15 €), Tennisplätze, Kinderspielplatz und ein mit Skulpturen gestalteter Park.

Im Umkreis der Rezeption gibt's WLAN.

Essen

L'Antica Cantina TOSKANISCH €€
(0575 52 98 44; www.anticacantina.com; Via Lapucci 2; Mahlzeiten 39 €; Di–So 12–14.30 & 20–23 Uhr, Jan. geschl.) Wer speisen möchte wie anno dazumal, ist unter dem romantischen Deckengewölbe des „alten Weinkellers" an der richtigen Adresse. Die Speisekarte glänzt zwar nicht gerade durch Experimentierfreude, aber es müsste sich eigentlich für jeden Geschmack etwas finden lassen. Das Lokal liegt in einer steilen Seitenstraße der Via Cesare Battisti in Poppi Alta.

Praktische Informationen

Die **Touristeninformation** (0575 52 05 11; consorzio@casentino.toscana.it; Via Roma 203, Ponte a Poppi; Mo–Do 9–13 & 15–18, Fr 9–13 Uhr) ist im hässlichen, modernen Gebäude Unione dei Comuni Montani del Casentino am östlichen Ende der Stadt, nahe der Ausfahrt nach Camaldoli, untergebracht.

An- & Weiterreise

AUTO

Von Florenz fährt man über die SR67 und SR69 (Via Aretina) auf die SS70 (Passo della Consuma). Von Arezzo aus nimmt man die SR70 und SS71.

BUS

Busse von **Etruria Mobilità** (S. 279) halten auf der Fahrt zwischen Florenz und Bibbiena in Poppi (5 €, 2 Std., 6-mal tgl.). Lokale Busverbindungen sind im Casentino leider selten.

INSIDERWISSEN

PRATOVECCHIO

Die meisten Urlauber, die mit einem eigenen Fahrzeug die Strecke zwischen Stia und Poppi befahren, düsen ohne anzuhalten durch diesen unscheinbaren Ort. Dabei lohnt er unbedingt einen Essensstopp. Abends einen freien Tisch im **La Tana degli Orsi** (0575 58 33 77; Via Roma 1; Mahlzeiten 38 €; Do–Mo 19.30–22.30 Uhr) zu ergattern, kommt einem Lottogewinn gleich: Wer sich dort den traditionellen Casentino-Gerichten hingeben möchte, die der Küchenchef hingebungsvoll aus Zutaten der Region zaubert, muss lange im Voraus reservieren. Eine hochbegehrte Anlaufstelle zum Mittagessen oder *aperitivo* ist das modernere **Toscana Twist** (0575 58 21 20; Via della Libertà 3; Gebäck & Kaffee 4 €, Mittagessen 20 €; Di–Do 6–19.30, Fr bis 23, Sa bis 21 Uhr). Im Toscana Twist kann nicht mit Kreditkarte bezahlt werden.

ZUG

Zahlreiche Züge des **Trasporto Ferroviario Toscano** (TFT; www.trasportoferroviariotoscano.it) verbinden Poppi mit Arezzo (3,40 €, 1 Std.), Bibbiena (1,40 €, 10 Min.) und Stia (1,40 €, 15 Min.).

Parco Nazionale delle Foreste Casentinesi, Monte Falterona e Campigna

Das **Naturschutzgebiet** (www.parcoforeste casentinesi.it) ist eines von dreien in der Toskana. Es erstreckt sich über die Grenze zur Emilia-Romagna hinweg, schützt die größte und gesündeste Waldfläche Italiens und umschließt einige der schönsten Landstriche des Apennin.

Aus einer der höchsten Erhebungen, dem **Monte Falterona** (1654 m), entspringt der Arno. Neben Menschen, u. a. in zwei alten Klöstern, bevölkern eine Vielzahl von Tieren das Areal, darunter etwa 100 Vogelarten. Im Park sind neun Wanderwege ausgeschildert. Der beliebteste ist die 4,5 km lange Strecke hinauf zum Wasserfall von Acquacheta.

Der größte Ort innerhalb des Parks ist **Badia Pratáglia**, ein Dörfchen in den Alpe di Serra, unweit der Grenze zur Emilia-Romagna.

283

ÖSTLICHE TOSKANA PARCO NAZIONALE DELLE FORESTE CASENTINESI, MONTE FALTERONA E CAMPIGNA

Autotour
Das Casentino

START FLORENZ
ZIEL POPPI
LÄNGE 59 KM; SECHS STUNDEN

Der Ausflug beginnt in ❶ **Florenz**. Nach Südosten (Richtung Firenze Sud) am Arno entlang führt der Weg durch Pontassieve und über den Passo della Consuma (SS 70), einen herrlichen Gebirgspass im toskanischen Teil des Apennin (den Wegweisern nach Consuma und Bibbiena folgen). Die Abfahrt nach ❷ **Castello di Romena** liegt auf der linken Seite. Nach einem Gang durch die Ruinen der Burg aus dem 11. Jh., auf der einst Dante zu Gast war, geht es zu Fuß oder motorisiert den Hang hinab zur reizenden ❸ **Pieve di Romena**. Die Säulenkapitelle dieser romanischen Kirche sind mit Mensch- und Tierdarstellungen verziert. Wer die Kirche betreten will, muss beim Nachbarhaus klopfen. Dann folgt man den Schildern nach ❹ **Stia**. Hier trifft der Arno seinen ersten Zufluss, den

Staggia. Die Stadt war über Jahrhunderte ein Zentrum der Wollindustrie. Heute beherbergt es den Lanificio di Stia, ein faszinierendes Wollmuseum. In der Nähe des Museumeingangs befindet sich Tessilnova, ein Laden, in dem Decken und Kleidungsstücke aus der berühmten, leuchtend bunten Casentinowolle sowie andere hochwertige italienische Wollwaren verkauft werden.

Von Stia ist es nur eine kurze Fahrt in nordwestlicher Richtung bis zur ❺ **Chiesa Santa Maria delle Grazie**. Wenn man Glück hat, trifft man auf einen Einheimischen, der einen hineinführt. In der Renaissancekirche sind ein wunderbares Fresko von Ghirlandaio und zwei Lünetten in glasierter Keramik von Benedetto Buglioni zu bewundern. Der Weg Richtung Süden führt wieder an Stia vorbei durch Pratovecchio nach ❻ **Poppi**, das Zentrum der Region. Mit einem Besuch des sehr gut erhaltenen Castello dei Conti Guidi und einem Spaziergang durch die hübschen Straßen der Oberstadt klingt der Tag aus.

👁 Sehenswertes

Monastero & Sacro Eremo di Camaldoli
KLOSTER

(www.camaldoli.it; 🕐 Kloster 8–13 & 15.30–18 Uhr, Eremitage 9–12 & 15–17 Uhr, Apotheke 9–12.30 & 14.30–18 Uhr) Im dichten Wald des National-parks liegen ein Benediktinerkloster und die Einsiedelei von Camaldoli versteckt. Letz-tere wurde um 1024 vom hl. Romuald, dem Ordensgründer der Kamaldulenser, gegrün-det. Heute leben dort noch etwa 20 Mönche.

Von Poppi aus folgt man die Via Camal-doli (SR67) in den Wald bis zu einer Gabe-lung. Die Einsiedelei liegt rechts den Berg hinauf, das Kloster links die Straße hinab.

Die Klosterkirche, in der sich drei Ge-mälde von Vasari befinden, kann besichtigt werden. Von der Straße ein paar Stufen hi-nab liegen der Kreuzgang aus dem 11. Jh. und die karge, steinerne Cappella dello Spirito Santo mit einer Ausstellung zum Klosteralltag. Ein Seiteneingang im Haupt-gebäude führt zur *farmacia* (Apotheke) aus dem 16. Jh. Dort werden Seifen, Parfum und andere Klosterprodukte verkauft.

Zur Einsiedelei gehört eine kleine Kirche. Das Altarbild, Kreuzigung mit vier Heiligen, ist ein Werk von Bronzino. Hauptattraktion ist jedoch die **Cappella di San Antonio Abate** links vom Eingang, mit einem herr-lichen Altarbild aus glasierter Keramik von Andrea della Robbia.

Santuario della Verna
KLOSTER

(www.santuariolaverna.org; Via del Santuario 45; 🕐 6.30 Uhr bis Sonnenuntergang) Das Franzis-kanerkloster liegt an einem windumtosten Berghang und bietet einen dramatischen Anblick. Es ist ein beliebter Pilgerort, denn hier soll Franz von Assisi die Stigmata erhal-ten haben.

In der **Basilica** hängen bemerkenswerte polychrome glasierte Keramiken von Andrea della Robbia und Mitarbeitern seiner Werk-statt: *Thronende Madonna mit Kind und Heiligen* rechts hinter dem Eingang, *Christi Geburt* rechts vor dem Altar, eine *Anbetung* in der kleinen Kapelle mit Altar, Heili-ge zu beiden Seiten des Altars, eine riesige Himmelfahrt (um 1480) in der Kapelle links vom Altarraum und eine wunderschöne *Ver-kündigung* in der zweiten Kapelle links.

Der mit modernen Fresken zum Leben des hl. Franz ausgemalte **Corridoio delle Stimmate** führt zur **Cappella delle Stim-mate**. Sie wurde 1263 an der Stelle errichtet, an der der Heilige die Wundmale Christi

---

ABSEITS DER ÜBLICHEN PFADE

BIBBIENA

Es macht kaum Schlagzeilen, und doch ist Bibbiena eine der ältesten Siedlungen im Casentino. Sein Oberdorf verströmt einen stillen Charme. Die **Chiesa di Santi Ippolito e Donato** am Rand der zentralen Piazza ist stolzer Besitzer von Schätzen wie einem Kruzifix aus dem 13. Jh. vom Maestro di San Polo in Rosso und einem im 15. Jh. entstande-nen Gemälde, *Maria mit Kind, umgeben von Heiligen,* von Arcangelo di Cola da Camerino. Eine Besichtigung der Kirche empfiehlt sich vor oder beim Essen im **Il Tirabusciò** (🖉 0575 59 54 74; www.tirabuscio.it; Via R Scoti 12; Mahlzeiten 30 €; 🕐 Mi–So 12.30–14.30, Mi–Mo auch 19.30–22 Uhr), das für seine exzellente moderne toskanische Küche berühmt ist.

---

empfing. Zur Ausstattung gehören eine prächtige *Kreuzigung* von Andrea della Rob-bia und ein kleineres Rundbild, *Madonna mit Kind*, das der Werkstatt von Andrea zu-geschrieben wird.

Für Autofahrer ist der Weg ab Chiusi della Verna ausgeschildert. Es führt aber auch ein nicht ganz unanstrengender 30-minütiger Anstieg vom **Informationspunkt** (🖉 0575 53 20 98; cv.chiusiverna@parcoforestecasentinesi.it; Parco Martiri della Libertà 21; 🕐 Juli & Aug. 10–12 & 15–18 Uhr, 18. Sept. & 4. Okt. 10–12 & 14.30–17 Uhr) dorthin. Das Santuario liegt 23 km östlich von Bibbiena und ist über die SP208 zu er-reichen. Vor Ort gibt es ein Gästehaus (55 €/ p.P.), ein Refektorium (Menü 18 €) und ein Café. Parken kostet 1 € pro Stunde.

ℹ Praktische Informationen

Das **Besucherzentrum** (🖉 0575 55 94 77; cv.badiaprataglia@parcoforestecasentinesi.it; Via Nazionale 14; 🕐 Juli & Aug. 9–12.30 & 15.30–18 Uhr, Sept.–Juni Sa & So 9–12.30 Uhr) von Badia Pratáglia ist eine wahre Fundgrube für Informationen über den Park. Außerdem verleiht es Mountainbikes (6 €/halber Tag, 10 €/Tag).

VAL DI CHIANA

Das breite grüne Tal erstreckt sich ab Arezzo Richtung Süden. Es wird durchbrochen von sanften Hügeln, auf denen mittelalterliche Dörfer thronen. Der fruchtbare Boden ist ideal für die vielen Obstgärten und Oliven-

ABSTECHER

ASSISI

Dank des hl. Franz, der hier 1182 geboren wurde, ist die mittelalterliche Stadt im benachbarten Umbrien das Ziel von Millionen von Pilgern. Besonders sehenswert ist die **Basilica di San Francesco** (Piazza di San Francesco; ⊙ Oberkirche Sommer 8.30–18.45 Uhr, Winter bis 18 Uhr, Unterkirche Sommer 6–18.45 Uhr, Winter bis 18 Uhr), eine Doppelkirche, die im Glanz einzigartiger Renaissancekunst erstrahlt. Die **Oberkirche** wurde zwischen 1230 und 1253 im Stil der italienischen Gotik errichtet und birgt einen grandiosen Freskenzyklus von Giotto. Ein paar Stufen hinunter, in der schummrigen **Unterkirche**, sind farbenfrohe Fresken von Simone Martini, Cimabue und Pietro Lorenzetti zu sehen. Unter der Kirche befindet sich das Grabgewölbe des hl. Franz.

Englischsprachige Führungen durch die Basilika können im **Informationsbüro** (☏ 075 819 00 84; www.sanfrancescoassisi.org; ⊙ Mo–Sa 9.15–12 & 14.15–17.30 Uhr) oder über ein Formular auf der Website gebucht werden. Die **Touristeninformation** (☏ 0758 13 86 80; www.assisi.regioneumbria.eu; ⊙ Mo–Sa 8–14 & 15–18, So 10–13 Uhr) an der Piazza del Comune informiert allgemein über die Stadt.

Assisi ist eine beliebte Übernachtungsstation, deswegen sollte in touristischen Spitzenzeiten vorab gebucht werden, d.h.: Ostern, August, September und zum Fest des hl. Franz (4. Oktober). Eine komfortable und gut gelegene Herberge ist das **Hotel Alexander** (☏ 075 81 61 90; www.hotelalexanderassisi.it; Piazza Chiesa Nuova 6; EZ 60–80 €, DZ 80–140 €; ❄ ☏). Zum Essen begibt man sich in die **Trattoria Pallotta** (☏ 075 81 26 49; www.pallottaassisi.it; Vicolo della Volta Pinta; Menüs 18–27 €; ⊙ Mi–Mo mittags & abends; ☏) oder in die **Trattoria Da Erminio** (☏ 075 81 25 06; www.trattoriadaerminio.it; Via Montecavallo 19; Hauptgerichte 7–11 €, Menüs 16 €; ⊙ Fr–Mi mittags & abends, Feb. & erste Julihälfte geschl.), wo traditionelle Gerichte aus Umbrien aufgetischt werden.

Busse von Sulga verbinden Assisi mit Florenz (12,50 €, 2½ Std., 2-mal wöchentl.). Die Altstadt ist verkehrsberuhigt, außerhalb der Stadtmauern gibt es zahlreiche gebührenpflichtige Parkmöglichkeiten (1,15 €/Std., 10 €/Tag).

haine. Besonders bekannt für die Region sind die Chianina-Rinder, eine der ältesten Rinderrassen der Welt und unentbehrlich für eine gute *bistecca alla fiorentina*, das toskanische Gericht schlechthin.

Castiglion Fiorentino

13 178 EW.

Auf dem Weg von Arezzo nach Cortona sollte man unbedingt in diesem hübschen, von alten Stadtwällen umgebenen Ort verweilen und einen Blick in den **Cassero**, einen eindrucksvollen Wehrbau, werfen. In der Festung sind zwei Museen untergebracht: Die **Pinacoteca Comunale** (Erw./erm./Kind 3/2/0,50 €; ⊙ Di–Sa 10–12.30 & 16–18.30 Uhr, April–Okt. So 16–19 Uhr, Nov.–März Di–So 10–12.30 & 15.30–18 Uhr), zu deren kleiner Sammlung Taddeo Gaddis wunderbare Jungfrau Maria mit dem Jesuskind gehört, und das **Museo Archeologico Sezione Antica e Medievale** (Erw./erm./Kind 3/2/0,50 €; ⊙ Di–Sa 10–12.30 & 16–18.30 Uhr, April–Okt. So 16–19 Uhr, Nov.–März Di–So 10–12.30 & 15.30–18 Uhr) mit Resten eines etruskischen Tempels (Ende des 6. Jhs. v. Chr.) und eines etruskischen Hauses (Ende des 4. Jhs. v. Chr.). Von dem aus dem Mittelalter stammenden **Torre del Cassero** (Eintritt 1,50 €; ⊙ Mai–Sept. So 10–13 & 16–19 Uhr) hat man einen wunderbaren Rundblick über das Tal. Ein Kombiticket kostet 5 € für Erwachsene, 1 € für Kinder und ermäßigt 3 €. Vom Belvedere auf der Piazza del Comune, direkt unterhalb des Cassero, bietet sich eine märchenhafte Aussicht über das Val di Chiana.

Die Straßen rund um den Cassero sind eine Zona a Traffico Limitato (ZTL; verkehrsberuhigte Zone). Einen öffentlichen Parkplatz gibt es in der Nähe der Porta Fiorentina (1 €/Std.). Dort ist auch eine **Touristeninformation** (☏ 0575 65 82 78; proloco. castiglioni@tin.it; ⊙ Di & Fr 10–12 & 16–18, Mi, Do & Sa 10–12 Uhr).

Cortona

22 487 EW.

„Zimmer mit Aussicht" sind in dieser spektakulär auf einem Berghügel gelegenen Ortschaft eher die Regel als die Ausnahme. Im späten 14. Jh. lebte und arbeitete zwischen diesen Mauern der Maler Fra Angelico; seine Zeitgenossen, die Künstler Luca Signorelli und Pietro de Cortona, wurden hier geboren. Alle drei sind in der kleinen, genialen Sammlung des Museo Diocesano vertreten. Vor gut zehn Jahren fanden in Cortona die Dreharbeiten zu der Komödie *Unter der Sonne der Toskana* (2003) mit Diane Lane statt.

Sehenswertes

★ Museo Diocesano   MUSEUM

(Piazza del Duomo 1; Erw./Kind 5/3 €, Audioguide 3 €; ⏰ April–Okt. Di–So 10–19 Uhr, Nov.–März Di–So bis 17 Uhr) Von der ursprünglichen, romanischen Gestalt des *duomo* von Cortona ist nicht viel übrig geblieben. Die Kirche liegt im Nordwesten der Piazza Signorelli und wurde mehrfach (und nicht gerade gelungen) umgebaut. Die herrlichen Kunstwerke betraf das glücklicherweise nicht; sie sind heute im Diözesanmuseum ausgestellt, das sich in der ehemaligen Chiesa del Gesù auf der anderen Seite der Piazza befindet.

In Raum 1 ist ein beeindruckender römischer Sarkophag zu sehen, verziert mit heftigen Kampfszenen zwischen Dionysos und den Amazonen. Die schönsten Werke sind in Raum 3 zu finden, unter ihnen die *Kreuzigung* (1320) von Pietro Lorenzetti und Fra' Angelicos *Verkündigung* (1436) und *Madonna mit Kind und Heiligen* (1436–1437).

★ Museo dell'Accademia Etrusca   MUSEUM

(MAEC; www.cortonamaec.org; Piazza Signorelli 9; Erw./Kind 6–12 J. 10/7 €; ⏰ April–Okt. tgl. 10–19 Uhr, Nov.–März Di–So bis 17 Uhr) Die eher schmucklose Fassade wurde dem aus dem 13. Jh. stammenden **Palazzo Casali** (Piazza Signorelli) erst im 17. Jh. hinzugefügt. Das faszinierende Museum im Inneren zeigt lokale Funde aus der Zeit der Etrusker und Römer, Globen aus der Renaissance, Kunstgewerbe aus dem 18. Jh und zeitgenössische Malerei. Die etruskische Sammlung ist das Beste, vor allem die Exponate, die aus den Gräbern von Sodo vor den Toren Cortonas stammen.

Basilica di Santa Margherita   KIRCHE

(Piazza Santa Margherita; ⏰ April–Okt. 8–12 & 15–19 Uhr, Nov.–März 9–12 & 15–18 Uhr) Der Aufstieg durch die labyrinthartigen und steilen Kopfsteinpflastergassen im Osten der Stadt zur Kirche (größtenteils 19. Jh.) ist ein echter Fitnesstest. Oberhalb des Altars werden in einem Glassarg aus dem 14. Jh. die Überreste der hl. Margareta, der Schutzheiligen von Cortona, ausgestellt.

Chiesa di San Domenico   KIRCHE

(Largo Beato Angelico; ⏰ 9–18 Uhr) In dieser Kirche aus dem 15. Jh. in der Nähe des Aussichtsturms am Ostende der Via Nazionale hängt das Gemälde *Madonna und Heilige* (1515) von Luca Signorelli, einem berühmten Sohn der Stadt.

Fortezza Medicea   WAHRZEICHEN

(Erw./Kind 3/1,50 €; ⏰ Mai & Juni Sa & So 10–13 & 15–18 Uhr, Juli–Sept. 10–13 & 16–19 Uhr) Von der Ruine der Festung am höchsten Punkt der Stadt bietet sich ein überwältigender Blick über das Val di Chiana bis zum Lago Trasimeno in Umbrien. Wer die Mühe des Aufstiegs scheut, steuert den **Belvedere** am östlichen Ende der Via Nazionale im Zentrum der Stadt an. Auch dort steht man vor einem schönen Panorama.

Eremo Le Celle   KLOSTER

(www.lecelle.it; Strada dei Cappuccini 1; ⏰ Sonnenauf- bis -untergang) Die Franziskaner-Einsiedelei steht im dichten Wald, 3 km nördlich von Cortona. Die Gebäude liegen neben einem idyllischen Bach und einer Steinbrücke aus dem 18. Jh. Nichts stört die himmlische Stille, die nur von den Glocken unterbrochen wird, die die Brüder zum Essen oder zur Messe in die höhlenartige **Chiesa Cella di San Francesco** rufen.

Geführte Touren

Stadtführungen (☎ 334 3340608, 0575 40 33 19; www.centroguidearezzo.it; Erw./erm. 10 €/frei) werden von Mai bis Oktober angeboten. Das Ticket gewährt auch Eintritt zum Museo dell'Accademia Etrusca. Nur mit vorheriger Buchung.

Feste & Events

Giostra dell'Archidado   KULTUR

(www.giostraarchidado.com) Eine ganze Woche mit mittelalterlichen Vergnügungen im Mai oder Juni (das Datum hängt von Himmelfahrt ab). Höhepunkt ist ein Bogenschieß-Wettbewerb.

ⓘ KOMBITICKET

Mit einem Kombiticket (Erw./Kind 13/9 €) lässt sich sowohl das Museo dell'Accademia Etrusca als auch das Museo Diocesano besuchen.

Cortona

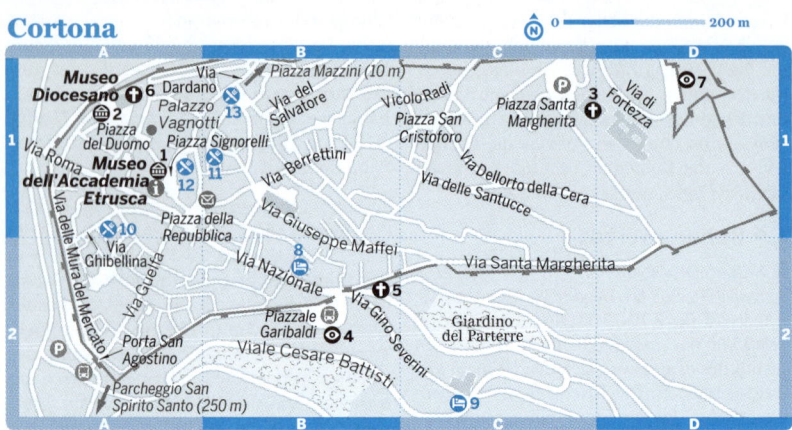

Cortona

◎ Highlights
1 Museo dell'Accademia Etrusca A1
2 Museo Diocesano A1

◎ Sehenswertes
3 Basilica di Santa Margherita C1
4 Belvedere B2
5 Chiesa di San Domenico B2
6 Duomo...A1
7 Fortezza Medicea D1
Palazzo Casali ....(s. 1)

🛏 Schlafen
8 Casa Chilenne B2
9 Villa Marsili C2

✕ Essen
10 La Bucaccia A1
11 Osteria del Teatro.................................. B1
12 Taverna Pane e Vino A1
13 Trattoria Dardano................................... B1

Kirchenmusikfestival   MUSIK
(www.cortonacristiana.it) Wird jährlich Ende Juni bis Anfang Juli gefeiert.

Cortona Mix Festival   KUNST
(www.mixfestival.it) Kunstfestival Ende Juli bis Anfang August, jährlich.

Cortonantiquaria   ANTIQUITÄTEN
(www.cortonantiquaria.it) Von Ende August bis Anfang September wird in den herrlichen Sälen des Palazzo Vagnotti aus dem 18. Jh. der berühmte Antiquitätenmarkt von Cortona abgehalten.

🛏 Schlafen

★ Casa Chilenne   B&B €
(☏ 0575 60 33 20; www.casachilenne.com; Via Nazionale 65; EZ 80–85 €, DZ 88–110 €; ✳@☎) Das freundliche B&B wird von der Amerikanerin Jeanette und ihrem Cortoneser Gatten Luciano betrieben und lässt nichts zu wünschen übrig: wunderbare Gastgeber, zentrale Lage, komfortable Zimmer, üppiges Frühstück und gute Preise. Jedes der fünf Zimmer hat Satellitenfernsehen, es gibt aber auch einen Gemeinschaftsraum mit Fernseher, kleiner Terrasse und Kochecke.

★ Villa Marsili   HOTEL €€
(☏0575 60 52 52; www.villamarsili.net; Viale C Battisti 13; EZ 90–110 €, DZ 99–250 €, Suite 240–s340 €; ✳@☎) Service ist Trumpf in dieser attraktiven Villa, die sich an die Stadtmauer schmiegt. Gäste loben in den höchsten Tönen die hilfsbereiten Mitarbeiter, das üppige Frühstücksbuffet und den spätnachmittäglichen *aperitivo*, der im Garten kredenzt wird. Am besten gönnt man sich gleich eine der Suiten, die mit Jacuzzi ausgestattet sind und eine märchenhafte Aussicht über das Val di Chiana bis zum Lago Trasimeno bieten.

✕ Essen & Ausgehen

Taverna Pane e Vino   WEINLOKAL €
(www.pane-vino.it; Piazza Signorelli 27; Bruschetta 4 €, Wurst- & Käseteller 6–11 €, Pasta 6,50–9 €; ☉Ostern–Jan. Di–So 12–23 Uhr, Feb. & März Di–Sa 17–23, So 12–23 Uhr) Das ange-

nehm legere Lokal listet auf seiner Karte über 900 Weine – dazu kleine Mittagsküche und deftige Abendessen. Hier kann man auf der Terrasse oder im gewölbeartigen Innenraum entspannt ein oder zwei Gläser Wein genießen.

Trattoria Dardano TOSKANISCH €
(☏ 0575 60 19 44; www.trattoriadardano.com; Via Dardano 24; Mahlzeiten 20 €; ☉ Do–Di 12–15 & 16.45–22.30 Uhr) Wer sich in einem der beiden Speisezimmer dieser bescheidenen Trattoria niederlässt, findet sich mitten unter Einheimischen wieder. Das Essen ist eher bodenständig als einfallsreich, aber dafür entschädigen die gute Stimmung und die niedrigen Preise. Keine Kreditkarten.

La Bucaccia TOSKANISCH €€
(☏ 0575 60 60 39; www.labucaccia.it; Via Ghibellina 17; Mahlzeiten 35 €; ☉ Di–So 12–14.30 & 19.30–22 Uhr) Ein herrlicher Platz für ein stimmungsvolles Abendessen. Mittags ist es leider etwas dunkel in dem ehemaligen mittelalterlichen Stall, der später in einen Palazzo integriert wurde. Das viergängige Menü (29 €) mit einem Glas Wein und Wasser ist seinen Preis wert.

Osteria del Teatro TRADITIONELL ITALIENISCH €€
(☏ 0575 63 05 56; www.osteria-del-teatro.it; Via Giuseppe Maffei 2; Mahlzeiten 36 €; ☉ Do–Di 12.30–14.30 & 19.30–21.30 Uhr) Die Wände sind behängt mit Fotos von Schauspielern, die nach ihrem Auftritt im nahegelegenen Theater hier gegessen haben. Entsprechend theatralisch ist der Service – die Ober mahlen den Pfeffer mit einer Mühle, die gut und gerne die größte der Welt sein könnte, und für das süße Finale werden Blöcke der im Ort hergestellten Schokolade mit einem Fleischermesser malträtiert. Die Speisekarte richtet sich nach dem saisonalen Angebot der lokalen Lieferanten.

ℹ Praktische Informationen

Die **Touristeninformation** (☏ 0575 63 72 23; infocortona@apt.arezzo.it; Palazzo Comunale; ☉ Ende April–Sept. Mo–Sa 9–13 & 15–18, So 9–13 Uhr, Okt.–Ende April Mo–Fr 9–13 & 15–18, Sa 9–13 Uhr) gibt Stadtpläne aus und vermittelt Unterkünfte.

ℹ An- & Weiterreise

AUTO

Die Stadt liegt an der Nord-Süd-Verbindung SS71 nach Arezzo, in der Nähe der Autobahn Siena–Bettolle–Perugia mit Verbindung zur A1. Rund um die Stadtmauern gibt es kostenpflichtige Parkplätze. Ein kostenloser Parkplatz ist der Parcheggio San Spirito Santo, von dort geht's per *scala mobile* in die Altstadt. Der Bereich innerhalb der Mauern ist eine *Zona a Traffico Limitato* (ZTL, verkehrsberuhigte Zone).

BUS

Von der Piazza del Mercato (möglicherweise nach Redaktionsschluss neue Abfahrt ab Piazzale Garibaldi) fahren Busse von **Etruria Mobilità** nach Arezzo (3,50 €, 1 Std., regelmäßig) via Castiglion Fiorentino (2,30 €).

ZUG

Der nächste Bahnhof liegt in Camucia (6 km) und ist per Bus (1,30 €, 15 Min., stündl.) erreichbar. Von dort fahren Züge u. a. nach Arezzo (3,30 €, 25 Min., stündl.), Florenz (9,80 €, 1¾ Std., stündl.), Rom (11,15 €, 2¼ Std., 8-mal tgl.), Perugia (4,25 €, 55 Min., 6-mal tgl.) und Orvieto (7 €, 55 Min., 7-mal tgl.).

Es gibt keinen Fahrkartenschalter in Camucia, nur Automaten. Persönliche Beratung gibt's am Bahnhof von Terontola, südlich von Camucia.

Die Toskana verstehen

Die Toskana aktuell

International erfolgreiche Modelabels, Weine wie die Supertoskaner, romantische Landgüter, eingebettet in eine filmreife Natur aus Hügeln, Weinbergen, Zypressenalleen und
Weizenfeldern – die Toskana ist schon ein begnadetes Fleckchen Erde. Tourismus und
Agrarwirtschaft sind die Motoren der Region, und der Tacho steht auf „slow". Aber trotz
herbstlich gold gefärbter Rebhänge und silbern flimmernder Olivenhaine ist auch die Toskana keine Märchenidylle, sondern muss sich wie das restliche Italien mit den Problemen
unserer Zeit auseinandersetzen.

Buch-Empfehlungen

Wir sind das Salz von Florenz
(Tilman Röhrig; 2004) Florenz, die
Renaissance, die Medici und Savona-
rola, spannend verpackt.
Das Zeichen der Venus (Sarah
Dunant, 2003) Florenz, 15. Jh.: Eine
reiche Händlerstochter verliebt sich
in einen Freskenmaler.
Das Dekameron (Giovanni Boccaccio,
1353) Ein pikantes Meisterwerk.
Das Geheimnis des Frühlings
(Marina Fiorato; 2010) Spannender
Roman rund um ein Botticelli-Bild.

Film-Empfehlungen

Das Leben ist schön (Roberto
Benigni, 1998) Bittersüßes Holocaust-
Drama.
Zimmer mit Aussicht (James Ivory,
1985) Gelungene Umsetzung des
Romans von E. M. Forster von 1908.
Tee mit Mussolini (Franco Zeffirelli,
1999) Halbautobiografischer Film, der
1935 in Florenz beginnt.
Der englische Patient (Anthony
Minghella, 1996) Die Cappella Bacci
von Arezzo ist der toskanische Star
dieser romantischen Geschichte.

Bankenkrise

Als die angeschlagene europäische Wirtschaft 2012
in ein schwarzes Loch stürzte, das viele mit der Welt-
wirtschaftskrise der 1930er-Jahre vergleichen, wurde
auch die Toskana mit in den Strudel gerissen. Hatte
die Region die ersten Anzeichen 2007 noch relativ gut
verkraftet, so musste sie in Italiens drittem Rezessions-
jahr in Folge schließlich auch die Waffen strecken: Die
nationale Wirtschaft gab 2012 um 2,3 % nach, die Arbeitslosenquote kletterte im April 2013 auf 12 %, der
Anteil der arbeitslosen Jugendlichen bewegt sich dabei
um die 40 %.

Das toskanische Fallbeil sauste mit dem Skandal um
die Banca Monte dei Paschi di Siena nieder. Das dritt-
größte Kreditinstitut Italiens (und zugleich älteste Bank
der Welt: seit 1472 in einem prunkvollen Palazzo in Siena tätig) musste Verluste in Höhe von 730 Mio. € ein-
räumen. Schuld waren drei zwischen 2007 und 2009 in
der Grauzone getätigte Derivategeschäfte. Während sich
die Führungsebene mit Betrugs-, Bestechungs- und Kor-
ruptionsvorwürfen herumschlug, schnürte die italienische Regierung ein 4,1 Mrd. € schweres Rettungspaket.
Die toskanischen Steuerzahler, die noch über die neu
eingeführte Immobiliensteuer und andere drastische
Maßnahmen des damaligen Ministerpräsidenten Mario
Monti stöhnten, waren von der Großzügigkeit der Regierung alles andere als begeistert.

Eine anstehende Umstrukturierung soll der Bank
das Leben retten: Bis 2015 werden 400 der landesweit
1900 Filialen geschlossen, 4600 Angestellte verlieren
ihren Job. Aber die Auswirkungen des Skandals be-
schränken sich nicht auf gestrichene Arbeitsplätze.
Jahrzehntelang war die „Monte" (wie die Toskaner die
Bank nennen) wichtigster Förderer der lebendigen
Kulturszene Sienas gewesen. Ihre Stiftung Fondazione
Monte dei Paschi di Siena hatte bei der Finanzierung

von Universität, Krankenhaus, Fußballclub, Palio-Rennen usw. oft kräftig zugebuttert: 10 % des städtischen Haushalts kamen von der Bank. Dass der reiche Onkel nun selber auf dem letzten Loch pfeift, hat für Siena und die ganze Toskana dramatische soziale und ökonomische Folgen.

Teure Schätze

Der Staat muss sparen, das bekommen auch die Museen zu spüren. Sie können sich nicht mehr genügend Personal leisten. Traurige Konsequenz sind reduzierte Öffnungszeiten für bestimmte Säle oder ganze Etagen, zum Teil sind diese sogar nur noch im Rahmen einer Führung zugänglich. Die Massen an einmaligen Kunstschätzen zu schützen und zu erhalten ist ein ewiger, zäher Kampf. Doch die Toskana hat dennoch Beachtliches geleistet. Das 65 Mio. € teure Um- und Ausbauprojekt „Neue Uffizien" ist in vollem Gang, und ständig werden neue Säle eröffnet. Nach 27 Jahren sind nun auch die von Ghiberti geschaffenen Bronzetüren des Baptisteriums in Florenz restauriert und können wieder besichtigt werden.

Die 14 Villen und Gärten der Medici, die vom 15. bis 18. Jh. in den Hügeln rund um Florenz entstanden, wurden 2013 in die Liste des Unesco-Welterbes aufgenommen. Siena (www.2019si.eu) kämpft momentan mit Venedig, Palermo, Amalfi und einigen weiteren Städten darum, 2019 europäische Kulturhauptstadt in Italien zu werden (und den dringend benötigten EU-Zuschuss von 1,5 Mio. € einzusacken, um kulturelle Veranstaltungen, Infrastruktur und mehr oder weniger laufende Museumsprojekte wie den Complesso Museale Santa Maria della Scala in Siena zu finanzieren); der Gewinner wird 2015 bekanntgegeben.

Alles wird grün

Logisch, dass grüner Tourismus in einer landwirtschaftlich geprägten Region immer wichtiger wird. Für das Verkehrschaos von Florenz hat sich der smarte junge Bürgermeister Matteo Renzi ein Konzept nach Londoner Vorbild ausgedacht, um die Zahl der Fahrzeuge in der Innenstadt zu reduzieren. Für die Umsetzung wäre 2016 ein günstiger Zeitpunkt, denn dann wird das topmoderne Trambahnsystem fertiggestellt sein. Die erste Linie ist schon in Betrieb, und mit etwas Glück können die Florentiner ab Ende 2014 auch Linie 2 nutzen.

Im Januar 2012 schrammte die Toskana knapp an einer Umweltkatastrophe vorbei, als das Kreuzfahrtschiff *Costa Concordia* vor der Insel Giglio mit einem Felsen kollidierte. Die Säuberungsarbeiten und die Bergung des 114 500 BRZ schweren Wracks in den geschützten Gewässern des Parco Nazionale Arcipelago Toscano (dem größten Meeresschutzgebiet Europas) sind immer noch im Gange.

EINWOHNER: **3,67 MIO.**

FLÄCHE: **22 994 KM²**

BIP: **105,9 MRD. €**

JÄHRLICHE INFLATIONS-RATE: **2,2 %**

ARBEITSLOSENQUOTE: **12 %**

Von 100 Einwohnern in der Toskana sind …

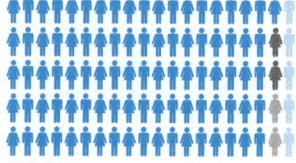

91 Italiener
2 Albaner
2 Rumänen
5 Sonstige

Religionszugehörigkeit
(% der Bevölkerung)

85 — Römisch-katholisch
15 — Sonstige

Einwohner pro km²

FLORENZ   TOSKANA   ITALIEN

👤 ≈ 200 Einwohner

Geschichte

Man könnte die Geschichte der Toskana mit einer italienischen Oper vergleichen: Sie beginnt um das 9. Jh. v. Chr. recht besinnlich mit den Etruskern, wird im Mittelalter mit den Auseinandersetzungen der Stadtstaaten zunehmend turbulent und erreicht dann mit der mächtigen Dynastie der Medici und der Geburt der Renaissance ihren Höhepunkt. Bis heute steht Florenz, die größte Stadt der Region Toskana, unter dem Stern der Renaissance mit ihrer außergewöhnlichen Kunst und Architektur. Kein Wunder, dass sie die wichtigste Zeit in der toskanischen Geschichte darstellt.

Etrusker & Römer

Es ist nicht genau bekannt, woher die alten Etrusker kamen und warum sie sich im 9. Jh. v. Chr. auf den Weg in die Toskana machten. Jedoch scheinen einige Funde zu belegen, warum sie blieben: wegen des Essens. Die Wildschweine, die die toskanischen Berge durchstreifen, bildeten einen Schwerpunkt auf dem Speisezettel. Wildschweinjagden sind ein häufiges Motiv auf etruskischen Keramiken und Grabmalereien. Falls einmal eine verirrte Wildschweinborste den Gaumen kitzelte, spülten die Etrusker mit Wein nach. Sie waren es auch, die den Weinbau nach Italien brachten.

Etruskisch lernen mit www.etruskisch.de/stn/wz.htm! Tolle Wörter: *netshvis* (Eingeweideleser) und *thuta* (züchtig, keusch, einmal verheiratet).

Darf man den Grabmalereien Glauben schenken, hielten die etruskischen Frauen bei Banketten – die so dekadent waren, dass selbst die orgienverrückten Römer schockiert waren – mit ihren Männern durchaus Schritt. Viele Frauen der Mittelschicht und der Aristokratie verfügten über die nötigen Mittel, um unabhängig zu sein. Zu ihrem Dasein gehörten Musik und Romanzen ebenso wie Politik und Sklavenhaltung. Die römischen Militärgeschichten prahlten mit der Eroberung etruskischer Frauen genauso wie mit der Eroberung etruskischen Territoriums (ab dem 3. Jh. v. Chr.). Neueren genetischen Untersuchungen zufolge haben sich die Etrusker kaum mit ihren Eroberern vermischt – ihr genetisches Material unterscheidet sich deutlich von dem der heutigen Italiener, die von den alten Römern abstammen.

Die Etrusker nahmen die Herrschaft der Römer nicht einfach so hin. Sie wollten sich nicht versklaven lassen und auf römischen Feldern ar-

ZEITACHSE	9. Jh. v. Chr.	265 v. Chr.	59 v. Chr.
	Die Etrusker bringen Wein, Weib und Gesang in die Hügel der Toskana, laden aber die Römer nicht ein – deshalb gibt's Krieg.	Etrurien fällt an Rom, bleibt widerspenstig und verbündet sich während der Punischen Kriege mit Hannibal gegen die Römer.	Julius Cäsar erhält nach einer durch Korruption geprägten Wahlkampagne das Amt des römischen Konsuls und gründet ein Veteranen-Resort namens Florentia.

beiten. Deshalb verbündeten sie sich mit Hannibal, dem karthagischen Feldherrn und Erzfeind der Römer. Gemeinsam fügten sie den Römern im Zweiten Punischen Krieg eine vernichtende Niederlage zu, bei der 16 000 römische Legionäre ihr Leben ließen – die Schlacht am Lago Trasimeno im benachbarten Umbrien zählte zu den katastrophalsten der gesamten römischen Geschichte.

Danach änderte sich die Einstellung der Römer gegenüber den Etruskern, und sie verliehen ihnen im Jahr 88 v. Chr. die Bürgerrechte; in der neuen Provinz Tuscia (Tuszien/Toskana) konnten diese fortan ihre Angelegenheiten mehr oder weniger selbst regeln. Im Gegenzug sicherten die Etrusker den wichtigsten Handelsweg der Römer in diesem Gebiet, die Via Flaminia. Bei der Anlage der Straße hatten die Römer keine Ahnung, dass sie damit auch ihrem eigenen Untergang ab dem 5. Jh. n. Chr. den Weg bahnen würden: Zuerst kam der ostgotische König Theoderich daher, dann der byzantinische Kaiser Justinian, dann fielen die Langobarden ein und schließlich im Jahr 800 Karl der Große.

Frauenpower in dunklen Zeiten

Im Mittelalter wechselte in der Toskana die politische Macht ständig von einer Hand in die nächste. Zwei Frauen gelang es dennoch über viele Jahre, hinter den Kulissen die Fäden, an denen Könige und Päpste hingen, zu ziehen. Marozia (um 892–932) war Tochter eines römischen Senators und Herzogs von Tusculum. Sie wurde als berüchtigte Mätresse bekannt, die sich später selbst zur Senatorin ernannte. Sie hatte mit ihrem Geliebten, Papst Sergius III., schon einen unehelichen Sohn und war wieder schwanger, als sie 909 den langobardischen Markgraf von Spoleto, Alberich I., heiratete. Alberich hatte ebenso wenige Skrupel: Seine Position hatte er durch die Ermordung seines Vorgängers erreicht, und bald ließ er auch Papst Sergius III. absetzen. Als dann wiederum Alberich getötet wurde, heiratete Marozia Guido von Tuszien und bewirkte mit seiner Hilfe die Absetzung Papst Johannes X. sowie die Einsetzung (in schneller, tödlicher Folge) von Leo VI. und Stephan VII.

Nach Guidos Tod warb Marozia um dessen Halbbruder Hugo von Arles, den neuen König von Italien. Dabei machte es nichts, dass der schon verheiratet war: Seine bestehende Ehe wurde schnell annulliert. Bei der Hochzeit ließ Alberich II., Marozias Sohn aus erster Ehe und inzwischen Papst Johannes XI., das Paar verhaften. Marozia verbrachte den Rest ihres Lebens im Gefängnis, aber ihr Vermächtnis überdauerte: schließlich waren fünf Päpste ihre direkten Nachkommen.

Markgräfin Mathilde von Tuszien (1046–1115) war eine andere mächtige Frau. Es ging das Gerücht, dass sie für Papst Gregor VII. mehr als nur eine Verbündete war, und es gibt keinen Zweifel daran, dass sie eine eindrucksvolle Strategin war. Um die Besitztümer ihrer Familie in der Toskana zu

Die besten etruskischen Stätten

....

Vie Cave, Pitigliano

....

Parco Archeologico di Baratti e Populonia, Golfi di Baratti

....

Necropoli, Sovana

GESCHICHTE FRAUENPOWER IN DUNKLEN ZEITEN

570–774	773–774	1080	1082
Die Langobarden beherrschen Italien bis hinunter nach Florenz und verwandeln das winzige Herzogtum Spoleto in eine blühende Handelsmacht.	Karl der Große überquert die Alpen und bekämpft die Langobarden; seine Herrschaft über die Toskana, die Emilia, Venedig und Korsika wird von Papst Hadrian I. bestätigt.	Kaiser Heinrich IV. setzt Papst Gregor VII. zum zweiten Mal ab, installiert Clemens III. und zieht gegen Mathilde von Tuszien zu Felde, die Gregor unterstützt.	Florenz legt sich wegen der Region Chianti mit Siena an – der Beginn einer bitteren Rivalität, die die nächsten 400 Jahre andauern wird.

Die besten römischen Relikte

Area Archeologica, Fiesole

Römisches Theater Volterra

Vetulonia

sichern, heiratete sie ihren eigenen Stiefbruder, Gottfried den Buckligen. Bald arrangierte sie, dass dieser nach Deutschland geschickt wurde. Diese Ehe ließ sie bald annullieren und heiratete einen mächtigen Prinzen, der 26 Jahre jünger war als sie selbst.

1077 exkommunizierte Mathildes Verbündeter, Papst Gregor VII., den Kaiser des Heiligen Römischen Reiches, Heinrich IV. Dieser hatte gedroht, Gregor durch einen Gegenpapst zu ersetzen. Da tauchte der Kaiser barfuß vor Mathildes Burg in Canossa auf, kniete sich in den Schnee und bat um die Vergebung des Papstes. Gregor, der bei Mathilde zu Gast war, ließ ihn drei Tage warten, bevor er den Kirchenbann über Heinrich IV. aufhob. Heinrich revanchierte sich für die Erniedrigung, indem er sich mit Mathildes Nachbarn verbündete, um an ihren Besitz zu gelangen, und brachte sogar ihren Gatten gegen sie auf. Aber Mathilde untergrub ihrerseits Heinrichs Macht im Norden – mithilfe von dessen eigenem Sohn Konrad. Von der Familie verstoßen und auf dem Schlachtfeld von einer Frau erniedrigt, starb Heinrich 1106.

Eine neue Ordnung

Im 13. Jh. waren die Toskaner reif für Veränderungen. Bauern, die ihre Felder mühselig bestellt hatten, wollten ihre Ernte sicher auf den Markt bringen können, Kaufleute brauchten friedliche Plätze, auf denen sie ih-

DIE FLAGELLANTEN

Der erste bekannte Fall religiöser Selbstgeißelung wurde Mitte des 13. Jhs. aus Perugia im benachbarten Umbrien gemeldet: Eine merkwürdige, spontan gebildete Gruppe von Gläubigen peitschte sich selbst aus und stimmte dabei Gesänge an! Diese Gläubigen nannten sich Flagellanten.

Im Jahr 1260 erschienen in den größeren Städten der Toskana ähnliche umherziehende Gruppen. Sie waren vermummt und peitschten ihre bloßen Oberkörper ekstatisch, während sie *laudi*, also Lieder über die Passion Christi, sangen. Die Flagellanten hinterließen in Florenz und Siena einen nachhaltigen Eindruck; hier bildeten sich *scuole di battuti* (Geißlerbruderschaften). Sie bauten *case di Dio* (Häuser Gottes), die als Wohlfahrtszentren und Hospize dienten und wo auch Massengeißelungen veranstaltet wurden.

Die Kirche verhielt sich gegenüber den Geißlern zunächst neutral, bis die Flagellanten behaupteten, dass ihre Selbstgeißelungen eine vorübergehende Vergebung der Sünden brächten. Das stand in direkter Konkurrenz zur Beichtpraxis der Kirche und dem gut gehenden Geschäft mit Ablässen, Vergebungen und dem Zehnten. 1262 wurde die Geißlerbewegung verboten. Ein Jahrhundert später kam sie vor dem Hintergrund der Pest erneut in Schwung und machte bis ins 15. Jh. hinein von Zeit zu Zeit von sich reden; dann schritt die Inquisition ein und strafte die Flagellanten mit dem Tod auf dem Scheiterhaufen.

Unter der Aufsicht der Kirche fanden in der Toskana bis Ende des 19. Jhs. Geißlerprozessionen statt.

1136	**1167**	**1314–1321**
Die rauflustige Seemacht Pisa fügt Amalfi zur Liste ihrer Eroberungen hinzu, auf der u. a. schon Jerusalem, Valencia, Tripolis und Mallorca stehen.	Siena gibt sich eine schriftliche Verfassung, die erklärt, dass Amtsperioden kurz und Geld schön sein sollen; später wurden auch öffentliche Faustkämpfe garantiert.	Dante schreibt seine *Göttliche Komödie*, erzählt in der ersten Person und statt in formellem Latein im Dialekt der Toskana – alles gewürzt mit politischer Satire und Pathos.

→ Dante-Statue, Florenz

ren Geschäften nachgehen konnten, und in der Bevölkerung keimte die Hoffnung auf, dass es möglich sein könnte, älter als 40 Jahre zu werden.

Um das Zusammenleben in zivilisiertere Bahnen zu lenken, etablierten sich Stadträte in Florenz, Siena und anderen Städten. Ihre Mitglieder stammten aus einflussreichen Familien, Handwerkergilden und der Händlerschaft. In der gesamten Region wurden ehrgeizige Bauprojekte in Angriff genommen, die den Bürgern eine neue gemeinschaftliche Identität stiften sollten. Krankenhäuser und öffentliche Wohlfahrtseinrichtungen nahmen sich der Bedürftigen an, und neue öffentliche Plätze, Märkte und Rathäuser wurden zu wichtigen Treffpunkten und Orten, an denen sich die bürgerliche Gesellschaft erproben ließ.

Gesetz und Ordnung wurden durch den *podestà* garantiert, einen unabhängigen, juristisch bewanderten Stadtverwalter. Er wurde oft für eine begrenzte Zeit von außerhalb in die Stadt geholt, was einer möglichen Vetternwirtschaft einen Riegel vorschieben sollte. Jede *comune* (Stadtstaat) entwickelte ihre eigene Art der Selbstverwaltung. Die erfinderischste war Siena. Um die blutigen Rivalitäten zwischen den *contrade* (Vierteln) der Stadt zu unterbinden, lenkte man die Kampfeslust der Einwohner in organisierte Box- und Stierkämpfe um – und in den Palio, das große jährliche Pferderennen. Wer den Frieden störte, wurde mit saftigen Geldstrafen belegt. Und die städtischen Kassen quollen über, weil man in den *osterie* (Gaststätten) der Stadt für den Gebrauch von Schimpfwörtern abkassiert wurde.

Nachdem Florenz mal wieder einen Sieg über Siena verbuchen konnte, indem es die Stadt von der Wasserversorgung abgeschnitten hatte, stand man in Siena vor einer Grundsatzentscheidung: Entweder man finanzierte eine unterirdische Wasserleitung, um die Angriffe der Florentiner zu erschweren oder man errichtete einen Dom, mit dem sich Siena als Hauptstadt der Künste etablieren würde. Der Rat der Stadt war einstimmig für den Dom.

Die Kreise der Hölle

„Auf halbem Weg des Menschenlebens fand ich mich in einen finstern Wald verschlagen, weil ich vom rechten Weg mich abgewandt ...“ So beginnt das unheilvolle Jahr 1300 in Dante Alighieris *Inferno* (Die Hölle). Unser Held Dante (1265–1321) entkommt hier einem Höllenkreis, nur um gleich in den nächsten hineinzustolpern. Denn im 14. Jh. sahen sich Dantes toskanischen Landsleute einer grauenhaften Serie von Hungersnöten, wirtschaftlichem Zusammenbruch, Pest, Krieg und Tyrannei ausgesetzt.

Als die Mystiker des Mittelalters prophezeiten, dass das Jahr 1300 für alle bis auf ein paar Auserwählte den sicheren Untergang bringen würde, lagen sie nur um knapp 50 Jahre daneben. Etwa zwei Drittel der Bevöl-

In der Toskana des Mittelalters war niemand vor Gewalt geschützt: Die Anführer mächtiger Familien wurden während des Gottesdienstes von Rivalen erstochen, Bauern von marodierenden Räuberbanden überfallen und Unbeteiligte in Auseinandersetzungen verwickelt, bei denen es schnell um Leben und Tod ging. Selbst kleinere Verbrechen wurden mit harten Geldstrafen, körperlicher Züchtigung oder öffentlicher Erniedrigung wie Auspeitschung oder Verstümmelung bestraft.

1348–1350	**1375–1406**	**1378**	**1469–1492**
Die Pest wütet in der Toskana: In den engen städtischen Zentren fallen ihr zwei Drittel der Bewohner zum Opfer. Bis 1500 erfolgen weitere Ausbrüche.	Der Philosoph und Politiker Coluccio Salutati dient Florenz als Kanzler und fördert eine bürgerlich-weltliche Identität – ein mutiges Modell, das zuweilen sogar funktioniert.	Der Florentiner Stadtrat *(signoria)* ignoriert eine Petition der Wollweber, die ein Recht auf Vertretung als Gilde einfordern: Der Aufstand der *ciompi* ist erfolglos.	Lorenzo de' Medici regiert Florenz hinter den Kulissen, trotz der Verschwörung der Pazzi 1478; bei dem Umsturzversuch wird sein Bruder Giuliano im Dom erstochen.

kerung wurden in den Städten der Toskana von der Pest des Jahres 1348 dahingerafft. Da Flöhe und Ratten nicht als Überträger der Pest erkannt und bekämpft wurden, wütete der „Schwarze Tod" in der Region jahrzehntelang. Ganze Krankenhaus- und Klosterbelegschaften wurden ausgelöscht, sodass die Behandlung der Infizierten Scharlatanen überlassen wurde, die Wunderheilung versprachen. Die verschrieben Geißelungen, Alkohol, Zucker und Gewürze oder rieten zur Wasch-, Obst- und Olivenölabstinenz.

Obwohl es sicher schwierig war, die Ereignisse dieser Tage festzuhalten, verfassten Autoren wie Boccaccio, Dante und der Marchione di Coppo Stefani (ca. 1336–85) hellsichtige Beurteilungen ihrer Zeit – im festen Glauben, dass ihre Kritik eines Tages Gutes bewirken würde. Mehr als alle Kniffe der Malerei von Perspektive bis Schattierung ist es dieser allumfassende Blick auf die Menschheit gewesen, der die Kunst der Renaissance so wahrhaftig macht.

Guelfen & Ghibellinen

Die Renaissance war eine Zeit der großen Kunst und der großen Tyrannen. Zwischen diesen beiden Polen herrschte eine unruhige Beziehung. Das sorgfältige Gleichgewicht der Kräfte der *comuni* fiel der Pest des 14. Jhs. zum Opfer; die politische Macht verblieb zumeist bei denjenigen, die überlebt hatten und stark oder skrupellos genug waren, um die Herrschaft an sich zu reißen. In freien Städten wie Florenz und Siena übernahmen mächtige Familien den Vorsitz in der *signoria*, der Ratsversammlung, die vordergründig von Zunftvertretern und Händlern geführt wurde.

Ganze Städte, Kaufmannsgilden und einzelne Familien schlugen sich entweder auf die Seite der papsttreuen Guelfen oder auf die Seite der kaisertreuen Ghibellinen. Da sich beide Parteien ein Denkmal setzen wollten, hätte diese Rivalität für Künstler und Architekten eigentlich ideal sein müssen. Aber das wechselnde Glück auf den Schlachtfeldern führte auch dazu, dass die Gelder für Kunstprojekte genauso schnell wieder verschwanden wie sie aufgetaucht waren.

Die Toskana ähnelte bald einem Strategiespiel. Adelsburgen wurden gebaut und von neuen Herrschern eingenommen, mächtige Bischöfe verbündeten sich mit Adligen so lange, bis diese ihre Macht verloren, und Nebenfiguren hielten plötzlich die Macht in Händen, weil sie von Handelsinteressen gestützt wurden. Nirgendwo war dieses Spiel verwirrender als in der *comune* von Pistoia: Erst wurde sie von den Florentiner Guelfen eingenommen, dann wurde sie unter „weißen" und „schwarzen" Guelfen aufgeteilt, dann von Lucca (das zu dieser Zeit von den Ghibellinen dominiert wurde) erobert und schließlich fiel sie wieder in die Hände von Florenz.

Das Museum Casa di Dante in Florenz gleicht einer Reise ins 14. Jh. Zum Komplex gehört auch die Kapelle, in der Dante seine Muse traf. Die US-Künstler Sandow Birk und Marcus Sanders haben Dantes Werk popkulturell verarbeitet: In *The Divine Comedy* (2005) ist das *Inferno* im Verkehr von Los Angeles, das *Purgatorio* im nebligen San Francisco und das *Paradiso* in New York angesiedelt.

Die Medici

Unter den Tyrannen der Renaissance stellten die Medici keine Ausnahmeerscheinung dar. Allerdings ließ Cosimo der Ältere (Cosimo il Vecchio; 1389–1464) schon früh auf seinem Weg zur Macht ein überraschend aufgeklärtes Selbstinteresse und ein außergewöhnliches Auge für Kunst erkennen. Obwohl er in kein Amt gewählt worden war, diente Cosimo der Kirche als Botschafter. Er erwirkte für die Stadt Florenz eine 25-jährige Periode relativen Friedens, indem er hinter den Kulissen sein diplomatisches Geschick walten ließ. Als er 1433 infolge einer Verschwörung aus der Stadt verbannt wurde, begleiteten ihn einige seiner Lieblingskünstler, darunter Donatello und Fra' Angelico.

Aber die Medici waren nicht lange weg. Die Geschäftsverbindungen des Bankiers Cosimo waren für Florenz zu wichtig, und so kehrte er nach nur einem Jahr triumphal in die Stadt zurück, setzte seine Rivalen schachmatt und übte im Hintergrund einen noch größeren Einfluss als vorher aus. Außerdem stiftete er Meisterwerke wie Brunelleschis legendäre Kuppel für den Florentiner Dom.

Die Patronage durch selbst die aufgeklärtesten und mächtigsten Mäzene hatte ihre Schattenseiten: Ihre Launen konnten einen Künstler etablieren oder vernichten. Mächtige Herrscher zogen mächtige Feinde an. Lorenzo I. de' Medici (genannt Il Magnifico – der Prächtige; 1449–92) war ein legendärer Förderer der Künste und Geisteswissenschaften. Dass er schon früh Künstler wie Leonardo da Vinci, Sandro Botticelli und Michelangelo Buonarroti unterstützte, bescherte ihm wie diesen großen Ruhm.

Bei einer Verschwörung, an der die rivalisierende Florentiner Familie Pazzi, der König von Neapel und der Papst beteiligt waren, kam es zu einem Anschlag auf Lorenzos Leben, dem er entkommen konnte. So mussten sich die von ihm geförderten Künstler nach neuen Geldgebern umsehen, bis Lorenzo seine alte Machtposition wieder eingenommen hatte. Der Bußprediger Savonarola hatte ein ganz schlechtes Bild von Lorenzo und der klassisch inspirierten Kunst, die dieser förderte: Savonarola deutete sie in einer Zeit großen Leidens als sündigen Luxus. Als Savonarola die Medici 1494 von der Macht verdrängte, beschloss er, dass auch ihre dekadente Kunst verschwinden müsse. Werke von Botticelli, Michelangelo und anderen Meistern fielen auf dem gewaltigen „Scheiterhaufen der Eitelkeiten" auf der Piazza della Signoria in Florenz den Flammen zum Opfer.

Galileo

Eines der bedeutendsten Mitglieder des Lehrpersonals der Universität Pisa war der Mathematikprofessor Galileo Galilei (1564–1642). Mathematisch ausgedrückt: Galileo war ein logisches Paradoxon. Der Katholik

> Die Medici haben nichts zu verbergen – zumindest jetzt nicht mehr. Wer möchte, kann auf www.medici.org auf den Spuren ihrer Machenschaften in den Archiven stöbern.

> Amerigo Vespucci war ein Florentiner Seefahrer, nach dem der Kontinent Amerika benannt wurde. Vespucci unternahm zwischen 1497 und 1504 mehrere Entdeckungsreisen in das Gebiet, das später Südamerika heißen sollte.

→ Galileo-Statue, Florenz

1633	**1656**	**1737**
Galileo Galilei wird in Rom wegen Ketzerei verurteilt. Gemäß dem Pendel-Prinzip ist die Reaktion auf die extreme Unterdrückung der Inquisition das Gegenteil: die Aufklärung.	Schon wieder: Mindestens 300 000 Menschen fallen in Mittel- und Süditalien der Pest zum Opfer.	Maria Theresia beendet die Herrschaft der Medici und setzt ihren Mann als Großherzog der Toskana ein. Bei der Reformierung der Toskana zieht sie die Fäden.

MACHIAVELLI

Nur wenige Namen haben einen solchen Klang wie der von Niccolò Machiavelli (1469–1527). Der Florentiner Gelehrte und politische Denker sagte einmal, die Zeiten seien mächtiger als unsere Hirne. Er wurde 1469 in einen armen Zweig einer der führenden Familien von Florenz geboren. Seine zentrale Prämisse – der Zweck heiligt die Mittel – erfreut sich auch nach fünf Jahrhunderten noch ungebrochener Beliebtheit.

Machiavellis Vater besaß jede Menge Bücher, die sein Sohn verschlang. Im Alter von 29 Jahren gelang es dem jungen Machiavelli irgendwie, einen Posten in der zweiten Staatskanzlei zu ergattern. Im Jahr 1500 war er auf seiner ersten diplomatischen Mission in Frankreich unterwegs. Die militärischen Erfolge von Cesare Borgia und der zentralisierte französische Staat beeindruckten Machiavelli sehr und überzeugten ihn davon, dass Florenz ein stehendes Heer brauche. 1506 hatte er die Republik davon überzeugt. Drei Jahre später gelang dem Heer im Kampf gegen das aufständische Pisa der Triumph: Pisa wurde eingenommen.

Die Rückkehr der Medici an die Macht im Jahr 1512 war ein schwerer Schlag für Machiavelli. Er wurde verdächtigt, gegen die Medici zu intrigieren, und 1513 im berüchtigten Le Stinche in Florenz – dem ersten bekannten Gefängnis der Toskana (von 1297) und einem der ersten in ganz Europa – eingekerkert und gefoltert. Machiavelli beharrte auf seiner Unschuld. Nach seiner Freilassung zog er sich als armer Mann in ein kleines Haus außerhalb von Florenz zurück.

In diesen Jahren entstanden seine bedeutendsten Schriften. *Il Principe* (Der Fürst) ist eine klassische Abhandlung über das Wesen der Macht und ihre Ausübung, ein Werk, das die verwirrenden und korrupten Zeiten widerspiegelte, in denen er lebte, wie auch seinen Wunsch nach starker und gerechter Herrschaft in Florenz und anderswo. Später schrieb er eine offizielle Chronik von Florenz, die *Istorie Fiorentin*.

1526 schloss sich Machiavelli der päpstlichen Armee bei ihrem aussichtslosen Kampf gegen die kaiserlichen Kräfte an. Als diese 1527 Rom einnahmen, hatte Florenz die Herrschaft der Medici schon wieder abgeschüttelt. Machiavelli hoffte vergeblich, noch einmal in Amt und Würden zurückkehren zu können. Er starb 1527 so arm, wie er geboren worden war.

zeugte drei uneheliche Kinder; er war ein Mann der Wissenschaft mit einem Hang zur Dichtung; er hielt Vorlesungen über die Dimensionen der Hölle auf der Grundlage von Dantes *Inferno;* gleichzeitig schwebte er mit dem Kopf buchstäblich über den Wolken und erfand das Teleskop. Viele seiner Freunde gehörten zu den führenden Intellektuellen der Zeit.

Galileos sorgfältige Beobachtungen des Universums zogen die Aufmerksamkeit der Kirche auf sich, die im 16. Jh. eine schwierige Beziehung zu den Sternen unterhielt. Papst Paul III. beschäftigte mehrere Astrologen. Keine größere päpstliche Initiative und kein größeres Bauprojekt konnte in Angriff genommen werden, ohne dass zuerst der Himmel

1760er-Jahre	**1765–1790**	**1796–1801**	**1805–1814**
Florenz wird neben Venedig, Mailand und Turin zu einer wichtigen Station auf den Reisen europäischer Aristokraten und Bildungsbürger.	Aufklärer Leopold I. setzt die Reformen seiner Mutter Maria Theresa fort und macht die Toskana zum ersten souveränen Staat, der die Todesstrafe abschafft.	Italien wird zum Schlachtfeld zwischen Napoleon, den Habsburgern und deren russischen Verbündeten; das toskanische Kulturerbe wird zum großen Teil als Beute verteilt.	Napoleon macht sich zum König von Italien; als seine zwangsrekrutierten Soldaten desertieren, verliert Napoleon die Toskana 1814 an Großherzog Ferdinand III.

mit einem Astrolabium nach Glück verheißenden Zeichen abgesucht worden wäre. Und doch wurde der Theologe (und zeitweilige Astrologe) Tommaso Campanella aufgrund von abweichenden Ansichten der Ketzerei für schuldig befunden. Paul III. vertraute die Erforschung der physikalischen Grundlagen des Universums seinen Theologen an, die durch genaues Studium der Heiligen Schrift zu dem Ergebnis kamen, dass sich die Sonne um die Erde drehen müsse.

Mithilfe von Teleskopen, die er angepasst und verbessert hatte, kam Galileo zu einem anderen Ergebnis. Seine Beobachtungen stützten Kopernikus' Theorie, dass sich nämlich die Planeten um die Sonne drehen. Eine Gruppe von Inquisitoren aus dem Vatikan erlaubte ihm anfänglich, seine Erkenntnisse zu veröffentlichen, wenn er auch der gegenteiligen Sichtweise Platz einräumte. Als sich aber Galileos Sicht als gefährlich überzeugend herausstellte, ruderte der Vatikan zurück und klagte ihn der Ketzerei an. Zu diesem Zeitpunkt war Galileo schon sehr krank, und vielleicht ist es neben der breiten Unterstützung, die er genoss, seinem schlechten Gesundheitszustand zu verdanken, dass er nicht mit der für Ketzerei üblichen Todesstrafe belegt wurde. Unter der offiziellen Androhung von Folter legte Galileo schriftlich nieder, dass er den Argumenten für eine kopernikanische Weltsicht vielleicht zu viel Glauben geschenkt habe. Seine Gefängnisstrafe konnte er in Form von Hausarrest verbüßen. Manchmal erlaubte ihm Papst Urban VIII., seine Studien fortzusetzen, manchmal versagte er ihm dann wieder ärztliche Hilfe. Galileo setzte seine wissenschaftlichen Untersuchungen noch fort, als er sein Augenlicht verloren hatte. In der Zwischenzeit wurde Tommaso Campanella aus dem Gefängnis entlassen und nach Rom gebracht, wo er 1629 Urbans persönlicher Astrologe wurde.

Galileos konservierter Mittelfinger und andere Körperteile sind im wunderbaren, vollständig interaktiven Museo Galileo in Florenz zu sehen, gleich um die Ecke von den Uffizien. Online lassen sich Galileos Leben, seine Zeit, der religiöse Kontext und die Fortschritte in den Naturwissenschaften beim Galileo Project (http://galileo.rice.edu, auf Englisch) erkunden.

GEGEN DEN FREIEN INTELLEKT

Savonarolas theokratische Herrschaft über Florenz dauerte nur vier Jahre (1494–1498), bis er von Papst Alexander VI. exkommuniziert wurde. Der Papst wollte sich nicht wegen seiner extravaganten Geldverschwendung, unehelichen Kinder und persönlichen Rachefeldzüge von Savonarola kritisieren lassen.

Savonarolas kurze Herrschaft hatte jedoch nachhaltige Auswirkungen. Die Kirche sah sich nunmehr bemüßigt, eine direkte Kontrolle über die unbotmäßige Region Toskana auszuüben und sich gegen humanistische Philosophien zu schützen, die ihre göttliche Autorität untergraben könnten. Ergebnis war die Inquisition, die ketzerische Ideen mit dem Tode bestrafte, was den Intellektuellen und Neugierigen einen verständlichen Dämpfer versetzte. Die gefeierte Universität in Siena wurden strenger Überwachung unterworfen, und der Lehrbetrieb an der Universität Pisa lag etwa 50 Jahre lang so gut wie brach, bis Cosimo I. de' Medici (1519–1574) die Hochschule 1543 wieder eröffnete.

1848/1849	1861	1871	1902
Im Zuge der Revolution wird der Großherzog gestürzt und eine toskanische Republik ausgerufen.	Zwei unruhige Jahrzehnte führen zu einer neuen italienischen Staatsform mit Parlament und König. Florenz wird 1865 Hauptstadt Italiens.	Nach dem Abzug französischer Truppen aus Rom besiegen die Streitkräfte des Königreichs Italien die Truppen des Vatikanstaats; Rom wird Hauptstadt.	Streik von 200 000 Landarbeitern, unterstützt von den Sozialisten, gegen die steigenden Lasten.

Barock: Gold im Überfluss

Mit Hilfe seiner Hofastrologen hätte der Papst die Fremdherrschaft über Italien eigentlich vorhersehen müssen. Die Inquisition festigte die Macht der Kirche nicht, sondern schuf, während sich die päpstlichen Autoritäten mit abgehobenen theologischen Dingen beschäftigten, ein irdisches Machtvakuum. Während italienische Adlige und Großkaufleute oder Bankiers wie üblich um Einfluss rangen, übernahm die spätere Kaiserin Maria Theresia 1737 die Initiative und machte ihren Ehemann Franz zum Großherzog der Toskana.

Napoleon Bonaparte eroberte 1799 Teile der Toskana. Napoleon war von dem Kulturerbe der Region dann auch so angetan, dass er beschloss, so viel wie möglich davon mit nach Hause zu nehmen. Was er nicht mitnehmen konnte, verschenkte er an alle möglichen Verwandten – dabei übersah er, dass die toskanischen Villen und Altaraufsätze eigentlich gar nicht ihm gehörten. Als der Titel des Großherzogs der Toskana 1814 auf den Habsburger Ferdinand III. überging, weigerten sich Napoleons Schwester Elisa Bonaparte und verschiedene andere Familienangehörige, ihre Luxusvillen in Lucca zu räumen. Es mussten Kompromisse gefunden werden, um alle zufrieden zu stellen.

Weitere noble Fremde erreichten die Toskana, vor allem nachdem die Überland-Zuglinien in Italien im Jahr 1840 in Betrieb genommen waren. In Europa war keine Bildung mehr vollkommen ohne eine große Italienrundtour, und mit den Wahrzeichen und Museen in der Toskana *musste* man einfach vertraut sein. Man denke nur an Goethes Italienrei-

REFORMFREUDIGE POTENTATIN

Die österreichische Kaiserin Maria Theresa (1717–1780; Mutter von 16 Kindern – darunter die spätere französische Königin Marie Antoinette) erwies sich als ausgesprochen großzügig. Die autodidaktische Militärstrategin setzte bald örtliche Potentaten matt und ordnete Reformen an: Der Hexenverbrennung wurde ein Riegel vorgeschoben, die Folter verboten und die Schulpflicht eingeführt. Den italienischen Bauern wurde erlaubt, einen kleinen Teil ihrer Ernte für sich selbst zu behalten. Sie brachte auch den typisch protzigen Stil der österreichischen Habsburger in die Toskana und löste damit eine ungeheure Verzierungswut aus: Der letzte Schrei waren jetzt mit Engel überladene Fresken, verschnörkelter Fassaden- und Wandschmuck, der das Staubwischen zum Albtraum machte, und Vergoldungen, wo immer es möglich war.

Da die Medici-Erbin Anna Maria Luisa de' Medici vielleicht fürchtete, dass die unbezahlbare Kunstsammlung ihrer Familie dem Umgestaltungswillen Maria Theresias zum Opfer fallen würde, vererbte sie bei ihrem Tod im Jahr 1743 all ihre Kunstschätze der Stadt Florenz – mit der Bedingung, dass das gesamte Erbe in der Stadt verbleibt.

1915	1921	1940–1943	1943–1945
Italien tritt in den Ersten Weltkrieg ein und bekämpft einen alten Feind: Österreich-Ungarn. Kriegsopfer und Hunger sind die Schattenseiten des Sieges.	Mussolini gründet die Faschistische Partei. Bei den Wahlen 1924, die von den *squadristi* (Paramilitärs) „überwacht" werden, gewinnen die Faschisten die Mehrheit im Parlament.	Das faschistische Italien schließt sich der deutschen Kriegserklärung an Großbritannien und Frankreich an. Die italienische Regierung kapituliert 1943; Mussolini führt den Krieg fort.	Der italienische Widerstand schließt sich dem Kampf der Alliierten gegen Mussolini an; die Toskana wird befreit. 1945 wird eine Koalitionsregierung gebildet.

sen. Zugweise kamen Pensionatsabsolventinnen in Begleitung verkniffener Anstandsdamen sowie Berufsjunggesellen an und bereiteten den Boden für die Romane von E. M. Forster, für Ferienhausinvestoren und Möchtegern-Filmstars.

Rot & Schwarz: Eine bunte Vergangenheit

Während die wohlhabenden ausländischen Reisenden Italien romantisch verklärten, hatte das Land mit einer harten Realität zu kämpfen. Eine kommerziell geführte Landwirtschaft sorgte dafür, dass ferne königliche österreichische Landbesitzer satte Gewinne einfuhren, während die Bauern der Armut verfielen und zwischen den kleinen Familienhöfen eine harte Konkurrenz entstand. In ländlichen Gebieten fraßen Ausgaben für eine magere Ernährung, zumeist in Form von Getreide, drei Viertel des Familieneinkommens auf. Die Aussicht auf Arbeit in der wachsenden Industrie lockte viele Landbewohner in die Städte, wo lange Arbeitszeiten und gefährliche Arbeitsbedingungen in eine weitere Sackgasse mündeten und wiederum 70 % des Einkommens für Nahrung aufgewendet werden musste. Sozialer Aufstieg war selten, da der Zugang zu den Universitäten streng begrenzt war und die Habsburger nur ungern Einheimische in ihre Armee und Verwaltung aufnahmen. Zunehmend wurde zur verlässlichsten Art und Weise, die Familie zu ernähren, für viele Toskaner die Auswanderung nach Amerika.

Die österreichische Herrschaft stellte einen gemeinsamen Feind dar, gegen den sich die Italiener aller Provinzen und Gesellschaftsschichten zusammenschlossen. Das Risorgimento, wörtlich „Wiedergeburt", war die Zeit der nationalstaatlichen Einigung Italiens. Die Geheimgesellschaften, die sich unter der französischen Fremdherrschaft als Gegengewicht gebildet hatten, stellten eine gute Grundlage dar, um die nationale Gesinnung zu bündeln. In den Jahren 1848/49 brach die Revolution aus, und in Florenz gewannen für kurze Zeit die Radikalen die Oberhand.

Konservative Florentiner, die Angst hatten, dass die Österreicher einmarschieren würden, luden den Habsburger Leopold II. ein, als Großherzog der Toskana zurückzukehren. Als aber Unruhen auf dem Land die Rückkehr der Österreicher an die Macht erschwerten, heizten die österreichischen Vergeltungsmaßnahmen und die brutale Unterdrückung den Nationalismus in der Region stark an. Obwohl Italien 1861 unter einer Flagge vereint war, sollte der Graben zwischen Radikalen und Konservativen die politische Landschaft der Toskana lange prägen.

Die nationalstaatliche Einigung beendete weder die Arbeitslosigkeit noch die sozialen Unruhen. 1861 erhielten nur 2 % der Italiener das Stimmrecht. Wegen der schlechten Arbeitsbedingungen kam es zu Streiks, deren brutale Unterdrückung in der Gründung der Sozialistischen Partei im Jahr 1881 mündete. Was von der neuen italienischen

Das reiche Renaissance-Erbe der Stadt Florenz wäre 1966 beinahe einer Flutkatastrophe zum Opfer gefallen. Tausende Bewohner wurden obdachlos, und 3 Mio. seltene Handschriften und Tausende Kunstwerke wurden unter 500 000 t Schlamm, Schutt und Abwasser begraben. Die zahllosen Helfer, die die Schätze aus dem Schlamm bargen, werden als *gli angeli del fango* (Engel des Schlamms) geehrt.

1946	1959–1963	1966	1969
Umberto II. wird nach einer Volksabstimmung ins Exil geschickt und Italien zur Republik erklärt; 71,6 % der Toskaner stimmen für die Republik.	Die italienische Wirtschaft erholt sich dank Industrialisierung und Marshall-Plan, der Italien vor sowjetischem Einfluss schützen soll.	Der Arno tritt über die Ufer und begräbt Florenz meterhoch unter Schlamm und Wasser. Menschen werden obdachlos, Tausende Kunstwerke zerstört.	Bei massiven Streiks und Studentenunruhen werden soziale Reformen gefordert: bei den Arbeits- und Wohnbedingungen, bei den Renten und bürgerlichen Rechten.

Regierung als Geldbeschaffungsmaßnahme gedacht war, nämlich sich in Abessinien (heute Äthiopien und Eritrea) als Kolonialmacht zu etablieren, stellte sich als kostspieliger Fehlgriff heraus – 17 000 italienische Soldaten verloren 1896 bei Adowa ihr Leben. Als 1898 die Getreidepreise stiegen, konnten es sich viele verarmte Italiener nicht mehr leisten, Lebensmittel zu kaufen. Unruhen brachen aus. Die Landarbeiter schlossen sich zu Gewerkschaften zusammen, und als 1902 ein Streik ausgerufen wurde, folgten dem Ruf 200 000 Landarbeiter.

Schließlich hatten die italienischen Politiker ein Einsehen und brachten Reformen auf den Weg. Die Kinderarbeit wurde verboten, die Arbeitszeit wurde begrenzt, und 1912 wurde das Wahlrecht auf alle Männer über 30 ausgedehnt (Frauen mussten bis 1945 warten). Das Versprechen an die Sozialisten, ein Rentenprogramm aufzulegen, nahm die Regierung schnell wieder zurück und entschied sich stattdessen dafür, in Tunesien einzumarschieren.

Als 1914 der Erste Weltkrieg ausbrach, sah sich Italien einem größeren Krieg gegenüber als es eigentlich geplant war. Ein prominenter junger sozialistischer Heißsporn namens Benito Mussolini (1883–1945) führte die Kampagne für einen Kriegseintritt Italiens auf Seiten der Alliierten an, obwohl die meisten Sozialisten dagegen waren. Infolgedessen wurde Mussolini aus der Sozialistischen Partei ausgeschlossen und trat in die Armee ein. Nachdem er im Krieg verletzt worden war, gründete er 1919 die Italienischen Kampfbünde, Vorläufer der Nationalen Faschistischen Partei.

Schwierige Zwischenkriegszeit

Italien stand am Ende des Ersten Weltkriegs auf der Siegerseite, doch nur weniger Italiener waren in Feierlaune. Nicht nur gab es Gefallene zu beklagen, auch waren 600 000 Italiener in Kriegsgefangenschaft geraten und 100 000 waren hauptsächlich deshalb gestorben, weil die italienische Regierung ihre eigenen Soldaten nicht ausreichend mit Lebensmitteln, Kleidung und Medikamenten versorgt hatte. Erlasse aus Kriegszeiten, die eine Verlängerung der Arbeitszeiten vorsahen und Streiks verboten, belasteten das Arbeitsklima in den Fabriken so stark, dass Frauen Massenstreiks anführten. Mit dem Brotmangel breiteten sich die Unruhen mehr und mehr aus. In der Toskana hatte Mussolini gerade auf dem Land mit seinem Ruf nach Ordnung Gehör gefunden; 1922 marschierten seine Schwarzhemden, die Squadristen, durch Florenz und forderten die Absetzung des Landesregierung und die Vertreibung der Sozialisten und Kommunisten aus allen örtlichen Machtpositionen. Im Jahr 1922 folgten der sogenannte Marsch auf Rom und der Staatsstreich: Mussolini wurde Regierungschef.

1970er-/1980er-Jahre	1993	1995	2001
Extremistischer Terror und staatliche Repressalien: In Pisa tötet die Polizei den Anarchisten F. Serantini, die Roten Brigaden ermorden 1986 den Bürgermeister von Florenz.	Bei einem Bombenanschlag auf die Uffizien werden sechs Menschen getötet und Schäden in Millionenhöhe verursacht. 200 000 Menschen protestieren gegen die Gewalt.	Maurizio Gucci, Erbe des Florentiner Mode-Imperiums, wird vor seinem Büro erschossen. Drei Jahre später wird seine Exfrau wegen Anstiftung zum Mord verurteilt.	Silvio Berlusconis Rechtsbündnis Casa delle Libertà gewinnt bei den Wahlen die absolute Mehrheit. Die folgenden fünf Jahre sind durch wirtschaftliche Stagnation gekennzeichnet.

Die Faschisten führten zunächst „Säuberungsaktionen" durch. Dann stürzte das Land in den 1930er-Jahren in eine Rezession, nachdem Mussolini eine Neubewertung der italienischen Lira gefordert hatte. Während der freie Fall der Löhne Mussolini unter den Unternehmern neue Freunde bescherte, verschlimmerte sich bei der breiten Masse die Misere. Neue militärische Eroberungen in Libyen und Äthiopien führten zunächst zu einer leichten Erholung der schwächelnden Wirtschaft; als aber am Ende des Jahrzehnts hierfür die gewaltige Rechnung zu zahlen war, ließ sich Mussolini schnell auf eine Wirtschafts- und Militärallianz mit Nazi-Deutschland ein. Entgegen den kühnen Behauptungen der mussolinischen Propagandamaschinerie war Italien auf den Krieg, in den es 1940 an der Seite von Hitler eintrat, schlecht vorbereitet.

Nach dem Krieg: Die toskanische Linke

Eine neue italienische Regierung ergab sich 1943 den Alliierten, aber Mussolini weigerte sich, die Kapitulation anzuerkennen. Die Folge waren zwei weitere Jahre Chaos: Bürgerkrieg, deutsche Besatzung und

DER RADFAHRER, DER MÖNCH & DER BUCHHALTER

Dies ist die unglaubliche Geschichte der drei Helden des italienischen Widerstands. Giorgio Nissim war ein jüdischer Buchhalter in Pisa, der im Zweiten Weltkrieg eine toskanische Widerstandsgruppe im Untergrund anführte. Diese half jüdischen Italienern, aus dem faschistischen Land zu fliehen. Die Gruppe flog auf, und alle Mitglieder der Gruppe kamen in Konzentrationslager, mit Ausnahme von Giorgio, der unentdeckt blieb.

Nirgendwo schienen jüdische Flüchtlinge mehr sicher zu sein. Da organisierte der Franziskanermönch Rufino Niccacci den Widerstand in Assisi. Er versteckte 1943 und 1944 Hunderte jüdische Flüchtlinge aus ganz Italien in umbrischen Klöstern. In Assisi lernten Nonnen, die noch nie mit Juden zusammengetroffen waren, für ihre Gäste koschere Speisen zuzubereiten, und Einwohner riskierten ihr Leben, um den Unbekannten Unterschlupf zu gewähren.

Dringend wurden gefälschte Reisedokumente für die Flüchtlinge benötigt. Hier kam Gino Bartali ins Spiel, der weltberühmte Radrennfahrer aus der Toskana, Tour-de-France-Sieger und dreimaliger Gewinner des Giro d'Italia. Nach seinem Tod im Jahr 2003 enthüllten Dokumente, dass Bartali während des Zweiten Weltkriegs auf seinen „Trainingsfahrten" Nachrichten für diese Widerstandsgruppe und gefälschte Papiere beförderte, mit denen die jüdischen Flüchtlinge in Sicherheit gebracht werden konnten. Damals geriet er auch unter Verdacht und wurde einmal in der berüchtigten Villa Triste in Florenz verhört, in der politische Gefangene festgehalten und gefoltert wurden – aber er gab nichts preis. Bis zu seinem Tod sprach er nicht über seinen Einsatz und die Rettung jüdischer Flüchtlinge, selbst seinen Kindern gegenüber nicht. Er sagte nur: „Ich habe das gemacht und basta!"

2005	2006	2007	2008
Bei den toskanischen Regionalwahlen wird der Mitte-Links-Präsident Claudio Martini mit großer Mehrheit im Amt bestätigt. Die Toskana ist eine Bastion der Linken.	Romano Prodis Mitte-Links-Bündnis schlägt die Rechts-Koalition von Berlusconi, der aber nach wie vor ein riesiges Medienimperium lenkt.	Fast zehn Jahre nach Ankündigung des umfassenden Renovierungsprojekts für die Uffizien in Florenz steht der erste Kran bereit. Der Fertigstellungstermin ist offen.	Berlusconi und seine Bündnispartner triumphieren bei den Parlamentswahlen. Die traditionelle Unterstützung linker Kandidaten und Parteien in der Toskana bröckelt.

In der ländlichen Toskana bildete sich bald eine Widerstandsbewegung – doch sie konnte den Tod von Hunderttausenden von Italienern im Zweiten Weltkrieg nicht verhindern. Sie wurden in eins der 23 italienischen Konzentrationslager (etwa das bei Arezzo) verschleppt oder in die polnischen Vernichtungslager der Deutschen.

alliierte Feldzüge. Aus diesen schwarzen Jahren ging die Toskana roter hervor als je zuvor: Sie entwickelte sich in der Nachkriegszeit zu einem Bollwerk der Sozialisten.

Direkt nach dem Krieg folgten drei Koalitionsregierungen aufeinander. Italien wurde 1946 Republik, und die neu geformte rechtsgerichtete Democrazia Cristiana (DC; Christdemokraten), angeführt von Alcide de Gasperi, der bis 1953 Premierminister blieb, gewann die ersten Wahlen unter der neuen Verfassung im Jahr 1948.

Bis in die 1980er-Jahren hinein spielte der Partito Comunista Italiano (PCI; Kommunistische Partei Italiens) eine wichtige Rolle bei der gesellschaftlichen und politischen Entwicklung Italiens, obwohl die Partei systematisch von der Regierungsgewalt ferngehalten wurde. Die Beliebtheit der Partei – die 1921 in der toskanischen Hafenstadt Livorno gegründet worden war – hatte die so genannten *anni di piombo* (bleierne Jahre) der 1970er zur Folge, die von Terrorismus und sozialen Unruhen geprägt waren. 1978 forderten die Brigate Rosse (die Roten Brigaden, eine Gruppe junger linker Militanter, die für mehrere Bombenanschläge und Attentate verantwortlich war) ihr prominentestes Opfer: den ehemaligen Premierminister der Christdemokraten, Aldo Moro. Seine Entführung und Ermordung (54 Tage später) erschütterten das gesamte Land.

Trotz dieser Wirrnisse gab es in den 1970er-Jahren auch positive Veränderungen: Scheidung und Abtreibung wurden legalisiert, und Frauen durften nun nach der Heirat ihren Geburtsnamen behalten. In 15 der 20 Regionen des Landes, so auch in der Toskana, entstanden Regionalregierungen.

Gemäß der toskanischen Neigung zum Mitte-Links-Spektrum wurde die Regionalregierung der Toskana von ihrer Einrichtung 1970 bis 1983 von der wichtigsten Linkspartei Italiens geführt, dem Partito Socialista Italiano (PSI; Sozialistische Partei Italiens).

Nach der Auflösung der Sozialistischen Partei infolge des sogenannten Tangentopoli-Skandals (es ging um Schmiergeldzahlungen), der 1992 in Mailand ruchbar wurde, war die politische Arena der Toskana frei für den Einzug des Partito Democratico della Sinistra (Demokratische Partei der Linken; PDS) – ebenfalls eine sozialistische Partei, 1991 gegründet, um die aufgelöste PCI zu ersetzen. Die PDS prägte die folgenden zehn Jahre. Auf nationaler Ebene war sie Teil des Mitte-Links-Bündnisses von Romano Prodi, das 1996 Berlusconi aus dem Amt drängen konnte. Der eroberte dann allerdings 2001 als Kopf eines Rechtsbündnisses mit einer satten Mehrheit die Macht wieder zurück.

Bei den Regionalwahlen des Jahres 2005 konnte sich der toskanische Präsident Claudio Martini von den Democratici di Sinistra (DS; Linksdemokraten) eine zweite Amtszeit sichern. 1951 in Tunis geboren, kam Martini im Alter von zehn Jahren nach Italien und arbeitete während

2009	2010	2011	2011–2013
Das Verfassungsgericht kippt ein Gesetz, das Berlusconi im Amt Immunität verschafft hätte: Nun kann er in mehreren Fällen angeklagt werden.	Bei den Regionalwahlen setzt sich der Mitte-Links-Kandidat, Enrico Rossi, durch und wird Präsident der Toskana; die nächsten Wahlen werden 2015 abgehalten.	Der Wirtschaftspolitiker Mario Monti wird beauftragt, als Ministerpräsident ein ungewähltes Technokratenkabinett anzuführen, das als Antwort auf die Finanzkrise einen harten Sparkurs fährt.	Berlusconi steht wegen Sex mit einer minderjährigen Prostituierten, Machtmissbrauch, Steuerhinterziehung und Bruch des Amtsgeheimnisses vor Gericht. Er wird in allen vier Fällen schuldig gesprochen.

seiner Amtszeit unermüdlich an einer Reform des Gesundheitswesens. Er behob die gravierenden Mängel in der öffentlichen Gesundheitsversorgung in der Toskana und knüpfte engere Bande mit dem restlichen Europa und mit Toskanern im Ausland.

Die Toskana heute

Die Toskana ist seit der raschen Industrialisierung in der Nachkriegszeit immer eine Hochburg der italienischen Linken gewesen, und die Regionalwahl 2010 bildete keine Ausnahme. Da der allseits beliebte damalige Präsident der Regione Toscane Claudio Martini nicht für eine dritte Amtszeit zur Verfügung stand, stürmte der Mitte-Links-Kandidat Enrico Rossi (geb. 1958) mit einem Erdrutschsieg über Mitte-Rechts ins Amt. Während vergleichbare traditionell links wählende Regionen an Berlusconis Regierungskoalition fielen, wankte die berühmte rote Toskana nicht.

Die Toskaner erwärmten sich rasch für ihrem neuen Präsidenten, der unter @rossipresidente twittert und Facebook verwendet, um die wichtigsten Entwicklungen in der Toskana bekannt zu geben und zu diskutieren – wie die Umstellung der gesamten Region auf Digitalfernsehen 2011, die Auszeichnung Pisas als italienische Stadt mit dem umfassendsten WLAN, oder die Eröffnung eines neuen Bauabschnitts der umstrittenen, mautpflichtigen Autobahn von Genua nach Rom, deren derzeitige Lücke zwischen Livorno und Civitavecchia, 206 km weiter südlich, bis 2016 geschlossen werden soll.

Die Regionalregierung der Toskana wird von einem alle fünf Jahre gewählten Präsidenten geführt. Ihm stehen zehn Minister und der Regionalrat mit 65 Abgeordneten zur Seite, die nach dem Verhältniswahlrecht ebenfalls für fünf Jahre gewählt werden. Über Regionalregierung und Regionalrat informieren die Webseiten www.regione.toscana.it und www.consiglio.regione.toscana.it

Toskanische Lebensart

Das romantisierte Bild der Toskana inspiriert weltweit Schriftsteller, Designer und Regisseure. Nur, was ist dran an der Geburtsstätte von Gucci, Cavalli und dem Vespa-Roller, was macht die toskanische Lebensart so außerordentlich, so dolce? Maßgebend in Sachen Lebensart ist Florenz, mit seinem gewaltigen Kulturerbe, der handwerklichen Tradition und seinen Einwohnern, deren Natürlichkeit, Eleganz und Sinn für Schönheit sich in einer außergewöhnlichen Liebe zum Detail sowie Stolz auf ihren Dialekt und ihre Historie ausdrückt. Hier ein Einblick in die Eckpfeiler der toskanischen Mentalität ...

Il Campanilismo

Tief verwurzelt in ihrem Fleckchen Erde sind die Menschen in dieser vorwiegend ländlichen Region nicht einfach Italiener oder Toskaner. Der wichtigste Identifikationspunkt ist der *paese* (Heimatort) oder, im Falle von Siena und anderen Städten, die *contrada* (das Stadtviertel), wo man geboren ist. Das erklärt sich aus der Geschichte, in deren Verlauf diese kleinen politischen Einheiten Rivalen waren und sich so ausgeprägte eigene Identitäten entwickelten. Als Nebenprodukt entstanden individuelle Baustile oder Malereitraditionen. Der Lokalpatriotismus, der sogenannte *campanilismo* (wörtlich die Loyalität gegenüber dem eigenen Glockenturm, sprich: der Scholle), ist für die meisten allumfassend. „Lieber einen Toten in der Familie als einen Menschen aus Pisa an der Tür." So heißt es in einem alten florentinischen Sprichwort, das auf die Rivalitäten unter den toskanischen Städten anspielt.

Die Toskaner gelten als leidenschaftlich, stolz, reserviert, fleißig, familienorientiert, dem Essen und dem Wein zugeneigt, sparsam, äußerst selbstbewusst und eitel.

Auf ihre eigene Art zeigen die Florentiner gern ihren sozialen Status. Von übergroßen Türknäufen bis hin zu Steinmetzarbeiten, überall in dieser klassenbewussten Stadt sind Zeichen von Wohlstand und Macht sichtbar. Selbst die Sprache der Florentiner – so wie im 14. Jh. von literarischen Größen wie Dante, Boccaccio und Petrarca für die Welt verewigt – gilt als die reinste Form des Italienischen.

La Dolce Vita

In diesem privilegierten Teil Italiens, einem der reichsten Regionen des Landes, ist das Leben einfach *dolce* (süß). Hier steht die Familie über allem, und Tradition und Qualität sind wichtiger als Quantität. Ob im Weinbau, im Blumenhandel von Pescia oder auf den kleinen Bauernhöfen in der ländlichen Toskana: Die von Generation zu Generation vererbten Familienbetriebe bilden das Rückgrat der stolzen und starken Region.

In Florenz – der einzigen Stadt mit einem Hauch der großen weiten Welt – gehen die Uhren schneller. Die Florentiner stehen früh auf, bringen ihre Kinder vor 8 Uhr in die Schule und flitzen dann nach dem Espresso um 9 Uhr ins Büro. Das Mittagessen ist für diese essens- und weinverrückten Menschen eine längere Angelegenheit, genau wie der frühabendliche *aperitivo*, den man mit Freunden in einer Bar zu sich nimmt, um sich auf das Abendessen einzustimmen. Bei den jungen Florentinern, die am meisten unter den ständig steigenden Mieten und den kaum wachsenden Einkommen leiden, ist es üblich, den opulenten *aperitivo* zu einem Abendessen auszudehnen – zum *apericena*. Die im Aussterben begriffenen Raucher sind auf den Bürgersteig verbannt.

Die beste Zeit für eine *passeggiata* (Spaziergang) ist der Spätnachmittag am Sonntag. Es ist eine herrliche Tradition, bei der die Einwohner der toskanischen Städte sich fein machen und ausgehen – auf ein Eis, zum Reden, um Freunde zu treffen, zum Zeitvertreib, um den Sonnenuntergang zu genießen oder ganz einfach den Tag zu beenden.

Nach Feierabend bieten Theater, Konzerte, Ausstellungen (z.B. Donnerstagabend freier Eintritt im Palazzo Strozzi in Florenz) und *il calcio* (Fußball) Unterhaltung. Der erfolgreichste Fußballverein der Toskana, die ACF Fiorentina (AC Florenz), hat eine große Fangemeinde, man schaue sich nur in der Trattoria Mario (S. 101) um.

Am Wochenende fliehen viele Städter aufs Land. Hier gibt es nicht den abendliche Krach der *motorini* (Motorroller), dafür Platz und Ruhe. In nur 15 Minuten sind die Florentiner im Grünen, ausgedehnte anonyme Vorstädte gibt es hier nicht.

Casa Dolce Casa

Die familienorientierten Toskaner sind in der Regel nicht sehr mobil; viele wohnen ihr Leben lang in der Stadt ihrer Geburt. Das Prinzip *casa dolce casa* (trautes Heim, Glück allein) ist ihnen heilig. Da wundert es nicht, dass die Wohneigentumsrate der Toskana zu der höchsten Europas zählt.

Das Leben auf dem Land ist geprägt von alten, eingeschworenen Gemeinschaften. In den kleinen Städten und Dörfern sind die lokalen Angelegenheiten und Klatsch und Tratsch wichtiger als nationale oder gar internationale Nachrichten. Jeder kennt jeden und ist stolz auf seine Großfamilie, was es für Auswärtige schwierig macht, Anschluss zu finden. In einer Region, wo die Landwirtschaft so ausgeprägt ist wie hier, werden Selbstversorgung und Unabhängigkeit großgeschrieben, auch wenn es immer schwieriger wird, davon zu leben. Nicht umsonst breitet

Beste Pas-seggiata-Meilen

Via de' Tornabuoni & Ponte Vecchio, Florenz

Via Fillungo, Lucca

Via Banchi di Sopra, Siena

„Il Corso" (d. h. der Corso Italia), Arezzo

Corso Carducci, Groseto

Alte und neue Einsichten von Besuchern und Bewohnern: *Siena – Eine literarische Einladung* herausgegeben von Donatella Germanese (2011). Hier kommen Stimmen vergangener Zeiten bis heute zu Wort: von der hl. Katharina bis zu Gianna Nannini.

TOSKANISCHE LEBENSART CASA DOLCE CASA

KAFFEE IST KULT

Kaffee ist nicht einfach ein Getränk, sondern gehört zur Lebensart der Toskaner, deren Tagesablauf nach Koffeindosierungen eingeteilt werden könnte – für jede Tageszeit und Gelegenheit gibt es den passenden „Schwarzen".

Die oberste Regel lautet: Cappuccino (Espresso mit heißer, geschäumter Milch), Caffè latte (die milchigere Version, weniger geschäumt) und Latte macchiato („gefleckte" Milch) werden nur zum Frühstück oder im Lauf des Vormittags getrunken. Die Toskaner trinken auf dem Weg zur Arbeit häufig auch nur einen schnellen Espresso (klein und stark) oder *caffè doppio* (doppelter Espresso) und zwar im Stehen, dicht gedrängt an der Bar ihres Lieblingscafés – das ist nicht nur schneller, sondern auch günstiger, als am Tisch Platz zu nehmen.

Mittag- und Abendessen werden ausschließlich mit un *caffè* (wörtlich: ein Kaffee, meint aber einen Espresso und sonst nichts) abgeschlossen. Zum Sonnenuntergang ist aber auch ein *caffè corretto* (Espresso mit einem Schuss Grappa oder einem anderen Schnaps) erlaubt.

Wer sich in einem Café zum Kaffeetrinken an einen Tisch setzt, muss bis zu viermal mehr Geld hinlegen als für eine im Stehen an der Bar getrunkene Tasse.

sich der *agriturismo* (Unterkunft auf dem Bauernhof) zunehmend aus, denn es gilt, alle Möglichkeiten auszuschöpfen.

Es gab Zeiten, da waren zahlreiche stilvolle Villen – mit Terrakottaböden, Kaminen und Panoramaterrasse – im Besitz gut situierter Ausländer. Heute gelangen mehr und mehr zurück in die Hände von Einheimischen.

Ob in der Stadt oder auf dem Land, die Kinder bleiben normalerweise bis Anfang 30 zu Hause und verlassen das elterliche Nest oft erst, wenn sie heiraten. Dem nationalen Trend entsprechend sind toskanische Familien klein, mit einem oder zwei Kindern; etwa 20 % der Paare sind kinderlos, und Alleinlebende stellen 26 % aller Haushalte. Obwohl immer mehr Frauen arbeiten, sind in den ländlicheren Gebieten chauvinistische Einstellungen noch weit verbreitet.

La Festa

Spaß mit Kunst und Kultur in der Toskana: Pollino und Pollina entdecken die Welt. Ein Reiseführer für Kinder und die ganze Familie (2005). Mit Rundgängen durch Florenz und Siena und eine Menge spannender Geschichten über Bewohner, Gegenwart und Vergangenheit.

Die Mentalität der Toskaner beherrscht ein Dreigestirn aus populärer Folklore, landwirtschaftlichen Traditionen und religiösen Ritualen – oder auch einfach nur *la festa* (Party!). Die regionale Kultur ist vollgepackt mit uralten Festen: Allein die Schutzpatrone sorgen für wochenlange Feiern, da jedes Dorf, jede Stadt, jede Berufs- und soziale Gruppe einen eigenen Heiligen hat, der ergeben verehrt wird.

Einen Höhepunkt im Festkalender der Toskana liefert zweimal im Jahr der Palio in Siena. Das waghalsige Pferderennen wurde im 12. Jh. zu Ehren der Jungfrau Maria aus der Taufe gehoben und sechs Jahrhunderte später neu aufgelegt, um das Wunder der Madonna di Provenzano (2. Juli) und Mariä Himmelfahrt (16. August) zu feiern. Die ausgeprägten Rivalitäten zwischen den *contrade* (Stadtviertel) sind tief in der Religion verwurzelt. Aber auch der Spaß an der Verkleidung und bestimmte Traditionen gehören dazu. Vor jedem Rennen werden z. B. die Pferde gesegnet; das Seidenbanner für den Sieger des Augustrennens wird immer von sienesischen Künstlern entworfen, das für das Julirennen von nicht-sienesischen.

Der Katholizismus (die Konfession von 85 % der Bewohner der Region) und seine Rituale spielen im Alltag noch immer eine wichtige Rolle, auch wenn die Kirche heute nicht mehr die soziale Kraft ist, die sie einmal war: Erstkommunion, kirchliche Trauung und religiöse Festtage sind ein integraler Bestandteil des Lebens in der Toskana.

La Bella Figura

Stilbewusstsein ist lebenswichtig für Italiener und besonders für Toskaner. Die meisten legen großen Wert auf Kleidung und Erscheinung, um ihre *bella figura* – den guten Eindruck – zu wahren. Und das ist vor allem

TOSKANISCHE LEBENSART IM NETZ

(englischsprachige Blogs)

➡ **Florence night&day** (http://lovingflorence.blogspot.com) Spannende Tagebucheintragungen einer Florentinerin um die 30.

➡ **One Hundred Years Later in Florence** (http://bellabiker.blogspot.com) Eine Büroangestellte aus New York reist auf den Spuren ihrer italienischen Vorfahren nach Florenz und wird professionelle Radtourleiterin.

➡ **Girl in Florence** (http://girlinflorence.com) Insider-Eindrücke und -Reflektionen, praktische Tipps und (erstklassige) Empfehlungen einer Amerikanerin namens Georgette, die Florenz wie ihre Westentasche kennt.

in Florenz ganz selbstverständlich, in der wunderschönen Stadt, in der die italienische Modeindustrie ihren Ursprung hat.

In den 1920er-Jahren brachten Guccio Gucci und Salvatore Ferragamo mit Boutiquen in Florenz den Ball ins Rollen. 1951 erblickten die ersten Prêt-à-Porter-Modeschauen Italiens das Licht der Welt. Damals veranstaltete der betuchte Florentiner Adlige Giovanni Battista Giorgini in seinem Haus eine Modesoirée. Der Laufsteg wurde bald in den Palazzo Pitti verlegt, wo bis 1971 Europas angesehenste Modeschauen abgehalten wurden; dann zog die Damenmode nach Mailand um. Die Schauen für Herrenmode finden noch immer in Florenz statt, sodass sich die Top-Modeschöpfer zweimal im Jahr dorthin auf den Weg machen, um ihre Herrenkollektionen bei den Modeschauen Pitti Immagine Uomo zu präsentieren und ihre Schöpfungen für *bambini* (Kinder) bei Pitti Bimbo zu zeigen.

Die Toskana inspiriert die Mode und die Modebewussten, wie z. B. den amerikanischen Schauspieler und Dandy John Malkovich, der die toskanische Stadt Prato auswählte, um dort sein Modelabel **Techno-bohemian** (www.technobohemian.it) zu gründen.

Typisch Toskanisch

Vespa (Motorroller)

Gucci

Chianti (Wein)

Michelangelos David

Renaissancekunst

TOSKANISCHE LEBENSART LA BELLA FIGURA

Die toskanische Küche

Egal, ob man eine blutige *bistecca alla fiorentina* (T-Bone-Steak vom Holzkohlegrill) verputzt, im Chianti Wein probiert, in Livorno eine Fischsuppe schlürft oder in San Miniato nach Trüffeln schnüffelt – Kochtöpfe und Weinkeller machen die Toskanareise zum denkwürdigen Gourmettrip.

Spezialitäten und saisonale Besonderheiten werden auf S. 36 ausführlich erklärt. Was Essengehen in der Toskana ungefähr kostet, steht auf S. 340.

Ländliche Küche

Die toskanische Küche entstand über dem offenen Holzfeuer der *cucina contadina* (bäuerliche Küche). Das Grundprinzip: Nichts verschwenden!

Im 13. und 14. Jh. fingen die Wohlhabenden an, statt mit den Fingern mit Silberbesteck zu essen. Trotzdem blieben die Gerichte, die für die üppigen Bankette der rivalisierenden Familien als Zeichen ihres Wohlstands zubereitet wurden, in ihrem Wesen einfach. Die Medici – dafür bekannt, sich mit den feineren Dingen des Lebens zu schmücken – sorgten dann in der Renaissance dafür, dass die toskanische Küche einen leicht phantastischen Anstrich bekam. Spanferkel und spektakuläre Zuckerskulpturen teilten sich die Tafel. Aber die einfachen Toskaner hielten sich an die *cucina povera* (Arme-Leute-Küche), die den Hunger stillte.

Die heutige toskanische Küche steht noch immer im Zeichen dieser Traditionen. Ihr Trumpf sind frische, heimische Produkte, ohne viel Schnickschnack zubereitet.

Eine blutige Angelegenheit: Fleisch & Wild

Das Flaggschiff der toskanischen Küche ist die *bistecca alla fiorentina,* ein mit Olivenöl eingeriebenes, auf dem Holzkohlegrill scharf angebratenes Steak, das mit Salz und Pfeffer gewürzt *al sangue* (sehr blutig) serviert wird. Der Preis dieses Traums aller Fleischfanatiker wird auf den Speisekarten meist pro *etto* (100 g) Rohgewicht angegeben.

Auf toskanischen Märkten werden alle möglichen Fleischprodukte angeboten, bei deren Anblick manchen erst mal ein leichter Schauer über den Rücken läuft. Weil früher gutes Rindfleisch den Reichen vorbehalten war, blieben den Bauern vor allem die Innereien, die sie als Kutteln zusammen mit Zwiebeln, Möhren und Kräutern *(lampredotto)* oder mit Tomaten und Kräutern *(trippa alla fiorentina)* stundenlang kochten – zwei florentinische Klassiker, die noch heute gern gegessen werden.

Pasto, eine Mischung aus *picchiante* (Rinderlunge) und Kartoffelstücken, ist weitgehend verschwunden, aber geblieben sind *cibrèo* (ein Eintopf aus Hühnerniere, -leber, -herz und Hahnenkamm) und *colle ripieno* (gefüllter Hühnerhals). Ein weiterer Klassiker, der, wie viele Fresken belegen, von den Etruskern stammt und sich bis heute großer Beliebtheit erfreut, ist *pollo al mattone:* Hühnerfleisch ohne Knochen wird mit einem Backstein flach geklopft, mit Kräutern eingerieben und dann unter dem Backstein gebacken. Das Ergebnis ist wunderbar kross.

**Tradi-
tionelle
toskanische
Küchen**

....

*Trattoria Mario,
Florenz*

....

*Trattoria Cibrèo,
Florenz*

....

*La Grotta, Monte-
pulciano*

....

*I Sette Consoli,
Orvieto*

....

*Il Leccio,
Sant'Angelo in
Colle*

Im Herbst erlegtes Wildschwein *(cinghiale)* wird zu *salsicce di cinghiale* (Wildschweinwurst) verarbeitet oder mit Tomaten, Pfeffer und Kräutern langsam zu einem dicken Eintopf geköchelt.

Das Hausschwein landet auf dem Teller als salzige Scheibe *soprassata* (Kopf, Haut und Zunge gekocht, klein geschnitten und gewürzt mit Knoblauch, Rosmarin und anderen Kräutern und Gewürzen), *finocchiona* (mit Fenchel gewürzte Wurst), *prosciutto* (Schinken), fast schwarzem *mallegato* (mit Muskatnuss, Zimt, Rosinen und Pinienkernen aus San Miniato) oder als Mortadella (Fleischwurst mit weißen Fettstückchen). *Lardo di colonnata* (dünne Scheiben Schweinespeck, mindestens monatelang in Kräutern und Olivenöl eingelegt) ist eine Spezialität, die außerhalb der Toskana kaum einer kennt.

Am besten freitags: Fisch

Livorno ist das Meeresfrüchtezentrum der Region und *cacciucco* (ein „c" für jede verwendete Fischsorte) die herausragende Spezialität. Der Name stammt vom türkischen *kukut* (kleine Fische); es ist ein Eintopf aus fünf verschiedenen Fischen und Meeresfrüchten sowie Tomaten und Paprika, auf Weißbrot vom Vortag serviert. *Triglia alla livornese* ist eine rote oder weiße Meerbarbe, die mit Tomaten gekocht wird, und *baccalà alla livornese,* ebenfalls mit Tomaten, ist ein Gericht mit Kabeljau, der traditionell bereits auf den Fischerbooten auf dem Weg in den Hafen eingesalzen wurde. *Baccalà,* den viele mit *stoccofisso* (ungesalzener luftgetrockneter Stockfisch) verwechseln, ist ein Klassiker in toskanischen Trattorien, den es vor allem freitags gibt, wie es die Tradition und die Kirche verlangen.

Arme-Leute-Küche:
Gemüse, Getreide & Hülsenfrüchte

Vor ein paar Hundert Jahren galten Hülsenfrüchte in der Toskana als das „Fleisch der armen Leute". Hülsenfrüchte liefern jede Menge Protein, sind billig und das ganze Jahr über erhältlich (im Sommer frisch, im Winter getrocknet). So bilden sie den Grundstock vieler traditioneller Gerichte wie *minestra di fagioli* (Bohnensuppe), *pasta e ceci* (Pasta mit Kichererbsen), *minestra di pane* (Brotsuppe) oder *ribollita* (eine „wieder aufgekochte" Bohnen-, Gemüse- und Brotsuppe mit Schwarzkohl, die am Vortag zubereitet wird).

RESTAURANT-ETIKETTE

Brot Ist ungesalzen und wird (ohne Butter) großzügig serviert. Teller für Brot sind unüblich, es wird einfach auf den Tisch gelegt.

Spaghetti Am besten man tut so, als hätte man sein Leben lang nichts anderes getan, als Spaghetti auf die Gabel zu wickeln – aber bitte ohne Löffel!

Kinderteller Es ist völlig okay, für Kinder nur einen Teller Pasta mit Butter und Parmesan zu bestellen.

Kaffee Kein Italiener trinkt nach 11 Uhr noch einen Cappuccino und schon gar nicht nach dem Essen. Um eine Mahlzeit optimal abzurunden, kommt nur ein Espresso in Frage (vielleicht begleitet von einer Grappa oder einem anderen starken Magenputzer).

Il conto (die Rechnung) Wer einlädt, bezahlt.

Getrennt bezahlen Hat sich schon durchgesetzt.

Trinkgeld Wenn kein *servizio* (Bedienung) inbegriffen ist, sind 10 % bis 15 % angemessen.

Kleidung Gepflegtes Aussehen ist immer richtig, vor allem in Florenz, wo alle nach Job und *aperitivo* kurz nach Hause gehen, um sich fürs Abendessen aufzubrezeln.

Von den Dutzenden Bohnensorten sind die *cannellini* und die gefleckten *borlotti* am häufigsten – mit Olivenöl beträufelt eine köstliche Beilage zu Fleischgerichten. Die runden, gelben *zolfino*-Bohnen aus Pratomagno und die seidig-glatten *sorano*-Bohnen aus Pescia sind am teuersten. Der ganze Stolz der Bauern ist *farro della Garfagnana,* eine Dinkelsorte, die schon 2500 v. Chr. in Mitteleuropa angebaut wurde.

Der toskanische Gemüsegarten ist üppig bestellt. Neben den üblichen Tomaten gedeihen dort auch mittelalterliche Gemüsearten: Wilder Fenchel, schwarzer Sellerie (geschmort als Beilage), süße rote Zwiebeln (köstlich im Ofen gebacken), Artischocken, Zucchiniblüten (gefüllt), Schwarzkohl, dicke Bohnen, Zichorie, Mangold, distelähnliche Karden und grüne Tomaten zählen zu den besonderen Genüssen.

Safran, auf der ganzen Welt begehrt als eines der teuersten Gewürze überhaupt, kommt als Anbauprodukt wieder in Mode, besonders in der Gegend um San Gimignano. Hier wurde er schon im Mittelalter eifrig gehandelt. Safranfäden sind Blütenstempel einer bestimmten Krokusart, die als staubfeines, feuerrotes Pulver im Gewürzregal der Küchen landen.

Ohne Salz: Brot

Ein Bissen und der Unterschied ist klar: Toskanisches *pane* (Brot) ist ungesalzen und schmeckt mitteleuropäischen Brotfans daher oft ein wenig fade.

Brot ist in der Toskana ein Grundnahrungsmittel; es ist ungesalzen, damit es eine gute Woche hält und besser zu den salzigen Würsten passt. Und es bildet den Grundstock vieler bekannter toskanischer Gerichte:

SLOW FOOD IN DER TOSKANA

Die Menschen vor der globalisierten Fastfood-Ernährung zu bewahren – mit diesem hehren Ziel vor Augen kümmert sich die Organisation **Slow Food** (www.fondazioneslowfood. com) um den Erhalt lokaler Esstraditionen und sensibilisiert Verbraucher für das, was auf dem Teller liegt, wo es herkommt und wie es schmeckt. Die vom Weinkritiker Carlo Petrini gegründete Bewegung ist in über 130 Ländern aktiv und hat auch die **Slow City** (www.cittaslow.blogspot.com) ins Leben gerufen. Diesen Titel tragen die toskanischen Städte Anghiari, Barga, Castelnuovo Berardenga, Civitella in Val di Chiana, Greve in Chianti, Massa Marittima, Pratovecchio, San Miniato, San Vincenzo und Suvereto. Sie zeigen, worauf es bei der Idee ankommt: lokale Produkte statt industrielle Massenware, die Umweltverschmutzung reduzieren und nachhaltige Projekte fördern (z. B. Biobauernhöfe oder öffentliche Verkehrsmittel).

Industrieproduktion, Globalisierung und Umweltzerstörung drohen viele traditionelle, regionaltypische Nahrungsmittel auszumerzen. In Florenz entwickelte die Slow-Food-Stiftung die **Arche des Geschmacks**, ein Projekt, dass Agrarerzeugnisse vor dem Aussterben bewahren will. Archepassagiere in der Toskana sind: das Chianina-Rind, *lardo di colonnata,* Zwiebeln aus Certaldo, Kastanienbrot aus Casola, rote Kartoffeln aus Cetica, Kartoffelbrot und Dinkel aus der Garfagnana, getrocknete Feigen aus Carmignano, *cinta senese* (toskanische Schweinerasse), *regina di Londa*-Pfirsiche, *pecorino* (Schafskäse) aus den Bergen bei Pistoia, *bottarga* (gesalzener Fischrogen) aus Orbetello und Lamm aus Zeri. Auch viele Fleisch- und Wurstwaren haben es in die Arche geschafft, z. B. *mallegato* aus San Miniato, Mortadella aus Prato (mit Alkermes-Likör dunkelrosa gefärbt), *buristo* (Blutwurst) aus Siena, *tarese* aus dem Arno-Tal (50–80 cm langes Stück Bauchspeck, mit rotem Knoblauch und Orangenschale gewürzt und in Pfeffer gewälzt), Florentiner *bardiccio* (mit Fenchel aromatisierte Schweinswurst im Naturdarm, wird frisch gegessen) und *biroldo* (Blutwurst aus der Garfagnana, mit Stücken vom Schweinekopf).

Wer die „echte" Toskana kennenlernen will, muss diese Produkte probieren!

OLIVENÖL

Olivenöl bildet zusammen mit Brot und Wein das toskanische Dreigestirn am kulinarischen Himmel. Es verkörpert die erdverbundene Einfachheit der hiesigen Küche: Brot in dieses flüssige Gold zu stippen oder in eine Scheibe olivenölgetränkter *fettunta* (geröstetes Brot) zu beißen, gehört in der Toskana zu den Freuden des Daseins.

Die Etrusker waren die Ersten, die Olivenbäume kultivierten und aus den Früchten Öl pressten; der Herstellungsprozess wurde später von den Römern verfeinert. Wie beim Wein müssen auch beim Olivenöl strenge Vorschriften beachtet werden, z. B. wann geerntet wird (Oktober bis Dezember), welche Sorten verwendet werden usw.

Die besten toskanischen Öle tragen die Kennzeichnung Chianti Classico DOP oder Terre di Siena DOP und haben eine IGP-Klassifizierung des Toskanischen Olivenölkonsortiums. In Florenz sind die preisgekrönten Öle des dortigen Olivenölproduzenten Marchesi de' Frescobaldi sehr begehrt.

pappa al pomodoro (Brot-Tomaten-Suppe), *panzanella* (Tomaten-Basilikum-Salat, gemischt mit eingeweichtem Brot) und *ribollita*. Keines dieser Gerichte hört sich besonders appetitlich an und sieht auch nicht so aus, aber die Geschmacksintensität ist überraschend.

Pane toscana mit seiner dicken Kruste bildet die Grundlage zweier leckerer Vorspeisen: *crostini* (leicht geröstete Brotscheiben mit Leberpastete) und *fettunta* (auch *crogiantina* oder *bruschetta* genannt; geröstete Brotscheiben mit Knoblauch, Salz und Olivenöl).

Grund zum Heiraten: Käse

Die Herstellung von Käse war in der Vergangenheit so wichtig, dass junge Frauen sie beherrschen mussten, bevor sie heiraten durften. Der Schafsmilch-Hartkäse *pecorino* aus Pienza zählt zu den besten Italiens und wird bis heute hoch geschätzt. Jung und mild schmeckt er zu dicken Bohnen, Birnen oder Kastanien und Honig. Reifer und pikanter kommt er auch als *toscanello* (mit schwarzen Pfefferkörnern) oder als *pecorino di tartufo* (mit gehobelten schwarzen Trüffeln) in den Handel. *Pecorino*, der während des Reifeprozesses mit Olivenöl eingerieben wird, ist rot und heißt *rossellino*.

Festliche Leckereien: Süßes, Schokolade & Eiscreme

Egal, ob einfache Süßigkeiten aus Honig, Mandeln und Rohrzucker, traditionell als Auftakt bei Banketten zu Beginn des 14. Jhs. serviert, oder Zuckerskulpturen, die die üppigen Feste der (macht)hungrigen Medici im 16. und 17. Jh. schmückten: Italienische *dolci* (Süßspeisen) waren immer für festliche Anlässe reserviert. In ärmeren Vierteln verkauften Straßenhändler *bomboloni* (Krapfen) und *pan di ramerino* (Rosmarinbrötchen).

Schon im 13. Jh. erhielten die Nonnen der Abbazia di Montecelso bei Siena Abgaben in Form von *panpepato* (Früchtekuchen mit Pfeffer und Honig). Die Überlieferung erzählt diese Geschichte: Nach einer Belagerung Sienas backte die gutherzige Schwester Berta einen Gewürzkuchen aus Honig, Dörrobst, Mandeln und Pfeffer, um die geschwächten Bewohner der Stadt zu stärken; später wurde der Kuchen mit Gewürzen angereichert, mit Puderzucker bestreut und nur zu Weihnachten verzehrt. Heute wird das sienesische *panforte* (wörtlich „starkes Brot"), ein flacher, harter Kuchen mit Nüssen und kandierten Früchten, das ganze Jahr über gegessen. Manche behaupten, *panforte* bringe streitende Eheleute zur Vernunft ...

BIOTREND

In der Agrarregion Toskana wächst die Anhängerschaft von *cibo biologico* (Naturkost). Bei diversen Feinschmeckeradressen z. B. Podere del Grillo bei San Miniato, La Cerreta bei Sassetta oder biOsteria 050 in Pisa wandert nur noch biologisch Angebautes in den Topf. Die *enoteca* Vivanda in Florenz serviert dazu auch Bioweine.

PASTA

Es überrascht eigentlich nicht, dass am florentinischen Hof der Katharina de' Medici das berühmteste Erzeugnis Italiens, nämlich *gelato* (Eiscreme), erstmals auftauchte. Bernardo Buontalenti (1536–1608), seines Zeichens Haushofmeister, entwickelte eine Methode, gesüßte Milch und Eigelb zu gefrieren. Jahrhundertelang waren Eiscreme und Sorbet nur auf den Tafeln der Reichen zu finden. Sorbet bezeichnet eine Mischung aus geschabtem Wassereis und Fruchtsaft, es wurde in der Renaissance als verdauungsförderndder Zwischengang serviert.

Toskanische *biscotti* (Kekse) sind trocken, knusprig und oft zweimal gebacken. In der Renaissance wurden sie mit kandierten Früchten und gezuckerten Mandeln zu Beginn eines Banketts oder zwischen den Gängen gereicht. *Cantucci* sind harte, süße Kekse mit ganzen Mandeln, *brighidini di lamporecchio* stehen für kleine, runde Aniswaffeln, *ricciarelli* für Mandelkekse (z. T. mit Orangeat), und *pinocchiati* sind mit Pinienkernen gespickt. In Lucca isst man gern den süßen Hefekuchen *buccellato* mit Sultaninen und Anis; zur Erstkommunion ist er ein traditionelles Geschenk der Paten an das Patenkind.

Festtagsküche

Ob Erntedank, Hochzeit, Taufe oder kirchlicher Feiertag – Feste sind tief in der toskanischen Esskultur verankert. Auch wenn heute keine Tiere mehr geopfert werden, sind die Schlemmereien immer noch fleischlastige Angelegenheiten.

Italien ohne Pasta? Undenkbar, auch für die Toskaner. Kein Festessen wäre komplett ohne einen Teller hausgemachter *maccheroni* (kurze Röhrennudeln), *pappardelle* (breite Bandnudeln) oder *pici* aus Siena (dicke, von Hand gerollte Spaghetti), begleitet von einer Sauce mit Ente, Hase, Kaninchen oder Wildschwein.

Die Toskaner backen seit Jahrhunderten einfache Brote und Kuchen wie z. B. zur Karnevalszeit den ringförmigen *berlingozzo* (süßes Hefebrot) und die *schiacciata alla fiorentina* (ein flacher luftiger Kuchen aus Eiern, Mehl, Zucker und Schmalz, mit Puderzucker bestäubt). Eine andere Spezialität in den wilden Tagen vor Aschermittwoch ist Fettgebackenes: *Cenci* (wörtlich „Lappen") sind einfache, frittierte Teigstücke, die mit Puderzucker bestäubt werden. *Castagnole* sind fettgebackene Bällchen und *fritelle di mele* im Teigmantel ausgebackene Apfelstücke, die warm mit Zucker gegessen werden.

Am Ostersonntag bringen die Familien Körbe mit hartgekochten weißen Eiern in weißen Stoffservietten zum Segnen in die Kirche und kehren dann nach Hause zurück, um bei einem mittäglichen Festmahl die Eier als Vorspeise aufzutischen; es folgt ein Lammbraten, der dezent nach Knoblauch und Rosmarin duftet.

Während der Weinlese im September wird die *schiacciata* mit Trauben belegt und heißt dann *schiacciata con l'uva* (Traubenkuchen). Im Herbst bringt die Kastanienernte eine Reihe von Kastanienfesten mit sich sowie den *castagnaccio* (Kuchen aus Kastanienmehl mit Rosinen, geschmückt mit einem Rosmarinzweig und serviert mit einer Scheibe Ricotta).

Zu *Natale* (Weihnachten) besteht das traditionelle Festessen vieler Familien aus *bollito misto* (gemischtes gekochtes Fleisch): Verschiedene Teile des Tieres, auch Füße usw., werden in den Kochtopf geworfen und in einer Gemüse-Kräuter-Brühe stundenlang auf kleiner Flamme gekocht. Das Fleisch wird dann mit Senf, *salsa verde* und anderen Saucen serviert. Manche essen auch am Spieß gebratenes Schwein, wobei mittlerweile wieder häufig die alte schwarz-weiße einheimische Rasse *cinta senese* gewählt wird.

Dem Wein auf der Spur

Billiger Chianti in Bastflaschen – dieses Klischee gehört in die 1970er-Jahre. Als Weinregion hat die Toskana heute viel zu bieten, und Kenner schwärmen von den körperreichen, samtigen Roten, die zur internationalen Elite gehören. Unzählige *enoteche* (Weinlokale) und *cantine* (Kellereien) laden zum Verkosten und Kaufen ein und machen die Reise durch diese Region zur nie enden wollenden Weinprobe.

Besonders viele Gelegenheiten zur Verkostung bieten sich entlang der diversen *strade del vino* (Weinstraßen). Schilder führen motorisierte Besucher auf landschaftlich wunderschönen Nebenstrecken mitten ins Herz der Weinregionen.

Unter den toskanischen Weißweinen punktet vor allem der aromatische Vernaccia di San Gimignano, der schon in der Renaissance Künstler wie Päpste berauschte. Am besten schmeckt er als Aperitif auf einer sonnigen Terrasse in und um San Gimignano.

Brunello di Montalcino

Der Brunello gehört zu den italienischen Spitzenweinen. Glasweise ausgeschenkt kostet er bis zu 15 €, der Flaschenpreis liegt im Schnitt zwischen 30 und 100 €, kann aber bei Superjahrgängen wie z. B. 1940 locker auf 5000 € klettern. Er wird aus Sangiovese-Trauben gekeltert, die südlich von Siena wachsen, und reift mindestens zwei Jahre lang in Eichenfässern. Mit seinem betörenden Duft und dem intensiven, komplexen Bukett passt er am besten zu Wild und Braten. Trauben, die die Qualitätsanforderungen für Brunello nicht erfüllen, enden als Rossi di Montalcino – er ist günstiger, aber durchaus gut trinkbar.

Vino Nobile di Montepulciano

Trauben der Rebsorte Prugnolo Gentile (ein Sangiovese-Klon) bilden das Rückgrat des begehrten Vino Nobile di Montepulciano (2006 war ein Superjahrgang). Subtil und doch kräftig in der Nase, trocken und etwas tanninlastig im Gaumen ist er der perfekte Begleiter für dunkles Fleisch und gereiften Käse.

Chianti

Der süffige, trockene Rote schmeckt fast jedem, passt zu allem und bleibt auch preislich im Rahmen. Das Image aus den 1970er-Jahren als billiges Massenprodukt hat er mittlerweile abgeschüttelt, und Kritiker geben ihm hohe Punktzahlen. Der aus Sangiovese und kleineren Mengen anderer Traubensorten hergestellte Wein wird in sieben Zonen produziert. Die berühmteste davon ist Chianti Classico im Zentrum des traditionsreichen Weinanbaugebiets; diese Flaschen tragen zusätzlich einen schwarzen Hahn als Emblem (schon im Mittelalter war der „Gallo Nero" ein kontrolliertes Qualitätssiegel). Chianti Colli Senesi aus den Hügeln von Siena, der größten DOCG-Zone, ist spritzig, Chianti delle Colline Pisane leicht und geschmeidig, die Reben für Chianti Rùfina wachsen östlich von Florenz.

Die kreativsten Küchen

Il Santo Bevitore, Florenz

Filippo, Pietrasanta

Ristorante Albergaccio, Castellina in Chianti

Grantosco, Grosseto

La Locanda di Pietracupa, San Donato in Poggio

DIE BESTEN WEIN- & ÖLSTRASSEN

Diverse *strade del vino & dell'olio* schlängeln sich durch Olivenhaine und Weinberge und werden von Bauernhöfen gesäumt, die ihre reiche Ernte am Straßenrand anbieten.

Strada del Vino e dei Sapori Colli di Maremma (www.stradavinimaremma.it) Auf der Route südöstlich von Grosseto stoßen Besucher auf mehrere DOC- und DOCG-Weine, natives Olivenöl Toscano IGP und eine in der Maremma heimische Rinderrasse.

Strada del Vino e dell'Olio Lucca Montecarlo e Versilia (www.stradavinoeoliolucca.it) Die Straße beginnt in Seravezza in den Apuanischen Alpen und führt über Lucca ostwärts nach Montecarlo und Pescia. Das berühmte DOP-Öl von Lucca und die DOCG-Weine Colline Lucchesi und Montecarlo di Lucca sind erstklassig.

QUALITÄTSSIEGEL

Folgende Klassifizierungen geben Auskunft über Ursprung und Qualität der toskanischen Weine:

DOC (Denominazione d'Origine Controllata; kontrollierte Ursprungsbezeichnung) Dafür müssen die Weine in einer bestimmten Region nach Methoden hergestellt werden, die einen definierten Qualitätsstandard garantieren. Anbaugebiet, Traubensorten und Keller- sowie Abfüllungstechniken sind genau festgelegt.

DOCG (Denominazione d'Origine Controllata e Garantita; kontrollierte und garantierte Ursprungsbezeichnung) Das ist die höchste Qualitätsstufe, für die die DOC-Regionen und -Regeln noch einmal unterteilt und verschärft werden. Von den insgesamt 44 italienischen DOCG-Appellationen liegen acht in der Toskana: Brunello di Montalcino, Carmignano, Chianti, Chianti Classico, Morellino di Scansano, Vernaccia di San Gimignano, Vino Nobile di Montepulciano und Elba Aleatico Passito.

IGT (Indicazione Geografica Tipica; mit typischen geografischen Merkmalen) Solche Weine entsprechen nicht den DOC- oder DOCG-Regeln, haben aber trotzdem einen hohen Qualitätsstandard. Die Supertoskaner fallen beispielsweise in diese Kategorie.

Supertoskaner

Eine Folge des üblen Images der 1970er-Jahre war, dass einige toskanische Winzerfamilien – allen voran die berühmte Weindynastie Antinori – erkannten, dass sich mit vollmundigen, auf den internationalen Geschmack getrimmten Cuvées viel mehr Geld verdienen ließ als mit den traditionellen Weinen. Also entwickelten sie innovative, spannende Tropfen. Und sie bewarben sie so clever, dass Käufer in Florenz wie in New York darauf ansprangen. Als dann ein britischer Weinkritiker die neuen Kreationen als „Supertoskaner" pries, hatten diese Weine ihren Namen weg (obwohl die Italiener selbst die Bezeichnung IGT – Indicazione Geografica Tipica – vorziehen). Besonders überzeugend sind die Supertoskaner von Sassicaia, Solaia, Bolgheri, Tignanello und Luce.

Internationale Produzenten machen sich zunehmend in der Toskana breit, um dort Supertoskaner und andere moderne Convenience-Weine zusammenzumischen. Das einem US-amerikanischen Unternehmen gehörende Castello Banfi, welches seit über 30 Jahren gut im Geschäft ist, sahnte 2011 den begehrten Preis der Weinmesse Vinitaly ab. Ein Beweis dafür, dass nicht nur alteingesessene toskanische Winzerfamilien wissen, was aus dem Boden herauszuholen ist. Schon die Etrusker waren hier als Weinbauern tätig - heute steht der älteste Beruf der Toskana allen offen, die sowohl Fachkenntnis als auch Visionen mitbringen.

Tolle Wein-lokale

Le Volpi e l'Uva, Florenz

Il Santino, Florenz

Enoteca Marcucci, Pietrasanta

Osticcio, Montalcino

Rosso e Vino, Grosseto

Promi-Weine

Mit der Geburt der Supertoskaner wurde es auch unter Promis Mode, sich als Winzer zu versuchen. Sting besitzt ein Weingut in der Nähe von Figline Valdarno in Chianti, wo er einen Chianti Colli Aretini produzieren lässt. Da das Gebiet einst einer Familie von Seidenwebern gehörte, vermarktet er die Flaschen mit handsigniertem Etikett und in limitierter Auflage unter dem Namen Il Serrestori.

Den Sinatra Family Estates (richtig, da hatte Frank seine Finger drin) gehört auch eine 3 ha große Parzelle in den Hügeln von Fiesole bei Florenz. Aus den dort angebauten Colorino- und Sangiovesetrauben wird ein Supertoskaner gekeltert, der in limitierter Auflage als La Voce (die Stimme) auf den Markt kommt.

Einen weiteren Supertoskaner mit VIP-Faktor liefert die Tenuta degli Dei bei Panzano in Chianti. Hier hat der Sohn des Florentiner Designers

Roberto Cavalli das Sagen. Er bietet die teureren Flaschen in einer schicken, für Cavalli typischen Box im Leopardenlook an. Südöstlich von Pisa produziert die Familie des Opernsängers Andrea Bocelli Weine, die in der Cantina Bocelli in La Sterza verkauft werden.

Wer neben Wein auch auf tolle zeitgenössische Architektur abfährt, macht eine Weinprobe bei **Rocca di Frassinello** (www.roccadifrassinello.it), nicht weit von Grosseto. Die Weinkeller wurden von Renzo Piano gebaut. Ebenfalls ein Hingucker ist das Weingut **Petra** (www.petrawine.it) im Hinterland der etruskischen Riviera bei Suvereto, das der Schweizer Architekt Mario Botta entwarf.

Und dann gibt's natürlich noch den spektakulären neuen Keller von Antinori in Bargino. Dafür wurde ein ganzer Bergrücken mitten im Chianti Classico-Gebiet ausgehöhlt, um darin eine supermoderne, perfekt durchdesignte Anlage zu versenken. Anschließend wurde das Loch wieder mit Erde aufgeschüttet und mit Reben bepflanzt. Vom gegenüberliegenden Hügel aus sind nur zwei große Freiflächen zu sehen – die Panoramaterrassen des 26 000 m² großen, unterirdischen Gebäudes.

Literatur & Kino

Es ist nicht weiter verwunderlich, dass so viele Bücher, Filme und Fernsehproduktionen in der Toskana spielen. Schließlich besitzen nur wenige Regionen eine vergleichbar ereignisreiche Geschichte und vielfältige Landschaft – ein Quell der Inspiration. Außerdem ist die Toskana eine wirklich paradiesische Location für Kreative, Autoren, Schauspieler und Filmcrews. Als Geburtsort der italienischen Literatur (dank des großartigen Dante Alighieri) und Drehort des besten italienischen Films der letzten Jahrzehnte *(Das Leben ist schön)* hält die Toskana für Besucher schon vor der Reise umfangreiches Schrift- und (bewegtes) Bildmaterial bereit.

Die Toskana in der Literatur

2010 brachte der amerikanische Videospiele-Hersteller Electronic Arts eine Version von Dantes *Inferno* für Xbox und PlayStation-3-Konsolen heraus.

Im späten Mittelalter mischte ein selbstbewusster Dichter namens Dante Alighieri die Literaturwelt auf: Anstatt in Latein fabulierte er als Erster munter in Italienisch drauf los. Damit legte er den Grundstein für ein reiches Schriftgut in der Sprache, die einheimische wie ausländische Autoren bis heute inspiriert.

Frühe toskanische Autoren

Bis zum 13. Jh. schrieben alle italienischen Autoren in Latein. Das änderte sich grundlegend, als der in Florenz geborene Dante Alighieri (ca. 1265–1321) die Feder zur Hand nahm. Als Mitbegründer der literarischen Bewegung *Dolce Stil Novo* (süßer neuer Stil) verfasste er lyrische Texte im toskanischen Dialekt. Dante schrieb das erste und zugleich

DIE WAHREN ABENTEUER DES PINOCCHIO

Anfang der 1880er-Jahre schrieb der Florentiner Journalist Carlo Collodi (1826–1890) einen Fortsetzungsroman für *Il Giornale dei Bambini,* die erste italienische Kinderzeitung. Die *Storia di un burattino* (Geschichte eines Hampelmanns) kam später unter dem Namen Pinocchio als Buch heraus und hätte Collodi (der eigentlich Lorenzini hieß, aber seine Kindheit im Dorf Collodi verlebte) zum Multimillionär gemacht, wenn er Film- und Übersetzungsrechte zu Lebzeiten noch hätte nutzen können.

Die Figur des Pinocchio ist ziemlich ambivalent. Sie hat sehr liebenswerte Seiten, verwandelt sich aber zuweilen in ein eigensinniges, rücksichtsloses und gemeines kleines Monster, das alles, was ihm zustößt, auch wirklich verdient hat. Sobald Pinocchio ein Unglück ereilt, jammert er und gelobt Besserung – aber sobald er aus dem Schneider ist, zeigt er die nur allzu menschliche Schwäche, in alte Fehler zurückzufallen.

Die zwischen Realität und Fiktion angesiedelte Geschichte steckt voller mehr oder weniger deutlicher Anspielungen auf die Gesellschaft Italiens im ausgehenden 19. Jh. Das Volk kämpft mit enormen sozialen und wirtschaftlichen Problemen, während sich die Machthaber träge zurücklehnen. Pinocchios Abenteuer enden glücklich: Er wird ein Junge aus Fleisch und Blut. Doch der Weg dorthin ist hart; er begegnet Armut, Gaunern und voreingenommenen Richtern, dazu kommt manchmal ganz einfach Pech. Was oft lustig klingt, ist in Wirklichkeit eine wahre Schule des Lebens.

Disney machte daraus 1940 einen viel geliebten Animationsfilm, der zwei Oscars gewann (für die beste Filmmusik und den besten Song, *When You Wish Upon a Star*). Auch in Italien wurde der Stoff mehrmals verfilmt, z. B. 2002 unter der Regie von Roberto Benigni.

brillanteste Werk, das je auf Italienisch veröffentlicht wurde: *La grande commedia* (Die große Komödie). Sie erschien um 1317 und wurde später von Dantes Bewunderer Boccaccio in *La divina commedia* (Die Göttliche Komödie) umbenannt. Sie besteht aus den drei Teilen *Inferno* (Hölle), *Purgatorio* (Fegefeuer) und *Paradiso* (Paradies) und entwickelt eine allegorische Vision des Lebens nach dem Tod, die die Zeitgenossen fesselte und tief berührte. Da sie weit über die Region hinaus gelesen wurde, etablierte sich der toskanische Dialekt als Standard für die italienische Schriftsprache.

Auch der aus Certaldo stammende Giovanni Boccaccio (1303–1375) bediente sich der neuen Literatursprache. In den Jahren nach der Pestepidemie von 1348 entstand sein Meisterwerk, das *Dekameron*. Darin lässt er zehn Personen insgesamt 100 allegorische Geschichten erzählen, die wie ein großer Bilderbogen verschiedenste Charaktere, Ereignisse und symbolträchtige Handlungen schildern und die Leser restlos begeisterten. Das *Dekameron* wurde fast genauso berühmt und wegweisend wie *Die Göttliche Komödie*.

Dritter im Bunde des einflussreichen Trios, das die Weichen für das italienische Schriftgut stellte, war Francesco Petrarca (1304–1374). Er kam als Kind florentinischer Eltern in Arezzo zur Welt und schrieb zwar viel in Latein, aber für seine populärsten Werke, die Gedichte, bediente er sich des Italienischen. *Il canzoniere* (Liederbuch; ca. 1327–1368) stellt die Essenz seiner feinsinnigen Dichtkunst dar. Obwohl eigentlich die unerwiderte Liebe Petrarcas zu Laura darin die Hauptrolle spielt, werden sämtliche Facetten menschlichen Glücks und Leidens mit einer bis dahin unerreichten lyrischen Finesse behandelt. Petrarca wirkte weit über seine Zeit hinaus; seine Sonettform, sein Reimschema und sogar seine Themen wurden von anderen metaphysischen Dichtern aufgegriffen.

Ein weiterer hervorragender Literat der Renaissancezeit war Niccolò Machiavelli (1469–1527). Er setzte sich in seinem bekanntesten Buch, *Il Principe* (Der Fürst; 1532), mit Politik und Macht auseinander.

Literaten der Neuzeit

Nach dem fulminanten Start des Italienischen als Literatursprache wurde es im 17. und 18. Jh. still in der Toskana. Erst im 19. Jh. erwachte die Gilde der Schreiberlinge dort wieder zu neuem Leben.

Eine Schlüsselrolle spielte dabei Giosue Carducci (1835–1907). Der in der Maremma geborene Autor verbrachte seine zweite Lebenshälfte in Bologna. Seine besten Werke entstanden in den 1870er-Jahren und reichten von nachdenklichen Betrachtungen des Todes (wie z. B. in *Pianto antico*) und Erinnerungen an jugendlichen Sturm und Drang *(Idillio maremmano)* bis zur nostalgisch verklärten Rückbesinnung auf den Glanz des antiken Roms. Er war der erste Italiener, der den Literaturnobelpreis 1906 erhielt.

Aldo Palazzeschi (1885–1974) aus Florenz war ein Vorreiter des literarischen Futurismus. 1911 veröffentlichte er den Roman *Il codice di Perelà*, den viele für sein bestes Werk halten.

Vasco Pratolini (1913–1991), ebenfalls ein Florentiner, siedelte vier hoch gelobte neorealistische Romane in seiner Heimatstadt an: *Chronik einer Familie* (1947), *Chronik armer Liebesleute* (1947), *Die Mädchen von Sanfrediano* (1949) und *Metello, der Maurer* (1955).

Ebenfalls aus der Toskana stammt Dacia Maraini (geb. 1936), die zu den populärsten zeitgenössischen Autorinnen Italiens gehört. Den größten Erfolg unter ihren Romanen, Gedichten und Theaterstücken ernteten *Die stumme Herzogin* (1990) und *Kinder der Dunkelheit* (1999); für letzteres Werk wurde sie mit dem wichtigsten italienischen Literaturpreis, dem Premio Strega, ausgezeichnet.

Prominente Toskana-fans

Michel de Montaigne

J. W. von Goethe

Lord Byron

Heinrich Heine

Charles Dickens

Fjodor Dostojewski

Rainer Maria Rilke

Heinrich Mann

Thomas Mann

Aldous Huxley

In vielen Büchern über die Toskana spielt Essen eine Hauptrolle. Zwei empfehlenswerte Beispiele dafür sind *Tausend Tage in der Toskana* (Marlena de Blasi; 2007) und *Die Küche der Toskana: Eine Reise durch ihre Regionen* (Alice Vollenweider; 2006).

LITERATUR & KINO DIE TOSKANA IN DER LITERATUR

**Die Zeit
nicht wert**
....
*Unter der Sonne
der Toskana*
....
*Bis(s) zur
Mittagsstunde*
....
Engel und Narren

Sehenswert
....
*Das Leben ist
schön*
....
*Zimmer mit
Aussicht*
....
*Viel Lärm um
Nichts*

Aus ausländischer Sicht

Der Trend, die Toskana als Schauplatz von Romanen zu wählen, begann in der Zeit der Grand Tour, auch Kavalierstour genannt. Damals, vor allem von der Mitte des 17. bis zur Mitte des 19. Jhs., gehörte es zum guten Ton, dass sich die Sprösslinge reicher Bürger- und Adelsfamilien aus Mittel- und Nordeuropa auf eine längere Europareise begaben. Sie besichtigten die Kulturschätze der Antike und Renaissance, erweiterten ihren Horizont und lernten, sich auf dem gesellschaftlichen Parkett zu bewegen.

Mit dem Bau der Eisenbahnen rückte so eine Kulturreise ab den 1840er-Jahren auch für die Mittelschicht in den Bereich des Möglichen. Betuchte Weltenbummler aus Großbritannien, den USA, Australien und Fernost stürzten sich auf Italien, und einige verarbeiteten das Erlebte auch literarisch. Bekannte Beispiele dafür sind Henry James, der Teile von *Bildnis einer Dame* (1881) und *Roderick Hudson* (1875) hier ansiedelte, George Eliot, deren *Romola* (1862) im Florenz des 15. Jhs. spielt, und E. M. Forster, der sich als Schauplatz für *Zimmer mit Aussicht* (1908) Florenz und für *Engel und Narren* (1905) San Gimignano (das im Buch Monteriano heißt) aussuchte. Anfang des 20. Jhs. beruhigte sich der Hype etwas, und nur wenige bedeutende Autoren entschieden sich für die toskanische Kulisse. Ausnahmen sind Somerset Maugham (*Oben in der Villa;* 1941) und Aldous Huxley (*Zeit muss enden;* 1944).

In den letzten Jahrzehnten erschien eine ganze Reihe erfolgreicher Bücher, die in der Toskana spielen. Das Florenz der Renaissance hat viele Autoren inspiriert, z. B. Sarah Dunant (*Das Zeichen der Venus;* 2003), Salman Rushdie (*Die bezaubernde Florentinerin;* 2008), Michaela-Marie Roessner-Hermann (*Die Sterne von Florenz,* 1997; *Die Macht der Sterne,* 1999) und Jack Dann (*Die Kathedrale der Erinnerung;* 1995). Den Preis für den originellsten Plot gewinnt in jedem Fall Jack Dann: Hier gelingt es Leonardo da Vinci, einige seiner Erfindungen tatsächlich zu bauen (z. B. die Flugmaschine) und sie im Dienste eines syrischen Generals bei einer Schlacht im Mittleren Osten einzusetzen.

Die Gewinnerin des Booker Prize 1979, Penelope Fitzgerald, versetzt ihre Figuren aus *Innocence* (1986) in das Florenz der 1950er-Jahre; Robert Hellenga wählt denselben Schauplatz, aber nach der Flutkatastrophe von 1966, für *Das verbotene Buch der Lüste* (1994). *Der englische Patient* (1992) von Michael Ondaatje spielt teilweise in einer Villa außer-

---

TOSKANISCHE ERINNERUNGEN
....

Viele, die einmal in der Toskana Urlaub gemacht haben, träumen davon, sich ein eigenes, privates Stückchen vom toskanischen Paradies zu sichern. Die folgenden Autoren haben das in die Tat umgesetzt – und darüber geschrieben:

➜ **Robert Gernhardt** (*Toscana mia;* 2011)

➜ **Dario Castagno** (*Ein Tag in der Toskana: Vom Abenteuer, Italiener zu sein; Toskana forever: Ein Reiseleiter erzählt;* 2004–2009)

➜ **Ferenc Máté** (*Die Hügel der Toskana: Mein neues Leben in einem alten Land; Ein Weinberg in der Toskana: Wie mein Traum wahr wurde;* 1996–2009)

➜ **Frances Mayes** (*Die Sonne der Toskana; Rückkehr ins Paradies: Unser Jahr in der Toskana; Das Paradies heißt Bramasole: Eine Liebeserklärung an die Toskana;* 1996–2003)

➜ **Andrea Thiele** (*Ein Jahr in der Toskana: Reise in den Alltag;* 2009)

➜ **Stephan Dierichs** (*Mit dem Traktor durch die Toskana: Vier Jahre Leben und Arbeiten in Italien;* 2000)

TOSKANISCHE LEICHEN

Auch Kriminalromane setzen die Toskana dramatisch in Szene. Wer auf Mord und Totschlag steht, findet in nachstehender Liste Lesestoff für spannende Stunden vor, während und nach der Reise:

➡ **Michael Dibdin** Die sympathische Schnüffelnase Aurelio Zen ermittelt in *Roter Marmor* (2002) an der toskanischen Küste.

➡ **Michele Giuttari** Der Autor hat selbst eine steile Karriere bei der florentinischen Polizei hinter sich und siedelt einige seiner Fälle mit Michele Ferrara am selben Ort an, darunter *Rachefeuer* (2007), *Blutsverwandt* (2010) und *Schwarze Rosen* (2012).

➡ **Lucretia Grindle** Ihre Inspektor-Pallioti-Romane, z. B. *Die Toten der Villa Triste* (2013), und der Psychothriller *Namenstag* (2009) spielen in Florenz.

➡ **John Spencer Hill** Der historische Krimi *Castrato* (1997) des verstorbenen kanadischen Schriftstellers spielt ebenfalls in Florenz.

➡ **Christobel Kent** Die Autorin schickt ihren Privatdetektiv Sandro Cellini in *Blutrache* (2006), *Die Tränen der Signora* (2009) und *Orpheus' letzter Tanz* (2010) in die toskanische Unterwelt.

➡ **Magdalen Nabb** Die britische Autorin, die vier Jahrzehnte in Florenz lebte, schrieb 14 Romane, in denen der florentinische Kommissar Maresciallo Guarnaccia verzwickte Fälle löst.

➡ **Iain Pears** Zur Serie mit dem Duo Jonathan Argyll/Flavia di Stefano gehören *Der Raffael-Coup* (1991), das in Siena spielt, *Giottos Handschrift* (1994) mit Schauplatz Florenz und *Diabolische Täuschung* (2000), in dem verschiedene Orte der Toskana vorkommen.

➡ **Elizabeth George** In *Nur eine böse Tat* (2013), dem ersten außerhalb Großbritanniens spielenden Buch aus der Lynley-Serie, reist der Inspector auf der Suche nach einem vermissten englischen Kind ins toskanische Lucca.

➡ **Thomas Harris** Florenz ist der Schauplatz von *Hannibal* (1999), dem letzten Kapitel der Geschichte von Hannibal Lecter, die mit *Das Schweigen der Lämmer* begann.

➡ **Giulio Leoni** *Dante und das Mosaik des Todes* (2004) ist ein historischer Thriller, in dem Dante kriminalistischen Spürsinn beweist und den Mord an einem Mosaikkünstler in einer Kirchenruine vor den Mauern von Florenz aufklärt.

➡ **Marco Vichi** Das letzte auf Deutsch erschienene Buch des italienischen Krimiautors, *Dunkle Wasser in Florenz* (2011), spielt in den 1960er-Jahren. Sein aktuelles Werk, *Death in Florence* (2013), ist bislang nur auf Englisch erschienen.

halb von Florenz. Florenz bildet auch die Kulisse für *Inferno* (2013) von Dan Brown, dem Autor des Bestsellers Sakrileg.

Die Toskana im Kino

Franco Zeffirelli, eine Lichtgestalt des Kinos, wurde 1923 in Florenz geboren, und die Toskana taucht in vielen seiner Filme als Kulisse auf. Zeffirellis Karriere begann beim Radio, dann inszenierte er für Theater und Oper und wurde international berühmt mit Streifen wie *Romeo und Julia* (1968), *Bruder Sonne, Schwester Mond* (1972), *Hamlet* (1990) und dem biografisch angehauchten *Tee mit Mussolini* (1999).

Der Schauspieler, Komiker und Regisseur Roberto Benigni wurde 1952 in der Nähe von Castiglion Fiorentino geboren. Als vierfacher Oscarpreisträger schuf er ein eigenes Genre: die Holocaust-Komödie. In seinem Meisterstück *Das Leben ist schön* (1998) spielte er eine der Hauptrollen, führte Regie und war am Drehbuch beteiligt. Benigni wird oft mit Charlie Chaplin und Buster Keaton verglichen; er führte in neun Filmen Regie (zwei davon spielen in der Toskana) und trat in vielen weiteren

Das Dekameron im Kino

Boccaccios große Liebe (Hugo Fregonese; 1953)

Decameron (Pier Paolo Pasolini; 1971)

Virgin Territory (David Leland; 2008)

Produktionen als Schauspieler auf, darunter in drei Streifen des unabhängigen Filmemachers Jim Jarmusch.

Vier Filme, für die der neorealistische Autor Vasco Pratolini die Vorlagen lieferte, wurden in Florenz gedreht: *Die schönen Mädchen von Florenz* (*Le ragazze di San Frediano;* Valerio Zurlini; 1954), *Chronik armer Liebesleute* (*Cronache di poveri amanti;* Carlo Lizzani; 1954), *Tagebuch eines Sünders* (TV-Titel von *Cronaca familiare;* Valerio Zurlini; 1962) und *Metello* (Mauro Bolognini; 1970).

Die preisgekrönten Filmemacher und Brüder Paolo und Vittorio Taviani stammen aus San Miniato und haben drei ihrer Filme z. T. in der Toskana gedreht: *Die Nacht von San Lorenzo* (1982), *Wahlverwandtschaften* (1996) und *Good Morning Babylon* (1987).

BEGEHRTER DREHORT

In der Toskana wurden international berühmte Filme und Fernsehserien gedreht, darunter:

→ **Der englische Patient** (Anthony Minghella; 1996) Einige Szenen wurden in einem Kloster außerhalb von Pienza gedreht; unvergesslich ist die bewegende Szene in der Cappella Bacci von Arezzo.

→ **Gladiator** (Ridley Scott; 2000) Die magische Sequenz mit den wogenden Weizenfeldern wurde in der Nähe von Pienza aufgenommen.

→ **Hannibal** (Ridley Scott; 2001) Teile dieser Fortsetzung von *Das Schweigen der Lämmer* wurden in Florenz gedreht.

→ **Buffalo Soldiers 44 – Das Wunder von St. Anna** (Spike Lee; 2008) Vorlage war James McBrides Roman über vier schwarze US-Soldaten, die es während des Zweiten Weltkriegs in ein Dorf bei Lucca verschlug.

→ **Viel Lärm um nichts** (Kenneth Branagh; 1993) Drehort für die Adaption der berühmten Shakespeare-Komödie, in der Branagh, Emma Thompson und Keanu Reeves mitspielten, war Greve in Chianti.

→ **Bis(s) zur Mittagsstunde** (Chris Weitz; 2009) Einige Szenen von Teil zwei der *Twilight*-Trilogie wurden auf dem großen Platz von Montepulciano gedreht, obwohl im Buch eigentlich Volterra der Schauplatz ist.

→ **Schwarzer Engel** (Brian De Palma; 1976) Die Aufnahmen von Florenz sind der einzige Lichtblick in diesem düsteren, eindeutig von Hitchcocks *Vertigo* beeinflussten Streifen.

→ **Portrait of a Lady** (Jane Campion; 1996) Mit Nicole Kidman und John Malkovich; einige Szenen wurden in Florenz gedreht.

→ **Ein Quantum Trost** (Marc Forster; 2008) Der 22. James Bond enthält packende Actionszenen, die in Carrara und Siena aufgenommen wurden.

→ **Zimmer mit Aussicht** (James Ivory; 1985) Das megaerfolgreiche historische Melodram spielt in Florenz und wurde 2007 von Andrew Davies fürs Fernsehen neu verfilmt.

→ **Liebesrausch auf Capri** (William Dieterle; 1950) Joseph Cotten und Joan Fontaine verlieben sich in Florenz; zum Soundtrack gehört auch Kurt Weills berühmter *September Song*.

→ **Gefühl und Verführung** (Bernardo Bertolucci; 1996) Trauer, Schmerz und aufkeimende Sexualität stellt Liv Tyler in ihrer ersten Filmrolle überzeugend dar; die ländliche Idylle der Toskana unterstreicht die Gefühle.

→ **Unter der Sonne der Toskana** (Audrey Wells; 2003) Filmische Lightversion der Autobiografie von Frances Mayes.

→ **Die Villa** (Philip Haas; 2000) Sean Penn und Kristin Scott Thomas brillieren in der Filmadaption von Somerset Maughams Novelle.

→ **Engel und Narren** (Charles Sturridge; 1991) Eine Starbesetzung mit Helen Mirren, Judy Davis und Helena Bonham Carter, gedreht in San Gimignano.

Kunst & Architektur

In vieler Hinsicht ist die Geschichte der Kunst in der Toskana auch die Geschichte der Kunst Westeuropas. Ein oberflächlicher Streifzug durch die Fachliteratur genügt, um zu begreifen, wie einflussreich die italienische Renaissance, deren Ursprung und Mittelpunkt in Florenz lag, in den letzten 500 Jahren gewesen ist. Man kann getrost behaupten, dass Architektur, Malerei und Bildhauerei von den technischen Entdeckungen dieser Zeit wesentlich geprägt sind und dass die Hauptwerke der Renaissance noch heute allen Künsten als wichtige Inspirationsquelle dient.

Die Etrusker

Rund 2800 Jahre, bevor die deutsche „Toskana-Fraktion" von hübschen Ferienhäusern auf einem Hügel in der Toskana träumte, hatten die Etrusker schon ähnliche Ideen. Sie durchsetzten die Landschaft mit Siedlungen, vornehmlich auf Hügelkuppen.

Vom 8. bis zum 3. Jh. v. Chr. behaupteten sich die Etrusker gegenüber Römern und anderen Landsleuten. Sie beteten ihre eigenen Götter und Göttinnen an und bestellten die Äcker des Tieflands mit Hilfe ausgeklügelter Entwässerungssysteme, die sie selbst entwickelt hatten. Was für ein Leben die Etrusker – von Belagerungen und Kriegen geplagt – führten, ist kaum bekannt, aber mit Bestattungen kannten sie sich aus: In etruskischen Steingräbern in der südlichen, östlichen und Zentral-Toskana wurden haufenweise Schmuck, Urnen aus Terrakotta und Alabaster, schwarz glänzende Tongefäße *(bucchero)* und Votivfiguren aus Bronze gefunden.

Als die Römer die Gräber plünderten, erkannten sie gleich, dass ihnen etwas Gutes in die Hände gefallen war. Nachdem sie im 3. Jh. v. Chr. große Teile des etruskischen Territoriums in der Toskana erobert hatten, übernahmen sie den feinen, geometrischen Kunst- und Architekturstil der Etrusker.

Etrusker-museen
....
Museo Etrusco Guarnacci, Volterra
....
Museo dell'Accademia Etrusca, Cortona
....
Museo Civico Archeologico 'Isidoro Falchi', Vetulonia
....
Museo Archeologico Nazionale 'Gaio Cilnio Mecenate', Arezzo

Einzug des Christentums

Die römischen Zenturionen mögen auf die Bevölkerung nicht allzu viel Eindruck gemacht haben, umso erfolgreicher war das Christentum: Um das Jahr 500 tauschte ein junger Mann aus der Region – sein Name war Benedikt – gute Karriereaussichten in Rom gegen ein zurückgezogenes, kontemplatives Leben ein. Er hatte die Gabe, Wunder zu bewirken, gründete zwölf Klöster und stieß die Gründung vieler weiterer an. Seine Geschichte wird bildhaft und detailreich in dem herrlichen Freskenzyklus (1497–1505) von Il Sodoma und Luca Signorelli im großen Kreuzgang der Abbazia di Monte Oliveto Maggiore in der Nähe von Siena erzählt.

Eine der ältesten benediktinischen Abteien, San Pietro in Valle im benachbarten Umbrien, wurde von Faroald II., dem langobardischen Herzog von Spoleto, gegründet. Hier liegen die Wurzeln des romanischen Baustils, zu dem langobardische und römische Architektur verschmolzen und in dem viele Sakralbauten der Region errichtet wurden. Das Grundmuster war einfach: ein schlichtes Mittelschiff ohne Säulen, das in eine kuppelüberwölbte Apsis mündet. Diese wird mit Kapellen ergänzt, die meist von reichen Gläubigen gestiftet wurden.

Im 11. Jh. entstand in Pisa eine deutlich toskanische Variante der Romanik. Der *duomo* (Kathedrale) der Stadt wurde mit farbigen Marmorstreifen und Verblendsteinen geschmückt und setzte damit neue Maßstäbe in Sachen Bauornamente. Dieser spezielle Stil (manchmal auch als „pisanisch" bezeichnet) wurde bei Kirchen überall in der Region angewandt. Sehenswerte Beispiele sind die Basilica di San Miniato al Monte in Florenz sowie die Chiesa di San Michele in Foro und die Cattedrale di San Martino in Lucca.

Siena wollte den Rivalen Florenz und Pisa architektonisch in nichts nachstehen. Daher beschloss der Stadtrat 1196 ein Mammutprojekt, den Bau des *duomo*. Und er bekam etwas für sein Geld, nämlich eine spektakuläre gotische Fassade von Giovanni Pisano, eine Kanzel von Nicola Pisano und eine von Duccio di Buoninsegna entworfene Fensterrosette.

Die Kirchen der Toskana waren großartig. Aber was die Pilger in der Ober- und Unterkirche der Basilica di San Francesco in Assisi (Umbrien) vorfanden, übertraf alles. Nicht lange nach dem Tod des Franz von Assisi im Jahr 1226 wurde ein toskanisches Dreamteam von Künstlern beauftragt, die beiden Kirchen zu seinen Ehren auszuschmücken. Sie lösten damit eine Begeisterung für Fresken aus, die Jahrhunderte andauern sollte. Cimabue, Giotto, Pietro Lorenzetti und Simone Martini stellten den Lebensweg und das sanfte Gemüt des hl. Franz dar, solange das Andenken in den Köpfen und Herzen der Gläubigen noch lebendig war. Zu einer Zeit, als es noch keine Multiplexkinos und Special Effects gab, muss der Anblick für die Pilger überwältigend gewesen sein: In leuchtenden Farben und vom Boden bis zur Decke erzählen die Bilder ihre Geschichten.

Kunstmuseen

Aufstieg der Stadtstaaten

Während sich im Hinterland um Eremiten und heilige Männer herum Gemeinden bildeten, gingen die Städte seit dem 13. und 14. Jh. eigene Wege. Die Römerstraßen dienten ab dem 11. Jh. als Handelswege, und aus Kaufleuten, Bauern und Handwerkern bildete sich eine wohlhabende Mittelschicht, die auch außerhalb der größeren Handelszentren Landgüter und Villen errichtete. Durch Steuern und Spenden wurde der Bau von Krankenhäusern wie das Ospedale Santa Maria della Scala in Siena finanziert. Straßen wurden gepflastert, Stadtmauern errichtet und Abwassersysteme angelegt – für eine zunehmend kultivierte Stadtbevölkerung, die sich nicht mit Chaos und Dreck abfinden wollte.

Der Geiz saß diesen neureichen Bürgern noch in den Gliedern, und oft genug konnten sie sich nicht einigen, wie die ihnen abgeknöpften Steuern ausgegeben werden sollten. Stadträte *(comuni)* wurden gebildet, in denen die verschiedenen Interessen von Kaufleuten, Gilden und rivalisierenden Adelsfamilien vertreten waren. Um die Bedeutung und Macht der comune zu demonstrieren, investierten die größeren mittelalterlichen Städte wie Siena, Florenz und Volterra als Erstes in den Bau eines repräsentativen Rathauses. Das beste Beispiel: der Palazzo Comunale in Siena.

Aber die freien Stadtbürger waren nicht nur geschickte Lobbyisten und Freunde großartiger Bauprojekte, welche gleichzeitig Arbeitsplätze schafften. Sie waren auch Meister der Propaganda, die wohl verstanden hatten, welchen Einfluss Kunst und Architektur ausüben können. Ein typisches Beispiel ist der Freskenzyklus Allegorien der guten und der schlechten Regierung von Ambrogio Lorenzetti im Palazzo Comunale von Siena. Kein politisches Plakat wird ihn je an Aussagekraft und Wirkung übertreffen. In der Allegorie der guten Regierung wird die graubärtige Figur der rechtmäßigen Herrschaft von einer Entourage flankiert, die heutigen Kabinetten die Schamesröte ins Gesicht treiben würde: Frieden, Tapferkeit, Besonnenheit, Großmut, Mäßigung und Gerechtigkeit. Darüber schweben Glaube, Hoffnung und Nächstenliebe. Links thront selbstbewusst die Eintracht, über der die Zügel der Gerechtigkeit fest angezogen sind.

Ein weiteres Fresko zeigt die Auswirkungen der guten Regierung: Die Bürger bewegen sich geordnet durch die Stadt; sie halten inne, um Geschäfte zu machen, einander die Hände zu schütteln und ein lustiges Tänzlein aufzuführen. Genau das Gegenteil zeigt die Allegorie der schlechten Regierung, wo eine gehörnte und mit Reißzähnen bewehrte Tyrannia, umgeben von geflügelten Lastern, über eine Szene des Chaos herrscht, während die Gerechtigkeit mit zerstörter Waage bewusstlos am Boden liegt. Wie die besten Wahlkampfreden wird auch diese warnende Geschichte brillant erzählt - nur wurden die Warnungen nicht immer beachtet.

Weltbühne

Neben den politischen Intrigen widmeten sich die Bauern, Handwerker und Kaufleute des ausgehenden Mittelalters in herausragender Weise ihrem Beruf. Feine, in der Region hergestellte Töpferwaren, Fliesen und Marmorarbeiten fanden in den Kirchen der ganzen Toskana ihren Platz. Sie wurden auch im übrigen Europa und im Mittelmeerraum zu begehrten Waren, nachdem Pilger Exemplare als Andenken von ihrer Wanderung auf der Via Francigena nach England und Frankreich mitgebracht hatten. Die Kunsthandwerker schulten ihre Fertigkeiten an städtischen und kirchlichen Auftragsarbeiten, da die Bauwerke an steigende Besucherzahlen und die wachsenden Erwartungen der Pilger angepasst werden mussten.

Mit dem Interesse des Auslands an den heimischen Waren kamen auch Einflüsse von außen in die Region, und lokale Stile passten sich den Erfordernissen der ausländischen Märkte an. Florenz wurde berühmt für seine strahlenden zinnglasierten Majolika-Fliesen und -Teller, die mit bunten metallischen Farbpigmenten bemalt und von der maurischen Keramik Mallorcas inspiriert waren. Die überaus produktive Familie della Robbia schuf glasierte Keramikreliefs, die heute im Museo del Bargello in Florenz sowie in Kirchen und Museen überall in der Region gehütet werden.

Bescheidene romanische Dome wurden einer Runderneuerung im Stil der Gotik unterzogen, sodass sie Pilger aller Länder ansprachen. Die italienische Variante des französischen Baustils war farbenfroher als die grauen Türme und das filigrane Strebewerk in Paris, oft gekennzeichnet durch einfache Grundrisse und gestreifte Langhäuser aus Stein mit mehrgliedrigen, reich verzierten Fassaden. Sie konnten rosa gestrichen, mit glitzernden Mosaiken besetzt oder mit von Skulpturen bekrönten Bogenreihen verziert sein. Das berühmteste Beispiel für diesen Zuckerbäckerstil ist die Kathedrale in Siena.

Die Entwicklung von der soliden Romanik zur luftigen Gotik und dann zu einer ausgewogenen Verschmelzung der beiden Stile lässt sich an Bauwerken in der ganzen Region nachvollziehen. Die Mischung aus einem relativ nüchternen romanischen Äußeren und gotischer Dramatik im Innenraum setzte einen neuen Standard für Sakralbauten, der sich schnell in der Toskana und von da aus im restlichen Europa ausbreitete.

Dunkle Zeiten

Im 14. Jh. müssen die lächelnden Sieneser Bürger auf Ambrogio Lorenzettis *Allegorie der guten Regierung* Betrachtern wie Ausgeburten einer blühenden Phantasie vorgekommen sein. Nach einer großen Hungersnot 1329 und einem Bankenzusammenbruch nahm die Stadt Schulden

Romanische Kirchen

Duomo di San Cristoforo, Barga

Collegiata, San Gimignano

Abbazia di Sant'Antimo, bei Montalcino

Pieve di Corsignano, Pienza

Duomo, Sovana

Pieve di Santa Maria, Arezzo

Die wohlhabenden Kaufmannsfamilien der Renaissance haben nicht nur Kirchen gestiftet, Paläste gebaut und Fresken finanziert, sondern auch unzählige Porträts in Auftrag gegeben. Lieblingsmaler von Cosimo I. de' Medici war Agnolo di Cosimo (1503–1572), genannt Bronzino – wegen seines dunklen Teints. Seine hervorragenden Medici-Porträts befinden sich heute in den Uffizien in Florenz.

in Kauf, um Straßen in Schuss zu halten, die Arbeiten am Dom fortzusetzen, den Bedürftigen zu helfen und die Wirtschaft wieder anzukurbeln. Gerade als Siena wieder auf die Beine kam, schlug 1348 die Pest zu. Drei Viertel der Einwohner, darunter auch die Künstler Pietro und Ambrogio Lorenzetti, fielen ihr zum Opfer. So gut wie alle ökonomischen und künstlerischen Aktivitäten kamen zum Stillstand. 1374 brach die Pest erneut aus und raffte 80 000 Sienesen dahin. Eine unmittelbar anschließende Hungersnot versetzte der Stadt einen Stoß, von dem sie sich nie wieder erholte.

Auch Florenz wurde von der Pest im Jahr 1348 heimgesucht. Alles Beten half nichts: Innerhalb von nur sieben Monaten starben 96 000 Florentiner. Die Überlebenden durchlitten eine Glaubenskrise, wodurch Florenz zu einem fruchtbaren Boden für humanistische Ideen wurde – aber auch für alle möglichen und unmöglichen Formen von Aberglaube und Wiederauferweckungsversuchen. Leichen übten eine unbestimmte Faszination aus, die Menschen wie Leonardo da Vinci als „wissenschaftlich" benannte, andere als „makaber".

Mit dem Ende der Pest setzte ein Bauboom ein, befeuert von neureichen Kaufleuten wie Cosimo I. de' Medici (Cosimo dem Älteren) und Palla Strozzi, die darin konkurrierten, einer Stadt, die nach den vergangenen Horrorzeiten neu entworfen werden musste, ihren Stempel aufzudrücken.

Die Renaissance

Nicht nur die Kaufleute stürzten sich damals in Machtspielchen. Die von Rom unterstützten Guelfen markierten ihr Revier mit beeindruckenden neuen Wahrzeichen, um damit den Machtansprüchen ihrer Rivalen (der toskanischen Ghibellinen-Fraktion, die mit dem Heiligen Römischen Reich verbündet war) entgegenzutreten. Schauplatz war vor allem Florenz. Giotto, der vielen als Begründer der Renaissancekunst gilt, bekam den Auftrag, den 85 m hohen, viereckigen Glockenturm zu entwerfen, heute ein Wahrzeichen der Stadt. Er sollte den 57 m hohen Turm, an dem zu dieser Zeit im ghibellinischen Pisa (weiter)gebaut wurde und der damals schon in Schieflage geraten war, deutlich übertreffen. Ähnliche Projekte gab es viele.

„Wer mit Florenz Streit anfängt, muss es auch mit Rom aufnehmen!" Das war die offene Ansage florentinischer Architekten, die sich im *Trecento* (14. Jh.) und *Quattrocento* (15. Jh.) in ihren Entwürfen für neue Kirchen, Palazzi und öffentliche Gebäude überall in der Stadt auf die ruhmreichen Zeiten der antiken Weltmacht und die klassische Architektur bezogen. Der neue Florentiner Stil wurde als Renaissance (wörtlich „Wiedergeburt") bekannt. Er kam so richtig in Schwung, nachdem Filippo Brunelleschi (S. 330) sich im Wettbewerb um den Bau der Domkuppel durchgesetzt hatte. Brunelleschi war ein treuer Jünger der antiken Baumeister, konnte aber noch einen draufsetzen: Er hatte die mathematischen Gesetze entdeckt, nach denen Objekte sich zu verkleinern scheinen, wenn sie in den Hintergrund treten. Damit eröffnete er den Künstlern und Architekten in seinem Umfeld eine neue visuelle Perspektive und gab ihnen ein Mittel an die Hand, mit dem sie zu neuen künstlerischen Ufern aufbrachen.

Die Florentiner Künstler erfreuten sich einer wahren Auftragsflut. Sie sollten heroische Schlachtenszenen malen, Privatkapellen mit Fresken ausschmücken und Büsten von machtversessenen Persönlichkeiten anfertigen. Die Werke überdauerten nicht selten den Ruhm ihrer Auftraggeber. Ein Beispiel dafür ist die Familie Peruzzi, die im 14. Jh. zu Ansehen und Macht kam. Die Peruzzi waren Bankiers mit Geschäftsinteressen von London bis zum Nahen Osten. Sie setzten ein Beispiel für Mäzenatentum, als sie Giotto mit der Ausgestaltung der Familienkapelle

Gotische Kirchen

Duomo, Siena

Abbazia di San Galgano, südlich von Siena

Chiesa di Santa Maria della Spina, Pisa

GIOTTO DI BONDONE

Der toskanische Dichter Giovanni Boccaccio beschrieb im 14. Jh. im *Dekameron* seinen Landsmann und Zeitgenossen Giotto di Bondone (um 1266–1337) als „ein so erhabenes Genie [...], dass die Natur nichts hervorbringen kann, was er nicht lebensecht darstellen könnte."

Boccaccio war nicht die einzige prominente Stimme, die Giotto außerordentliches Talent bescheinigte. Der Architekt und Maler Giorgio Vasari war ein ebenso großer Fan und der Ansicht, Giotto habe die Wiedergeburt (*rinascità* oder *renaissance*) der Kunst eingeleitet. In seinen Werken brach Giotto mit geltenden Konventionen wie der Dreiviertelansicht von Kopf und Körper. Er zeigte seine Figuren von hinten, von der Seite oder im Umdrehen, je nachdem, was die Geschichte verlangte. Giotto brauchte weder Gold noch aufwändige Verzierungen, um seine Message rüberzubringen und den Betrachter zu beeindrucken. Stattdessen fesselte er mit der naturalistischen Darstellung der Figuren und radikalen Kompositionen, mit denen er eine Tiefenillusion erzeugte und Szenen voller Dramatik schuf.

Zu den bedeutenden Werken Giottos in der Toskana gehören ein Altarbild mit Madonna und Kind zwischen Engeln und Heiligen in den Uffizien, ein bemaltes Holzkruzifix in der Basilica di Santa Maria Novella und Fresken in der Basilica di Santa Croce, alle in Florenz. Sein herrlicher Freskenzyklus zum Leben des hl. Franz von Assisi schmückt die Wände der Oberkirche der Basilica di San Francesco in Assisi, Umbrien.

Viele Renaissancemaler fügten Selbstporträts in ihre wichtigsten Werke ein. Nicht so Giotto, den Weggefährten wie Boccaccio als den hässlichsten Mann von Florenz beschrieben. Wer solche Freunde hat ...

in Santa Croce beauftragten; er stellte die Fresken 1320 fertig. Als einer der Peruzzi-Kunden, König Edward III. von England, mit der Rückzahlung seiner Schulden in Verzug geriet, gingen die Peruzzi pleite. Doch als Anschieber für Giottos frühe Experimente mit der Perspektive und dem Illusionismus der Renaissance hinterließen sie ein Erbe, das den Boden für die künstlerische Blütezeit von Florenz bereitete.

Die angesehene Familie Brancacci folgte dem Beispiel der Peruzzi. Sie beauftragten Masolino da Panicale und seinen Meisterschüler Masaccio, eine Kapelle in der Basilica di Santa Maria del Carmine in Florenz auszuschmücken. Nach Masaccios vorzeitigem Tod im Alter von 27 Jahren wurden die Fresken von Filippino Lippi fertig gestellt. Die dramatischen Szenen aus dem Leben des hl. Petrus, die vor überraschend überzeugender architektonischer Kulisse gezeigt werden, spielen auf drängende Probleme des Florenz der damaligen Zeit an: die neue Einkommensteuer, Justizirrtümer und die Anhäufung von Reichtum. Masaccios Darstellung der Vertreibung von Adam und Eva aus dem Paradies sollte sich als prophetisch herausstellen. Die Brancacci waren mit den Strozzi verbündet und wurden genau wie diese von den Medici aus der Stadt verbannt, noch bevor die Fresken vollendet waren.

Doch den größten Einfluss auf die Kunst ihrer Zeit nahmen unter allen Mäzenen natürlich die Medici. Patriarch Cosimo der Ältere wurde 1433 von einer Gruppe Florentiner Familien aus der Stadt verbannt, weil sie in ihm eine dreifache Bedrohung sahen: Er war mächtiger Bankier, Gesandter des Kirchenstaats und vollendeter Politiker mit der nötigen Gerissenheit, um Päpste und Kaiser zu beeinflussen. Aber die mit seinem Weggang einhergehende Kapitalflucht löste eine derartige Panik aus, dass die Verbannung hastig zurückgenommen wurde. Innerhalb Jahresfrist waren die Medici mit all ihrer Macht und unvermindertem Einfluss in die Stadt zurückgekehrt. Die Heimkehr wurde gebührend gefeiert: Cosimo finanzierte 1437 den Umbau des Convento di San Marco (jetzt Museo di San Marco) durch Michelozzo und beauftragte Fra' Angelico,

FILIPPO BRUNELLESCHI

Viele Männer der Renaissance haben ihre Spuren in Florenz hinterlassen, aber nur wenige haben so Großes geschaffen wie Filippo Brunelleschi (1377–1446). Er war Architekt, Mathematiker, Ingenieur, absolvierte eine Lehre zum Goldschmied und zeigte früh sein Talent für die Bildhauerei. 1401 nahm er an einem Entwurfswettbewerb für die Türen des Baptisteriums von Florenz teil (den Lorenzo Ghiberti gewann) und reiste kurz darauf mit Donatello, ebenfalls Goldschmied, nach Rom, um die antike Architektur und Kunst der Stadt zu studieren. Nach seiner Rückkehr nach Florenz 1419 bekam er von der Seidenhändlerzunft den Auftrag, für die Piazza della Santissima Annunziata in San Marco ein Findlingshaus zu entwerfen. Das Ospedale degli Innocenti (Krankenhaus der Unschuldigen) ist ein klassisch proportioniertes, detailreiches Gebäude mit einer auffälligen, neunjochigen Loggia. Damit entfernte sich Brunelleschi radikal vom hochgotischen Stil, dem die meisten seiner Zeitgenossen damals noch huldigten. Die Form war rein, weltlich und raffiniert – der Bau verkörperte das neue humanistische Ideal.

Nachdem er mit der Arbeit am Findlingshaus fertig war, begann er mit einem wirklich großen Auftrag, der ihn die nächsten 42 Jahre beschäftige sollte: dem Bau der Kuppel für den Dom von Florenz. Mit seinem mathematischen Gehirn und seiner technischen Erfindungsgabe gelang ihm etwas, das viele Florentiner für unmöglich hielten: eine der breitesten Kuppeln Italiens seit der Antike.

Andere Werke von Brunelleschi in Florenz sind die Basilica di San Lorenzo, die Basilica di Santa Spirito und die Capella de' Pazzi in der Basilica di Santa Croce. Vasari schrieb über ihn: „Die Welt war so lange ohne Künstler mit hochfliegenden Seelen und inspiriertem Talent, dass der Himmel bestimmte, dass sie von Filippo das großartigste, größte und ausgezeichnetste Kunstwerk aller Zeiten erhalten solle, um zu zeigen, dass der Genius der Toskana zwar erstarrt, aber nicht tot war." Brunelleschi ist im Dom begraben – unter der gigantischen Kuppel, die sein schönstes Vermächtnis ist.

die Mönchsquartiere mit Szenen aus dem Leben Jesu auszumalen. Ein weiterer Künstler, der sich über die Rückkehr Cosimos freute, war Donatello. Er vollendete mit dessen Unterstützung seine grazile Bronzestatue des David (heute zu sehen im Museo del Bargello).

Auftragsarbeiten wie diese verbreiteten die Neuerungen der Frührenaissance – Perspektive, genaue Beobachtung der Wirklichkeit und Hell-Dunkel-Kontraste *(chiaroscuro)* – in der ganzen Region. In Sansepolcro ließ Piero della Francesca Figuren in übernatürlichem Licht erstrahlen oder stellte sie in misslichen (allzu menschlichen) Situationen dar, in die sich die Betrachter hineinversetzen konnten: Römische Soldaten halten ein Nickerchen, Menschenmassen bestaunen mit aufgerissenen Augen Wunder, Unbeteiligte beobachten verstört grausame Verfolgungen. Sein Freskenzyklus *Die Legende vom wahren Kreuz* wurde von der Familie Bacci für eine Kapelle in der Chiesa di San Francesco von Arezzo in Auftrag gegeben und gehört zu den größten künstlerischen Werken der Zeit.

> Filippo Lippi (1406–1469), einer der größten Maler der Toskana seiner Zeit, trat im Alter von 14 Jahren dem Karmeliterorden bei. Dann lernte er eine Novizin kennen, die ihm für die Jungfrau Maria eines Freskos im *duomo* in Prato Modell saß. Er brach sein Gelübde und brannte mit ihr durch.

Die Hochrenaissance

Die Jahrzehnte, die das *Cinquecento* (16. Jh.) einleiten, werden oft wie eine Gelehrtenversammlung dargestellt, auf der edle Weise mit silbernem Haar Ideen austauschen. Näher an der Wahrheit wäre, bildlich gesprochen, eine Kneipenschlägerei, denn Künstler, Wissenschaftler, Politiker und Kleriker lagen sich ständig in den Haaren. Das Muster war nie ganz klar, etwa Kirche gegen Staat, Wissenschaft gegen Kunst oder Wissenschaft gegen Glauben. In dieser Zeit konnten Politiker Kleriker, Wissenschaftler Künstler und Künstler Kleriker sein.

Es gab einige begnadete Talente unter den Künstlern der Region, die nach Florenz kamen, um dort ihre Fertigkeiten zu verfeinern und dann in andere Teile Italiens weiterzuziehen. Ihre Karrieren wurden von Giorgio Vasari in seinen mitteilsamen *Lebensbeschreibungen der berühmtesten Maler, Bildhauer und Architekten* (s. S. 334) verewigt.

Von Masaccio inspiriert, von Fra' Filippo Lippi unterrichtet und von Lorenzo de' Medici gefördert, war Sandro Botticelli so ein aufgehender Stern am florentinischen Künstlerhimmel. Er wurde nach Rom geschickt, um der päpstlichen Autorität mit einer Freske in der Sixtinischen Kapelle im Vatikan zu huldigen. Nachdem der Jungstar 1485 die *Geburt der Venus* für Lorenzo de' Medicis Privatvilla gemalt hatte (die heute in den Uffizien in Florenz hängt), war seine Karriere gesichert, bis er 1501 wegen Sodomie angeklagt wurde. Es gab zwar keine Beweise, aber der Ruf hing ihm an und viele fanden seine Werke für religiöse Zwecke einfach zu sinnlich. Als der fanatische Prediger Savonarola die Medici aus Florenz vertrieb und die Stadt angesichts des drohenden Weltuntergangs von aller Dekadenz zu reinigen begann, gingen auch Gemälde von Botticelli auf dem gewaltigen „Scheiterhaufen der Eitelkeiten" in Flammen auf. Botticelli wandte sich von mythologischen Themen ab und konzentrierte sich auf Madonnen, von denen einige seiner Venus auffallend ähnlich sehen.

Ein weiterer Protegé von Lorenzo de' Medici war Michelangelo. Sein von der antiken Kunst inspiriertes Werk fand allseits Bewunderung, bis Savonarola die Medici 1494 hinausschmiss. Auch frühe Gemälde Michelangelos sollen damals den Flammen übergeben worden sein (ausgerechnet!). Ohne die Medici als Förderer schien Michelangelo führungslos: Für kurze Zeit versteckte er sich im Kellergewölbe von San Lorenzo und zog dann durch ganz Italien. In Rom schuf er für Kardinal Raffaele Riaro einen Bacchus, den der Auftraggeber unpassend fand – was Michelangelo möglicherweise zu dem größeren und noch sinnlicheren *David* (1501) anstachelte. Das Original steht heute in der Galleria dell' Accademia in Florenz.

Leonardo, aus Vinci südwestlich von Florenz, hatte so viele Talente, dass es schwierig ist, eines hervorzuheben. In der Malerei machte er für manche Kunsthistoriker den entscheidenden Schritt in der westlichen Kunstgeschichte – er hob die klare Trennung zwischen Farben und Linien auf und setzte für die Konturen Schattierungen ein. Diese Technik wird Sfumato genannt und ist bei der *Mona Lisa* im Louvre in Perfektion zu sehen. Wenige seiner Werke befinden sich heute noch an ihrem Entstehungsort, Ausnahmen sind die *Anbetung der Könige aus dem Morgenland* und die *Verkündigung* (beide hängen in den Uffizien).

1542 erreichte die Inquisition Italien und beendete die Erforschung des Menschen in all seiner Unvollkommenheit, die die Renaissance gekennzeichnet hatte. Nie wieder sollten Kunst und Architektur der Toskana eine vergleichbare Vorreiterrolle in der Welt einnehmen.

Eine Station der Grand Tour

Im Europa des 18. Jhs. galt eine große Italienreise gesellschaftlich als absolutes Muss. Die Toskana war eine wichtige Etappe auf dieser „Grand Tour". Deutsche, französische und englische Künstler waren fasziniert von Michelangelo, Perugino und anderen Malern der Hochrenaissance, nahmen deren Ideen mit nach Hause und lösten damit den klassizistischen Trend aus. Auf demselben Weg kamen italienische Künstler mit Kunstströmungen aus Nordeuropa in Kontakt und nahmen die Romantik, den Impressionismus und das Malen in der freien Natur als Impulse in ihr Schaffen auf, wie man in der Sammlung der Galleria d'Arte Moderna im Palazzo Pitti in Florenz sehen kann. Hier befinden sich Werke

Künstlerisches Genie, ebenso wie Wahnsinn und Lasterhaftigkeit, sind häufig eine Familienangelegenheit. Zu den italienischen Künstlerdynastien gehören die della Robbias (Luca, Marco, Andrea, Giovanni und Girolamo), die Lorenzettis (Ambrogio und Pietro) und die Pisanos (Nicola und Giovanni, Andrea und Nino).

FRESKEN DER RENAISSANCE

Sie sehen heute vielleicht aus wie einfache Bibelgeschichten, aber in ihrer Glanzzeit, der Renaissance, dienten Fresken sowohl als Kommentar zur sozialen Wirklichkeit wie auch als religiöse Inspirationsquelle. In den Bildern erschien das menschliche Elend göttlich, und umgekehrt.

In der Toskana wimmelt es nur so von großartigen Beispielen. Einige der besten sind in den folgenden Kirchen und Museen zu finden:

➡ **Collegiata, San Gimignano** (S. 233) In dieser Kirche gibt es so gut wie keine unbemalte Fläche. Wirklich jede Wand ist mit riesigen, bilderbuchartigen Fresken versehen, u. a. von Bartolo di Fredi, Lippo Memmi, Domenico Ghirlandaio und Benozzo Gozzoli. Glanzstück ist das herrlich groteske *Jüngste Gericht* (1396) von Taddeo di Bartolo.

➡ **Libreria Piccolomini, Duomo di Siena** (S. 216) Bernadino Pinturicchio aus Umbrien preist den Ruhm Sienas in zehn lebendigen Fresken (ca. 1502–1507), die Enea Silvio Piccolomini alias Papst Pius II. verherrlichen. Auch die hl. Katharina hat einen Gastauftritt als Kamee.

➡ **Museo di San Marco, Florenz** (S. 79) Die Fresken von Fra' Angelico zeigen Porträts von Bibelfiguren in äußerst menschlichen Momenten der Unsicherheit. Sie sind damit Zeugnis des Humanismus als wesentlicher Geistesbewegung der Renaissance. Großartig ist die *Verkündigung* (1440).

➡ **Museo Civico, Siena** (S. 214) „Prächtig" ist das einzige Wort, das den *Allegorien der guten und der schlechten Regierung* (1338–1340) von Ambrogio Lorenzetti und der *Maestà* (1315) von Simone Martini gerecht wird.

➡ **Cappella Brancacci, Florenz** (S. 85) *Die Vertreibung von Adam und Eva aus dem Paradies* und *Der Zinsgroschen* (ca. 1427) von Masaccio sind zugleich Beispiele für Perspektivenzeichnung und für spitze, politische Satire.

➡ **Cappella Bacci, Chiesa di San Francesco, Arezzo** (S. 273) Piero della Francescas *Legende vom wahren Kreuz* (ca. 1452–1466) offenbart das ganze Trickrepertoire der Renaissancemaler (gerichtetes Licht, steile Perspektiven usw.).

➡ **Chiesa di Sant'Agostino, San Gimignano** (S. 235) Das bizarre Fresko vom hl. Sebastian (ca. 1464) von Benozzo Gozzoli zeigt den vollständig bekleideten Heiligen, wie er in Begleitung einer barbusigen Jungfrau Maria und eines halbnackten Jesus die Bewohner von San Gimignano beschützt. Es verdient einen Preis für die merkwürdigste religiöse Darstellung.

➡ **Cappella dei Magi, Palazzo Medici-Riccardi, Florenz** (S. 78) Wieder Gozzoli, aber diesmal mit einer üblichen Darstellung: Mitglieder der Medici-Familie bekommen einen Gastauftritt in der *Prozession der Heiligen Drei Könige nach Bethlehem* (ca. 1459–1463).

aus dem späten 19. Jh. von Künstlern aus der Macchiaioli-Schule (toskanische Variante des Impressionismus), z. B. von Telemaco Signorini (1835–1901) und Giovanni Fattori (1825–1908).

In der Architektur erwies sich der Jugendstil als der faszinierendste Fall von künstlerischem Im- und Export: Die italienische Variante des internationalen Phänomens namens Liberty (nach dem Londoner Kaufhaus, der William Morris' italienisch inspirierte Designideen kommerzialisierte) bekam die Bezeichnung Stile Floreale.

Das 20. Jahrhundert

In den Jahrhunderten unter der Fuchtel der Päpste und verschiedener ausländischer Mächte legte sich die Toskana zwangsweise eine gewisse Weltoffenheit zu. Die lokalen Künstler identifizierten sich mit Rom, Paris oder anderen großen Städten und nicht mehr nur mit ihrer *contrada* (Stadtviertel). Die beiden bekanntesten Künstler zu Beginn des 20. Jhs.

waren der in Livorno geborene Maler und Bildhauer Amedeo Modigliani (1884–1920), der später überwiegend in Paris lebte, und der in Griechenland geborene Maler Giorgio de Chirico (1888–1978), der in Florenz studierte und dort die ersten seiner traumähnlichen Stadtszenen malte.

Bis auf Modigliani und de Chirico waren in den wichtigsten italienischen Stilrichtungen des 20. Jhs. keine toskanischen Maler vertreten: *Futurismo* (Futurismus), *Pittura Metafisica* (metaphysische Malerei), *Spazialismo* (neue Lehre von Raum, Zeit und Farbe) und *Arte Povera* (Konzeptkunst, die mit billigen Materialien arbeitet). Auch in der Architektur taten sich nur wenige Toskaner hervor. Die einzige Ausnahme war Giovanni Michelucci (1891–1990), zu dessen bekanntesten Bauwerken der Bahnhof Santa Maria Novella in Florenz (1932–1934) gehört.

In den 1980er-Jahren fand eine Rückbesinnung auf die traditionelle (vor allem figürliche) Malerei und Bildhauerei statt. Die *Transavanguardia* als eine Art Gegenströmung zur international angesagten Konzeptkunst wurde von einigen Kritikern als Zeichen für den Tod der Avantgarde gewertet. Zu den Toskanern in dieser Bewegung gehört Sandro Chia (geb. 1946).

Die Toskana ist reich an Skulpturengärten, in denen für diese Orte angefertigte, moderne Kunstwerke in herrlicher Umgebung präsentiert werden. Dazu gehören die Fattoria di Celle außerhalb von Pistoia, Il Giardino dei Tarocchi in der südlichen Toskana und Castello di Ama im Chianti.

Zeitgenössische Kunst

Das Erbe der reichen, künstlerischen Traditionen, das sich über drei Jahrtausende angesammelt hat, sichert vielen toskanischen Restauratoren und Kunsthistorikern einen Job, übt aber möglicherweise auch eine lähmende Wirkung auf all diejenigen aus, die etwas Neues schaffen möchten. Glücklicherweise hat die lokale Kunstszene dann doch mehr zu bieten als die amateurhaften Klecksereien der Straßenkünstler vor den großen Museen und Touristenattraktionen.

Einer der bemerkenswertesten aktuellen Bildenden Künstler der Toskana ist Massimo Bartolini (geb. 1962). Mit ein paar trügerisch einfachen (und typisch toskanischen) Licht- und Perspektivkorrekturen hat er unsere Wahrnehmung einer vertrauten Umgebung radikal verändert: Da gibt es ein Schlafzimmer, in dem alle Möbel im Boden zu versinken scheinen (Venedig lässt grüßen), oder eine Galerie, in der die Betrachter Spezialschuhe tragen, die mit jedem Schritt die Beleuchtung des Raums subtil ändern. Das toskanische Städtchen Cecina bei Livorno, wo der Künstler lebt und arbeitet, verdankt ihm eine besondere Atmosphäre, denn Bartolini lockt ein buntes Völkchen von Kunstsammlern und Kuratoren an.

Im schmucken Städtchen Pietrasanta im Hinterland der Versiliaküste im Nordwesten der Toskana lebt eine dynamische Künstlergemeinde, zu der auch der hochgelobte, in Kolumbien geborene Maler und Bildhauer Fernando Botero (geb. 1932) gehört.

Ein Ziel für Freunde der zeitgenössischen Kunst ist auch die Galleria Continua in San Gimignano, eine hochkarätige, kommerzielle Galerie, die Künstler wie die Toskaner Giovanni Ozzala (geb. 1982) und Luca Pancrazzi (geb. 1961) vertritt.

Glossar Kunst & Architektur

Architrav	Horizontales Gebälk, das auf Säulen ruht
Archivolte	Rundbögen oder andere Verzierungen oberhalb von und rund um Öffnungen oder obere Wandabschlüsse
Atrium	Vorhof
badia	Abtei
baldacchino	Baldachin, in der Regel über dem Hochaltar einer Basilika

GIORGIO VASARIS KÜNSTLERBIOGRAFIEN

Der Maler, Architekt und Schriftsteller Giorgio Vasari (1511–1574) gehört zu denjenigen, die zu Recht als „Universalgenie" bezeichnet werden. Er wurde in Arezzo geboren, bildete seine Malereifertigkeiten in Florenz aus und arbeitete mit Künstlern wie Andrea del Sarto und Michelangelo, den er sehr verehrte, zusammen. Als Maler ist er hauptsächlich für das raumfüllende Fresko im Salone di Cinquecento im Florentiner Palazzo Vecchio bekannt. Sein schönstes architektonisches Werk ist die elegante Loggia der Uffizien. Und er baute den überdachten Hochgang, der den Palazzo Vecchio mit den Uffizien und dem Palazzo Pitti verbindet, den nach ihm benannten *Corridoio Vasariano*. Der Nachwelt blieb er vor allem als Kunsthistoriker in Erinnerung. Seine *Lebensbeschreibungen der berühmtesten Maler, Bildhauer und Architekten. Von Cimabue bis in unsere Zeit* erschienen erstmals 1550 und sind Cosimo I. de' Medici gewidmet. Die darin versammelten Künstlerbiografien sind gespickt mit Anekdoten und Klatsch über Künstler und Zeitgenossen des 16. Jhs. Die *Lebensbeschreibungen* sind eine großartige Vorbereitung für jeden Florenz-Besuch. Sie erscheinen derzeit in neuer Übersetzung in der Edition Giorgio Vasari bei Wagenbach, jährlich mit vier Bänden.

So erinnert sich Vasari u. a. an einen Besuch im Atelier von Donatello. Der große Bildhauer saß vor seiner äußerst lebendig wirkenden Statue des Propheten Habakuk und flehte sie an, mit ihm zu reden (er war wohl etwas überarbeitet). Oder an den jungen Giotto, der eines Tages auf ein Bild von Cimabue eine Fliege malte, die so echt aussah, dass der alte Meister versuchte, sie zu verjagen.

Basilika	Frühchristliche oder mittelalterliche Kirche; der Grundriss ist von der römischen Basilika (mehrschiffige, überdeckte Halle) abgeleitet
Basrelief	Flachrelief
battistero	Baptisterium, Taufkapelle
byzantinisch	Kunst und Architektur des Byzantinischen Reichs, Vorläufer der Romanik, Gotik und Renaissance
campanile	Glockenturm
cappella	Kapelle
Cella	Hauptraum eines Tempels
Cenacolo	Darstellung des Abendmahls, häufig im Refektorium eines Konvents oder Klosters
Chiaroscuro	Wörtlich: hell-dunkel; künstlerische Gestaltung der Hell-Dunkel-Kontraste auf einem Gemälde
chiostro	Kreuzgang; rechteckiger offener Hof, der von einem überdachten Wandelgang umschlossen ist
cortile	Hof
Cupola	Rundes Gewölbe oder Kuppel
Diptychon	Malerei oder Schnitzarbeit mit zwei Bildtafeln; meist tragbar und häufig als Altarbild genutzt
duomo	Kathedrale, Dom
Exedra	Halbkreisförmige Nische
Fresko	Wandmalerei auf frischem Putz
Fries	Teil des Horizontalgebälks zwischen Architrav und Gesims, häufig mit Figuren verziert

Gesims	1. Horizontales, verziertes Bauelement am oberen Ende einer Mauer oder eines Gebäudes; 2. nach oben abschließender Fries eines Horizontalgebälks; 3. Deckenstuck
Gewölbe	Gewölbte Decken- oder Dachform
Giebeldreieck/ Tympanon	Flacher, dreieckiger Giebel mit auskragendem Fries, häufig über einem Säulengang oder einer Loggia zum Abschluss eines Gebäudes mit Giebeldach
Gotik	Kunst- und Baustil des Spätmittelalters, ab dem 12. Jh.
Grisaille	Maltechnik, die nur mit Farbabstufungen von Weiß, Grau und Schwarz arbeitet
Horizontalgebälk	Oberhalb einer Reihe von Säulen einer klassischen Fassade; besteht aus einem Architrav mit einem dekorativen Fries darüber und wird von einem dreieckigen Giebel abgeschlossen
Kanzel	Erhöhtes Podest in einer Kirche, von dem aus der Geistliche predigt
Karton	Vorzeichnung eines Bildes oder Freskos im Maßstab 1:1
Kassettendecke	Kastenförmige, verzierte Vertiefungen an der Decke
Kirchenschiff	Hauptraum oder mittlerer Teil einer Kirche, flankiert von Seitenschiffen, verläuft in der Regel axial vom Eingang bis zur Apsis
Kolonnade	Reihe von Säulen in regelmäßigen Abständen; stützt das Horizontalgebälk, das Dach oder Rundbögen
Krypta/Gruft	Unterirdische Kammer oder Gewölbe, als Grabstätte genutzt
Loggia	1. Überdachter, offener Raum an einem Gebäude; 2. Veranda; 3. Vorhalle
Lünette	Bogenfelder in einer gewölbten Decke oder oberhalb einer Tür oder eines Fensters; häufig mit einem Fresko oder Bild ausgemalt
Madonna della Misericordia	Wörtlich: Madonna der Barmherzigkeit, auch Schutzmantelmadonna genannt; in der Kunst eine Ikone mit einer Gruppe von Menschen, die unter dem ausgebreiteten Mantel der Jungfrau Maria Schutz suchen
Maestà	Wörtlich: Majestät; in der Kunst eine Ikone mit einer thronenden Maria mit Jesuskind, häufig von Engeln und Heiligen umgeben
mausoleo	Mausoleum; herrschaftliche und prunkvolle Grabstätte
Narthex	Vorhalle im frühchristlichen und frühmittelalterlichen Kirchenbau
Nekropole/ Totenstadt	Antiker Friedhof oder Grabstätte

Der Begriff „Macchiaioli" für eine Gruppe toskanischer Freilichtmaler wurde 1862 von einem Journalisten geprägt. Er war abgeleitet von *darsi alla macchia* (sich in den Büschen verstecken) und eine abschätzige Bezeichnung für Werke, in denen das Establishment nicht mehr als Skizzen erkennen konnte bzw. wollte.

MACCHIAIOLI

RENAISSANCE-MALEREI

Die Wandmalerei *Dreifaltigkeit* von Masaccio in der Basilica di Santa Maria Novella in Florenz gilt als eines der ersten Werke im Stil der Renaissance. Sie soll Leonardo da Vinci zu seiner Darstellung des *Letzten Abend-mahls* angeregt haben.

Obergaden	Fenster in der oberen Wandfläche im Haupt-schiff einer Kirche
Opaion	Runde Fensteröffnung im Scheitel einer Kuppel
piano nobile	Beletage, in der Regel das erste Obergeschoss
Pietà	Wörtlich: Erbarmen oder Mitgefühl; in der Kunst Skulptur, Zeichnung oder gemalte Darstellung des toten Jesus in den Armen Marias
pietra forte	Feiner Sandstein, als Baumaterial genutzt
pietra serena	Grünlich-grauer Sandstein
Pieve	Gemeindekirche, meist in ländlichen Gegenden
Pinacoteca	Bilder-, Gemäldesammlung
Polyptychon	Malerei oder Schnitzarbeit mit mehr als drei Bildtafeln; meist als Altarbild genutzt
Porphyr	Purpurfarbener oder roter Stein
Portikus	Vorbau mit Dach, gestützt von Säulen oder Pfeilern über dem Eingang einer Kirche oder eines anderen Gebäudes
Predella	Kleines Gemälde oder Tafel unterhalb eines großen Altarbildes; Schaubild unterhalb der Altarplatte
Presbyterium	Altarraum in einer Kirche, Raum vor der Apsis
Quadriporto	Nach vier Seiten offenes Portal
Querschiff	Steht quer zum Hauptschiff und gibt der Kirche die Form eines Kreuzes
Relief	Plastische Hervorhebung in einer Skulptur oder einem Fries; Andeutung einer dreidimen-sionalen Darstellung
Renaissance	Kunstepoche mit Ursprung in Florenz, 14. bis 17. Jh.
Romanik	Architekturstil der frühen christlichen Reiche im Westen, 6. bis 12. Jh.
Rosette	Verglastes Rundfenster mit Maßwerk; in der Regel in gotischen Kirchen
Rustikalisierung	Grob behauene Natursteinoberfläche
Sakristei	Nebenraum einer Kirche zur Aufbewahrung liturgischer Gegenstände und Gewänder und zur Vorbereitung des Gottesdienstes
Sanktuarium	Stätte des Heiligtums, in christlichen Kirchen meistens der Altar- oder Chorraum
Sfumato	In der Malerei Vermischung von Farben zum Verwischen von Konturen
Sgraffito/ Kratzputz	Verputzte Oberfläche, aus der Bilder oder ein Muster gekratzt werden
Sinopia	Umrisszeichnung eines Freskos
Sockel	Flacher Unterbau für ein Gebäude oder eine Terrassenanlage
Spolien	Wieder- bzw. Neuverwendung von Überresten antiker Monumente in neuen Gebäuden
Stele	Freistehender Pfeiler mit eingearbeiteten Inschriften oder Bildern

stemma	Wappenschild
Stigmata	Wundmahle Christi, die am Körper eines lebenden Menschen auftreten
Stuck	Verzierter Putz
Tabernakel	1. Gehäuse zur Aufbewahrung der geweihten Hostien; 2. Architekturelement im gotischen Kirchenbau
Taufbecken	Becken, meist aus Stein, in dem das Taufwasser aufbewahrt wird
Tempera	Puderartige Farbkörper, die mit einer Mischung aus Ei und Wasser gebunden wurden; bei der Malerei verwendet
tesoro	Schatz
Tessera	Kleine Würfel aus Marmor, Stein und Glas zur Herstellung von Mosaiken
Tondo	Rundbild oder -relief
Travertin	Kalkstein; hochwertiger Naturstein, der zur Fassadengestaltung und im historischen Straßen- und Wegebau verwendet wurde
Triptychon	Gemälde oder Schnitzarbeit mit drei Bildtafeln, die beiden äußeren Tafeln lassen sich über der mittleren zusammenklappen; häufig als Altarbild verwendet
Tuffstein	Weicher Vulkanstein
Verkündigung	Ein Engel verkündet Maria, dass sie den Sohn Gottes zur Welt bringen wird
Vierpass	Geometrische Form mit vier Symmetrieachsen
Vorhalle/ Vestibül	Durchgang, Eingangshalle oder Vorzimmer zwischen der Außentür und den Räumen eines Gebäudes
Votivgabe	Tafel oder kleines Bild, das Dank an einen Heiligen oder Fürsprecher für Hilfe in einer Notlage ausdrückt

Praktische Informationen

Allgemeine Informationen

Botschaften & Konsulate

Deutschland Rom (☑06 49 21 31; www.rom.diplo.de; Via San Martino della Battaglia 4); Mailand (☑02 623 11 01; www. mailand.diplo.de; Via Solferino 40; Ⓜ Moscova)

Österreich Rom (☑06 844 01 41; www.aussenministerium. at/rom; Via Pergolesi 3); Mailand (☑02 78 37 43; www.aus senministerium.at/mailandgk; Piazza del Liberty 8/4)

Schweiz Rom (☑06 80 95 71; www.eda.admin.ch/roma; Via Barnaba Oriani 61); Florenz (☑055 22 24 34; Piazzale Galileo 5)

Ermäßigungen

Jugendliche unter 18 Jahren und Senioren über 65 bekommen in vielen Museen und kulturellen Einrichtungen freien Eintritt; junge Erwachsene bis 25 zahlen oft nur die Hälfte. In vielen Fällen gilt dies allerdings nur für EU-Bürger. Wir weisen in diesem Buch mit der Angabe „erm." auf solche Ermäßigungen hin.

In Florenz könnte sich die **Firenze Card** (www.firenze card.it; 72 €) lohnen. Sie ist 72 Stunden gültig und deckt neben dem Eintritt in 72 Museen, Villen und Parks auch die unbegrenzte Nutzung der städtischen Busse und Straßenbahnen ab.

Eine weitere Möglichkeit, Geld zu sparen, bietet in vielen Fällen ein *biglietto cumulativo*. Diese Kombitickets für mehrere Sehenswürdigkeiten kommen günstiger als die Summe der jeweiligen Einzelpreise.

European Youth Card, Studenten- & Lehrerausweise

Wer noch keine 30 Jahre alt ist, bekommt mit der European Youth Card (*Carta Giovani Europea;* www. cartagiovani.it, http://eyca. org; 5–19 € je nach Verkaufsstelle) in ganz Italien in Tausenden von Hotels, Museen, Restaurants, Geschäften und Clubs einen Rabatt. Die Karte ist online erhältlich. Für Schüler, Studenten und Lehrer bietet der Internationale Studenten- bzw. Lehrerausweis (www.isic.de) Ermäßigungen auf Flugpreise. Er ist bei Studentenvertretungen, Jugendherbergen und spezialisierten Reisebüros wie **STA Travel** (www.statravel. de) zu bekommen, entweder als ISIC (Internationaler Studentenausweis, für Vollzeitschüler und -studenten), als ITIC (Internationaler Lehrerausweis, für Vollzeitlehrer) oder als IYTC (Internationale Reisekarte für Jugendliche unter 26 Jahren).

Wichtig: Viele Ermäßigungen sind an ein Höchstalter gebunden – auch wenn man vielleicht immer noch studiert. Deshalb neben dem ISIC immer auch einen Altersnachweis (z. B. Personalausweis) bereit halten.

Essen

Die in diesem Buch getesteten Restaurants sind in Preiskategorien eingeteilt. In der Klammer vor dem beschreibenden Text erscheinen die ungefähren Kosten für eine Mahlzeit/für ein Gericht. Näheres zum Thema Essen siehe S. 36 und S. 312.

PREISKATEGORIEN ESSEN

Die Preisangaben bei den gelisteten Esslokalen beziehen sich auf ein Menü aus *primo* (Vorspeise), *secondo* (Hauptgericht), *contorno* (Beilage), *bicchiere di vino della casa* (ein Glas Hauswein) und *coperto* (Bedienungszuschlag).

€ bis 25 €

€€ 25–45 €

€€€ ab 45 €

Feiertage

Die meisten Italiener nehmen ihren Jahresurlaub im August, vor allem rund um *Ferragosto* (15.8.). Die Folge ist, dass viele Geschäfte im August zumindest teilweise geschlossen sind. Auch die Karwoche *(Settimana Santa)* gehört zu den beliebten Urlaubszeiten in Italien.

Manche Städte haben eigene Feiertage zu Ehren ihres Stadtpatrons. Landesweit gelten folgende gesetzliche Feiertage:

Neujahr (Capodanno oder Anno Nuovo) 1. Januar

Dreikönigsfest (Epifania oder Befana) 6. Januar

Jahrestag der Vereinigung Italiens (Anniversario dell'Unità d'Italia) 17. März – Nationalfeiertag

Ostersonntag (Domenica di Pasqua) März/April

Ostermontag (Pasquetta oder Lunedì dell'Angelo) März/April

Tag der Befreiung (Giorno della Liberazione) 25. April – zum Gedenken an den Sieg der Alliierten, den Abzug der Deutschen und das Ende Mussolinis 1945

Tag der Arbeit (Festa del Lavoro) 1. Mai

Tag der Republik (Festa della Repubblica) 2. Juni

Mariä Himmelfahrt (Assunzione oder Ferragosto) 15. August

Allerheiligen (Ognissanti) 1. November

Mariä Empfängnis (Immaculata Concezione) 8. Dezember

1. Weihnachtstag (Natale) 25. Dezember

2. Weihnachtstag (Festa di Santo Stefano) 26. Dezember

Geld

In Italien gilt der Euro. An Geldautomaten (*bancomat*) herrscht in der Toskana kein Mangel.

Kreditkarten

Welche ausländischen Kredit- und Bankkarten am Geldautomaten funktionieren, ist an den dort angebrachten Logos zu erkennen. Die meisten Hotels, Restaurants, Geschäfte, Supermärkte und Mautstellen akzeptieren Karten.

Verlorene, gestohlene oder vom Geldautomaten verschluckte Kreditkarten sollte man unverzüglich unter der deutschen Notfallnummer ☑+49 116 116 (gilt für alle Kartenbetreiber) oder unter den folgenden kostenlosen italienischen Telefonnummern sperren lassen:

MasterCard (☑800 870866)

Visa (☑800 819014)

Gesundheit

Empfohlene Impfungen

Für Italien sind keine Impfungen vorgeschrieben. Allerdings empfiehlt die Weltgesundheitsorganisation WHO Reisenden generell einen Impfschutz für Diphtherie, Tetanus, Masern, Mumps, Röteln, Kinderlähmung und Hepatitis B.

Krankenversicherung

Die Europäische Krankenversicherungskarte (EHIC), die bei den gesetzlichen Krankenversicherungen erhältlich ist, deckt in etwa die Leistungen ab, die auch zu Hause von den Krankenkassen übernommen werden (ein eventuell nötiger Rücktransport ins Heimatland gehört allerdings nicht dazu).

Medizinische Versorgung

Rezeptfreie Medikamente sind auch in Italien in der Apotheke zu bekommen.

ONLINE BUCHEN

Noch mehr Beschreibungen von Unterkünften von Lonely Planet Autoren stehen auf http://hotels.lonely planet.com. Die Besprechungen sind unabhängig und es gibt Empfehlungen für die besten Herbergen. Und das Beste ist, man kann online buchen.

Bei schwerwiegenden Problemen weiß man dort, an welchen Spezialisten in der Gegend man sich wenden kann.

Die Apotheken halten sich meist an die allgemeinen Ladenöffnungszeiten. Nachts und am Sonntag ist in größeren Ortschaften ein rotierender Notdienst *(farmacie di turno)* eingerichtet. Ein Verzeichnis der aktuellen Notapotheken ist unter www.miniportale.it/miniportale/farmacie/Toscana.htm zu finden. Außerdem hängt in jeder Apotheke der Hinweis auf die nächste Notapotheke an der Tür.

Notarzt und Krankenwagen sind unter der Nummer ☑118 zu erreichen. In der Notaufnahme *(pronto soccorso)* der öffentlichen Krankenhäuser ist auch ein zahnärztlicher Notdienst eingerichtet.

Internetzugang

Das Zeichen @ weist in diesem Buch auf Internetzugang hin. Das Zeichen 🛜 steht, wenn Gäste über WLAN online gehen können. Sofern für den Zugang (mit/ohne Kabel) Gebühren erhoben werden, ist dies angegeben.

In den letzten Jahren hat das Internet auch in Italien enorm an Bedeutung gewonnen. Der Großteil der Bevölkerung hat einen privaten Internetanschluss, und viele Hotels, Pensionen, Hostels und *agriturismi* (Gästezimmer auf Bauernhöfen oder Weingütern) bieten ihren Gästen kostenlosen WLAN-Zugang. Folge: Internetcafés sind rar geworden.

DIE ITALIENISCHE POLIZEI

In Italien gibt es sechs verschiedene landesweite Polizeiorganisationen, dazu kommen eine ganze Reihe regional organisierter Einheiten. Die drei wichtigsten Organisationen sind:

ORGANISATION	ZUSTÄNDIGKEIT	UNIFORM
polizia di stato (zivile Staatspolizei)	Diebstahl, Verlängerung von Visa und Aufenthaltsgenehmigungen; zu finden in der örtlichen *questura* (Präsidium)	taubenblaue Hosen mit lila Streifen, marineblaue Jacke
arma dei carabinieri (Gendarmerie)	allgemeine Verbrechens- und Drogenbekämpfung, öffentliche Ordnung (häufig Kompetenzüberlappung mit der *polizia di stato*)	schwarz mit rotem Streifen
(auch *vigili urbani;* städtische Polizei)	Parksünden (Knöllchen, Abschleppen), öffentliche Ordnung, kleinere Verbrechen	je nach Provinz

Karten

Straßenkarten für die Toskana gibt es beispielsweise von Michelin (1:200 000), Marco Polo (1:200 000) und Touring Editore (1:200 000).

Öffnungszeiten

In diesem Buch sind die Öffnungszeiten meist angegeben. Im Allgemeinen gilt:

Apotheken Mo–Fr 9–12.30 und 15.30–19 Uhr, Sa & So 9–12.30 Uhr

Banken Mo–Fr 8.30–13.30 und 15.30–16.30 Uhr

Bars & Kneipen 10–1 Uhr

Cafés 7.30–20 Uhr

Clubs 22 Uhr–open end

Geschäfte Mo–Sa 9–13 und 15.30–19.30 Uhr (oder 16–20 Uhr)

Post (Hauptpost) Mo–Fr 8–19, Sa 8.30–12 Uhr

Postfilialen Mo–Fr 8–14, Sa 8.30–12 Uhr

Restaurants 12.30–14.30 und 19.30–22 oder 24 Uhr

Post

Le Poste (www.poste.it), das italienische Postsystem, arbeitet recht zuverlässig. Für Pakete sind Kuriere wie DHL oder FedEx die sichere Wahl.

Briefmarken heißen *francobolli* und sind bei der Post und in Tabakläden erhältlich. Diese *tabacchi* sind an einem schwarzen Schild mit weißem T zu erkennen; sie halten sich meist an die üblichen Ladenöffnungszeiten.

Rechtsfragen

Urlauber kommen höchstens dann mit dem Gesetz in Berührung, wenn sie einem Taschendieb zum Opfer gefallen sind oder wenn das Auto abgeschleppt wurde. Informationen zu Verkehrsregeln siehe S. 348.

Reisen mit Behinderung

Italien ist kein Paradies für Menschen mit Behinderung – Rollstühle kommen nicht überall problemlos voran. Sobald Kopfsteinpflaster ins Spiel kommt, werden schon

Klima

Florenz

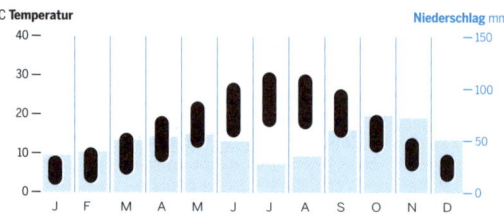

Elba

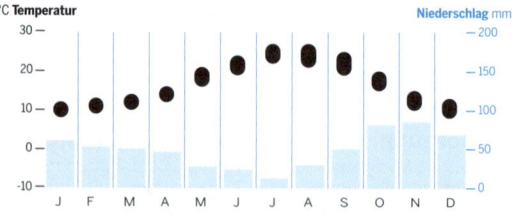

kurze Wege in der Stadt zu einer echten Herausforderung. Viele Gebäude haben zwar einen Aufzug; ob allerdings ein Rolli reinpasst, steht auf einem anderen Blatt. Auch für Hör- und Sehbehinderte wurde noch nicht allzu viel getan.

Die staatliche Bahngesellschaft **Trenitalia** (www.trenitalia.com) hat eine Servicenummer für Reisende mit Behinderung eingerichtet: ☎199 303060 (tgl. 7–21 Uhr).

Zwei Organisationen bieten zudem hilfreiche Dienste an:

Accessible Italy (www.accessibleitaly.com) Das Unternehmen aus der Republik San Marino ist auf Urlauber mit Behinderung spezialisiert. Es organisiert Ausflüge, vermietet geeignete Transportmittel und veranstaltet Hochzeiten.

Sage Traveling (www.sagetraveling.com) Europaweit agierender, auf Behindertenreisen spezialisierter Veranstalter, der individuell zugeschnittene Touren zusammenstellt. Auf der Website finden sich Tipps und Ratschläge für einen behindertengerechten Urlaub in Florenz.

Schwule & Lesben

Homosexualität ist in Italien legal und wird in den großen Städten problemlos akzeptiert. Der Küstenort Torre del Lago ist für seine Schwulenszene bekannt. Das zeigt sich nicht zuletzt an der Initiative **Friendly Versilia** (www.friendlyversilia.it), die von Ende April bis September Schwule und Lesben zu allerlei Vergnügungen unter der toskanischen Sonne in den Ort lockt.

Weitere nützliche Informationen sind beispielsweise auf den folgenden Seiten zu finden:

Arcigay (www.arcigay.it) Nationale Organisation für die gay community mit Sitz in Bologna.

Azione Gay e Lesbica Firenze (☎055 22 02 50; www.azionegayelesbica.it; Via Pisana 32r) Schwulen- und Lesbenorganisation aus Florenz.

GayFriendlyItaly.com (www.gayfriendlyitaly.com)

Die englischsprachige Website (ein Ableger von gay.it) liefert umfassende Informationen – von Hotels über Homophobie bis hin zu Rechtsfragen.

Gay.it (www.gay.it) Website mit Nachrichten, Artikeln und Klatsch und Tratsch aus der Gayszene.

Pride (www.prideonline.it) Landesweite Monatszeitschrift mit Schwerpunkt Kunst, Musik, Politik und schwule Kultur.

Strom

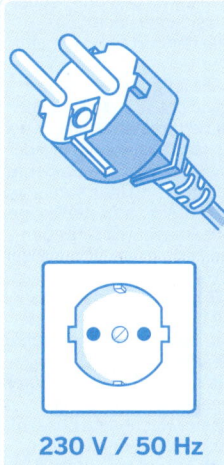

230 V / 50 Hz

230 V / 50 Hz

Telefon

Innerhalb Italiens

Italienische Ortsvorwahlen beginnen mit 0 und bestehen aus bis zu vier Ziffern. Die nachfolgende Anschlussnummer kann vier- bis neunstellig sein. Die Vorwahlnummer muss immer mitgewählt werden, selbst wenn man nur seinen Nachbarn anruft. Handynummern haben eine dreistellige Vorwahl, z. B. 330. Kostenlose Servicenummern *(numeri verdi)* beginnen normalerweise mit 800. Auch die Vorwahlen 840, 841, 848, 892, 899, 163, 166 und 199 sagen nichts darüber aus, wo sich der Anschluss befindet. Darüber hinaus sind noch ein paar gebührenpflichtige Nummern mit sechs Stellen im Umlauf (z. B. Alitalia, Bahnauskunft und Post).

Wie überall in Europa haben auch italienische Telefonkunden die Wahl zwischen einer Unmenge von Anbietern und Tarifen. Allgemein gültige Aussagen über Telefongebühren sind deshalb schwierig.

Auslandsgespräche

Am günstigsten ins Ausland telefoniert man mit kostenloser oder preisgünstiger IP-Telefonie-Software wie Skype, in Callshops und mit Auslandstelefonkarten vom Kiosk oder aus dem Tabakladen. Callshops gibt's in allen größeren Städten; die Gebühren sind oft erheblich günstiger als die Auslandstarife in öffentlichen Telefonzellen. Einfach eine der Zellen im Callshop belegen; bezahlt wird am Ende. Deutschland hat die Vorwahl ☎0049, Österreich ☎0043 und die Schweiz ☎0041. Bei der anschließenden Ortsvorwahl die 0 weglassen.

Um aus Deutschland, Österreich oder der Schweiz nach Italien zu telefonieren, wählt man ☎0043 und dann die komplette Rufnummer mit Vorwahl (einschließlich der 0!).

Handys

In kaum einem anderen Land in Europa gibt es so viele Handys wie in Italien. Mehrere Unternehmen haben kurzfristige und Prepaid-Verträge im Angebot. Schon ab 20 € lassen sich italienische SIM-Karten aktivieren (wobei manche Anbieter diesen Betrag gleich als Guthaben auf die Karte buchen): Einfach in einem Handyladen registrieren (Ausweis nicht vergessen!), und nach etwa 24 Stunden ist das Handykonto freigeschaltet. Das Kartenguthaben kann man später in jeder Filiale des Anbieters und im Tabakladen aufladen (*ricaricare*).

Wer mit dem deutschen Handy-Anbieter unterwegs ist, darf nicht vergessen die Roaming-Funktion abzuschalten, wenn sie nicht benötigt wird. Sonst verschlingt der teils unbemerkte Internetzugang viel Geld.

TIM (Telecom Italia Mobile; www.tim.it), **Vodafone** (www.vodafone.it) und **Wind** (www.wind.it) haben das dichteste Filialennetz im Land.

Telefonzellen & Telefonkarten

Die meisten Telefonzellen funktionieren nur mit *carte/schede telefoniche* (Telefonkarten), manche auch mit Kreditkarten. Telecom Italia hat ein breites Spektrum an Telefonkarten im Sortiment; das komplette Angebot ist unter www.telecomitalia.it/telefono/carte-telefoniche aufgeführt. Erhältlich sind die Karten (meist zu 3, 5 oder 10 €) bei der Post, im Tabakladen und am Zeitungskiosk. Vor dem ersten Einsatz muss die linke obere Ecke der Karte abgeknickt werden. Vorsicht: Auf jeder Telefonkarte ist ein Ablaufdatum abgedruckt.

Touristeninformation

So gut wie jeder Ort hat irgendeine Art von Touristeninformation. Die offiziellen Bezeichnungen unterscheiden sich teils deutlich, viele nennen sich aber „Pro Loco".

Die jüngste Rezession in Italien hat sich einschneidend auf den Tourismussektor der Toskana ausgewirkt. In jeder Region wurden die Gelder für Werbung und Information gekürzt. Daher mussten einige Tourismusbüros schließen und andere ihre Öffnungszeiten einschränken.

Bei Redaktionsschluss war die Wirtschaftslage anhaltend schwierig. Wir haben die Adressen und Öffnungszeiten jener Tourismusbüros angegeben, die während unserer Recherche besetzt waren. Wir können jedoch nicht garantieren, dass diese Informationen Gültigkeit behalten.

Unterkünfte

Informationen zu Unterkünften in der Toskana siehe S 33.

Versicherungen

Oft lohnt sich eine Auslandsreiseversicherung gegen Diebstahl und Verlust von Wertgegenständen sowie für medizinische Zusatzleistungen, die von der normalen Krankenversicherung nicht abgedeckt sind. Manche Versicherungen greifen allerdings nicht bei so genannten „gefährlichen Aktivitäten" – damit kann neben Tauchen, Klettern und Motorradfahren auch Wandern gemeint sein; also immer das Kleingedruckte lesen.

Unter www.lonelyplanet.com/travel-insurance werden weltweit Reiseversicherungen angeboten. Auch wer schon unterwegs ist, kann dort eine Versicherung abschließen, erweitern oder in Anspruch nehmen.

Visum

Italien gehört ebenso wie Deutschland, Österreich, die Schweiz und Liechtenstein zum Schengenraum. Ein Visum ist daher für Bürger dieser Staaten nicht erforderlich.

EU-Bürger benötigen für Italien keine Aufenthalts- und Arbeitsgenehmigung.

Zeit

In Italien gilt das ganze Jahr hindurch dieselbe Zeit wie in Deutschland, Österreich und der Schweiz. Viele Museen und andere (im vorliegenden Buch behandelten) Sehenswürdigkeiten stellen ihre Öffnungszeiten parallel zum Wechsel von Sommer- auf Winterzeit um.

Zollbestimmungen

Wer aus einem nicht der EU angehörigen Staat (also beispielsweise aus der Schweiz) nach Italien einreist, darf Waren nur bis

---

PRAKTISCH & KONKRET

⇒ Rauchen ist in allen öffentlichen Gebäuden untersagt.

⇒ Die größten Tageszeitungen sind der auch auf Englisch erscheinende **Corriere della Sera** (www.corriere.it) und die nur auf Italienisch erhältliche Florentiner Regionalausgabe von **La Repubblica** (www.firenze.repubblica.it).

⇒ Wo viele Touristen unterwegs sind, stehen die Chancen gut, am Kiosk die gängigsten deutschsprachigen Zeitungen zu bekommen.

zu den folgenden Höchst-mengen einführen. Zu beachten ist, dass diese Obergrenzen auch dann gelten, wenn die Schweiz nur Transitland ist!

→ 1 l Spirituosen (oder 4 l Wein)

→ 200 Zigaretten

→ sonstige Waren (z. B. Par-füm) bis zu einem Gesamt-wert von 430 € (Reisende unter 15 Jahren 150 €) Alles, was darüber hinaus-geht, muss bei der Einreise deklariert und entsprechend verzollt werden.

Verkehrsmittel & -wege

AN- & WEITERREISE

Einreise

EU-Bürger und Schweizer brauchen in Italien nur einen Personalausweis.

Italien gehört wie alle seine Nachbarstaaten zum Schengenraum. Theoretisch finden deshalb keine Grenzkontrollen mehr statt, auch wenn hin und wieder an der Grenze zur Schweiz der Zoll in die Fahrzeuge schaut.

Laut Gesetz muss jeder ständig einen Ausweis mit sich führen. Auch beim Einchecken im Hotel ist dieser vorzuzeigen.

Auf dem Landweg

Einreise

Bei der Einreise aus einem benachbarten EU-Land oder der Schweiz gibt es in der Regel keine Grenzkontrollen.

Auto & Motorrad

Wer mit dem eigenen Fahrzeug in Italien unterwegs ist, sollte ein paar Regeln beherzigen, da sonst zum Teil saftige Strafen fällig werden: Für jeden Passagier muss eine eigene Warnweste an Bord in Greifweite liegen, Fahranfänger dürfen auf Autobahnen höchstens 100 km/h fahren (auf Schnellstraßen 90 km/h), und außerhalb des Ortes gilt auch tagsüber: Licht an! Nähere Informationen zu den Verkehrsregeln in Italien s. S. 348.

Bus

Der Bus ist die günstigste Möglichkeit, um auf dem Landweg nach Italien zu kommen. Allerdings fahren Busse seltener als Züge, sind nicht so bequem und bedeutend langsamer, deshalb empfehlen wir sie nicht.

Zug

Um mit der Bahn nach Florenz zu kommen, muss man in den meisten Fällen in Mailand oder Bologna umsteigen. Von München und Wien-Meidling aus fahren von Ende März bis Ende September freitags sowie zusätzlich ein Zug an Ostern, Pfingsten und Himmelfahrt Euronight-Züge direkt nach Florenz.

Hilfreiche Infos unter www.eurail.com und www.bahn.de.

Flugzeug

Die Hochsaison für Flugreisen nach Italien geht von Mitte April bis Mitte September. Zwischen Mitte September und Ende Oktober sowie von Ostern bis Mitte April ist die Nachfrage etwas geringer. Nebensaison ist von November bis März, aber um Weihnachten und Ostern ziehen die Preise wieder an;

REISEN & KLIMAWANDEL

Jede Form des Reisens, die auf Brennstoff auf Kohlenstoffbasis beruht, erzeugt CO_2, die Hauptursache des von Menschen verursachten Klimawandels. Modernes Reisen ist von Flugzeugen abhängig, die vielleicht pro Kilometer und Person weniger Kraftstoff als die meisten Autos verbrauchen, aber sehr viel weitere Strecken zurücklegen. Auch die hohen Luftschichten, in die Flugzeuge Treibhausgase (auch CO_2) und Schadstoffe ausstoßen, spielen eine wichtige Rolle beim Klimawandel. Viele Websites bieten „Emissionsrechner", mit denen Reisende die CO_2-Emissionen ihrer Reise ausrechnen und die Auswirkung dieser Treibhausgase mit einem Beitrag für klimafreundliche Projekte in der ganzen Welt ausgleichen können. Lonely Planet gleicht die CO_2-Bilanz aller Reisen der Mitarbeiter und Autoren aus.

FLUGHÄFEN IN DER REGION

FLUGHAFEN	NAME	REGION	WEBSITE
Pisa (PSA)	Aeroporto Galileo Galilei	Pisa	www.pisa-airport.com
Florenz-Peretola (FLR)	Amerigo Vespucci; Peretola	Florenz	www.aeroporto.firenze.it
Umbrien (PEG)	San Egidio	Perugia, Umbrien	www.airport.umbria.it
Bologna (BLQ)	Aeroporto G Marconi	Bologna, Emilia-Romagna	www.bologna-airport.it

Flüge können in dieser Zeit ausgebucht sein. Flug-, Bahn und Tourtickets gibt's auch online bei lonelyplanet.com/bookings.

Fluglinien

Inlandsflüge bieten folgende Fluggesellschaften:

Air One (www.flyairone.it) Vom Flughafen Pisa nach Olbia und Catania.

Alitalia (www.alitalia.it) Von den Flughäfen Pisa, Florenz und Bologna nach Rom und Catania.

Meridiana Fly (www.meridiana.it) Vom Flughafen Bologna nach Olbia, Cagliari, Lampedusa und Catania.

Ryanair (www.ryanair.com) Vom Flughafen Pisa nach Trapani, Palermo, Bari, Brindisi und Cagliari, vom Flughafen Umbrien nach Cagliari und Trapani sowie vom Flughafen Bologna nach Bari, Brindisi, Trapani und Palermo.

Volotea (www.volotea.com) Vom Flughafen Florenz nach Catania und Palermo.

Übers Meer

Italien ist durch Fährverbindungen mit seinen Inseln und anderen Mittelmeerländern verbunden. Die Fähren von Spanien, Sardinien, Korsika und Sizilien laufen Livorno an. Nähere Einzelheiten auf S. 191.

Umfassende Informationen über Fährverbindungen von und nach Italien gibt's bei **Traghettionline** (www.traghettionline.com). Auf der Website sind alle Verbindungen aufgeführt; es gibt Links zu Fährgesellschaften, bei denen man Tickets kaufen und nach Angeboten suchen kann.

UNTERWEGS VOR ORT

Auto & Motorrad

Automobiclubs

Der **Automobile Club d'Italia** (ACI; von nichtitalienischen Telefonen ☎800 116800, Notfall ☎803 116; www.aci.it) ist des Autofahrers bester Freund in Italien. Bei einem Notfall ist der ACI rund um die Uhr unter ☎803 116 zu erreichen. Ausländische Autofahrer müssen dem Club nicht beitreten, sondern zahlen eine Servicegebühr. Die Automobilclubs im deutschsprachigen Raum (www.adac.de, www.avd.de, www.oeamtc.at, www.acs.ch) bieten für das Ausland unterschiedlichen Schutz bei Pannen und Notfällen.

Benzin & Ersatzteile

Fast nirgends in Europa ist der Sprit (gas) teurer als in Italien, wobei die Preise von Tankstelle (benzinaio, stazione di servizio) zu Tankstelle variieren. Während der Recherche kostete Super bleifrei (senza piombo) mit 95 Oktan durchschnittlich 1,73 € pro Liter, Diesel (gasolio) 1,61 €. Um die Mittagszeit, nachts und am Wochenende sind viele Tankstellen nicht besetzt. Dann kann man mit Kreditkarte tanken; allerdings nehmen die Automaten nicht alle ausländischen Karten an.

Wer Ersatzteile braucht, wendet sich an eine Werkstatt oder die 24-Stunden-Nummer des ACI ☎803 116.

Führerschein

EU-Führerscheine werden in ganz Europa anerkannt. Wer keinen EU-Führerschein besitzt, ist verpflichtet, sich als Ergänzung zum nationalen einen Internationalen Führerschein zu besorgen. Allerdings wird das in der Realität kaum kontrolliert.

Mieten
AUTO

Um ein Auto zu mieten, muss man mindestens 25 Jahre alt und im Besitz einer Kreditkarte sein. Die meisten Autoverleiher erwarten, dass das Fahrzeug vollgetankt zurückgebracht wird. Andernfalls fordern sie zum Teil hohe Aufpreise. Ein Blick in die Öffnungszeiten der Vermieter kann sich lohnen: Immer wieder gibt es Beschwerden von Reisenden, denen eine Verspätungsgebühr aufgebrummt wurde – die Filiale hatte geschlossen, als sie das Fahrzeug zurückbringen wollten.

Es sollte klar sein, was im Preis inbegriffen ist (z. B. unbegrenzte Kilometer, Steuern, Versicherung, Selbstbeteiligung). Auch die gewünschte Fahrzeuggröße sollte gut bedacht werden – angesichts der hohen Benzinpreise, engen Straßen sowie der Verkehrs- und Parkbedingungen in den Städten sind kleinere Fahrzeuge von Vorteil.

MOTORRAD

Überall in der Toskana kann man sich einen rollenden Untersatz ausleihen: von der kleinen Vespa bis hin zum großen Tourenmotorrad.

Die meisten Verleiher vermieten keine Motorräder an Personen unter 18 Jahren. Viele verlangen eine Kaution in beträchtlicher Höhe. Eventuell muss man im Falle eines Diebstahls einen Teil der Wiederbeschaffungskosten mittragen.

Mopeds mit einer Höchstgeschwindigkeit von 40 km/h dürfen ohne Führerschein gefahren werden – allerdings nur von Personen, die über 14 Jahre alt sind. Für ein Motorrad oder einen Motorroller zwischen 50 und 125 ccm beträgt das Mindestalter 16 Jahre, und ein Führerschein ist erforderlich (Autoführerschein reicht). Für Motorräder über 125 ccm braucht man einen Motorradführerschein.

Städte mit einer *Zona a Traffico Limitato* (ZTL; verkehrsberuhigte Zone) wie Florenz dürfen mit Motorrädern ohne Einschränkung befahren werden.

Parken

Parkplätze mit blauer Umrandung sind kostenpflichtig. Parkscheine gibt's an Automaten in der Nähe; der Schein muss deutlich sichtbar hinter die Windschutzscheibe gelegt werden. Weiße Umrandungen kennzeichnen kostenlose Parkplätze, gelbe Anwohnerparkplätze. Wenn Motorräder oder Roller auf dem Bürgersteig abgestellt werden, drückt die Verkehrspolizei normalerweise ein Auge zu.

Straßennetz

Die Toskana hat ein ausgezeichnetes Straßennetz. Im Gegensatz zu den Landstraßen sind die Autobahnen A11 und A12 zwischen Florenz, Pisa und Livorno (FI-PI-LI) sowie die A1 (von Mailand über Florenz und Arezzo nach Rom) mautpflichtig. Infos zu Fahrzeiten und Maut-

gebühren gibt's unter www. autostrade.it.

Die italienischen Straßenkategorien lauten in absteigender Rangfolge:

Strade statali (Abkürzung SS oder S; Staatsstraßen) Teils autobahnähnliche, mautfreie Fernstraßen, auf denen es vor allem im Gebirge manchmal nur im Schneckentempo vorwärts geht.

Strade regionali (Abkürzung SR oder R, Regionalstraßen) Diese Straßen verbinden kleinere Orte.

Strade provinciali (Abkürzung SP oder P, Provinzstraßen)

Strade locali Oft ohne Fahrbahnbelag und nicht auf jeder Landkarte zu finden.

Verkehrsregeln

Wo die Vorfahrt nicht eigens geregelt ist, gilt rechts vor links.

Alle Fahrzeuginsassen müssen einen Sicherheitsgurt anlegen. Wer ohne Gurt erwischt wird, muss mit einer sofort fälligen Geldstrafe rechnen. Kinder unter zwölf Jahren müssen auf dem Rücksitz platznehmen, Kinder unter vier in Kindersitzen.

Ein Warndreieck muss immer an Bord sein, ebenso eine gelbe oder orangefarbene Warnweste für jeden Insassen, die man dann auch zu tragen hat, wenn man das Fahrzeug bei einer Panne verlässt.

Die Alkoholgrenze liegt bei 0,5 Promille; die Polizei führt regelmäßig Kontrollen durch. Wer alkoholisiert in einen Unfall verwickelt wird, muss mit harten Strafen rechnen.

Bußgelder wegen Geschwindigkeitsübertretungen richten sich nach der Höhe der Überschreitung. Im schlimmsten Fall werden 2000 € und der Führerschein kassiert.

Wer auf zwei Rädern unterwegs ist, muss einen Helm tragen. Mopeds dürfen höchstens 40 km/h fahren. Außerorts muss auch am Tag das Abblendlicht an sein.

In den Altstädten vieler toskanischer Städte wurde eine *Zona a Traffico Limitato*

(ZTL; verkehrsberuhigte Zone) eingerichtet, in die nur Anwohner mit entsprechender Parklizenz einfahren dürfen. Wer ohne Genehmigung eine ZTL befährt, muss mit einer saftigen Strafe rechnen. Das gilt auch für Mietwagen; immer wieder gibt es Berichte von Travellern, die unwissentlich in eine ZTL eingefahren sind und hinterher auf der Kreditkartenabrechnung einen gepfefferten Posten (Geldbuße plus Verwaltungsgebühr) der Autovermietung vorgefunden haben.

Versicherung

In Italien muss neben dem Fahrzeugschein auch immer ein Versicherungsnachweis mitgeführt werden. Für Fahrzeuge, die in der EU zugelassen sind, ist keine eigene Auslandsversicherung nötig. Falls es zu einem Unfall kommt, ist der Europäische Unfallbericht hilfreich. Das Formular gibt es bei den Autoversicherern und im Internet als Download.

Bus

Zwischen den größeren Städten ist die Bahn die praktischere und günstigere Reisealternative. Busgesellschaften bieten dagegen oft die besseren Verbindungen

BUSUNTERNEHMEN IN DER TOSKANA

BUS-UNTERNEHMEN	WEBSITE (MEIST AUF ITALIENISCH)	ZIEL
ATL	www.atl.livorno.it	Livorno
CAT	www.catspa.it	Lunigiana & Massa-Carrara
CPT	www.cpt.pisa.it	Pisa & Volterra
Etruria Mobilità	www.etruria mobilita.it	östliche Toskana
Rama Mobilità	www.rama mobilita.it	südliche Toskana
Siena Mobilità	www.siena mobilita.it	Siena & Umgebung
SITA	www.sitabus.it	Florenz & Chianti
Vaibus	www.vaibus.it	Lucca, Garfagnana & Versilia

zwischen kleinen Orten und Dörfern. Auch zwischen einigen größeren Städten wie Florenz und Siena sind Busse das bessere Verkehrsmittel.

Dutzende Busgesellschaften sind unter der Dachmarke **Tiemme** (www.lfi.it) in der Region unterwegs. An Feiertagen und Wochenenden, besonders sonntags, sind die Verbindungen aber stark eingeschränkt; manchmal wird der Betrieb sogar ganz eingestellt. Viele örtliche Touristeninformationen halten Busfahrpläne bereit.

Bustickets sind bei den meisten *tabacchi* und Zeitungskiosken und an den Fahrkartenschaltern und -automaten an den Busbahnhöfen erhältlich; sie müssen im Bus entwertet werden. Mit geringem Aufpreis sind Fahrkarten normalerweise auch im Bus erhältlich. In den größeren Städten haben die Busgesellschaften oft Ticketbüros. Manchmal gibt es günstige spezielle Tagestickets für Touristen.

Zur Abfahrt sollte man immer rechtzeitig erscheinen, denn entgegen der italienischen Lebensart sind Busse fast immer pünktlich.

Fahrrad

Radfahren ist in Italien Nationalsport. Die *autostrada* (Autobahn) ist für Fahrräder tabu, aber sonst gibt es eigentlich keine Einschränkungen.

Fahrräder können in jedem Zug mitgenommen werden, der mit einem Rad-Logo gekennzeichnet ist. Am billigsten ist die Mitnahme mit einer separaten Fahrradkarte (3,50 € in Regionalzügen und 12 € in internationalen Zügen), die es auch an den Fahrkartenautomaten gibt. Die Karten sind 24 Stunden gültig und daher für einen Tagesausflug sehr preisgünstig. Klappräder, die auseinander gebaut und in einer Tasche verstaut sind, werden kostenlos befördert, auch in Nachtzügen. Auch auf Fähren können Räder gratis mitgenommen werden.

Vom/Zum Flughafen

Der internationale Flughafen von Pisa ist von den Städten Pisa und Florenz aus mit Bus und Bahn zu erreichen, von Siena fährt täglich ein Bus. In Florenz sind zwischen Flughafen und Zentrum Busse unterwegs.

Wer mit dem Flugzeug in Bologna landet, fährt mit dem Shuttlebus **Appennino Shuttle** (www.appennino shuttle.it) nach Florenz (19 €, 90 Min., 10-mal tgl.). Vom Internationalen Flughafen Umbrien geht es nur per Taxi nach Perugia (15 km) und dann mit Bahn oder Bus weiter in die Toskana.

Nahverkehr

Straßenbahn

Florenz hat eine Straßenbahn, deren Streckenführung allerdings für Touristen uninteressant ist.

Taxi

Taxistände finden sich in der Regel an Bahnhöfen und Busbahnhöfen. Man kann Taxis auch telefonisch bestellen. Am besten begibt man sich zu einem Taxistand, da Taxis nicht einfach auf der Straße halten dürfen, wenn man eines heranwinkt. Wer telefonisch ein Taxi ruft, sollte bedenken, dass das Taxameter bereits ab dem Anrufzeitpunkt läuft.

Schiff/Fähre

Es bestehen regelmäßige Fährverbindungen von Piombino nach Portoferraio auf Elba; im Sommer fahren auch ein paar Fährschiffe von Piombino zu den kleineren Hafenstädten Cavo und Rio Marina auf Elba. Von Livorno aus gibt es eine Fährverbindung nach Capraia über die Gefängnisinsel Gorgona.

Zug

Das Bahnangebot in der Toskana ist eher bescheiden. Nahverkehrszüge (*regionale*) sind langsam und halten fast überall; *regionale veloce* (schnelle Regionalzüge) halten nicht ganz so oft. Noch ein wenig schneller ist der Intercity (IC).

Expresszüge sind die Hochgeschwindigkeitszüge *frecce* (Pfeil), die nur in den größeren Städten einen Stopp einlegen. Zu ihnen gehören der *Frecciabianca*, der *Frecciargento* und – der

Zugstrecken

Hauptstrecken
Nahverkehrslinien

schnellste von allen – der *Frecciarossa*.

Trenitalia (☎ auf Ital. 800 892021; www.trenitalia.com) ist die teilprivatisierte Bahngesellschaft, die die meisten Bahnlinien in Italien betreibt.

Reservierungen sind nicht unbedingt nötig, außer in einem *freccia*-Zug. Fahrkarten gibt's in den Bahnhöfen am Schalter oder am Automaten.

Bei fast allen Zugfahrten müssen die Reisenden ihre Fahrscheine *vor* dem Einsteigen entwerten: in die gelben *convalida*-Maschinen stecken, die an den Zugängen zu allen Bahnsteigen stehen. In vielen Bussen gibt

es ebenfalls einen Entwerter. Wer kein gültiges Ticket besitzt oder sein Ticket nicht entwertet hat, muss mit einer Geldstrafe von mindestens 50 € rechnen. Diese ist sofort und bar zu bezahlen; wer nicht genügend Bargeld dabeihat, wird von einem freundlichen Kontrolleur zum nächsten Geldautomaten begleitet. Man sollte gar nicht erst versuchen, sich mit *„Ma sono turista!"* herauszureden – das zieht nicht!

Die Zugfahrpläne an den Bahnhöfen listen normalerweise die *arrivi* (Ankünfte) auf weißem Hintergrund und die *partenze* (Abfahrten) auf gelbem Hintergrund.

Ermäßigungen

Trenitalia hat zwar mehrere Ermäßigungskarten im Angebot, z. B. die Carta Verde für junge Leute von 12–26 Jahren und die Carta d'Argento für Senioren (60+), allerdings lohnen sich diese Pässe erst, wenn man länger im Land bleibt und regelmäßig nutzt. Näheres auf www.trenitalia.com.

Gepäckaufbewahrung

Die meisten Bahnhöfe verfügen über einen Gepäckaufbewahrungsschalter oder Schließfächer. Die Gepäckschalter sind gewöhnlich rund um die Uhr oder von 6 Uhr bis Mitternacht geöffnet; ein Gepäckstück kostet etwa 4 € für zwölf Stunden. In Florenz kostet ein Gepäckstück 5 € für die ersten fünf Stunden und dann 0, 70 € für jede weitere Stunde (bis max. zwölf Stunden), danach 0,30 € pro Stunde.

Klassen & Preise

In den meisten italienischen Zügen gibt es eine 1. und eine 2. Klasse; eine Fahrkarte für

SCHNELLZUGVERBINDUNGEN

VON	NACH	TAKT	DAUER (STD.)	PREIS (€)
Genf	Mailand	4x tgl.	4	78
München	Verona	5x tgl.	5½	74
Ventimiglia	Mailand	6x tgl.	4	9–19
Wien	Florenz	1x tgl. nachts	10½	89
Zürich	Mailand	6x tgl.	3¾	71

die 1. Klasse kostet knapp doppelt so viel wie eine für die 2. Klasse. Der Unterschied ist aber nicht groß: In der 1. Klasse gibt's halt ein bisschen mehr Platz und Kaffee/Tee gratis.

Wer nur eine kurze Strecke fahren möchte, sollte die Preise von *regionale* und IC/*freccia* vergleichen. Die Tickets für einen *regionale* sind erheblich billiger. Der IC oder *freccia*

ist manchmal nur zehn Minuten schneller, aber die Fahrkarte kostet gleich mindestens 5 € mehr. Die aktuellen Preise sind unter www.trenitalia.com zu finden.

Sprache

In ganz Italien wird die Hochsprache gelehrt und gesprochen. Auch wenn Dialekte ein wichtiger Bestandteil regionaler Identität sind, wird man mit Hochitalienisch, das wir auch für dieses Kapitel verwendet haben, nirgends Probleme haben, sich verständlich zu machen.

Die Laute des Italienischen kommen auch in der deutschen Sprache vor. Wer die farbige Lautschrift in diesem Kapitel benutzt, wird sich verständlich machen können. Die betonte Silbe eines Wortes ist stets kursiv gedruckt. Anders als im Deutschen wird der Umlaut „ei" wie zwei Vokale gesprochen, also nicht wie in „Seite", sondern wie in „beinhalten". Dasselbe gilt für „eu", das wie in „beurteilen" klingt, was beim Bezahlen in Euro (*e·uro*) wichtig ist. Konsonanten werden oft schärfer als bei uns gesprochen, das „r" etwas gerollt. Doppelkonsonanten werden deutlich betont, so dass der Unterschied zwischen z. B. *sonno* (*son·no*; Schlaf) und *sono* (*so·no*; ich bin) offensichtlich wird.

GRUNDLAGEN

Wie im Deutschen gibt es auch im Italienischen eine Höflichkeitsform. Wer Fremde, Amtspersonen oder ältere Menschen anspricht, verwendet daher die dritte Person Singluar *lei* (Sie). Bei Verwandten, Freunden und jüngeren Personen ist dagegen das vertrauliche *tu* (du) üblich.

Die italienische Sprache kennt nur zwei grammatikalische Geschlechter, maskulin und feminin. Die meisten weiblichen Substantive und Adjektive enden auf −a, die männlichen auf −o, im Plural auf −e bzw. −i. Der weibliche Artikel ist *la* (bestimmt) oder *una* (unbestimmt), der männliche *il* (bestimmt) oder *uno* (unbestimmt). Wo notwendig, werden in diesem Kapitel die Varianten für vertraute (du)/höfliche (Sie) Anrede sowie maskulin/feminin angegeben.

Hallo.	*Buongiorno.*	bon·*dschor*·no
Auf Wiedersehen.	*Arrivederci.*	ar·ri·we·*der*·tschi
Ja/Nein.	*Sì/No.*	si/no
Entschuldigen Sie/ entschuldige.	*Mi scusi/ Scusami.*	mi *sku*·si/ *sku*·sa·mi
Tut mir leid.	*Mi dispiace.*	mi dis·*pja*·tsche
Bitte (um etwas bitten).	*Per favore.*	per fa·*wo*·re
Danke.	*Grazie.*	*gra*·tsje
Bitte (gern geschehen).	*Prego.*	*pre*·go

Wie geht es Ihnen/dir? *Come sta/stai?*	*ko*·me sta/stai
Gut, und Ihnen/dir? *Bene. E Lei/tu?*	*be*·ne e lej/tu
Wie heißen Sie/heißt du? *Come si chiama?* *Come ti chiami?*	*ko*·me si *kja*·ma *ko*·me ti *kja*·mi
Ich heiße ... *Mi chiamo ...*	mi *kja*·mo ...
Sprechen Sie/Sprichst du Deutsch/Englisch? *Parla/Parli tedesco/inglese?*	*par*·la/*par*·li te *des* ko/in·*gle*·se
Ich verstehe nicht. *Non capisco.*	non ka·*pis*·ko

NOCH MEHR ITALIENISCH?

Mehr zur italienischen Sprache und weitere nützliche Redewendungen verrät der *Sprachführer Italienisch* von Lonely Planet. Er kann auch unter **shop.lonely planet.de** bestellt werden.

UNTERKUNFT

Haben Sie ein ...-zimmer?	*Avete una camera ...?*	a·*we*·te *u*·na *ka*·me·ra ...
Doppel-	*doppia con letto matri-moniale*	*dop*·ja kon *le*·to ma·tri·mon·*ja*·le
Einzel-	*singola*	*sing*·go·la

Wieviel kostet es pro ...?	Quanto costa per ...?	kwan·to kos·ta per ...
Nacht	una notte	u·na no·te
Person	persona	per·so·na

Ist das Frühstück inbegriffen?
La colazione è compresa? — la ko·la·tsjo·ne e kom·pre·sa

Klimaanlage	aria condizionata	a·ria kon·di·tsjo·na·ta
Bad	bagno	ba·njo
Campingplatz	campeggio	kam·pe·dscho
Pension	pensione	pen·sjo·ne
Hotel	albergo	al·ber·go
Jugend- herberge	ostello della gioventù	os·tel·lo de·la dscho·ven·tu
Fenster	finestra	fi·nes·tra

RICHTUNGSANGABEN

Wo ist ...?
Dov'è ...? — do·wä ...

Wie ist die Adresse?
Qual è l'indirizzo? — kwal·ä lin·di·ri·tso

Können Sie das bitte aufschreiben?
Può scriverlo, per favore? — puo skri·wer·lo per fa·wo·re

Können Sie es mir (auf der Karte) zeigen?
Può mostrarmi (sulla pianta)? — puo mos·trar·mi (su·la pjan·ta)

an der Ecke	all'angolo	al·lan·go·lo
an der Ampel	al semaforo	al se·ma·fo·ro
hinter	dietro	dje·tro
weit weg	lontano	lon·ta·no
vor (räumlich)	davanti a	da·wan·ti a
links	a sinistra	a si·nis·tra
nahe	vicino	wi·tschi·no
neben	accanto a	ak·kan·to a
gegenüber	di fronte a	di fron·te a
rechts	a destra	a de·stra
geradeaus	sempre diritto	sem·pre di·ri·to

ESSEN & TRINKEN

Was können Sie empfehlen?
Cosa mi consiglia? — ko·sa mi kon·sil·ja

Welche Zutaten hat dieses Gericht?
Quali ingredienti ci sono in questo piatto? — kwa·li in·gre·djen·ti tschi so·no in kwes·to pja·to

SATZBAUKASTEN

Hier die wirklich wichtigen Standard-sätze, kombinierbar mit den jeweiligen Begriffen aus dem Glossar:

Wann geht (der nächste Flug)?
A che ora è (il prossimo volo)? — a ke o·ra ä (il pro·si·mo wo·lo)

Wo ist (der Bahnhof)?
Dov'è (la stazione)? — do·wä (la sta·tsjo·ne)

Ich suche (ein Hotel).
Sto cercando (un albergo). — sto tscher·kan·do (un al·ber·go)

Haben Sie/hast du (eine Karte)?
Ha (una pianta)? — a (u·na pjan·ta)

Gibt's hier (eine Toilette)?
C'è (un gabinetto)? — tschä (un ga·bi·net·to)

Ich hätte gerne (einen Kaffee).
Vorrei (un caffè). — wo·rej (un ka·fe)

Ich möchte gerne (ein Auto mieten).
Vorrei (noleggiare una macchina). — wo·rej (no·le·dscha·re u·na ma·ki·na)

Darf ich (hereinkommen)?
Posso (entrare)? — pos·so (en·tra·re)

Könnten Sie/könntest du (mir helfen)?
Può/puoi (aiutarmi), per favore? — puo/puoi (a·ju·tar·mi) per fa·wo·re

Muss ich (einen Platz reservieren)?
Devo (prenotare un posto)? — de·wo (pre·no·ta·re un pos·to)

Was ist die Spezialität der Region?
Qual è la specialità di questa regione? — kwa·le la spe·tscha·li·ta di kwes·ta re·dscho·ne

Das war köstlich!
Era squisito! — e·ra skwi·si·to

Zum Wohl!
Salute! — sa·lu·te

Die Rechnung, bitte.
Mi porta il conto, per favore? — mi por·ta il kon·to per fa·wo·re

Ich möchte einen Tisch für ... reservieren	Vorrei prenotare un tavolo per ...	wo·rej pre·no·ta·re un ta·wo·lo per ...
(zwei)	(due)	(du·e)
Personen	persone	per·so·ne
(acht) Uhr	le (otto)	le (o·to)
Ich esse kein/e/n ...	Non mangio ...	non man·dscho
Eier	uova	uo·wa
Fisch	pesce	pe·sche
Nüsse	noci	no·tschi
(rotes) Fleisch	carne (rossa)	kar·ne (ros·sa)

Nützliches

Abendessen	cena	tsche·na
Bar	locale	lo·ka·le
Café	bar	Bar
Flasche	bottiglia	bot·ti·lja
Frühstück	prima colazione	pri·ma ko·la·tsjo·ne
Gabel	forchetta	for·ket·ta
Getränkekarte	lista delle bevande	lis·ta del·le be·wan·de
Glas	bicchiere	bi·kje·re
heiß	caldo	kal·do
kalt	freddo	fred·do
Lebensmittel	alimentari	a·li·men·ta·ri
Löffel	cucchiaio	kuk·ja·jo
Markt	mercato	mer·ka·to
Messer	coltello	kol·tel·lo
mit	con	kon
Mittagessen	pranzo	pran·tso
ohne	senza	sen·tsa
Restaurant	ristorante	ree·sto·ran·te
scharf	piccante	pi·kan·te
Speisekarte	menù	me·nu
Teller	piatto	pjat·to
vegetarisch	vegetariano	we·dsche·ta·ri·ja·no

Fleisch & Fisch

Austern	ostriche	o·stri·ke
Ente	anatra	a·na·tra
Fisch	pesce	pe·sche
Fleisch	carne	kar·ne
Forelle	trota	tro·ta
Garnelen	gamberi	gam·be·ri
Hähnchen	pollo	pol·lo

Hering	aringa	a·rin·ga
Hummer	aragosta	a·ra·gos·ta
Jakobs-muscheln	capasante	ka·pa·san·te
Kalbfleisch	vitello	wi·te·lo
Lachs	salmone	sal·mo·ne
Lamm	agnello	an·jel·lo
Meeresfrüchte	frutti di mare	fru·ti di ma·re
Miesmuscheln	cozze	kott·se
Rindfleisch	manzo	man·tso
Schweinefleisch	maiale	ma·ja·le
Shrimps	gamberetti	gam be·ret·ti
Thunfisch	tonno	ton·no
Tintenfisch	calamari	ka·la·ma·ri
Truthahn	tacchino	ta·ki·no

Obst & Gemüse

Ananas	ananas	a·na·nas
Apfel	mela	me·la
Blumenkohl	cavolfiore	ka·wol·fjo·re
Bohnen	fagioli	fa·dscho·li
Erbsen	piselli	pi·sel·li
Gemüse	verdura	wer·du·ra
Gurke	cetriolo	tsche·tri·o·lo
Kartoffeln	patate	pa·ta·te
Kohl	cavolo	ka·wo·lo
Linsen	lenticchie	len·ti·kje
Möhre	carota	ka·ro·ta
Nüsse	noci	no·tschi
Obst	frutta	frut·ta
Orange	arancia	a·ran·tscha
Paprika	peperone	pe·pe·ro·ne
Pfirsich	pesca	pes·ka
Pflaume	prugna	prun·ja
Pilze	funghi	fung·gi
Spinat	spinaci	spi·na·tschi
Tomaten	pomodori	po·mo·do·ri
Weintraube	uva	u·wa
Zitrone	limone	li·mo·ne
Zwiebeln	cipolle	tschi·pol·le

Sonstiges

Brot	pane	pa·ne
Butter	burro	bur·ro
Ei	uova	uo·wa
Eis (Würfel)	ghiaccio	gja·tscho

Essig	aceto	a·*tsche*·to
Honig	*miele*	*mje*·le
Käse	*formaggio*	for·*ma*·dscho
Marmelade	*marmellata*	mar·mel·*la*·ta
Nudeln	*pasta*	*pas*·ta
Öl	*olio*	*o*·ljo
Pfeffer	*pepe*	*pe*·pe
Reis	*riso*	*ri*·so
Salz	*sale*	*sa*·le
Sojasauce	*salsa di soia*	*sal*·sa di *so*·ja
Suppe	*minestra*	mi·*nes*·tra
Zucker	*zucchero*	*tsuk*·ke·ro

Getränke

(Mineral-) Wasser	*acqua (minerale)*	*a*·kwa (mi·ne·*ra*·le)
(Orangen-) Saft	*succo (d'arancia)*	*su*·ko (da·*ran*·tscha)
Bier	*birra*	*bee*·ra
Getränk	*bibita*	*bi*·bi·ta
Kaffee (Espresso)	*caffè*	ka·*fä*
Milch	*latte*	*lat*·te
Rotwein	*vino rosso*	*wi*·no *ros*·so
Tee	*tè*	te
Weißwein	*vino bianco*	*wi*·no *bjang*·ko

IM NOTFALL

| **Hilfe!** | *Aiuto!* | a·*ju*·to |

Lassen Sie/lass mich in Ruhe!
Lascimi/lasciami in pace!
la·schi mi/*la*·scha mi in *pa*·tsche

Ich habe mich verirrt.
Mi sono perso/a. (m/f)
mi *so*·no *per*·so/a

Es ist ein Unfall passiert.
C'è stato un incidente.
tsche *sta*·to un in·tschi·*den*·te

Rufen Sie/ruf die Polizei!
Chiami/chiama la polizia!
kja·mi/*kja* ma la po·li·*tsi*·ja

<table>
<tr><td colspan="3">**Fragewörter**</td></tr>
<tr><td>**Wie?**</td><td>*Come?*</td><td>*ko*·me</td></tr>
<tr><td>**Was?**</td><td>*Che cosa?*</td><td>ke *ko*·sa</td></tr>
<tr><td>**Wann?**</td><td>*Quando?*</td><td>*kwan*·do</td></tr>
<tr><td>**Wo?**</td><td>*Dove?*</td><td>*do*·we</td></tr>
<tr><td>**Wer?**</td><td>*Chi?*</td><td>ki</td></tr>
<tr><td>**Warum?**</td><td>*Perché?*</td><td>per·*ke*</td></tr>
</table>

Rufen Sie/ruf einen Arzt!
Chiami/chiama un medico!
kja·mi/*kja* un *me*·di·ko

Wo sind die Toiletten?
Dove sono i gabinetti?
do·we *so*·no i ga·bi·*net*·ti

Mir ist schlecht.
Mi sento male.
mi *sen*·to *ma*·le

Ich habe hier Schmerzen.
Mi fa male qui.
mi fa *ma*·le kwi

Ich bin allergisch gegen...
Sono allergico/a a... (m/f)
so·no al·*ler*·dschi·ko/a a...

SHOPPEN & DIENSTLEISTUNGEN

Ich würde gerne ... kaufen.
Vorrei comprare ...   wo·*rej* kom·*pra*·re ...

Ich schaue mich nur um.
Sto solo guardando.   sto *so*·lo gwar·*dan*·do

Kann ich das mal anschauen?
Posso dare un'occhiata? pos·so *da*·re un ok·*kja*·ta

Wie viel kostet das?
Quanto costa questo?   *kwan*·to *kos*·ta *kwes*·to

Das ist zu teuer.
È troppo caro/a. (m/f)   ä *trop*·po *ka*·ro/a

Können Sie den Preis nachlassen?
Può farmi lo sconto?   puo *far*·mi lo *skon*·to

Die Rechnung stimmt nicht.
C'è un errore nel conto.   tsche un er·*ro*·re nel *kon*·to

Geldautomat	*Bancomat*	*ban*·ko·mat
Postamt	*ufficio postale*	uf·*fi*·tscho pos·*ta*·le
Touristen-information	*ufficio del turismo*	uf·*fi* tscho del tu·*ris*·mo

DATUM & UHRZEIT

Wie viel Uhr ist es?	*Che ora è?*	ke *o*·ra ä
Es ist 13 Uhr.	*È l'una.*	ä *lu*·na
Es ist (zwei) Uhr.	*Sono le (due).*	*so*·no le (*du*·e)
Halb (zwei; 13.30 Uhr)	*(L'una) e mezza.*	(*lu*·na) e *met*·sa
morgens	*di mattina*	di mat·*ti*·na
nachmittags	*di pomeriggio*	di po·me·*ri*·dscho
abends	*di sera*	di *se*·ra

gestern	*ieri*	*je·ri*
heute	*oggi*	*o·dschi*
morgen	*domani*	*do·ma·ni*
Montag	*lunedì*	*lu·ne·di*
Dienstag	*martedì*	*mar·te·di*
Mittwoch	*mercoledì*	*mer·ko·le·di*
Donnerstag	*giovedì*	*dscho·we·di*
Freitag	*venerdì*	*we·ner·di*
Samstag	*sabato*	*sa·ba·to*
Sonntag	*domenica*	*do·me·ni·ka*
Januar	*gennaio*	*dsche·na·jo*
Februar	*febbraio*	*feb·ra·jo*
März	*marzo*	*mar·tso*
April	*aprile*	*a·pri·le*
Mai	*maggio*	*ma·dscho*
Juni	*giugno*	*dschun·jo*
Juli	*luglio*	*lul·jo*
August	*agosto*	*a·gos·to*
September	*settembre*	*set·tem·bre*
Oktober	*ottobre*	*ot·to·bre*
November	*novembre*	*no·wem·bre*
Dezember	*dicembre*	*di·tschem·bre*

Zahlen

1	*uno*	*u·no*
2	*due*	*du·e*
3	*tre*	*trä*
4	*quattro*	*kwat·tro*
5	*cinque*	*tsching·kwe*
6	*sei*	*sej*
7	*sette*	*set·te*
8	*otto*	*ot·to*
9	*nove*	*no·we*
10	*dieci*	*dje·tschi*
20	*venti*	*wen·ti*
30	*trenta*	*tren·ta*
40	*quaranta*	*kwa·ran·ta*
50	*cinquanta*	*tsching·kwan·ta*
60	*sessanta*	*ses·san·ta*
70	*settanta*	*se·tan·ta*
80	*ottanta*	*ot·tan·ta*
90	*novanta*	*no·wan·ta*
100	*cento*	*tschen·to*
1000	*mille*	*mi·le*

VERKEHRSMITTEL & -WEGE

Öffentliche Verkehrsmittel

Um wie viel Uhr startet/kommt ...
A che ora parte/arriva ...?
a ke o·ra par·te/ar·ri·wa ...

der Bus	*l'autobus*	*lau·to·bus*
die Fähre	*il traghetto*	*il tra·get·to*
das Flugzeug	*l'aereo*	*la·e·re·o*
das Schiff	*la nave*	*la na·we*
die U-Bahn	*la metro-politana*	*la me·tro po·li·ta·na*
der Zug	*il treno*	*il tre·no*
Bahnhof	*stazione ferroviaria*	*sta·tsjo·ne fer·ro wi ari·ja*
Bahnsteig/Gleis	*binario*	*bi·na·rio*
Bushaltestelle	*fermata dell' autobus*	*fer·ma·ta dell au·to·bus*
Fahrkarte	*il biglietto*	*il bil·jet·to*
einfach	*di sola andata*	*di so·la an·da·ta*
hin und zurück	*di andata e ritorno*	*di an·da·ta e ri·tor·no*

| Fahrplan | *orario* | *o·ra·rio* |
| Kartenschalter | *biglietteria* | *bil jet te ri·a* |

Hält er in ...?
Si ferma a ...?
si fer·ma a ...

Bitte sagen Sie mir, wann wir in ... ankommen.
Mi dica per favore quando arriviamo a ...
mi di·ka per fa·wo·re kwan·do ar·ri·wja·mo a ...

Ich möchte hier aussteigen.
Voglio scendere qui.
wo·ljo schen·de·re kwi

Auto, Motorrad & Fahrrad

Ich würde gerne ein/en ... mieten.
Vorrei noleggiare un/una ... (m/f)
wo·rej no·le·dscha·re un/u·na ...

Allradfahrzeug	*fuoristrada* (m)	*fuo·ri·stra·da*
Auto	*macchina* (f)	*ma·ki·na*
Fahrrad	*bicicletta* (f)	*bi tschi·klet·ta*
Motorrad	*moto* (f)	*mo·to*
Benzin/Diesel	*benzina/gasolio*	*ben·tsi·na/ gas o ljo*

Fahrradpumpe	pompa della bicicletta	pom·pa del·la bi tschi·klet·ta
Helm	casco	kas·ko
Kindersitz	seggiolino	se·dscho·li·no
Mechaniker	meccanico	mek·ka·ni·ko
Tankstelle	stazione di servizio	sta·tsjo·ne di ser·wi·tsjo

(Wie lange) Kann ich hier parken?
(Per quanto tempo) Posso parcheggiare qui?
(per kwan·to tem·po) pos·so par·ke·dscha·re kwi

Das Auto/Motorrad hatte eine Panne (in ...).
La macchina/moto si è guastata (a ...).
la ma·ki·na/mo·to si e gwas·ta·ta (a ...)

Ich habe einen platten Reifen.
Ho una gomma bucata.
o u·na gom·ma bu·ka·ta

Ist das die Straße nach ...?
Questa strada porta a ...?
kwe·sta stra·da por·ta a ...

Mir ist das Benzin ausgegangen.
Ho esaurito la benzina.
o e·sau·ri·to la ben·tsi·na

GLOSSAR

Begriffe aus Kunst und Architektur s. S. 333
abbazia – Abtei
aeroporto – Flughafen
affittacamere – Zimmervermietung von privat
agriturismo – Unterkunft/Essen auf dem Bauernhof
albergo – Hotel
alimentari – Lebensmittelladen
alto – hoch
ambulanza – Rettungswagen
anfiteatro – Amphitheater
autostazione – Busbahnhof
autostrada – Autobahn
basilica – christliche Kirche mit Langhaus, Querschiff und Apsis
battistero – Baptisterium (Taufkapelle)
biblioteca – Bibliothek
biglietto – Ticket
biglietto cumulativo – Kombiticket, das für mehrere Attraktionen gilt
borgo – altes Städtchen oder Dorf, auch Weiler

cabinovia – zweisitzige Seilbahnkabine
calcio – Fußball
camera doppia – Doppelzimmer mit zwei Einzelbetten
camera matrimoniale – Zimmer mit Doppelbett
camera singola – Einzelzimmer
campanile – Glockenturm
campeggio – Campingplatz
campo – Feld
cantinetta – kleine Weinkellerei zur Verkostung

cappella – Kapelle
carabinieri – Militärpolizei
Carnevale – Karnevalszeit (vom Dreikönigstag bis Aschermittwoch)
casa – Haus, Zuhause
castello – Schloss, Burg
cattedrale – Kathedrale
cava – Grube, Steinbruch
centro – Stadtzentrum
centro storico – wörtlich: „historisches Zentrum"; Altstadt
chiesa – Kirche
colle – Hügel, Berg
colonna – Säule
comune – Gemeinde; auch Stadtverwaltung. Im Mittelalter war die *comune* eine selbstverwaltete Stadt.
contrada – Stadtbezirk
convalidare – (Fahrschein) entwerten
coperto – Gedeckgebühr (im Restaurant)
corso – Hauptstraße, Prachtstraße
deposito bagagli – Gepäckaufbewahrung
dolce – Süßigkeit, auch Dessert
duomo – Dom

enoteca – Weinbar (siehe auch *fiaschetteria*)
fattoria – Bauernhaus
ferrovia – Eisenbahn
festa – Fest, Festival
fiaschetteria – Weinstube, die Wein und Snacks anbietet (siehe auch *enoteca*)
fontana – Brunnen

forno – Backofen, Bäckerei
foro – Forum

gelateria – Eisdiele
golfo – Golf
grotta – Höhle

isola – Insel

lago – See
largo – wörtlich: „breit"; kleiner Platz
libreria – Buchladen
locanda – Gasthaus, kleines Hotel
loggia – überdachter Vorbau eines Gebäudes, Bogengang
lungomare – Strandpromenade

macchia – trockenes Buschland
macelleria – Metzgerei
mare – Meer
mercato – Markt
monte – Berg
motorino – Motorroller, Mofa
municipio – Rathaus
museo – Museum

nave – Schiff
necropoli – antiker Friedhof, Begräbnisstätte

osteria – familiär geführte, einfache Wirtschaft

palazzo – wörtlich: „Palast"; allgemein ein stattliches Gebäude
parcheggio – Parkplatz
parco – Park
passeggiata – Spaziergang, vor allem der traditionelle Abendspaziergang

pasticceria – Konditorei
pensione – kleines Hotel, Pension
permesso di soggiorno – Aufenthaltsgenehmigung
piazza – Platz
piazzale – großer, offener Platz
pinacoteca – Kunstgalerie
ponte – Brücke
porta – Tür, Stadttor
portico – Arkaden, oft vor Gebäuden
porto – Hafen

questura – Polizeistation

rifugio – Berghütte
rocca – Fort

sagra – Messe, Festival (oft kulinarisch geprägt)
sala – Raum (in einem Museum)
santuario – Kloster
scalinata – Treppe
scavi – Ausgrabungen
spiaggia – Strand
stazione – Bahnhof
stazione di servizio – Tankstelle
stazione marittima – Fähranleger
strada – Straße
superstrada – Schnellstraße mit baulich getrennten Fahrbahnen

tabaccheria/tabaccaio – Tabakladen

teatro – Theater
tempio – Tempel
terme – Thermalbad
torre – Turm
trattoria – einfaches Restaurant

ufficio stranieri – Ausländerbehörde
uffizi – Ämter, Büros

via – Wohnstraße
vicolo – Gasse

ZTL *(Zona a Traffico Limitato)* – verkehrsberuhigte Zone

Hinter den Kulissen

WIR FREUEN UNS ÜBER EIN FEEDBACK

Post von Travellern zu bekommen, ist für uns ungemein hilfreich – Kritik und Anregungen halten uns auf dem Laufenden und helfen, unsere Bücher zu verbessern. Unser reiseerfahrenes Team liest alle Zuschriften genau durch, um zu erfahren, was an unseren Reiseführern gut und was schlecht ist. Wir können solche Post zwar nicht individuell beantworten, aber jedes Feedback wird garantiert schnurstracks an die jeweiligen Autoren weitergeleitet, rechtzeitig vor der nächsten Auflage.

Wer uns schreiben will, erreicht uns über www.lonelyplanet.de/kontakt.

Hinweis: Da wir Beiträge möglicherweise in Lonely Planet Produkten (Reiseführer, Websites, digitale Medien) veröffentlichen, ggf. auch in gekürzter Form, bitten wir um Mitteilung, falls ein Kommentar nicht veröffentlicht oder ein Name nicht genannt werden soll. Wer Näheres über unsere Datenschutzpolitik wissen will, erfährt das unter www.lonelyplanet.com/privacy.

DANK VON LONELY PLANET

Vielen Dank an die folgenden Leser, die mit der letzten Auflage unterwegs waren und uns wertvolle Hinweise, nützliche Tipps und interessante Anekdoten geschickt haben:

Alexandre Abreu, Alma Sesti, Andrew McIntosh, Assen Totin, Carmen Germaine, Chiara Cavedoni, Graham Hardman, Karen Kiang, Kelley Eckmair, M Greenwood, Margaret A. Simpson, Peter Williams, Piero Giadrossi

DANK DER AUTOREN

Virginia Maxwell

Lieben Dank an meinen Partner und Reisegefährten Peter Handsaker. Danke auch an Ilaria Crescioli, Alberto Peruzzini, Roberta Vichi, Eva Zettelmayr, Sigrid Fuchs, Chiara Ponzuoli, Luigina Benci, Cecilia Rosa, Fulvia in San Gimignano, Arturo Comastri, Sean Lawson, Silvia Bucci und Italia Luchini. Und schließlich *grazie mille* an meine Koautorin Nicola Williams und Chefredakteur Joe Bindloss.

Nicola Williams

Grazie mille an alle, die mir geholfen haben, tief in das Herz der Toskana einzutauchen– in Florenz Krista Ricchi (@allafiorentina), Marquis Vanni und Susanna Torrigiani Malaspina (was für ein wunderbarer Garten), Guido Manfredi (kein Bauernhof ist schöner), Alessandro Gargani (von New York nach Florenz), Antje d'Almeida (die mich auf CLET aufmerksam gemacht hat), Roberta Romoli und Freya Middleton (Guide der Extraklasse); auf Elba Anna Galletti und Olivenbauer in dritter Generation Fabrizio Galletti; anderswo Maria Genova (Suvereto), Ehemann Matthias und unsere dreisprachige Sippe unerschrockener junger Entdecker.

QUELLENNACHWEIS

Die Angaben auf der Klimakarte stammen von Peel MC, Finlayson BL & McMahon TA (2007) „Updated World Map of the Köppen-Geiger Climate Classification", *Hydrology and Earth System Sciences*, 11, 163344.
Illustrationen S. 111/112 by Javier Zarracina.
Umschlagfoto: Val d'Elsa, Luca Da Ros/4Corners Images ©.

ÜBER DIESES BUCH

Dies ist die 5. deutsche Auflage von *Toskana*. Sie basiert auf der 8. englischen Auflage von Virginia Maxwell und Nicola Williams, die bereits die 7. Auflage schrieben. Die 6. Auflage stammt von Virginia Maxwell, Alex Leviton und Leif Pettersen. Die englische Ausgabe dieses Reiseführers wurde vom Lonely Planet Büro in London in Auftrag gegeben und produziert von:

Chefredaktion Joe Bindloss, Helena Smith

Koordinierende Redakteurinnen Barbara Delissen, Briohny Hooper

Kartographie Anthony Phelan, Valentina Kremenchutskaya

Koordinierender Layoutdesigner Wibowo Rusli

Redaktion Brigitte Ellemor, Bruce Evans, Annelies Mertens, Angela Tinson

Layout Jane Hart

Redaktionsassistenz Kate Evans, Paul Harding, Jodie Martire, Jeanette Wall

Umschlaggestaltung Naomi Parker

Bildredaktion Aude Vauconsant

Sprachkapitel Branislava Vladisavljevic

Dank an Anita Banh, Ryan Evans, Larissa Frost, Genesys India, Jouve India, Karyn Noble, Wayne Murphy, Catherine Naghten, Katie O'Connell, Trent Paton, Gerard Walker

Register

Kartenlegende

Sehenswertes

- Strand
- Vogelschutzgebiet
- buddhistisch
- Burg/Palast
- christlich
- konfuzianisch
- hinduistisch
- islamisch
- jainistisch
- jüdisch
- Denkmal
- Museum/Galerie/hist. Gebäude
- Ruine
- Sento/Onsen
- shintoistisch
- Sikh
- taoististisch
- Weingut/Weinberg
- Zoo/Naturschutzgebiet
- Sehenswürdigkeit

Aktivitäten, Kurse & Touren

- bodysurfen
- tauchen/schnorcheln
- Kanu/Kajak fahren
- Kurse/Touren
- Ski fahren
- schnorcheln
- surfen
- schwimmen/Pool
- wandern
- windsurfen
- sonstige Aktivitäten

Schlafen

- Hotel/Hostel
- Camping

Essen

- Restaurant

Ausgehen & Nachtleben

- Bar, Kneipe
- Café

Unterhaltung

- Unterhaltung

Shoppen

- Shoppen

Praktisches

- Bank
- Botschaft/Konsulat
- Krankenhaus/Arzt
- Internet
- Polizei
- Post
- Telefon
- Toilette
- Touristeninformation
- sonstige Informationen

Geografie

- Strand
- Hütte/Unterstand
- Leuchtturm
- Aussichtspunkt
- Berg/Vulkan
- Oase
- Park
- Pass
- Rastplatz
- Wasserfall

Städte

- Hauptstadt (Staat)
- Hauptstadt (Bundesstaat/Provinz)
- Großstadt
- Stadt/Ort

Transport

- Flughafen
- Grenzübergang
- Bus
- Seilbahn/Standseilbahn
- Radweg
- Fähre
- Metro-Station
- Schwebebahn
- Parkplatz
- Tankstelle
- Subway-Station
- Taxi
- Bahnhof/Bahnlinie
- Straßenbahn
- U-Bahnstation
- sonstiger Transport

Hinweis: Nicht alle in der Legende aufgeführten Symbole sind Bestand- teil der Karten dieses Buches

Verkehrswege

- Mautstraße
- Autobahn
- Hauptstraße
- Landstraße
- Verbindungsstraße
- sonstige Straße
- unbefestigte Straße
- Straße im Bau
- Platz/Promenade
- Treppe
- Tunnel
- Fußgängerbrücke
- Spaziergang
- Abstecher von der Route
- Pfad/Wanderweg

Grenzen

- Staatsgrenze
- Provinzgrenze
- umstrittene Grenze
- Regional-/Bezirksgrenze
- Meeresschutzgebiet
- Klippen
- Mauer

Gewässer

- Fluss, Bach
- periodischer Fluss
- Kanal
- Gewässer
- Salzsee/trockener/ periodischer See
- Riff

Gebietsform

- Flughafen/Landepiste
- Strand/Wüste
- christlicher Friedhof
- sonstiger Friedhof
- Gletscher
- Watt
- Park/Wald
- Sehenswertes (Gebäude)
- Sportplatz
- Sumpf/Mangroven

DIE LONELY PLANET STORY

Ein ziemlich mitgenommenes, altes Auto, ein paar Dollar in der Tasche und Abenteuerlust – 1972 war das alles, was Tony und Maureen Wheeler für die Reise ihres Lebens brauchten, die sie durch Europa und Asien bis nach Australien führte. Die Tour dauerte einige Monate, und am Ende saßen die beiden – erschöpft, aber voller Inspiration – an ihrem Küchentisch und schrieben ihren ersten Reiseführer *Across Asia on the Cheap*. Innerhalb einer Woche hatten sie 1500 Exemplare verkauft. Lonely Planet war geboren.

Heute hat der Verlag Büros in Melbourne, London und Oakland mit mehr als 600 Mitarbeitern und Autoren. Und alle teilen Tonys Überzeugung, dass ein guter Reiseführer drei Dinge erfüllen sollte: informieren, bilden und unterhalten.

DIE AUTOREN

Virginia Maxwell

Koordinierende Autorin; Siena & Zentraltoskana; Südliche Toskana; Östliche Toskana Zuhause ist sie in Australien, aber Virginia kommt jedes Jahr nach Italien, um hier ihren Leidenschaften Geschichte, Kunst und Architektur, Essen und Wein zu frönen. Sie hat bereits die beiden vorigen Auflagen der englischen Ausgabe dieses Buches geschrieben und ist an den Lonely Planet Reiseführern über Italien und Westeuropa beteiligt. Weil sie alle Ecken der Toskana wundervoll findet, mag sie kein Lieblingsziel nennen, aber am Ende sagt sie doch: Florenz. Für dieses Buch schrieb Virginia auch den größten Teil des Abschnitts Reiseplanung, die Kapitel Literatur & Kino und Kunst & Architektur sowie den Abschnitt Praktische Informationen.

Mehr über Virginia auf:
lonelyplanet.com/members/virginiamaxwell

Nicola Williams

Florenz; Nordwestliche Toskana; Etruskische Riviera & Elba Die britische Autorin und redaktionelle Beraterin Nicola lebt seit über zehn Jahren am Südufer des Genfer Sees. Zum Glück für ihre italienische Seele ist es ein Katzensprung durch den Mont-Blanc-Tunnel nach Italien, wo sie Jahre damit verbracht hat, die Köstlichkeiten der Region zu probieren und ihre außergewöhnliche Kunst und Landschaft zu genießen. Nicola hat an zahlreichen Titeln von Lonely Planet mitgearbeitet, u. a. auch über Mailand, Turin & Genua sowie Piemont. Sie bloggt auf tripalong.wordpress.com und twittert auf @tripalong. Für dieses Buch schrieb Nicola auch die Kapitel Essen & Trinken, Outdoor-Erlebnisse sowie den größten Teil des Abschnitts Die Toskana verstehen.

Mehr über Nicola auf:
lonelyplanet.com/members/nicolawilliams

Lonely Planet Publications
Locked Bag 1, Footscray
Melbourne, Victoria 3011
Australia

Verlag der deutschen Ausgabe:
MAIRDUMONT, Marco-Polo-Str. 1, 73760 Ostfildern,
www.lonelyplanet.de, lonelyplanet@mairdumont.com

Chefredakteurin deutsche Ausgabe: Birgit Borowski

Redaktion: Bintang Buchservice GmbH, www.bintang-berlin.de
Übersetzung: Dagmar Klotz, Silvia Mayer, Inga-Brita Thiele
An früheren Auflagen haben außerdem mitgewirkt: Dorothee Büttgen, Agnes Dubberke, Berna Ercan, Tobias Ewert, Tatyana Gardner, Karen Gerwig, Marion Gref-Timm, Stefanie Gross, Tina Heidborn, Joachim Henn, Valeska Henze, Britta Kotrasch, Jürgen Kucklinski, Andreas Loos, Gunter Mühl, Ute Perchtold, Dr. Christian Rochow, Christina Schmidt, Kathrin Schnellbächer, Frauke Sonnabend, Nicole Stange, Robert Suske
Lektorat: Dorit Aurich, Katharina Grimm
Satz: Holger Ebeling

Toskana
5. deutsche Auflage Mai 2014,
übersetzt von *Florence & Tuscany, 8rd edition*, January 2014
Lonely Planet Publications Pty
Deutsche Ausgabe © Lonely Planet Publications Pty, Mai 2014
Fotos © wie angegeben

Printed in China

MIX
Paper from
responsible sources
FSC® C021256
www.fsc.org